U0581719

王家祐卷

四川省文物考古研究院名家学术文集

王家祐 著

巴蜀书社

图书在版编目（CIP）数据

四川省文物考古研究院名家学术文集. 王家祐卷 /
王家祐著. -- 成都 : 巴蜀书社, 2023.11
ISBN 978-7-5531-1969-4

Ⅰ. ①四… Ⅱ. ①王… Ⅲ. ①文物—考古—中国—文
集 Ⅳ. ①K870.4-53

中国国家版本馆CIP数据核字（2023）第058150号

SICHUANSHENG WENWU KAOGU YANJIUYUAN MINGJIA XUESHU WENJI·WANGJIAYOU JUAN

四川省文物考古研究院名家学术文集·王家祐卷

王家祐　著

策　　划	周　颖　吴焕姣
责任编辑	马　兰
封面设计	冀帅吉
内文设计	四川胜翔数码印务设计有限公司
出　　版	巴蜀书社
	四川省成都市锦江区三色路238号新华之星A座36楼
	邮编：610023　总编室电话：（028）86361843
网　　址	www.bsbook.com
发　　行	巴蜀书社
	发行科电话：（028）86361852
经　　销	新华书店
印　　刷	成都东江印务有限公司
版　　次	2023年11月第1版
印　　次	2023年11月第1次印刷
成品尺寸	170mm × 240mm
插　　页	6页
印　　张	34.25
字　　数	450千
书　　号	ISBN　978-7-5531-1969-4
定　　价	138.00元

《四川省文物考古研究院名家学术文集》

编辑委员会

总序

四川省文物考古研究院前身为四川省文物管理委员会（办公室），成立于1953年5月1日。在党和政府的领导、关怀下，我院从不足30人的团队起步，逐渐成长为一个拥有185人编制，兼具考古、文物修复、文化遗产保护、《四川文物》编辑出版四大职能的综合性考古机构。

七十年来，全院职工勠力同心，探索历史未知、揭示历史本源，各项事业蓬勃发展，取得了长足进步：共获得全国十大考古新发现11项、中国考古新发现4项、百年百大考古发现2项、新时代百项考古新发现5项、田野考古奖3项，为“建设具有中国特色、中国风格、中国气派的考古学”贡献了四川力量。

饮水思源，回顾我院发展的每一个阶段，无一不浸透着我院一代代文物考古工作者拼搏奋斗的艰辛。在我省文物考古事业的发展进程中，他们始终恪守初心，身体力行地积极投身于四川文化遗产保护体系的缔造，甘之如饴地用心守护着巴蜀大地的文化遗产。在他们的努力下，四川先秦考古学的文化序列日渐完整，巴蜀文明起源和发展的历史脉络逐渐明朗，西南地区的历史轴线不断延伸，古代四川的文化面貌愈发清晰。他们为中国考古事业做出了卓越的贡献，为四川考古争得了荣誉，更为我院今天的厚积薄发奠定了坚实的基础。

《四川省文物考古研究院名家学术文集》是为四川省文物考古研究

院七十周年华诞而发起的一套纪念性文集，共九卷，分别收录了四川省文物考古研究院学术名家秦学圣先生、沈仲常先生、李复华先生、王家祐先生、曾中懋先生、赵殿增先生、黄剑华先生、张肖马先生、陈显丹先生的代表性学术论文。

这些老前辈中，有的是四川省文物管理委员会（办公室）初创成员，有的是新中国培养的第一批文物考古工作者，有的是新中国成立以来四川文物考古事业从蹒跚起步到步入“黄金时代”的亲历者、见证者。从旧石器时代考古到明清时期考古，从青藏高原的遗址发掘到长江三峡的文物抢救，前辈们筚路蓝缕，风餐露宿，心怀使命与赤诚，在巴蜀大地上写就了锦绣文章。他们将四川考古提升到了一个全新的高度，在中国考古史上留下了光辉的印记。在本职工作之外，前辈们对待后学更是关怀备至，倾囊相授，无私扶掖，令我们感念不已。

本套文集所收均为前辈们的心血之作，有着很高的学术价值：材料运用充分详尽，理论与实践紧密结合；视野开阔，旁征博引，富于创新精神；论述严密，分析鞭辟入里，给人以深刻启发；多学科手段交叉运用，研究路径多元。这些文字饱含着前辈们的科学精神与人文情怀，充分展现了他们求真务实的工作作风和严谨的治学态度。嘉惠学林、泽被后学，本套文集既是我院七十年学术发展历程的缩影，也是我院后学接续前辈们的学术脉络，踔厉奋发、继往开来的新起点。

“雄关漫道真如铁，而今迈步从头越”，衷心期望我院全体干部职工以前辈们为榜样，传承前辈们的优良学统，勇于担当，努力成长。按照习近平总书记提出的“在新的历史起点上继续推动文化繁荣、建设文化强国、建设中华民族现代文明这一新的文化使命”，在更广的领域、更深的层面开展文物考古研究和探索实践，笃行不怠，奉献出更多、更新、更好的学术成果，进一步积淀我院的学术底蕴，为我院创建世界一流考古机构注入崭新力量。

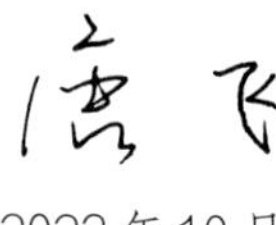

2023年10月

图版一　1994年5月19日摄于大邑庄园民俗屏风旁

图版二　1995年3月1日摄于四川省博物馆宿舍书桌前

图版三　1996年2月11日摄于青城山天师洞茶坊

图版四　王家祐先生和夫人余淑逯女士1996年9月12日摄于成都武侯祠

图版五　王家祐先生晚年留影

图版六　1998年学生来访摄于四川省博物馆宿舍二楼

图版七　王家祐先生《四川文物考古大事记》一文手稿

图版八　王家祐先生以“钱枫”为笔名撰写《蓉城女将——浣花夫人》手稿

目录

考古研究

道教研究

其他研究

附　录

作者小传[①]

一、概述

家严王家祐先生，法号“宗吉”，早年曾号岷枫或岷枫山人。四川成都人，生于1926年8月，祖籍四川广安，其父王克俊为著名抗日将领[b]。家祐先生于1944年考入国立四川大学文学院历史系读书（今四川大学历史文化学院），1948年毕业，后曾短期从事中学教育工作，系四川民革早期党员。1951年6月到西南博物院工作（今重庆中国三峡博物馆），其中1952年至1953年在北京大学考古专业进修。1955年5月至

① 本文由王修和著。

② 王克俊将军号杰夫，四川军官训练团、中央军校高教班第3期毕业。抗战期间少数几位打满从淞沪会战到衢州战役的将军之一。1935年任43军26师76旅副旅长，1938年升任26师78旅旅长，7月，因26师伤亡过于惨烈，人数锐减，43军番号撤销，26师隶属国民政府军事委员会直辖。1939年26师驻防江西，隶属32集团军29军，参加南昌会战。1940年29军番号撤销，王克俊任26师师长，隶属第10集团军。1941参加上高会战，率部歼灭日军600余人。4月3日，会战结束。第26师获国民政府军事委员会颁发的第二号武功状。蒋介石在重庆官邸召见第26师师长王克俊，同桌进餐，亲切慰勉。

1943年12月，26师与105师组成新的49军（49军原属东北军），王克俊任49军中将副军长，后历任民国国防部中将部附、沈阳警备司令部副司令、第21军中将军长。1949年12月21日率部在四川大邑起义，曾任四川省人民政府参事、全国政协委员。

1956年12月供职于四川省文物管理委员会（办公室）（今四川省文物考古研究院），1957年1月调入四川省博物馆（今四川博物院），长期在考古队、历史部、陈列部工作，先后任四川省博物馆研究馆员、四川省文史馆（今四川省人民政府文史研究馆）馆员、四川省社会科学院中华道学文化研究中心特邀研究员、中国道教文化研究所副所长。曾当选为中国道教协会第四、五届理事会理事，第六、七届理事会名誉理事，四川省道教协会顾问，成都市道教协会顾问，四川省人大第五、六、七届人民代表。1988年离休。2009年4月9日因病逝世，享年83岁，各界悼念，誉为中国著名的考古学家和道教研究学者。

家父早年即师事于著名史学大家蒙文通先生、道教全真龙门派丹台碧洞宗易心莹高道、民族史著名学者邓少琴教授。其学会通三教，融贯古今，功力深厚，学术精湛，长期以来在考古学、民族学与道教文化研究方面均有着卓越与独到的研究和成就。建国初期家父曾作为冯汉骥先生的助手，参与三星堆遗址早期的发掘与考古工作，有突出贡献；运用考古学与民族学的研究方法，对道教与西南少数民族的关系开展实地调查和研究；将考古学与宗教学的方法相结合对巴蜀地区的道教宫观和造像进行长期系统的田野考察和深入研究。作为海内知名的道教学者，关心道教事业的发展，积极弘扬道教文化，编纂道教典籍，出版道教专著，在道教学术研究、培养道教人才、传承道教文化等方面成就卓著，在道教界享有很高的声誉。多年以来先后撰写并在《考古》《中华文化论坛》《宗教学研究》《四川文物》等刊物发表《四川道教摩崖造像述议》《三星堆宗教内涵试探》《柳本尊与密教》《中国龙虎凤文化考古新发现》《20年中国考古文化之我见——兼说龙虎凤文化与三星堆文化》《西王母昆仑山与西域古族的文化》《关于“巴蜀图语”的几点看法》等学术论文百余篇，并出版《四川船棺葬发掘报告》（文物出版社1960年出版）、《凉山彝族奴隶社会》（人民出版社1982年出版）、《四川石窟雕塑》（《中国美术全集》第七册，人民美术出版社1990年出版）和《道教论稿》（巴蜀书社1987年出版）等学术专著；并参加《宗教词典》的编撰和《道教大辞典》的审订工作，20世纪90年代专程应邀赴日本讲学。家父逝世之后，其生前所集学术成果与全部藏书尊其嘱无偿捐赠给成都市图书馆。

二、家父家祐先生的为人及学术

家父秉性正直，学问踏实，然其为人幽默风趣，生活简朴，独好成都人特有的喝茶抽烟。在我读大学期间（1978年至1982年），邓少琴师祖到我家小住，有次晚餐时三辈人于院中小酌，我故意当着邓少琴师祖的面调侃一下家父（成都话叫小“烧”一下），问他：“听说您在四川史学界执牛耳耶？”家父顿时面红耳赤，头顶冒汗说：“完全乱说，邓老，邓老才是。”邓老哈哈大笑说：“紧张啥？能执牛耳也是好事，不过你就没有看出来你娃娃是故意烧你的？”家父紧张说道：“在老师面前永远不敢！”读书学习跟老师固然重要，知识的传承也是必须的，但我从家父当时那满头大汗的每滴汗珠中读到的是对老师的尊重，对中华民族固有传统文化的传承与尊重。

家父素来治学严谨，点点滴滴都很认真，稍有心得必记录在案。我在清理家父遗物时，发现有记事本笔记若干本，时间跨度很大，从1952年直到1999年，后因视力大幅度下降才没有写了。他无论是工作，还是游览，凡有发现，哪怕很小的事或物，都有所记录。每写一篇文章都要回忆很久，甚至把旧笔记重新翻阅，资料详备，方敢动笔。

1953年四川省博物馆（今四川博物院）成立，家父于1957年作为专业技术骨干被调入省博物馆。为了提高自己，作为私塾弟子继续在蒙文通老先生那里学习古文，在曾佑生老先生处悉心学习碑帖，在任乃强老先生处悉心学习西南民族史，并在北京大学进修期间曾从师于夏鼐老先生。家父从民国时期就与青城山高道易心莹交往颇多，得到易大师的多方指点。到成都工作后，经常与研究钱币的肖永泉（音）、古玩高手乔德光、篆刻专家刘秉谦、成都古琴大师王华德（音）、装裱大师秦君祺（音）等人多相往来。巴蜀文化名人袁庭栋为家父好友，亦常与他们一起吹牛、学习。我不止一次问过家父，学考古怎么那么难？他告诉

我，要想把古代的一件事、发掘的一个物件搞清楚，就必须方方面面都懂得，不然就要闹笑话。由此看来，家父的学问庞杂，为后世所尊重也是不无道理的。

三、工作经历

家祐先生自20世纪50年代初便投入文物考古工作，1951年就职于西南博物院时，曾参加巴县（今重庆巴南区）、广元等地战国墓葬的考古发掘，并筹办西南地区文物展览，随后又主持了四川彭州竹瓦街窖藏文物的发掘工作。1952年至1953年在北京大学考古专业进修以后，又参加了著名考古学家冯汉骥先生领导的四川省文物管理委员会（办公室）考古队。自1957年1月调至四川省博物馆工作，参加了“文化大革命”前四川省内几乎所有的重要考古发掘工作。

现在三星堆考古发掘的成果已成为四川的文化标志，家祐先生可称为开创性的元勋，在他去世后有报刊报道，把他称为“找到三星堆钥匙的人”。原来三星堆的考古发掘开始于1929年，后因民国军阀混战，停止了继续发掘的工作。家父20世纪50年代因工作原因到广汉出差，就住在1929年最早发现月亮湾玉石窖藏的农村燕家，与“燕道诚老爷子”之子燕青保抵足而眠。经过反复谈心和动员感召，燕青保终于同意将家传的玉璋、玉钏、石璧等珍贵文物用土布包裹，拿到四川省博物馆交给了国家。这些文物现在分别收藏在四川大学博物馆和三星堆博物馆。正是这些珍贵文物的公之于众，引起了学术界专家们的重视和社会的高度关注，当然也引起了博物馆领导层面的重视，也正因为有当初的这个开端，才有了后来的考古发掘和现在大规模的三星堆考古研究工作。

四、自我修养与培养学生

我最佩服的是家父的读书精神，20世纪60年代中叶到80年代，他除了有客人来拜访，一直都在书桌前读书或抄写或撰文，可以一坐一天，完全不动。直到80年代，凡有年轻人来访，他都悉心指导，毫无保留，坚持培养有识之士，先后培养了李远国、帅培业、黄海德、郝勤、梅铮铮、李显光等弟子，以及甘绍成、刘绥滨、李俊等在其他领域发展的学生，他们如今都颇有成就，成为历史学、道学、民族史研究的专家，并在各自的工作领域成为了领军人物。

家父为人风趣幽默，经常实施“吹牛”式教学。他的著名金句就是“酒色财气有度则养生”，无论是我在场，还是坤道、乾道在，抑或者是他的学生们在场，都“鼓吹”他提倡的“三荤”。即开荤，就是要吃好点，以保证身体健康；结婚（道家的正一派本来就是可以结婚的），让自己不要那么孤单，过完自己完整的一生；发昏，就是要大家不要过于精明，偶尔糊涂一下，让不那么顺心的事一笑而过。

五、结束语

光阴易逝，家父已过世十余年，但我们仍然时常回忆起家父在家中的生活及其学术生涯的点点滴滴。今值四川省文物考古研究院领导高度重视传统文化与学术研究，准备整理出版家父的学术文集，实为弘扬文化表彰学术的重要举措，因此略记家父的有关生活回忆，作为王家祐先生的后人，特此怀着感恩的心情，向考古院领导和关心家父的社会各界热心人士表示由衷的感谢！由于我是学文学的，虽然与家父一起生活了几十年，但的确术业有专攻，连写此短文都颇感写不好，请大家理解。感谢李远国、黄海德师兄在各方面对我的帮助；感谢姜红和张楠二位女士在收集整理家父的文章中不辞辛劳的工作；感谢唐飞、韦荃、姚军、刘禄山四位领导和朋友及家人余砚耕和王修慧在出版该书过程中做出的努力与贡献！

王修和

2022年3月29日

序

天府之国的锦官城——成都，历史悠久，是一座美丽的文化名城。王家祐先生在这座名城里度过了自己的一生，他做到了为故乡成都增光添彩。我熟悉王家祐先生的学问和为人。本序评述王家祐先生的科研方法，回忆一些往事，侧重于后者。

一

王家祐先生，生于1926年。他拜青城山易心莹道长和维摩精舍袁焕仙居士为师。1948年，毕业于四川大学文学院历史系，是蒙文通大师的学生。1953年，在北京大学考古专业进修。他曾参加包括广汉三星堆早期考古在内的一系列重大考古调查，曾投身有关道教及少数民族的田野考察，一直研读浩瀚的古代文献[①]。

王家祐先生的学术成就，离不开其深厚的学术功底。其学术成就，已有专题介绍和评论，兹不赘述。我感到王家祐先生的论文有三个

① 请参阅《四川省文史研究馆文史学家简介》，《文史杂志》1994年第1期，第51页；李远国《王家祐的道教研究》，《宗教学研究》2013年第4期，第15—22页。

特点。

第一个特点是经常使用王国维先生开创的二重证据法。具体而言，就是将考古资料和道教文献及道教实物互证。有的论文，还加入了和彝文对照。比如《巍山祠庙记——附论南诏道教》曰："南诏'三官、五岳、四渎'与兴起于四川青城的五斗米道崇祀相同……五斗米道与南诏、彝族似本同源。""《西南彝志》多次提到成都的濮人，成都平原出土的古蜀文字（郫县战国铜戈）和道书《度人经》赤文天书字与汉字对照本都很近似古彝文。"①

道教被外国学者比喻为中国传统文化的百科全书。研究道教学的每一个分支，几乎都需要跨学科，需要横跨双科、三科甚至多科。但多数道教学者使用考古资料还不够，包括我在内。2003年9月20日，王家祐先生对我说："道教研究，文献搞得差不多了，该搞道教考古了。"这是对我说的，也是对国内多数道教学者说的。王家祐先生善用二重证据法，为道教学者树立了榜样。

第二个特点是求真。张泽洪教授《道教斋醮符咒仪式》一书出版后，王家祐先生评论曰："纵观中华文明之历史，宗教之产生、发展、兴亡，自有其客观必然，非一纸封条可强行禁锢。批之、判之，无助于宗教观念之根除。听任对神灵之诚信，对偶像之迷恋，诉感情之倾心，寄贞心于天堂，亦非社会治政之良方。唯有深入实际，研讨宗教之要义，了解其历史与现实真相，方能定政策、益社会、澄心态。"②

王家祐先生以批判"宗教鸦片论"和防止宗教信仰过度为理论前提，讲述研究斋醮符咒的合理性，鼓励学者全方位的研究道教，讲得很到位。书评中"深入实际，研讨宗教之要义，了解其历史与现实真相"一句，讲述求真求实的科研精神。我如果评述张泽洪教授的大作《道教斋醮符咒仪式》也这样说，属于画蛇添足。但道教丹台碧洞宗二十三代

---

① 王家祐：《巍山祠庙记——附论南诏道教》，《凉山彝族奴隶制研究》1978年第1期，第50、51页。

② 王家祐：《读〈道教斋醮符咒仪式〉有感》，《中国道教》1999年第5期，第44页。

传人王家祐先生这样讲述，则非同一般。他的话语起到了向教内学者提醒的作用，提醒他们要充分认识学术研究和传承教义是两个不同领域的工作，一定要分别采用相应的不同方法。王家祐先生以身作则，他这样说，也是这样做的。他的学术论文均坚守求真求实的科研精神和学术规范。

第三个特点是视野开阔。比如《古代一娶二女婚俗起自蜀山》曰："蜀之文化乃肇自昆仑（巴颜喀拉山）；始于河源（黄河首曲）。蜀与戎狄必有混血，西落鬼戎或类于西亚塞种（Saka释迦，不是Semi闪米白种）。昆仑文化或可西溯于巴比伦二女神。""先商之夏或即包含有突厥人之匈奴族。盖种姓非纯种族，塞种（释迦）人即可译为斯基泰、徐西亚、西伯利亚、鲜卑、吐谷浑等。其由白种人变为黄种人，当然是经过长期的种族血统混融演化而成。从古戎、狄、胡直至月氏、大夏等诸族，亦皆如此。"①

王家祐先生有关考古、道教和民族史研究的论文，其内容每每以巴蜀为中心，上及远古，旁及西南、西北以及西域各地。这篇论文甚至远及印度、中亚，结论是古代也有白种人融入中华民族。像这种时间跨度漫长、空间跨度宽广、涵盖学科众多的论文，王家祐先生还发表了不少。冯广宏先生称赞王家祐先生在与道教文化交叉的民族史研究领域"左右逢源"；还称赞说，利用道教史料研究巴蜀古史的实践者，"至今恐怕只有他一人"②。拜读王家祐先生这些论文之后，不由得赞叹先生知识之渊博和论点之新颖。有的论文的结论可能只是一家之言，甚至引起商榷，但其开阔的视野仍然给人以启发。

---

① 王家祐：《古代一娶二女婚俗起自蜀山》，《文史杂志》2000年第1期，第10—11页。

② 冯广宏：《〈王家祐道教论稿〉序》，王家祐《王家祐道教论稿》，成都民族宗教文化丛书编委会编印，2006年，序第4页。

二

我认识王家祐先生，是四十多年前的事。1980年7月18日，王家祐先生来中国社会科学院世界宗教研究所面试副研究员岗位，我和陈兵同学旁听。1980年下半年，任继愈先生主编的《宗教辞典》（上海辞书出版社，1982年）在北京西郊香山脚下的普安店集体统稿，王家祐先生参加。10月23日，我也奉命到香山脚下参与统稿。25日，陈兵同学也奉命赶到。我们与先期进驻的学者们同审稿、同讨论、同参加学术活动、同吃、同住、同散步、同爬香山，最后相处得非常熟悉了。艰巨的工作，艰苦的环境，最能促成深厚的友谊。我们与道教学者王家祐先生、卿希泰先生、曾召南先生在香山脚下结成的忘年交，使我们终身受益。

我与王家祐先生共住一间平房，宿舍兼办公室。我11月12日另有任务，中途离开。那段时间，我与之交流最多的道教学者，非王家祐先生莫属。王家祐先生谈吐非凡，仅举香山脚下数言，窥豹一斑。

比如王家祐先生说“要得道，就是要会吃饭，会睡觉”“对老婆一定要好。因为你的家、你的孩子，甚至你的性命，都掌握在老婆手中”。此类看似平常却富有人情味儿的话，我从未听到过，倍感新鲜。王家祐先生还说：“君子爱财，取之有道；君子好色，行之以礼。”听到此语，我感到惊讶。这16字箴言是对《增广贤文》的改编，后者曰：“贞女好色，行之以礼；君子爱财，取之以道。”“文化大革命”前和“文化大革命”中，连谈论吃喝玩乐都被批判为腐朽的资产阶级思想，追求致富和赞赏美女更是被斥责为大逆不道。1980年公开宣讲这16字箴言，也是需要极大的勇气的，但王家祐先生却十分轻松地脱口而出。

1986年至1993年，我致力于推动中国道教协会成立道教文化研究所和道教学院，推动协会编写《道教文化丛书》和出版《道教大辞典》，得到各方面的支持。《道教大辞典》（浙江古籍出版社，1987年）是赵亮等几位年轻道长编著的。在推动过程中，我经常与协会李养正先

生、王沐先生、张继禹道长、闵智亭道长等商讨。那几年，王家祐先生和潘雨廷先生几乎年年到白云观来开会，比如出席中国道教协会第四次和第五次代表大会以及各次常务理事会，出席“陈撄宁先生仙逝20周年纪念会”、《道教大辞典》编委会会议等。每次来开会，两位先生都和我及协会的几位一起商讨上述推动诸事。

王家祐先生支持我的学术活动，仅举数例。

1981年春天，我和两位同学出京为毕业论文答辩做社会考察，我是手持王家祐先生的“入山符”迈进青城山天师洞的。3月28日，我们到王家祐先生家中拜访，他为我们书写了引见信，说这是“入山符”，并派人带路。3月29日，登上青城山常道观后，我递上了“入山符”。傅元天道长低头浏览后，非常高兴，他和蒋信平等几位道长立即表示热烈欢迎。

1983年9月16日至10月14日，法国戴思博（Despeux Catherine）副教授来到中国社会科学院世界宗教研究所，进行学术访问，我全程参与学术接待工作。我推荐她去外地结识更多的道教学者，包括王家祐先生在内。我事先都给外地学者打了电话。王家祐先生认真接待了戴思博副教授。10月11日，戴思博副教授返京。她高兴地对我说：“王家祐先生学问很好。”

1992年3月2日至3月7日，中国道教协会第五次代表大会在京丰宾馆举行。3月2日，王家祐先生对我说：“要在六十岁以前写出几本书，六十岁以后精力就不够了。”3月4日，他同我长谈自己的学术体验，我获益匪浅。

1992年10月15日至19日，王家祐先生和我都出席了“西安道教学术会议”，我推荐邀请的日本学者蜂屋邦夫教授、法国学者穆瑞明（Christine Mollier）教授、桑德琳（Sandrine Chenivesse）博士也出席了。会议间隙，我请王家祐先生与他（她）们进行了深入的学术探讨。

1993年，我给中国道教学院第二届进修班授课结束后，组织全班学员编写《中国道教宫观文化》（宗教文化出版社，1996年）一书。还从进修班以外聘请了几位作者，王家祐先生是此书最年长的作者。

王家祐先生对我的学术支持始终不渝，仅举数例。

2003年9月20日，我和两位同事从成都出发，行程是经青城山，再经四姑娘山，去甘孜藏族自治州康定县（今康定市）塔公草原，考察西康福利学校。王家祐先生和另外两位朋友，从成都陪我们到青城山建福宫张明心道长那里。在建福宫前分别时，王家祐先生祝我们"健康，安全，吉祥"，并郑重地叮嘱我说："不吉祥的人不要接近。"

2005年10月10日，我出席"成都道教养生与当代世界国际学术研讨会"，并到四川大学指导博士生。10月18日我去中医院探视住院的王家祐先生，他郑重地叮嘱我说："要做四面佛、千手观音。"

2008年5月12日，汶川发生8.0级特大地震。那一天，我往成都打了数不清的电话，但成都的手机无信号，座机无人接。王家祐先生恰好跑回家里卫生间解手，接听了我的电话问候。他说："成都震感强烈，大家都跑到院子里待着去了，安全没有问题，你放心吧。"最后他叮嘱我也要注意安全。

2008年10月28日，我打电话问候王家祐先生。他赠言说："健康第一，保护眼睛。全家平安，阴阳和谐。"

王家祐先生2003年和2005年两番叮嘱，涵义很深，非常重要。孔子曰："己欲立而立人，己欲达而达人。"（《论语·雍也》）魏晋时期思想家傅玄曰："然夫仁者，盖推己以及人也。"（《傅子·仁论》）儒家尊崇推己及人的仁人。多年来，王家祐先生对我的历次叮嘱，均是推己及人，他是一位仁人。

三

小组讨论会和朋友聚会，若王家祐先生到场，那就绝不会冷场，必定笑声不绝。王家祐先生的诙谐，迅速拉近了人与人之间的距离，不仅把欢乐带给别人，有时还派上了用场。正如有学者形容的那样，"亦庄亦谐亦神仙"[①]。

1995年7月11日至13日，中国道教协会五届六次会议在青城山常道观召开，王家祐先生是会议代表，我应邀出席。13日上午，与会全体人员集合在天师殿前，准备步行前往上清宫，在上清宫用午餐，继而步行下山到建福宫，然后分头乘汽车去机场、火车站或市里，各自回家。正要起身离开天师殿，突然天降大雨如注，大家立即躲进殿旁走廊里，坐在小板凳上。好长时间，大家闷头坐着，一言不发，都望着瓢泼大雨发愁，担心误了飞机、火车。

忽然，王家祐先生开口高声讲笑话。笑话诙谐生动，立即转移了全体代表和工作人员的关注点。人们很快绽开了笑容，笑声一片，不时哄堂大笑。有人笑得前俯后仰，有人笑疼了肚子。大雨在大家的笑声中停止了，没有耽误大家的返程。

2000年10月6日，四川大学宗教所举行了建所20周年和成立国家人文社科重点基地的庆典。同日，"道学与中国传统文化国际学术研讨会"开幕。会议讨论结束后，与会中外学者考察瓦屋山。参加了这些活动后，12日我同王家祐先生、台湾翟庄先生一起上青城山。新加坡李至旺先生和庐山叶至明道长已经先到了。当晚，唐诚青道长在书房挥毫，题写书法作品。可能因为我们在他近旁围观，他有些紧张。所以，他写了一张，不满意，揉成一团扔在地上。写了一张，又不满意，又揉成一团扔在地上。一连扔了几张。尴尬之际，只见王家祐先生一一捡起纸团，在茶几上用手捋平，折叠整齐，装进了提包。唐诚青道长和我们三位客人都感到诧异。唐诚青道长问："王老师，您捡废纸做什么？"答："卖钱。"大家越发诧异，问："谁会买残品？"答："卖给唐会长。"大家笑了，说："唐会长不会买。"王家祐先生充满自信地说："肯定会买。十年以后唐诚青成为大书法家，远近闻名。那时，我生活困难时，就拿一张卖给唐会长，要一百万元。他若不买，我就拿到市场上去，说

① 王国平：《王家祐：亦庄亦谐亦神仙》，《四川政协报》2022年6月9日第4版。

这就是唐诚青的书法。大书法家、大名人唐诚青丢不起人，肯定买。”还没有说完，我们三位已经笑得不可开交。听到这个别出心裁的玩笑，唐诚青道长也笑了。接下来，大幅书法写成功了。

是哪年哪月我忘记了，有一次，王家祐先生在轿车上说，青羊宫年轻的道姑向他求教如何才能结婚。古代哲人曰：“那么不那么，不那么却那么，才是那么不背那么。”[①]王家祐先生答复道姑说：“你们要想那个，首先要那个，然后才能那个。”道姑说：“听不懂。”王家祐先生说：“你们回去悟。”道协为我们开车的女司机，恰巧也是年轻人，听到这样的答复，忍不住笑出了眼泪。我曾经说过：“这一回答既机智又幽默，王家祐先生的这种天才是常人难以望其项背的。事后他对我说，其实，他这样回答实属无奈。”[②]

我到青羊宫去过几次，在那里见到了不少年轻道姑，陈明昌等道长指导她们诵经、祝祷、做功课。在轿车上，王家祐先生解释他的答复说：“我如果答复她们可以结婚，那是支持她们违反戒律。我如果答复她们不可以结婚，那不符合婚姻法。我如果不答复，那是不关心她们。所以只能这样答复，将决定权交给她们自己。”王家祐先生将各个方面都考虑到了。

天谷散人《王家祐Y传》说：“青城小径，遇一小道姑，见师即拜。师问：‘还未嫁人否？’道姑面赤而嗔：‘王法师你硬是那个的很。’师遂作偈曰：‘有了那个，才能那个。莫得那个，就莫得那个。那个了那个，就能那个。’”[③]这段描述，情节生动，王家祐先生的诙谐答复已演义为传说故事了。

---

① 闵一得：《天仙心传》附录《真师太虚氏法言一则》，《藏外道书》，巴蜀书社，1994年，10\447下。

② 朱越利：《〈思问晓录〉序》，袁志鸿《思问晓录》，宗教文化出版社，2013年，序1—3页。

③ 见李莱子的博客，2014年3月8日。

四

1994年12月22日，我到成都出席“道家道教学术讨论会”。25日，王家祐先生专门赶到会场送两本书给我。一本是美国学者欧文·华莱士（Irving Wallace）著、周成宽和胡德映译《圣床》（敦煌文艺出版社，1993年），这是为我的研究项目提供的参考书。一本是刘文刚著《宋代的隐士与文学》（四川大学出版社，1992年），这大概是以书指路，可惜路障难越。

《宋代的隐士与文学》引宋朝隐士杜濬《述志》曰：“宁往百里步，曲木不可息。宁忍三日饿，邪蒿不可食。虽云食息顷，便分淑与慝。志士当暮年，闻道转历历。要使此一身，如琢复如涤。整冠与纳履，微嫌费疏剔。未若瓜李地，绝不见吾迹。”紧接着，刘文刚教授赞扬杜濬曰：“这种把道看得高于一切，终生修身养性的精神，令人钦佩。”[①]读到《述志》，我联想到有学者称王家祐先生为独立特行之士[②]。

王家祐先生对我说：人品不高者邀请的会议，他不出席。这与杜濬“宁往百里步，曲木不可息”，异曲同工。

天谷散人《王家祐Y传》曰：“师从事考古文物数十载，绝不染指古玩……时有商家慕名请师鉴定文物，且许以重利，师均坚拒之。尝言：‘王老邪一生贪财好色，吃得的才吃，吃了要吐出来的绝不吃。’”[③]这正是杜濬所说“邪蒿不可食”。

王家祐先生对我说：“到熟人开的饭店请客，我坚持要收银台先收了我的餐费后，我和客人才上桌。因为，如果饭后结账，老板客气，硬不收费，我没办法。那样的话，有人会怀疑我原本就不想付餐费，怀疑我贪腐。所以我一去，就把餐费先拍给收银台，饭店都习惯了。”王

---

① 刘文刚：《宋代的隐士与文学》，四川大学出版社，1992年，第158页。

② 冯广宏：《博学深思的特行之士——王家祐》，《文史杂志》2012年第4期，第19—22页。

③ 见李莱子的博客，2014年3月8日。

家祐先生此举是拒绝饭店免单，即“饭店不免单”。也就是曹植《君子行》所说：“瓜田不纳履，李下不正冠。”杜濬干脆不去瓜田李下，用意与《君子行》所说其实相同，也是避嫌。

冯广宏先生介绍说：中华人民共和国成立后，王家祐先生投入文物考古工作，与当时成都文化人沙铭璞、孙梦渔过从甚密，号称“三剑客”。1957年掀起“反右派”风暴，他受到不公正的待遇。但“家祐有道家修养，胸怀坦荡，不以为意，终在拨乱反正后得到改正”[①]。

古代有所谓“小隐隐于野，中隐隐于市，大隐隐于朝”之说。如果将受到不公正待遇岁月里的王家祐先生视为隐士的话，那么他属于隐于市。但不是隐于商贾工坊，而是隐于考古和道教研究。王家祐先生虽受到不公正的待遇，但不以为意，继续埋头工作，此举可与宋朝隐士杜濬相媲美。

除了诙谐潇洒、乐观豁达之外，王家祐先生还有一些怪异的言谈举止，尤其体现了他独立特行、放浪形骸的道家性格。比如，他主动与晚辈称兄道弟，直呼自己的夫人为妈。这两种称呼不合世俗礼数，但在《道德经》中可以找到依据。屈尊而称兄道弟，平等待人，合乎《道德经》所曰“知其雄，守其雌”“知其白，守其黑”。俗话说：“女大三，抱金砖；女大五，赛过母。”王家祐先生的夫人是他的表姐，比他年长六岁。王家祐先生尊称夫人为妈，合乎《道德经》顺其自然的思想。

王家祐先生还有一项与众不同、独具一格的成就。他没有在大学招收研究生，却以授徒的方式培养出李远国、黄海德、沙铭寿和郝勤四位出类拔萃的弟子。四弟子皆大成，被学界合称为“酒色财气”。

王家祐先生2009年4月仙逝，我闻讯后悲痛不已。他仙逝前不久对我说，他已经清晰地看到了自己的来世。他说：“我死后将很快轮回到西藏阿里地区，出生在一户藏族家庭。幼时我被寻访认定为转世灵童，后坐床为转世活佛。你将来到阿里藏传佛教的寺庙来看我。”

---

① 冯广宏：《博学深思的特行之士——王家祐》，《文史杂志》2012年第4期，第20页。

王家祐先生晚年身体不好，一目失明。但他仍然谈吐诙谐，甚至调侃自己，出此怪异之言。此调侃之言，令人感到悲凉。王家祐先生发表过关于藏学的论文，如《白马藏人的宗教信仰》《白马藏族族属试探》等。此调侃之言的背后，有可能隐藏着深深的遗憾。他知道自己来日无多，发表更多藏学论文的设想已经来不及实现了。

王家祐先生自知怪异，所以自称王老怪、王老邪、王老妖等等。蜀中自古多奇人，王家祐先生是蜀中一位现代奇人。

四川省文物考古研究院编辑出版王家祐先生文集，极有意义，乐为序。

朱越利

2022年4月15日书于北京

王家祐的道教研究[①]（代序）

王家祐（1926—2009），道号宗吉，1926年8月生于成都，祖籍四川广安。1948年毕业于四川大学文学院历史系，师事史学大家蒙文通先生。1951年6月至1955年5月，在西南博物院从事文物考古研究工作，曾参加过1949年后重庆地区的第一次战国墓葬考古发掘工作、西南地区文物的展览工作，并主持了彭州竹瓦街窖藏文物的发掘工作。1953年，入北京大学进修。1955年5月至1956年12月在四川省文管会从事田野考古工作。1957年1月，调入四川省博物馆从事文物研究工作后，曾相继参加广汉三星堆的早期考古调查、长江三峡的考古调查、彝族地区的文物考察、成都羊子山历代墓群和土台的考古发掘等工作。

王家祐先生所学专业是考古史学，曾作为冯汉骥先生的助手，参与三星堆早期的发掘与考古。在文物考古、民族史和道教史研究方面，都有着相当突出的成就。早在1960年，文物出版社就印行了他的《四川船棺葬发掘报告》，此后又公开出版《凉山彝族奴隶社会》《四川石窟雕塑》等专著。他在青壮年时曾云游于宁、沪、杭及巴蜀道教圣地，

① 本文系教育部人文社会科学重点研究基地重大项目“《中国道教史》修订工程”（项目批准号：12JJD730003）阶段性成果。

师从高僧名道，研习禅修道术，后投拜青城山道教龙门派碧洞宗门下，道号宗吉。他结合考古学和民族学研究道教，著有《道教论稿》《王家祐道教论稿》《青城仙源考》《道教之源》（合著）等，并担任中国道教文化研究所副所长、中国道教协会理事、四川省道教协会顾问等职。

王家祐先生一生酷爱读书，勤于思考，常有与众不同的见解。其论道教文章，大体上可分三类。一是关于道教源流的讨论，无论是道教史总体性研究，还是断代研究，抑或人物研究，皆有他自己的卓见，不落俗套。二是与道教文化交叉的民族史研究，他利用《山海经》等古籍，运用考古学与民族学的方法，对道教与西南各少数民族的关系进行了研究，他在《道教简说》中讲道："道教是中国人创造的，是汉族与各兄弟民族古代信仰的总和。道教也是活动在中华民族活动域（九州岛）许多民族文化的宗教化产物。"[①]他在此领域中左右逢源，创见颇多。三是对道教造像、宫观等的田野调查研究，这是结合他的考古特长，在宗教艺术方面进行的探索，这种研究的方法，在早期道教研究的实践者中似他为第一人。

一、道教源流的历史考辨

道教的源与流，是学术界一直关注的热点，许多学者对此投入了大量精力，王家祐先生亦是研究道教早期史的重要人物。他指出，早于张家道流行于巴蜀的"李家道"，实际上就是原巴蜀氐人所崇奉的"五斗米巫"。张陵改造五斗米巫为正一道，是黄老之学与西南米巫的融合。在族系上张氏是中原汉族，米巫则是四川土著（原巴蜀）之民。张陵开盐井制十二女巫的地方叫"陵州"。此"陵"字与"嘉陵"（嘉良夷、犵狫）相同。反思之"张陵"是否指山谷獠居之张陵？为张道陵而非中原张陵？今所传张天师像虬髯、碧瞳方、高鼻，皆与"老子"像

① 王家祐:《道教论稿》，巴蜀书社，1987年，第210页。

同。继承李家道之张道陵似南人老聃（李耳？），而异于“貌若好女”的张良。张良在陕南留坝山中与赤松子游，已固有其渊源。其子孙迁居于蜀者：彭山县张纲、张天师叔祖张辟疆，葬于乐山市，两人所居皆在“獠”区，或其母系（妻族）本巴蜀土著？或此张姓本与蜀中李姓同，乃巴蜀民所改之汉姓（且从母姓），而非中原汉族的“李氏”与“张氏”？最能代表李家道的是成汉李氏（302—347），他们的族系是“巴氐”，是“賨人”。四川雅安有汉“賨侯之贶”铜印出土，四川重庆冬笋坝有“中人”战国小印出土。賨人是虎族，由楚地“逆江而上”的鳖灵以“开明兽”名其国，亦为虎族[①]。

“李家道”的许多神仙皆以“李”为姓，这是四川秦汉道教或方士的特色。而蜀王后裔的李冰，亦为精通方术的道人。《史记·河渠书》云：“蜀守冰，凿离碓，辟沫水之害。”冰非中原人，不知其姓氏，若中原人，未有不记其姓氏之例。立于广东英德县张九节庙中的《桂阳太守周憬功勋铭》，是熹平三年（174）刻，碑文辞云“感蜀守冰绝黎魅……”，亦不知其姓。所用“黎魅”二字，非仅述其穿岩通水，凿平险滩；亦兼有“牛鬼鸟巫”之敌族贬义词。《楚辞·天问》：“鲮鱼何所，鬿堆焉处？”王注云：“鬿堆，奇兽也。鬿一作魁。”《山海经·东山经》：“有鸟焉，如鸡而百首，鼠足而虎爪，其名曰鬿雀，亦食人。”《大荒西经》中有“三青鸟”，“赤首黑目，一名大鵹，一名小鵹，一名青鸟”。又云：“有青鸟，身黄，赤足，六首名曰鸟。”这些异写异名都表征着古蜀鸟族被龙虎族代换后所留史影。秦灭巴蜀，又利用四川民族内部矛盾取得安定。在三封蜀侯后，且以蜀王后裔为蜀守。李冰是蜀王后裔，蜀中李姓仙道的“君师”。道教神仙传说以李冰为川东鱼凫人，乃本蜀中李家道之记载，不可否定。五代蜀王封李冰为太安王在青城后山，亦与道士李珏并崇为神仙。四川奉李冰为“川主”，神像额上有一竖目，或

① 成都民族宗教文化丛书编委会编辑：《王家祐道教论稿》，2006年内部出版，第121、125、186、247页。

源自蜀人“纵目”（出于羌系的藏人亦多嵌竖眼）。今所谓“二郎神”，初为“氐羌猎神”杨戬，后为“李二郎”，宋为“赵昱”。杨戬、灵官、华光等神皆“三眼”。古蜀人纵目或“连眉间一目”，是额饰的习俗特征。

从《华阳国志》中所记李冰事，冰能知天文、地理，谓汶山为天彭门。天彭门是蜀人魂归天上之所经关口。今本《蜀王本纪》云：“李冰以秦时为蜀守，谓汶山为天彭阙，号曰天彭门。云亡者悉过其中，鬼神精灵数见。”此云亡者当指鬼魂。人过地上“天阙”，即升于西陵岷山，魂归天上天门。李冰至湔氐县，见两山对如阙，因号天彭阙。仿佛若见神。遂从水上立祀三所，祭用三牲，珪璧沉渍。此立三祀三所，或即“天师道”的“三官”（天、地、水三官，一说为唐尧、虞舜、夏禹）。又记李冰于“玉女房”下白沙邮作三石人，立三水中。“与江神要：水竭不至足，盛不没肩。”能与江神要盟的李冰，当是蜀山族的巫师（天师道的君师）。又李冰化牛斗都江江神；操刀入水与溷崖水神斗，皆见冰非凡人，乃蜀之巫师、君师。此外，李冰识刹水脉。“刹水”即盐卤水，伏流地下而能“识”又能开发，非蜀族长者君师不能办。李冰、张陵皆服盐神，开盐井。李冰归魂天彭，葬在四川什邡县。在什邡洛水乡后城治庙后，有李冰“礼斗峰”，相传李冰曾“礼斗”于此峰。宋人在此刻“礼斗峰”三字，字为宋朝初年李公受题。李公受自称是李冰后裔，曾任遂州知州，重视水利，专程来此扫墓，并刻题“礼斗峰”三字。综观以上引述，李冰是蜀中李家道的神仙人物，秦改蜀侯为蜀郡守后任用的蜀人。张陵承继改革“五斗米巫”建立正一道，中央教区设在彭县山中，并划“公墓治”为二十四教区之一。二十四治皆以蜀中獠民为道教“种民”，李冰归葬地亦其祖蜀人“种民”所居[①]。

对于传说中的古蜀仙人，如阴长生、王方平等，王家祐先生也逐

---

① 成都民族宗教文化丛书编委会编辑：《王家祐道教论稿》，2006年内部出版，第121、125、186、247页。

一进行过梳理，肯定其中许多人物的实在性，并且得出上古仙术多源于蜀的结论，从而阐述道教产于巴蜀地区的必然性。他指出，《云笈七签》所言：马明生，齐国临淄人，本姓和，字君宝。为贼所伤，玄都太真夫人救活之，随侍夫人入东岳石室，乃易名姓，自号马明生。后随安期生受九丹之道，随安期西之女儿，北到圆丘，南至秦庐，潜及青城九嶷，授以太清金液神丹。汉灵帝时太傅胡广知其有道。阴长生敬事马明生。乃将长生入青城山中，煮黄土为金以示之。后于平都山升天。自述云：汉延光元年，天仙积学所致，不为有神。《历世真仙体道通鉴》卷一三言：安期生以道授马鸣生，马鸣生授阴长生，阴长生授尔朱先生。又征引明代徐道《神仙通鉴·佛祖传灯》卷九言：阴长生在北邙（嶲州，今西昌）谓张道陵曰：我从马鸣生三十年，遂将我入青城山，煮土为金以示我。立坛西南，授我太清金液神丹之经。临别曰：吾即蜀之青衣帝也。所谓“青衣帝”者，指蜀山开国之帝蚕丛氏。

蜀有蚕神马头娘，乃犬封（犬戎）盘瓠所婚之女。犬封在西王母昆仑虚（龟山，蛇巫山）。犬戎见于巫书《大荒北经》：首叙“附禺”山。帝颛顼与九嫔葬焉（当于今嶓冢山）。有先民之国（当即“叟”），有盘木千里（当即度朔山之蟠桃木）。西有禹所（居住）积石山。有儋耳之国，有人面鸟身玩蛇的禺疆神（人鸟族），有虎首人身玩蛇的疆良神，有九首人面的九凤。有成都戴天山。有共工（即崇伯鲧）之臣名相柳，九首蛇身自环蟠。有人衣青衣，名曰黄帝女魃。钟山（崇、浊、蜀）有女子衣青衣，名曰赤水女子献。黑水之北有人有翼（羽人即神仙），名曰苗民。颛顼生欢头，欢头生苗民，苗民厘姓（厘、釐、耗通假）。有神人面蛇身，直目正乘（纵目人有立目在额上），是烛九阴，是谓烛龙。以上摘引大约可见：附禺即蜀之绥山桃都。即鸟人、蛇、虎所居之“昆仑”。相当于今甘肃南嶓冢（岷山北区）。古蜀之蚕丛氏（即西陵氏）与黄帝为婚，地当今川青甘边区，亦即考古彩陶文化地区。《水经》以雒水出三危山，三危是蜀之西山。今横断山脉阿坝、甘孜两藏区及“羌塘”即古三危。《海外西经》巫咸国在登葆山（灵山），群

巫从此上下。轩辕之国在此穷山（崇）之际。灵山之西有沃野。有氐人之国，炎帝之孙名曰灵恝，灵恝生氐人是能上下于天。以上所引《海外西经》实指川西崇山（钟、蜀、岷）有巫咸国（巫载即巫哉），群巫在灵山（登葆）上，能通天地鬼神。有夏后开珥两青蛇乘两龙，在天穆之野。《竹书》颛顼产伯鲧，在穆天之野。此穆天之野有氐人，即崇伯鲧（夏禹之母）之族。“禹学于西王国”即归养于舅家“女和月母”之国，即姜姓羌族。此氐羌天穆之野，即姬姜姻娅之沃野。“穆天之野”之部族联合酋长非周穆王，实崇伯鲧。颛顼死即复苏，乃指生伯鲧，鲧即“鱼妇”。后蜀有王名鱼凫，即鲧母生禹之后。

崇禹生于西夷（或曰西羌，或曰西僰），在今汶川、北川一带。禹本大巫颛顼之孙，由西山（崇、巫、灵）东渐于今之巫峡。又由夔州鱼复沿江上溯，至于今温江。《神仙通鉴·佛祖传灯》卷一五：“紫阳上道真君李八伯，即鱼凫（王）。妙应明香真人李真多，即望帝（杜宇氏）。威凤山（石斛山）伏虎真人张伯子。”蜀中王侯随巴陵侯姜叔茂绥山得道，实有昆仑崇山的渊源，远在夏（羌）周（氐）。

青衣帝蚕丛氏即西陵氏，亦即瞿唐、雷埴。“雷埴”不仅指限于西陵氏。凡蜀国名王之神崖如鳖灵、鱼凫皆可称之，盖概指神祖也。就芦山县（古青衣县）考古发掘战国墓及开明王城遗址看来，青衣神可以概指开明王鳖灵。《四川通志》：“金堂山……金堂峡中旧有崖龛，凿有形象奇古之人物。旧以‘山皇庙’称之。可能为宋修复水道，纪念鳖灵而刻以奇古之状，非一般中原衣冠之禹神。”鳖灵，民间以治水之神：冰夷、鳖令、王冰（叕）、李冰皆功同神禹也。重庆市涂山禹庙神像亦奇古。鳖令凿金堂峡，金堂灵山又名“浮山化”。浮山化即巴山化鳖令自楚溯江而上，鳖灵为巴人。鳖灵王之子王子晋受道于浮丘伯。浮丘伯姓李，李昌利与李八百皆隐金堂山。《全后汉文》卷三六：“呼虎为‘李耳’。俗说虎本南郡中卢李氏公所化。”中卢是今湖北襄阳，正是巴人卢戎之居。扬雄《方言》：“虎，江淮南楚之间，谓之‘李耳’。”实蜀楚之称呼。周西土八国：戎、蜀、羌、矛、微、卢、彭、濮，其中无

“巴”。廪君之巴（祖白虎）与开明（白虎）鳖灵当为一系。“李耳”为李公所化，知“李”姓为虎巴鳖灵后裔，本虎之夷语，改为汉氏李姓。李浮丘、李八百、李真多……蜀中李家道神仙渊源于白虎（开明兽）之神威崇拜。开明王（虎王）之后裔多以李为姓。崇拜危崖双峰之俗，又有立大石于庙以表神祖者。《山海经·海内经》：“太皞（伏羲）生咸鸟，咸鸟生乘釐，乘釐生后照，后照是始为巴人。”《路史》以后照降生于巴，生顾相。顾相即《后汉书》的务相（廪君）。伏羲为虎族，其祠曰密畤，号“青帝”。

《路史·前纪四》：“蜀之为国，肇自人皇。其始蚕丛、拍濩、鱼凫各数百岁。逮蒲泽俾明。时人氓，结左言，不知文字。最后乃得望帝杜宇，实为满捍，盖蜀之先也。自丛以来，帝号芦保。”拍濩又作柏灌，居域当在彭县灌县山区。《山海经·海外南经》载：羽民国南有讙头国、三苗国、戠国、不死民。又：黄帝妻雷祖生昌意；昌意降处若水生韩流；韩流娶淖子曰阿女生颛顼。黑水之间有不死之山。华山青水之东有肇山，有人名柏高，柏高上下于天。此上下于天之大巫师（都鬼主），或是柏灌。盖高山即灌山，柏子高即柏灌，即伯陵。柏灌即柏鹳，即鸟首人身的鹳头（欢兜）。伯鹳为不死的羽民（神仙）。

《蜀王本纪》：“鱼凫田于湔山得仙，庙祀于湔。”《蜀志》：“王田于湔山，忽得仙道。蜀人思之，为之立祠。”《南中八郡志》：“犍为（彭山）有鱼凫津，一名彭女津，在彭亡山南。”《温江县志》：“城北十里有鱼凫城，相传为鱼凫王所都。”《成都记》：“古鱼凫国治导江县。”“鱼凫”见于湖北沔阳、松滋（巴复村），上溯入川有奉节、涪陵（巴涪）、合江（巴符）、南溪（鱼凫津）、乐山、彭山、夹江（鱼涪津）、温江（鱼凫城）。此十处命名同一来源，当即某族迁航之迹也。前已引《山海经》有鱼凫为颛顼后氐人巫师，青衣神（人）是巴蜀之神，是氐羌系为主的西南夷婚团。巴蜀之帝王（鬼主、渠帅、君师）有蚕丛、柏灌、鱼凫、杜宇、鳖灵等王，又有蒲泽、满干、景生等君。蜀王鱼凫、杜宇改汉姓“李”，本出于浮丘姓李。浮即巴，巴，賨李姓。故青衣一

名可概称蜀王婚团中氐与羌两系。蜀中“李家道”约相当于秦灭蜀（前316）至张陵建教（142）间的458年间。前为“开明龙虎道”后为张陵“正一道”[①]。

二、仙真、人物与道教

王家祐先生还撰有《真人史传汇证》一文，对道教史上的一些仙真、人物，如西王母、黄帝、炎帝、洪崖先生、王方平、帛和、董奉、许迈、左慈、葛玄、郑隐、葛洪等，均作过一番详尽的考辨。其所用史料丰富，征引广博，运用考古、民族、民俗史的资料，将巴蜀古史与道教的起源综合考辨，视野独特，观点新颖，言人之所不言，不乏真知灼见。

在考论西王母的信仰时，王家祐先生先后撰有《道教鸟母与昆仑山文化的探索》[②]《〈五岳真形图〉的传授与昆仑金母》[③]《西王母与西膜》[④]《西王母昆仑山与西域古族文化》[⑤]等文章，指出西王母是女仙之祖，她所住的昆仑山是神仙的始源地，又是黄帝所居。西王母之邦乃部族国名，一称“西貘”。汉初集先秦事物之《尔雅》以“觚竹、北户、西王母、日下，谓之四荒”；《大戴礼》以“舜时西王母献白玉棺”；《穆天子传》言“天子觞西王母于瑶池之上”；《汉武帝内传》述汉武帝受经于西王母，完全构成了一部道教传经仪式典籍；《尚书帝验期》曰：“王母之国在西荒。昔茅盈、王褒、张道陵，洎九圣七真，凡得道授书者，皆朝王母于昆陵之阙焉。”西王母之国是道经所出，有如印度为佛经所出。

① 成都民族宗教文化丛书编委会编辑：《王家祐道教论稿》，2006年内部出版，第121、125、186、247页。

② 王家祐：《道教鸟母与昆仑山文化的探索》，《成都文物》1996年第1、2期。

③ 王家祐：《〈五岳真形图〉的传授与昆仑金母》，《道教研究》第1辑，四川人民出版社，1994年。

④ 王家祐：《西王母与西膜》，《中华文化论坛》1994年第2期。

⑤ 王家祐：《西王母昆仑山与西域古族文化》，《中华文化论坛》1996年第2期。

黄帝与西王貘同在昆仑山，则其书当与中国方块字有关，应是汉字系统，中原汉族人乃能受其经传。中国方块字在秦统一文字前、各地区邦国多异体。现存勾嵝碑、三皇文、巴蜀方块字（四川战国铜兵上），道书中的天书云篆等方块字，今多不识。

西王母之国或作为仙人之西王母，至少存在有三种情况：（1）历史传说之西王母。周初的西王母，岑仲勉《中外史地考证》指在今新疆范围内，即《汉书·西域传》之南道。但论其种族则引刘师培说：巴比伦古名Samas或为西貘之对音。西貘即白色的塞米人，即闪族，不是塞种。（2）道教神仙之金母，当由部族女王神化。（3）周穆王所到的西王母部族，又叫西貘，似在当时“八骏”马可到之处。若远至帕来里高原或里海，似不可能。若穆王与武帝所到西王母之邦，不是神话虚构，由周秦汉交通工具（马）看来，应是黄河源昆仑山原，应在今四川、青海、甘肃边境地区。在时间进程上，从黄帝、舜、崇伯禹、穆王、武帝……经历约三千年的时间。西王母译写为貘、獏、嫫母，崇、浊、蒙、岷，地望当亦有自西而东的移徙。同居在昆仑山原（秦汉在巴颜喀喇山东支）的西王貘似为闪米人，轩辕氏似为黄种人。此黄帝、西貘本系黄白两种族，但文化逐渐混而为之。西王母之姓或姓何、姓缑，但其部子孙多用“王”氏。王远与王母之诸女皆王氏。魏晋人编撰的《汉武帝内传》，已完全是降神的道教坛场法事。但《五岳真形图》《灵飞六甲十二事》系之于西王母与上元太真王夫人，是与岷山丹法大有关系的。出于峨眉或嵩山的《三皇经》，太真王夫人弟子马鸣生，皆为青城神仙都会（岷山、蜀山）的仙缘道统。西王母传于汉武帝的两部仙经，涉及上清派许多名人。栾巴、封君达、左元放、葛孝先、李少君，皆与蜀山有关[①]。

他尚对夏禹、文昌、财神、八仙、炳灵、五显、赤帝、竹王、天蓬

① 成都民族宗教文化丛书编委会编辑：《王家祐道教论稿》，2006年内部出版，第121、125、186、247页。

等道教诸神一一考辨，撰有《夏禹与道学》《三教合一的典型神真——文昌帝君》[①]《梓潼神历史探微》[②]《漫话财神赵公明》[③]《蜀中八仙考》[④]《宗教中的关羽》《中国龙虎凤文化考古新发现》[⑤]等文章，推动了道教神仙信仰与神灵崇拜的研究。他指出：夏禹文化对中国道教有着深刻而广泛的影响。历代道教均尊崇大禹。天师道创始人张陵崇拜天、地、水三官，而大禹即为水官。中国古史上第一个统一的国家政权形成于夏王朝，作为中国固有的传统宗教——道教，其渊源应肇自夏禹时代[⑥]。

在对张陵天师道的研究中，王家祐先生亦有许多新的发现。他认为张陵用符水咒法为人治病，创立天师道。其造作“符书”显然不是以汉字为主的《老子五千文》或《太平经》，很可能是《正一盟威妙经》或《度人妙经》。张陵的天师道是黄老儒墨在巴蜀地区土壤上开放的一枝奇花，是吸取了巴蜀族的原始巫术（鬼道）与地区传统民俗而创成的！在建成天师正一教的过程中是有团结又有斗争的，这就是与巴人“五斗米道”的融合和改造。张陵在巴蜀巫道基础上改造创立的天师道是真正的“道教”，而“五斗米道”只是构成汉族大集团中部分人民的（氐羌族系）原始宗教（道教的主根）。正因为张陵继承了巴蜀的妖巫鬼道，又革新之，于是巴人的五斗米道发展成天师道，由巫鬼跃升为神仙，成为道教的主干。简阳县逍遥山石室遗留了汉安元年的“会仙友”三大字，资阳南市公社东汉崖墓出土了道教铜印，洪雅县遗留了《米巫祭酒张普题字》，正式标志着天师正一道的成立。而道教与巴蜀的青羌关系相当密切，立在今四川芦山县的《樊敏碑》涉及“米巫”与“青羌”。碑文曰：“米巫凶虐，续蠢青羌，奸狡并起，陷附者众。”樊敏精

---

① 王家祐、李远国：《三教合一的典型神真——文昌帝君》，台湾《道教文化》第6卷第5期，1998年。

② 王家祐：《梓潼神历史探微》，《中国道教》1988年第3期。

③ 王家祐：《漫话财神赵公明》，《文史杂志》2003年第5期。

④ 王家祐：《蜀中八仙考》，《四川文物》1998年第4期。

⑤ 王家祐：《中国龙虎凤文化考古新发现》，《四川文物》1999年第1期。

⑥ 王家祐、王纯五：《夏禹与道学》，《中华文化论坛》1999年第2期。

研“道度”，学法晏婴与张良，接受宓牺、夏禹的文化传统，但他是反“米巫”的。张陵祖世通婚巴人，而樊敏崇道度。

王家祐先生指出，张陵的天师道在团结巴汉人民上起着积极作用，随着民族迁徙融合，影响也极深广。青羌即青衣羌，汉代有青衣国在川南广阔地区。四川的雅安、宜宾、泸州皆有青衣。青羌是氐羌系，是“青氐”的南迁者，即“乞姓”的“氐”。诸葛亮移劲卒青羌万余家于蜀，即来自云南、川南，又称为“叟兵”。汉晋时期的西南夷是：叟（蜀）、滇、青羌、彝（倮），它们与道教先源都有关系。明朱国祯《涌幢小品》云：“崇诸葛亮擒孟获，散青羌于五斗坝，此凌霄都蛮之自来。”“都蛮”又称“五斗团”。“都”当来自氐羌人的“神都”“神荼”“五荼”“武都”。云南之“五荼夷”实即经横断山脉南迁的“武都夷”。巴人的鬼道，蜀人的仙道，经张陵改造成为道教的主干“天师道”①。

四川地区战国土坑墓中出土的铜器上，常见一些个体或成组的图像符号。个别陶纺轮、木梳、漆耳杯上也有图像符号。此种图像符号，已见的大约有单体符文百余个，成组的联文符图有约二百个。虽然它们难于组成篇章词句，但显然是当时人们表达语意的特殊符号——图像的语言，因命名为“巴蜀图语”。对于这些特殊的图像语言，王家祐先生亦做过深入的研究，并认为其与道教符箓云篆有关。他说：“巴蜀图语”可能与汉语中的许多吉祥图语、纳西族的东巴象形字一样，都是氐羌族系物象成语的遗留。《太平经》中的汉字复文也可能就是这种复箓的汉字译写。巴蜀铜器上的组符（复箓）旁的刻文，则可能是读韵的标音旁注。这种用图像标志示意的惯用成语是由巫师（古代知识分子）或兼任巫师的“神王”（酋长、祭酒）来读诵韵释的。由于不是准确的词句文章，而是仅具有暗示或启示（占卜或预言）性质的图像，所以解释的伸缩性很大，可以随巫师的具体需要而灵活变化。昆仑山及黄河源的神仙道教原有图箓，巴蜀方块字也许就是昆仑与嶓冢山原（即崇山、蜀山、

① 王家祐：《张陵五斗米道与西南民族》，《贵州民族研究》1983年第4期。

钟山、岷山）的古文字，是蜀或“西陵氏”文化。后来应用于“蜀”巫、“五斗米道”及“鬼道”的种民“天师”。这种方块字引入古汉文中即成为四川地方“奇字”，故中原人不能识读，因而汉字字典中多未收入。如《山海经》《穆天子传》《太玄经》《司马相如赋》以及《道藏》中的部分奇怪字，都保留有“蜀文”遗风。这种蜀地象形字和秦篆交融后便成了《道藏》中的“天书”或“云篆”①。

近二十年来三星堆考古发掘之展现，使王家祐先生认识到，道教文化之渊源当与夏禹有关。他说：三星堆凤鸟文化正是西王貘女部文化，“禹学于西王国”，汉画像砖西王母正是以鸟为使、龙（海）虎（山）为座，是山海神仙之母。摇钱树源于桃都树，即三星堆之神树、扶桑、柜格之松，皆通天之社树。三星群神怪异多颜，有欧式之高鼻，有亚洲之宽鼻，大耳顺风，筒眼奇目，“纵目”之祖，其目特异。学者以蜀为夏，实一族之分支。巴賨为道教种民（獠），《华阳国志》“雄长僰獠”禹，西夷人也，又作僰（西僰）。成都桓侯祠巷所出成汉李氏墓中俑人之眼具甚特大广目（大眼），实同于三星群巫之眼。几千年来道民賨人特色之目似出一族。古之獠为僰獠或北獠，似别于南佬（寮），然李特引僚（佬）入蜀，獠佬有渊源乎？二十四治皆在獠区，洪雅、陵州、彭山等古獠区，或种民五斗米居地。青羌与獠又与崖墓族葬有关。三星堆文化之中的宗教内涵极为丰富，值得深入探讨。“祭祀神坛。这个三层神坛似与楚帛画的天、人、地类同。是中国天人合一的根源。下层两神兽既是兽又有翅尾，或是虎凤复合体。中层花冠神巫是沟通天地的巫师。他们手握树枝或与通天神树有关？上层两神鸟特立。人面及周围的装饰合成虎首（兽面纹）。最上层的虎面人似可联系荆州‘大武（越）’铜戈上的珥蛇大巫师；琉璃阁战国铜壶上的羽人。这一类型是中国神仙的共性。”②

---

① 李复华、王家祐：《关于巴蜀图语的几点看法》，《贵州民族研究》1984年第4期。

② 李复华、王家祐：《三星堆宗教内涵试探》，《四川文物》2002年第1期。

三、巴蜀地区的道教遗址、石刻造像

王家祐先生在道教研究领域中涉及的面颇广，贡献之一是关于宫观与造像的研究。他对巴蜀地区的道教遗址、石刻造像作了全面系统的考察，撰写了一批论文。他说：广汉县三星堆祭祀坑中的巨大铜铸神像，确证早在蜀王杜宇时（相当于商末周初），蜀地已形成高度的神灵信仰。巴蜀人祭祀三皇、五方龙神，蜀开明王朝有五色帝庙。巴蜀巫师使用着示意“符箓”、一种吉祥图画的“巴蜀图语”，蜀王铜印上有祖妣祭酒图像。巫山县大溪出土的玉雕人面饰牌距今约5000年。商周两代的广汉玉器已很精美。广汉县和成都市区出土的商代立雕人像，是最早的雕像。战国石镜上浮雕了“开明兽”（白虎）。传说的“金牛”与李冰“石犀”是雕兽。建宁元年（168）造三神石人中的李冰立雕像高达3米。汉崖墓石刻图像与画像砖已采用了神仙西王母、伏羲女娲等题材。最早的道教线刻则见于《北周强独乐造像碑》下。嘉兴元年（417）的维摩诘像见于蒲江县。最早的执拂尘高冠的“神仙”则见于梁中大通四年（532）康胜造像背面浮雕。

四川道教石雕现存者约起于隋朝，青城山天师洞内的张陵天师石雕像造于隋大业年间。天师像威严，左手掌直伸向外，掌中有“阳平治都功印”6字。广元县有道教神像（皇泽寿8号龛）一列共9躯。渠县化佛岩有道像一列7躯。蒲江县飞仙阁有道教天尊等像多龛，还有女仙杨正见成道浮雕。绵阳市西山观玉女泉崖壁上有25龛道像，最大龛（25号）长2.58米、高1.62米，老君与天尊并盘腿坐莲台上，供养人分四列布于左右壁上，供养题名刻字有“上座杨大娘，录事张大娘，王张释迦，文妙法，雍法相……”“上座骑都尉陈仁智，紫极宫三洞道士蒲冲虚，检校本观主三洞道士炼师陈……”另有题记刻字云：“大业六年太岁庚午十二月廿八日。三洞道士黄法暾奉为存亡二世敬造□天尊像一龛供养。”此外尚有“成亨元年”“咸通十二年”等题刻。绵阳富乐山小龛道像亦有“大业十年”题刻。绵州道士李荣有《道德经注》，汉州什

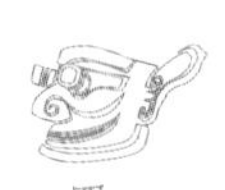

郫县“并是道民”，广汉县集灵观有天尊真人石像大小万余躯，可见道教之盛。

剑阁鹤鸣山有道像5龛，3龛长生保命天尊像可代表唐代早中晚三期风格。此处造像题记有：“前刺史，赐紫金鱼袋郑国公尚玄元道……以命石工雕长生保命天尊像一躯……圣历大中十一年丁丑岁（857）。”丹棱县龙鹄山有道像30余龛，道像高者约1米，小者仅0.3米。老君盘腿坐于束腰方台上，二真人、二童侍立。《龙鹄山成炼师植松柏碑》建于天宝九载（750），是女冠成无为绿化山林纪事。碑云：“女道仕成无为……仙师年逾知命而有少容，状如廿许童子，盖还丹却病之功也。无欲无营，恒以功德为先；不滥不贪，特以长生为务。”丹棱成无为，蒲江杨正见皆著名女冠。安岳县玄妙观道教佛教造像最能说明唐朝道佛并重情况，造像精美繁丽可为道像代表佳作，造像列布于巨石包上，有造像约1250躯。

蒲江县飞仙阁的百余龛唐宋摩崖造像中有多龛道教造像。第44号龛天尊像10躯并列，题刻云：“天尊一铺，天宝九载五月……临邛郡白鹤现道士贾光宗造。”第74龛真人像侧亦有刻云：“长乐祖尊像一龛。惟大唐开元廿八年（740）岁次庚辰十二月……”该县可莫山还有道教主簿治教区遗迹及崖刻。仁寿县牛角寨三宝龛有重要道教历史题记云：“南竺观记……夫三洞经符，道之纲记。了达则上圣可登，晓悟（则金）真斯涉。……大唐天宝八载……三洞道士杨行进，三洞女道士杨正真，三洞女道士杨正观，真元守宪、进第、彦高（等）共造三宝像一龛。”第40龛正坐三清像，后立五真人，左壁有坐神及二童侍二真，右壁有《南竺观记》刻字及女真五人，造于公元749年。第36龛并列27真仙。第44龛并列35真仙。第49龛造（中）老子，（左）孔子，（右）释迦，是唐造三教龛。广元县、渠县皆有诸仙列坐龛摩崖造像，巴中县有唐《北龛老君影迹诗碑》，荣县荣德山老君洞有老君石像，广汉县集灵观有石雕道像。

此外，宋代道教摩崖造像以大足县最为著名，既多且佳，造像尤为壮丽精美。如石门山圣府洞、炳灵龛、五显大帝龛、玉皇龛、鬼子母龛，南山三清古洞、圣母龛、淑明皇后龛、紫微大帝、玉皇大帝，石篆山老君龛、九子母龛、文宣王与十哲造像。

明清造像分布较广，主要有泸县玉蟾山的三官、三王、阎王、土地、山神、玉皇大帝、刘海戏蟾等，其中第70号玉皇大帝龛像高1.8米、宽1米，是明代造像的精品。安岳县三仙洞有17龛道像，题刻云："三仙洞昔之龙门观也。明天启、万历间，邑人窦治轩建，道人李焕宗复凿儒释道三教合奉一堂。"安岳赤云公社华严洞门左"六臂观音"后右手所执方印上刻有"仙佛合宗"四字。合川龙多山有明万历刻二仙传道龛，又有道士陈福牒像。大足县南山真武像（1号）为明造。灌县青城山黄帝像，朝阳庵立雕道像似明造。营山景佛寺石雕站将部曹多是佛道合一。金章县城厢明教寺原有明嘉靖石雕老子像。新都县城隍庙石雕地狱人物是明或清造作。清代造道像以安岳石羊镇毗卢洞玉皇龛、乐至县崇教寺字库道教人物较佳。大足县宝顶有民国造老君、财神、山王土地、玉皇王母4龛道像。灌县有张大千绘道像碑刻：王母、麻姑、花蕊夫人、张陵、张三丰、黄粱图、绛巾图7通。此外附于佛教造像的道教神像以大足宝顶山宋造卧佛前的玉皇及四辅神、卧佛上方王母及八天仙女最为精丽。梓潼县卧龙山初唐佛龛内所立道教人物亦佳好[①]。

正是基于对大量田野调查史料的详尽占有与深刻的分析，王家祐先生对道教石刻造像的渊源、特征及历史地位进行了深入精微的探究，指出这些石刻造像源自古老的巴蜀文化，反映了道教在四川传播与兴盛的历史。如安岳玄妙观道教造像，有76个造像龛，4通唐碑，是现存唐代精致雕塑与碑刻文献的珍品。它提供了唐代道教、道佛并重、地方神话传说等重要实物数据，又是艺术考古的灿丽造作。巴蜀神话"九头鸟"，是巴人祖先三皇兄弟九人的象征，又是道教"人鸟山"传说的具体物化。天宝七载唐碑刻文提供了李唐道教的珍贵史料，碑文讲"道是

① 王家祐：《四川道教摩崖造像概况》，《中国道教》1987年第1期。

盘古本□□□主”，又：“老子者，初为盘古。”此示唐皇室所崇“老子”之道，与苗瑶族系有关。又曰：“上道而轮，化生天地而生佛。”“元始化生三教圣人而生佛。”“道是三教祖也。”武曌《僧道并重敕》云：“老君化胡，典诰攸着。佛本因道而生。”与此皆三教合一说明证。碑文记述：“正一法王，古今相续。张、李、罗、王，名天之尊也。”这是四川正一道教的说法，教称正一，天尊以张姓为首，也证实了道教在汉、唐皆以正一天师为主①。

对于分布于巴蜀大地的众多道教遗址、名山宫观，先生亦十分关注，并多加考察，先后撰写了《巍山祠庙记——附论南诏道教》《玉局观与青羊肆》《青羊宫命名考》《张陵居赤城渠亭山》《江津朝元观》《青城道教仙源录》《神仙洞府与洞天》《青城山道教宫观文化》《武当山命名考异》《彭县三道治考》《鹄鸣神山治考》等文章，把这些道教遗址、名山宫观的历史与现状揭示得相当清楚。如对青城山道教的历史考辨中，他认为其渊源自昆仑山金墉城（西王母所居），故青城山又有“神仙都会”之称。青城又称天谷，渊源自古崇伯鲧与崇伯禹的母系“西貘”族，故有麻姑、素女、玉女遗迹。这也是昆仑山派神仙的民族渊源。《山海经》“成都戴天之山”即今青城山。“成”是“成侯”族，“都”是两水交汇处，“戴”是姓，廪君（巴族酋王）之先出自“巫戴”（戴姓之巫师）。这是开明代蜀国（公元前7至前3世纪）的最初建国的山原。开明氏蜀国代替蜀杜宇王朝后，杜宇族亦隐避于青城天国山中。自唐玄宗手诏碑写作“青城”以来，杜甫诗“自为青城客，不唾青城地”，才有绿树如云，状若城郭，故谓青城之说。山中道观甚多，王家祐先生一一考之，有建福宫、天师洞、上清宫、圆明宫、玉清宫、真武宫及天国山、赵公山等山麓道教古迹。他说：青城山的考古课题是值得重视的。从新石器时代磨制石斧的发现，到汉“冷风”碑、隋大业张天师雕像（天师洞）、唐飞龙铁鼎（唐代的不锈铁）、宋皇甫坦墓碣、宋

① 王家祐：《四川道教摩崖造像述议》，《敦煌研究》1987年第2期。

薛仙洞碑、宋飞天轮道藏记碑、唐宋窑址等发现，都很重要。

综上所述，王家祐先生的道教研究，涉及面较广，且多与巴蜀地方史、民族史、考古及民间信仰的探究紧密结合，其视角独特，观点新锐，精彩之处比比皆是。尽管一些结论尚待进一步研究，但他开阔的眼界及深邃的思维，仍为后学带来许多珍贵的思想成果，引导人们去探究那未知的学术领域。

李远国

蜀中奇人王家祐先生

王家祐先生是四川著名学者，也是一位蜀中奇人。

他出生于1926年，1948年毕业于四川大学历史系，曾做过中学历史老师，中华人民共和国成立后在四川省博物馆工作，是资深研究馆员，被称誉为四川考古界元老之一、著名考古学家和道教文化研究专家。他担任过中国道教文化研究所副所长、四川省道教协会顾问、四川省人大代表。他1990年被聘任为四川省文史研究馆馆员，2009年4月9日在成都去世。

一、对三星堆考古的贡献

三星堆最初的考古发现有很大的偶然性，据传最初发现的是一些玉石器，是当地居民燕道诚与家人车水淘溪时发现的。郑德坤著《四川古代文化史》记述说："民国二十年（1931）春，居民燕道诚因溪流淤塞，溉田不便，乃将溪水车施以淘浚，忽于溪底发现璧形石环数十，大小不一，叠置如笋，横卧泥中，疑其下藏有金银珠宝，乃待至深夜始率众匆匆前往掘取，除获完整石璧若干外，闻复拾得石圭、石璧、石琮、玉圈、石珠，各若干。"（见郑德坤著《四川古代文化史》，华西大学博物馆1946年印行，第31页。）燕道诚和家人偶然挖到的玉石器究竟有多少件，说法不一，有的说“一坑”，有的说“若干”，有的说“大批”。虽然具体数目无法确定，但数量较多则是可以相信的。燕氏不懂得这些玉石器的重要价值，开始也许以为挖到了宝物，后来发觉并非金银之类，于是便将其中一些分赠亲友，致使这批玉石器逐渐流散。如果说20世纪30年代月亮湾的偶然发现开启了对三星堆文明的关注和调查探讨，那么，对广汉古遗址真正有计划地发掘，则是从中华人民共和国成立后开始的。

20世纪50年代修建天成铁路（即后来的宝成铁路）时，成立了“天成铁路文物古迹保护委员会”，由西南博物院院长冯汉骥教授率人专程前往广汉月亮湾考察。此后，四川省文化局和四川省博物馆又派遣王家祐等人前往月亮湾与三星堆调查，了解关于以前发现的古蜀国玉石器之事。王家祐住在燕家，经过倾心交谈，成功动员燕家将收藏的玉琮、玉瑗、玉钏等珍贵文物捐献给了国家，这是20世纪30年代燕氏发现的玉石器中的最后一批，为深入研究古蜀文明增添了新的资料。在实地踏勘和调查过程中，王家祐还发现了三星堆与月亮湾文化层的一致性，建议当地有关部门加以保护，并撰写了《四川新繁、广汉古遗址调查记》（刊登于《考古通讯》1958年第8期），再次提出了进一步调查认识和研究广汉文化的重要性。后来的调查发掘，完全证明了冯汉骥教授和王家祐先生的洞察和预见。

三星堆1986年发现了一号坑与二号坑，出土了大量珍贵文物，引起了极大的轰动。王家祐先生一直热切地关注着三星堆出土文物的整理和研究，多次参加相关的学术研讨会，提出了许多重要的学术见解。三星堆如今已是一个闻名遐迩的地方，最近又发现了六个埋藏器物坑，启动了考古发掘工作。随着央视对发掘现场实况的连续直播报道，三星堆再次聚焦关注，吸引了全世界的眼球。古蜀文明与三星堆的考古发现，如今已成为非常热门的话题。在回顾三星堆考古发现的历程时，回想老一辈文物考古人员的努力与贡献，使人感动，也令人敬佩。王家祐先生

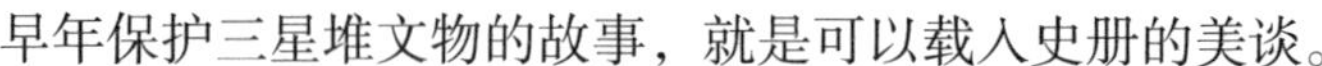
早年保护三星堆文物的故事，就是可以载入史册的美谈。

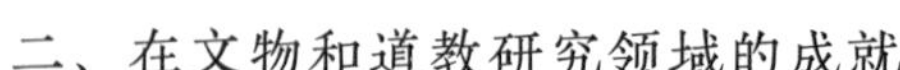
二、在文物和道教研究领域的成就

王家祐先生年轻时就开始学习道教、研究道教，早年曾是青城山丹台碧洞宗高道易心莹的弟子，取了道名王宗吉。这使他获得了丰富的实修经验和道教内部知识，加上他扎实的史学功底与好学钻研精神，从而成了道教研究领域的佼佼者。1949年后，王家祐先生就职于四川省博物馆，长期从事文物考古工作。他在学术领域潜心钻研，特别是在古蜀历史文化与道教史研究方面造诣精深，是公认的蜀中著名学者。

王家祐先生在道教学术研究领域的贡献，主要体现在几个方面：一是知识的博学，涉及的学科众多，而能融会贯通。二是研究的深入，对道教的许多方面都做了独到的探讨。三是研究方法的创新，他喜欢采用多学科结合和二重证据法，来研究道教文物，所以常常能由此及彼，纵横古今，多有新见。譬如他对道教源流就做过深入研究，运用考古学与民族学的方法，对道教文化与西南各少数民族的关系，以及道教造像、宫观建筑与宗教艺术等方面，皆做了独到的探讨，提出了很多不落俗套的真知灼见。

蜀地是道教的发祥地，东汉后期张陵在入蜀创建道教之前，曾游历名山大川，考察过很多地方，最终选择了岷山仙源之地落脚修道。张陵充分利用了古蜀昆仑仙话的巨大影响，首先向具有岷山仙源且朴素易教化的蜀民宣扬道教，迅速建立了天师道二十四治，使他在巴蜀地区的创教传教活动获得了极大的成功。

秦汉时期流行的仙话中，有阴长生、王方平等，都是传说中的古蜀仙人，王家祐先生对此进行过梳理和研究，认为上古仙术多源于蜀，确实是有依据的。所以道教产生于蜀地，这是很关键的一个原因。据王家祐先生的弟子李远国回忆介绍，王家祐先生对西王母信仰曾做过深入探讨，先后撰有《道教鸟母与昆仑山文化的探索》《〈五岳真形图〉的传授与昆仑金母》《西王母与西膜》《西王母昆仑山与西域古族文化》等文章，指出西王母是女仙之祖，她所住的昆仑山是神仙的始源地，认为西王母之国应在今四川、青海、甘肃边境地区。王家祐先生还撰有《真人史传汇证》一文，对道教史上的一些仙真、人物，如西王母、黄帝、炎帝、洪崖先生、王方平、帛和、董奉、许迈、左慈、葛玄、郑隐、葛洪等，均做过一番详尽的考辨。李远国认为：王家祐先生撰写的这些文章，其所用史料极为丰富，征引广博，运用考古、民族、民俗史的资料，将巴蜀古史与道教的起源综合考辨，视野独特，观点新颖，言人之所不言，有很多真知灼见。王家祐先生还对夏禹、文昌、财神、八仙、炳灵、五显、赤帝、竹王、天蓬等道教诸神一一考辨，撰有《夏禹与道学》《三教合一的典型神真——文昌帝君》《梓潼神历史探微》《漫话财神赵公明》《蜀中八仙考》《宗教中的关羽》《中国龙虎凤文化考古新发现》等文章，推动了道教神仙信仰与神灵崇拜的研究。王家祐先生在这方面的学术见解，非常独到，而且很有深度，对年轻学者们具有重要的启发作用。

王家祐先生对张陵天师道的研究中，也有许多新的发现。他认为张陵用符水咒法为人治病，创立天师道，是黄老儒墨在巴蜀地区的土壤上开放的一枝奇花，其造作“符书”，是吸取了巴蜀族的原始巫术（鬼道）与地区传统民俗而创成的。正因为张陵继承了巴蜀的妖巫鬼道，又革新之，于是巴人的五斗米道发展成天师道，由巫鬼跃升为神仙，成为道教的主干。也就是说，巴人的鬼道，蜀人的仙道，经张陵改造成为道教的主干“天师道”。王家祐先生指出，张陵的天师道对团结巴汉人民起到了积极作用，随着民族迁徙融合，影响也极深广。对于巴蜀图语，王家祐先生也提出了新的见解，认为与道教符箓云篆有关。特别值得提到的是，王家祐先生对巴蜀地区的道教遗址、石刻造像、名山宫观曾做了全面系统的考察，撰写了一批论文，其中有《巍山祠庙记——附论南诏道教》《玉局观与青羊肆》《青羊宫命名考》《张陵居赤城渠亭山》《江津朝元观》《道教鸟母与昆仑山文化的探索》《西王母昆仑山与西域古

族的文化》《青城道教仙源录》《神仙洞府与洞天》《青城山道教宫观文化》《武当山命名考异》《彭县三道治考》《鹄鸣神山治考》等文章，把这些道教遗址、名山宫观的历史与现状揭示得相当清楚。王家祐先生的道教研究，涉及面较广，且多与巴蜀地方史、民族史、考古及民间信仰的探究紧密结合，其视角独特，观点新锐，精彩之处比比皆是。尽管一些结论尚待进一步研究，但他开阔的眼界及深邃的思维，仍为后学带来许多珍贵的思想成果，对年轻学者们具有重要的引导作用。在著述方面，王家祐先生参与了《宗教词典》《道教大词典》的编撰审订工作。他不仅发表了很多文章，而且出版有《道教论稿》，由巴蜀书社1987年出版，1991年重印。

王家祐先生在道教研究领域学问深厚，名气很大，影响广泛，海内外向他求经问道者不绝于路。譬如德国的欧福克1992年至1994年留学四川大学时，对道教产生了浓厚的兴趣，就多次登门向王家祐先生请教。欧福克回忆说：他对王家祐先生非常敬佩，交往尤为密切，王家祐先生常常邀请他以“哥们儿”的身份到家里做客，谈论道教学术和巴蜀文化，对他的学术发展起了关键性作用。王家祐先生不但送了很多书和论文，还以自己的开朗幽默给予了无限的鼓励和肯定，令欧福克终身难忘、受益匪浅。欧福克撰写了《天师圣迹——关于张道陵在早期道教史上的地位》，他认为作为中国本土宗教的道教向来有亲民、接地气的特征。张道陵创立道教，建立了二十四治，来传播和弘扬道教，是一个很重要的创举。东汉天师道产生在人口密集、农耕文化极其发达的巴蜀地区，并发展出了一套兼具传教据点、宗教活动场所和行政区域特色的宗教地理体系——二十四治，成为早期道教活动的重要场所。在历史发展中，这个体系被扩大了几次，在张鲁掌教时，天师道达到了鼎盛时期。张鲁仙逝后，天师道发生了很大的变化，二十四治也就渐渐地失去了原来的作用。在后来的宗教地理体系中，二十四治的诸山成为道观、佛寺的所在地。关于二十四治的历史发展和当代概况，王纯五先生（1932—2000）曾撰写一部《天师道二十四治考》（1996年），提供了很多珍贵的资料及线索。欧福克发现，其中个别治地的具体位置以及整个体系的诸多问题，存在着很大的讨论空间。所以他对此做了很多实地考察，对道教二十四治的相关问题进行了深入研究。1998年至1999年间欧福克在川西平原寻访汉末道教圣地，撰写了《二十四治访道记》。其间他又多次拜访王家祐先生，请教了很多学术研究方面的问题。他写文章回忆说：从那个时候开始，“巴蜀道学泰斗王家祐先生（1926—2009）与我交往尤为密切，对我的学术发展起了关键性作用”。欧福克2005年在柏林洪堡大学取得博士学位，后来在四川大学道教与宗教文化研究所从事学术研究。

王家祐先生在道教研究领域造诣精深，被称誉为我国研究道教神系第一人。他对道教的符箓也烂熟于心，因为他的名气大，常有人上门求他画符消灾化吉。他也是好玩，对一般的善男信女画符不收钱，对港台来者要收钱。他对友人调侃说，老港钱多，请我豁他，我当然要豁他，挣几个钱好买书。兄弟伙没钱买书了，就来跟着我操，画符挣钱。他说的这些当然都是开玩笑的话，他并不以此牟利，偶然得钱，买了书也都慷慨赠送给朋友与弟子们了。在他的弟子中，有人曾去日本讲学，也曾画符挣过日本人的钱，闲聊起来都觉得好玩。这些都是学术研究带来的题外话，也堪称是逸闻趣事。

三、酷爱读书的日常生活

王家祐先生一生酷爱读书，勤于思考，平常手不释卷。这是他骨子里的爱好，可谓是真正的读书人。他退休之后的生活，依然是读书为乐。在客厅、卧室、书房都是书架，摆放着各种书籍，桌子上也堆放着书。他每天与书为伴，坐拥书城，阅读的时候，喜欢在书上做批注，写下自己的观感与心得，乐此不疲。

王家祐先生读的书多，学识渊博，常有许多与众不同的见解。他喜欢写读书笔记，每日读书后，常将心得记录下来，用圆珠笔复写在纸上，

有时复写十余张，分赠弟子和友人，作为学术交流。他的读书心得，海阔天空，信马由缰，多微言大义。在当时通信尚不发达，还没有微信之类通信软件，用这种复写交流的方式，堪称是王家祐先生的独创，或可称为典型的王家祐学术风格。他做学问是开放的，坦诚的，实事求是的，从不自我封闭，喜欢与人交流和相互切磋。这些都显示了他读书与研究的格局，既博览群书，又深入探究，而且特别重视学术交流。

王家祐先生好读书，平日手不释卷，还喜欢购书赠人。晚饭后，他出去散步，路边有摆地摊出售旧书的，都知道他喜欢买书，一见到他便呼声四起，这边唤王大爷我有好书，那边喊王大爷快来选书，此起彼伏，很是热闹。他经常购书，与这些小贩都熟了，穿梭其间，有求必购，概不讲价，抱着购买的书，满怀而归。隔日有山上道士、外地客人或朋友同事来访，他便将所购之书相赠，其乐融融，皆大欢喜。有时他也在路边小摊上买一些假古董或玉玩之类，也从不讲价，甚至还多给钱，有弟子说这些东西不值钱，不讲价恐怕要吃亏的。他笑曰："此等小贩，生计不易，于我几个闲钱，于彼即一碗面钱。利人利我，何亏之有？"由此可知他的慈悲情怀。然后隔日他将这些也都作为纪念品与赏玩之物送人了。他做这些，颇具童心，没有功利性，而自得其乐，因此成了一个乐此不疲的习惯。大家都知道他有购物赠人的嗜好，也都觉得好玩，从中能够充分体会到他性情中的厚道和阳光。

王家祐先生声名远播，来拜访的人很多，他不胜其烦，为了静心读书，平日让夫人守在前厅，来客一概挡驾，说他不在。如有熟人故交来访，敲门时须重击三下，他明白来者是熟人，就会开门迎客。冯广宏与王家祐是好友，某天冯广宏来访，临走时他送出大门，悄悄叮嘱说："下次敲门只须重击两下，大呼王家祐，便绝不会吃闭门羹。"冯广宏以后来访，果然屡试不爽。对其他好友来访，他也是热忱相待，常将所购之书相赠，促膝而谈，毫无倦意。他生性好客，而他最喜欢的仍是静心阅读。读书是他最大的喜好，也是终生坚持不懈的习惯，从中获得的不仅是学问知识，更是人生无穷的乐趣。

王家祐先生晚年患了白内障之疾，做了手术之后，效果并不理想，视力反而降低。他仍旧是手不释卷，看书时一手拿书，一手持放大镜，眼睛紧贴书面，仿佛“啃书”一般。有人好心劝他要注意保护视力，他对人说：“你我这些人，不读书，干啥子？”他说的是真心话，他把读书视为生命的重要组成部分，故而有此肺腑之言。他终身读书为乐，而且终身喜欢赠书于人，有时还在所赠书上盖上他的藏书印与名号印，与人分享为乐。

四、风趣幽默的人生境界

王家祐先生知识渊博，性情豁达，谈吐幽默，退休之后以读书为乐，被称为乐呵呵的“老顽童”。有很多拜访他的来客，第一印象就是王老特别风趣，很喜欢讲故事，一口浓郁的四川话，用词造句充满了哲理与机锋，又洋溢着幽默感。

王家祐先生的趣事很多，20世纪80年代，有关方面召开反对精神污染的座谈会，参会者忽闻“运动”又至，莫不面面相觑，噤若寒蝉。负责人乃点名王法师发言。王家祐先生正闭目作睡状，旁座捅之，乃睁眼道：昨晚梦到吕洞宾调戏我婆娘，一气而醒，不复再眠。这会儿没精神，说不来。众人愕然，继之爆笑，此会遂不复能开。

王家祐先生因为和道教界关系密切，被称为王法师，常去道观，也有一些有趣的传闻。有一道士要请他吃饭，又开玩笑说是“打平伙”。王法师也与之调侃说，“打平伙”甚好甚好，你出鸡，我出水，煮好后你吃你的鸡，我喝我的水，如何？所谓“打平伙”者，是四川俗语，意思就是AA制。听了王法师的话，众皆大笑。王法师在青城山小住，闲坐在古常道观殿前，有一位汉子趋前，问王法师在否？王法师问：“你找此人做甚？”汉子答曰：“我欲拜师学道。”王法师淡然道：“此人已死多年。”又有人慕名要请王法师赴宴，王法师问：“打算多少钱请？”来人不解其意，王法师说：“如果打算三百元请我，不如给我一百

元干折之，我得钱你省钱，岂不都好？”众人皆笑。王家祐先生诙谐，是骨子里的幽默，语言上的调侃，常会引起众人心中共鸣，只要他在场，举座皆乐，人缘关系极好。

王家祐先生有次应邀去都江堰参加学术会议，天气有点阴，一位与会者说：“不会下雨吧？”有学长开玩笑说：“不会，有王法师在车上。”仙风道骨的王法师从车上下来，向众人抱拳作揖，正色说：“都江堰今日开重要会议，我早晨出门前就和玉皇大帝打了招呼，雨是不会下的。”众人都哈哈大笑，簇拥着王法师向会场而去。王家祐先生喜欢称自己是王老邪，有人称赞他是亦庄亦谐亦神仙。他的风趣典故很多，在江湖上盛传已久，交往也很宽。他是蜀中著名学者，又是德高望重的长者，但他从不以年长与博学自傲，与年轻后学也常以平辈相论，有很多忘年之交。他的渊博与随和，而且十分健谈，也是出了名的。学者们喜欢和他谈论学问，三教九流喜欢和他聊天摆龙门阵，都妙趣横生，兴之所至，无拘无束，欢笑之声不绝于耳，总是皆大欢喜。有人形容，他率真洒脱，真的是位人见人爱的“老顽童”。

王家祐先生从事考古工作和文物研究数十载，精通文物鉴定，但绝不染指古玩。他经常叮嘱同辈和学生说：“搞文物的不玩文物，此守身之道。”曾有古董商人慕名请他鉴定文物，且许以重利，均坚拒之。王家祐先生曾对友人自嘲说：“王老邪一生贪财好色，但不能要的绝不要，不能吃的也绝不吃。”他曾作一联赠给弟子：“酒色财气，有度则养生。贪嗔痴爱，无相即菩提。”弟子称颂他此联，可谓人生至言。他对社会与人生常有独到的理解，为人正直，随遇而安。他曾对弟子说到了周敦颐的《爱莲说》：“今人学舌周子，但知莲出于淤泥而不染，不知莲藕根植于泥中，方能素心一瓣。如生于真空净水，藕早枯死，哪得莲开？”他讲的这些见解，都充满智慧，对生活对人生都大彻大悟，堪称是一位真正的智者。

王家祐先生与人交往聊天，谈天说地，纵横古今，无话不谈。但他很少谈及自己的家世，偶有提及，也是只言片语。他父亲王克俊

（1903—1975）是川军抗日将领，1937年率部出川抗战，屡建战功，后为第21军中将军长，1949年12月21日率部在四川大邑起义，此后曾任四川省人民政府参事、全国政协特邀委员等职。王家祐少年时家境富足，有困居者向他求助，他不问亲疏，有求必应，慷慨资助，几十年后有人写回忆录，仍难忘他的侠义热肠。据友人回忆，1982年左右，上海市有关方面曾派人来找王家祐先生，说为了落实国民党高级军政人员政策，决定发还他父亲在上海的公馆。由于公馆还要公用（已作为一个高级招待所，电影《不夜城》外景就是在那里拍摄的），故而决定折价发钱，请他去上海办手续领钱。王家祐先生和妹妹商量后，正式答复是不去上海领钱，把公馆捐给国家。很多友人深感不解，这是应该领取的钱呀，为啥不要呢？王家祐先生向友人解释说，如果我抱回来这么多钱，几个天天吃泡菜的子女一下子有了这么多票子，不变坏才怪，我不能害人！友人深为敬佩，认为成都真正学道家的高人，能达到如此境界的，只有王家祐先生！

王家祐先生因病逝世，享年83岁，文博与考古学界、道教文化界均为之扼腕痛惜。噩耗传出的那天，各界友人敬送的上百个花圈摆满了他居住的院落和小道。他的学生厦门大学历史系黄海德教授为老师撰写挽联曰："融三教精华推禅道法朝太上；聚九天灵气心传碧洞念真人。"表达了对先生的悼念，也概括了王家祐先生的人品和一生的学术成就。

黄剑华

考古研究

四川广元黑釉窑初探

四川出土的古瓷器中，经常见有一种黑釉的器物，而以兔毫盏与酱滴斑黑釉盏等最常见。这类器物一般都认为是宋代瓷，多称之为“黑建”“处州窑”或“陕窑”。我认为这种看法是有问题的，是忽略了它们在四川大量出土的事实。

我参加宝成铁路文物保护委员会工作时，在广元文化馆又看到好几件此类黑釉瓷器，据广元文化馆的同志说：“都是在广元附近挖出来的。”由此更使我联想到它们的窑址问题。广元的陶德渊同志送给我一件黑釉葵花碗，又正是此类黑釉器，他是在瓷器铺窑址拾来的，并承他热心地告诉我他曾在瓷窑铺及城北的古窑址中收集到很多古陶瓷碎片，由于他的帮助，才能有瓷窑铺古窑址的发现。

瓷窑铺又名磁瑶铺或磁陶堡，在广元县北门外约十二里。当地是嘉陵江左岸公路边的坡地，现有住房二三十家。在这一段公路上，约有半里长的江边均堆积着残陶瓷片及匣钵，尤以旧酒厂侧小坡上堆积最厚，陶片堆中以黑釉的占绝大多数，但也有其他种类的。我们在这一带收集了两百多片碎片及少数残器，一部分是在堆积片中选出，一部分是在河边堆埂中挖出，这些陶片都是研究蜀瓷的新资料。

根据出土的陶片，似乎确可认为此地是唐宋以来的古窑址，它包含几类近似的陶瓷器，似可说明他们之间的发展过程。其中以上层的宋

代黑釉器为最普遍。我们在六朝岩墓上层及宋代石板墓中已发现过此类陶片，又在一遗址中的残陶片上贴着一个钱，都可说明它的时代是不很晚的。在陶片本身釉彩、器形、制作上更明显的表现了时代，这是见到实物的人们都所公认的。由此，我们可以大胆地说蜀瓷中的黑釉器绝不是建窑或处州窑，而是蜀窑中的瓷器铺窑。至于陕窑名称的来源是有些道理的，首先瓷窑铺是在接近陕西的川陕道上，此外甘肃的王同志告诉我，在甘肃平凉及陕西西安一带也有此类窑器，如泾川东南的窑店镇就可能是个古瓷，有此类出品。传说是否确实，尚待证实，但川陕边境上工艺的交流是可能的，谁先谁后的问题也尚待调查研究。

有关这方面的县志记载的资料，新修《县志》第三编102页“陶瓷业”云：

广元陶业似早，考县北磁陶堡当在明时，其成陶之器不悉何时没于水，每当水落常于河干获小缶，质同今母家山陶，因陶没而业歇。

清之著名陶器，以羊模坝之瓮罐火碗为佳，瓮可一石，罐耐火炼，火碗味佳，世守其业未之或停。

大石（堡）之母家山，陶磁并出，磁属粗料，陶则细质，磁业现犹经营，陶则停矣。

五郎之磁业亦粗质，水磨有细磁料，无识而营之者。

沙陶业，县之北门外炉罐为主，质劣不耐火，未若甘省品质之佳。

新修《县志》第三编93页“物产”云：

长石，分布县属南北二山，其晶形劈开互成直角者为正长石，不成直角者为斜长石，表面有真珠光泽，但易受风雨剥蚀分解为陶土、磁土、粘［黏］土。

陶土，县北东山堡羊模坝，取制陶器最良，大石堡之母家及磁磘堡均佳。

磁土，县东流坪与大石，取制土碗，水磨虽有，无制器者。

在我访问当地故老的谈话中，也有些可供参考的，如：

……老一辈的人说这里从前有四十八家窑，二十七家水冲。釉子就是用羊肝石冲细做的。现在公路及其东边是窑地，河边是水冲旧址。已经好多年没有烧过了。我们常常在地里捡到陶人人儿、陶马马儿，都是古来窑土变成的。

……汉皇帝手头（时候），红花年间还烧过窑。（红花或系指吴世藩洪化，或系指明成化。）

……我们祖辈才来的时候，兴“插田占地”，那个时候还没有地名，因为有几个古窑子，就叫个瓷窑铺。

……后来清地修河岸，才把烂瓦片（指残陶瓷片）丢到河边，年年水冲，现在只土里头还留着有点。

这些点滴片断的情况，都值得我们在研究时的注意。

现在把该地收集和清理的标本分述如次；

一、黑釉系：器物的表面为黑色釉，器形以碗盏发现最多，胎骨以黑黄色者为主，一般器壁厚约五毫米，半圈底，轮制。又可分为正黑色发光釉、酱边黑釉、兔毫纹黑釉、酱斑花黑釉、紫色霞光花黑釉、黄色霞光花黑釉等色釉。凡兔毫纹、滴酱斑、流霞云等小盏，皆用匣钵烧成，色彩精美，制作工细。另有黑釉灰釉碗等，无匣钵叠烧而成，多作葵花式。这系器物在已发现的瓷片中占绝大多数，可能是本地的主要系，已收集到的有带匣钵小盏及各色小盏残件、骑马小人等三十余件。

二、素衣系：器物无釉，只在表面上涂一层白色陶衣或用素白色绿色绘花于陶胎上。胎骨很薄，有的薄到一毫米，多作红胎或绿色胎。已知有小罐、三脚炉、茶缶、花瓶等器。又可分为素白衣类、绿底白花类、红底白花类、红底绿花类等。这系陶片埋藏较上系深，形制亦似

较早。

三、尚发现有少量复杂色的各种陶片：（1）银灰色开银片陶片。（2）绿色釉陶片。（3）蛋壳色黄釉绘绿花似琉璃厂窑残盘。（4）似越窑暗花残片。（5）似宋瓷白瓷小片。（6）似大邑窑小印盒。（7）一残底上有似烛泪痕的钧窑釉。（8）青灰釉绘绿黑花瓶半个。（9）白衣陶器口又加黑釉。这些残片说明了这个古窑是可能烧过或交流过四川邛窑、大邑窑、川东窑，甚至远远的钧窑、越窑的釉彩与技术。尤其是钧釉片与越窑片提供了谁先谁后的资料，颇值得重视。在蜀瓷邛窑中已见似钧窑色的釉彩，涪城暗花与射洪暗花亦不让于越器，均可参考。此类瓷片杂于下层，出土很少。

此外还收集了一些附属品：带匣钵的小盏、烧成叠的黑釉碗、三角形支钉、圆形小土块、大小泥圈、烧过的羊肝石、流出于土上的黑酱釉土块、带开银片绿釉支钉。

我们另外又访问过羊模坝熊家山窑及母家山窑。熊家山窑在县北七十里羊模坝，是依山坡建成的长条形窑。轮制大缸及茶罐，远销甘肃的阶县、文县及陕西，现有窑户三家。打印图案花。母家山窑在县东五十里，现名小柏林沟，有柴烧窑八座，水冲四五十座，正以“工合电瓷厂”为中心走向合作化中。在窑工唐元孝处收得黑釉小杯一个及黑釉药（红色土）两块，他说这里早年曾烧过黑色釉。此处瓷土为山上的白灰色岩磨成。现烧白窑青花器及电用材料，产品甚佳。

由于地下遗物、遗迹不断发现与调查，我们对过去“蜀窑”的概念应补充与修正了。蜀窑实际上包括四川广大地区各个时期不同的窑系。对于已知资料的集中研究及科学清理工作希望能逐渐加强。

本文只能是粗略介绍一下情况，在说明问题上是远不够，但愿由于这个消息，可以引起各方面的注意与研究。

（原载《文物参考资料》1955年第3期）

四川宋墓札记

四川宋墓可分为石室墓与砖室墓两大类。在近山地区的广元、昭化、绵阳、大足、泸州、宜宾、金堂、彭山等县皆有石室墓发现。墓室及龛皆用石料建成，常是双墓并列。建筑特点是墓仿木建筑结构。尤其是在后龛部分往往用石材雕成柱、梁、斗拱，门上雕有假窗，顶部雕有藻井。另一特点是两壁、后龛、门、梁上常有浮雕图案或人物故事，门侧多雕两武士像，与砖墓墓门置两武士陶俑相同。石室墓后龛内常见“妇女启门”雕刻，此种图案似沿袭芦山县汉王晖墓朱雀图；在彭山县五代宋琳墓石棺上亦浮刻此图。又或在后龛刻着墓主人像和备宴图、交椅等。昭化曲回乡石室墓后龛上雕刻着备宴图，两壁为主人故事，门外侧有两武士，是南宋淳熙十年（1183）建造的。绵阳平政乡并列四墓，为张应卯兄弟三人及姚氏的墓室，其中一墓志为南宋嘉定二年（1209）。这四墓皆无雕刻，出有带釉陶俑、瓷碗、铜镜、墓志、买地券等物。彭山县宋石室墓中后龛上刻着主人游山图，两壁刻青龙、白虎，门侧列两武士。在宜宾翠屏山上则有于后龛刻两个墓主人像及双或单交椅者。大足县的石室墓则有线刻神话怪兽、侍女、女乐等浮雕，其中三星桥赵解娘墓志题为宋淳熙年号，相同形制的石室墓当是南宋建造的。在沪州凤凰山亦发现有后龛刻一交椅，门侧有两武士的石室墓。金

堂县焦山石室墓则采用石梁为顶（一般为石板盖封顶），出有灰色陶俑等物，和它形制相同的墓是绍兴十九年（1149）建造的。广元河西五龙堡石室墓后龛刻有妇人启门图，两壁雕刻侍从人物，有烧锅的、切菜的、提篮买鱼的等等，左右室梁上各题有“金玉满堂”“吉庆寿堂”四字，两室门侧皆雕武士。广元下西坝还发现过刻有“飞天”的石室墓。明代石室墓趋于简朴而无雕刻了。另外在广元城后东山上尚留有一座南宋崖墓，在墓门右侧刻有题记，建于绍兴二十二年（1152）。

砖室墓全用素砖建造，长方形，有龛室、棺台。墓顶有拱券（单券、重券）、迭涩。墓门用砖封闭。彭县等地宋墓墓室中部底下有腰坑。成都有双层石隔架梁墓出现。砖墓大者长约3.5米，一般的在2米左右，亦有小至1.5米者（迁葬或火葬）。用砖砌成的火葬坑（仅置骨灰罐）则为90厘米×45厘米，或仅20厘米×20厘米，用砖平盖顶部，但亦有建成一墓而分为四段置火葬匣者（如羊子山160号端平二年赵惠娘墓）。北宋砖室墓在华阳三圣乡清理过熙宁二年（1069）与治平四年（1067）的两座并列双室墓。砖砌四壁及券顶，有棺台、水沟、腰坑。出有棺钉、买地券、敕告文，及炉、碗、双耳罐、四耳罐等陶器，而未见陶俑。成都近郊清理过天圣九年、治平四年、熙宁二年、元符元年、政和二年、宣和五年等北宋墓，曾发现过陶俑。南宋墓在成都市郊（跳蹬河、沙河堡、八里庄、封家碾、羊子山等处）多有发现，这些墓中常见陶俑，陶器是主要殉葬品，常有墓志与镇墓真文，几乎每个墓都有买地券。官渠堰流域（《考古通讯》1956年第5期）的一批宋墓则未见陶俑。宋代砖室墓亦偶见用砖砌柱而在柱顶迭砖如斗拱状，或砌有窗棂、枋木建龛室等做法，但不若石室墓的仿木构建造普遍。

火葬坑用砖砌成置罐地穴，似应别于一般砖室墓葬。除单坑独立存在外，又有群穴列布安排者。1952年冬，绵竹泥金寺侧杨姓农田内曾发现大批盛有烧过人骨的灰色双耳罐，排成序列，置于砖砌小方穴中。砌砖上有“崇宁寄四年”“大悲院”“门楼院”“常乐院”“保福院”等字。有一完整砖则题为：“浴室院，熙宁八年五月内寄骸骨，不知姓名，崇宁三年十二月七日葬，甲字第三十八号。”此种寄骸罐又曾于1959年春发现于郫县北郊，可能是外籍或无钱购买墓地的平民所寄葬的。

宋代砖室墓偶有取用古砖为建筑材料的办法，羊子山193号火葬坑是用汉砖平盖封顶，宜宾翠屏山下宋棺葬墓亦取用了几块汉砖做墙。由是知不能单纯以建砖外形断定时代。

宋代极盛行夫妇、兄弟并列建墓的风俗。如华阳三圣乡第二、第三两墓并列；跳蹬河5号与1号墓实各为并列的两个墓室；绵阳平政乡四墓并列；封家碾6号墓为并列的三个墓；羊子山105与106、147与146、167与166、76与77、164与165等号墓皆为并列的双室墓葬。《东坡志林》卷七说：“古人之葬者皆为一室，独蜀人为同坟而异葬，其间为通道，高不及眉，广不容人。”正是这种并列建墓的写照。

四川宋墓中很少金属器，而几乎全是陶制明器，瓷器仅偶有发现。大约随葬品很少实用物，故瓷质实用品的入殉远不及陶质明器为多。器形有罐、钵、盘、碟、碗、杯、盂等，而以四耳罐、双耳罐、五脚（或四脚）炉、提梁罐最常见，偶有八角盘、陶灶、陶轿、瓷碗出现。四耳罐有两种：高颈长腹而耳在半身者和矮颈圆腹而耳在颈肩者。双耳罐有大口和小口的，形制颇小。出土于腰坑者往往盛清水一罐，常与双耳小陶杯同在，当即是乔氏收喜娘子墓（羊148）中敕告文所云“清水一瓶，用为契信”的器物。提梁罐小口大腹扁形，上加一提梁，器身往往有龙形堆塑，有青绿釉者。炉在北宋墓发现的有底座与四脚相连的，南宋则无底座，是平盏形下加蹄脚，有题为“辛未绍兴岁造讫句立”者。宋代陶器往往上半部着白色或浅蓝色陶衣，多无实用价值，只是作冥器。陶质以灰陶为多，半带衣及半带釉为其特色。除提梁罐堆塑龙形纹及带脚炉用兽头蹄脚外，仅个别罐的上部有笔画水波纹。陶釉多为黄绿或青绿色，唯沙河堡16号墓出土有3件陶杯及1件陶瓶为黑釉，与广元宋代黑釉窑相类。

陶俑可以分为墓主人像、文俑、侍俑、十二辰俑、四灵俑、双首

蛇身俑、人首鸡身俑、魌头（独脚无身俑）、武士俑、鸡、狗、羊、小人骑马、人牵马等俑。墓主人像常有发现，还见有一对夫妇坐像、和尚坐像者。文俑长抱拱手而立，为数颇多（大概以6或12个为一套），侍俑有男有女，手捧应用对象或垂手立侍，此外有牵马、伏拜等人物俑。宋陶俑以文俑、男女侍俑为主，不似明代有文官、文吏、护卫、执役等定额仪仗。十二辰俑很少见到全套，四灵是指青龙、白虎、朱雀、玄武，广汉西外乡宋墓中出有黄绿釉全套四灵俑。双头蛇身俑最早见于五代宋琳墓中，《山海经·大荒西经》载女娲蛇首人身，它和汉墓中伏羲女娲相缠像颇近似。可能是和古代传说中的伏羲女娲有关，魌头俑在宋、明、清时可以用面做而撒散于出丧之时，其身绝非长大而当如卵状，是以独脚圆头俑最为相当。鸡首人身俑似与《山海经·中山经》云“其神皆人面鸟身”，《大荒西经》云“西海渚中有神：人面鸟身……名曰弇兹”有关。武士俑多置于大墓门侧，比一般俑要高大，当即是《太平广记》中的“道鬼”（卷一四一）。宋代称为“道路将军”，后代又叫作“开路神”，当即《宋史·礼志》中的“买道方相”，实际上就是方相的演变形态。宋俑分有釉无釉两类，跳蹬河5号墓为绍兴年建，而已有釉俑，羊子山淳熙墓中亦有釉俑，绵阳平政乡嘉定墓中则有黄、绿、茶、酱四彩釉俑。四川五代墓、北宋墓皆有俑，但似皆为单色陶而无釉，釉俑可能起自南宋。宋俑多见于成都郊区，官渠埝《报告》上（《考古通讯》1956年第5期）未提及陶俑，但在崇宁县境曾有宋俑出现。

铜镜常见于宋墓中，素背的最普遍，花纹多缠枝、凤鸟、仙人楼阁等图案，几何图案及吉语诗句的铭文已很少见到。镜形的复杂是宋镜的特色之一，有八弧、六弧、亚形、方形、盾形、铲形等，又常附有长柄。羊子山出土过盾形镜，跳蹬河出土过铲形“[illegible]”字镜及八卦镜，羊子山搜集的圆形奇体字“水银阴精，保命长生”镜与长沙容园出土的方形宋镜（《考古》1958年第5期）同属一系。宋镜铸制轻薄，私家铸镜须得官府允许。湖州石家铸造的铜镜在四川有很多发现，也许其中有仿铸情况。跳蹬河出土八方葵花有柄镜题为“湖州真正石念二叔照子”，华阳德胜乡菱花有柄镜题为“石念四郎”，又有“十五郎”等题款。四川省博物馆藏出土铜镜（Bh.6.28022）有“湖州石家炼铜照子”与“炼铜每两一伯”两行题字，是有关宋代铜价的好资料。金堂县焦山宋石室墓出土的铜镜背上题有“成都龚家青铜照子”，旧存宋镜拓片中有“成都刘氏”题字，都说明成都铜镜的铸造情况。宋墓中还偶有唐镜遗留，在乔氏收喜娘子墓中出有唐代秦王镜一个。

宋墓中常有铜铁钱币殉葬，但一般最多不过数枚，仅成都工学院发现的宋墓中出有铁钱百余枚。此外在宋墓中还随葬有铁交剪、铅蚕等。

宋墓中文字铭刻（有的用朱书）颇多，有墓志、敕告文、华盖宫文、买地券、镇墓真文等五种。墓志多作长方立碑形。天帝敕告文最早见于北宋墓中，与华盖宫文皆标出“赵公明”名字，同为一种辟邪性迷信符物。一般说来可能北宋用敕告文（六方形），南宋用华盖宫文（正方形），两者是同一性质，但不同出。买地券几乎每墓都必有，多为石刻的，什邡5号墓则用砖朱书“皇宋绍兴十八年”等字，广汉县亦出有朱书买地券。它显然是象征现实社会土地占有的法权形式；宋代买地券普遍出现正反映了土地买卖和转移日益频繁加剧的情况。绵阳平政桥四个并列的石室墓中出现了4件八棱形柱式买地券，比较少见。其中姚氏买地券写着：“维皇宋剑南西川成都府……姚氏……买到柏下乡墓田二所，其田系亡人孺人姚氏所居之地，如有合于鬼神，不得侵占。”镇墓真文用奇体的“云篆真文”书写刻石，有的称镇墓真文，有的称消灾真文，文字有64字与36字两种，又有音译、意译、无译文三种。镇墓真文一套五件，分中、东、南、西、北五方，在墓中亦按方位置放。

（原载《考古》1959年第8期）

“半两”钱年代问题

——兼与逊时先生商榷

读了逊时先生在《四川船棺葬发掘报告》书评中所论关于“半两”钱诸问题（见《考古》1961年第7期），尚有不同看法。兹抒浅见如下：

一、“半两”钱的发行年代问题

按历来主张秦统一六国后才始行“半两”的主要根据，都不过依据《史记·平准书》和《汉书·食货志》。

《史记·平准书》云：

> 虞夏之币，金为三品，或黄，或白，或赤；或钱，或布，或刀，或龟贝。及至秦中，一国之币为三等，黄金以溢名，为上币；铜钱识曰半两，重如其文，为下币。

《汉书·食货志》云：

> 秦兼天下，币为二等，黄金以溢为名，上币；铜钱质如周钱，

文曰半两，重如其文。

严格地说，此两处文意都并不一定是指“秦兼天下”以后始行“半两”。《史记》“及至秦中，一国之币为三等”之文颇为费解，历代注释家亦未加以注释，但不能确定此为秦统一中国之后。

如果半两钱发行定在“秦兼天下”以后，则原文“黄金以溢为名”并不是开始于兼天下以后，亦有矛盾。实际上在秦统一六国之前，黄金早已称“镒”了。例如《孟子·公孙丑下》：“陈臻间曰：‘前日于齐，王馈兼金一百而不受；于宋，馈七十镒而受；于薛，馈五十镒而受。’”又如《史记·荆轲列传》：“赐夏无且黄金二百溢。”这些例子皆说明黄金之称镒早在秦兼天下以前，并不在秦兼天下以后。黄金在“兼天下”以前既以称镒，而同时的铜钱为何独不能是“半两”呢。

再从四川的考古材料也可以得到有力的反证。暂时假定惠文王二年（前336）所初行之钱系如逊时先生所说的圜钱（如原文所谓“重两十三珠”之类），那么，在秦举巴蜀（前329或前316）后及统一六国以前的约一百年之中，至少应有少量的此类钱流入四川。因为秦灭巴蜀以后，是将巴、蜀地区作为它的政治、经济政策的试验区域的，这在《华阳国志》中可以清楚地看出来的。当时秦亦大量的从关中向蜀移民，如《蜀志》所说“戎伯尚强，乃移秦民万家以实之”，其他迁谪及自动流入四川者亦当不在少数。在此种情况下，秦钱之流入四川，或在四川使用秦钱，必系意中事。无奈从历代记载中，收藏家的传闻中，以及近年的考古发掘中，从来未发现过逊时先生所说的“圜钱”，而在四川所发现的最早的铜钱，都是秦“半两”，这不一定是偶然的。把四川最早的圜钱是“半两”这一现象与前引《史记》《汉书》之文相结合来看，该书所提出秦惠文王二年所行之钱可能是“半两”。是故半两钱之始行不必待于秦始皇统一六国之后，船棺葬书中推论是可以成立的。

二、关于秦、汉半两钱的划分问题

由于对秦、汉“半两”钱的划分有不同意见，因而引起了一些分歧的看法，也是需要辨明的。

关于秦、汉半两的划分，一般人以重量（十二铢与八铢）来分，这是泥于古书记载的看法。实际上八铢也就是秦钱，而秦钱“重如其文”（十二铢）仅只是法定规格。实际上秦钱并不皆重十二铢，汉钱亦不是都以八铢为准。早期半两钱自战国以至于汉（迄于文帝四铢半两；其中曾经发行过荚钱），实际上是轻重无常，并不绝对如“十二铢”或“八铢”的法定标准。《古泉汇考》树培按半两钱云：“有径九分弱重一钱二者，有径九分重一钱五分者，有径九分强重二钱五分者，有径寸重一钱四分者……所见大半两大小不等……秦汉相去未及五六十年，故应难辨……”《癖谈》亦云：“惠文二年至始皇统一更六君历百有十六年，钱法必屡变，故曰各随时轻重无常。”《古钱大辞典》第225页及张叔未《古钱谱》中皆有半两钱拓片径至6.6厘米者，尤可证其大小轻重不是一致的。《记四川巴县冬笋坝出土的古印及古货币》（见《考古通讯》1955年第6期）一文对半两钱的断代已早有说明，该文所论各点仍是可以参考的。

郑樵《通志》（卷十七《食货略》）及马端临《通考》（卷八《钱币一》）于高后二年行八铢钱下之注文皆云：“秦钱文曰半两即八铢钱，汉以其太重，更铸榆荚，人患太轻，至后复行八铢钱。”洪遵《泉志》亦引敦素所记指出秦钱（半两）亦有重八铢者。《初学记》与《玉海》皆引应劭曰作“复行八铢钱”。《前汉书》注对当时所行八铢钱亦说明本是秦钱，重如其文但实只八铢。其他如《西清古鉴》《吉金所见录》《泉币图说》等书，皆以八铢半两亦是秦钱。由此可见高后复行秦半两并非新铸八铢半两，这是许多学者承认的。可见划分秦及汉初的“半两”钱为十二铢与八铢是无切实证据的。秦汉两个朝代的改变并不等于经济上改变或货币上必定改变；汉承秦制，在许多制度上并无多大变动，汉初沿用秦钱是可以理解的。正如王毓铨先生所说“这些明字圜钱和明字刀货，一化圆钱、半两钱同时出土，足证明字圜钱是战国末年的货币，在边地上秦和汉初可能还在使用”的情况一样（见王著《我国古代货币的起源和发展》75页）。

所谓十二铢半两与八铢半两，两者在铜质上并无区别。在铸造火口上（铜汁流入口所遗的短柄）皆是上下或左右对出的宽柄，显与汉代铸钱的四出火口不同。文字同为粗放不规整。以上都可证明两者并不因改朝换代而立即不同。

《始皇本纪》云“生得嫪毐赐钱百万，杀之五十万”，半两之赏赐动用百万，此与商君立木为信所赏十金大异，足见秦末“半两”钱价甚贱。此种情况直至汉初仍然全同。《汉书·食货志》云“汉兴，以秦泉重难用”，正是因钱价贱而积数多则重量大之故。

逊时先生将秦、汉半两强加分别，但未能提出有力论证。书评中说：“至于船棺葬所出土的是否全部是秦代半两，也还值得商榷。”我认为既然汉初行用的“八铢半两”本即是秦钱（或亦有汉仿秦钱铸制者），秦至汉初的船棺葬中所出半两钱全是秦代或汉仿秦式钱，就不需要商榷；需要商榷的是何以证明汉初的“八铢半两”不是秦钱，两者间的可靠标准与差别何在。文中又说：“《报告》里的一些形制较小的半两，和洛阳中州路西汉房屋遗址里所出土的半两相似，则这里的‘半两’也可能还包括汉初的在内。”船棺葬书中对半两钱的处理，正是将半两钱沿用至汉初的情况考虑在内，所以在船棺葬断代上还是把年代的下限划到汉初。至于“雒阳丞印”封泥不可能早于西汉的问题，并不能说明与之同出的“半两”钱一定同时或较迟。大半两钱本是秦及汉初通行货币，并不能因曾与后期器物同出，而否定它是秦发行的钱币。就出土现象看，冬笋坝的半两钱又是与战国器物一同出土的，如何能想象它会是汉钱呢？就出土现象看，半两钱常与战国及汉代器物同出（甚至与五铢钱同出），而绝未见与春秋及周代器物同出。所以因“雒阳丞印”为西汉物而证半两钱必是西汉物，是不合适的。逊时同志认为：“那么

编者所主张的：又其中没有发现可认为系汉‘半两’钱的说法；尚值得再研究，而对船棺葬的断代根据也就显得十分薄弱了。”我认为汉初既只是沿用秦“半两”，并未发行所谓“八铢半两”，船棺墓中又确未见过“四铢半两”，所以实在是没有可认为系汉半两者。我们认为：要将半两钱强分为秦与汉，还应弄清所谓汉代发行的“八铢半两”与秦半两的分别。

船棺葬中出土的半两钱是秦半两钱；四川板岩葬中也常出有秦半两钱；两者断代的下限都划入西汉，就是因为秦半两钱实沿用到西汉。在《报告》推论中说到半两钱的年代上限可能在惠文王二年，并未影响到实际断代。就上限说，该书把出半两钱的墓坑列为第一期中较迟的墓坑而不是列为最早的墓坑。就下限说，该书把出有半两钱的墓坑划入汉初。这与书评中所论及事实是有出入的。

书评中又说“又以半两和铁器等是否出现作为断代标准”。我们将半两钱与铁器作为断代条件之一，并非如评者所说是“偶然现象”。该书的推论与断代是就器物全面联系而言的，并不是以半两与铁器作为唯一的断代因素。

三、所谓“重一两十四珠”圜钱

逊时先生又提出：其实像重一两十四珠、重两十三珠、重一两十二珠、重十二珠和半圜等圜钱，很可能是秦统一六国前的钱币。因之就推想到“至少‘半两’的出现，当在秦统一六国的前后”。半两的出现在秦统一前还是后呢？语意不很明确。对所提出的钱也有问题，“珠重一两”的钱应读为“一珠重一两、十×”。原文所举的“重两十三珠”又误脱了一个“一”字，应为“重一两十三珠”（即“珠重一两、十三”）。

秦半两钱已很贱价而一用就是三五百，哪里还用得着最小单位的“铢”（不是珠），故不会有十二、十三、十四等“铢”的差额，即有“铢”的单位也不会铸成十几铢这种面额，而铸作一铢或几铢就可以了。实际上“半两”就是最小单位，并没有发行过“一铢”。钱文上是“珠”（当即圜的意思），并不是“铢”或“朱”，此处的珠从玉乃是圜的意义而不是重量。这种钱实际是“珠重一两、十二”，即圜币一两、第十二（标号）之意。许多“铢重一两”钱上的“珠”字之前都有显明的横分隔号（或“一”字），念起来应是“一珠重一两、十二”，绝不会是“重一两十二珠一”。《战国时代的秦国铜器》一文对此种钱说，“依圆首圆脚布计算，平均每两为15.61克，可知此种圆币实是一两，并无畸零之数”是精当的结论（见《文物参考资料》1957年第8期）。“珠重一两、十二”（又有十三、十四等）与“重四两、第一”（又有第九、第五等），以及单铸“第九”（又有第十等）而无标重的钱是一种风格。以上三种钱可能是所谓权钱，只见附有标号的权样币，没有未附标号的发行币。半两钱也常有同一风格的标号，如半两第卅（又有第九等）就与前三种钱显然为一类作风。若逊时先生以为重一两钱是“秦统一六国前的钱币”，则同一风格的半两第几也当然与“一两第几”同时，半两钱发行于秦始皇统一前与上述三种权钱同时是应无疑的。逊时先生的资料仅提供了“半两”钱亦有标号，说明了半两与一两同时出现，同一作风，给半两钱发行早于始皇提供了有力证据。

“半两”钱之多而普见、轻重大小甚不一致者，以其行用有百余年之故（前336—前221），此绝非举一偶见孤品（如“十二珠”圆钱）或传世权钱（如“珠重一两”钱）可以代替。惠文王二年初行钱，能备受天子之贺者，其一是变秦国布钱为圆钱而且采用方孔；其二是统一行使权归中央因而不必再记地名；其三是一律采用“半两”为通行单位。

四、“半两”钱在船棺葬中的断代问题

《船棺葬报告》的推论中从学术探讨上提出：秦惠文王二年所行之钱可能是“半两”的看法，在《报告》中并未加以肯定，不过仅作为在

考古发掘中对这一问题的参考。而在推定船棺墓时代时，亦并未因半两钱铸造时间提早而将断代提早。该书在推定船棺墓的时代时，是依据墓葬排列的位置；其中所出全部器物的联系（半两钱也当然可以作为参考材料之一）；四川其他大约同时期的墓葬所出器物等因素相比较而推定的。故出有“半两”的船棺墓仅定在战国末至西汉初。该书推论中说：“其余十三座船棺墓的入葬时期较以上八座为晚，在它们中大半出半两钱及少数铁器（铁柄削、铁斧）；铜器中有了镜、带钩，印章也多了；陶器中有了陶壶，平底器变多，豆的形制变小而数量变多；兵器中‘巴蜀式’剑有将其茎鼻都锉平而改装的，这些都是受了中原文化影响而来的。它们入葬时期，应在秦举巴蜀以后，其中最晚的可到西汉初年，换言之，即不出公元前3世纪的范围以外，因其中所出的钱币，绝无有可认为是高后以后的半两的，特别是陶器平底器增多，但尚未演成四川其他处西汉初期墓葬中的形式。”这段原文既交代了断代的具体时间，也简要概述了全部器物联系，其中并非以半两钱与铁器为唯一断代标准。

总之，半两的铸造时代应否提早，与这一系列墓葬的断代上并无多大关系，因为既使其中的若干半两系西汉半两，而这些墓正是推定在西汉初年，对照附表与正文的推定可以一目了然。

考古《报告》中的断代问题是个重要问题；冬笋坝各类墓的类型特点早有文提及（见《考古通讯》1958年第1期）。经过几年的酝酿，该书的总叙与推论提出论述后，又在附表上分类依时代先后列出各墓器物以便查考。所以不能认为它“未能举出充分证据，在年代分期上是缺乏说服力的”。

（原载《考古》1962年第10期）

涪陵出土的巴文物与川东巴国[①]

四川涪陵小田溪出土的巴族文物[②]，给探索巴人的历史和古巴国与相邻地区的文化交流和民族情况，提出了新的研究课题和有价值的实物资料。

在我国，殷、周时期出现了许多“巴”以及“巴方”（龙方）、“褒”或“巴子国”。其分布地约在今陕西南部的汉水和大巴山地，在东面的河南、湖北，南面的湖南、贵州都有称“巴”者。在春秋战国时期，他们才相继迁徙于四川东部。这许多不同地区的“巴国”，是同民族分建于各地的“国”，还是不同的族人所建的“国”？所以中原汉族所命名的这些“巴”，是一个值得探索的问题。我们认为，地处汉水上源与大巴山的“巴”，显然是指“龙方”，周所封的姬姓统治的“巴”，是属于宗姬的势力范围，而湖北清江与川东的“巴”显然是属于虎图腾，还有“彭”似亦为“巴”，他们则是“大鹏”或“凤”图腾。在这篇短文里，我们只就涪陵出土的文物所涉及的“巴”，即属于虎图腾的“巴廪君”的“巴”的一些问题，试论几点，以求正于学术界。

① 本文由王家祐、王子岗合著。

② 四川省博物馆、重庆市博物馆、涪陵县文化馆：《四川涪陵地区小田溪战国土坑墓清理简报》，《文物》1974年第5期。

一

廪君之巴建国于川东。《后汉书·南蛮传》列廪君于“南蛮”，似与“西夷”“南夷”“西羌”诸种有别，它说：“巴郡、南郡蛮本有五姓，巴氏、樊氏、瞫（音审）氏、相氏、郑氏，皆出于武落钟离山。其山有赤、黑二穴，巴氏之子生于赤穴，四姓之子皆生黑穴。未有君长，俱事鬼神，乃共掷剑于石穴，约能中者，奉以为君。巴氏子务相乃独中之，众皆叹。又令各乘土船，约能浮者，当以为君。余姓悉沉，惟务相独浮，因共立之，是为廪君。乃乘土船从夷水至盐阳。盐水有神女，谓廪君曰：‘此地广大，鱼盐所出，愿留共居。’廪君不许。盐神暮辄来取宿，旦即化为虫，与诸虫群飞，掩蔽日光，天地晦冥。积十余日，廪君思其便，因射杀之，天乃开明。廪君于是君乎夷城，四姓皆臣之。廪君死，魂魄世为白虎，巴氏因虎饮人血，遂以人祀焉。”此段材料所述巴廪君建国之事甚详，亦可见当时廪君是与各部族之间经过激烈的争夺，才取得“君”的地位。

考其实地，武落钟离山，在今湖北省长阳县西北，又名龙角山。所称夷水，即今湖北清江流域。盐阳在今恩施县东。盐水，或称盐阳水，即朐忍（今四川云阳县）的南集渠。由此可知，廪君是由湖北清江上溯而进入四川东部。文中所称的“五姓”，我们认为是不同图腾的五个氏族或部落。古人以图腾为姓氏，而这里的五姓，原来也是两个互婚的黑与赤集团，由于子孙的繁衍而形成了五个不同的而相互联系密切的氏族。这种按色分姓正如当时的青氐与白氐、黑羌与白羌等一样，形成了那个时代由集团婚姻关系所构成的社会基层的统一体，即不同氏族的相互婚姻关系。这和周初的“姬”“姜”两个互婚的大型氏族部落的相互婚姻关系构成了周初社会的基层组织结构一样，他们在历史向前发展的情况下，进一步形成以后周王室的“昭穆之制”。昭、穆之始也有昭白穆黑之分，再以后就发展成了一种祖宗世袭的二分制，再演化为一种礼制。这种礼制制度影响了中国从奴隶社会晚期到封建社会的一个相当长的历史时期，在考古学上的墓葬排列与墓地的规划都有明显的反映。而在古巴国的五姓时期，当时的巴族可能还处于父系氏族的初期阶段，而到巴廪君务相之时，才真正确立了父系氏族制。

盐水女神（亦称盐水神），当然是指古川东地区产盐的母系氏族部落的女酋长。那时川江沿岸的忠县、奉节、云阳、巫山等地都产盐，而云阳县汤溪的"伞子盐"更是有名。巴廪君取得了五姓之君后，势力强大，率领五姓夺取了盐阳女部落的盐场，进一步增强了自己的经济实力。在这样的基础上逐步强大起来，成为川东地区最大的一股势力，再经过一定时期的征伐与并吞，建立起了巴国。建国以后，巴廪君又充分利用其长江上游的渔盐之利，同时注意农业、畜牧业的进一步发展，廪君的巴国兴盛发展起来，川东各族也逐步由军事民主制而进入了父系奴隶制的国家。在公元前611年，巴又与秦、楚联军灭掉了川东的大国"庸"，并瓜分了庸国的土地。

廪君务相所建的巴国，北与秦接，东邻于楚，西邻于蜀，南极黔（贵州）、涪（乌江流域）。在这样广大的地区里，聚居着不同的民族。除盐水神女族外，"其属有濮、賨、苴、共、奴、獽、夷、蜑之蛮"[①]。而最大的是掌握了食盐、丹砂之利的盐水神女族。其族源传说颇多，诸如说与巫山十二峰中之神女峰有关，亦有说与四川产盐的陵井（今仁寿县）的十二玉女、蜀五斗米道的十二溪女等有关。而这里的盐水神女，是属于夏系（氐羌系）的西王母族。西王母为夏系的母族，即"禹娶于涂山"[②]中的涂山氏，也就是《吕氏春秋·音初篇》所云"涂山氏之女，乃令其妾侍禹于涂山之阳，女乃作歌，实作南音，周公及召公取风焉，以为周南、召南"中的涂山。而周南、召南里的涂山应是"禹兴于西羌"附近的蜀山。夏与西王母两婚族由昆仑河源向东迁于巫山，则是新石器时代晚期的事了。

---

① 《华阳国志·巴志》。

② 《华阳国志·巴志》。

在巫山大溪，二十余年考古发现的精美玉镯、玉璜等，也许即属于夏部族的文物。现考其川东长江三峡地区的早期文化，即在新石器时代的大溪文化，所出土的这些玉器以及黑陶、彩陶、红陶浅腹盘在巫山地区出现，一方面主要体现了其土著居民的文化，但从其器形及制作技术等，亦可看出其受中原仰韶文化的影响较大。如石器中的盘状器，陶器中的小口尖底瓶以及一些器盖钮，还有陶器中的一些纹饰图案，都具有仰韶文化的一些特征。更为重要的线索是，在大溪出土的代表性器物陶猪支座，近年来在湖北宜昌、恩施、江陵等地区的新石器时代遗址里也有大量的发现，这种文化沿江上溯的材料也在不断丰富起来。而属于大溪文化遗址的分布范围，它不仅在四川巫山一带，而且在鄂西北以及湖南部分地区都有大量堆积丰富的文化遗址。这些发现为未来探索巴蜀文化、楚文化的起源和发展，开拓了广阔的前景[①]。而现在正在进行发掘的宜昌青鱼背、中堡岛、枝江关庙山等新石器时代遗址的大量文物，更为我们的研究提供着新的实物根据。

此外，在族源问题上，巫山神话中的瑶姬，《山海经》中的“巫载民”，还有所传巴廪君本承自神女族等。由于巴氏既已统一了川东而建立了巴国，民族的融合也使形形色色的传说逐步融合于廪君的传说了。

春秋战国以来的巴国兵器和錞于、钲等乐器上都大量出现虎的形象，表明了虎图腾部族的兴盛。廪君的巴国文物，近年来在川东大量出现，如各地船棺葬出土遗物代表了早期巴国文化。秦并巴蜀以后，在峨眉符溪出土的铜戈上，还铸有鲜明的以人祀虎的图像。

二

小田溪出土的巴族文物中引人注目的是一套十四枚的编钟（M1：79—92），这是四川地区第一次发现这样完整成套的编钟。还出有虎钮

---

① 李文杰：《试论大溪文化与屈家岭文化、仰韶文化的关系》，《考古》1979年第2期。

錞于（M2：20）和祉（M2：16）等重要乐器，这是探索墓主人地位和时代的重要遗物。这套编钟与河南信阳长台关楚墓出土编钟、洛阳出土的骉羌钟一致。所出的錞于又与湖北长阳县、湖南泸溪县的大体相同，形制与纹饰都有共同之处。而涪陵所出虎钮錞于上阴刻的巴文下又有二王字并列，加之与钲同时出土，显示了墓主人在巴部族的特殊地位。徐中舒先生从二王字和錞于形制较小等特点说明他是一个部族的王的解释是恰当的[①]。

廪君的巴国，地跨四川与湖北，涪江以东，汉水以西南，初皆巴国地。“巴子使韩服告于楚，请与邓为好。楚子使道朔将巴客以聘于邓，邓南鄙鄾人攻而夺之币，杀道朔及巴行人。”[②]于是巴与楚联兵伐鄾，击破邓、鄾两国联军。邓国故城在今河南邓县，巴人求通于邓，是巴人想参与中原会盟以增强自己的地位，同时扩大巴盐的贸易范围。

“楚武王克权，迁权于那处。及文王即位，与巴人伐申而警其师。巴人叛楚而伐那处，取之。巴人因之以伐楚，楚子御之，大败于津。”[③]按权国，在今湖北当阳县；那处，在今宜昌附近。巴取那处后则以夷陵为东门，故云“遂门于楚”。到公元前689年时，巴东境已达宜昌县东。再后十三年（前676），巴人乘阎敖叛楚而伐楚郢都（今湖北江陵），大败楚师于津（湖北枝江县西）。前611年“巴与秦、楚共灭庸”[④]。庸国的都城在今湖北竹山县，庸败后为三国所瓜分，巴在此时的势力是比较大的。所以关于“汉中之甲，乘舟出于巴，乘夏水而下汉，四日而至五渚”[⑤]。可见汉中东南是属于巴国地。巴之北越过汉水至河南内乡县，北已达晋地。所以“晋文公西伐巴蜀”[⑥]的记载是完全可能的。战国时，

---

① 徐中舒:《四川涪陵小田溪出土的虎钮錞于》,《文物》1974年第5期。

② 《左传·桓公九年》。

③ 《左传·庄公十八年》。

④ 《左传·文公十六年》。

⑤ 《战国策·燕策》。

⑥ 《路史》引《吕氏春秋》。

楚人西进，巴失去奉节以东、房县以西、恩施以北地区，这些地纳入楚之巫郡，楚人西进与巴地被侵占，这大约与巴国的内乱有关。

至于巴、蜀两国在川江上的分界，先当在僰道（今宜宾）。僰道因僰人（濮人）得名，他们本来是羌僰或氐僰，后来因蜀王“雄长僰獠”，而控制了僰道。蜀占据僰道后，巴国于江阳（今合江县）设“符关”，为巴防蜀的西塞，同时也是当时通往夜郎的必经道路。巴国的南境到今贵州遵义一带，即“南极黔涪”。黔涪水古代称为黔水，后来又名乌江，晋称丹涪水，又名郁水。总的来说南面其势已达到乌江流域地区。

巴国的主要中心地带涪陵地区，古代又有称其为鳖邑的。“鳖邑”的命名，其说不一,一说由“鳖令”封此，一说来自巴人自称为“碧子长”，碧、鳖为一音之转，这些说法，看来都是各有根源的。黔水流域曾由巴国设黔中郡，后又有楚国的黔中郡（两者的地域范围有差异），最后秦王朝并巴、楚两黔中郡而为秦郡之一。公元前135年，汉武帝置犍为郡，初治鳖，后徙两广（皆黔中郡地），再徙僰道，最后治武阳（今彭山县江口），这一广大地区似有同一文化习俗，故整个犍为郡都有“大夜郎”的名称。到了武帝元鼎六年（前110）置牂柯郡时，“鳖”才改为牂柯。所以，综上地理沿革看，涪陵小田溪墓葬正位于乌江西岸，为古代巴人的墓葬是无疑的。

“巴子时虽都江州，或治垫江，或治平都，后治阆中。”[①]江州在今重庆市西冬笋坝，都江在今合川县，平都即今丰都，本属枳地范围。枳是巴先王陵墓所在地，故名涪（巴）陵[②]。王莽之时，曾改涪陵为“巴亭”，可知涪即巴的异写，今乌江流域又本为巴人居地，《汉书·西南夷传》颜师古注:“黔中，即今黔州是其地，本巴人也。”记载是可靠的。所以，涪陵小田溪土坑墓的文物为巴族王侯的遗物。

---

① 《华阳国志·巴志》。

② 《华阳国志·巴志》云:“其先王陵墓多在枳。”

三

关于这批墓葬的具体时代，我们只有从出土遗物结合有关史实进行探索。涪陵小田溪墓地位于乌江西岸的台地上，距今涪陵县城三十公里左右，M1所出的错金编钟，从其造型和风格、纹饰等来看，当然不是巴子西迁以后的东西。所出的柳叶剑、短骹式矛、钺等铜兵器都为战国时巴国的典型器物。一号墓出土了大批铜器，充分证明其是上层统治人物，而M2、M3的出土文物，也比巴县冬笋坝、昭化宝轮院两地战国土坑墓所出器物为多，而且器物的制作也比较精致，除錞于、钲等外，M3还有错银铜壶、刻有铭文的戈，都为时代的探索提供了重要依据。

涪陵（即古枳地）是巴君统治早期的政治中心，战国后期才成为楚国的西界，也是巴楚长期战争的结果，追溯这一段历史也是很有必要的。

公元前703年，即鲁桓公九年，出现于川东的“巴”，似不同于殷代的“巴方”（龙方）、周初时所封巴的宗姬、成王时用以为“比翼鸟”的巴，其同名关系，现在尚说不清楚。但“巴方”与“褒”似为龙系（与夏同）。姬姓曾崇鸡，与献文翰的蜀，献比翼鸟的“巴”，当同为“凤”系。此两大系自与虎姓廪君不同或不完全相同。巴与楚世为婚姻[1]，楚共王有巴姬就是一个例子[2]。而至战国，巴楚又世为争战，巴处于蜀与楚之间，连年争战，加上巴国政治不稳定，其势积弱，楚因而大量掠有巴地，而巴黔中变为楚黔中就是明证。楚黔中本巴黔中东部地区，公元前287到285年，秦张若伐取巫黔中，即当时所称“江南”。秦司马错取的巴黔中，是原来巴黔中的西部地区，即以后汉代的涪陵郡，今涪陵及彭水地区。而巫郡是指武陵，与涪陵不同。若从“陵”字可作陵墓解释，则巫陵是夏人母族西王母所居之葬地，而涪陵则是巴人

① 《华阳国志·巴志》。

② 《左传·昭公十三年》。

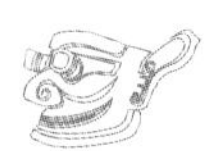

葬冢。

小田溪墓葬中出土的一套错金编钟，是这次发掘中最重要的收获。由于这套编钟是基本成套的，即符合古制之“有倍七音为十四者，小架所用”的规定，编钟之数为十四，而信阳长台关所出的与这套编钟同一装饰形象，其数仅十三枚，经中央音乐学院测定和实地观察，在第十一、十二之间，缺少一枚，这两地所出之编钟，在地缘和文化交流上当有其密切关系。在奴隶制社会里，“其功大者其乐备”[①]，这是反映等级制度的一种重要礼器，而不单纯是一种娱乐工具，“非以娱心自乐，快意自欲，将欲为治者也”[②]。礼乐之制在那个时候是居于重要位置的。涪陵巴人墓出土了这套乐器，除了可以说明巴、楚之间在文化渊源和交流方面的特殊关系外，而且对于确定墓主人的地位，判定墓地的时代，都具有特殊的价值。

涪陵小田溪的巴人先王墓葬的第三号墓还出土了一件四穿长胡内刃戈（M3：13），戈上一面刻有铭文：“武，廿六年蜀月武造，东工师宦，丞业，工□。”与秦统一六国前后的字体略同。而戈上的二十六年，前几年有人附会为秦始皇时之物，还缺乏其他材料佐证。我们认为此戈当为秦厉王共公二十六年（前451）所造，因涪陵为先巴王政治中心，其所出之其他器物又非秦统一以后之物。此戈为秦戈无疑，巴人因何获得，现已无法确证。但从这几座墓葬中所出土的大量精美的器物，特别是在一些器物上（如铜钲、铜斤等）带有“王”字的铭文和图语的组合、成套的编钟、礼器等特点，从器物的形制、纹饰等可以看出，这批墓是属于战国早期墓葬，小田溪墓地是巴人先王时的陵墓或王室墓地。

（原载《四川地方史研究专集》，《四川大学学报专刊》第五辑，1980年5月）

---

① 《史记·乐书》。

② 《史记·乐书》。

涪陵考古新发现与古代“巴国”历史的一些问题①

《四川涪陵地区小田溪战国土坑墓清理简报》和徐中舒同志专论《四川涪陵小田溪出土的虎钮錞于》两文已在《文物》1974年第5期发表。三个土坑墓出土了一套错金铜编钟（共十四件）、虎钮铜錞于、错银铜壶和两百余件珍贵文物。这三座墓是贵族的墓葬，又埋在古代“枳”的地方，完全与文献记载相合。《华阳国志·巴志》说：“巴子时，虽都江州，或治平都，后治阆中。其先王陵墓多在枳。”因此，涪陵三墓属巴国上层统治者是无疑的了。本文拟结合出土文物对古代巴国历史的一些问题提出初步的探索，就教于同志。

一、关于“巴人”与“巴蜀文化”

关于“巴人”的来源问题，《后汉书·南蛮西南夷列传》说：“巴郡南郡蛮，本有五姓：巴氏、樊氏、瞫氏、相氏、郑氏。皆出于武落钟离山。其山有赤、黑二穴，巴氏之子生于赤穴，四姓之子皆生黑穴。未有君长，俱事鬼神。乃共掷剑于石穴，约能中者，奉以为君。巴氏子务相

① 本文由王家祐、刘磐石合著。

乃独中之，众皆叹。又令各乘土船，约能浮者，当以为君。余姓悉沉，惟务相独浮。因共立之，是为廪君。乃乘土船，从夷水至盐阳。盐水有神女谓廪君曰：'此地广大，鱼盐所出，愿留共居。'廪君不许。盐神暮辄来取宿，旦即化为虫，与诸虫群飞，掩蔽日光，天地晦冥。积十余日，廪君思（伺）其便，因射杀之，天乃开明。廪君于是君乎夷城，四姓皆臣之。廪君死，魂魄世为白虎。巴氏以虎饮人血，遂以人祠焉。"

考武落钟离山，在今湖北长阳县西北，一名难留城山，又名龙角山。夷水即今清江流域。盐阳在今恩施县东。盐水，《世本》作盐阳水，即朐忍（今云阳县）的南集渠。这一传说表明了古代巴人迁徙的路线和方向。从巫山大溪新石器时代遗址发现的大量鱼骨和巴县、广元出土的船棺葬来推测，巴人原是渔业民族。由于捕鱼的流动性大，及受楚的威胁，迫而沿清江流域西徙，逐步进入今四川东部。

巴人的"姓"可能是一种氏族组织，即一部落内包括五个氏族。巴族可能从巴氏务相（廪君）开始就进入了父系氏族阶段。盐水神女，《世本》又作"盐阳水神"。盐阳水是川东长江的支流。川东长江及其支流一带自古盛产鱼盐，也是巴地纳贡的土特产。汉代还在南郡的巫县和巴郡的朐忍县设立盐官以管理盐务。古代巴地著名的盐泉有巫溪宝源山、云阳云安与羊渠、忠县涪井（干井）、彭水郁山等处。巴人在这一带制盐，以舟楫之便，贩运盐务，并沿江捕鱼，进而发展农业，逐渐定居下来，乃迅速富强。战国初期，出现了巴、蜀、楚争霸的情况。

考古学上所说的"巴蜀文化"，指四川地区周王朝以来所形成的一种青铜文化。它与四川原始社会之间尚有一大段空白未能衔接。巴人的铜器多属轻薄型，以釜、甑、鍪（单耳罐）、盘为主；蜀人铜器早期的罍（彭县竹瓦街）及后期的鼎（羊子山172号墓）都少见于巴地，蜀器也较为厚重。巴人铜兵器以剑、钺为主；蜀兵器则以戈（包括戟）、矛为主。巴剑较扁平长如柳叶；蜀剑脊厚而短狭。巴蜀铜兵器及容器上常见的图案，是由多个有一定规格的象形图案组合成的。这种符号或象形文饰具有文字的作用，暂称为"巴蜀图语"。巴文化受楚的影响较大，蜀文化则近于周、秦文化。在郫县、新都及川东的万县的虎图案长胡戈上，铸有一种独特的方块象形字（不是象形文图语），这种字不属于甲骨文、金文及汉字系统，目前尚未能破译。

二、关于“巴国”的地域及涪陵小田溪出土文物的族属问题

《华阳国志·巴志》说：“其地东至鱼复，西至僰道，北接汉中，南极黔涪。”鱼复在今奉节县，是巴与楚互争之地。僰道即今宜宾，为巴与蜀互争地。原来两地皆属于巴。汉中与巴，中隔大巴山。黔涪为水名，即今乌江。这是后期巴国境域，较巴国初建已大大缩小了。

春秋之世，汉水流域以西、涪江流域以东的大片土地曾是巴国的辖境。到了战国时期，楚强巴弱，楚国势力逐渐西侵。到楚设巫郡，大致奉节以东、房县以南、恩施以北的地区就转属楚国了。

巫山、奉节、云阳、万县、忠县、重庆、南充、阆中、宜宾等地都出土过“巴蜀式”铜兵器。今涪陵古名枳，枳为古之巴邑。汉置枳县属巴郡，北周时废，枳县故治在“涪陵水会”，即今涪陵县。汉之涪陵县故治在今彭水，秦属黔中郡，汉属巴郡，王莽改涪陵县为巴亭。到李氏成汉，始以枳县为涪陵县。到隋代始以汉涪陵县为彭水县。颜师古注《汉书·西南夷传》巴黔中一语说：“黔中，即今黔州是其地，本巴人也。”唐代黔州是今彭水，即汉之涪陵，其辖境即乌江流域，是巴人居住的地区。巴人居地上发现了涪陵小田溪这三座墓葬，出土的錞于上有巴务相（廪君）的虎图腾，兵器上铸着“巴蜀图语”，地点在古代巴人和巴族后裔土家族居住区，应是巴国统治者的墓葬。

三、从巴楚争夺黔中地的情况看涪陵小田溪墓葬的时代

枳地一带是巴国的经济（盐泉、丹沙）重心。《华阳国志·巴志》说：“战国时常与楚婚。”楚共王（前590—前560）之姬即巴姬。楚伐申

伐庸皆与巴师联军。春秋时巴楚尚颇联合婚好。楚地人民食盐仰给于巴，巴尚富强。到七国称王时，巴亦称王。到公元前361年，楚国占领了巴国的黔中。《史记·秦本纪》说："孝公元年，河山以东彊国六……楚自汉中，南有巴黔中。"此时，巴人丧失了黔中盐泉，政治重心已北移阆中。战国时，楚人还一度进兵西至巴国腹地合川。可见在公元前361年以后，巴国王侯墓不可能再埋葬在楚人已占领的涪陵地区。所以说"先王陵墓多在枳"。春秋时巴人出现在湖北，以后在涪陵、丰都、合川，最后在阆中。沿长江而上，显然是避楚军入侵。守卫忠县的巴蔓子也西葬在重庆市。冬笋坝巴人墓中文物已不及涪陵的富厚。

小田溪第三号墓出土了一件长胡刃内四穿戈，内上刻铭文："武，廿六年皋月武造，东工师宦，丞业，工□。"此戈列工师等小官名，为武库所造。其"廿六年"是秦王的纪年。在秦孝公元年楚占领巴黔中以前的"廿六年"，就只有秦厉共公二十六年（前451）了。因此把小田溪墓葬定为战国初期是较为恰当的。

（原载《文物资料丛刊》1983年第7期）

从考古发现看龙种族系的形成

祖国文化同一性的形成，应当追溯到原始社会。早在传说时代，人们的迁徙与文化交流，克服了自然的险阻，形成了江河山海地区性的融合。在古遗址的发掘中，不仅可以看到文化层的叠压继承关系，还可以看到两种（或几种）文化的交融情况。女娲氏补天造人的传说，启示了龙种的起源，或龙图腾（女娲蛇身）与凤图腾（伏羲氏风姓可作凤与虎两种解释，但他毕竟同化为蛇身）两族团（人们共同体）的婚姻（龙虎交会）。古代“有‘物’有则”或“神奸”的认识，实际是指“物象”（图腾）与神媒（也用物象或男女生殖物象征，多为石柱或女阴形）。传说时代早已分出四大方域的“夷”（凤或鸟）、“蛮”（龙或蛇）、“戎”（虎或麒麟）、“狄”（龟或蛇）四大族团。当时这种称法不带贬义。

辽宁喀左县东山咀出土的用石庆岩、滑石象牙雕刻的立体女人像，象征着龙凤族团的生育，距今约5000年。辽宁红山文化的牛河梁女神庙、大型积石冢、祭坛和雕造的孕妇像，提供了龙族生育神的母型和对

她的崇敬①。青海柳湾三坪台出土的彩陶壶上塑绘人像②，是女性男性共体生育神，它距今约3000年，也与龙族有关③。辽宁、甘肃、青海的彩陶变种都是与仰韶文化有关的龙凤文明。

一、双角龙人

在河南安阳出土的人面蛇身青铜卣，是“龙的传人”最明显的实物形象。此人头上左右分列两瓶柱形圆角。这种圆柱形的龙角，也见于青铜器上龙纹装饰图案的头上，是熟知的“龙角”。如：在河南安阳出土的墨绿色玉雕蟠龙，其头上双角为瓶柱形。四川彭县竹瓦街出土的蟠龙盖青铜罍，蟠龙的双角也是瓶柱形。虽然瓶柱形龙角，仅仅是“五龙”或“九龙”之一，但可以肯定这种柱形角是龙角。头上长着一双龙角的人，就是龙的传人。恰好他不仅头戴龙角而且身为蛇身，这种蛇身龙角人，当然是龙图腾的人。这个商朝的人面蛇身像，除双柱角特征外，粗浓眉、半月眼、阔鼻、大口，具有一双特大的耳朵，特别是双耳上的圆孔，这种“龙人之耳”与单项角“虎耳”的人面有别。在河北藁城出土的商代青铜人面具上的一双“双卷云纹”（虎耳）虎形大耳，其头顶上有一角，与“白虎”（麒麟）相同，大耳也与商周“虎耳”相同。因之，青铜器上的“龙人”（双角）与“虎人”（单角）明显的不同。龙人（蛇身人首）的地位似乎低于虎人。在商朝青铜器纹饰上龙与虎似皆处于被统治地位。但传说上伏羲（虎或凤）却是女娲（西和月母之国，西貘国）的入赘从属。这也许是古王朝代换中，表现在纹饰上主体地位的演变。后来，战国楚墓中的双凤踏虎木雕与双鹤踏蛇木雕，也许正是

① 郭大顺、张克举：《辽宁省喀左县东山嘴红山文化建筑群址发掘简报》，《文物》1984年第11期。

② 青海省文物管理处考古队、中国科学院考古所青海队：《青海乐都柳湾原始社会墓地反映出的主要问题》，《考古》1976年第6期。

③ 李仰松：《柳湾出土人像彩陶壶新解》，《文物》1978年第4期。

商王族及楚王族征服龙（夏）虎（西王貘）的具体象征。龙人是中原最早的图腾族团。吴越也是龙人。他们是华夏系统支裔？还是周太伯奔吴的影响呢？也许是中原的“五龙氏”与“九龙”散播的边裔。也许龙这个复合的神物还与原始的“蛇”这个神奸有着区别。总之“龙的传人”是以中原仰韶文化为基地，向北、向南传播。长江流域的夏与百越、巴蜑等也是蛇种，当与黄河流域龙文化集团有亲密关系。

商代青铜器动物（龙虎鱼象）饰兕觥（今藏美国华盛顿私家）的后脚上也铸有人首蛇身像，人的两手交叉于胸前，露出指头。石楼县二郎坡出土的商代角觥，盖上的龙角也是瓶柱形角，使我们更加相信头上有此角的人为龙人。商朝后期的妇女像，头上有“羊”太极图形，或角（方形角，双丫髻）。从她们庞眉、隆准、阔口、大眼，特别是一双大耳（非卷双云形“虎耳”）来看，可以认为她们是“龙人”（此种扁形龙角也见于青铜器龙角上）。安阳殷墟5号墓出土的玉雕人物立像，在髻下与额上还有一条回形纹带饰，她们的社会地位应是奴隶主妇，如“妇好”之流。商（凤族）虽然征服了夏（龙族），可能还取妇于夏，桀代岷山（商立朝，夏人西逃于岷山），取二女就是旁证。安阳出土的白玉雕人物坐像，头上有双圆尖角（羊太极图形）丫髻，胸部显出双乳，可能她是商妣（女祖）的形象。

值得注意和探索的是河北中山王国的女祖（妣），也是头上有双粗短（牛）角。河北平山县3号墓出土的玉雕妇女立像，显然是一位贵妇人。她面相是庞眉、蒜鼻、眼小、口阔，但耳颇小。胸上有卷云一双（也许是乳的形象），臂上有臂钏（镯），身上有斜方格纹饰。河北平山县中山国遗址出土的双虎双龙玉版，标志着中山国是龙虎联姻的族团。这种龙虎交会图像是与昆仑山（积石山、岷山高原地区）西王母（貘）国相关联的。道教女神西王母座的是“龙虎座”。汉画像铜镜上的“西王母”，不是汉画像上戴宝冠的形象，而是双髻的仙姑。中山国王璺墓中出土的双翼神兽、青铜错金的虎首凤身飞兽，象征着飞腾的神仙奇兽，也暗示着凤虎的联合（盟誓或婚姻）。从玉版上双龙双虎的

囍（雠）庆象征，再结合西王母（貘族，当是西方麒麟或白虎族）的神座，看来中山国王嚳墓中出土的青铜错金虎，似为该国的母系之神。

湖北随县出土的曾侯乙墓，漆箱盖上的龙与虎，双飞在北斗星侧。这是道教崇拜北斗，也是“龙虎双翔”的早期图像。也许就是道教“玄武”与“武当”（五担、巫蜑，开明氏蜀国是龙虎两族的对婚王国）的祖源。公元前678年左右至公元前329年，历经十一王的开明氏蜀国是虎（开明兽出于西山）龙（五龙氏出于夏后西迁之裔，龙系巴人）交会的王国。蜀（包括巴人）国的巫师是崇拜“北斗”及酒供五方（彭县出土五罍）的“五斗米道”。东汉《张普祭酒碑》自称的“正一”教，即此“五斗米教”，后乃称“天师道”（龙虎天师）。

楚国是凤族。蟠冢山的颛顼之国，“使四鸟，熊罴虎豹”。商朝先民颛顼之国及颛顼后裔楚王族皆凤鸟之族。湖南出土螭梁委，腹下脚上铸有双翼怪兽。它的头上有两角（龙人），鼓目、浓眉、鸟咀，四肢亦作鸟爪形。这是龙兽又变为鸟神（咀与爪）的一例。这个双翼怪兽的身上有蛇缠于肩与腰际，蛇头握于两爪，蛇尾垂于腰侧。这个双翼、四爪、鸟咀的鸟神，擒服双蛇，可能是鸟（凤）族胜利的象征。与楚墓中出土的凤凰踏虎和双鹤踏蛇的雕像意义相同。

浙江河姆渡第二期发掘的象牙雕上，刻有“双凤朝阳”图案，可见龙凤的出现早于五千年。龙凤呈祥一直是中华民族五千年文明的象征。《易经》乾卦选择龙为卦象。乾卦六爻皆用龙为象为喻。天上龙星，东宫苍龙及心宿三星，是三颗红色的明星。乾卦“北斗”本属“中宫”，北斗为车；“心宿”为龙为马，故有“驾六龙以御车”的神语。乾卦六爻之外又有“用九”（第七爻）。因为它是六爻皆阳，是阳极（从数字上“二进位制”就等于“十进制”的第63卦）再进一（加一）就成了第64，用“二进制”数字表示就成了1000000（七位）。从1～6爻看来全变为阴爻，第七位阳爻隐进到六爻以外去了。这就是《易》阳极返阴的秘密。也是“群龙无首”卷曲隐手的祥瑞。

二、双龙与四龙

中华民族文化中的成双成对思想，是表示吉祥的意思。文字中的两鼓相叠为“喜”（后来又并喜为囍），双鸟相比为“雔”（婚配与仇战）。“双鹤踏蛇”，“凤（雄）凰（雌）踏蛇”，伏羲女娲，鸳鸯，并蒂莲，双蝠……等皆具成双为配（一阴一阳之谓道）的喜庆、吉祥之意。五千年前的“双凤朝阳”图，商周的“双龙”“双虎”图，玉璜两端的双龙头都具有吉祥之意。河北平山县出土的双虎双龙玉版，上有双龙。下寺出土（M1）一首双身龙王牌，直接承继了河南偃师（夏墟）灰陶片上一首双身龙的形象。中山国王墓中出土的双龙纹玉版，间接取象于敖汉旗大甸子龙首双身黑陶片。双龙双喜的根源也许与远古“二女同嫁”或“双女同婚”有关。不仅“桀伐岷山，取琬琰二女”，就是潇湘二女，娥皇与女英，西施与郑旦，常是两个女子成双同嫁。还有双舞，巫师的“巫”字，就是神案前的双女舞。《山海经》中记载的“双女”“二八（人）”的典故，也许都与上述有关。

四龙的图像显然与四人面是相关的。四龙加中央成为“五龙”，四人面（头）加中央也成“五帝”。黄帝四面的传说，应是中央黄帝及四方之“伯”构成统一政权。五龙、五帝抽象成五方、五色的观念，这种观念起源很早。四川彭县竹瓦街窖藏出土的一套酒罍是一大四小，四川新都蜀侯墓中出土的兵器与工具皆五件相同；这个“五”数，不能不是当地人们思想观念的反映。尽管“五畤”与“五岳”是秦汉王朝时候形成的，但“五龙”“青赤黑白黄帝”思想却早在开明氏蜀国原始宗教中形成。巴蜀人的“五斗”是氐、夷的固有观念。西南夷的“五斗”“五担”“五都”“巫蜑”，可能是其语言中的多种音译，而且是音与义兼译（这是汉译的习惯）。

商代已出现四面人。河北藁城出土的人面形陶器盖；河南安阳出土的鸟形钮、人面饰陶器盖，都是四方四个人面。四龙或四虎器也不少，例如：平山县中山国出土有铭文的铜舫壶的四脊上有四条飞龙。浙

江绍兴306号墓出土的铜燧的背面是粟纹底四龙。河南孟津祁山出土春秋晚期（公元前558年）四龙四虎铜鉴。还有中山国的蟠螭纹石版上，四方有相绞的四龙，四隅各双虎面，四隅边上有一首双身龙与虎。

闻一多在《伏牺考》中说："哪些古代民族或民族英雄是属于龙族的呢？风姓的伏羲氏、古代人首蛇身神，近代祀奉伏羲女娲为傩公傩母的苗族，褒国，越人，是明显的龙族。此外还有几个龙图腾的集团，即：夏为姒姓，与已姓同文（姒与已通），而原即蛇。共工是人面蛇身，祝融为火龙（赤龙）。黄帝为黄龙（土龙）。匈奴（族）祠（祭）龙。"[①]此说颇有见解。

《晏子春秋》云："维翟（狄）人与龙蛇比。"《墨子·贵义篇》（墨子名翟，可能出于北狄族）墨子反对齐国卜卦人的"龙忌"说："且帝以甲乙杀青龙于东方，以丙丁杀赤龙于南方，以庚辛杀白龙于西方，以壬癸杀黑龙于北方。"由此可知中国五方五龙之说早见于周朝。《山海经》中也有"五方皆有龙蛟之民"的记载。夏王朝亡国后，龙族已广泛散布于天下，或为商周王室之妃，龙的传人，在文化上便自成一统了。

三、双环髻龙人

商代有扁环髻人像。中山国妇女也梳着双角形髻。战国时代巴蜀图画文字上出现了头上梳有瓜子形双环髻的人像。四川奉节县盔甲洞出土的战国木梳上有两个褒衣博带着靴的妇女，她们的头上梳着双环髻。四川峨眉县符溪战国墓出土的铜矛上铸着一个跳摆手舞的带剑巴人，她头上的双环髻高如兔耳。这种双环髻，多次见于四川战国巴式剑上。周王最宠爱的美人褒姒的"褒国"（西汉水北岸，陕西褒城），是夏人之后的龙族。大巴山的巴国，也是龙图腾之族。从巴蜀铜兵器上铸出的双环髻巴人与单角顶髻蜀人的形象，我们可以确信双角龙人与单角

---

① 《闻一多全集·伏牺考》

白虎（麒麟）人，正是巴蜀部族对婚两部的髻型与族徽。这两部（龙与虎）就是来自商母族的龙人（夏部族）和虎人（西貘族）。商人可能是“夷”族，夏人可能是“氐”族（翟、狄、姬），西王母（嫫母）可能是羌族（姜姓）。商系大巫师颛顼以嶓冢山为中心，可能是东夷凤鸟族的西迁人。夏与周出自北狄，西貘则是西羌。巴人在广都所建之国名“戴”（铁镁）国。夏出于西羌，西僰（嶓）。周称姬姓。西王母之国三羊（青鸟）为西王母取食。这些黄河源头的西山部族是互婚之族。

双环髻人是周王妃族姒（妃己）姓褒人，也是夏系巴人，也是常见于汉画像石、画像砖的双髻汉人。褒和巴在汉水附近，从西山崇禹到夏王朝，从褒姒到龙系巴人，兴于汉中地区的汉国兵民，构成了龙种的主系汉族。相传西汉刘邦母亲梦龙而孕，高祖又是斩龙成帝，西汉建国就采用了龙的神话。

西汉铜镜西王母镜，镜背面的西王母像，就是梳着双环髻的。她不戴冠时，发形本是双髻。彭山县东汉石棺上刻的西王母图侧的跳舞女郎也是双环髻。因此可以确认西王母部（羌）的发型，或崇夏部女系发型，是双环髻形（发辫卷成一双瓜子形环髻，分丫于头顶）。这就是今天戏装或古装的“仙女”发式。可见“仙女”出自西王母之族。

汉代的“神仙”图像，也采用了双髻形式。汉画像砖的“神仙六博图”的两个肩上生羽的神仙就是双髻。这也是神仙钟离权的髻形。道教童儿也是继承了此种双髻。很可能童儿（男和女）及未婚神仙是双丫髻。而已婚的“元君”（道教的女仙）与夫人是双环髻。双丫髻仿自小羊，双环髻仿自羊角。神仙出自黄河与长江源的西山（昆仑山），故西王母又称西陵圣母、金母。从发髻形式看，山派神仙、西羌（西王母部）、崇禹（夏祖）、西周（姬与姜）、龙系巴人，她们是一脉相承的龙（与虎）人，是汉族的先民。

华夏神州是东亚山海间“神仙都会”。长江黄河孕育了“炎黄子孙”。仰韶文化、龙山文化早在五千年前就出现了神怪的鳞龙。以汉族先民为主的龙的传人，东夷凤族人与西戎白虎（麒麟）人，共同开拓和创造了华夏文明。整个中华大地出现了“五龙”的“龙踪仙踪”。龙、麟、凤、龟成为我国传统的象征吉祥之物，被誉为“四灵”。

双柱角龙人、双丫髻龙人、双环髻龙人，都是龙的传人。入赘于女娲的虎人伏羲，凤鸟族的大神王颛顼，也是龙的传人。

我国第一个真正意义上的龙是内蒙古翁中特旗三星他拉村出土的墨绿色玉雕龙，距今有5000年的历史，它是由红山文化的“猪龙怪兽”发展而来的。

龙可能是夏朝王徽；凤可能是商族王徽；麒麟（白虎）可能是西王貘（母）部族徽；龟可能是周祖先族徽。他们与东夷、南蛮、西戎、北狄有渊源。

黄帝轩辕之国是龙族。黄帝是中华“文明初祖”，龙的传人。

当我们从考古发掘出土的实物图像中引述了龙的图像与龙的传人后，使我们确信中华五千年的文明，随着国运昌盛，将更加灿烂辉煌。随着龙年改革的深入，东方巨龙将腾飞天际。

（原载《四川文物》1988年第2期）

安岳石窟造像

上篇　安岳石窟造像源流初探

一、造像时间

《通志略》:“梁普通二年（521），招提寺刹下铭”，在安岳县。《蜀中名胜记》卷三十安岳县有:“梁普通（年）中，义州刺史临汝侯赐群獠《金缕卷书》。”由北路（丝路）传入之佛教，自魏、晋以来已盛行于四川。四川最早的佛教造像，早见于乐山市岩墓中。麻浩崖与柿子湾两处岩墓中均有浮雕佛像。此足以证明佛教造像早在东汉时已流行。成都市龙泉山摩崖刻《北周文王造佛道二像碑》及万佛寺等处的南北朝石雕佛像尤足以证实魏晋以来，四川佛像雕刻已盛行。安岳县佛窟可能始自北周。小千佛寨《法华经·观世音菩萨普门品》经变窟造像的造风格近似隋代（或唐初）。又有“隋开皇十三年”题记。可以肯定安岳佛窟早造于隋代。

据《安岳县志》卷六《崇龛废县》所载，知北周时早有崇龛（崇

大的佛窟造像龛）。如所引《旧唐（书）志》云："本周隆龛县城，隋置县（名崇龛）。"引《元和郡县志》云："隋开皇三年，于此置崇龛镇。大业十二年，于镇置（县）。"又在《县志》卷七中云："古龛寺，一名崇龛寺，在治南九十里林家坝象王山。"这里所说的（北）周隆龛县、隋崇龛县，都是因为有"古（造像）龛"或"崇（大）龛"而得名。当地又名为像王山，也是雕造了大佛像的称呼。北周时已经本大佛像而命名为"隆龛"（后因避唐玄宗名改隆为崇），则安岳造像始于北周（或早于北周）。安岳县箱盖山华严洞，明万历《重妆功德记》云："夫古洞华严，乃周昭遗迹。"是引用姬周昭王南巡与佛传附会的典故。但也可能是指北周明帝宇文毓（公元557—560年在位）造像于此，误北周为西周，改明帝以合昭帝。

总上引论，安岳造像应是始于南北朝，盛于隋、唐，精于北宋，至明代亦未衰。

二、安岳造像的系属

安岳造像的风格是多样的，除与北方云岗、龙门对比外，应涉及长江下游如南京栖霞山、江苏连云港孔望山、云南剑川石窟等地的具体勘对。以下仅就调查印象的初步假说，有待细勘与进一步研究。

四川北部的石窟寺造像颇多。它们可能由陕西（或河南）穿越秦岭与大巴山南入川北。一线为川陕公路的古金牛道，有著名的广元石窟（千佛岩、皇泽寺、观音岩）和剑阁、绵阳等处佛、道造像。一线为古米仓道南段的通江、南江、巴中、渠县、广安等县石刻。金牛道（秦取蜀之路）与米仓道（魏与蜀战线及杨贵妃的荔枝路）两线的雕刻交会于周中与南充。此区（川北）造像特点显然是云岗与龙门的系统（亦即自北印度经丝绸之路传入中国并中国化了的中原系统）一致。北方石窟寺艺术向南再传播于遂宁、乐至、安岳、潼南、大足，东及重庆市、江津及忠县，西及乐山、荣县、仁寿、资中、内江等县，构成了川中石刻造像区。这区造像特点显然与东汉崖墓的石刻艺术有着地方传统的继承关系。其特点是：A.多处大佛象征着盛唐佛教的传播与兴盛。B.川中密教（柳本尊瑜珈教）的多处雕刻，很有思想与艺术的地方特色，独具风格。C.道教与“三教合一”思想的石刻立体表现。D.宋、明造像（后期石窟寺艺术）继中原唐造像的精湛巧工，代表着中国石刻艺术的后期精华。E.大足宝顶的整体设计大石刻龛窟，集中了前期（魏至唐）石窟寺精华，造就了南宋最精美的大型连环画形式的大佛湾造像。F.盛唐的安岳八庙乡卧佛沟唐刻佛经，宋代的大足宝顶、北山经文，它们代表了佛教显、密两宗及儒家《孝经》等“三教合一”与“仙佛合宗”的民间哲学思潮。又具体表现了中国与印度文化交流后，再在川中地区与当地土著人民传统思想、习惯（及巫术）结成的民间神道宗教。G.石刻艺术启发了宋、明泥塑与壁画。在四川宋代砖石塔、明代木建寺庙上，继承了石刻艺术的创造成果。H.从汉代岩墓被利用作道教及佛教仙窟洞府看来，唐宋时三教龛（儒、释、道）的出现与土著汉岩墓的神仙思想有着直接的传统关联。川中柳本尊密教造像多与岩墓同在，常在川獠人民居住区，值得注意。总上引论，安岳造像的主系是北来的，其形象风格与云岗、龙门、广元（千佛岩）、巴中（南龛、化城山）是一致的。再从刻经的经文内容与经文目录来分析，也是中原佛典的南传。但宋代以来又逐渐转变成具有强烈地方特色的造像。

三、关于玄应的探索

僧人（释）玄应的名字见于安岳八庙沟、千佛寨、圆觉洞三处。玄应是安岳造像中重要的关键人物。

A.千佛寨题记：“开元二十年（732），岁次壬申□□月，庚午朔十（八）日丁（十四日丁巳）。前安岳县录事、骑（都尉勋）官、（五）品黎令宾愿：（敬）造东西三世诸佛，（永为供养），（又为）亡母及亡（妻）（敬）造（西面救苦）观世音菩萨龛三身，并永为（供养）。（男）

前安居县市令，普（慈州）助教虔恪，男前州市（令县）尉、勋官七品虔云，亦永供养。□上座玄应书。”

B.圆觉洞（第96号）题记：“（大唐开元□年□）月十五日，前州仓督、安岳县录事、骑都尉、勋官五品黎令宾愿平安，敬造（地狱变）一龛，永为供养。（云）岩寺上座（释）沙门玄应书。”

C.卧佛院（第48号）题记：“佛顶尊胜陀罗尼咒。罽宾国沙门佛陀波利，奉诏译。（中段经文略去未记）大唐开元二十一年。沙门玄应（书）。”

D.玄妙观唐玄奘法师译《般若波罗蜜多心经碑》（略去经文）末行：“开元十八年五月廿五日，同邑人□玄□（书）。”此碑书法全同于上三刻。疑末尾是“释玄应书”，或云《心经碑》为“（李）玄（则）书”。亦有可疑：（1）李玄则为“国公李玄靖”之弟。李唐自称李耳之后嗣，碑文造于玄宗与杨太真尊道之时，李氏不应在道教玄妙观立《心经碑》。立此玄奘译《心经》全文者当是释氏。（2）李唐宗室在灭武氏大周复大唐后，玄靖玄则兄弟不于道观立道经碑，而仅立佛经碑，与理不合。（3）玄靖玄则兄弟乃“行来住此营造”（见《玄妙观胜境碑》），他俩不是安岳人，不能题“同邑人”。此“同邑人”当是玄应。（4）立《玄妙观胜境碑》的左相识以征讨“蛮戎”立军功，且“日夜修道……神功远修”。左相识之父左弘，母古五娘，似为安岳本邑土著人。题“同邑人”者亦是安岳人。（5）玄则书何与“字学大德玄应”全同，如出一人。若此“玄”字后确为“则”字，亦当是洛州天宫寺沙门释玄则。因疑此开元《心经碑》为释玄应（或释玄则）手书。

安岳所见玄应题名，是否即《一切经音义》作者释玄应尚待详考。郭朋《隋唐佛教》第四章第一节云：“遵照太宗旨意，玄奘从洛阳回到长安后，立即组织起规模庞大的译经场。有证义大德十二人（益州多宝寺沙门道因即其中之一）。又有缀文大德九人（洛州天官寺沙门玄则，简州福聚寺沙门靖迈皆参与）。还有‘字学大德’一人，（即）大总持寺沙门玄应。证梵语、梵文大德一人，（即）天兴善寺沙门玄谟。到了高宗时，还专门派遣（了）（左仆射）于志宁、（中书令）来济、（礼部尚书）许敬宗、（黄门侍郎）薛元超、（中书侍郎）李义府等朝廷大吏参与看阅、润文的工作。”玄奘于公元645年（贞观十九年）正月回到长安，同年三月在弘福寺大规模译经。当时的“字学大德”（释）玄应，至开元二十年（732），至少也有百余岁。此百多岁的“字学大德”老人，是否尚能写出八庙卧佛沟等处全神力贯的字来，就需要细致考证了。有同志认为：像释玄应这样的“字学大德”（书法家），同时不应有两人，僧人活百余长寿也是可能的，在推理上暂认玄应即一人或属可能。

四、卧佛沟经刻题记与中原经目文献一致

八庙乡卧佛沟经洞经目题刻：“大唐东京大敬爱寺《一切经目序》。释静泰撰。……龙朔三年（663）正月二十二日，敕令于敬爱道场写一切经典。开国公韩威，判官洛州司士参军李亮，台使郑州司士参军卢行纳，判官、王屋县尉郑祖均等，精加检复。写旧经论七百四十一部，二千七百三十三卷。又写大唐三藏法师新译经论七十五部，一千三百三十三卷。今新旧经论八百一十六部，四千（另）六十六卷入藏。其中有古来有目而无本者，合三百八十二部。”这一经目与中原所传完全一致。说明卧佛沟刻经纯系陕西长安传来，是中原系统直接影响下造作的。大足小宝顶经目塔则系柳本尊与赵智凤所传密教经目。两种经目比较，一为中原佛教，一为地区巫密合教（仙佛合宗）。很值得宗教史研究之重视。

第46号经洞所列经目中有东汉经值得研考：“后汉桓帝世，安世高译《人所从经》一卷。后汉灵帝世，支谶译《大方广总持经》一卷，《受持名号经》一卷，《佛林涅槃记法住经》一卷，《佛地经》一卷，《称赞大乘经》一卷，《无边佛大功德经》一卷，《大乘律》单本十九部，三十五卷，《优婆塞戒经》七卷。”此等经典，加上四川乐山岩墓雕

刻佛像，可以说东汉时，佛教经像都已在民间广泛传播。

五、大足宝顶图像的原本

宝顶造像，似采自安岳县的多处蓝本。赵智凤继承柳本尊，亦继承了柳本尊安岳的造像。赵智凤全面规划，集中造像精华于大佛湾，是大有功德的。他根据前有的造像，在继承中又有所创造。

宝顶大佛湾整体规划是以东岩第17号龛《佛涅槃图》为中心主题。以释迦牟尼为中心，没有改释迦为毗卢舍那（密教大日如来），还未完全摆脱佛教显教的框架。柳本尊身为唐瑜珈部主总持王，显教则尊他为维摩诘（没有尘垢尊者）。柳本尊可化身为毗卢舍那佛，但始终是居士（优婆塞，即居家的修行者）。赵智凤继承柳本尊才是和尚（比丘，即出家的清修人）。宋代的川中密教是佛教大乘显宗与婆罗门教密宗以及当地民间巫术等的综合体。大佛湾的全面安排，是以《释迦牟尼涅槃图》为主的，它既象征直承释迦佛大乘显教，又表示释迦已经过去了，由毗卢舍那佛来主持大局，并且综合了华严、三阶、禅宗、儒家孝道等内容。

《释迦涅槃图》（中央正中东岩）的左（南岩）右（北岩）布局是：

11 释迦涅槃与十大弟子
（右北岩） （左南岩）
12 佛降生 10 佛传
13 孔雀明王 8 千手观音
14 毗卢洞 5 华严三圣
4 三仙人
3 轮回
15 孝经图 2 八护法
16 雷音图 1 猛虎
17 佛报恩
18 阿弥陀经九品众生（三阶、净土宗）
19 六耗图 30 牧牛图长幅（禅宗）
20 地藏十王地狱变相 29 圆觉洞
21 柳本尊十炼 22 十大明王 27 半身佛（柳本尊）

安岳各处造像情况是:(以宝顶编号提头)

宝1　　顶兴乡茗山寺古名虎头寺(巴人之神为白虎天王)。

宝2　　茗山寺佛化身居中，左右共八护法(全同)。

宝3、4　茗山寺赵智凤转法轮塔(已倒毁)。

宝5　　茗山寺文殊与普贤窟(文殊左手托塔)。

宝8　　八庙乡卧佛沟(45)六臂千手观音。

宝11　　八庙乡卧佛(23米)十弟子八明王。

宝13　　孔雀乡孔雀明王像。

宝14　　赤云乡箱盖山大般若洞。石羊乡“佛文普庇”的华严三圣。

宝15、17　经名见于卧佛沟经目[①]。

宝16　　石羊乡“紫竹观音”雷音图(仅存清代补刻)。

宝20　　安岳小千佛寨、石鼓乡香檀寺唐龛。

宝21　　石羊乡毗卢洞(全同)。

宝27　　石羊乡毗卢洞佛顶上塔中所见柳本尊居士像。

宝29　　赤云乡箱盖山华严洞十二圆觉(全同)。

宝31　　八庙乡卧佛沟(43)唐碑指天女像。

从上可看出，安岳县造像为宝顶造像提供了多种蓝本。赵智凤造像内容中所新加入的是编号17的佛报恩经变(孝道)，18的观无量寿经变(西方阿弥陀佛极乐图)、30的禅宗牧牛图，19与30的两处偈语。总结语“志向热铁轮里翻筋斗，猛火炉中打倒悬”，亦为赵氏改刻于宝顶。

① 参见龙晦《大足宝顶〈父母恩重经〉与敦煌关系》。

下篇　安岳石窟造像重点概述

一、玄妙观

玄妙观在安岳县黄桷乡的白羊山麓，距乡约5公里。清代（及古代）由安岳到成都的官道经此地，今多段石板路尚存。乡所在地坡下有大佛像（已毁）。途中有倾倒的土地像。玄妙观建筑早已毁废，仅存宽约10米的石阶。清代为云龙书院，有咸丰甲寅年题“读书立品”四大字及诗刻。摩崖造像围布于大石包上，大石包前后各长约10米，左右长约6米，高约5米，顶平，四面立壁凿为造像龛，自前右壁“桂香井”与唐代碑起编为75个号，有造像约1250尊，全为唐代的精美雕刻。

第6龛为天宝七年《启大唐御立集圣山玄妙观胜境碑》。第69龛题刻有“大中十四年闰桂月拾四日”。第72号是《般若波罗蜜多心经碑》，为“开元十八年五月廿五日，同邑人□玄□（应？）书”，故知造像作于唐玄宗时。据天宝七年碑文云：“至开元十八年七月一日，父（弘）羽化后……（首）天龛，次王宫复……救苦天尊乘九龙。为慈母古五娘造东西真像廿躯，小龛三十二戛。刊躯天真（及）上下飞天神王……天官重阁。正为尊主了愿。”则此处造像当雕作于公元730年或略前。

第11龛最大，高约2.5米（宽略小）。正中坐老君，诸真人侍立旁列。第12龛高约2米，并列五真人（五方五老君）。第61龛并坐三真君（三清），第62号龛独立一真人（救苦天尊？），足下有九头鸟。这些在正面与右面的道教造像龛下及壁空处刻造有许多身着通肩大袍的佛像。

左面的第63龛代表了后面诸龛特色，是佛道并列龛。第65、67、70、71、74、75、76等龛都是太上老君与释迦牟尼并坐，而其身后分别侍立道教真人与佛教菩萨（图一）。这是此间造像的特色，也象征着唐代佛、道并重及两教思想的交融。第63龛边饰以（如小千佛寨的）

唐代缠枝花卷草纹样，顶作括弧形。龛下部有台面，台前刻有香炉与供养人像。63龛内正壁前并坐两像，左为高髻道袍的老君，右为披袈袒右肩的释迦佛。两主像之间有一神八臂，上两手各举日与月（道教的斗姥，佛教的摩利支天，两像相似）。主像左侍立五位身穿汉式袍服的真人，右侍立五位身披璎珞轻纱的菩萨。第63、65、74、76龛边的唐式缠枝花间，又另加五朵四瓣花。第69龛内左坐道袍真人，右坐菩萨，披着印度式“莎笼”天衣，袖管喇叭式。龛内有“大中十四年”（公元860年，十一月改为咸通元年）题记。第71龛内佛像侧侍（自内向外）第五位“少女像”的发式是前披于额与耳上齐，后垂至颈的“娃娃式短披发”。柳本尊立雪像和柳氏侍女捧盘两娃的发式与此“少女像”全同。可能宋造像取材于此，或此发式与印度佛徒有关。第75龛正中左坐老君，座前有三脚扶轼。大足北山造像中的三脚扶轼取材于此。第73龛并立二菩萨（观音、大势至），此种并列像常见于大足北山。第64空经龛与卧佛沟、眉山县广济水库大佛寺下岩小屋龛相同。

图一　安岳玄秒观　道佛并列龛　唐

二、毗卢山（毗卢洞另文论述）

毗卢山在县南45公里石羊镇外，今存造像四处，分述于后。

毗卢洞为柳本尊《十炼图》，似早于大足宝顶，为赵智凤所本（图二）。

图二　安岳毗卢洞　柳本尊

“佛文普庇”造西方三圣

（阿弥陀、观音、大势至），可能是五代造像。两侧岩刻有圆光，内坐各式人物数百身，俗称为千佛的这些人物的形象及发式身份，值得研究。有柳本尊与赵智凤的卷曲发式，娃娃式短直披发（如柳氏立雪像），唐代妇女双髻、螺髻、双披肩长发。每像有题名，多为本地土著姓氏（或可视为巴人姓氏），如：母金台、龚廷禅、姜尚志、谭氏妙缘、于得弟、后正贤、冉氏大、龙氏五、王氏妙真、男何怀，等等。

宝崖洞即水井殿。崖额题“宝崖”两大字。左右刻小字云：“阿诃诃，志向热铁轮里/翻筋斗，猛火炉中打倒悬。”台上中坐毗卢佛，左坐卷曲发柳本尊，右为螺髻坐佛。两侍女捧盘，左立者盘中置耳与手，右立者捧塔。左壁浮雕一老人和一少年，右壁浮雕一妇人和一少女。有刻联曰：“惟有吾师金骨在；曾经百炼色长新。”

紫竹观音岩正中雕一极端丽的观音。观自在菩萨宴坐于铺有条叶之岩石上。左手支撑于岩石台侧，左腿伸垂赤足踏莲花上。右手前伸微曲，手掌抚右膝，右腿曲举赤足踏岩石台。面相丰润慈祥，眼若莲瓣而微闭，口似花唇初新放（图三）。当是唐末精丽佳作。背景配有六观音、法华经变等，多系后来补刻。

图三　安岳紫竹观音岩　紫竹观音

另有玉皇龛，高宽约3米，清代雕道教玉皇像。有联曰：“尊上玄穹，步清虚而登九五；圣称无极，居太上以遍三千。”

毗卢山原有高塔，今倒毁仅存塔基，仍值得考古发掘。山上有汉岩墓几处，似可考虑石窟寺与崖墓关系。玄妙观道教造像侧亦有岩墓。简阳“会仙友”题刻似亦与崖墓有关。

三、千佛寨

千佛寨在县西北2.5公里，亦称千佛院。《县志》卷七云：“栖崖寺一作栖霞寺，在治西五里大云山，唐开元僧玄应建岩壁间，有像千余。”又云：“唐雍州李洞隐此读《易》。宋冯山亦读书于此。”今有造像68龛，约3000身。题刻有“开元二十年十二月十八日，黎令（字）愿宾，造三世佛与救苦观音，上座玄应书。”另有“天宝四（年）九月二十三日，清信女弟子，（造）药师琉璃光佛”及“绍熙三年”“癸亥嘉泰”“庆元二年”“普州刺史弟子韦（君）”等题刻。由造像风格看来，应有隋、唐、宋三朝雕作，《县志》也云“隋大业三年”建。

图四　安岳千佛寨第103龛右侧　四菩萨

第19龛与第20龛为一坐佛、二弟子、二菩萨、（龛外）二力士。龛边饰六瓣圆形花。桃形背光上有室盖，后有菩提树。第30龛列立八菩萨，四位披袈裟，火焰纹背光。左右两菩萨扭腰婀娜，保留初唐风格。第103龛中坐释迦，圆形背光上有伞盖，后有双菩提树，顶上有两飞天。两侧各有四菩萨（图四），外侧各有六神将。左右两壁上刻有《观世音普门品》二十四化图。再外有千佛。当是隋至初唐作品。

第50龛与第51龛，括弧形龛边上饰五朵圆形六瓣花。中坐螺髻释迦佛，有二胁侍、二菩萨、（龛外）二力士，左右壁各刻四供养人。中坐佛桃形背光上悬宝盖，后有双菩提树。此与卧佛沟第70号双菩提树

龛、广元千佛岩双菩提树窟，皆盛唐造作。

第24龛西方三圣像高约5米（与圆觉洞同，但并处于一窟内），正壁龛左上有一小圆龛，内刻一供养人像。向左跪，双手合十。卷曲发此卷曲发供养人与石羊千佛龛圆光内供养人，似皆为柳本尊与赵智凤之同族人（巴獠人？）。左壁上有“皇宋绍熙三年”等题刻，第28龛一佛二胁侍二菩萨二力士，有“为……母谭氏巧娘（造）尊像以乞母亲康健……癸丑绍熙四月……”

四、箱盖山

箱盖山距石羊场南6公里，有造像两处及岩墓数洞。

华严洞宽8.7、深10.2、高约9米。正面三大像，中为毗卢佛，高约2.8米，顶上花冠中有柳本尊像（柳氏化佛），无左臂；右文殊高约2.5米；左普贤高约2.5米（图五）。左壁（自内向外）有夫子像（与大足宝顶《十炼图》右侧弟子中之老人像同），左手执函装书，封面题“合论”标名。（向外）为普眼、弥勒、威德自在、净业障、圆觉五菩萨（图六）。右壁有光头和尚，耳后现卷曲发，身披袈裟。（向外）为

图五　安岳华严洞　普贤菩萨

图六　安岳华严洞　菩萨

金刚藏、清净慧、辨音、普觉、贤善首五菩萨。前门左壁上明代雕三头六臂观音，后上两手捧日与月；后下两手左握镜右握印，印文为九□□□□佛合宗”四字：前两手合十。门右壁上明代雕八臂摩利支天。

大般若洞宽4.5、深4.7、高约4米。顶额题：“庚子嘉熙（1240），大般若洞，赵印、存叔。”正壁中坐佛像，旁立二菩萨（观音与大势至），当是西方三圣。佛臂之左雕孔丘夫子，佛臂之右雕李老君。两外侧雕阿难尊者与韦陀。背壁上刻十六弟子。左右两侧壁上展刻十大弟子。中展刻二十四天，下展刻十八罗汉。此窟顶岩上刻有正与倒双“人”字作“人Y”形，似变化儒家之“仁”字，并暗示佛教密法与道教“逆则成仙”之义，真所谓“仙佛合宗”，或与地方古风习有关。华严洞之乾隆三十一年《装金碑记》云：“上有毗卢古佛、文殊、普贤，左右释迦、夫子（孔丘？）。”则是“佛儒合宗”，有待详考。距本县35公里胜利乡三仙洞、大足县子母殿等处皆有三教造像。宋、明的“三教合一”思想当有象征于此区。

五、圆觉洞

圆觉洞在城东南约1.5公里。荫森葱翠，山石奇拔，风光秀丽。宋初理学大师（道教名师）陈抟出生于本县南古崇龛县，墓埋此山（灵山）。全山有石窟百余，可分为三大群。造像约与大足北山同时，而开创早于北山。分述于次。

图七　安岳圆觉洞　大势至菩萨

前山

西方三圣三大像（等距三窟）为主。第22龛大势至窟（图版十六）题刻云：“……本州信善杨正卿以厥祖旧愿，

造观音石像一尊。择真像崖龛鸠工集事，阖家随喜共建良缘。元符己卯（二年，公元1099年）创初，大观丁亥（元年，1107年）毕。设水陆斋会。”则三大像当造于北宋徽宗（赵佶）时。窟高约9米，像高约7米。堪与大足宝顶华严三圣比美。

第15圆觉洞创于庆历年间（1041—1048）。《真相寺圆觉洞记》有“庆历四年中秋日，玄士冯俊记”。另有“安岳县事楚人颜公辅书”题刻。可能是大圆觉洞的小样。第20龛，上层雕佛像三身。下层“三头六臂明王”颇少见，六臂前双手合于腹前，后四手各持长剑、长叉等物，六臂皆缠绕着黑蛇。此种来自印度婆罗门教之神当为密教明王。同样的绕蛇六臂神，见于眉山县广济水库大佛寺岩，是僧令瑄于明德四年（937）敬造的揭谛明王神。可证此为唐末、五代（后蜀）所造，又知川中密教南及于眉州。

后山

自第23龛“龟鹤”两大字起至第80龛，多为五代（前后蜀）及宋代造像。第28龛“福寿”二字之后有跋云“原主大峨寺山腰”，道光时翻刻于此。乃由峨眉圣水阁移刻于此，因陈抟墓在此，重刻其手书以为纪念。第33龛三身佛有刻题“大蜀天汉元年”（917）。此群像龛当造于公元10世纪。第37龛中释迦佛坐像，左侧似为道教神人，右侧为菩萨，或是道佛同龛造像。第42龛造千手观音。第62、63龛造一佛二菩萨，有“绍圣四年”（1079）题记。第66龛造骑象普贤，有四牛为此间特色。第72龛有“图南仙迹”四大字。佛龛左侧题“希夷先生炼丹处”。第80龛造地藏王（目莲），龛额上有七佛，下有地狱，似为唐末造。

后山坡（或尾部）

可能开创于唐，多是前后蜀造像。第82龛前蜀聂某立像（如北山韦君靖），侧有题刻云：“……第二指挥使、金紫光禄大夫。检校司徒、使持节普州诸军事、守刺史、河东县开国男、食邑三百户聂。”第88龛造阿弥陀佛，下列十神将，配饰小人物，很像大足宝顶《地狱变》中的醉酒人。第90龛北方天王图，两旁侍立人物皆唐人服装，不是佛教菩萨而是守土将士等现实人物（与北山天王龛同）。其中内甲外袍者或是聂公，还有持矛捧剑二武士及两文官两武将。第93龛与第99龛两女神像的衣饰为中国袍服。冠似宫女戏装，是道像或官妃难定。第96龛左侧题刻有："（大唐开元□年□）月十五日，前州仓督、安岳县录事、骑都尉、勋官五品，黎令宾愿平安，敬造（地狱变）一龛，永为供养。〈云）岩寺上座（释）沙门玄应书。"

陈抟墓石建若城洞，可能是宋明建造，清代重修。墓门顶额题"华岳归来"四字。石刻陈抟像上端题云："陈希夷自赞：一念之善，则天地神祇、祥风和气，皆在于此。一念之恶，则祆星厉鬼、凶荒札瘥，皆在于此。是以君子慎独。洪武甲戌秋月重阳日，安岳县迪功郎，县承陈观重建。教谕谢复荣敬书。"

六、茗山寺

茗山寺在顶兴乡。乾隆四十六年碑文云："炼金丹，修舍利，道不离夫仁义。东青牛，西白马，理本原于至城。所谓自作自受，晓于前而扬于后也。"此段文意最能说明此区"三教合一"之风。山上残碑甚多。有《重修虎头寺碑》，知旧有虎头寺之名。重要龛有：

①现师利法身龛，中立文殊像高约5米。左侧圆光龛中有卷曲发式、披袈裟、祖肚盘坐（跏趺）的和尚像。与宋造毗卢洞同。

②毗卢佛像俗称高岩老祖，高约7米。花冠，拱手而立，此拱手是密教手诀的"大日无上正觉菩提印"。有题刻："佛日增辉，法轮常转，风调雨顺，国泰民安。"宋（或明）造。

③文殊、普贤窟，托塔、握荷叶、花冠，与宝顶卧佛前弟子同。下有佛、菩萨像十二身，似为后补刻（明造）。

④佛化明王与八护法像（共九位）造于原寺院南门的右边。面相

狰狞怪异，与宝顶大佛湾2号龛全同。其中手托猫头鹰者、持大刀者如出一人之手。

⑤茗山寺南山头上有一转法轮塔。四方（基边2.2米），五层（高约10米）。各层皆有圆龛佛像。第一层四面皆刻卷曲发像。

七、净慧岩

在城西5公里处，有18龛。宋赵庆昇居士隐居处。第6号龛为线刻赵庆昇像（高1.7米）刻题云："绍兴辛未（1151）仲春，倚岩居士赵庆昇立石谨记。文仲璋刊。"第18龛数珠手观音与大足北山同。此龛《释迦行孝图》有刻题："功德绍兴二十一年仲春记。攻镌文仲璋男文秀□镌二岩。"此龛边饰有五朵圆六瓣花，可能早至唐而后补题刻。此处题为绍兴造，比赵智凤造像（1179—1249）早二十八年。赵庆昇与赵智凤有否家世关系待考。

安岳毗卢洞与大足宝顶山《千炼图》对比

毗卢洞（上下两排）内容	上排：普贤菩萨；白象；菩提树；（二）立雪；虚空藏菩萨；（四）剜眼 捧盘吏；大轮金刚；（六）炼心；释迦大藏佛；六方亭内坐柳本尊（发卷曲）；（五）割耳；浮丘大圣；执斧天王托铜天王；（三）炼踝；执剑天王托塔天王；（一）炼指 柳树生瘿；接引佛 下排：神将（虎冠持剑）；神吏（曲须） 下书吏；广汉太守赵某；（八）断臂 厢吏谢洪；阿弥陀佛；（置臂） 捧盘女甲；天乐 途遇女同归者；（十）炼膝；四层方塔；净饭国王 金刚甲；毗卢佛坐莲台；净饭王后 金刚乙；玉津坊舍宅女；宝盖 （九）炼阳；杨直京 捧盘女乙（置耳）；（七）炼顶 本界□腾；文殊菩萨；青狮大光明王；神吏（少年）；神将（盔铠执斧）
宝顶山第21龛侍人	（1）接眼吏；（2）下书吏；（3）女尼执莲花；（4）途遇女子捧供；（5）执刀武将；（6）文官谢洪；（7）女捧盘置臂；柳本尊居士坐像；（8）女捧盘置耳；（9）文官□腾；（10）持剑武将；（11）大光明王割头；（12）合十女；（13）女尼托瓶；（14）玉津坊女子捧供；（15）（16）（17）老中少儒生
传记人物的推测	（虎盔曲须卷发皆有巴賨特色）；（1）（2）广汉太守所差吏；（3）弥年镇第一代圣寿院主 持尼师仁辩；（4）途中所遇女子而同归者；（5）；（6）文官谢洪；（7）（8）丘氏二少女侍柳本尊证果；（9）上奏蜀王之本界□腾；（10）；（11）大光明王执刀割头；（12）第三代尼孙法兴之媳 张岷之女张希照；（13）第二代尼弓通（张氏）；（14）师卢氏尼；（15）草泽张讷作记；（16）安养居士眉山张岷作跋；（17）男张济作书

八、檀香寺

由木门寺到八庙上坡插入公路的山坡上，灌木丛中，有近代雕造神像20余身，各置小屋小龛供奉。这些神像有佛、道及民间信仰诸神。当地人云此处为旧八庙之一。对面山坡上有石刻多龛。此坡石岩上有唐造像两龛，二者间有一唐碑。左为《地狱变》有人物56身。右为地藏与观音同龛。

九、木门寺（无际禅师塔）

明代仿木结构石建埋骨塔亭。基宽6.9、深6.2、高约10—12米。塔八方，每边0.7、高约4.5米。亭内四方，四角有仿木作斗拱12组。共有雕像12尊（文殊、普贤与十大观音）。左碑："西蜀东普道林无际禅师塔铭。正统十一年岁次丙寅……"右碑："道林禅寺塔院碑。正统十一年……"亭内后壁："重修塔楼碑塑装大佛记。万历十年……东普折桂莫氏子云，年方二十，投佛出（家），（皈依）岳池县大真和尚剃发为僧，参见凿骨禅师。"无际禅师，名了悟，自号蚕骨。

（原载《敦煌研究》1989年第1期）

先秦龙虎图案溯源

一、龙的传人

“东方巨龙”正在振翼奋飞！“龙的传人”正从昆仑山、蓬莱岛以及苍茫的海外仙山发出朝曦文化的共鸣。在汉文典故里，“龙”是神奇广泛的能量象征，“龙”这一多种动物“图腾”（totem）复合的神奇物，早在五千年前就已经出现。“龙虎交会”大概是渊源于古史传说的伏羲氏与女娲（龙身）的合婚。后来形容人豪迈威武用“龙骧虎步”。形容地势雄壮险要用“龙蟠虎踞”。形容人神采超群用“龙章凤姿”。形容人才不为世人所知用“龙盘凤逸”。至今人们还用“龙凤呈祥”“龙凤花烛”来形容美满吉祥的婚姻。中国土生土长的道教自称是黄帝轩辕氏传下来的“龙跻仙踪”。汉代张陵天师的正一天师道，源出昆仑黄帝之宫与西王母之国，自称“龙虎天师”。包括儒道传统文化的丛书称为《龙威秘书》。道教内功经典称为《龙虎金丹》。这些典故都说明中国主系文化是“龙的传人”的文化。

我们习称的“华夏”与“炎黄子孙”，“伏羲”“女娲”与“神农”（后三者合称“三黄”）都与龙、虎、凤有关。他们是上古民族“图腾”

的联婚关系。是文化交流与融合偕姻关系。早在新石器时代，东亚文明已在多民族融合中闪耀出绮丽的光芒。上古传说与民族图腾是较为复杂的问题。夏禹是龙族；商祖是凤族；周祖承姬姓是龙族支系“天黿”（大龟）；女娲氏为夏后氏之母族本为龙族；虎牺氏本为虎族，她曾与太昊凤族联合，又与女娲氏为婚；神农氏亦为龙族，但化为炎帝（赤帝）又与凤鸟有关。炎黄组合实即凤龙结婚。伏羲女娲实即龙虎联姻。太昊与少昊相并实即虎龙成亲。“女和月母之国”早已是戎狄的合族。

表现在四川古史上，大巴山的“巴人”是龙族，但“廪君之巴”又是白虎族。汉水上游的褒国则是龙族。蜀人蚕丛氏很可能是鸟族。杜宇蜀国是鸟族（瞿鹰、鸐雔）。开明氏蜀国则是开明兽（白虎）族；但白虎（开明兽）之王族对婚部又是“五龙氏”（成侯之国龙族）。西周时汉水源的褒与苏，战国时之巴与蜀，都与西北、中原汉族先民（羌戎与姬翟）有密切的族属及文化渊源。但在周初的《王会篇》里“蜀人以文翰，巴人以比翼鸟”为贡，又像是鸟族。楚王族来自中原（晋）是龙族，但楚地多虎人与凤族。秦王族嬴姓可能是龙凤合族之后。从中原到东北、西南，从黄河河源到齐鲁，从巴蜀、荆楚到吴越，龙的传人，神蛇的后代，遍满中华。

《左传》昭公二十九年：“共工氏有子曰‘句龙’，为后土，后土为社。”从字形来看“龚”字是双手捧龙，即奉祀龙祖之族。从字音来讲，共工亦即“剖腹而生禹”的“崇伯鲧”（夏禹的母亲，一般作禹的父误）。中央戊己土，禹为土主（社神），故古系中直承中华黄帝。《贞松堂集古遗文》卷十一有“内公钟钩”，其钟句作龙形而龙身有铭文“内公作部人从钟之句”。此钟钩龙形即“虎首蛇尾”形之“句龙”亦即“九龙”“虺龙”，故楚有“九龙之簴以悬钟”。“虺龙九首”实即《山海经•海外北经》所云：“共工（鲧）之臣相柳氏，九首，以食于九山。”这九首蛇身之神与九首鸟身之神都是巴蜀传说中的奇神。禹平九土而为土神，那么“虺龙负能（原作熊）”的故事实在是“崇伯”（钟山之神）鲧、禹龙族子孙相继的象征。夏族为龙种为蛇神是可以确定的。不过早

在“太皞氏”传说里，他“以龙纪官”故为龙师而龙名。“黄帝得屠龙而辨于东方，故便为龙师。”然而太皞氏凤姓可释为凤，又可释为“凤从虎”，可见族系早有交合。

二、龙纹图像溯古

从考古图像来追溯龙的出现，早在原始社会新石器时代就有了龙的形象。至奴隶社会（夏、商、周），龙已广泛盛行。到了封建社会，龙已形成帝王的象征。五千年来，龙成为中国的神圣图像。龙是华夏文明的标志。

第一个正式的龙是在内蒙古翁牛特旗三星他拉村出土的墨绿色玉质雕龙。此件玉雕卷曲龙呈字母C形，属“红山文化”玉饰，距今约5000年。玉龙高26厘米，身径2.3—2.9厘米，颈脊凸起长鬣曲长21厘米。全形是一块整玉的圆雕，细部用浮雕来表现。通体琢磨，光洁圆润。龙体卷曲，颈尾分明，长鬣高扬，生气勃勃（图一）。以辽宁省、辽河流域为中心的“红山文化”、西连内蒙古，北过西辽河。红山文化所处时期，距今6000至5000年前。辽宁省喀左县东山嘴红山文化遗址的碳14测定年代为距今4895±70年，树轮校正为距今5485±110年，这是中华民族“发祥和文化肇端的象征”，巨龙至少已有5000年的历史，但还可追溯到更早些。从玉器雕作技巧和玉龙形象来看，是由猪首兽及蛇身形象所标志的龙形前身，可能要早到距今六七千年前。有可能猪龙（龙形前身）形象发生于我国东北地区（如沈阳新乐遗址下层文化，与黄河磁山裴李岗、长江河姆渡同时）。更有可能猪龙形象是中原彩陶文化中产生的。仰韶文化正是黄河中下游，是在原始农业的山、陕黄土高原上，很可能是龙的故乡。当然，还不能排除浙江省余姚县河姆渡遗址（距今约7000年）中的陶塑小猪和陶钵上的猪纹，也可能变为猪龙。但最可能还是在中原产生了龙。因为，仅次于内蒙古玉雕龙的彩绘盘龙，就出土在山西省襄汾陶寺“龙山文化”墓中。陶盘上彩绘的盘龙呈圆卷形，首尾分明，蛇身有鳞作[glyph]形（后来发展成[glyph]字纹）。此盘为泥质褐陶，着黑色陶衣。外壁饰隐浅绳纹；内壁磨光，用红、白色绘出蟠龙图案。M3072：6陶盘出土于龙山文化墓中（图二）。陶寺墓地上层，打破墓葬的文化灰坑，测定年代是4290±130年、4130±95年，故可以推测，陶盘上的彩绘龙是距今约4500年或5000年的龙形。《山西襄汾陶寺墓地发掘简报》说："与中型小型墓截然相反，大型墓有丰富的随葬品，包括彩绘陶器和彩绘（漆）木器等具有高超水平的工艺品。不难看出，龙山文化时期财产和权力分化已极明显。早期大型墓中彩绘蟠龙的陶盘，是迄今中原地区有关龙的图像的最早标本，对于研究龙崇拜起源，探讨陶寺文化属性，都有重要价值。陶寺正处于晋西南'夏墟'的范围内，从地望和出土材料联系起来看，陶寺墓地的发掘为探索夏文化提供了重要资料。"

中原地区河南偃师二里头（夏墟）在陶残片上的双身一首龙，甘肃省武山西坪（庙底沟类型）彩陶瓶上的龙形纹，二者距今约4000年（图三）。这正是"崇伯"始建夏王朝的年代。鲧与禹称"崇伯"（浊山、钟山、冢山？），传说母子皆龙种，当在今陕、甘、川黄河源头。夏王朝首都在河南，当是大禹东进后，传位于子"夏启"以来的政治中心。此后龙种号称"中夏"或"华夏"。中国第一个奴隶制王朝"夏"是龙族，是来自河南与陕、甘、川交界山原（羌原）。但早于夏王朝时，在山西与辽宁（内蒙古）已有了龙。龙是先夏文化，是仰韶文化与龙山文化（或另有源头）的产物。同时，也可以设想是由仰韶彩陶文

图一　内蒙古翁牛特旗红山文化出土的玉龙

图二　山西襄汾陶寺龙山文化出土陶盆上龙纹

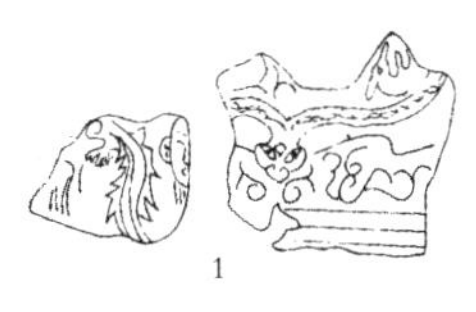

图三　1. 偃师二里头彩陶上的龙纹　2. 甘肃武山西坪彩陶上的龙纹

化和龙山黑陶文化，两种文化（族人）早在6000年前已经“龙虎交会”互婚融合。在东北（辽宁、吉林、内蒙古）和西南（甘肃）所见的龙（神蛇或猪蛇）是与中原（山西、河南）一致的。在东北辽宁省喀左县北洞村笔架山顶窖藏坑中所出土的殷末铜罍与四川省彭县竹瓦街铁路旁窖藏坑中所出土的殷末铜罍，两者龙凤纹及其他纹饰，器形与铸造工艺如出一辙。证明早在殷末周初，祖国文明高度统一性已经确立。在记载古代地理、民族、物产、神话（原始宗教）的宝典《山海经》里，龙是分布最广泛的神物（图腾）。《东山经》首山诸神皆是“龙首”。神“计蒙”，“窫窳，皆龙首”。《南次二经》《南次三经》中之神皆是“龙身”。这种龙首人身与龙身人首的现象，也许正是东北、西南族人图腾的统一性（婚姻或其他因素的联合）象征。乘两条龙的神人有“夏后启”“夏后开”，南方神“祝融”，西方神“蓐收”，北方神“冰夷”，东方神“句芒”（或即“开明”）。四方神都以龙为乘骑，也许是传说中“黄帝”四方神的神守。至于经中的“应龙”，是黄帝战败炎帝蚩尤、华父）的飞龙大将，大概因他平定南疆而“处于南极”。“蜀龙”是“人面蛇（龙）身而赤，直且（额上有直立竖眼）正乘（眼从额中分开）”。是烛“九阴”，这是用第三支慧眼照亮北方（文化普照北疆）的神。《山海经》中还有许多“蛇”（龙的原身）的神物。轩辕之国人面蛇身（黄帝族是龙身）。《北次三经》中之十神皆蛇尾（龙身）。相柳氏蛇身。俞儿神、洞庭山神、疆良神、雨师妾神皆手操蛇（捉蛇或降龙）。值得注意的“载国”人能操弓射蛇。“黑齿国”人食蛇。而“凤凰鸾鸟戴蛇”是乎是蛇族驾于鸟族之上（夏朝统治着商人）。又有“凤凰鸾鸟践蛇”似为鸟族临于龙族之上（商族占了上风）。这种时上时下的情况是象征政治上的统治呢？还是婚姻上的“重母”（尊重母族）呢？

三、龙形象出现的前因、横证及后传

（一）翁牛特旗红山文化圆雕玉龙，显然是由同一文化中的“玉兽”演变而来。三件红山文化的玉龙（玉兽、猪龙），分别出土于内蒙古赤峰、辽宁建平县及辽宁某地采集（图四）。它们是玉龙的更早祖形（龙形的前身）。

由翁牛特族玉龙下傅，最近似辽宁省采集猪首龙形象的龙形，显然是殷墟妇好（武师）墓中的玉龙（图五）。到夏朝出现了距今约4000年的二里头龙纹，敖汉旗大甸子黑陶上距今约3500年的龙纹。到商朝出现了喀左县酒罍上与四川彭县竹瓦街五件（中央和四方一套）酒罍上的五方五龙形象（立体的）。到了周朝各国的龙形玉佩就更多样化了。（图六）周代玉饰上的龙与虎往往有很相似的形象。例如中山国国王厝墓墓中的玉虎（自身刻有铭文“玉虎”）就与龙形佩玉形象相近似。这是一个值得研究的问题。有一个大胆的设想（或想象），似乎“龙”的形体变成了“璧”，“虎”的形体却变成了“璜”。

从红山文化的璜、安阳（殷墟）的璜，到河北中山国的璜，都像虎（图七）。再看河南淅川下寺东周1号墓玉璜、河北中山国玉虎，璜与虎很接近（图八）。

在甲骨文、金文中，龙、凤、虎都有“辛”（辛）文标于颈顶上。文字的形象也就是“三代”图像的线条简化。可知龙、凤、虎三者在器纹上、文字上、形象上是一致的。三者共有的辛（辛、新、亲）标志，也许是华夏集团中三大系的共有纹记。如果我们从图像联系古文字进一步深入探讨，将考古学、文字学、文献中民族与民俗等综合研究，一定会闯出一条边缘科学的新路子，取得比较全面的新认识。

（二）《论辽河流域的原始文明与龙的起源》一文（《文物》1984年第6期）对“龙”的起源有精辟的论述：“龙首形象的形成，最先可能同猪这一同人类日常生产和生活关系最密切，人们最熟悉的动物有关。”此文列举了：①口闭吻长，鼻端前平，上翘起棱，端面截平。②猪颈脊长鬣特征。古籍中：“豕曰刚鬣，厥鬣如彘。”猪鬃与龙鬣同。③獠牙是猪的又一特征。又云：“从实际生活中的猪的形象向超现实的龙的形象演化过程，正是以原始农业的发展和原始信仰的发达为其历史背

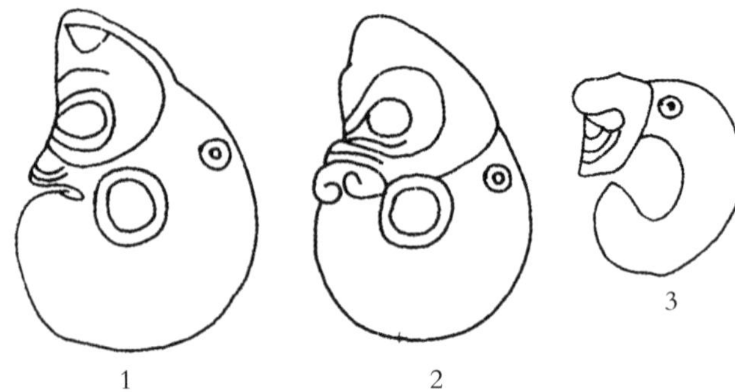

图四　1. 内蒙古赤峰市巴林左旗出土玉兽
2. 辽宁省建平县牛河梁出土的玉兽
3. 辽宁省收集的玉兽

图五　殷墟妇好墓出土玉龙　图六　中山国王墓出土玉龙

图七　中山国王墓出土玉璜

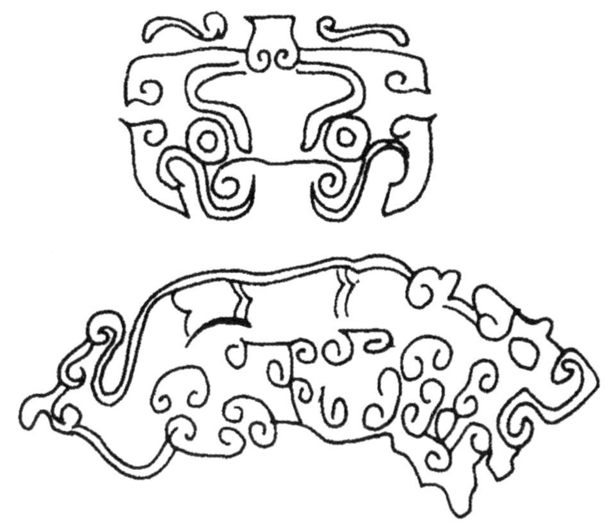

图八　中山国王墓出土玉虎

景的。”这一论断概括了我国新石器时代农业与家畜中养猪的重要意义。古文字的家字（屋内养猪）与宠字（屋内养龙）可能简括了豕蛇成族的农业定居人群。又云：“龙的起源，既以原始农业发展为前提，同与农事联系的天象有关，又是原始宗教信仰、原始意识形态、原始文化艺术发达的产物，可以说是诸因素的一个结晶。……龙的起源同我们民族历史文化的形成和文明时代的肇始紧密相关。……辽河流域原始文明因素出现，是同邻近的黄河流域文化的发展密切相关的。从红山文化彩陶与仰韶文化的共同特征；红山玉器已具有商周玉器的主要题材（龙、虎、鸟、龟、鱼等）看来，都说明这两个地区的原始文化有着血脉相连的关系。”在推崇这篇佳论后，再加注资料两条：

我国天象的二十八宿中，东方“仓龙”的角、亢、氐、房、心、尾、箕七星合成的“龙”或“犁”是农时与农事的指示。同时也是《易经》讲“龙”的根据。

“蛇巫之山”是夏禹系龙族巴人所居。今巫山县黛溪文化墓群遗址中的猪首陶玩具（祭祀物，有人定为鼎足？）很可能是豕蛇合身的证据。黛溪文化是仰韶（彩陶）与龙山（黑陶）混合型，距今约6000年。

（三）联璧玉饰和勾云形玉饰与龙（虎）的关系。在《辽宁阜新县胡头沟红山文化玉器墓的发现》一文（见《文物》1984年第6期）中有“勾云形佩饰”与“三联玉璧”。同期第14页上又有牛河梁出土的“双联玉璧”与三官甸子，巴林右旗两处出土的两“勾云形玉佩”。在原文中第10页提到阜新县福兴地公社的“弦纹兽面圭形玉饰”上的“兽面纹形象与兽形玉雕兽苜的图像，双眼及眼周的多道皱纹，全然相同”。第13页提到三官甸子“另一墓旁采得‘双猪首三连孔玉饰’一件”。《文物》1984年6期中诸文研究精勤，还可补充两点：

一是双联、三联璧令人们联想到两条蛇（龙）相绞时所形成的图形，正是这种大小不等的联璧形状。如果说五千年前的卷曲龙体概括抽象变成不规则的“璧”和圆规形“璧”。那么双联璧与三联璧正是双龙相绞的抽象化。例如在辽宁凌源县三甸子出土的“双蛇衔蛙铜饰”就近似三联璧形。这双蛇相绞（呈三空圆孔而大小不等）与“双猪首三连孔玉饰”是从红山文化到周代，由猪首变为蛇首的一脉相承地区性图像。我们说三联璧很像“双蛇相绞”；在成都市区出土的战国铜剑上（巴剑、剑有龙系巴人）的双蛇图案正是相绞两蛇形成了四联璧的四个空内圆。成都的“成”字，古有“五龙相绞”的说法，也许与蜀国“五龙氏”有关。

二是“勾云形玉饰”的“云”，正是“云从龙，风从虎”的象征性概括。它是否可作为抽象的隐龙或潜龙呢？此种“勾云玉饰”的形象又总是中心卷曲如龙蛇而四角突出。它又可否作为抽象的黄龙曲于中而洽四方的示意呢？中国有以谐音隐喻吉祥及比喻事物的传统习惯，如以蝠、鹿、喜鹊喻“福、禄、寿、喜”，以羊喻祥。以及《易经》中的事物隐喻，也许早与云龙、风虎有关。而“勾云，也可能早包括着龙虎风云会”了。

（原载《四川文物》1989年第4期）

关于三星堆文化的两个问题①

广汉三星堆遗址及其两座坑发掘清理后，引起了学术界的极大关注，不少学者从各个方面对有关文化问题进行探索，提出了一些很有价值的意见，从而把四川的考古研究工作向前推进了一大步。这是一个十分可喜的好兆头。我们在兴奋之余，愿步同行之后在有生之年为考古工作奉献一块引玉之砖，故就三星堆文化的两个问题谈点自己的意见，未知能否收到千虑一得之效。

一、三星堆文化的渊源和内涵

三星堆文化属于蜀文化早期阶段，这没有多大的问题。可是蜀人最初并不居住在成都盆地，对此我们不拟过多地考证，只引一条记载来说明蜀人最初的住地是在蜀山而已。

《山海经笺疏·中山经》云："中次十经……又西五十里，曰涿山。"郝懿行案："郭注《海内经》引《世本》云：'颛顼母濁山氏之子名昌仆。'《大戴礼·帝击篇》作昌意，娶子蜀山氏之子昌濮。濁、蜀古字通

① 本文由王家祐、李复华合著。

涿，濁声。又《史记索隐》云涿鹿或作蜀鹿，是此经涿山即蜀山矣。史称昌意降居若水，《索隐》云‘若水在蜀’。然则昌意居蜀而娶蜀山氏之女，盖蜀山国因山为名也，即此经涿山矣。”这段案语表明蜀人最初是居于四川西部的蜀山，是后来才沿岷江而下迁居成都盆地的。

可是蜀人在迁居成都盆地前，这里早在新石器时代即有土著的人和它的文化，这在考古发现已予以证明。为了进一步说蜀人与成都盆地土著人在文化上的关系，有必要追溯有关的新石器时代文化遗存的问题。

近年来发现的新石器时代遗址中与蜀文化有关的有两处。即：

其一，绵阳边堆山遗址①。遗址系1988年秋调查发现，与1952年冬发现的遗址同坐于一座山体上，仅具体位置略有所别。它的文化遗存较为丰富，出土有大量的石器和陶器，石器的打制方法较发达，而磨制方法虽较普遍但却工艺欠精，环形器块、片料发现较多，质地硬度不高，这可能表明遗址当时曾存在石器加工作坊的问题。陶器以夹砂陶为主，泥质陶次之，以纹唇器或波状、锯齿状唇沿器尤具特色；器形有盘、罐、盆及圈足盘（豆）等。具有以上特点的遗址在四川境内尚属首次发现，因此表明这可能是成都盆地以北的一种新的土著文化类型。其时代较其他土著文化系统的新石器时代文化遗址略早，而绝对年代或相当于龙山文化早期，也许更早一些。

其二，汉源狮子山遗址②。调查中采集有陶器和石器标本，其中石器太少仅有斧和楔各一件，致难以认识其特征。陶器较多。其特点是，以夹砂粗红陶系为主，有少许泥质陶，火候较高而色欠纯，制作较粗糙，均为手制，器形多为平底，纹饰以绳纹（或再加上附加堆纹）为主，泥质陶多为素面。器形有罐、盆、钵、壶等类。至于它的时代为新

---

① 中国社会科学院考古研究所四川工作队：《四川绵阳边堆山新石器时代遗址调查简报》，《考古》1990年第4期。

② 中国社会科学院考古研究所四川工作队：《四川汉源县大树乡两处古遗址调查》，《考古》1991年第5期。

石器时代，而文化类型则可能与绵阳边堆山遗址大致相近。

三星堆遗址文化层的分期断代，据发掘者陈德安同志见告，经他进一步研究分析后，把《简报》上的分期断代略加修改，即把整个文化层（从新石器时代末至商末周初）分为四期：第一期为新石器时代晚期，属于龙山文化晚期，距今5000—4200（或4000）年。第二期大致相当于夏至商代早期，距今4200（或4000）—3600年。1980年在遗址中发现的房基时代为这期的前段，而后来在月亮湾发现的城墙遗迹的时代为这期的后段。第三期相当于商代中期至晚期前段，距今3600—3000年。在遗址范围内所发现清理的两座坑所处的时代，一号坑为这期的前段，二号坑为这期的后段。第四期为商代晚期后段至西周早期，距今3000—2800（或2700）年。这里我们仅就第一期的新石器时代末期而论，由于前面所分析认为的在绵阳至汉源的这大片土地范围内不会同时出现两种不同类型文化的缘故，所以三星堆的新石器时代遗存则当与绵阳边堆山遗址的文化类型相同，据三星堆的文化层的具体情况来看，新石器时代文化层之上紧接的是相当于夏、商时代的文化层，因此这两层之间必然有一定的文化承袭关系。这种承袭关系的产生，我们认为：既然成都盆地早在新石器时代即已存在一种土著文化，自然要与由蜀山而来的蜀人文化融合为一种新的青铜时代的文化，而这一新的文化我们称之为早期蜀文化，其内涵就包括了蜀人本来的文化和成都盆地的土著文化两种文化因素，这也就是我们所认为的三星堆早期蜀文化的渊源。与此同时，社会性质就必然要由原来的原始社会渐变后突变为奴隶社会，而这一突变绝不是和平的，乃是经过一场残酷的侵略与反侵略的战争来完成的。因为，当地的土著人对蜀人的迁入必然是不欢迎的，而是要起来尽力抵抗的，其结果是以蜀人的胜利和土著人的失败而告终，当然失败被俘的土著人就沦为奴隶，这时就是成都盆地奴隶社会的最初阶段，在广汉月亮湾和成都方池街两处同时代的遗址中各出土一件奴隶刻像，也许就是沦为奴隶的土著人像，它们是奴隶社会的可信证物。

三星堆文化内涵的因素，除上面所说的两种外，还有一些其他因

素，为了进一步认识它，有必要对它的因素予以分析。

从三星堆遗址出土的大批文物来看，早期蜀文化的地方特点十分明显，文化层里出土之高柄豆、平底罐和鸟头把勺等是最具有代表性的地方典型器物；尤为引人注目的是两座坑的出土文物中的金属器和玉石瑞器等珍贵遗物，其中地方特点很明显的一号坑有金质的杖、面罩、虎形器等，青铜器中有跪坐人像、头像、人面像、爬龙柱形器、虎形器等，二号坑的青铜器中有大型立人像、小人像、人头像、人面像凤鸟饰、鸟形饰、蛇形饰、兽面具、戈形器、神树等，这些遗物多在四川首次发现。因此，我们认为这是三星堆早期蜀文化的主要因素。此外还有一些外来的其他文化因素，如陶盉、玉璋与二里头的文化有一定联系；青铜器中的尊、罍与湖南、湖北所出的商代晚期的同类器物相似，对此邹衡教授则认为与“湖北宜都发现的同类器区别较大，而同陕西城固的铜器几乎没有什么区别，连花纹的作片都一样”。两种意见不论那一种正确都是证明它是外来的，这就表明三星堆的早期蜀文化与夏、商文化或荆楚文化均有联系的，但由于材料所限，我们只能简单地提这一点。

另外，属于三星堆早期蜀文化类型的遗址在阆中、汉源等地亦有发现，其中汉源大树乡麻家山遗址特别值得一提。在这处遗址中采集的标本里有石斧两件，陶片较多，皆不能复原。陶质掺有微量的细砂，火候较高，颜色表面多呈深灰色至灰黑色，胎质一般是深褐色，个别的因烧制不匀而成褐、灰相间的颜色。以素面为主，个别的有弦纹，或在口沿唇部施花边装饰，此外有镂空，制法主要为手制，次为轮制。陶片中可辨器形的有罐、瓮、盘、盖、高把豆、圈足豆和小平底器等类。由于盘、盖、高把豆等与三星堆的某些同类器都非常接近，以及从总体上看麻家山遗址大体可以归属为以三星堆文化为代表的这一类文化系统，当属于青铜时代，可能是早期蜀文化的遗存，其时代与三星堆遗址的晚期相当，也许可能还要稍晚一些[1]。这处遗址引起我们注意的除与三星堆

---

① 中国社会科学院考古研究所四川工作队：《四川汉源县大树乡两处古遗址调查》，《考古》1991年第5期。

文化有联系，甚至是属于同一类型的文化外，还有一点是它的所在地点。因为同在汉源大树乡还有一处属于与绵阳边堆山文化相类的狮子山新石器时代遗址，虽然两处遗址的关系不似三星堆文化层的一层和二层之间有明显的承袭，但同在大树乡境内，文化上应是有承袭关系的，我们认为这种关系很可能在今后考古发现中得到逐步证明，否则就是很难理解的考古之谜。

二、关于三星堆两坑的性质及有关问题

两坑性质《简报》里说，由于遗物放置坑内是先后有序和大部经过火烧等情况来判断，其性质可能是“燎祭”。又进一步分析说：“在甲骨文记载中，‘燎祭’不仅是祭天，也包括祭地，祭山川河流等诸自然神……我们推测祭祀的对象是天、地、山、川诸自然神祇之一。”我们是同意这一意见的。不过究竟祭祀的具体对象是哪一种自然之神的问题，我们拟予试为探索。

首先我们重温一段有关祭神的名称对象较为齐全的记载，期能收到知新的结果。

《尔雅·释天》云：“祭天曰燔柴，祭地曰瘗薶。祭山曰祭庪悬，祭川曰浮沉。祭星曰布，祭风曰磔。是禷是祃，师祭也。既伯既祷，马祭也。禘，大祭也。绎，又祭也。周曰绎，商曰肜，夏曰复胙，祭名。”

从引文所列之祭祀之诸神来分析，其中地位最高的，在当时的人们可能认为是“天”，其次才是地、山、川、星、风等，祭天仪式称为“燔柴”，注云“积薪烧之”，这与两坑所置之物多被火烧过的现象相副，故应为祭天，此其一。第二，两坑所用礼器之多，类别之齐，制作之精，均为前所未见，可见其规模之大，故非天莫属。第三，两坑祭天规模之大又绝非一般祭天的规模，而当是称为大祭的禘。第四，两坑所处的时代是三星堆文化的第三期，即商代中期至晚期前段，而商代的祭祀称为“肜祭”，故两坑的祭祀之名亦应与之相同。

其次，再就两坑部分遗物的重要意义来看金杖和金面罩。金杖，《简报》认为是象征王权的“权杖”，这是有道理的，金面罩亦是十分珍贵的礼器，用这样重要礼器的人，那可说是非王者莫属，而在四川地区当然就是蜀王。这就表明当时如此隆重的祭天大祭活动蜀王要亲自参加的，所以坑内才会有权杖的放置。因为，如果蜀王不去参加，那就是《论语·八佾》所说的“吾不与祭，如不祭”了。

青铜神树。古人立社，必依茂林、乔木。《论语·八佾》云：“哀公问社于宰我，宰我对曰：‘夏后氏以松，殷人以柏，周人以粟。’”《集解》引孔氏云：“凡建邦立社，各以所宜之木。”因此这一神树可能就是当时蜀族建邦立社的社树，这点我们是同意俞伟超教授的意见。这株社树如按殷俗当为柏，可是若以孔氏的“各以所宜之木”为社树之说而论，那它究竟是什么树种就不清楚了，总之，以社树来祭天是可能的事。

青铜立人像。关于立人像的身份问题，已有一些不同的意见，我们在这里仅提出一点不同的设想而已。坑里既然有社树，就很可能有社神（即地神）。社神按社会宗教的发展过程说，是先有社母后有社公，后来两者合祠而祭，即是民间所称的“后土祠”。商代的社母，据殷商祀典说应是有娀氏之女、帝喾之妃、契之母简狄；社公应是高辛氏之子，舜时任司徒，佐禹治水有功、封于商的契，即所称之商祖。简狄与契乃是母子关系，而非夫妻关系。那么当时在四川盆地的蜀，其社神又当是谁呢？我们认为可能是《华阳国志》所说的“杜宇，教民务农，一号杜主”，杜，《说文》云：“古文社，各树其土所宜木。”“土所宜木”便成了“杜”字，所以“杜”即“社”，而“杜宇”则是“社主”，这当然就是社神[①]。据此三星堆出土的青铜立人像很可能就是蜀王杜宇之像，以此像作为祭天之器也是可能的事。

但是，社神还有另一种可能是：蜀后来与昌意、颛顼发生了关系，而且颛顼更封其支庶于蜀，成为蜀的统治者。因此，颛顼成为蜀地的社

---

① 丁山：《中国古代宗教与神话考》，上海文艺出版社，1988年。

神亦是可能的。若以时间先后来看，颛顼较杜宇更为可能，不过又以蜀地的统治者先后为不同的氏族、部落而论，其社神或许亦会随着统治者氏族、部落的不同而有所变化的。所以杜主之说也是不容忽视的。总之，这一社神像在颛顼和杜宇之间必居其一。

青铜列神面像。二号坑共出15件，分三型：A型3件，标本K2②：148，通高65厘米、宽138厘米；B型8件，标本K2②：60，前高25.8厘米、宽52厘米；C型4件，标本K2②：119，前高15厘米、宽21.8厘米。这批人面像作为祭器是没有问题，当然有必要探索其更深的宗教含义，不过这里仅拟就15件这个不小的数字来提出一点看法，我们认为单从它的数字来看，似与列鼎、编钟、编磬相类，可称之为是成组的列神面像。由于列鼎、编钟、编磬的占有者或使用者的地位高低不同，而成组的鼎、钟、磬亦有多少之别。可见列人面像的数量竟有15件之多，恐怕是最多的数字了，其占有者或使用者也就非王者莫属，用以作为祭祀或殉葬礼器除王者能当之外，三星堆的祭天大祭用15件人面像就不能说是“僭越”了“天尊地卑、君臣之别”的制度了。至于其他青铜人头像，我们认为均可能为神的头像，自当可作祭天礼器。

玉石瑞器。在两坑里出土的不仅数量多，而且品种亦很齐全，均应属于瑞器，即《山海经》里所称“吉玉”，即《周礼·春官·瑞典》注的“人执以见其曰瑞，礼神曰器”。古来以玉为信，如《荀子·大略》云：“聘人以珪，问士（郝懿行曰：‘士即事也，古字通用。’）以璧，召人以瑗，绝人以玦，反绝以环。”注云：“古者，臣有罪，待放于境，三年不敢去，与之环则还，与之玦则绝。”《仪礼·观礼》注云：“瑞玉谓公桓圭、侯信圭、伯躬圭、子毂璧、另蒲璧。”可见瑞玉在当时社会中是十分重要的信物，而两坑集多种瑞器于中而作礼神之器，则亦非祭天所不能也。

象牙。1号坑出土13根，2号出60余根，共70余根，均用火烧过。我们认为从数量上看当是36头大象的门齿，这样多的大象可能不是从外地而来，当是本地所产，因此表明当时成都盆地的自然地理条件是适

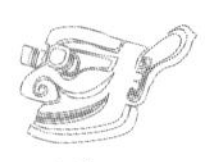

合于大象的。笔者于1954年秋曾在成都外东的原华阳县境内发现更早的同类大象的完整门齿化石数件，在巫山大溪的墓葬里亦有类似发现，可见四川地区早就存在大象，后来随着气候的变化，大象的产地就逐渐转移到今天云南境内了。可是象牙的出土不仅说明四川地区的古代气候变化情况，而且还可表明它在坑里的出现是用以作为牺牲来祭祀的，这在文献里尚未查到有关它的记载，如是文献缺载，此一发现便可起到补史的作用，而且是蜀人独特的祭祀特点之一。两座坑用如此多的象牙来作为祭祀牺牲，这也非极为隆重的祭天大祭是不足以当之。

最后，再举一个祭山神的例子来予以比较。

《山海经·中山经》云:“凡岷山之首，自女几山至贾超之山，凡十六山，三千五百里。其神状皆马身而龙首。其祠：毛用一雄鸡瘗，糈用稌。文山、勾ㄇ、风雨、䰠之山，是皆冢也；其祠之：羞酒，少牢具，婴毛一吉玉。”“文山”郝懿行云:“此上无文山，盖即岷山也,《史记》又作汶山，并古字通用。”祭山，当然是祭所在地区内的有名大山，所以三代的王者所祭之山当是泰山，诸侯所祭之山则各自国境内的最大名山。而蜀所祭之山当然是岷山，而不是岷山山脉某一段的名称，如玉垒山可能在今彭县境内，是岷山山脉的一段名称，所以蜀人所祭的山就不可能是玉垒山。而祭岷山的大祭规模也是难以与三星堆两坑的规模相匹敌。

综上所述，除说明少数遗物的性质用途外，而最终目的是想说明三星堆两座坑的祭祀对象是祭天，其他诸自然神祇是不能当的。不知能否聊备一说?

（原载李绍明、林向、赵殿增主编《三星堆与巴蜀文化》，巴蜀书社1993年版）

三星堆文化研究二题

一、古代民俗中的鱼和鸟

古代文学中的鱼、鸟常有生活哲理的隐喻。将鱼喻为女，比鸟作为男，两者的隐喻是乾坤和阴阳的人事化。《诗》开篇为《关雎》;《易》道阴阳，“夫妇之道人伦之始”。庙堂昭穆之喜曰钟鼓乐之。双鸟并棲鸾凰之俦实比对之仇。《诗·兔罝》“公侯好仇”即仇雠。既仇又雠，实古之抢婚。《易·归妹》述之。前贤论鱼鸟婚姻者多矣，兹引选精论于次，述而不作盖不掠人之美，且见真文嘉言。

《闻一多全集·说鱼》称:“民歌隐语中以鱼来代替匹偶或情侣的隐语。时代至少从东周到今天。地域从黄河到珠江。民族包括汉苗瑶侗。……为什么用鱼来象征配偶呢? 这除了它的繁殖功能，似乎没有更好的解释。婚姻是人生第一大事，而传种是婚姻的唯一目的，这在我国古代礼俗中表现得非常清楚。现在浙东婚俗，新妇出桥门以铜钱撒地谓之〔鲤鱼撒子〕便是这观念最好的说明。”闻先生引举了《易》《诗》及许多民歌予以充分论证。在《邶国·新台》诗中以鱼与鸿鸟对举。《九欧·湘夫人》也是鸟与鱼对举。又:“另一种更复杂的形式，除将被动

方面比作鱼外，又将主动方面比作一种吃鱼的鸟类，如鸬鹚、白鹭、雁（鸿），或兽类獭和野猫。”开创了鱼鸟象征论的考察，赵沛霖《兴的源起》详论了鱼鸟兴象与生殖崇拜：“殷人的鸟图腾崇拜的宗教观念以及在此基础上所产生的以咏鸟来寄托怀念祖先之情的诗歌方式，被其他民族所吸收和接受，可能在周初。由于（各族）崇拜的鸟的具体不同，燕被分别换成其他各种不同的鸟类，可以看出，兴起源的本质正在于传统的宗教观念意义与自然物象的统一，它深刻地反映着诗歌艺术与宗教观念和宗教意识之间的内在联系。”又说：“人与鱼的这种超现实的神秘关系可一直上溯到史前时期。产生于母系氏族社会西安半坡出土陶器上的〔人面鱼纹〕。……人们崇拜鱼首先是在于它是人们生存必需的食物，其次是部族需要增殖。饮食男女，人之大欲。食色，性也。人们崇拜，以鱼为丰收、繁衍和生命的象征，归根结底是崇拜生殖的表现。”又云：殷民族和秦民族都以玄鸟为其祖先神。（助禹平水的伯）益夺夏启之位，为启所杀。益的子孙又借商之力败夏桀。《史记·秦本纪》：（伯益之后）费昌当夏桀之时，去夏归商。为汤御以败桀于鸣条。大廉玄孙曰孟戏、中衍，鸟身人言。中衍之后，遂世有功，以佐殷国。故嬴姓多显，遂为诸侯。伯益知禽兽，综声于鸟语。故《墨子·明鬼》曰：“秦秘公处乎庙。有神入门面左，鸟身，素服，玄纯，面状正方。”这神就是句芒（玄鸟）。赵国华《生殖崇拜文化论》对鱼鸟有精到的分析：“在诸多鸟纹形器中，最惹人注目的是庙底沟（河南陕县）出土的一个陶塑鸟头。这一形象已非写实，而系象征，它以特定的形状，尤其是以颈部螺纹似的皱折，向人们毫不含糊地展示了鸟纹、鸟象征男根的意义。……远古先民将鸟作为男根的象征，是毋庸置疑的。……母系社会彩陶上的鱼鸟纹并存，或者鸟啄鱼、鸟衔鱼的纹样，实为男女结合的象征，都是先民祈求人口繁盛的表现。……《山海经》：“有西周之国，姬姓，食谷。”帝后乃是〔三足鸟〕的神化。周人先民对鸟的崇拜，似乎比商人先民更强烈。这是周人将先民崇祀的男根象征物〔鸟〕奉为吉祥物的表现。……本来远古人类以鸟的头颈部状男根。龙山文化中三足鸟形鬶颈部不断增粗，显然是初民男根崇拜日益强烈的表现。……半坡出现的三足鼎是用其三足象征男根。鼎三足与鸟三足含义是一致的。”又说：“亚洲西部尤多崇拜鱼神之俗。至今内族的人犹视鱼为男性器之象。……半坡、姜寨遗物的鱼纹都有模拟女阴的性质。……初民渴望通过对鱼的生殖能力的崇拜，产生一种功能的转化效应。为此远古人类遂以鱼象征女性生殖器，并且应运诞生了一种祭祀仪——鱼祭。用以祈求人口繁盛。”（中国社会科学出版社1990年版）

考古资料中的鱼鸟多见论述。例如：

刘方复《“鸟衔鱼纹”析》（《文物天地》1991年第2期）分析：“鸟衔鱼纹出现在渭河流域北首岭仰韶文化的彩绘蒜头壶上，距今约六千年。在姜寨仰韶文化彩陶瓶有更早的鱼鸟组合纹（七千年）。还有河南临汝阎村的鱼衔鸟纹略晚（五千年）。”连邵名《〈鹳鱼石斧图〉的宗教与哲学意义》（同期36页）论证精审：“仰韶文化中尊崇鱼鸟的观念可视作后世阴阳学说的初期形态。……应是表示阴阳交合的抽象哲学思想。……以鱼鸟代表阴阳运行的观念，在《庄子》中名为鲲鹏。阴阳是天地运行的根本动力，是化生万物的源泉。……传统哲学将阴阳转化称为易，鱼鸟石斧图中的石斧正代表了《易》道开物成务的特大作用。阴阳学说的根本原理非常简单（至简至易）。岁月寒暑，人有男女，自然界的一切事物与现象都可归纳为阴阳两大范畴，二者对立统一又互相转化。……从仰韶时期尊鸟鱼的习俗到后世流行的龙凰文化显示了阴阳（日月、水火）传统文化的重心。”刘敦愿《〈鹳鱼石斧图〉的含义》：“山东大汶口龙山文化墓葬中玉质薄斧显然是作权标之物。两城镇出土的双面雕兽面纹玉斧也是王权标志。”严文明《〈鹳鱼石斧图〉跋》（《文物》1981年第12期）早已论之，以斧象征王权是王字本义，岷江蜀山以至吴越皆有仪仗之斧钺。

《四川文物》杂志有关于鱼鸟论考的文章：《泸州汉画像石棺鱼鸟图考》云：“鱼鸟同图是息居川南河谷（长江与沱江）先民图腾标记。二是宗教祈祷。三是生产生活的典型缩影。从鱼形看多是鲟鱼（鱼龙）。

从雀形看多是水鸟。”此文列举泸州五具石棺上的五幅鱼鸟图。若更以石棺图像中其他图物联系研究，必更加深入。同期《汉代鱼鸟图小考》云：“一般以一鱼一鸟组成。亦有两鸟一鱼，或一鸟数鱼者。鱼可辨者有鲤、鲫、鲟。鸟可辨者有鹤、鹳、雁、凰。鱼鸟各为男女（及根蒂）的隐喻意义却是汉代人追求长生观念的反映。它也是祈求长寿的吉祥图案。”（以上两文见1991年第1期）

王子岗《三星堆文化是蜀文化的先声》（1995年第1期）说：“金杖图案为两背相对的鸟和两相对背的鱼，鸟的颈部和鱼的头部压有一穗形叶柄。（古蜀国的望帝和丛帝皆以神杖为王权之象。杜宇化为杜鹃鸟。）”结合《山海经》氐人国人面鱼身，颛顼死而复生化为鱼妇（鱼凫），人面如鹄之鸟。鱼鸟也是四川与青海、甘肃岷山区的对婚现象。汉代的“鱼龙漫衍”与“双凰朝阳”（最早见于7000年前的河姆渡）就是鱼鸟演为龙凰的吉祥图。但岷山（昆仑）的凰又配凰，龙又配虎（虙戏与女娲）。

申世放《鱼文化初论》（1994年第2期）插图二5、6，插图三5、6四幅图上还显示了太极图（最早见于青莲岗新石器时代的陶纺轮）所示黑白两仪实即鱼鸟与倒顺的双鱼。直到近代《从〈鲤鱼图〉看中日民俗》之论（1995年第1期）可见其影响之深远。

鱼鸟图像的义意尚待探索：①从昆仑（岷山巴与蜀）到蓬莱（齐鲁吴越）的普遍性与民族（区域）性相关？②鸟有阴阳（凤凰），鱼亦有雌雄。双字古鸟为双或雔是双雀。③蛇化为鱼，鲤鱼跳龙门又是鱼化为龙蛇的巫术暗示？④龙、凤、虎三部的婚姻关系，它们的时序性（三代演变）？地域性（东龙西凤）？⑤西王母古母系西貘族（女和月母之国）与龙虎凤关系。⑥学于〔西王国〕的〔崇禹〕为何是古崇山（蜀山、岷山、昆仑山、崆峒山、钟山……）西陵氏〔崇伯鲧）之后裔？⑦望帝杜鹃、丛帝鳖灵两婚族的鱼鸟关系与古蜀巴的龙虎族系。⑧〔白虎〕开明兽与麒麟（吉量、乘黄白马）的演变？周末译音曰麒麟、吉量，为何又意译为〔白虎〕虪虎、蟠虎？⑨蟠冢山的颛顼大巫师“使四鸟：虎、豹、熊、罴”的鸟虎、鸟熊（熊或龙）关系。这一系列的天问必须于古之氐羌（姬姜），今之彝、藏、白马（氐）、苗、瑶等兄弟民族古史中求之。昆仑（今俄洛河曲南山岷蟠）神仙之〔人鸟山〕必有山原文化渊源。

通过以上引证，可得出如下小结：

①古代鱼鸟民俗的阴阳（天地，男女）配合象征是很普遍的。文学中从周朝以鱼鸟为吉祥物到“鸟自无言花自羞”（《红楼梦》）。哲学上是阴阳、日月、乾坤、水火等的生物化表象。

②鸟基本上表阳性，但《关雎》中又以一双鸟为象。鱼基本上表阴性，但也见双鲤鱼、倒顺鱼。单鱼也表阳，双鱼又象女阴。日中有金乌，月中有蟾蜍。《庄子》喻日为鹏、月为鲲。

③河姆渡的双凤朝阳图见于神州东方，昆仑祭山（岷山）的西王母（鸟母）见于神州西方。祭鱼风俗见于陕甘青川山原。龙虎交婚见于新石器时期古墓中。鸟母坐于龙虎座上。

④鱼鸟卵生多子的生态是古人繁衍的希望。鸟飞于天，鱼跃于川，正是天地之物象。两者普遍意义是易有两仪，两仪生四象。但在西貘、颛顼、商、秦、吴越等族则又是图腾物。

⑤蜀山西陵氏及西貘（嫫母）又曰瞿唐（瞿上），瞿堆（魋魋、离堆）应是鹰或鹦鸟族。柏灌是鹳鸟。杜宇是鹰爪杜鹃。“蜀人以文翰，巴人以比民翼鸟。”周人有“宝鸡”。似皆与鸟有关。广汉三星堆出土有人面神像瞿鸟。

⑥三足鸟实为双足鸟与一阳物之喻想。三青鸟实“青羊”（青阳）。蟠冢山神巫与颛顼“使四鸟：虎、豹、熊、罴”。神话中鸟母、人鸟山，大有史影。

二、西王母昆仑山与西域古族的文化

西王母即西貘族，西貘是一个母系部族。黄帝配偶嫫母来自西貘

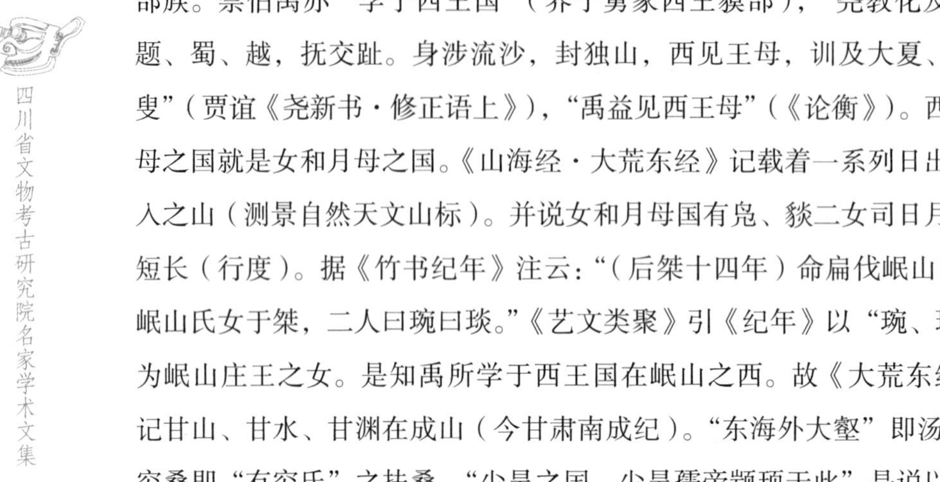

部族。崇伯禹亦“学于西王国”（养于舅家西王貘部），“尧教化及雕题、蜀、越，抚交趾。身涉流沙，封独山，西见王母，训及大夏、渠叟”（贾谊《尧新书·修正语上》），“禹益见西王母”（《论衡》）。西王母之国就是女和月母之国。《山海经·大荒东经》记载着一系列日出日入之山（测景自然天文山标）。并说女和月母国有凫、豯二女司日月之短长（行度）。据《竹书纪年》注云：“（后桀十四年）命扁伐岷山氏。岷山氏女于桀，二人曰琬曰琰。”《艺文类聚》引《纪年》以“琬、琰”为岷山庄王之女。是知禹所学于西王国在岷山之西。故《大荒东经》记甘山、甘水、甘渊在成山（今甘肃南成纪）。“东海外大壑”即汤谷；穷桑即“有穷氏”之扶桑。“少昊之国，少昊孺帝颛顼于此”是说以鸟纪官师的金天氏少昊挚。这个抚养帝颛顼的鸟王，也就是“禹师大成挚”的“大成执”（《新序》）。《论衡·道虚篇》：“文挚，道人也。”“大成”合音为“文”，甘肃成纪的“成”即汉音写的岷，又写为蒙、汶、冢、崇、濁、蜀、独、卓等汉字。岷山东面的“蟠冢”乃颛顼帝（大巫师）所都之穷桑（源自“有穷”）。

少昊名挚，与鸷通，此百鸟之巫王以鸟纪官，其子孙之国皆“使四鸟：虎、豹、熊、罴”，此鸟王名鸷者乃鹰隼之类，鹞属。或谓之雀鹰，春化为杜鹃。即西藏崇敬的鹰爪杜鹃。于是明白古蜀国杜宇王（望帝）化为杜鹃实鸟五大巫颛顼之后裔，与楚王高阳之苗裔同源。开明氏蜀王“鳖灵”乃“鱼妇”，鸟巫之婚族。此鹰爪杜鹃亦即鸊，西山之鸟。又名鵟鵹，乃鸊鸡之声转异写，又写作瞿、瞿唐，鸳魋（离堆）。“江中有鵟鵹，似凫而大，赤目”即鸊鸡、瞿魁。蜀人敬鹰爪杜鹃神与鱼鸟、瞿魁。盖鸟王下蜀“蜀人以文翰”与“巴人以此翼鸟”皆以鸟为代表。蟠冢山颛顼养于少昊金天氏。《庄子·天运篇》“乌鹊孺”解为乃乌鹊所养育。这与“禹学于西王国”与“禹师大成鸷”同为长养于母系舅舅部族。由是知西王母女系貘族即大成鸷鹰瞿之部。故知“禹长头鸟喙”（《尸子》）实来自母系西貘。禹娶于涂山在江州为“南音”之始。乃知西王母、西貘部化为神女即金天氏之金母“龟山西灵金母”，亦即道教之鸟母。亦即蜀山、岷山、昆仑山之王母娘娘。太皞伏羲与女娲为虎龙（蛇）之族。少皞鸟王亦即凤凰神鸟之西王母貘部，此即昆仑山（岷、蒙、濁、汶）三方之族：黄帝姬姓龙族，炎帝姜姓虎族，西貘凤鸟之族。

黄帝两后，西陵氏嫘祖即蜀山氏，嫫母即西王貘。黄帝两子降居江水（泯）、若水（金沙江亦长江上源）。夏代的崇鲧、崇禹、夏桀亦皆娶于岷山。黄帝居轩辕之丘，葬于娇山（桥、穷、崇、濁实为一山）即穷桑（钟山、崇山）。再以常羊（常阳）、青丘等地名观之，当在昆仑山附近（今青、甘、川交会地“俄洛”河曲）。传说中炎帝（戎、姜、羌）与黄帝（狄、姬、氐）同出于有蛴氏（有穷、女娲、女和）不是种族问题。炎帝来自西戎自为虎族，黄帝出自北狄自为龙种，两部婚娅对偶。龙虎部渊源甚早，其系属于西貘凤族当是周秦之事。炎黄神帝之龙虎，亦犹密戏女和之龙虎，两婚部“昭”为龙，则“穆”为虎。其标示之“物象”（图腾）可就母系（姓）、父系（氏）、标志有异。且有时代与历史内容、婚姻组合的发展变异，不可刻板的搬用图腾制。如西周之国历有天鼋、宝鸡、龙、凤等物象，并不全等于toten。龙虎凰三大部族的交辉互含至少是五千年前的民族融合。河姆渡（距今7000年）的象牙雕刻双凰朝阳图，骨匕上刻四鸟与双日图是凤鸟早期图形。战国时出现了双鹤踏虎鼓架、鸟蛇相仇图。红山文化三星他拉碧玉龙；仰韶文化彩陶上多画蜥蜴与蛙鱼；北方有猎首卷身玉龙，南方亦有水族鱼蛇之龙。

正规的龙虎图已有多处：①辽宁阜新县沙拉乡查海村，在八千年前新石器时代已有玉器、龙纹陶片、陶器上浮雕的蟾蜍与蛇衔蛙饰物。在聚落中心部位有一条大型的龙形堆塑，它昂首张口弯身弓背，尾部若隐若现（因石块排列已松散）。龙头朝西南，龙尾朝东北。②河南濮阳西水坡仰韶文化遗址第45号巫师酋长墓，骨架两侧龙与虎的贝壳堆塑，长约2米。③荆门车桥战国墓中巴蜀铜戈有四字铭文，旧释“大武越兵”，今释为“太岁避兵”，戈内上有带冠双翼鸟。戈身上有大巫师左

手执蜥蜴，右手持双头蛇；双足下有日月。④湖北随县曾侯乙墓漆箱盖上有龙虎绕北斗及二十八宿图。此中心之北斗正是神话西王母（昆仑龟山多母）的星象化表象。

炎黄可以说是华夏。西域昆仑之鸟母（西貘）可比喻于越夏、夷商、姬周之鸟神。大巫师颛顼（颛顼、夔、俊、喾、尧、舜等翁来自一源之神话分化）尤以为鸟王代表。蜀山（岷）与其西之昆仑，与其东之番冢（黑山与白山）多为母系女王，故颛顼及蜀蚕丛、鱼凫、柏鹳、杜宇、开明皆女王。“尧身涉流沙，封独山（蜀山、崇山、钟山、章山……），西见王母，训及大夏。”（贾谊《新书》）禹学于西王国大成挚（成都戴天）。穆王（蜀岷山黑王），汉武皆朝西王母。

确定周秦时代的昆仑山在四川、甘肃、青海三省交界的山区，学者已多论证。例如：邓少琴老师《昆仑之丘应即青藏高原巴颜喀拉山》（《山海经新探》15—25页）说：“巴颜喀拉山即古昆仑之丘。今巴颜喀拉山南麓，石渠、德格等地属丘状高原，可明显分为三重。积石山即今之阿尼马卿山。巴颜‘喀拉’为黑色或紫色之山。”今黄河曲果洛（西）至玛曲（若尔盖、松潘）“禹所异积石山”即古之昆仑丘。徐南洲先生《古代蜀人是怎样成名的》（《社会科学研究》1994年第6期）：“果洛山、巴颜喀拉山的‘东北隅’，‘昆仑墟’即巴颜喀拉山，为昆仑山（夏商及远古）南支。……朝云之国即轩辕氏黄帝，今甘肃沸河流域。司彘即赐支，为雷祖（嫘祖）之族，今若尔盖西北的河地带。……韩流（乾荒即高阳，即高唐神女）与广汉三星堆青铜人像对比，有擢首、谨耳、人面豕喙、麟身、渠股、豚趾等特征。‘高阳乃命禹于玄宫’正是三星堆遗址。阿女淖子来自蜀山。古之蜀山在今甘肃碌曲县郎木寺至玛曲县之间，即若尔盖泥炭沼泽的西北边沿、黄河第一曲的北岸。故蜀山氏也就是禹贡雍州‘渠搜’之族。《世本》等书称淖子名昌仆，而昌意是她的祖辈。昌意也来自河曲。祖孙二人都是雷祖所生的羌族后裔。”

川、甘、青黄河第一曲是民族杂居区。炎黄两大系外，西貘可能来自西土。从传说中在中亚巴比伦、阿富汗、和田、敦煌，到以巴颜喀拉山、阿尼玛卿山、岷、番、陇、岐皆西母迁播之区。“尧涉流沙，封独（蜀）山，见西王母”（贾谊《新书》），当在蜀山（阿尼玛卿山、积石山）。穆王经汶山天水、成县。此穆王实岷山黑王；改编为周程王与盛姬事实翻译有意改写。汉武帝所见西国女酋当在泾川。此古代母系之女国或即丽山女（名源自犁轩）。蒙文通老师《古史甄微》曰：“汉族自东而繁荣于西。即夷、狄亦多来自东而西。……《逸周书》以大夏、月氏、莎车皆在（商）北。入汉则皆各徙于西极。……《汉书·律历志》张寿王言：‘伯益为天子代禹。骊山女亦为天子在殷周间。’……《秦本纪》申侯言：‘昔我先郦山之女为戎胥轩妻，生仲渠。以亲故归周，保西陲。’……契、稷上公大国并在岐雍。而大建、契弃于商部也。然禹自西夷之人，固宜使代鲧为崇伯于岐雍。……周公之攻九夷，成王之伐东夷（书序）其皆嬴姓之国而少昊皋陶之裔也。《秦本纪》言：‘中衍，鸟身人言。帝太戊闻而卜之使御，吉。以佐殷国。故嬴姓多显。’”蒙老又论秦为戎族于《周秦少数民族研究》曰：“殷周之间，中国安得有天子曰骊山女？斯其为西戎种落之豪欤？故《史记》言‘仲潏在西戎’。郦山之女为戎胥轩之妻。《正义》言‘胥轩，仲衍曾孙也’。此秦之父系为戎也。《周书·王会》正北方（西申以凤鸟《后汉书》引《竹书纪年》有‘宣王征申戎破之’。则西申之先、骊山之女为戎。此秦之母系为戎。”笔者以此申戎之骊女实即凰部之“鸟母”。鸟母即西王母，为秦戎之母系，所居山曰岷、渎（昆仑）。崇鲧，崇禹之崇亦作崈，作嵩、作嵩高。崇本崇鲧之中岳，在蜀山（昆仑）。后秦祀五帝，以西戎之岳比附于中国，乃有中国之五岳，而中岳沿习称嵩。道教《三皇经》本出蜀山昆仑或岷岭绥山之峨眉山（牙门山）。周文王所伐之崇在西疆，岐山西南之岷山。蒙文通老师《古史甄微》早论之矣。顾颉刚老师《史林杂识》中《四岳与五岳》《骊戎不在骊山》《秦与西戎》等篇皆精审而大有启发与开示。中国古地名随族人迁徙而播及全国者甚多。即文化遗物东西全同亦常见。西方戎狄（姜姬）之分合固可概为龙虎合辉；然比之于图腾则尚复杂而中国特色。西方东方大批鸟图腾，如五鸟、五

鸠、五雉三个集团，吴越“鸟文”，朱雀凤凰，距今7000年前的河姆渡凤纹，皆是探索未定问题。《道藏》中《人鸟山图》显然两图不同，《三皇文》方块字似非中原汉系，皆待解释。

刘节老师《古史考存》论“丹人、州人、周人称戎人本是狄人。亦即貉人。……周人实是己羌与来羌的混合种。……姬姓出于姒姓，姞姓出于姜姓。姬姜耦婚制，召伯出姬姓，申伯出姜姓”。这可视为龙虎偶婚。但凤鸟之影响非八千年前龙虎交婚，大约最早在西王母天子之时。岑仲勉老师《两周文史论丛》中《汉族一部分西来之初步考证》曰：“犬戎陷宗周，一部居新丰境内，骊山因而得名。……岐山在昆仑东南乃于阗南方之山。……昆陵、混沦、昆仑乃胡人语‘喀喇’，即黑山、南山之意。……穆王之前，犬戎已东入关内，故‘伊兰族之移民’可推至公元前十一世纪。《上古东迁之伊兰族》曰：汉武开西北，如骊轩县等皆归化之土人。即公元前二世纪已有粟特民族居于朔方。”《读庄子发微》曰：“上古火教思想曾随种族迁徙而传播于东方，后来仪式选精而形成黄老之学，开后世道家之派。佛说同乎老庄而仍是国粹。”笔者以为今青海“比摩寺”为李耳化故之址。李耳为太上李老君，生于成都戟天山，非《老子》作者亳州老聃。

（原载《成都文物》1995年第4期）

安岳（县）毗卢洞造像

一、毗卢山造像概况

毗卢洞在安岳县城南45公里的石羊场外。摩崖造像群可分为五处，而以毗卢洞最具特色。石雕造像自唐末至明代，大小近千余尊。神态肃穆，衣饰华美，线条流畅，气运生动，堪称我国晚期石窟寺艺术精工绝艺之一魂宝。

毗卢洞以柳本尊《十炼图》为主题，雕造了柳氏以居士身成佛的故事。佛、菩萨、各种人物巧妙排成“连环图”式的序列，并附以石刻文字说明。洞深5米，高7米，宽14米。（后另详记）

“佛文普庇”洞、正中三大像为“西方三圣”（中坐阿弥陀佛，两侧为观世音菩萨与大势至菩萨）。像高约2米。宋人误为释迦佛像，配立雕佛陀大弟子阿难与大迦叶两像于座前两侧。清乾隆碑记又误为“南海三圣”（观世音、文殊与普贤）。左右两侧岩龛上又配有十八罗汉立雕像，以达摩、布袋和尚为首，可能是明代添造。值得注意的是正面龛台及两侧岩面上刻有小园龛内的修行人像，像密列数百，俗称“千佛”。此种千佛造像与三大主像大约是唐末造像（少数为宋明两代补

刻）。在安岳所刻皆修行凡人，再造于大足宝顶则演为成道圣像矣。可贵者像皆有题名，当时当地区姓氏似反映了巴人改用汉姓的“巴獠”汉化历史。（后另详）

宝岩洞又称水井殿，岩额上刻“宝岩”二字；两旁有小字两行：（左）“阿诃诃，志向热铁轮里。”（右）“翻筋斗，猛火炉中打倒悬。”台龛正中坐毗卢佛，左为卷曲发式的断去右臂的柳本尊，右为螺髻坐佛。左立雕侍女捧盘，盘中置耳与手臂。右立雕侍女捧舍利塔。左壁浮刻一老妇与一少女。右壁浮刻一老者与一少年，外侧岩壁有联：（左）“惟有吾师金骨在。”（右）“曾经百炼色长新。”右壁有清咸丰碑记云：“厥山龙归，厥寺毗卢，爰考邑乘，创自宋初。”此洞当建自宋初，距柳本尊卒（907）仅50余年。右立侍女捧舍利塔（即佛徒装置骨珠之“塔”），联云为葬骨之所，洞深3米，高3.5米，宽6米，中有水井。

紫竹观音崖以紫竹观音为主，高约8米。两侧有6个观音像，观音经变故事及雷神等浮雕。岩右刻明万历三拾玖年碑云：“阅自唐代，有西人柳本尊者，为诸众生开示觉悟梯航。勒大士像于毗卢山之右。紫竹飞凰，有风晴雨露之态。”据此知主像创自唐末。崖深（上崖檐）3.5米，高5.3米，宽7.8米。部份造像为后代补刻。

玉皇龛为清代雕造的道教玉皇像，高约2.5米。龛外侧有联云：“尊上玄穹步清虚而登九五；圣称无极居太上以遍三千。”

二、毗卢洞造像（《十炼图》）

洞上檐额上列雕五方佛，两侧的二佛为卷曲发式。五方佛两侧有刻记云：“天长地久，菩萨因中誓愿，佛果熏修真秘密。本尊教主者，始自嘉州城北有柳生瘿，久而乃出婴儿。邑都吏收养。父设继其职，以柳为氏。审详斯义，岂在今之操修。自凡入圣，即法身也……”（自左至右）“国泰民安。显揭护国降魔。正心莫作等闲看……有大菩萨名金刚藏，了悟本尊无为妙理，修菩萨行已超过十地。……来入浊世，隐菩萨像，现凡夫身。入红尘里，转大法轮。因名本尊教主为号也。”岩檐内顶上的中部刻“毗卢庵”三大字。两旁有联云：“虚空法界遍包含；只有毗卢一座庵。”另外每一炼皆有题刻，均述柳本尊事迹。（详后）

【附】大足宝顶柳本尊龛造像（对比资料）

普贤菩萨　神将（虎冠持剑）
（白象）
（菩提树）　神吏（曲须）
(二)立雪
假空藏菩萨　广汉太守赵　某下书吏
(四)剜眼捧盘吏　(八)断臂　厢吏谢洪
大轮金刚　(天乐)阿弥陀佛女捧盘置臂（途遇女同归者）
(十)炼膝
(六)炼心　（四层方塔）
释加大藏佛　净饭王　金刚力士
六方亭内坐柳本尊　毗卢佛坐莲台上
（柳氏卷曲发）净饭后　金刚力士
(五)割耳　（五津坊舍宅女）
浮丘大圣　(宝盖)(九)炼阴　女捧盘置耳
执斧天王　托锏天王
(三)炼踝　杨直京
柱剑天王托塔天王
(一)炼指　(七)炼顶　本界×腾
文殊菩萨大光明舍头
（柳生瘿）　（青狮）
接引佛　神吏（少年）
神将（盔铠柱斧）

---

①接眼吏
②下书吏
③女尼执莲花
④途遇女子捧供
⑤执刀武将
⑥文官谢洪
⑦女捧盘置臂
柳本尊居士像
⑧女捧盘执耳
⑨文官×腾
⑩执剑武将
⑪大光明王舍头
⑫合十女童
⑬女尼托瓶
⑭玉津坊女捧供
⑮中年抱书儒者
⑯螺髻老儒
⑰少年儒生

（传记人物推测←）
虎盔、卷曲须、卷曲发或为巴獠
广汉太守所差吏
弥牟镇第一代圣寿院主持尼仁辩
上奏蜀王之厢吏谢洪
丘氏二少女侍圣成弟子（阿罗汉果）
上奏蜀王之本界×腾
第三代尼孙法典之媳
张岷之女张希照？
第二代尼弓通（或即张氏）
（师卢氏尼）
草泽张纳作记
安养居士眉山张岷作
男（张）济作书

两少女侍者，两女子皈依，三代尼徒共七女。千佛岩园内千佛亦多女弟子。柳氏密教特色历二百五十年后乃传赵智宗。

唐柳本尊传作者跋于绍兴十年（公元二四〇年）

由安岳毗卢洞雕像与题刻看来，似乎所有造像皆表现柳氏在世（未涅槃，住世间时）情况。题刻文字亦记述至称号“本尊教主”。而另以水井殿（宝崖）以表其埋骨藏灰之事。毗卢洞主尊（毗卢佛化出柳本尊卷发坐于塔中）之两侧特标立着佛之父母（净饭王与摩耶夫人）亦即示禀赋初生之意。犹宝顶《转轮六道图》中以夫妇表生生之意。由此知安岳《十炼图》与大足《十炼图》表生示灭有所不同。大足宝顶承安岳“宝崖”而来，以佛涅槃为范本，用柳氏居士像为主像，立侍十七弟子，加以天堂诸佛神，承前并增饰之。

三、《十炼图》题记与《唐柳居士传碑》所见的本尊事略

《柳居士传碑》正文云：“熙宁元年（1068）……赐圣寿院为额（此指新都县弥牟镇柳氏密教坛）。成都持瑜伽教贾文确（董）其事。命草泽张纳为之记。（熙宁）十年春……冯翊王直清……为作传。”又云：“绍兴庚申（1140）端午，安养居士、眉山张岷谨跋，男济书。”又云：“……九日，右奉议郎、前主管台州崇道观、赐绯鱼袋王直清立石。院主尼仁辩，小师弓道，师孙法兴、法□、师媳希照。”（张岷之女，似法兴之媳妇？）今立于大足宝顶小佛湾的《唐柳居士传碑》是“眉山赵圣户（重刊立），释祖觉重修，右承奉郎、前知叙州宣化县王秉题额”。当是南宋另立于大足者。兹对照录两石刻文于次以见柳本尊事略：

《唐柳居士碑》（据《金石宛》残文）	《十炼图》题刻（据毗卢洞）
“柳本尊名居直。”（原不姓柳。）“邑都吏收养……（养）父殁，以柳为氏。” “嘉州城北有柳生瘿，久之乃出婴儿。” （柳生瘿似指“杨”之赘。重修《柳传》之祖觉即为嘉定扬氏子。其弟子王直清、杨直京俱以〔直〕为宗派排行。）	“本尊是大中九年（885？）六月十四日，于嘉州龙游县玉津镇天池坝显法身出世。”（炼心六） “本尊教主生于大唐宣宗皇帝在位。”（割耳五） “柳破其瘿而婴儿出。州之都吏收鞠为子。”（明碑）

（续表）

《唐柳居士碑》（据《金石宛》残文）	《十炼图》题刻（据毗卢洞）
“遇女子于途，遂与之归。……专持大轮五部咒，盖瑜伽经中略出念诵仪也，诵数年而功成。……持咒灭之（灭疫疾厉鬼）。……空中语曰：汝愿力广大，此地非汝所居，当西去。遇汉即回，逢弥即止。行次武阳象耳山路，逢男子，愿为弟子同游。（当即途中收弟子袁承贵事？）遇异僧告之曰：居士不须居此山。成都多厉鬼盍往除之。……大日本尊金刚藏菩萨，而‘清凉圣人’助其阐化。浊世难久留，今还灵山矣。” （以下八炼皆天福中事。自公元886年至937年，其间“时王建师蜀而妖鬼□□。持咒禁止……蜀人德之，从其化而益（皈依？），门人之列者数十（千？）人。”（《传碑》标出王建帅蜀，应是891年。炼膝十作“天福”。） “广汉太守遣使请目睛，欲试可。居士知之……至州。天复七年（作“复”则应是907年）七月三日也。××四年春（赵君）舍宅奉居士为四众庙院。居士遣徒住持还归弥濛。……其化金堂……金水。成都玉津坊好卢氏舍宅建道场以奉香火。……会嘉州四郎子神作祟，疫死甚众。居士割耳立盟以除之。结坛玉津坊，挥刀（斩灭）。蜀王叹异遣使慰劳。” “金刚智传不空，不空传一行，一行禅师称瑜珈。”“其东方金刚部佛曰阿檐佛，南方……（此显指密教五方五佛，如毗卢洞前檐所刻）主之是为三十七尊。”（此明示为密教三十七尊供法。传自印度“佛教”密宗。）	“感圣贤摄授道（法）。语云：汝当西去，遇弥即住，遇汉即回。遂礼灵山，却回归县。”（此处灵山非雪山，灵山应在安岳县。）（炼指一，886年事） “挈家游峨眉，瞻礼普贤光相……以表释迦文佛雪山六年修行成道。”（立雪二，886年） “宴坐蛾眉，历时已久。”（炼踝三，离距有五十一年之事不见？） “蜀王问曰：卿修何道？自号本尊？对曰：予精修日炼，誓求无漏。专持大轮五部咒救度众生。天福六年烧炼两膝。”（炼膝十，941年） “汉州刺史赵君差人来请眼睛。……本尊先已知有人至，将戒刀便剜付与。赵君观而惊叹：真善知识也。投身忏悔。天福四年。”（939年，剜眼四） “唐武宗敕赐为‘毗卢院’。（武宗在柳氏生前？）孟蜀主赐额为‘大轮院’。宋神宗皇帝熙宁年（1068）敕赐‘寿圣本尊院’。”（炼心六，940年） “效释迦佛岩鹊巢，相光明王舍头布施，感文殊现身顶上。”（炼顶七，940年） “天福五年（940）在成都玉津坊道场内，截下左臂。本界厢吏谢洪具表奏闻，蜀王叹异，遣使褒奖。”（断臂八） “天福五年，马头巷丘绍得病身死三日，皈依本尊求救。……以香水洒之，丘绍立苏。于是丘绍夫妇（及）二女俱来侍奉以报恩德。……本尊用葛布裹阴终一昼夜烧炼以示绝欲。本界腾奏蜀王叹服。”（炼阴九）

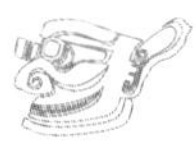

（续表）

《唐柳居士碑》（据《金石宛》残文）	《十炼图》题刻（据毗卢洞）
“马头巷丘绍者病死已三日，心尚温。其妻请居士至其（家）。二女（及夫妇并许）给侍居士。（本尊乃诵）咒，少选复苏。……焚以示绝欲。……蜀王益善，即召入问曰……供养三日。四方道俗来（奉祀皈依）其法益众。 “××七年七月十四日夜呼杨直京。……蜀王大悦，敕封银青光禄大夫检校……成都持瑜珈教。”	“天福七年七月十四日，夜呼紫绶金章（杨宜京）曰：‘吾今去矣。汝当久住共持大教归于涅槃，圣寿八十有四。’”（割耳五，941年）

在上表中，我采取了“天福”年号，而未用《传》文的“天复”。理由是从三方面考虑的：

（一）从题刻本文说：按《炼心六》追述标明敕封的“三朝敕赐”是唐武宗（可能指后唐李克用“武帝”907年？），孟蜀主，宋神宗，没有题王建。《割耳五》“添寿八十六。一念皈依，获无量寿。”只有安排在天“福”七年（942），上逆到公元855年，才是八十六岁。（天复907年上逆则只五十二岁。）《割耳五》与《炼心六》两题生于唐宣宗大中九年，不是偶同。

（二）从作法灭“妖鬼”说：此称“妖鬼为厉”似指王建所帅“雕面儿郎”的“一部鬼兵”，实即“巴獠”组成的文身文面军队。所灭“鬼兵”与“嘉州四郎神”（嘉州“犵獠”），皆巴蜀族土著之依王建者，当不为前蜀所奖赐。且王建用道教（民间巫术“五斗米道”正是巴蜀族巫道），正用杜光庭辑《王氏神仙传》。柳氏密教恰与之反，王建必不尊崇。故自公元886至937年，唐末与前蜀时期中不见其事迹。盖此期中柳氏之教，是秘密结会于金堂、安岳、乐至等浅山“巴獠”中。正在与王建争夺巴蜀族众而以密教化之。

（三）从宗教上说：柳氏之密教虽宣称传自“华密”的“开元三大

士”，并处处宣扬五佛、三十七尊正统。但柳氏所礼“灵山”与“峨眉”乃道教传播承继之处。弥牟镇与玉津坊“道坊”不仅佛教显宗与密宗之别，当必杂有巴蜀地方巫术。其神如“浮丘大士”“大光明王”，“三界护佛、护法、护道天神、地神，山神、树神等……天龙部五通圣者”，亦兼三教。柳氏所传“川密”当或与道教天师派及“南宗”金丹有融合。故可称为“仙佛合宗”。或受陈抟、彭晓道家及后蜀孟煦所序《金华冲碧丹经秘旨》有所合论。

四、安岳《十炼图》早于大足宝顶的看法

安岳毗卢洞造像造于北宋，基本上是创列柳氏生前人物，尚未成熟。大足宝顶造像继承《十炼图》设计，添列了柳氏卒后人物，固定成熟，创建于南宋。此种假说理由是：

①中心神像（安）为毗卢舍那佛；顶上化出柳本尊。并列出释迦牟尼的双亲。（大足置净饭王与后于千手观音岩龛，与平武县报恩寺明代初叶配祀同。）（大）柳本尊与两菩萨及两女弟子化为罗汉为主像。前以密教大日如来为本尊；后赵智凤以柳氏为本尊。

②（安）柳居士像皆无须。（大）皆加刻了三股胡须。

③左右两捧笏的文官（安）为青年像，（大）为老年像。

④侍从弟子群像：（安）尚未定型，（大）已仿〔宝11龛《释迦涅槃图》〕定型为十七弟子。（大）十七弟子中，妇女占六（或七）名。此不单反映了巴人崇母（道教崇阴）的习俗。也反映了赵智凤继承柳本尊教时，多了三代女尼及两位入室弟子（丘氏二女）。密宗与道教崇阴是共同特色。

⑤每一炼的作证人（佛、菩萨、神圣、明王）在（安）略具维形，（大）则已配备完全。

⑥（安）岩额檐前仅造五方五佛。（大）另增加四菩萨。

⑦（安）无十大明王。（大）加造十大明王于柳本尊龛下。

⑧（安）岩题“毗卢庵”三大字为后唐所赐。（大）“唐、瑜珈部主，总持王”为孟蜀所封或卒后弟子所拟。

⑨大光明王割头施舍像，在（安）为半身，（大）则仿（安）而造为全身。两处像一致，而显为（大）仿自（安），先后造作可比寻。

⑩（大）柳本尊后多出文殊与普贤两菩萨，象征柳与赵的成就。又多出丘氏二女侍成就像。皆迟于（安）。

⑪（安）为宋初设计，（大）为南宋整体设计。在大足小宝顶整体初型试雕中亦显出仿承情况。改圆光中小千佛的人物像（毗卢山“佛文普庇”小千佛）为神佛像，又改众多女像为男像。

⑫《安岳县志》“寺观”中：“毗卢寺在治东八十里，《宋史·方技传》云：柳本尊（原为“增”）置宝顶于其上。”又《水井殿碑记》：“厥山龙归，厥寺毗卢，爰考邑乘，创自宋初。”又《水井殿新竖万年灯记》：“阅自唐代，有西人（蜀人？）柳本尊者……勒大士像于毗卢山之右。”皆云创自唐柳本尊。故毗卢山有本尊埋骨之殿曰“宝崖”，及其创教《十炼图》、诸女弟子造像（俗呼“千佛”）。

柳本尊宣称继承“华密”（唐代密宗）参合巴蜀土著“五斗米巫”所创之教有两个时期缺记载。一为柳氏在世时的公元886至937年的五十年中。此期正是巴獠人民反李唐（从王建）与后唐（依后蜀）时期。柳氏与其徒在金堂、简阳、乐至、安岳等地秘密传教组织巴蜀人民。一为柳氏卒（公元942年）至赵智凤承法（十六岁，公元1174年）之间的二百几十年（赵由大足去广汉弥牟求法，显然两地法嗣未绝）。柳氏卒后付法杨直京，（又传三代女尼）约至宋真宗青城山獠泽“蛮民”李顺起义、王均起义，而其教又隐于金水、安岳、大足间。宋神宗熙宁元年（1068）赐圣寿本尊院号至赵氏生（公元1159年），其间约九十年隐传于民间而事迹不详。宋初百年间之隐，或与反统治及复蜀起义有关？

五、柳本尊的卷曲发与巴“獠”民族

在人足宝顶，人们习以卷曲披发为赵智凤。川大胡昭羲副教授指出：宝顶小佛湾经目塔上第一层正面圆龛中的卷发人像，可能就是柳本尊。这一看法（卷发人是“西人柳本尊”），在安岳造像中得到证实。柳、赵都是下披式卷曲发。这是佛教特有发式呢？还是两人为同一族人的发式呢？尚待研究。见于安岳造像的卷发柳本尊有：

①毗卢洞正中佛顶石塔中的坐像。

②毗卢洞第七炼顶的柳氏像。

③毗卢洞洞顶五佛两侧的柳赵成佛像。

④华严洞右角柳氏罗汉像。（骑狮普贤侧。）

⑤毗卢山宝岩台上左坐佛无臂柳氏像。

此外可旁证赵与柳卷曲发与巴蜀土著有关的造像有两处：一为小千佛寨第24号宋造“西方三圣”龛的小供养人像是满头卷曲发（是民族发式而不是佛教螺髻）。二是毗卢山“佛文普庇”龛下及两侧壁小圆龛内“千佛”（皆供养人或女弟子）中有披下式卷曲发人像数十身，并题有巴人姓氏。由此知卷曲发乃巴蜀獠民的民族发式。

按：“巴郡、南郡蛮”有五姓：巴氏、樊氏、覃氏、相氏、郑氏。“板楯蛮”有七姓：罗、朴、昝、鄂、度、夕、龚。此外，巴人大姓还有：廖、范、谯、赵、向、冉、莫、蒙等。今毗卢山“千佛”中多题当地唐末巴人姓氏，且多妇女。例如：

“卷曲发如柳赵者”：毋金俸、毋金台、毋金住、龚廷辉、桑朝海、姜尚志、谭氏妙缘、汪氏妙善等。“唐代中分双髻女式发者”：王氏妙真（及）男何怀、刘氏妙善、如瑞、如惠、龚氏妙善、于楼、于有芳、于得弟、后正贤、后正福、后正池、彭氏四、龙氏五、龚氏大姐、易氏妙性、廖自华、易悦泰、蒋氏、何氏么姐、李氏二、周氏二、张子贝、杨一琴、姜朝琴、姜朝琴（与前名全同）、后大姑、姜尚书、冉氏大、后奇芳、刘氏三、范国瑞、曾荣祥等。这种双髻正是汉西王母铜镜上所

铸“西王母”发式，也是战国铜矛上所铸的双环髻巴人头式。这里所造的五百供养人（不是“千佛”）或五百“阿罗汉”（宝顶丘氏二女证果像为“罗汉”）为什么都是妇女？很值得结合特别的姓名予以推敲。

关于“巴獠”问题，卧佛沟的题记（第82号龛）：“蒙彦进并罗氏敬银装修释迦牟尼（佛）。”提供了夫妇皆巴蜀旧姓的资料。“蒙”为岷山大姓，“罗”为巴姓。唐代川北蒙氏为土著大姓。盐边县摩梭人自称“蒙人”（不是蒙古人）。南诏王族有蒙氏。此“蒙”或皆源出岷山（蒙山）震蒙氏嫘祖欤？

大足宝顶佛湾的建造时间大约是公元1179至1249年。安岳圆觉洞创造于宋庆历年间，是公元1041至1048年。《安岳县志》卷七“真相寺圆觉洞”记：“庆历四年、中秋日，玄士（道士）冯俊记。”则此处十二圆觉早于宝顶约一百三十余年，当是赵智凤取材范本之一。此处第20龛上层雕佛像三尊；下层雕站立于桃形火焰纹背光中之“明王”。明王有三头六臂，前双手合于腹前，后四手各持剑叉等物，六臂皆缠绕黑蛇。安岳八庙沟卧佛公社卧佛身后“八大明王”的第三位也是执蛇缠臂。此两处唐造像也是大足石刻蓝本。

眉山县广济水库大佛寺造像也有一执蛇怪神。其题记云：“敬造‘揭谛明王’神一身。僧令琯自发心为当身平安，延年益寿造。永为供养。”与神并列的观音像侧的题记云：“敬造白衣观音自在菩萨一身。僧令言为全家师主延年益寿造。明德元年八月十日镌了。”此二造像是明确的后蜀（公元934年）造像。眉山大佛寺造像还有两例是与安岳造像相同的：一是下岩十余龛中左侧的“经龛”与卧佛沟第53窟右外前壁的经龛全同。第53窟的题刻说：“修装三身佛并经龛洞一座。……广政二十二年。……五音地理王彦昭。”二是岩缝内的观音与罗汉相对而立，是由显教到密教的特别布置，有明显的阴阳对景之意。题记云：“明德三年，敬造白衣观音菩萨一身。”这些造作都可能为后来的创作所借鉴。川东忠县临江岩的唐雕佛龛侧有“眉山李季美”在“嘉泰壬戌”（1202）来此参观的题刻。古人交流观摩或为造像取法。至于刻工，如文仲璋一家工镌于安岳、大足等县，更是无县界之分。大足石刻的研究势必放大范围，于共性中阐明其特性。当更深入综合比对，团结争取更大胜利！

（原载《宗教学研究》第六期（四川大学宗教学研究所），1995年）

三星堆文化拾零[1]

一、古代民俗中的鱼和鸟

古代文学中的鱼、鸟常有生活哲理的隐喻。将鱼喻为女，比鸟作为男。它们隐喻的是乾坤和阴阳的人事化。《诗》开篇为《关雎》，《易》道阴阳，前贤论鱼鸟婚姻者多矣，概括而言可得出如下小结：

（1）古代鱼鸟民俗的阴阳（天地、男女）配合象征是很普遍的。文学中从周朝以鱼鸟为吉祥物到“鸟自无言花自羞”（《红楼梦》语）。哲学上是阴阳、日月、乾坤、水火等的生物化表象。

（2）鸟基本上表阳性，但《关雎》中又以一双鸟为象。鱼基本上表阴性，但也见双鲤鱼、倒顺鱼。单鱼也表阳，双鱼又象女阴。日中有金乌，月中有蟾蜍。《庄子》喻日为鹏，月为鲲。

（3）河姆渡文化的双凤朝阳图见于神州东方，昆化祭山（岷山）的西王母（鸟母）见于神州西方。祭鱼风俗见于陕甘青川山区。龙虎交婚见于新石器时期古墓中。鸟母坐于龙虎座上。

---

① 本文由王家祐、李远国合著。

（4）鱼鸟卵生多子的生态是古人繁衍的希望。鸟飞于天，鱼跃于川，正是天地之物象。两者普遍意义是《易》有两仪，两仪生四象。但在西貘、颛顼、商、秦、吴越等族则又是图腾物。

（5）蜀山西陵氏及西貘（嫫母），又曰瞿唐（瞿上），应是鹰或鹞鸟族。柏鹳是鹳鸟，杜宇是鹰爪杜鹃，周人有"宝鸡"，似皆与鸟有关。广汉三星堆出土有人面神像瞿鸟。

（6）三足鸟实为双足鸟与一阳物之喻想。三青鸟实"青羊"（青阳）。嶓冢山神巫与项"使四鸟：虎、豹、熊、罴"。神话中的鸟母、人鸟山，大有史影。

二、西王母昆仑山与西域古族的文化

西王母即西貘族，是一个母系部族。黄帝配偶嫫母即来自西貘部落。崇伯禹亦"学于西王母国"。据《竹书纪年》注，是知禹所学子西王母国在岷山之西。其后西王母、西貘部化为神女，即金天氏之金母"龟山西灵金母"，亦即道教之鸟母，蜀山、岷山、昆仑山之王母娘娘。在昆化山有三方之族：黄帝姬姓龙族，炎帝姜姓虎族，西貘凤鸟之族。

周秦时代的昆仑山在四川、甘肃、青海三省交错的山区，学者已多论证。此黄河第一曲是民族杂居区。炎、黄两大系外，西貘可能来自西土。从传说中的中亚巴比伦、阿富汗、和田、敦煌，到以巴颜喀拉山、阿尼玛卿山、岷、番、陇、岐，皆西母迁播之区。《晋书·张轨传》载酒泉太守马笈言：酒泉南山即昆仑之体，周穆王见西王母于此山，宜立西王母祠。又沮渠蒙逊袭卑和至盐池，祀西王母寺中，中有圆石神图。《史记》载条支国有弱水西王母，《后汉书》《北史》皆谓大秦国有西王母山，玉为堂室。陕西泾川县有王母宫，我认为这些西王母祠正是汉朝西王母部族所在地，其地在川、青、甘边境黄河曲附近，即积石山、西倾山、秦节嶓冢山之区。

（原载《四川文化》1997年第5期）

中国龙虎凤文化考古新发现

二十年来，千百处考古新发现文化遗物重见天日，这些文物证实了五千年中华文明的辉煌成就。说明了伟大的中华民族是由炎、黄、苗、夷等许多古民族混血而成的，早在夏王朝时已凝聚成全国多元一体的格局。现就民族融和及四川重要考古新发现做一简略汇报。

新石器（磨制石器）时代的考古发现告诉我们，那时石制工具已很精美，还包含有泥塑人物，玉雕美术品，雕刻于玉、象牙等质地的图像。近年来又向前推延到12000年前的新石器时代。在黄河中下游及蒙古、新疆、云南、台湾各处前新石器时代（公元前12000至公元前6000年）已发现有几十处遗址及丰富的遗物。就墓葬来说，河南新郑的“裴李岗文化”（公元前5500年至公元前4900年）已发掘了700多座。原始农业所用的石磨盘、石磨棒、齿刃石镰等生产工具象征了农业经济的普及。南方稻作物，尤其是洞庭湖稻作物起源研究，肉类食品资源的利用方式（狩猎与饲养），都进行了探索。

新石器时代已有了许多图像、字符、文字。在湖北京山县屈家岭遗址中有许多彩绘的陶纺轮。其中有一个陶纺线轮上绘有传统的“黑白太极图”图案。这个距今5000年前的资格黑白颠倒双鱼图是否即道教的“太极图”呢？屈家岭文化与四川大溪文化有联系。大溪文化是否与先夏文化有关呢？罗香林《中夏系统之百越》早就论及百越与夏族关系。蜀山的“崇伯鲧”似与越夏族有关联。

早在公元前2300年到公元前2000年青海柳湾马厂的彩陶器上已出现了许多“卍”（汉语读万）纹。不待释迦牟尼出世早已有此吉祥符号。公元前5000年浙江河姆渡刻花陶豆上的“卍”纹又由鸟的颈咀组成。大汶口陶尊上的刻文有“山上太阳”及“有柄斧”（公元前5000年）。河南临汝彩陶图文有“鸟噙鱼与立斧”。还有许多非汉字系统的方块字如：半坡彩陶上的文字（公元前4800年至公元前4300年），古代蜀国的方块字，贵州威宁陶器刻文，茂汶陶器文字，江西清江县吴城的商代陶文，贵州施洞芳寨的苗文，广西三江富禄公社摩崖石刻，资阳南市公社与灌县味江两地汉代岩墓内出土的汉道教铜印方块字。

中国文明早在距今七八千年的新石器时代奠定了农耕的基础。仰韶文化的庙底沟阶段（前2900年到前2800年），出现了大范围比较统一的文化。东至滨海，西至甘、青，北到河套，南及淮汉。这一以庙底沟文化为核心的统一体是早期华夏的主体（氐羌苗夷或龙虎凤三大系）。进入龙山文化时期（前2780年到前2000年），文化的统一趋势更加增强。承继了西部仰韶彩陶文化，又与东方黑陶融合，并更含融了许多地方文化。这是中华民族大整合“多元一体”凝聚的阶段性统一体。二里头文化（前1900年到前1500年）已分别进入夏王朝（下层）与商王朝（上层），是中国“青铜时代”的全盛期。

苏秉琦先生在《中国文明起源新探》中对各地区族系文化做了探讨。以玫瑰花图案彩陶为主的庙底沟类型与以龙图案为主的红山文化两个传统文化的南北结合是华（花）夏（龙）的基础。李学勤先生所主编的《中国古代文明与国家形成研究》对传统古史体系做了论述，提出了华夏国家的概念。该书充分运用古文献、甲骨文与金文、民族学与考古学资料，是一部集其大成的著述。

龙、虎、凤是中国古史上三大族系标志或徽帜。假说龙为氐（姬），虎为羌（姜）两大集团，凤鸟则有越、东夷、商、蜀、楚乃至西王母、郦山女等多系。在浙江河姆渡文化（前5000年至前3300年）中就出了“双凤朝阳”象牙雕片。汉代画像砖上的鸟母西王母（貘）就坐在龙虎座上。这个鸟母即周秦所称的西方女王部（貘或嫫母）。她在昆仑山上掌握日月的运行（司天文的女和月母，演化为斗姥）。南朝画像砖“吹箫引凤”（河南邓县出土）就是承继昆仑神仙道教的样本。同墓还同出有“巫师”画像砖可证。凤皇即道教入鸟山女祖鸟母（西王母，斗姥，龟山金母，月母）。凤是神化了的雉（野鸡），不是魏晋时期传入的孔雀。古周原有崇拜“宝鸡”之祭，周原有凤翔、麟游之县。泾川有古西王母祠。“巴人从比翼鸟，蜀人以文翰”。蜀山东至大巴山的贡品都是野鸡（雉）。蜀国多以鸟为徽帜又多为西王系之女王，可能是西王貘与崇伯鲧——禹的后裔。开明氏蜀女王以麒麟为白虎，又以鹄（非鹤）为白凤。西汉时蜀人的开明兽译为金马（吉黄），白凤译为碧鸡，播迁至云南。

龙虎和合（姬姜二姓之好）早见于仰韶文化墓中。河南濮阳县西水坡仰韶文化（距今约7000到5000年）墓葬中出土了三组蚌壳堆塑的龙虎，第一组在老年人尸体左右侧用蚌壳堆贴成一龙一虎。老人脚边正北方又摆置两极胫骨与蚌壳贴成的勺形图像（北斗）。在墓的北方与东西两方埋着三个殉葬儿童。学者们认为脚下北斗勺形与双胫骨（代表后来的《周髀》）及龙虎亦是星宿表象。墓形上圆下方也是盖天说天文。第二组是龙虎鹿三堆塑，又放着一柄石斧。可谓是中国道教“龙跻，虎跻，鹿跻”的起源（距今6400年）。第三组是人骑奔虎堆图。另有日、月图像（四组）。这些原始巫教神秘造型显然是道教龙虎交会，日月奔驰的直接渊源。道经以人鸟山凤皇御龙虎而传道于河源昆仑（今川青甘三省交会的俄洛草原）与此吻合。在甘肃大地湾屋内所画丧舞形象，河南临汝瓮棺上绘的“鹳鸟含鱼立斧图”，都不及此处龙虎北斗宗教形象之文化含义深刻。龙虎鹿三神兽是帮助巫师乘之上天的跻（硚）。后来青铜器上的龙虎鹿图像，兽面纹（饕餮，梼杌，吞口）皆导源于6000年前。江汉石家河文化中的玉凤，兽面受到中原二里头文化影响，显然是夏朝文化波及之区。

巴蜀文化的研究同样取得了可观的成绩和丰富的资料。“巴蜀图语”的合符多至几百条，单体符纹有百余条。老关庙遗址的试掘开创了奉节县史前考古，为探讨巴文化起源，揭示古代巴蜀文化与楚文化的关系创造了条件。巴蜀东邻的新蔡葛陵楚墓中的一千余支竹简（古书）文化价值很高，它是河南省继信阳长台关楚墓后又一重大发现。墓主人是楚国的封君“平夜君成”。时间在公元前340年。在湖北荆门郭店楚墓中又出土了八百余枚竹简。包括《老子》《太乙生水》《五行》《性自命出》等战国古籍。陕西宝鸡弶国墓中的鱼凫形铜饰与广汉县三星堆鱼凫形一致。虢国墓中的虎图案也同于巴蜀。楚文化的研究成果很大。萧兵《楚辞的文化破译》等十余部著作开辟了新路子。张正明《楚史论丛》探讨了深广的问题。张正明主编的《楚学文库》十八册，研讨了楚文化的各方面内涵。尤其是《楚国历史文化辞典》巨著，给研究以方便全面的导引。四川也出版了《四川通史》及有关三星堆文化的几本著作。开始了三星堆凤鸟文化的探讨，自蚕丛、柏灌、鱼凫、杜宇，至开明氏蜀国（前678年到前329年，历十二王为秦所灭）。

广汉三星堆古蜀文化遗址及遗物敞开了相当于中原夏商周近两千年的历史。但还需从新石器时期的四川文化说起。王毅等学者的《成都平原史前城址群发现记》（《成都文物》1997年第2期）报道了新津龙马古城（宝墩）、温江鱼凫古城、灌县芒城、郫县杜鹃城、崇州双河古城五座古城。宝墩古城，无疑是迄今所知四川地区距今4000至5000年间最大的中心聚落遗址。这五个古城的探掘成果，由此撩开了长江上游五千年文明史的帷幕。刘兴诗《成都平原古城群兴废与古气候问题》（《四川文物》1998年第4期）论证这些古城（兼及三星堆古城与双流瞿上城）是防洪的设施，并对三星堆的太阳崇拜、北城墙的探讨、马牧河的改道提出了与气候变化有着密切关系的见解。江章华《试论三星堆文化》（《成都文物》1998年第1期）对四川文化提出了卓越的论述。成都平原的先秦文化可追溯到相当于中原龙山时期（距今约4500年前），

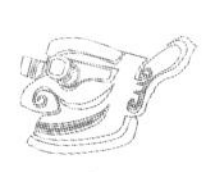

前后经历了：宝墩文化—三星堆文化—十二桥文化—上汪家拐遗存四个发展阶段。三星堆文化时代上限可到二里头文化四期，下限到殷墟文化二期。三星堆文化受二里头文化（夏）影响明显突出。二里头文化是从长江中游的鄂西地区沿长江而上经川东地区进入成都平原的。封口盉、敞口觚等器两地相类似，尤其是三星堆文化一期的一件高柄豆的圈足上刻划的“臣”字纹也见于荆南寺的一件罍上，臣字文又见于二里头二期一件小口尊肩部。此“臣”字纹也近似眼睛或民字（刺目之民众），尚待研究。也像一有喙与眼的鸟头，逐渐简化为符号。三星堆文化在新津宝墩文化的基础上受到二里头文化及长江中游某些文化的影响下形成一支新文化。三星堆文化特出的“鸟头柄勺”又见于宜昌中堡岛、路家河。鸟柄勺不仅是鸟族徽，也可能是“北斗”七星的象征。早在良诸玉器中已有“夏历”的象征物。道教“鸟母”（凤皇）掌管“中斗”可能源自夏历。此凤皇与昆仑山（黄河曲积石山原）龙族祖配正是“飞龙在天上七星（代表鸟母）”的龙（华）凤（夏）呈祥。

杜金鹏先生在《封口盉研究》（《考古学报》1992年第1期）文中根据封口盉的传播路线恰好与文献记载“禹迹”的分布符合，推断商汤伐桀灭夏，夏遗民南迁有关。在四川有“禹生石纽”，“禹娶涂山（重庆市）”，也与夏遗民西迁有关。但桀伐岷山得两玉女名琬、琰。黄帝娶西陵氏（蜀山、崇山）女与嫫母（西王国貘部）。嫫母生禺阳为任姓，后有禺号、禺京（禺疆）、禺强氏、番禺，处南海与北海为水神。这禺或即崇伯鲧之子“崇伯禹”。“禹学于西王母”就是回到舅家（今称外婆家）。祖己七世成迁为挚（鸷），有女归周，是诞文王（据《路史后记》卷五）。黄帝、崇山禹（禺）、周王皆与西王国貘部（貘，嫫，蒙，貌）有婚姻关系。正是龙族与“西王”凤族的“龙凤呈祥”。夏遗民迁至成都平原，夏禹在蜀山作“崇伯”水神，这些传说在考古上、文献上、民族融合上，都有难否定的事实。早在宝墩文化（距今4500年前，相当于中原“龙山时期）中已孕育了龙系巴文化（大巴山的蛇神）。甲骨文中龙、蟒、巴是同一字。虎系巴似出于龙族（廪君之先出自巫蜑）。甲骨文“虎方”（虢、虞皆分自虎）即虎巴。西土八国中无巴，但髳（苗）或即虎巴。蜀本龙族分支，蚕丛之民（臣）纹亦可视为蚕之形，与甲骨文蜀字近似。至鱼凫，杜宇又为鸟族（凤皇）所代。至开明氏蜀国，虽“五龙氏”仍强，已为虎巴所代。龙虎凤三部似皆出自“辛”（亲）。夏禹所入之“南国”（涂山）是《周南》虎方。虎巴文化又与鹄楚文化相近。

对三星堆文化的研究已有几本书和许多文章。由广汉市文管会编辑的《三星堆文化论文集》和三本学术佳作：段渝《三星堆文化》，屈小强《三星伴月》，樊一《三星梦魂》。此外还有见于《中国文物报》《四川文物》《成都文物》的论文约百余篇。目前尚须继续探索的三大问题是：（一）蜀文化本身的特点与周边文化的关系，蜀国各王朝分段。（二）巴、蜀、楚文化互相关联与凤、龙、虎族的同异。（三）三星堆出土玉器与良渚文化的关系；由东方夷、越来的文化，由西山（蜀、崇、蒙）与昆仑来的文化，诸文化的合成内容与时期。尤其是“夏”及夏前后文化渊源的继承和发展。下面对《四川文物》刊登的一些研究论文特予推荐：1996年第4期有四篇虎文化与彝族的佳作。1998年第4期有三篇摇钱树论文，新角度探讨了由桃都通天神树到汉代神树的妙论。赵殿增《三星堆手的崇拜》（1997年第4期）、《三星堆眼的崇拜》（1997年第3期），陈显丹《广汉三星堆遗址一、二号坑的时代、性质的再讨论》（1997年第4期），何志国《三星堆文化与巴蜀文化》（1997年第3期）中有关龙凤的研讨，邓廷良《黑虎女神》（1998年第1期），高大伦《古蜀国鱼凫世钩沉》（1998年第3期），以及许多文章都对三星堆文化做了深入的研讨。

在考古发现与历史文献（传说）的结合上，许多学者发表了很好的创见。苏秉琦先生分中国考古文化为六大版块：（一）陕豫晋区（仰韶文化为主）。（二）山东区（龙山文化）。（三）湖北区（大溪文化）。（四）长江下游区（马家浜—良渚文化）。（五）华南地区（仙人洞，石峡，西樵山）。（六）北方地区（红山文化，大地湾文化）。苏先生的名

著《中国文明起源新探》论述了中国国家形成的“三部曲”和发展模式的“三类型”，分析了仰韶文化中“半坡类型”与“庙底沟类型”的差异，建立了考古的区系类型理论。在仰韶文化（庙底沟型的玫瑰花）与红山文化（龙）的结合上提出了“华夏”（龙的传人）系的形成，从中原到辽西的Y字形交合。这里还应提到安志敏先生的黄河流域大中心说，包含河姆渡、新乐、大溪、青莲岗小中心，石兴邦的两大集团（半坡与青莲岗）。佟柱臣的“三个接触带”（阴山、秦岭、南岭三条大山脉），这些学说都拓展了我们的学术视野。尤其是红山文化（辽西）与良渚文化（太湖）的大量资料出现，给中华多源一体整合文化早在六七千年前的形成提供了充分证据。

广汉三星堆文化还揭示了国家形成与古代宗教与政权的系列问题。二里头夏朝文化与良渚越族文化的整合，崇伯鲧崇（蜀）禹，“西王貘”（蒙、岷）与中夏系统之百越问题，古史上龙系、虎系、凤系三大族团的渊源与融合问题（汉代图像西王母坐在龙虎座上），仰韶彩陶上的爬虫龙与红山文化的猪婆龙的龙文化，良渚兽面实为虎头（《中国文物报》1998年9月9日第3版）与西陵蜀山虎文化，河姆渡“双凤朝阳”，太昊少昊的太阳金鸟崇拜，商燕鸟楚白凤（鹄）的雉神文化，这些都是我们应该深入研究的问题。传说与考古文化的探索，当对中华多源发展具有十分重要的研究价值。古代巫酋政教合一的“国家”中母系转变为父系的神化与现实更值得研究。神树通天，神冠表职，神鸡报时，并见于良渚与《山海经》中。广汉三星堆文化跨夏商周三代，对三代国家农业基础应有反映。七千年来中国定农时（四时八节）的中斗七星历法在濮阳水西坡已形诸龙虎，冯时《中国天文考古录》有精辟的论述。魏学峰等合作的《三星堆：长江上游文明中心的探索》、樊一《三星寻梦》的出版发行，也许对祖国多源一体、整合统一的多彩文化有新的见解与阐释。

（原载《四川文物》1999年第1期）

试说栈道及其相关问题[①]

引　言

唐代大诗人李白云："蜀道难，难于上青天。"这当然是文学浪漫主义的夸张之辞。而实际上，蜀地虽由于成都盆地四面环山，这无可讳言地会给蜀地造成对外交往的极大不便，但亦不是上青天之难。四通八达，这是形容通都大邑交通极为发达便利之辞。而蜀地的交通，虽无八达之便，但却有四通之利。下面有必要用考古资料和文献，将蜀地古代四通之利予以概述。

东道：从1949年以来，在三峡地区的考古发现中，有大量的早期各类文化遗存，仅就其中的蜀文化遗存而论；有的同志认为是蜀人由外地入蜀时，途经三峡停留时所遗；有的同志认为是蜀人向东扩张时的遗留，而且认为蜀人在三峡建扞关，拒楚西侵的记载，亦可与之相互印证。虽然有此两说，但这里有条通道的看法则是一致的。此外，《蜀王本纪》里所记之荆人鳖灵入蜀，也是取道于三峡的。因此，东道的存在

① 本文由王家祐、李复华合著。

是不容否定的。

南道：又称南方丝绸之路，这是据《汉书·张骞传》骞曰“臣在大夏时见邛杖蜀布”而命名的。当然这是南方通道存在的一条有力证明。其次，《水经注·叶榆水》引《交州外域记》云：“后蜀王子将兵三万，来讨雒王雒侯，服诸雒将，蜀王因称为安阳王。”这是秦灭蜀后，南退之蜀人沿丝绸之路，最后到达的最南之地。此外，在这条道上的考古发现中，有不少不同时代不同文化的遗存，这表明了当时氐羌文化的南下，东南亚文化的北上，仍然是走的这条通道。

西道：岷江上游的考古收获中，有汶川姜维城新石器时代遗址出土的彩陶片，与西北出土的同时代彩陶是属于同一考古学文化的遗物；在晚些的分布较广的石棺葬文化中的陶罐等，又与西北相同时期的出土陶器也彼此相类。因此表明，两地早在新石器时代便有了文化交流和融合，而且后来这种文化现象是在继续演变和发展。据此，可以认为，两地之间必然有一条相互往来的通道，否则两地文化就无法进行交流和融合。

北道的栈道，则正是本文所要谈的问题。

栈道是北道的重要对外交通路线，本文拟就其栈道及横向的相关问题，予以探索，期能加深对栈道的意义和价值的认识。

一、褒斜道

褒斜道，是连接关中、汉中和巴蜀的古道。因有褒斜两水发源于秦岭太白县衙崖山，南流入汉水者为褒水，北流入渭水者为斜水。古道沿二水河谷而行，全长约250公里。南口名“褒谷”，在陕西汉中市北口名“斜谷”，在陕西眉县，故以二水命名之，据记载古道在西周末即已通行。下面谈谈古道的三次维修和扩建。

（1）战国晚期，秦国为了给统一全国创造有利条件，奠定良好基础，决定首先灭蜀。因此，对古道进行一些改进，增建栈道，这在后来秦灭巴蜀的军事行动中，古道与新建的金牛道一起发挥了重要作用。

（2）武帝的扩建。《史记·货殖列传》云：汉兴以后，“然四塞，栈道千里，无所不通，唯褒斜绾毂其口”。《集解》云：“徐广曰：在汉中。”《索隐》云：“褒斜道狭，绾其道口，有若车毂之凑，故云‘绾毂’，也。”由此可见，褒斜道在汉中之南口，因“褒谷”狭窄，故唯此不够畅通，致常有阻车之苦，不能正常运输。武帝之世，遂予以扩建。《史记·河渠书》中说：“（张）汤问其事，因言：‘抵蜀从故道，故道多阪，回远。今穿褒斜道，少阪，近四百里；而褒水通沔，斜水通渭，皆可以行船漕。漕从南阳上沔入褒，褒之绝水至斜，间百余里，以车转，从斜下下渭。如此，汉中之谷可致，山东从沔无限，便于砥柱之漕。且褒斜材木竹箭之饶，拟于巴蜀。’天子以为然，拜汤子卬为汉中守，发数万人作褒斜道五百余里。道果便近，而水湍石，不可漕。”从这段引文来看，汉武帝对褒斜道的大规模扩建工程是很成功的，从褒斜道陆路运输，克服了“水湍石，不可漕”的困难。可谓水陆结合，相得益彰。之后，此道对于西汉控制西南的政策和穷兵赎武好大喜动的武帝均起到了重要作用。因而，褒斜道也就成为连接关中、汉中和巴蜀的要道。再就西汉当时的情况来看，由于铁制农具的发达，牛耕的推广，水利事业的盛兴，施肥方法及耕种方法的进步，使农业生产蓬勃地发展起来。虽然农业兴盛地区是扩大了，但其中的山东、河北、河南一带，却屡遭黄河溃决之患，每每成灾；而其余的产粮区正是关中、汉中和巴蜀三地，在一段时间里竟成为赖以减缓灾情的谷仓。在此情况下，扩建后的褒斜道就承担了向灾区运送粮食的繁重任务，这又一次表明了它存在的意义和价值。

（3）石门的开凿。东汉桓帝建和二年（148），石门摩崖题刻《故司隶校尉楗为杨君颂》（又称《石门颂》）云：“至于永平其有四年（64），召书开斜，凿通石门。中遭元二，西夷虐残，桥梁断绝，子午复循，上则悉峻。”“至建和二年仲冬上旬，汉中太守楗为武阳王升家稚纪，涉历山道，嘉君明知，美其仁贤，勒石颂志，以明厥功。”“上顺斗

极，下答坤皇。自南自北，四海攸通。君子安乐，庶士悦雍，商人咸憘，农民永同。春秋纪异，今而纪功。”可见石门的凿成，确为广大人民迎来了一段时间的平静生活。所以，君子、庶士、商人、农民无不雀跃咸庆。

石门，现在调查其位于汉中市北约20公里之褒谷南口，南北向，在褒水西岸，与栈道平行。东壁长16.5米，西壁长15米；南口高3.45米，北口高3.75米，宽4.1米。栈道结构有平梁直柱框架，平梁直柱加斜撑和平梁直柱悬空之别，多跨式桥梁。石门即后来所称之隧道，其工程就现在来看，当然难度不大。可是在近两千年前的东汉初期，其工程难度则是相当艰巨的。石门隧道，在交通建筑史上，也许是一项创新工作，是我国古代劳动人民智慧的结晶。

之后，历代每有人在石门摩崖上镌刻题记，抒发对开凿石门的有关人士的感佩之情，或记叙其工程之艰苦状，其内容十分丰富，为古代的政治、社会、经济、军事、文化、地理等方面，保存了很有价值的史料，其中特别重要的是以《石门颂》为代表的《石门汉魏十三品》，为国之瑰宝。因国家之建设需要，石门题刻现已凿下。保存于汉中市文物单位，并有专著面世。

关于石门摩崖题刻里，有需要探索的问题较多，而本文拟就与石门开凿有关的民族问题谈点我们的看法。

首先，看看“中遭元二，西夷虐残”所反映的民族问题。

西夷，系对西方有关民族的总称，也许还包括一部分由西迁往南方的民族在内。如《后汉书·西羌传》上的：“或为牦牛种，越嶲羌是也；或为白马种，广汉羌是也；或为参狼种，武都羌是也。”其中对东汉王朝政权威胁最大的当是西羌诸种族。在《西羌传》上说：“遂解仇嫌，结盟诅，招引山豪，转相啸聚，揭木为兵，负柴为械。毂马相埃，陆梁于三辅，建号称制，恣睢于北地。东犯赵、魏之郊，南入汉、罗之鄙，塞湟中，断陇道，烧陵园，剽城市，伤败踵系，羽书日闻。并凉之士，特冲残毙，壮悍则委身于兵场，女妇则徽纆而为虏，发冢露胔，死生涂炭。自西戎作逆，未有陵斥上国若斯其炽也。……羌虽外患，实深内疾，若改之不根，是养疾疴于心腹也。惜哉寇敌略定矣，而汉祚亦衰焉。”据此可见，“西夷虐残”是指西羌无疑。至于“中遭元二”，我们认为是指中元二年（57）二月，光武死，同月明帝即位，逾年始改元永平。而这年羌人继中元元年为患陇西。《明帝纪》云：“秋九月，烧当羌寇陇西，败郡兵于允街。赦陇西囚徒，减罪一等，勿收今年租调，又所发天水三千人，亦复是岁更赋。遣谒者张鸿讨叛羌于允吾，鸿军大败，战殁。冬十一月，遣中郎将窦固监捕虏将军马武等二将军，讨烧当羌。”次年，永平元年（58），《明帝纪》继云：“秋七月，捕虏将军马武等与烧当羌战，大破之。募士卒戍陇右，赐钱人三万。”可见这次历时三年的平羌之战，并不顺利。初战即败于允街，再战张鸿又大败于允吾而殁，最后才为马武等所平，胜利实在是来之不易。所以，战事甫平，明帝便迫不及待地募士卒以加强陇右之防御力量。不仅如此，我们认为，永平四年诏令边吏凿石门，使栈道进一步畅通，也是以备西陲若有边事时的军运之需。所以凿石门的主要原因，当是中元、永平年间的烧当羌叛变寇边之患，这是近因。其远因则是先零羌、参狼羌在二十多年前叛寇边陲之祸。在《光武帝纪》中云：建武十年（34）十月，“先零羌寇金城、陇西，来歙率诸将击羌于五溪，大破之”。（《来歙传》亦有载）次年四月，“先零羌寇临洮”，六月“马成平武都，因陇西太守马援击破先零羌，徙致天水、陇西、扶风”。建武十二年（36）：“参狼羌寇武都，陇西太守马援讨降之。诏边吏力不足战则守，追虏料敌不拘以逗留法。横野大将军王常薨，遣骠骑大将军杜茂将众郡施刑屯北边，筑亭候，修烽燧。”（《马援传》亦有载）这三年的边患平息后，光武鉴于羌人之实力不可低估。因此，诏边吏，以后为有边患，不能急于求胜，而要依据实际边情，系取一些权宜灵活之策。即，按汉法，军行逗留畏惧者斩。以后改为：追虏或近或远，可量敌进退，不拘以军法，直取胜敌为务也。此即是《前汉音义》所谓之“逗是曲行避敌也”。此外，又在王常死后，立即另遣杜茂，将有关诸郡之刑徒予以减刑，用以增强

北疆之防御力量，以及筑亭候以监敌人之动态、修烽燧以报警等防御设施。

为什么在东汉建立之初即有如此严重之边患？

虽然，刘秀将暴动的农民和割据的野心家一一剿灭削平，建立了东汉王朝的统一政权。但是却把国力消耗在战争中，而没有恢复到西汉时期的力量，致无余力征服四裔诸种族的叛变。所谓四裔，除西羌诸种外，尚有西域诸国、东夷、匈奴，以及湖南西北一带的武陵蛮等。他们乘当时东汉王朝国力有限之机，均先后举兵叛变，为患边疆，光武、明帝时期的西羌之患，即是其中较为严重的边事。两帝在国力不济的情况下，尽力剿平羌患，并能未雨绸缪为国家将来的安全计，采取一些防御措施，这也是非常必要的。本文所谈的石门开凿便是其中一项重要工程。自然，石门凿通后，其作用并不是仅限于平羌患和有关战争方面，而且在经济文化等方面亦发挥了应有的作用。

走笔至此，还想谈一下，我们对《石门颂》题刻于桓帝之世的原因。因为，这不是偶然的，而是有其必然性的。

关于这一问题，我们查阅《后汉书》《华阳国志》等书后认为：其原因仍然是“西夷虐残”，不过这里所指的西夷之祸，并不是东汉初期的羌患，而是其中期以来更为严重的羌患。因为，在石门建成后的十余年里，鲜有西羌为患的记载；在章帝的十余年里，亦仅有两三次羌患的记载，前后共约有25年的相对安宁时期。当然这是由于这段时间东汉国力尚强，羌人不无畏惧之心，故不敢孟浪举兵为患而已。可是，自和帝永元元年（89）起，直至灵帝中平初的约90年里，羌患竟达到50多年，特别是安帝的近20年里，几乎是只有叛羌而无降羌，自然是要连年平叛。这不仅表明当时羌患之严重程度，而且表明东汉王朝的全盛时期，到了和帝之世便已达到了顶点。和帝死，安帝即位后则是其全盛时期的结束，而是走向腐败的开始，并以日益疾速的步伐走向没落。到了桓、灵之际，其政权则已处于十分危险的境地了。这90年里，招来了逐渐严重的诸羌种的叛变为患，其主要原因乃是当时政权的严重腐败所致；其次，母后、外戚、宦官的专权为祸也是不能忽视的重要原因。关于东汉的政权问题，翦伯赞在《秦汉史》里有精当的论述，这里就不赘引了。

当时东汉的政权集团，自然是不会甘心于没落覆灭的，而是要千方百计地幻想能捞到一根救命草。他们当然不会认识到国运祚衰的主要原因是政权集团的腐败，而是把四裔的叛变视为主要原因，所以势必平之而后快。在西方则是以叛羌为平剿对象。因此，我们认为，桓帝建和二年正是处于羌人叛变为患之秋，刻《石门颂》者，其表面则意在颂扬开凿石门者的不朽功绩，而实际上更重要的是想借肯定石门在平息羌患中的作用，从而唤起广大人民对羌患的重视，进而参与平羌斗争，幻想达到保障政权集团的目的。这便是《石门颂》刻于桓帝之世必然性。可是到了东汉晚期西羌的实力确已被大大削弱，而且羌族从汉代的鼎盛时期，到东汉以后便一蹶不振，这即是东汉政权集团所要达到的目的。尽管平羌目的实现了，但是东汉政权集团并未因此而得到保障。岂料亡东汉者，竟是祸起萧墙，却在国内小所有者的抗议和农民的暴动之中走向灭亡的。正所谓虑切于此而祸生于彼也。

二、金牛道

金牛道，是自陕西省勉县西南，南至四川省剑阁县大剑关，旧曰金牛峡，蜀之南栈，又称石牛道。自秦以来，由汉中入蜀者，必取道于此。其始开之年，据《水经注·沔水上》云：“秦惠王欲伐蜀，而不知道，作五石牛，以金置尾下，言能屎金，蜀王负力，令五丁引之成道。秦使张仪、司马错寻路灭蜀，因曰石牛道。”此后，自秦、汉至金、元的1500余年间，蜀地有难，则金牛道的数百里间皆成战场。可见其道在军事上是一条十分重要的战略路线，为兵家所必争。宋代蜀人文同朝天诗云：“岭若画屏随峡势，水为衣带转岩阴。”明代曹学佺说：“朝天者，水驿也。”可见金牛道不仅是陆路交通，而且有水道航运之便。下面就应侯和石牛道的问题谈点我们的意见。

（1）关于应侯的问题。诸祖耿《战国策集注汇考·秦三·十八》（以下简称《集注汇考》）蔡泽对应侯说："栈道千里，通于蜀汉。"这里的蜀汉，当是指蜀郡和汉中，而非三国时之蜀汉。在《秦三·十一》文末之《集注汇考》云："昭王夺太后养地以封应，亦恶矣！"又云："《史记正义》偏执《汉志》，遂使后人纷为聚颂。"我们对此问题初步分析后认为：诸老在论证中，虽然所用之史料均属可信之史，但与其所欲否定之史事关系不大，致非确论。例如，在同一注文里引："《周本纪》：不如誉秦王之邦也，因以应如太后养地。事在赧王四十五年（前270，昭王三十七年），时范雎未封，应尚属周地。"不错，这是范雎封应侯以前之事，举此如何能否定以后发生之事呢？同时亦没有能直接证明《史记》所载，昭王封范于应"亦恶矣"之说。下面我们再进一步对《史记》《战国策》的有关记载予以分析。

《范雎传》里范雎说昭王曰："见王独立于朝，臣窃为王恐，万世之后，有秦国者非王子孙也。""昭王闻之大惧，曰：'善。'于是废太后，逐穰侯、高陵、华阳、泾阳君于关外。秦王乃拜范雎为相。收穰侯之印，使归陶。因使县官给车牛以徙，千乘有余。到关，关阅其宝器，宝器珍怪多于王室。秦封范雎以应，号为应侯。当是时，秦昭王四十一年（前266，赧王四十九年）。"引文所记，废太后，夺养地，封应侯均在昭王四十一年，但有先后之别，这是非常清楚的。在《战国策》里的记载是：《秦三·十》云"臣今见王"至"走泾阳、华阳于关外"，这段记载与前段《史记》引文基本相同。唯其后云："昭王谓范雎曰：'昔者齐公得管仲，时以为仲父，吾今得子，亦以为父。'"26字为《史记》所无。《秦三·十》的年代，"雇观光隶于赧王四十九年"，与《史记》相同。但未记有昭王封范雎为应侯事。不过这篇后的《秦三·十一》，即为"应侯谓昭王"篇，其年代仍是"雇观光隶此于赧王四十九年"，这是应侯之名的首次出现。结合先后两篇来看，前篇尚称范雎之名，而后篇则改称范雎为应侯，并且年代相同。可见两篇所记的是一年里先后相接的事，即前篇范雎尚未封应侯，后篇则是已封应侯矣。这与《史记》所记完全相同，并无矛盾，是可信的。再就其昭王、范雎（应侯）、蔡泽三人所处的时代、地域以及其关系来看，亦是符合当时实际情况的。所以，我们认为，《史记》所记之范雎封应侯事是可信的。

（2）关于石牛道问题。金牛道称石牛道，这是没有什么异议的。可是在《元和志》云："褒斜道一名石牛道。至今犹为往来要途，谓北栈，亦曰连云栈。"在前文所引之《水经注·沔水上》的同一段文里，则既称金牛道为石牛道，而又称褒斜道为石牛道，即："褒水又东南历小石门……逮灵帝建和二年，汉太中大夫同郡王升，嘉厥开凿之功，琢石颂志，以为石牛道。……秦使张仪、司马错寻路灭蜀，因曰石牛道。"（按："灵帝"当是"桓帝"之误。引自王国维校，袁英光、刘寅生整理标点之《水经注校》。）这就提出了石牛道的问题。

我们检谭其骧主编《中国历史地图集》和《中华人民共和国地图集》表明：褒斜道在北，金牛道在南，故史家又分别以北栈、南栈称之。但北栈之南端却与南栈之北端是相连接的，故《战国策·秦策》与《史记·货殖列传》所谓"栈道千里"，当是指两栈之总长度而言。因按秦汉度制，两者长度当约千里，合称其长是可以的。但是，石牛便金，乃系开凿金牛道之传说，与褒斜道无关，自然不能把它亦称为石牛道，造成不必要的混淆。因此，特予说明。

二、阴平道

汉武帝开南夷，置阴平道，因其地在古氐羌族聚居之域，按汉制民族地区之县称道而不称县，道为北部都尉治。三国魏将邓艾，自此入蜀，亡蜀汉，旋置阴平县，并置阴平郡。晋永嘉后郡、县均为氐所据。故城在今甘肃文县西北。世称由此径四川平武县东左担山者为阴平道。

历史上，在阴平道上所发生的重要事件，便是为人们所熟知的邓艾从此入蜀亡蜀汉，这在《三国志·邓艾传》里有较详记载。因此道甚

险，入蜀者较少径此。据《华阳国志》云：“诸葛亮相蜀，凿石驾空为飞梁阁道，以通蜀汉。”（此文在《太平御览》《初学记》《寰宇记》和《蜀中广记》里均有记，当是佚文。）《阴平道修路记》云：“龙安栈阁，在治东者：曰石城，曰佛崖，曰麻园，曰墓颐，曰黄林，曰三店，原曰七里，即左担也。”（见《蜀中广记》）所谓左担者，乃是挑夫行其道，只能用左肩挑担，而不能用右肩挑担，否则将有触危崖而发生险情的可能。《后汉书集解·郡国志》云：“今阶州（民国“武都”县）文县，南门外一里，白水急流中二石，道遂就石立柱成桥，长二十余丈，所谓阴平桥头也。”对此任乃强先生在《华阳国志校补图注》里说：“景谷，关名，即今青川县通往甘肃碧口之河谷。蜀汉时自阴平入蜀者，一般自阴平桥头循白龙江下白水、葭萌，转陆从剑阁至涪城，道平易而甚迂远。其捷径为，由桥头南逾摩天岭大山口，入景谷，至涪江岸之旧州，循江岸出江油，至涪城。刘先主时，曾于险崖绝壁架桥阁，通道取捷，即所谓左担道。谓行者只许用左肩，乃不至触犯危崖也。其后桥阁败坏不修，路断。蜀未设备，故邓艾从之蜀。”

四、斜骆道、骆谷道

斜骆道，明何景明《雍大记》云：“从城固洋县出者，为斜骆道，武侯屯谓上由之。”（见《集注汇考·秦三》）。我们查阅有关文献未发现其道之记载，但查到了一条名为骆谷的古道，位于陕西盩厔（今作“周至”）县西南。现将资料录后。

《三国志·曹爽传》云：“正始五年（244），爽乃西至长安，大发卒六七万人，从骆谷入。是时关中及氐、羌，转输不能供，牛马骡驴多死，民夷号泣道路。入谷行数百里，贼因山为固，兵不能进……乃引军还。”《太平寰宇记》云：“骆谷道南通蜀汉，近（当是“晋”字之误）代废塞，唐复开。东北自鄠（今作“户”）县，西南径盩厔县，又西南入骆谷口。出谷入洋州兴势县（今“洋”县）界。”

《地理通释》云：“骆谷在长安西南一百里，谷长四百二十里。”

《盩厔县志》云：“骆谷口，明设巡司。盗贼窃发，巡司不能禁，遂塞之。”

从以上引文来看，可以明确两个问题：一、骆谷道确是一条通蜀之故道。二、其道之南终于洋县，则正与斜骆道之北端起点相连接，这在有关地图集上可以求得证明。因此，两道南北相连，便形成了又一条自秦入蜀之通道，而且在历史上亦发挥过比较重要的作用，如“武侯屯谓上由之”便是一例。

（原载《四川文物》2001年第4期）

羊子山地区考古的几个问题①

羊子山是成都北郊一座人工的土丘，1953年经原西南博物院（今重庆市博物馆）派杨有润等同志对此丘进行调查后，认为这是一处有丰富文化遗存的古堆，该院遂于同年底派出考古工作组进驻该地之砖瓦厂，配合其烧砖取土工程进行考古清理，历时两年半，至1956年秋结束，共清理历代各类墓葬220余座，西周土台遗址1处，这是我省考古工作所取得的空前巨大收获，所以有人戏称羊子山是成都的“考古学”。可是由于人员的变动和十年浩劫的影响，致使羊子山发掘报告至今尚未面世，我们亦深感内疚和遗憾。为此我们想做一点力所能及的事，特撰此文，期有补于万一。

一、羊子山土台遗存和石璧制作工场遗址（即土台基址）

羊子山的清理工作至1956春便已接近土堆的中心部分，考古人员发现它乃是一座大型的人工土台，遂即进行科学的清理。现将结构予以概述。

① 本文为王家祐、李复华合著。

土台残高10米，呈正方形，方向北偏西55度。建筑采用回字形三道砌墙填土夯实之法，分三层垒高而成。台底外层最宽每边约103.6米，二道墙每边宽为67米，内层每边长31.6米。据此，可知土台应是三级递高的建筑，每层必有登台土阶。墙砖未用火烧，其坯用泥土和草调匀，然后置入匣内压紧即成。至于坯里加草则是增加拉力，使砖更为坚固耐压。砖长65厘米、宽36厘米、厚10厘米。墙的结构，不像现代压缝的砌法，而是全部采用平置和上下齐缝相叠的砌法，砖的接合，是用灰白色细泥黏接得很紧密。这表明当时砌墙之法尚十分原始。

出土遗物：均出土在台的底部和台基之间，计有石璧8件，白色石块（有加工痕迹）。石器5件，系打制，当为旧石器，这与羊子山土台其他最早遗物的时代相去太远，故疑为来自外地。兽齿和兽骨。陶器：器皿有碗、盆、灯、豆等。质地有夹沙和泥质两种。纹饰有鸟纹、双弦纹、圆圈纹、绳纹等，在绳纹中有一种较为特殊的经纬如网格纹，此纹曾见于绵阳边堆山新石器遗址里，而在我省后代陶器中竟未再见此纹。这些陶器是研究我国陶器史有价值的资料。

土台的性质：台在文献里名称繁多，用途亦不尽同。如成都就有把王建墓误传为司马相如抚琴台，这里不予讨论，而仅就有关的三代台制来看土台的性质。刘熙《释名》云："台，持也，言筑土坚高，能目胜持也。"《尔雅》云："四方而高曰台。"这是为台下的基本定义。许慎《五经异义》云："天子有三台，灵台以观天文，时台以观四时、施化，囿台以观鸟兽鱼鳖。诸侯卑，不得观天文，无灵台。但有时台，囿台也。"（引自《太平御览》）这记的是用台等级之制。《礼统》曰："夏为清台，商为神台，周为灵台。"可见我国台这一特殊建筑被统治者作为权力地位的标志之一，而且早在奴隶社会之初即已形成。因此，台的始建年代也许是要上推到史前了。

《诗经·大雅·灵台》郑笺云："天子有灵台者，所以观祲象，察气之妖祥也。"这当然是指周代的灵台。即刘向《新序》所云："周文王作灵台及于池沼，泽及枯骨。"同时表明文王在未亡殷之时，即已筑灵

台而以天子自居了。再进一步来看文王提前筑灵台的原因。《诗经·大雅·灵台》孔疏云：“文王嗣为西伯，三分天下而有其二，则为民所从事应久矣。而于作台之时始言民附者，三分有二诸侯之君从文王耳。其民从君而来，其心未见灵德，至于作台之日，民心始知，故言始附，谓心附之也，往前则貌附之耳。”可见尚为西伯的文王之所以作灵台者，盖由于要将从诸侯而来归之民，由貌附转变为心附耳。

回头我们来看看羊子山土台的性质和功能。就土台宏伟的建筑而论，恐怕非王者所有之灵台莫属。当然，若以中原台制的规定来衡量，蜀国之王是不能建灵台的，而只能建时台囿台。但是蜀远离中原地处西南边陲，岂能受所谓王制之限？它是不会甘居次于王者之位而不建灵台的，亦不会认为建灵台是僭制之举，文献里不是有“周实纲纪，蜀先称王”的记载吗？所以，我们有理由认为羊子山土台是灵台。

羊子山土台的功能。土台既然属于灵台，自当有其观天文、观祲象和察气之妖祥的功能。不过我们认为，土台除上述功能外，还可能把它作为祭祀天、地、山、河诸神和祖先的神坛之用。从三星堆两座祭祀坑出土极为丰富精美的遗物来看，均属于礼器，表明蜀王是非常重视神权的，所以祭神不惜巨金，期能佑其巩固政权的目的。这或许有可能是蜀王把土台作为兼有祭祀功能的一条旁证。

土台的年代和石璧制作工场遗址。前文提到在土台底与台基之间发现有大小不同的石璧8件，不仅如此，据笔者当时现场观察，今天记忆犹新的是，除完整的石璧外，还有石璧的半成品和制作中的废弃残片等多件，这显然是一处石璧的制作工场遗址无疑。这一重要遗址特予补志。至于遗址的渊源，当是承袭三星堆、月亮湾文化晚期（可能是殷周之际）中的石璧（环）工艺，传至成都的工场。当时我们的认识则限于此，不可能有更多的依据。今天由于成都地区的考古工作有不断的惊人发现，这对于石璧工艺之所以传来成都便有了更有力的依据。例如成都西郊金沙遗址发现后，考古界多认为这是承袭三星堆文化遗存，它表明三星堆文化结束后，便转移到了金沙，更重要的是证明了蜀人的政治、经济中心（或许可以说是蜀国的新兴都城）转移到了金沙。俞伟超、林向便是首倡其说的学者。其他还有十二桥遗址和方池街遗址等。这里再举一例来说明两地文化的承袭关系。1979年中，中国历史博物馆石光明同志（曾在原西南博物院工作）来成都，我陪他到三星堆参观，在月亮湾陈德安同志出示的文物中有1件跪着双手被反捆的石小人像，当是奴隶的形象，之后我在成都市博物馆看见一件与月亮湾同样的石人，这是在方池街遗址出土的。两石人显然是同一文化不同时期的遗物。

据上面介绍的资料，我们可以肯定广汉的石璧工艺是随三星堆文化转到金沙而来成都的。至于石璧制作工场遗址的时代，则可能在西周之初。

最后，有了土台下的石璧制作工场遗址的年代后，对土台的年代便有据而易于推断了。因为土台是建筑在该遗址之上，即是以遗址作为台基的。所以，既然遗址年代为周初，那土台年代上限自然要晚于遗址。从现场观察来看，遗址的使用时间不会太长，因为它出土的遗物不多，表明工场废弃较早。此外，还可以从成都附近的考古发现情况来看，石璧除在羊子山有出土外，虽在金沙发现有石璧制作工场，但石璧在新地区存在的时间亦不是太久便消失了，所以其工场也就很快废而不用。工场废后，才能在其上新建土台，故土台建筑年代之上限不会太晚，很可能略偏后于周初，但下限又不会迟至西周中叶之后。这个年代又相当于蜀的哪个时期呢？我们不妨试为推测。就秦灭蜀的时间而论，它是在公元前316年，是蜀开明十二世，每世以30年计共360年，再加上316年为公元前676年，这便是开明一世鳖灵登上蜀国王位之年，也就是蜀王杜宇最后一年，这年当是在东周惠王阆的第一年。那么杜宇氏在蜀国掌权的晚期已经是东周的前期，共有89年。就羊子山、金沙、十二桥和方池街等遗址出土的遗物的年代而论，似不会晚到东周，也就是说应该早在杜宇氏的前期，这或许是与我们前面推测的土台和石璧工场遗址的年代是大致相副的。杜宇应是其第一世，杜宇氏王朝应有若干个前后掌权的人，有如后之开明氏有12世相同，不然杜宇一人岂能在

蜀统治三四百年呢！

二、从羊子山172号墓看有关文化问题

该墓位于羊子山的西北面，1955年发现清理。现将墓葬情况略述于后。

该墓为一座木椁墓，其长6米、宽2.7米、高1.47米。方向南偏西76度。墓底及四壁有一层白膏泥，椁用宽厚的木板制成，东面用三块木板铺底。西部有朱漆棺痕，可证葬具是很华丽的朱漆木棺。并有一具人骨残痕，葬式为头东脚西，直伸仰卧。

遗物甚丰，分别置于墓主遗体的各部和椁棺之间，以铜器和车马器饰的数量最多。遗物的类别则有七类之多，即：陶器、铜器、漆器、车马器饰、玉器、石器和其他铁器等，共约420件。

年代：原《报告》断为战国，后来有学者认为应缩小一点时代的跨度，把上限断在战国晚期秦灭蜀之后为宜。

文化：就其遗物而论，从铜器的造型和纹饰来看，其中不仅有不少地方色彩的因素，而且有浓厚的楚文化因素。此外，这些器物与重庆冬笋坝、广元宝轮院的战国墓出土的器物多有相同。例如，此墓铜器上有一种文字与中原各地的文字均不相同，却与冬笋坝、宝轮院所出铜器上的“巴蜀图语”类似，可见它们是属于同一文化。墓中出土的漆器十分精美，其工艺已达到了较高的水平。玉具剑是一种装饰华丽的剑，这些文物的制作工艺后来为汉代继承并予以发展。又如墓里的铁器，不仅表明我省的铜器时代已到了晚期，而且证明四川地区的铁器已开始使用，到了汉代便广泛使用而正式进入铁器时代。走笔至此，就有必要略谈一下，战国秦代时期，文化的交流融合发展与汉文化形成的关系。

战国秦代的文化发展成为比较统一的文化，是在一个特定的历史条件下形成的，下面我据记载和前人之说把它分成几个方面从宏观上来略谈其演变和形成。

（1）战争与兵家：在战国时期的诸侯国家中有强有弱，强国是野心勃勃，必欲统一全国唯我独尊而后快，弱国便千方百计力保国家不被强国所灭亡，因此，各国尽力发展军备加强战争能力外，而客观上纵横之说便应运而生，苏秦、张仪便是其代表人物，后人称之为纵横家。他们纵横捭阖游说于诸侯之间，使大大小小的战争长期不断，所以这段历史时期便称为战国。在长期不断的兼并战争中各国军队接触频繁，自然避免不了在文化上要起到交流融合的作用。

兵家：兵家是九流十家以外的一家，秦国的大将白起即是一位杰出的兵法家，还有齐国的孙膑，不但智谋过人战多取胜，著名的有“围魏救赵”和“擒杀庞涓的马陵之战”，而且著有《孙膑兵法》(《汉书·艺文志》作《齐孙子》)，后失传。1972年4月，山东临沂银雀山西汉墓中出土竹书《孙膑兵法》三十篇，分上下两编，共万余字，这是考古的重大发现。其先孙武亦著有《孙子兵法》传世，1972年4月，与《孙膑兵法》同出有《孙子兵法》，可与传世本互补。卫人吴起著有《吴子兵法》。可见兵家在战国时期是有较大的影响，后世之军事学自亦受其启迪，而且对当时文化的发展是有贡献的不能忽视的。

（2）学术思想的黄金时代：由于战国时期，诸侯国家之间战争频繁，君主们无暇顾及文化思想方面的问题，因而形成一个庞大的无人过问的思想空间，士群的人们便自由地著书立说，发表自己对社会各个方面的看法和主张，形成百家争鸣的局面。所以我们称这段思想意识上的空间为黄金时代。这些思想认识上的东西，后来被归纳为九流（儒、墨、道、名、法、阴阳、农、纵横、杂），另外加上小说家便成了十家，不知为什么没有把前文提到的兵家列入。这些流、家的学说和主张，对当时均或多或少或大或小起过一些作用。例如纵横家，苏秦说齐、楚、燕、赵、韩、魏合纵抗秦，得并相六国，为从约长，使秦军不敢窥函谷关者十五年；张仪为秦游说六国解纵约，连横事秦，使秦得以分别各个击破，为秦统一六国扫除了最大的障碍，成为秦的一大功臣。当然其他的法家、兵家和杂家也对秦的统一起过很重要的作用。我们认

为九流十家，以及兵家，在文化的交流融合和发展方面所起的作用是较其他方面为大。

（3）诸侯国家的变法改革：变法改革是当时诸侯国家从各自的国情和需要而进行的。战国前期，进行改革变法的有：魏国李悝的变法，实行了“尽地力之教”“平籴法”，以期巩固国家的经济基础而富强起来；制定《法经》以维护统治秩序。赵国公仲连的改革，任用牛畜、荀欣、徐越，采用法家和儒学并用之策，实行“选练举贡，任官使能”，“节财俭用，密度功德”，以及宣扬“仁义”“王道”而尊儒学。楚国吴起的变法：吴起去魏入楚，楚悼王初任宛守，年余升任令尹，致得以行“损其有余而继其不足”之策而增强楚之军事力量；继则用“贵人往实广虚之地”的措施，削弱旧贵族的势力，亦可收开发荒凉地区之实效；还有整顿吏治，打击官场歪风。吴起的变法是成功的，惜因其过早遇害而成效不大。韩国申不害的改革，是主张国君用“术”来统治驾驭群臣，这种阴谋权术，后来成效较差。齐国邹忌的改革，是用的法家政策：对君，“请谨毋离前”，“请谨事左右”；对民，“请自附于万民对臣”，“谨择君子，毋杂小人其间”，“请谨修法律而督奸吏”。改革后，齐国在政治、经济上都有了新的气象。秦国卫鞅的变法，在酝酿时旧贵族以“法古无过，循礼无邪”为由加以反对，而他则针锋相对地指出，“治世不一道，便国不法古”，“反古者未必可非，循礼者未足多”，为变法提出了理论上的依据。卫鞅变法有前后两次。第一次内容有立法、奖励军功、重农抑商和焚书坑儒打击复古思想，以及禁止游说求官活动等。第二次内容较多，计有：废除井田制，“开阡陌封疆”；推行县制，设县一级机构；统一度量衡制，颁布其标准器；行“初税赋”始行按户按人口征收军赋；革除少数民族残留的戎狄风俗，以便加强统治；迁都咸阳，以便逐鹿中原完成统一大业。上述各国的改革变法，除申不害的改革收效较微外，其余取得了较大的成功，特别是卫鞅变法为秦奠定了统一全国的基础，汉王充在《论衡·书解篇》里“商鞅相孝公，为秦开帝业”的评价甚当。我们认为上述各国的改革变法均对不同文化的交流融合统一起了作用，这当然是以卫鞅的变法作用为最大。

（4）其他还有：商业贸易方面，各国商人在贸易中亦是接触频繁，这也会起到文化交流相互影响的作用。其次人才的流动方面也会起到同样的作用。因为战国时期各国用人原则是按能力之大小而定，只要游说者的治国施政之说被某国之君所接受，便可被任命为官。总之当时的人才流动是比较频繁的。例如苏秦可任六国之相，行合纵而抗秦，张仪相秦，游说六国背纵约而连横事秦，秦武立，群臣谗仪，又适遇六国复合纵叛秦，仪乃去秦为魏相。

综上所述，不难看出战国时期在文化方面的交流融合，为秦代时期完成文化的统一创造了极为有利的条件。下面我们就在公元前256年周朝灭亡，前221年统一六国后，秦在统一文化方面所实行的政策和措施，现举例予以说明。

吕不韦和《吕氏春秋》：

吕不韦是继张仪之后掌权的人物，是“阳翟大贾人也”。他在相秦的十余年间，继续进行兼并六国的战争，为秦代统一全国立下汗马功劳。后来被牵连到舍人嫪毐的案件中时，秦始皇亦说：“奉先王功大，及宾客辩士为游说者众，王不忍致法。”故仅贬居河南而未处以严刑，后来才饮鸩自杀。同时，他招抚宾客三千人为智囊团，使“人人著所闻”，并采诸家有用之说，综合编成《吕氏春秋》一书，作为秦王朝的施政纲要。我们认为，吕不韦在相秦的政绩外，对文化的统一亦是有不小的贡献的。

继吕不韦之后在秦执政的是李斯，他对秦政之功绩也是很显著的，如：定郡县之制、下禁书令、变籀文为小篆等。例李斯《谏逐客书》对秦政的重要意义。秦的保守派（宗室大臣），“请一切逐客”，所谓客就是来自六国之人，斯亦在其中。他不同意这一主张，遂向秦始皇上这篇有名的《谏逐客书》。文中举出商鞅、张仪均以客而来秦，是无负于秦的。最后说：“夫物不产于秦，可宝者多；士不产于秦，而愿忠者众。今逐客以资敌国，损民以益仇，内自虚而非树怨于诸侯，求国无危，不

可得也。”因此，遂罢逐客之议，而秦亦才能继续得到商人地主的支持，完成统一全国的大业。可见李斯对于统一文化也有贡献的。不过他焚书的主张对文化的影响太大了。

后来，秦代采用的统一度量衡、“车同辙，书同文字”等措施，可以认为是秦代完成统一文化的标志，从而为汉文化的发展奠定了坚实的基础。因此，我们得出了一个结论是：汉不仅是承袭秦制，而且是承袭了秦文化。下面有必要再谈点这一认识的理由。

首先，补充一点我们这里所谈的文化内涵问题。我们做考古工作的人，一般谈文化都是指考古学文化，四川的巴蜀文化乃是地区性的考古学文化。而本文这里所谈的文化乃是广义的文化，当然考古文化是其内涵之一。所谓广义的文化则是“人类社会由野蛮而至文明，其努力所得之成绩，表现于各方面者，为科学、艺术、宗教、道德、法律、风俗、习惯等，其综合体，则谓之文化”，可见广义的文化内涵是无所不包无所不容的。

其次，秦汉之际的文化。秦的文化，基本上是在秦统一六国的基础上，也相对地完成了文化的统一。可是汉高祖刘邦乃是以低下的亭长之身，兴兵与项羽联合反秦，后终成大业，建立汉王朝，登上九五之尊的宝座。因此，生活在秦代的刘邦当然没有什么后来称为汉代文化的前期体系，自然在汉初就必须承袭秦文化，然后才能在此基础上发展成为西汉自己的文化。因为他不同于周初的情况，周武王亡商后，从西伯之地带来了周人自己的文化，与商文化交流融合而发展成为后来的周文化的。而秦汉在文化方面的承袭换代模式，在后来两千多年的封建社会里，一直沿袭这一模式，虽然中间有元、清两代，但由于蒙古入主中原的时间不到百年，所以对汉文化的影响不大，满族入主中原虽有260余年之久，因为人口太少难以形成对汉文化的影响。关于汉文化这一名称为什么会沿用两千余年呢？除在两千年来的换代之际，其前后两代的文化情况均与秦汉之际文化相类似外，恐怕主要的原因是，由于秦灭六国后，便由全国各地的民族（包括四川的巴、蜀）在文化上的交流融合成一个庞大的混血群体，也是秦代的统治之民。到了汉代，由于汉代共有420余年，国力强盛，兵威远震，当时的外国称我汉朝之民为汉人，魏晋之后，仍有此称，由是我国人亦自称汉族。既然由秦代以来的混血群体成为新的民族，故它两千年来的文化冠以汉字，也就顺理成章成为所谓的汉文化，并沿用至今。

三、洪家包西汉墓群中所看到的有关情况

洪家包位于羊子山，川陕公路东侧旁。墓群于1956年夏发现，由羊子山考古组予以清理，共19座西汉墓，其中较为完整仅6座。清理结果表明，其文化与羊子山西汉墓相类，当为同一文化性质的遗存，而且两者相距甚近，故将其并入羊子山的考古收获来予以叙述。

墓系竖穴土坑墓，按其边之长、宽比例和出土遗物来看，可分为3类不同时期的墓葬，现分类予以介绍于此。

一类墓：长、宽比例为3:1，属于西汉初期（前207—前174）。出土遗物：陶器有豆、盂。铜器有双层甑、弩机、戈、环等。钱币有六铢以上的半两钱，我们认为其中可能有秦半两钱和吕后八铢半两钱两种。铁器有小刀（环柄为铜质）、剑（镡为铜质）。

二类墓：长、宽比例为2:1，属西汉前期（前173—前116）。出土遗物：陶器有甑、罐、盆、鉴、钫、井模型，以及前所未见的三脚罐；此外还出有彩绘陶器，这当是承袭秦代制陶工艺的证明，因为近年来秦始皇陵的发掘中，在K9901陪葬坑里就出土了11件精美的彩绘百戏陶俑（见2002年3月15日《中国文物报》第5版载《聚焦秦始皇陵》）。铜器有罐、马衔、环、苇钩等。铁器有小刀、锄、锛、铲、斧、凿、釜和长形条器等13件之多。钱币有大半两钱、榆荚半两钱、四铢半两钱（文帝钱）、有郭四铢半两钱（武帝钱）4种。其他还有漆奁。

三类墓：长、宽比例仍为2 ： 1，属西汉中、晚期（前115—公元初年）。出土遗物：陶器有钵、灶模型、盘、鼎、案、博山炉等。铜器

仅有鎏金棺饰。钱币有武帝五铢、宣帝五铢和长五字五铢三种钱币。此外有云母片。

洪家包西汉墓群严格地讲，是一处不够典型的西汉文化遗存。因为，它破坏严重，在19座墓中仅有6座较为完整，其次数量不多，如三类墓也仅有2座，所以很难用墓群的资料探出一个有规律性的结论。虽然如此，我们认真细致对其资料分析研究后，认为从中亦能窥其一两点痕迹来，特别是出土的货币是较为明显。现简述于后。

就出土不多的陶器而论，一类墓中有的先秦豆、盂，在略晚的二类墓的陶器里便消失，这或可表明在西汉初承袭了秦时的制陶工艺方面，尚保留了原有风貌而没有什么变化，到了西汉前期陶器工艺便有所发展了。再就铁器来看，一类墓出土少，二类墓出土多，这一时段里的铜器出土亦不多，可见铁器已基本上代替了铜器，表明铁器时代的铁工艺已有了较好的发展。

钱币问题：一类墓仅出有六铢以上的半两钱，虽然其中可能有吕后的八铢半两钱，这种贬值半两钱的出现。也许是由于汉朝建立之初财政困难所致。因此，我们认为这些货币是汉承秦制在币制方面的有力证据。二类墓竟出土了仍为秦制的四种半两钱，但可看出这时的币制已比较混乱，当是产生新币制的前兆。三类墓出土有三种五铢钱。这当然是表明秦钱半两是已被废而不行，更行五铢钱了。自然这些钱在汉武帝“元狩五年（前118），罢半两钱，行五铢钱”之后了。就出土五铢钱本身的大小字式都很统一，可见武帝统一币制是严格彻底的。从上述情况，我们可以知道汉初是如何承袭了秦之币制，进而发展转变成为汉代币制的轨迹。

四、羊子山一号墓和昭觉寺画像砖墓的有关问题

两墓的时代均为东汉晚期，而且相距仅约1公里，应属同一地区同一文化的遗存，故予合并介绍。

一号墓：位于羊子山北约百米的小羊子山。1953年9月发现，旋由工作组和省文物管理委员会（办公室）共同予以清理。

墓为砖石结构的建筑，全长13.84米，分三室，前室较小，后室稍大，中室最大。墓早年被盗，遗物仅存少量的鎏金铜泡、小铝珠、铜钗、铜摇钱树残片，以及一些残陶俑、陶鸡等残件。后室有头骨2个和人牙6枚，故可推测为夫妻合葬；再从墓室出土的铁棺钉和朱漆痕迹看，其葬具当为较为华丽的朱漆木棺。墓底铺有一层朱砂。所幸墓室建筑和嵌于墓壁的砖、石画像保存较好。

画像砖：共10块，分别嵌于前室和中室前部的两壁，其排列次序是：两壁前第一砖均为阙画像，形成完整的双阙。其次：左壁为车马、骑吹、收获、盐井；右壁为吹骑、车马、骑吏，最后一砖被盗毁。

画像石：嵌于中室两壁，惜左壁画像右后部尚未刻完，可见其造墓时之仓促。右壁为车骑出行图。左壁前半部为宴舞百戏、家居图，后半部亦是车骑出行图，从内容上看当是紧接右壁画像之后，合成一幅完整的车骑出行图。此图共有：安车一辆（左侧有狗相随）、辎车二辆（分别为一马、二马，当是车的等级之别）、辂车九辆、导骑六、导从六、骑吏二一、骑吹六、骑从一、伍伯四。这幅庞大的出行图，是研究汉代舆服制的重要实物史料。宴舞百戏图：屋内挂帏帐，主人独坐于地左侧，着高冠长袍，前置一案，身后有一侍者执便面为其煽动生风取凉，前有一人跪地向其禀告。其左前侧有宾客四人，两两相对而坐，相对者之间置一案，旁有一立侍。图中部为舞乐百戏艺人，左起第一人细腰为着宽袖长袍的舞人。其右一人为“反弓”者。再右上下各一人，上者为跳抛三丸，下者转盘。再右下者抛三剑。其右为三人表演七盘（缺一盘）鼓舞，有男女两人对舞，一人击鼓节拍助兴。其上方有三人，右者已模糊不清，中者为逆行连倒系汉代柔术，左者也似表演柔术。画像最右为一排五人乐队，左起一人吹箫，次者似吹埙，右三人像亦已模糊难辨，其最后一人似在抚琴。以上两图，笔者曾在清理中多次去工地参观，认为此画像石工艺精湛，题材重要，是研究当时有关问题的珍贵资

料，是国之瑰宝。家居图：室内左侧右上一女人席地而坐，旁置镜台，右下一男侍端物走来。中部二侍女跪地劳作。左边有一全裸男子弯腰取物。左下置一大鼎，右下有瑞草。右边上方为四人同坐一席，中间两人拥抱，旁一立侍，席前置案和餐具。下方有一侍者和瑞草。这些画像当与秘戏有关。

昭觉寺砖石墓：位于昭觉寺后偏西的坡上，发现于1966年2月，旋即予以清理。

墓用长方形和楔形两种花砖砌成，全长8.52米，由甬道、前室、后室组成。现将墓内情况略述于此。

葬具为瓦棺，共六具，分置于前室后部并列三具，其左壁置有一具小瓦棺，后室并列两具，这当是一座四川常见的东汉时期的家族墓葬。因为墓亦早年被盗，殉葬品仅残存有：陶质的釜、罐、灶、庖厨俑和俑头等残片，铜器有：箸、残镜和五铢钱等。据原报告执笔者刘志远同志推测其年代可能在东汉桓、灵帝之际（147—186）。所幸墓中之画像砖23块，不仅砖未被损毁，而且其排列位置先后次序亦保存较好未被扰乱，是研究东汉墓葬葬俗的可贵资料。现将予以介绍。

画像砖共23块，出土时有的砖上尚存有朱漆痕迹，可见画像砖上原来是涂有朱色的。砖在墓内嵌置部位和次序是：砖嵌于甬道和前室的两侧壁上，每侧10块，其排列从前至后。左壁为：轺车骑吏步从、辎车、轺车骑吏步从、斧车步从、轺车骑吏步从、轺车骑吏步从、六骑吹、持幡戟四骑吏、辎车过桥、轺车骑吏步从；右壁为：亭前迎谒、凤阙、轺车骑吏步从、施舍、宴饮起舞、宴舞百戏、宴集、弋射收获、山林盐场。后室后壁正中上部嵌有3块画像砖，中为西王母仙境，两侧为日、月神。从这3砖所嵌的位置来看，除有装饰作用外，尚有祭祀之意，盖西王母、日神、月神乃当时民间之神祇耳。

上述两墓的重要性均在于被盗后保存了完整的画像砖和画像石，因此受到了学术界的特别关注，发表了不少研究文章和著作，而且至今仍有同行在进行综合性的研究，想来在今后不久会有更高学术价值的专著问世，这是我们所最希望的。不过我们亦想借此谈谈对画像有关的一两个问题，期能收到千虑一得之效而已。

关于阙砖和出行画像是否能反映墓主之生前经历？我们所见的有关考古报告或文章中，多认为是肯定的。我们认为不能简单地说这一看法的是与非，而是应根据墓主的具体情况，即是说要以墓葬的规格结合当时能明尊卑的舆服制来予以分析后，才能答出其是与非。例如墓前立有阙者，其墓主生前就是曾任过二千石的官职，否则就不是。因为汉制规定墓前立阙者当是生前有任职二千石经历的墓主，而二千石以下之官死后是墓前不得立阙的。所以羊子山1号和昭觉寺东汉墓的墓主生前若曾任官职则肯定不会为二千石，盖两墓前均无阙耳！有的报告认为墓内前部嵌有双阙画像砖者，就可以表示其墓主生前之社会地位，这亦是不正确的。关于墓阙的问题，在《汉魏六朝墓铭纂例》里有记，其大意是：墓道外左右立石阙也，古人即题姓氏讳官爵于上，以表识之。两阙分书其所历之官。又有记载认为，两阙间为神道，供墓主死后成神进出墓室之道。上述两种记载，均当是墓阙之用途。不过1986年，在简阳县鬼头山崖墓出土的3号画像石棺，棺身左侧刻有天门图。图中部为单檐式连接双阙，其顶两侧各站立一凤鸟。阙门内站立一人，作迎谒状。阙上方榜题“天门”。阙左侧榜题“大司”。画像右侧是一座干栏式建筑，其右有一鹤安详站立。建筑上方榜题“大苍”，当即太仓。这可能是当时立阙的主要意图，即墓主灵魂可以经此门升天成神，故称阙为天门。这当然是 种美好的幻想。所以一般地位低于能立墓阙的死者，但亦是希望能经天门升天成神，故在墓室前部左右各嵌一画像阙砖，象征双阙“天门”而能经此升天成神，羊子山1号墓即是如此。无论是墓前真阙，抑或是墓内嵌象征天门之双阙砖，均是不能成为现实的，而仅是求得思想上的安慰罢了。所以我们认为不能以墓内象征性的天门双阙砖来作为推断墓主生前政治地位的依据。

再就出行画像而论。这幅出行图的规格是比较高级的。现在我们来研究一下出行队伍的组合。队前有二伍伯导行开路，伍伯，《古今

注》说他是“五长之伯”，有类今军队中之班长。以后有数目不等的导骑、骑吏、导从、步从、骑吹、伍伯，这些均为高官出行的仪仗之属。另有轺车、辎车、安车组成。轺车，《史记集解·季布传》云：“徐广曰：马车也。”《索隐》：“案：谓轻车，一马车也。”当然这是低级别的一般车辆。辎车，在《事物异名录·器用·碓》说“水碓曰辎车”，这是同名异物用于捣米的器具。《汉书·景帝纪》：“令长吏二千石车朱两辎，千石至六百石朱左辎。”“辎”义有不同之说，如《景帝纪》颜注引应劭之说：“车耳反出，所以为之藩（通辎）屏，翳尘泥也。然后非其说。”另一是《广雅·释器》：“辎，箱也。”疏证：“两辎谓之箱。”《广韵》亦云：“辎，车箱。”这里不必究其两说之是与非，总之是均指车之两侧。据此我们可以认为辎车有三：其一，两千石车朱两轮；其二，千石至六百石朱左轮；其三，当为不朱两轮的一般辎车。本图有车二辆，一辆驾两马，一辆驾一马。我们认为：驾一马者可能是两轮不涂朱的一般辎车；驾两马者则可能是朱左轮的辎车。总之，图中之辂车和辎车的乘车者身份地位虽有尊下之别，但均为陪同出行人员之属。安车，《后汉书·舆服志》：“坐乘曰安车。”按，《周礼·春官·御史掌邦国》“王后五路安车”，注云：“安车，坐乘车，凡妇人车皆坐乘。”又《三礼义宗》云：“安车者，后朝夕见于王所乘也。”可见安车初为妇人所坐乘之车，后来王亦朝夕所乘其车。此外，《礼记·曲礼上》云：“大夫七十而致士，若不得谢，则必赐之几杖，行役以妇人，适四方乘安车。”此又说明古代人到七十岁就要改乘比较安全的安车，是一种敬老尊贤之异数耳。再看看汉代的安车。《汉书·武帝纪》云：“遣使者安车蒲轮，束帛加璧，征鲁申公。”注：“师古曰：以蒲裹轮，取其安也。”因为申公当时已逾八旬，若应武帝之聘，则必长途乘车，其老弱之身势难承受，故以蒲裹轮以确保平安。再就同书《儒林·申公传》所云：“（臧）乃言师申公，于是上（武帝）使使束帛加璧，安车以蒲裹轮驾驷迎申公，弟子二人乘轺车传从。”可见申公所之安车为四马所驾，与本图之四马安车为同一级别的车。不过此车是否与《后汉书·舆服志》里所记的“皇太子、皇子皆安车朱班轮”同级，那就待于进一步的考证了。图中之四马安车，其车级别当然要高于图中千石至六百石之官所乘的二马辎车，那么乘四马安车者自然就是二千石之官了。据此，认为乘四马安车者即是墓主，这也是可以的。因为，墓主族人为其营造墓室时，雕制画像的人物活动、生活场景里，当然以墓主人为中心来体现的。所以，本出行图里的中心当然是乘四马安车者也就是墓主人。可是若据此认为，出行图中所表现出的墓主官职，即是其生前曾任官职，那就不一定正确了。因为，按一号墓的葬制来看，若一号墓主生前曾任二千石之职，其墓前必建墓阙，而此墓前并未建阙，仅在墓的甬道前部两侧壁相对各嵌一块画像阙砖，象征天门而已。所以我们认为出行图中墓主乘四马安车，并不能证明墓主生前曾任二千石之职。而这种情况的出现，不过是这些人借此以求得虚荣心未能实现的一点安慰而已。

关于秘戏与高禖：这两词的内容均是交媾之意，系本于《易·系辞》：“天地絪缊，万物化醇。男女构精，万物化生。”既然同意，何得异词呢？据我们所知，秘戏大约出现在汉代，《汉书·周仁传》：“以是得幸入卧内，于后宫秘戏。”后来在《艺林·山伐》云：“徐陵与周宏让书：优游俯仰，极素女之经文，升降盈虚，尽轩皇之图势。则宋人画苑春宵秘戏图有自来矣。”又称为春宫、春册。秘戏之义，从现象看，乃是男女交媾以满其欲。余友张勋燎教授曾见告：“秘戏当与道教之房中术有关。”我们认为其说甚当。所谓房中术，在《汉书·艺文志》中著录房中八家，即：“《容成阴道》二十六卷、《务成子阴道》三十六卷、《尧舜阴道》二十三卷、《汤盘阴道》二十卷、《天老杂子阴道》二十五卷、《天一阴道》二十四卷、《黄帝三王养阳方》二十卷、《三家内房有子方》十七卷。”书均早佚，各书内容虽不详，大抵皆言阴阳交合及种子之术。房中术之名，盖始于此。此外，谈及房中术者有《抱朴子·极言》《博物志·方士》《辍耕录·房中术》《琅琊代醉编·房中》等书。

高禖与郊禖同为同义神名，《礼·月令》“以大牢祠于高禖”，祀之以求嗣者也。郊禖，《诗·大雅·生民》云“以弗无子”，传云：“弗，去也。去无子，求有子，古者必立郊禖焉。”陈奂传疏云：“郊禖即禖，宫于郊故谓之郊禖。帝高辛氏已有之。故传云古者必立郊禖焉也。周人以帝高辛妃姜嫄，立其庙以为禖宫，故又谓之高禖。”可见郊禖即高禖也，且均是以求嗣为目的。

从上述所引之记载来看，秘戏与高禖，二者形象虽然相同，但其义有别，且各自均有其产生发展的不同情况，故不能混为一谈。再结合考古发现的资料而论。秘戏画像砖、画像石均有，本文所介绍之羊子山一号墓画像石上，即有一段家居图，当即是秘戏图，此图秘戏乃是活动于室内，画像砖上之秘戏亦如此，故对此一般均定为秘戏图，这是正确的。后来发现的画像中有男女交媾于野外林中，对此有的仍定名秘戏，有的则定名为野合图。而俞伟超教授在《中国百科全书·考古学卷》中提出秘戏图应是高禖图之说。我们认为，所谓之野合图，正是与俞氏所说高禖郊祀求子之义相符，所以我们同意将野合图改定为高禖图。但不同意把室内秘戏图改为高禖图，即前文所论两者之义判然有别，且其环境地点是一在室内另一在郊外，故不能混淆耳。

后记：本文撰写中，在检阅有关考古发掘报告时，有不少曾与我们战斗在羊子山考古岗位上的老师、同志的名字，便重现在眼前，计有：汉骥师、杨有润、沈仲常、于豪亮、刘志远、唐淑琼、陆德良、赖有德、付汉良等。不幸天不悯人，他们均已先后乘鹤西归了，致使我们勾引起了当年永别时的悲伤情景和现在的无限怀念。他们为四川的考古事业战斗至生命的最后时刻，做出了重要贡献，是有功之臣，是我们学习的榜样，自当铭刻在心，永志不忘。本文即是在其业绩的基础上写成的，谨将此文奉献给他们，聊表缅怀之意，并慰其在天之灵。此外，本文所用之原始考古资料，均系杨秋莎同志提供，特致以衷心感谢。

（原载《四川文物》2002年第4期）

大足《韦君靖碑》与韦君靖史事考辩[①]

韦君靖为唐末川渝地区一位重要历史人物，在前蜀开国史上曾发挥了重要作用，同时亦是世界文化遗产大足石刻的开创者。研究唐末川渝历史，尤其是前蜀王建在两川的崛起史以及大足石刻的开创史，不可不研究韦君靖其人其事。然而，有关韦君靖的生平史事，新、旧《唐书》皆不见载，唯大足北山摩崖石刻中有《韦君靖碑》记载较为详尽，所述史实可补史籍记载之遗缺。因机缘巧合，偶得《韦君靖碑》清代拓片一幅，估计为清嘉庆二十四年正月大足县令张澍考察《韦君靖碑》时所拓（现已由成都永陵博物馆收藏）。本文拟据碑文及有关史书记载，对韦君靖在唐末两川若干重大事件中的活动史实做考述如下。

在大足北山佛湾，其5号龛"毗沙门天王"造像即为韦君靖造像，韦君靖身着戎装立于龛中。龛高2.54米，宽1.12米，深0.30米。据《勾龙城碑记》，此造像为韦君靖部将在降前蜀之后为韦君靖造立。该造像右侧石壁上摩崖刻有《韦君靖碑》（亦名《韦君靖永昌寨记》，北山石刻编号第2号）。碑高2.73米，宽3.40米，碑首作小平顶。碑文文字分布在高2.24米、宽2.90米范围内，分上下两部分：上部为该碑正文，

① 本文由王家祐、徐学书合著。

碑文从左至右正书51行，每行31字，字径5厘米。下部为依官阶所刻"节级将校题名"，题名从左至右正书102行，共计129人之官阶、姓名，字径2厘米。该碑碑首题："金紫光禄大夫、检校司空、使持节都督昌州诸军事、守昌州刺史、充昌普渝合都指挥、静南军使兼御史大夫、上柱国、扶风县开国男、食邑三百户韦君靖建。"建碑时间据碑铭为："大唐乾宁二年（895）岁次乙卯十二月癸未朔十九日辛丑记。"撰碑文者为唐静南县令胡密。该碑内容在明曹学佺《蜀中名胜记》中有载，但有省略。《金石苑》录其全文,《重修大足县志》收录全文并加校补，今人亦累有做校补、研究者，虽有补正，然据拓片仍有文字脱漏或误字。且据拓片，碑文字体自"悉登汉相之门其"字之后"拯绥四方乃如此也"等字以下有变，力度、构架皆不若前，应为后人重刻，故知后文中"王衍之冰壶转莹"句"王衍"二字当为后人重刻时所改。

据《韦君靖碑》及《四川通志》，唐僖宗乾符元年（874）黄巢农民起义爆发，中原"旱蝗相继，兵戈四起"，荣昌县令韦君靖"睹兹遐僻，民不聊生，遂合置义兵，招安户口，抑强扶弱，务织劝农，足食足兵，以杀去杀"。此后，韦君靖在两川地区参与了多次重大战事。

首先是平韩秀昇之乱。碑文记载："洎黄巢侵陷京阙，銮舆出幸成都，四海波腾，三川鼎沸。韩秀昇勃乱黔峡，侵轶巴渝。公乃统率义军，讨废逆党。值秀昇尽抛舟楫，围逼郡城，公乃详度机宜，上下拦截，依山置阵，背水布兵，两面夹攻，齐心翦扑，贼势大败，我武益扬。渝牧田公备录奏闻，进忠节检校御史大夫、除拜普州刺史。"按新、旧《唐书》及有关史料[①]记载，唐广明元年（880）十二月，黄巢农民军攻破长安，唐僖宗仓皇逃往成都。中和二年（882）七月，唐涪州刺史韩秀昇见朝政腐败，举兵攻取东川节度使巡内重镇黔州（治今重庆市彭水县，唐黔州都督府驻地），继又占据涪州，进而截断峡江水路，然

① 本文所涉及有关史实，参见新旧《唐书》《资治通鉴》《旧五代史》《十国春秋》《蜀梼杌》《九国志》《锦里耆旧传》《蜀鉴》有关记载。

后要挟朝廷授予黔中观察使职。十月，西川节度使陈敬瑄遣庄梦蝶为招讨使、胡弘略为应援使统兵讨伐韩秀昇，皆为所败，致使关系流亡朝廷命脉的江淮贡赋阻断，云安、淯井盐路不通而导致乏盐，严重危及流亡朝廷的生存。中和三年，三峡以西沿江的夔州（治今重庆市奉节县）、万州（治今重庆市万州区）、忠州（治今重庆市忠县）诸城尽为韩秀昇所得。据《韦君靖碑》记载，韩秀昇又溯江而上，直攻渝州（治今重庆市），为韦君靖率兵击溃，此段史实为诸史所漏载。韩秀昇在渝州受挫后，估计兵退峡路，继为陈敬瑄遣西川将高仁厚领兵聚歼于江上，韩秀昇为溃兵所执，献降于高仁厚，被槛车押送成都处斩。设非韦君靖于渝州击溃韩秀昇，倘使渝州为韩秀昇所得，则西川危矣，流亡朝廷亦危矣。韦君靖此役对唐朝廷可谓功莫大焉，故渝州刺史奏闻其功，韦君靖得以由荣昌县令晋升检校御史大夫、普州刺史。

其次为当杨师立反唐时收复合州。碑文接着记载："时值川帅效逆，将臣专征，公乃收复合州，绝其枝蔓。恩旨加右散骑常侍，除拜合州刺史。"按诸史载中和四年，东川节度使杨师立因陈敬瑄遣高仁厚讨韩秀昇时许高仁厚大功告成后封以东川节度使之职，又闻陈敬埴要求唐僖宗诏已以东川节度使兼右仆射，怒而移檄数陈敬瑄十条罪状，并举兵攻绵州，且檄剑州刺史姚卓文共攻成都，唐僖宗下诏削杨师立官爵。所谓"川帅效逆"即指杨师立之反。由碑文可知，东川节度使属下的合州响应了杨师立，而同为东川节度使属下的普州刺史韦君靖不仅未响应杨师立，且举兵平定合州，为朝廷收复了合州。故韦君靖得以再拜合州刺史。此役在有关史籍中皆未载。

再为援王建所统唐讨逆军，大败山行章所率西川兵马于新繁之役。碑文又载："洎郑君雄仆射失律广汉，山行章尚书攻围当州，故府主太尉丞相顾公累降命旨，频招援应。公统领精锐二万余人，虔告耆龟，申令士卒，并破二十七寨，杀戮五万余人，大振威声。上闻伟绩，授工部尚书，拜当州刺史，充昌、普、渝、合四州都指挥使、静南军使，累

加刑部尚书、左仆射。公以临郡岁久，乃思退居，上表陈情。诏旨褒奖，特许量留，加金紫光禄大夫、检校左仆射、扶风县开国男，食邑三百户”。据《新唐书·高仁厚传》记载，郑君雄本东川节度使杨师立部将，杨师立反，遣郑君雄率兵据德阳北之鹿头关拒西川大将高仁厚所统唐讨伐军。高仁厚兵围梓州（东川节度使驻节地），郑君雄哗变，杨师立自杀，郑君雄斩其首降高仁厚。高仁厚继为东川节度使，以郑君雄为遂州刺史。光启二年（886），高仁厚遣郑君雄率兵攻西川陈敬瑄，陷广汉，进逼成都。陈敬瑄遣部将李顺之逆战，郑君雄败死。陈敬瑄又遣维州（治今理县杂谷脑）、茂州（治今茂县）羌兵攻高仁厚并杀之。而据碑文，郑君雄并未战死于此役，而是战死于韦君靖应顾彦朗之招率援军驰援、大败山行章并杀戮五万余人之役的前夕。按史籍记载，光启三年（887）正月，顾彦朗受诏命出任东川节度使。陈敬埴遣官阻挠并夺其旌节，使顾彦朗不能到任。接着，陈敬埴又诬告顾彦朗兴兵犯其西境。后在朝廷干预下，顾彦朗方得以赴梓州就任。陈、顾之间由此生隙。顾彦朗就任东川节度使后，郑君雄自然成为顾彦朗部将。同年十月，山南节度使巡下利州防御使王建夺取阆州及利州，自称刺史。顾彦朗与王建曾于唐军收复长安、破黄巢农民军战役之时两军相闻，因惧王建侵暴东川之境，交好王建。十一月，唐昭宗继位，陈敬瑄叛唐。陈敬瑄恐王建与顾彦朗亲近而合兵图已，利用王建在神策军时为其胞兄、时任西川监军的田令孜假子的关系，招王建赴西川。王建将家眷托付顾彦朗，自领二千精兵赴成都，于鹿头关为陈敬瑄所遣军队阻于关外，怒而发动战争破关而入，拔汉州（广汉）、德阳。十二月，顾彦朗以其弟顾彦晖为汉州刺史，发兵助王建，合兵五万急攻成都三日，不克退兵，还屯汉州。陈敬瑄告难于朝廷，唐昭宗遣使宣谕和解。王建奏请朝廷择大臣帅蜀。文德元年（888）十月，朝廷命宰相韦昭度为西川节度使，调陈敬瑄入京充禁军龙武军统军。陈敬瑄拒绝更代，公开反叛朝廷。十二月，朝廷下诏顾彦朗与王建合势讨伐陈敬瑄并削夺陈敬瑄官爵，命韦昭度为讨逆军行营招讨使，顾彦朗为行军司马，王建为永平军节度使兼行营诸军都指挥使。王建率兵攻彭州，陈敬瑄遣眉州刺史山行章将兵五万救彭州，屯新繁，与彭州守将杨晟互为犄角，并保成都。龙纪元年（889）正月，王建军大败山行章军于新繁，杀获近五万人，横尸四十里，山行章仅以身免。陈敬瑄再发兵七万增援山行章，屯濛阳、新都，与王建相持百余日。至十二月，王建再败山行章及西川骑将宋行能于广都（治双流县中兴镇），宋行能奔还成都，山行章退守眉州，并于数日后降于王建。按王建、顾彦朗奉诏合兵讨伐陈敬瑄时，汉州刺史为东川顾彦晖。《韦君靖碑》所言"郑君雄仆射失律广汉，山行章尚书攻围当州"，应指文德元年十二月王建攻彭州时，山行章率援军救援所发生战役。文献记载山行章率援军救彭州，未赴彭州而屯军新繁。按新繁与广汉地近，山行章当系采用"围魏救赵"战术，攻围汉州以解彭州之危。山行章军攻围广汉，身为东川将领的郑君雄兵败阵亡。《九国志·张勍传》记"时（王）建累为山行章所困，勍每临阵，援槊蒙轮杀十余人，敌为之稍却"，亦当指此时。碑文中山行章围攻的"当州"非指唐朝设于今松潘县境的"当州"，而应与上句"郑君雄仆射失律广汉"的"广汉"呼应，系指广汉。"当州"之意乃指"所在州县"或"该州"。碑文下文中的"拜当州刺史"及"节级将校名录"中的"当州军府官节级"之"当州"皆为此意。这种用法，《在唐秦温买地券》中有"就当县界普安乡"句，在《唐任铉墓志》中有"祖（选）父（绍）皆为当州军事押衙"句。顾彦朗的军队未与陈敬瑄的军队在今川西北岷江上游地区作战的记载，且唐朝设于松潘县境内的"当州"在唐德宗大中年间便已没于吐蕃，亦证明碑文中山行章围攻的"当州"非川西北之当州，而是"该州"之意。"故府主太尉丞相顾公"所指无疑为任东川节度使的顾公。而由此句亦知韦君靖本东川节度使部将。按《韦君靖碑》立于乾宁二年十二月十九日，时东川节度使为顾彦晖。当此之时，王建为并东川，遣华洪（王宗涤）攻东川，华洪大败东川兵于梓州东之楸林，俘斩

数万，围梓州，顾彦晖不敢出战。若韦君靖是在此时应顾彦晖之召率兵援应，不得称顾彦晖为“故府主”。既称“故府主”，应指顾彦朗。文献中无韦君靖以东川将领身份将兵出征大败王建西川兵马“并破二十七寨、杀戮五万人，大振威声”之事。且在文献记载中，作为王建此次攻东川的统兵将领是华洪，未言有山行章。而从碑文中看，是因山行章将兵围攻“当州”，韦君靖方应顾氏之招援应并败山行章所将兵马“杀戮五万余”。再据文献记载，顾彦朗与王建合兵讨伐陈敬瑄，大顺二年（890）八月王建攻下成都，九月顾彦朗便去世，十二月朝命顾彦晖继为东川留后，至景福二年（893）初授朝命为东川节度使。自山行章降王建后至乾宁二年十一月，王建与东川顾彦朗、顾彦晖之间一直和平相处，并无战事。由碑文可知，韦君靖是在山行章围攻广汉、郑君雄于广汉兵败身亡、王建与顾彦朗联军为山行章所困情况下，受顾彦朗累次召援之命，率所部二万余人救援，最后与受困的王建、顾彦朗讨伐联军于新繁大败山行章，杀戮五万余人（全歼山行章所率五万西兵马，故史载山行章仅以身免）。史籍关于此役只载陈敬瑄遣山行章将兵五万屯新繁以救彭州，并与彭州扬晟呼应，成掎角之势，未记山行章将兵围攻广汉一事，故通常认为山行章屯兵广汉是被动防御。而今据碑文来看，应是先有山行章围攻广汉的王建、顾彦朗讨伐联军，而后讨伐联军得韦君靖增援解围并大败山行章于新繁。韦君靖以荣昌县令安定一方，因破韩秀昇攻渝州而拜普州刺史，因杨师立反唐率兵攻取合州加守合州刺史，应顾彦朗之招率兵援王建、大破山行章兵马再拜昌州刺史加守渝州刺史，总领昌、普、渝、合四州都指挥使，并置静南军，以韦君靖为静南军节度使，驻节昌州。

碑文又载：“公以海涛未息，云阵犹横，常厚驱胁左绵，戴实奔冲遂府。使牒呼逼，边徼征行。然则士马虽精，其如城栅未固。思大易习坎之义，征王公设险之文，乃于景福壬子春正月，卜筑当镇西北维龙岗山，建永昌寨。”按常厚本秦宗权部将，后为大宦官杨复恭假子，改名杨守厚，授绵州刺史。《新唐书·成汭传》：“（秦）宗权余党常厚攻夔州……厚奔万州，为刺史张造所据，走绵州。”《新唐书·杨复恭传》：“复恭又以假子守贞为龙剑节度使，守忠为武定节度使，守厚为绵州刺史。”《九国志·王宗侃传》：“绵州刺史常厚夺留东川顾彦晖旌节。”《新唐书·顾彦朗传》：“会彦朗卒，彦晖自知留后，明年为节度使，中人送节，为绵州刺史杨守厚所留。”可见常厚即杨守厚。“左绵”为绵州别称。《方舆胜览》：“以绵水经其左，故谓之左绵。”《锦里耆旧传》：“常厚自峡中率兵据左绵。”据史籍记载，大顺二年八月王建入成都，十月朝授王建为剑南西川节度使（韦君靖授封当亦在此月）。同月，杨复恭反叛朝廷，其假子杨守亮（兴元节度使）、杨守忠（武定节度使）、杨守贞（龙剑节度使）及绵州刺使杨守厚举兵抗拒朝廷。十二月，朝廷授顾彦晖为东川留后，遣使赐旌节，使节过绵州时为杨守厚所囚并夺旌节，发兵攻梓州。顾彦晖向王建求援，王建派兵救东川。景福元年四月，杨守厚败退绵州，还顾彦晖旌节。王建早有夺东川之心，顾彦朗在时王建不便行动，顾彦朗去世后，王建便欲夺东川。值此时机，王建便欲借援东川而一并夺取东川，因王建所遣救援将领之一的王宗弼与顾彦晖有旧而将王建密谋告知顾彦晖，导致此次兼并东川未果。而据《韦君靖碑》碑文，顾彦晖不仅向王建求援，同时亦要求韦君靖出兵救援。然而，却在顾彦晖危急之际、王建发救兵赴东川之时，构筑工程浩大的永昌寨以为固守之计，历时四年才完工，事颇蹊跷。且碑文中称顾彦晖的求援为“使牒呼逼”，言词对顾彦晖缺乏敬意且颇有不情愿之意，而不若前文称顾彦朗的求援“故府主顾公累降命旨”句带有对顾彦朗的敬意。后来，自乾宁二年十二月至四年十一月王建攻东川顾彦晖战事中，始终未见韦君靖参与，韦君靖当早已暗降王建或与王建达成协议，故于王建攻顾彦晖之时不见韦君靖增援顾彦晖。而韦君靖受顾彦朗之召率兵出征，助王建大败山行章所将兵马，则为韦君靖与王建相善之始。大顺二年八月王建入成都，王建、顾彦朗联合讨伐战争以胜利结束。九月顾

彦朗去世，十二月王建借援顾彦晖之机欲并东川。次月韦君靖建永昌寨。碑文中“公以临郡岁久，乃思退居，上表陈情”，应即发生于王、顾联合讨陈战争胜利、韦君靖因功授封（当在十月）至十二月之间。似韦君靖已然知道王建将兼并顾彦晖，自己将处于王建、顾彦晖相争的两难选择境地，故欲逃避。然韦君靖上表请求退居未获唐昭宗恩准，王建又已然开始兼并顾彦晖的行动，因而韦君靖于景福元年正月建永昌寨，所谓“思大易习坎之义，征王公设险之文”即明确表明了韦君靖设险自守的心态。韦君靖建成永昌寨之后，以数万军队、储十年之粮，却于王、顾兼并战中无一事涉及，似亦可说明身为东川节制将领的韦君靖与王建有所默契。景福元年八月，凤翔节度使李茂贞据有兴元府，欲染指两川。李茂贞知顾彦晖与王建有隙，遂拉拢顾彦晖。景福二年春，王建大败李茂贞、顾彦晖军队于利州，顾彦晖与王建讲和而与李茂贞绝交。乾宁二年五月，李茂贞、王行瑜、韩建三镇领兵入长安，河东节度使李克用以“三镇犯阙”为由兴兵讨伐。昭宗皇帝出奔石门，诏命王建、顾彦晖举兵勤王。王建率二十万大军赴难，抵绵州。十一月，王建部将王宗侃夺得李茂贞辖地利州。十二月，王建以顾彦晖不发兵赴难，反掠夺西川军辎重，奏请兴兵讨伐。接着，王建遣华洪攻东川，大败东川兵于楸林，俘斩数万，拔楸林寨。同月，李茂贞辖下阆、蓬、渠、通四州皆降王建。顾彦晖退守梓州不敢出战。乾宁三年正月，东川辖龙州为王建部将王宗夔攻拔。润正月，果州刺史降于王建。唐朝廷遣使和解两川，王建撤兵回成都，但仍与东川陈兵对峙。乾宁四年二月，王建遣华洪与王宗祐将兵五万攻东川。同时，王宗侃取渝州，降刺史牟崇厚。凤翔将李继昭发兵救梓州，留偏将守剑门。王宗阮、王宗播亦分取泸州、剑门。唐朝廷再次遣使和解两川。五月，王建亲自将兵五万攻东川。六月，克梓州南寨。八月，王建与顾彦晖两军五十余战。九月，王建兵围梓州。十月，遂州刺史侯绍率二万兵马降王建。接着，知合州王仁威率部下千人降王建、凤翔将李继溥以援兵二千降王建。十一月，顾彦晖自杀，王建入梓州。于是，王建尽有两川之地。韦君靖修永昌寨完成记功之时是乾宁二年十二月十九日，此时正值华洪大败东川军队于楸林、进围梓州前后。就东西两川之战中东川各州守将多降于王建来看，韦君靖欲守中立恐非可能。乾宁三年夏，荆南节度使成汭部将许存引兵拔渝、涪二州。渝州本为韦君靖节制地，设非韦君靖已自动放弃，恐不易失守。乾宁四年王宗侃再取渝州，渝州刺史为顾彦晖部下。是知乾宁三年至四年春，渝州早为韦君靖所放弃，而顾彦晖则不能不据以自固。乾宁四年知合州王仁威降于王建，合州亦本韦君靖节制之地，而王仁威乃顾彦晖部下，其可以自动降于王建，则合州亦早为韦君靖所放弃。由渝、合两州降王建形势可以窥见韦君靖之建永昌寨乃是志在固守而非图强，渝、合二州已不属韦君靖节制最为可能。华洪于乾宁二年底攻围梓州，因朝旨罢兵，即以其军转取昌、普等州，时在乾宁三年初。韦君靖之降王建，最迟当在华洪取昌州之前，即乾宁三年春夏之前。反之，若韦君靖战死于华洪取昌州之役，应有明记，若降于此时，亦当有记。由韦君靖战、降两不记，亦似韦君靖之降王建尚在乾宁三年之前。碑不书为韦公碑而书为韦君靖碑，似有隐衷。民国《大足县志》载有二则昌州刺史造像记，皆书为王宗靖造，王宗靖应即韦君靖。

民国《大足县志》云："……然其将校如赵师恪、杜审能（杜审言？）等，皆题碑下者。犹得于乾宁三年及永平之际造象（像）于北山。似君靖烛见于先，洁身自去。故建谅其部属，仍予收录。而王翼、勾龙诚辈，于一百二十八年之后备闻隐之详，称公之志不在爵禄。又云公之风采稜稜，无愧云耳。亦似美其上不失臣节，下不遗地方糜烂之患。"此段志文极为重要可信。惜未录《勾龙城残碑》全文。

乾宁三年及王建永平之际（911—915），韦君靖部下尚多造像于北山。宋宣和五年（1123）《勾龙城残碑》云："韦君靖部下于蜀中图其像以为祷念。若其据战，岂得有部从皆善终而得以祈其像于蜀中者。"由此证之，韦君靖当降于王建，即王宗靖也。

民国《大足县志》卷一《山脉下》载王宗靖石刻造像题记二则，其一为："乾宁三年九月二十三日，检校司空、守昌州刺史王宗靖，敬造救苦观世音菩萨、地藏菩萨一龛。右为故何七娘镌造。常愿承此功德，永生西方，受诸快乐。"又一为："节度左押衙、充四州（原作川，误）都指挥、兼昌州军事、银青光禄大夫、上柱国王宗靖造三世佛一龛。"这二通王宗靖造像，当是韦君靖改名为王宗靖后的造像。它们是《尊韦君靖碑》碑文中所述"（韦）公又于寨内西翠壁凿出金仙，现千手眼之威神，具八十种之好相……所谓皈依妙门者焉"的继续。也是碑文所述"乃思退居，上表陈情"，欲在王、顾两军间保持中立的思想反映。王宗靖造像记中所列官爵勋级甚隆，绝非王建一时所任之普通刺史，舍原地豪强韦君靖莫属。试检当时王建所命诸将，仅署以军职而绝无朝廷勋爵，即知此带唐室封号衔之王宗靖绝非单纯由王建任命者。二题记所列官衔又略减于韦君靖之原衔授。节度押衙已减于节度昌、普、渝、合四州之实职，银青光禄大夫亦稍减于金紫光禄大夫。试以韦君靖碑首行所述官衔与题记互校，即知题记所称多即韦君靖原官略加减削。王建仅有西川及东川部分州县，故碑中所题"扶风县开国男、食邑三百户""金紫光禄大夫"及"静南军使"皆因唐制从略。

史载王建共收假子120人。王建所收诸假子，多就其原名前加以王氏姓氏并以宗字为辈。如王宗弁本姓鹿名弁，王宗本原名谢本，王宗绾本姓李名绾，王宗儒原姓杨名儒，王宗朗本姓全名师朗，王宗矩原姓侯名矩。凡此命名，皆可印证王宗靖本名靖。再结合刻于乾宁二年十二月白韦君靖碑载时任昌州刺史的为韦君靖，而乾宁三年九月王宗靖造像题记中时任昌州刺史为王宗靖，无疑王宗靖即韦君靖。由此，至迟在乾宁三年夏韦君靖已正式降于王建并成为王建假子之一。而据碑文中凡称公处皆空一格以示尊敬，胡密撰述之语亦云为部属颂德所立。《蜀中名胜记》及民国《大足县志》皆录称为"韦公碑"。碑名刻为"韦君靖碑"，甚属不通，大约碑文刻石之时韦君靖已暗降王建，因不称"韦公"矣。

至于韦君靖的家世出身，碑文称为“京兆公，陶唐氏之裔”，此盖述其祖籍郡望，非即为京兆人。在《合川县志·韦君靖传》中将韦君靖名下籍贯空出，盖以其本人非京兆人而有阙疑焉。碑下题名将校中有韦氏二十三人，其中君字辈八人，是知韦氏乃荣昌土豪大族。其郡望出京兆，其籍贯隶荣昌。韦君靖以乡土豪杰“合置义兵，招安户口”而雄起一方，为唐末军事中常事。孙光宪《北梦琐言》记柳玭谪授泸州郡守，玭言：“巴蜀多故，土豪崛起。”同书又记柳玭经马骁镇时，“土豪赵师儒率乡兵数千，凭高立寨。刑讼生杀，得以自专。本道署以军职”，皆一时崛起之豪杰而有军职者。

（原载《四川文物》2003年第5期）

泸县宋墓“朱雀”初释

一、泸县朱雀（大鹏鸟）

泸县宋墓石棺所刻“朱雀”[①]大异于所见东汉石棺朱雀。一般代表南方之火鸟见于东汉石棺脚端者有三种形象：（一）半开门内站一女子（芦山县王晖石棺为代表）。此图沿用至赵宋朝（宋仙人铜镜）。其沿用千余年的文化底蕴可能始于《易经》兑卦，表示乾卦之一阴生而象征“少女”之“兑”。阴生于“夏至”，其时为“午”（卦配方位），故阳极而为火之初爻变为中爻之“离”（䷝）。两门户中立一少女亦离卦之象。故朱雀、火鸟又称离明。《张大千临敦煌壁画》有西魏时代之“离娄”为长尾小雀。（二）朱雀，全形如凤。长颈，头有新胜立羽，尾长丽展如雉（新津崖墓石函）。（三）凤皇与雉（雄野鸡），不同之处是尾部长大而有凤翎圆标。另有代表太阳之三足鸟[②]（火鸟，见彭山二号石棺）。

---

① 四川省文物考古研究院、成都市文物考古研究所：《泸县宋墓》，文物出版社，2004年。

② 参见高文、高成刚：《中国画像石棺艺术》，山西人民出版社，1996年。

泸县宋石棺“朱雀”大鹏鸟形象特殊。全形人首胖身，矮脚（人兽腿脚）。头颈、胖身、腿脚各约三段（略等高）。双翼阔张（宽高皆大于躯体），颈之左右（翼后）又有两辅翅，腿后有两尾分拖翼后下。头面似人而嘴作鸟形（夏禹鸟啄），发式特别，耳上中长发分卷于顶后，压蓬于顶之两侧，双耳下直长发分披于两肩（头形如狮）。身布鳞纹（作指甲向下状），短腿下只见三趾（或后两趾不能见）。大鹏正面立于长卷云上，中部卷云朵，两端翅展有似般头（横云全形似横船）。头发式样特别，双翼鸟羽清晰，全身皆鱼（龙）鳞与羽毛不同。亦兽（麟）亦鸟。《中国汉画图典》（浙江摄影出版社1992年版）中有山东费县正面立鸟（651页）、山东沂南正面立鸟（652页），与泸县大鹏同形，虽特别而非独现。

二、大鹏金翅神鸟

“朱雀”代表南方的火（离明），也是太阳崇拜（日中金乌）的化身。南方丙丁火，太阳为无上的火。

大鹏金翅鸟是佛的护法，天龙八部之一，名曰迦楼罗。迦陵频伽译意为“妙声鸟”，生于雪山，本为歌舞之神。佛教另有“紧那罗”歌神与乾闼婆乐神。佛教有二十天，后加四种“天神”为二十四天。后四天：紫微大帝、东岳大帝、雷神、紧那罗，或出于道教，可知在文化交流中有多元互补情况。佛教妙音神成为驱啄毒龙之护法神。在东汉崖墓中有乐山柿子湾“尹武孙”墓的“大鸟啄蛇”雕刻。此处定为金翅鸟还有一重要旁证：在泸州市郊“蛮子湾”东汉石棺南端（崖墓）刻有双头“共命鸟”（鸟身双头作男女像）。印度称为“耆婆耆婆”（生命鸟）。泸州东汉及泸县宋石棺以印度生命鸟与金翅鸟为“朱雀”，是东汉佛教典故普及的表现[①]。

① 参见陈雪静《迦陵频伽起源考》摘要，《敦煌研究》2002年第3期。

《阿弥陀经》曰："彼国常有种种奇妙杂色之鸟；白鹄（凤，非鹤）、孔雀、鹦鹉、舍利、迦陵频伽、共命鸟。闻是音者皆自然生念佛、念法、念僧之心。"

《妙法莲花经》卷六曰："山川岩谷中，迦陵频伽声，命命等诸鸟，悉闻其音声。"（诸鸟声音皆表"法音宣流"。）

迦陵频伽来源于古印度神话。它借鉴了古希腊、罗马神话中的有翼神祇（天使）的形象，是希腊、罗马、印度相结合的产物。印度古典记有音乐神Musikar寿命千年将死时，投入烈火中又再生的神话（凤凰涅槃）。公元前5世纪希腊亦有"凤凰鸟"（Phoenix）寿终时自焚，又从火中再生的神话。福尼克斯的形象如鹰，长着火红色和金黄色的羽毛。希腊神话中有半人半鸟的女神海妖（美人鸟）。《荷马史诗》说海妖有两个，稍后又变成三个。这与"三青鸟"中有"大鵹、少鵹、青鸟"相同。公元前4世纪，亚历山大东征，希腊神话进入了印度和中亚（美索不达米亚，伊朗高原）。公元前3世纪至公元1世纪印度孔雀王朝、阿育王时代，中印度仿于波斯的有翼神像，在北印度犍陀罗尼艺术中仍未失其装饰作用。米兰壁画中的有翼天使就是最好的证明。

迦陵频伽与共命鸟同出"雪山"（喜马拉雅须弥，昆仑）。后出的共命鸟与东汉"西王母"很类似：万里鸟翼上有西王母与东王公，三青鸟，昆仑山，夏朝的"大乐之野"。

三、火鸟与西王母论略

（一）西王母（膜、貘、獏、嫫母）在西疆数千年。黄帝时西王母（斗姥、西猪）派玄女助灭蚩尤。唐、虞时献来白玉管。夏禹"学于西王母（国）"。周穆王（前926—前922）会西王母首领于青海湖。汉武帝与西王母对歌（前140—前84）。不可能指"万世一系"的城邦女主，应当是西部的女王国（部落或城邦主巫）。有学者说：西王母是消灭波斯国王居鲁士（公元前530年）的伊朗马萨革大部落女王托米丽斯[①]，显然不能到周穆王时代。周穆王“重译而至”，汉武帝同语“合歌”也非一族。“西王母”有如“女国”。所在地因时因族也各有别。

（二）火与西王貘。商、卜辞（甲文）中早有西母与东母，是指晨曦与晚霞两个朝与暮的太阳。《大荒西经》西王母所居有“炎火山”。炎帝（姜吕）系赤松子（火红的松）及“雨帅妾”等相婚部落是以拜火为传统的。唐李冗《独异志》卷下记有伏羲与女娲（龙虎合婚）在昆仑山上“合烟”的故事。合烟，祭天的火堆（烧草木成烟，烟亦烟之原始），至今在汉族和兄弟民族中还多有新娘越火堆之习俗。西王母、斗母，彝语同音称“信姥”“德姥”。她是火鸟、三足乌的化身，代表太阳[②]。在道教中是“水中金”的“金母”，“坎中阳”之红铅（火）的元神。

（三）《神异经·中荒经》说：“昆仑之山，有铜柱焉，其高入云，所谓天柱也。围三千里，周圆如削。下有回屋方百丈，仙人九府治之。上有大鸟名曰希有，南向。张左翼覆东王公，右翼覆西王母。背上小处无羽一万九千里。西王母岁登翼上会东王公。故其柱铭曰：‘昆仑铜柱，其高入天，周围如削，肤体美焉。’其鸟铭曰：‘有鸟希有，碌其煌煌，不鸣不食，东覆东王公，西覆西王母。王母欲东，登之自通。阴阳相需，唯会益工。’”在佛经中说金翅鸟广三十六万里。此广翼之大鹏正是《庄子》说的鲲（月）与鹏（日）。

（四）西王母也是神媒，她的座位由龙虎构合即其象征[③]。黄帝次妃“嫫母”是龙凤呈祥的典型婚例。巴蜀与黄帝、夏禹有密切关系，故巴蜀文物中多有西王貘（蒙、岷）的崇拜[④]。华为黄帝美称，夏及其后裔

---

① 李铁匠：《大漠风流：波斯文明探秘》，云南人民出版社，2001年，第70页。

② 高福进：《太阳崇拜与太阳神话》，上海人民出版社，2001年。

③ 谭继和：《三星堆神禖文化探秘》，《四川文物》1998年第3期。

④ 魏崴：《四川汉代西王母崇拜现象透视》，《四川文物》2001年第3期。

匈奴皆崇拜太阳，当与中亚火鸟太阳崇拜有关[①]。

（五）泸县“朱雀”发式也算“蓬发”，又似“狮首”。在埃及，中亚神物中鸟兽合型甚多。川滇交界的泸沽湖女儿国的“干母女神”至今称“永宁狮子女神山”。

巴蜀、荆楚、吴越（长江）谷习以鸟船为“送魂鸟船”。泸县“朱雀”脚踏云朵，两端上翘形成船形，或与鸟舟有关[②]。

（原载《四川文物》2005年第2期）

① 唐善纯:《华夏探秘：上古中外文化交通》，江苏人民出版社，2000年。

② 万建中:《龙舟竞渡习俗渊源新探》,《四川文物》1996年第2期。

道教研究

巍山祠庙记

——附论南诏道教

南诏（蒙舍诏）始祖细奴罗发迹于云南巍山县的巍宝山，今山上有二十余座庙宇都是道教祠庙。这一群祠庙与四川青城山道观非常类似，给人的印象，这是南方五斗米道的神山。又巍山县其他地方也有一些道观。这些道观具有当地的民族与地方色彩，对探讨南诏的文化史很有助益。

一、土主庙

土主庙在四川最初是供祭古蜀王杜宇，传说：蜀王杜宇教民务农，巴（人）亦化其教。土主就是土地的主人，也是农神。巍山上的土主庙是供祭南诏王细奴罗，他躬耕于巍山，也是农神。南诏十三代皇帝就是十三个大土主。始祖细奴罗是最大的土主，他的庙特称为“巡山土主庙”。传说细奴罗的子孙死后，魂灵都要归到巍山的巡山土主庙，蜀人魂归“天彭阙”与彝族必送魂回到祖山是一致的。汉族魂归泰山，鲜卑族魂归赤山也与蜀、南诏同俗。

传说李老君教化于成都青羊肆（汉夷交会之市），而南诏王也是传

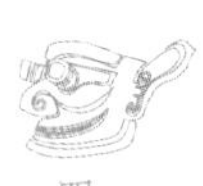

说李老君“仙杖敲来十三世”。建业十三代。成都青羊市旧有古蜀王蚕丛祠，蚕丛王教民蚕桑，因而有蚕市（后来称为“花会”）。南诏的土主庙也是彝人盟会和“歌场”的会所。彝族农民起义领袖李文学起义就在土主庙结盟。蜀地的土主庙以成都为中心；南诏的土主庙以巍山为中心。由始祖庙为中心向四方辐射建庙。

在四川，土主庙的盛会（如忠县巴蔓子土主庙会）是与大理庙会相似的。屏山县两处黑龙土主庙，天全县的婆磷土主庙似皆与彝族有关。大理有女性“土主”白姐，四川芦山县（古开明王城，蜀国亡后南迁都此）也有许多女神。沙川圣母（宝子山庙），金川圣母（金泰山庙），金银川圣母（铜鼓庙），荆州圣母（荆州祠），九天神女（安国庙），姜维之妹（县主祠），这些女神与白姐也许同系氐羌的女后。

巍山县东山还有嵯耶土主庙，是南诏第十二代隆舜的祠庙。县北部还有盟石祠、娘娘庙、分山圣母庙，弥渡县还有一座庙称铁柱庙，祀南诏第十一代世隆。庙内还供一个男像，称之为“驰灵景帝大黑天神”。土主庙还很多，如：“永昌城东哀牢山下有大官庙、小官庙，每月十六日蒲（人）、僰（人）会祭之，乃蒙氏祭祖之祠。”又：“永昌府西北二里亦蒙氏庙。”（皆见《滇南杂志》）巍山与成都红石柱街的“炳灵太子”神庙也是特别的土主庙。

二、清徽观、斗姥阁、三皇阁及玉皇阁

清徽观，一名清霞观。祀李老君，用老子一气化三清典故。《云南通志》卷一二〇云：“昔老子降化细奴罗之所。其后有三皇观、观音殿，又五里许有朝阳洞，洞前有含真楼、培鹤楼、道沅宫、云鹤宫。”《蒙化县志稿》云：“巍宝山乃细奴罗耕处。有遇仙峰、七星井、洗星涧、朝阳洞、长春洞、青霞观、含真楼、文龙亭、斗姥阁、道元宫、玉皇阁诸名刹。”

斗姥即斗姆，她很像是女和（羲和），是职掌天文星象的女神，也

就是农业节令的神。巍山县巍宝山顶上和县西门外、中洲三处都有斗母阁。贵州毕节地区彝族称她为“德莫帕蛇”，崇敬很盛。贵州彝书中又名“娄合”或“娄母密妮”，娄是女性之意，意即名“合”的女神与天宫最尊的女神。《淮南子·天文训》有“北斗之神有雌雄”的说法，是天文家的说法。道藏《北斗本命经》云：“昔在龙汉，有一国王名周御，有王妃号紫光夫人。生莲九色，化为九子。其二长子化为天皇大帝、紫微大帝。其七幼子为七星。圣母紫光夫人尊号北斗九真圣德皇后。”这个斗姥生九子的传说可能与哀牢夷九龙的传说有关。诸葛元声《南诏野史》云：“三皇之后，西天摩谒国阿育王第三子瞟苴低娶欠蒙亏为妻，生低蒙苴。苴生九子，名九龙氏。……第五子蒙苴笃生十三子，五贤七圣为蒙氏之祖。……第八子蒙苴颂，白崖张乐进求之祖。”此故事虽不可全信，然以彝、白、汉三族同沅于“三皇”与哀牢九龙，自是南方古史传说。

三皇指天皇、地皇、人皇。是南方道教特有的神人。巴蜀皆出于三皇（见《华阳国志》）。追溯用火的原始神，皆云起于人皇；蜀国的人皇即燧人氏，亦即道教“九天司命”神。四川青城山（天师道祖山）有唐石刻三皇像，赤体光头以树叶围下体作裙。三皇初见于《吕氏春秋》。《路史》以泰帝为泰皇氏；又以人皇九人为九皇。纬书则以泰皇为人皇。四川的巴蜀出于人皇而又为黄帝之后。此当为西南戎夏系之古史传说。

玉皇阁正殿内顶上采用八环黑白交错合半的“明镜图”为饰。此图与清徽观正殿内顶饰采用黑白两半回曲的“太极图”大异。《全唐诗》：“彭晓，字秀川，号真一子，永康人昌利化飞鹤山道士也。孟蜀授朝散郎，守尚书祠部员外。尝注《参同契》，复约其义为《明镜图》。列八环而符动静，明二象以定阴阳，为诀二篇。”彭晓、陈抟（四川崇龛县人）皆青城天师派道教哲学家。《明镜图》见于巍山，当与青城有文化上的联系。

三、文昌宫、灵光庙

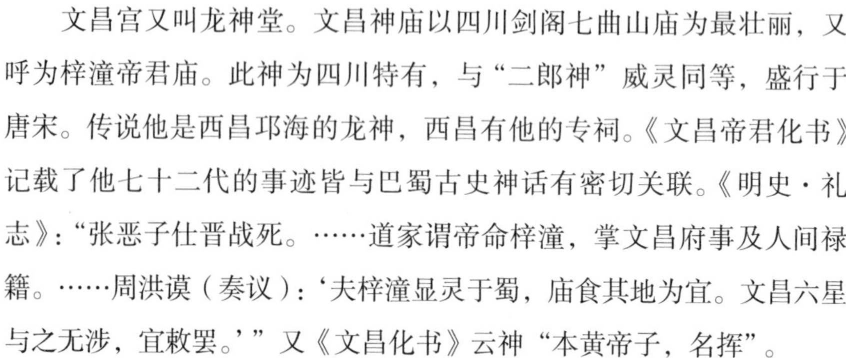

文昌宫又叫龙神堂。文昌神庙以四川剑阁七曲山庙为最壮丽，又呼为梓潼帝君庙。此神为四川特有，与“二郎神”威灵同等，盛行于唐宋。传说他是西昌邛海的龙神，西昌有他的专祠。《文昌帝君化书》记载了他七十二代的事迹皆与巴蜀古史神话有密切关联。《明史·礼志》:“张恶子仕晋战死。……道家谓帝命梓潼，掌文昌府事及人间禄籍。……周洪谟（奏议）:‘夫梓潼显灵于蜀，庙食其地为宜。文昌六星与之无涉，宜敕罢。’”又《文昌化书》云神“本黄帝子，名挥”。

灵光庙祀炳灵太子。此神亦南方道教特有的神人。亦称“华光大帝”,《南游记》云：他有三支眼睛，是“马尔大王”的儿子。三眼神在南方道教中有华光（灵官）、二郎神、白马土主等神，似演化自氐族的狩猎神。四川成都城西北蜀王武担山墓东原有明建“华光帝庙”石坊，联云:“帝德被全蜀；神通妙两间。”《文献通考》云:“后唐长兴三年，诏以泰山三郎为威雄将军。宋大中祥符元年十月封禅毕亲幸（其庙）加封炳灵公。”《清嘉录》引干宝《搜神记》云:“炳灵公，东岳三郎神也。宋祥符间改封，世传为火神，道书以五月十二为炳灵公诞。”贵州省贵阳市“旧有华光庙，城内外与之同名者凡数十处。俗称某天子庙，又曰某天坛、某天台”（《清朝野史大观》卷七）。足见此神崇祀于西南，地位甚崇。

四、玄真观

《蒙化直隶厅志》云:“在城东北隅，明天启间建。”祀真武。真武是北斗七星神，其像前常置有龟蛇相交的造像。真武的道场在湖北武当山，他又尊称为“玄天上帝”。从“龟蛇”物像看来，可能是西北古民族的联合“图腾”。“武当”音近“巫丹”与“武担”，也许与“廪君之先，出自巫蜑”的巫山、丹水等古族名、地名有历史迁播的关联。《三教搜神大全》云："玄天上帝即玄武神。"按《赤洞文》所载："帝乃元始化身，太极别体。上三皇时下降为太始真人，中三皇时下降为太元真人，下三皇时下降为太乙真人，至黄帝时，下降为玄天上帝。上赐玄帝披发，赤脚，金甲玄袍，皂纛，玄旗。统领丁甲与六天魔王战。魔王以坎离二气化苍龟巨蛇。玄帝摄于足下。锁鬼众于丰都大洞。"《史记·封禅书》云："秦始皇二十六年，立南斗北斗祠于雍。姚安风俗：六月朔日至六日礼南斗祈福；九月朔日至九日礼北斗祈福。"九月礼斗与四川"九皇素"斋期相同。可见自秦至唐，在秦、蜀礼斗的信仰都很盛行。云南后期道教（明代、清代）的玄武信仰很盛。

五、三官殿

《蒙化直隶厅志》云："在北桥。"又云："观音寺在城东四里壶山下，清乾隆建。有送子、财神、风神、北极、三官诸殿。"按南诏异牟寻与唐崔佐时盟："上请天、地、水三官，五岳，四渎及管内川谷诸神灵同请降临。"（见《蛮书》）这与《三国志》引《典略》灵帝熹平、光和中五斗米道"三官手书"是完全相同的习俗与民族信仰。这个习俗信仰还见于《晋书·姚苌载记》：姚苌（羌族）梦见苻坚率"天官使者"和鬼兵数百突入营中。因知五斗米道与南诏、羌族姚苌的道教信仰是同沇的。《珩璜新论》："《刘焉传》有张陵者，谓之米贼，即今俗谓张天师也。"《真诰》有"张生白示"是也。本传注："张修为太平道，张角为五斗米道，法亦略同。为人祷病，为书三通，一上之天著山上，一埋之地，一沉之水，谓之三官。《真诰》有被考于三官是也。"三官是考校祸福、管奏章、通天人的三灵。又称三元。《册府元龟》记唐开元二十二年，敕三元日禁屠，本于道家三元科戒。《唐书·武宗记》记会昌四年四月，敕三元日断屠。《宋史·方技传》云："苗守信上书言三元日，三官合主录人之善恶，不可以断极刑事。"

六、玄珠观

玄珠观一名玄龙观，在东山上。《蒙化直隶厅志》云："在城东五里。创自蒙诏，明成化间拓建，为近城诸刹之冠。"明张志谆《元唐观记》云："相传蜀之中叶，蒙氏强盛。蜀人有以黄白之术售于蒙诏者，蒙人俾即其地设蒙化观，以为修炼之所。……宣德纪元，今观主王仲元之父德清流寓蒙中，感异人指授，得祈禳神术，蒙人少长咸以异人礼之。……仲元乃市材鸠工。谋于太守左侯祯之祖，即古观基构尊礼玉皇之殿，铸其像，集郡中学老氏者居之，以奉其祀。扁曰玄珠，还其旧也。"此云"扁曰玄珠，还其旧也"是说命名"玄珠"是还原南诏旧立蒙化观之旧。则"玄珠"之名似本自蒙诏旧有典故。关于玄珠，《蜀梼杌》云："古史云震蒙氏之女窃黄帝玄珠，沉江而死，化为'奇相'，今江渎神是也。"《黄帝内传》云："象网得之。后为蒙氏女'奇相'得之，沉海去为神。"又《史记索引》引度仲《雍江记》："帝女也，卒为江神，生汶川。"传说中的蒙舍女子茉莉羌与哀牢九龙关系亦与江神奇相盗玄珠有关。《西南彝志》第十二卷所记：蒙巧舍女子阿哈恒乌往"武恒"处取宝。在第九卷则说明是"附于帅主的碧珠和永在宗祠的红宝"。蒙化观本是蒙舍诏的宗祠，宗祠有玄珠（红宝），正是蒙巧舍女（细奴奴之母）所取的宝。阿哈恒乌亚是"奇相"的化身。

七、圣母庙、娘娘庙、天摩耶寺

圣母庙在蒙舍北山南庄约，一名分山圣母庙。此圣母娘娘可能指细奴罗之母阿哈恒乌（茉莉羌、沙壶），是西南民族崇拜母性的原始信仰演变而来。《图书集成》卷一四五六载云南圣母庙云："姚安东一里许，昔蒙氏时有女牧羊于此。一羝舔土，驱之不去，掘地遂得盐泉，名曰白羊井。人即其地立圣母祠。"《西南彝志》第二十五卷里也有一个牧羊女，"密必额姑娘，她是密氏的牧羊人。密必额姑娘把药树说出来了。

首先挖一尺深，出现了白色的药，白色的药是盐巴。……盐种往东撒西方，这里就成了盐场了”。在贵州老彝文文献中，密必益姑娘是蚕神、药师、管理日月讲述“八卦”与“五龙历史”的女神。

娘娘庙在盟石祠旁。传所祀为细奴罗之妇，张乐进求之女。

天摩耶寺又称白姐庙，在峨屽图山上。是白王三公主的祠庙。《大理县志稿》云：“汉唐两节妇祠，俗呼为柏节祠，祀呵南夫人与慈善夫人。”这种母性崇拜也许还与洱海区太和村的“女儿石”，剑川石窟的“阿央白”（女阴）崇拜有关。

徐嘉瑞先生《大理古代文化史》所论段氏开国神话中的“白姐”甚详。言“白姐”乃由“姐羌”及“白马羌”压缩而成。《三灵庙记》言“白姐”生于李树为段宝夫人。段思平尊之曰“天应景星懿慈圣母”。这里的“生于李树”与“景星”（即“炳灵”）很值得注意。正德六年《杨公墓志铭》、成化十七年《杨公寿藏碑》等一致认为“生于李树”当本自南诏为李老君点化旧说，《白国因由》且以李树所生之女与“三灵白帝”相偶而生思平。这些说法与东岳马尔大王之子炳灵三太子是关联着的。

滇与印度接近，佛教之入滇可能早于江南。然南诏佛教信仰则起于晚唐，至段氏大理国时期乃成为上层统治者之国教。南诏阁罗凤《德化碑》立于大历元年（766），已有“开三教，宾四门”之文，贞元十年（794）异牟寻与崔佐时定盟，尚沿天师道传统旧仪“上请天、地、水三官，五岳，四渎及管川谷诸神灵同请降临，永为证据”。至第十二代隆舜以“嵯耶”为年号，佛教密宗“阿者力”（本尊、本师）教乃为南诏正式采用之明证。

南诏“三官、五岳、四渎”与兴起于四川青城山的五斗米道崇祀相同。五斗米道以初入道者为“鬼卒”，受箓者为“祭酒”。此“祭酒”即“鬼主”与楚王名前所加尊号之“酓”（后音写为“熊”），巴蜀、荆楚、滇黔之原始巫教本同俗也。《后汉书·孝灵帝纪》注云：“时巴郡巫人张修疗病，愈者雇以米五斗，号曰‘五斗米师’。”故五斗米道汉末

称之为“米巫”，盖本为氐羌之巫术也。《风俗志》云：“（云南）禄劝县，土人畏鬼，诵《白马经》以礼福，文字则不可识。”此处之《白马经》是彝族的《毕摩经》。尤可说明五斗米道与南诏、彝经似本同源。又《夔城图经》云：“夷事道；蛮事鬼。”其生产发展较高者已进步如巴郡妖巫之五斗米道，落后者仍以人饲虎，以人祀鬼，两者皆巫术也。然发展阶段不同耳。从民俗上看来，所谓夷者，指西南夷，皆巴蜀文化所及区域。北至汶山，西至叶榆，南至滇，此实古“蜀山文化”之区也。其文化当有相当之水平。

云南有王羲之与天师道有关的说法。但这出于元、明之记载，实际是指南诏派遣人往成都学习唐朝流行的王氏书法艺术，而不是专指王氏的天师道世家与南诏有关。夏系巫鬼之术始于河源之昆仑，发展为五斗米巫，再创为天师道，后变为道教正一派。而南诏天师道与青城道教是族源上的共同信仰的关系，而非由晋朝传来。

云南大理有祀青城杜光庭者，并有光庭到云南之说。但此事不见于记载，颇有疑问。明杨慎《滇游记》：“玉局峰有昭文祠，土人祀唐御史杜光庭之所。”杨慎诗：“仙是青城客，山留玉局名。浑如故乡地，偏动故乡情。”明李元阳《云南通志》卷十云：“杜光庭，蜀之青城人。以文章教蒙氏之民，学士爨泰葬之于玉局峰麓。其子葬腾冲龙凰山。清平官张罗皮为之立庙。”《南诏通记》曰：“太城蒙国大诏碑乃光庭书，书有法度。碑刻今剥落殆尽。”按此碑即《德化碑》，立于永泰元年（765），距前蜀王建立国（公元907年）早142年，其时杜光庭尚未出生。疑写碑人是唐大历时的刘玄靖，因刘玄靖号“广成先生”与杜光庭道号全同而误。《湖北通志》引《明一统志》云：“刘玄靖，武昌人。师王道宗为道士。遍游名山。入南岳，穴石以居。武宗召入禁中受法箓，赐号广成先生。”唐道士李冲昭《南岳小录》：“石室隐真宫，大历中，广成先生刘玄靖修真之所。”南岳天台道派为上清支系，沅出清虚真人王褒。王道宗为唐薛季昌弟子，薛隐居青城山，今青城真武宫有薛季昌与杜光庭墓。其致误渊源或本诸青城道士而有误记。

《新纂云南通志·蒙化府释道》云："孟获之兄孟优得异人长生久视方药诸书，入峨眉山。"峨眉为传说中的绥山。羌人葛由于此成仙。汉末史通平已居于此。晋王羲之已慕峨眉仙境。峨眉山本道教圣地，唐以后乃渐佛化。峨眉与青城本为邛崃山连脉，既是南系道教圣地，亦为彝族故居。彝族呼峨眉为"罗目"意即阴森大山。老彝文书籍中有《罗目山经》。《西南彝志》多次提到成都的濮人，成都平原出土的古蜀文字（郫县战国铜戈）和道书《度人经》赤文天书字与汉字对照本都很近似古彝文。彝族这样一个大族，其文化与汉族关系很值得探讨。

从巍山祠庙与有关文献看来，南诏宗教神话可分为五期：1. 原始神话期：约略相当于"昆明"随畜迁徙时。这时的神话与氐羌、彝族古代神话很近似。2. 原始宗教期：约略相当于巴蜀人南下后一段时期。原来崇祀英雄人物的"土主"信仰与"五龙""九龙""金马碧鸡"杂合。3.五斗米巫期：约略相当于阶级社会的开始。三皇、三官、三清、天师的统一神出现，整编了山川百神，按其部落的经济实力，而构成高低不同的神系。4. 南方道教期：约略相当于唐宋两朝。5. 元明以来的正统道教期：北斗崇拜与北方正统道教确立。同时也进入封建王朝的统一整体。五期是连续不断地变化发展着的。

关于南诏宗教问题，已见于马长寿《钵教源流》、徐嘉瑞《大理古代文化史》、向达《南诏史论略》、刘尧汉《南诏统治者蒙氏家族族系新证》、李绍明《巍山文物与南诏历史》等诸同志所论者，兹不赘述。

（原载《凉山彝族奴隶制研究》1978年第1期）

丰都“鬼城”考[①]

丰都，位于四川东部、长江北岸。这是一个充满神奇怪诞传说的地方。这里既有仙人王方平、阴长生修道成仙的平都仙山，又有“阴真鬼帝”考罚恶人的“鬼城地府”。仙境鬼域，浑然一体；传闻离奇，胜似《聊斋》。

神奇的传说往往曲折地反映了历史的真相，分析有关丰都“鬼城”的记载，可以探讨古代巴蜀民族以及他们与中国道教的关系。

魏晋时代的道教经典《度人经》卷四十中记载说，丰都坐落在六天青河旁，这里设有三官九府，宫阙楼观贵似天庭。“天尊阴真鬼帝”身披黑龙袍，圆冠方履，乘坐九龙舆，坐镇丰都，统率万亿鬼神。“惟此鬼神，实与人等，并皆胎生。其身自然通灵变化”。他们“还来人间，与人婚宧商贩生业，一与人同。皆是大帝密遣伺察生人。众生不能制戒，心性肆造恶业，不忠不仁、不义不仁，一一疏记”，奏报鬼帝。遂使恶人命为天绝，运会凶殃。

丰都的鬼神并不是人死之后的灵魂所变，他们和人一样，都是胎生的。《度人经》的这种说法十分可贵，因为它保存了被后人搞得异常

① 本文由王家祐、李远国合著。

幽冥的“鬼”的原始本义。

鬼，究竟是什么？甲骨文写作□或□，金文写作□或□，形似戴着面具、手持戈矛的人。据章太炎、沈兼士大师考证，原始鬼字是象形字，表象一定实物；鬼，实则为披发、巨首的异族人，并非幽灵虚幻之意。其他抽象意义，均为后来引申[①]。其后，王国维据文献所载，参合甲骨、钟鼎文字，考定中国商周时代之“鬼方”，实即为混夷、獯鬻、猃狁之异称。亦汉代之匈奴，后世之胡。在中国史上称为北狄西羌者，乃汉人所命之名；而鬼、混夷、獯鬻、猃狁、匈奴、胡，则实为其族人本名之发音，而为中国历代不同之音译。鬼方出现为文字所见西北强族最早的译名。到了西周末年，尚有隗国；春秋诸狄，皆为隗姓[②]。

以氐羌部落为主体的鬼族，早在商朝初年就生活在西北、西南地区。据后代的追述，是“南接蜀汉徼外蛮夷，西北鄯善、车师诸国”[③]。其中两支部落——巴族、蜀族，即居住在古代的四川。《说文》说：“蜀，葵中蚕也，从虫，上目象蜀头形，中象其身蜎蜎。”一般人即据此而认为“蜀”就是蚕，甚至与蜀王蚕丛联系起来，认为蜀族的得名就是由于养蚕的缘故[④]。这类说法似为不妥。我们认为，蜀字象形，甲骨文作□。上为人首，面中纵一目；下为蛇（龙）。龙身、人首、纵目，这正是古文献中所载蜀族宗神的形象特征。《山海经·海内北经》说：“鬼国在贰负之尸北，为物，人面而一目。”《大荒西经》说：“有人一目，当面中生，一曰威姓，少昊之子，食黍。”所谓当面中生一目，即是两眉额际间还纵立一只眼，即三眼。《华阳国志·蜀志》说：“周失纲纪，蜀先称王。有蜀侯蚕丛，其目纵，始称王。”蜀这支鬼族部落又被称为“龙”，《论衡·订鬼篇》引《山海经》（今本无）说：“北方有鬼国，说螭者谓

① 章太炎著《文始》卷二；沈兼士撰《鬼字原始意义之试探》，载《国学季刊》五卷三号。

② 王国维著《观堂集林》卷十三。

③ 《后汉书·西羌传》。

④ 朱逖先《古蜀国为蚕国说》，载《时事新报·学灯》44期。

之龙物。”可见蜀族以龙为图腾，信仰纵目的三眼鬼。他们主要居住在四川西部。

巴族，是鬼族在四川的另一支部落。《山海经·海内经》说：“西南有巴国。太皞生咸鸟，咸鸟生乘釐，乘釐生后照，后照是始为巴人。”巴人以虎为图腾，《海内西经》说：“昆仑南渊深三百仞。开明兽身大类虎而九首，皆人面，东向立昆仑上。”开明兽，即为巴人崇拜的宗神。《后汉书·南蛮西南夷列传》引《世本》说：巴氏廪君死后，“魂魄世为白虎。巴氏以虎饮人血，遂以人祠焉”。这以虎为图腾的巴族，主要居住在四川东部。西周时他们建都丰都，使丰都一度成为巴人的政治、经济中心。

随着巴蜀两族不断地交流，政治、经济相互混融，遂产生了一个巴蜀两族的共同信仰的宗教神——土伯。《楚辞·招魂》中记载：“土伯九约，其角觺觺些；敦脄血拇，逐人駓駓之些；参目虎首，其身若牛些。”土伯的形象参目（即三眼）、虎首，这正是巴蜀两族信仰宗神的融合。巴蜀两族皆属鬼族，于是他们信仰的宗神或宗教的大巫师便被称为“鬼帝”“鬼王”“鬼主”。大概土伯就是巴蜀族人的第一代鬼帝吧！

这位鬼帝土伯住在幽都。《山海经·海内经》说：“北海之内，有山，名曰幽都之山，黑水出焉。其上有玄鸟、玄蛇、玄豹、玄虎、玄狐蓬尾。有大玄之山。有玄丘之民。有大幽之周。”高诱注《淮南子·坠形篇》称：“古之幽都在雁门以北，其畜宜牛羊马。”据《山海经》所载，鬼国、巴国、氐国都在雁门北，即今四川境内，则此幽都也应位于四川。而丰都自西周之际就已成为巴蜀的政治、经济中心之一。所以我们认为，古文献上所载幽都，似即有关丰都的记载，这也是丰都成为“鬼城”的历史渊源。

东汉末年，张陵在巴蜀创立道教。他吸取了巴蜀族的原始巫术，降“龙”伏“鬼”改造“白虎神”，更给丰都增添了神奇的传闻。

张陵（34—156），东汉时沛国丰人（今江苏丰县）。明帝时曾为江州（今重庆市）令。后隐居学道。顺帝时偕弟子修道鹄鸣山（今四川大邑县西）。永和六年（141）作道书二十四篇，并用符水咒为人法治病。他改造利用了巴蜀鬼族的原始巫教，和中原“黄老”学说相结合，而建立了无师道。他征服龙虎鬼神的传说，正是曲折地反映了这一历史事实。

《汉天师世家》中载有张陵改造白虎神（巴族廪君神）的事迹，说他“访西仙源，获制命五岳、摄召万灵及神虎秘文于壁鲁洞。复往嵩山石室，得黄帝九鼎丹书。及其道成，闻巴蜀沴气为人害锐意入蜀。初居阳平山，迁鹤鸣山。感玄元老君，屡授以经箓之法。于是分形示化，复立二十四治，增以四治以应二十八宿。妖厉为之衰熄。如发咸泉破鬼城之事甚多，不能备载”。张陵在“西仙源”昆仑仙区所获制命五岳、摄召万灵及神虎秘文，就是巴蜀开明氏的巫经。这是他学得了巴人鳖灵所建蜀开明氏王朝的宗教巫典，假借“玄元老君”所授，改造以作道书。“巴蜀脊气为人害”即同书所记“西城白虎神饮人血，以人为祭”。张陵召而戒之，从此白虎神不再食人。这就是说张陵即吸收了巴蜀的原始巫术，同时又革掉了其中野蛮的杀人祀鬼的恶俗。

在《历代神仙通鉴》中有张陵破毁鬼城的故事。“汉安壬午（142），太上老君告（张陵）曰：近日蜀中有六天鬼神，枉暴生民。时有八部鬼帅领兵动亿万数周行人间。有鬼城、鬼市，呼毒啸祸，暴杀万民。（张陵）于癸未二年（143），往登青城，置琉璃高座。左供大道元始天尊宝号，右置三千六部诸经。立十绝灵幡，周匝法席。布龙虎神兵。鬼帅闻之来攻，胜之。六天魔王来战，复胜之。真人遂命五方八部六天鬼神俱会盟于青城山黄帝坛下。使人处阳明，鬼处幽暗。悉破毁其城市。命六天鬼王归于北丰，八部鬼帅窜于西城。妖厉衰息。”北丰，即丰都。随同六天鬼王前往丰都的还有烁罗鬼国的五部鬼帅，“五部之鬼自受祖师誓约之后，归心正道已久。故张元伯以忠信立雷府直符，赵公明以威直充玄坛大将，余皆丰都丑狱之酋长，皆不复为妖也”[①]，这样

① （宋）路时中《三天玉堂大法》卷二十二。

一来，原先盘踞在西蜀一带的烁罗鬼，有的成为张陵的直系部属，如张元伯、赵公明等；有的成了丰都鬼帝的官吏。

那么丰都鬼帝是谁呢？葛洪《枕中记》中说："张衡、杨子云（即扬雄）为北方鬼帝，治罗丰山。"则鬼帝是张陵之子，道教第二代天师张衡。然而陶弘景《真灵位业图》中却说："丰都北阴大帝，炎帝大庭氏，讳庆甲，天下鬼神之宗，治罗丰山，三千年一替。"两种说法均有可取之处，后者透露出氐羌与鬼的内在联系，前者标明了鬼与道教的关系。

张陵吸收了巴蜀鬼族的宗教信仰，巴蜀鬼族的宗教中心丰都就成了张陵天师道的重要根据地之一。郦道元《水经注》中记载"平都有天师治"，这是建安二年（197），张衡在丰都建立的政教合一的道教教区。教区中广泛地吸收巴夷少数民族入教，并大量启用当地的土著酋长及巫教巫师。陶弘景《真灵位业图》中列有丰都鬼官一百多人，其中许多氐羌族人，而且皆居要职，"鬼官北斗君周武王，治一天官。地官都禁郎齐桓公，姓姜名小白。水官司命晋文公，姓姬名重耳"，三官是张陵天师道敬奉的尊神，也为西南、西北的氐羌族共同信仰。张陵天师道为病者请祷，"请祷之法，书病人姓名，说服罪之意。作三通，其一上之天，着山上，其一埋之地，其一沉之水，谓之三官手书"[①]。三官是天师道的一种中心信仰。晋代氐族苻坚和羌族姚苌等，是笃信三官的，《晋书·姚苌载记》谈到姚苌杀了秦王苻坚后，"梦苻坚将天官使者鬼兵数百突入营中，苌惧走入宫"，甚至"寤而惊悸"。这说明氐羌族是信仰三官的。

到唐代，云南的南诏也崇信三官。南诏异牟寻与唐崔佐时盟："上请天、地、水三官，五岳、四渎及管内川谷诸神灵同请降监，永为证据。"（见《蛮书》）

从汉末魏晋到唐，三官信仰广泛流行。而三官之神皆本为氐羌人。

---

① 《三国志·魏志·张鲁传》注引《典略》。

这说明三官信仰原为氐羌族的。张陵建立天师道，吸取用作天师道的中心信仰，并以之来团结氐羌民族，扩大道教势力。正因为张陵继承了巴蜀的妖巫鬼道，又革新之，于是巫鬼跃升为神仙，巴蜀鬼道发展成天师道，成为道教的主干。简阳县逍遥石室遗留了汉安元年（142）的“会仙友”三大字。资阳南市公社东汉岩墓出土了道教铜印。洪雅县遗留了《米巫祭酒张普碑》，正式标志着天师正一道的成立。

“熹平二年（173）三月一日。天表鬼兵胡九□□，仙立道成。玄施延命，道正一炁平于伯气。是召祭酒张普，盟生赵广、王盛、黄长、杨奉等。诣受《微经》十二卷。祭酒约，施天师道，法无极耳。”

天师道的策源地是四川，它的道民族属根源是巴蜀氐羌，其宗教文化渊源是巴蜀原始巫教“鬼道”。《三国志·张鲁传》：“鲁遂据汉中，以鬼道教民。自号师君。其来学道者，初皆名鬼卒。受本道已信，号祭酒。各领部黼，多者为治头大祭酒。皆教以诚信不欺诈。有病自首其过。大都与黄巾相似。诸祭酒皆作义舍，如今之亭传。又置义米肉悬于义舍，行路者量腹取足；若过多，鬼道则病之。犯法者三原，然后行刑。不置长吏，皆以祭酒为治，民夷便乐之。雄据巴、汉垂三十年。”张鲁继承其祖父张陵的事业，在汉中建立了政教合一的天师道政权，深受汉族和各少数民族的拥护欢迎，巴赛、氐羌等少数民族纷纷归依道教，成为天师道的信仰者。《晋书·李特载记》说：“汉末张鲁居汉中，以鬼道教百姓，赍人敬信巫觋，多往奉之。值天下大乱，自巴西之宕渠迁汉中杨车坂。”《后汉书·刘焉传》亦说：“关西民奔鲁者数万家。”据《华阳国志·汉中志》载，巴夷首领杜濩、朴胡、袁约等都积极参加张鲁在汉中建立天师道政权的活动。

由于巴赛是笃信天师道的少数民族，到了西晋末，巴赛李氏在益州建立成汉政权，在很大的程度上是借助天师道的势力。李氏兵败，幸范长生支持，化险为夷，转败为胜。《魏书·赛李雄传》说：“时涪陵人范长生颇有术数，雄笃信之。”《太平御览》卷一百二十三引《十六国春秋·蜀录》说：“长生善天文，有术数，民奉之如神。”这些说明范长生

是一个拥有广大信徒的天师道大首领，在蜀民中有很高的声望。

在范长生辅佐下，李雄在位三十年，政绩斐然。天师道在巴蜀有了更广泛的发展，并且流传到了中原。甚至上层人物也纷纷信奉，如东晋汉族王羲、江左名人溪族陶侃、南齐溪人胡廉之等，且皆为天师道世家。

统观以上所述，可以看出张陵天师道的基础是建立在巴蜀氐羌的原始巫教“鬼道”之上，无怪乎在许多文献中都直称张陵天师道为“鬼道”，称其教徒为“鬼卒”“鬼兵”，称其道法为“鬼法”。近人向达先生说：“我疑心张陵在鹤鸣山学道，所学的道即是氐羌的宗教信仰，以此为中心，而缘饰以《老子》之五千文。因为天师道的思想源出氐羌族，所以李雄、苻坚、姚苌以及南诏、大理，才能靡然从风，受之不疑。”①这个论断是很有道理的。

张陵吸收了巴蜀鬼族的宗教信仰，道教的神系中有许多神来自鬼族。如灌口二郎神、炳灵大帝，以及《清微元降大法》中所载二十余名神，他们皆为纵目三眼，这正是巴蜀宗神的特征。另一位中国民间信仰的财神赵公明，他原来也是盘踞在西蜀的烁罗鬼帅，后被张陵收服，改邪归正，被封为玄坛大将，才成为人人皆知的财神。从鬼到神，这也曲折地反映了中国道教形成历史的一个侧面。

丰都成为“鬼城”是有其深远的历史渊源的，并非如一些人所说，是因为有人把王方平、阴长生的姓颠倒成“阴王”，而被附会为“鬼城”。先秦时期，丰都作为巴蜀鬼族的宗教中心，世上已有异闻流传。东汉在此设立平都县，张陵于此建立道教平都治，丰都为“鬼城地府”的传说已纷纷纭世。“命北帝太阴五君赍死录，上诣平都主箓官（即王方平），推校死生簿录。……有阴罪阴过、阳罪阳过，结在北帝太阴君，言名丰都之宫，离别善恶生死之人。”到了唐宋，这类传闻更加风靡社会。李白诗有：“下笑世上人，沉魂北丰都。”范成大诗谓：“峡山逼

① 《道藏》第1040册《上清天关三图经》。

侧泯江漈，洞口福地古所铭。云有北阴神帝庭，太阴黑簿囚鬼灵。”洪迈《夷坚志·支癸》卷五亦记载：“忠州丰都县五里外有丰都观，其山曰盘龙山，之趾即道家所称北极地狱之所。”神奇怪诞的传说越来越多，于是丰都便以“鬼城地府”所在名扬四海。然而透过那些离奇的传说，却可以看到古代巴蜀民族历史的一些真相。

（原载《四川史研究通讯》1983年第1期）

张陵五斗米道与西南民族①

一、张陵创建天师道和张鲁政权

张陵（34—156），东汉时沛国丰人（今江苏丰县）。明帝时（58—75）曾为江州（今重庆市；巴子国都）令。后隐居学道。顺帝时（126—144）偕弟子修道鹄鸣山（今四川大邑县西，即青城山东南岗）。永和六年（141）作道书二十四篇，自称“太清玄元”，并用符水咒法为人治病，创立“天师道”。《后汉书·刘焉传》：“（张鲁）祖父陵，顺帝时客蜀，学道鹄鸣山中，造作符书以惑百姓。”在《三国志·张鲁传》里“符书”作“道书”。显然不是以汉字为主的《老子五千文》或《太平经》，很可能是《正一盟威妙经》或《度人妙经》。《魏书·释老志》寇谦之遇火神太上老君曰：“自天师张陵去世以来。”又《南史·齐本纪》：“（建元四年）延陵县季子庙沸井，得一木简，上有隐起字曰：庐山道士张陵再拜，诣阙起居。”《酉阳杂俎》叙此事云：“井中有木简长一尺、广一寸二分。有字隐起曰：庐山道士张陵再拜谒。”由是可知张

① 本文以张家祐为作者名发表。

陵于正史中初无道字，其人曾隐居江西省庐山（后其第四代孙张盛居江西龙虎山，在庐山东南约五百里），后在四川省青城山创立天师道。（东晋）葛洪《神仙传》始称张道陵云：“张道陵，沛国人也。本太学生，博通五经，晚乃叹曰：此无益于年命。遂学长生之道。得黄帝九鼎丹法。”《历世真仙体道通鉴》卷十八：“道陵字辅汉，为贸侯子房八世孙，于东汉光武帝建武十年（34）三月十五日生于吴地天目山。七岁读道德经二篇，十许遍而达其旨，于天文地理河洛图纬之书皆极其妙，通习坟典，所览无遗，从学者千余人，天目山有讲诵之堂。后举贤良方正直言极谏科，东汉明帝永平二年（59）拜巴郡江州令，时年二十六岁。久之，退隐北邙山。朝廷征为博士。不起，和帝永元四年（92），遂自河洛入蜀。”又《葵巳存稿》卷十三引《女仙传》：“孙夫人者，三天法师张道陵之妻也。子衡字灵真。孙鲁字公祺，世为嗣师。”又《云笈七签》卷二十八：“太上以汉安二年（143）正月七日中时下二十四治应天二十四气，合二十八宿，付天师张道陵奉行布化。（道陵）以芝草、图经、历神仙为事，任采延年药饵金液丹。汉安元年（142）解官入益州，于蜀郡临邛县渠亭山赤石城中（今青城山一名赤城山）中静思精至。亲受太上质敕，当步纲蹑纪，统承三天，佐国扶命，养育群生，整理鬼气，传为国师。依其度数，开立二十四治、十九静庐，授以正一盟威之道，伐诛邪伪，与天下万神分付为盟，悉承正一之道。”此上皆以张道陵本江苏人而入川建教，并以张陵与张道陵即一人。张陵之学本自儒家与齐鲁方士。但不能解释入川后能创作出新经典和建立二十四治（教区）的社会根源，即宗教文化渊源和道民族属根源。张陵曾任江州令，能承继巴人文化，但要使二十四个教区的民众都听从他的教令与服从其教会组织，还应当有民众（族系）与地区（教区），即奉道教民的历史关联。《人民日报》1957年3月14日第4版，岳崇岱讲话云：“道教是中国固有的宗教，它的起源是由于原始社会庶物崇拜逐渐演进到宗祖崇拜。燧人氏为灶神，祝融氏为火神，尧、舜，禹为三官大帝，周朝之母为娘娘神，天有上帝，地有社神，大都是为纪念一些伟人和发明创造的功绩而

形成的。到东汉时，有成都张陵，他是留侯八代孙，开始创立道教；他引老子为鼻祖，并将民间一切神的信仰完全统纳于道教之内，从此信神与修道化而为一。”岳崇岱先生承认张陵是张良第八代孙，但他认为张陵是成都人，这是独有卓见的。张良隐居陕西省留坝，本近四川。《舆地纪胜》卷一百四十六引《九域志》：“张天师祖墓在（乐山县）延祥观扬雄故宅：今玉皇殿前斗坛即墓也。”《三洞群仙录》引《仙传拾遗》更云：嘉州开元观殿后有墟墓，“此汉相留侯之后、辟疆之孙、天师之祖也。为南安太守，殁于郡而葬于此。”张陵祖在乐山，张陵本蜀人。

张良祖及父历相五个韩王，是书香世家。他学礼于淮阳，是承继的中原儒学。但聘大力士于“仓海君”，于东海郡（今山东）下邳得“黄石公”所传《太公兵法》，还承继了齐鲁文化及神仙方士的传统。后来，乃学辟谷，导引轻身。欲从赤松子游。张陵建教所用《老子》与《太平经》，正是张良中原正统“黄老”与齐鲁儒墨两家的大杂烩，这一汉族正统观念虽然仍旧是由许多民族文化混合而成的，但与巴蜀地区民族文化仍有不同。张陵的天师道（或“正一盟威”）是黄老儒墨在巴蜀（四川）地区的土壤上开放的一枝奇花。是吸取了巴（蜀）族的原始巫术（鬼道）与地区传统民俗而创成的。在建成天师正一教的过程中是有团结又有斗争的。这就是与巴人“五斗米道”的融合和改造，张陵在巴蜀巫道基础上改造创立的天师道是真正的“道教”，而“五斗米道”只是构成汉族大集团中部分人民的（氐羌族系的）原始宗教（道教的主根）。关于天师道建立过程中的具体斗争仅简举二例，虽然两例都是从神话传说上透露出来，但神话必然是现实的反映。一是见于《汉天师世家》的改造“白虎神”（巴族廪君之神）：“张出自姬姓。轩辕子青阳氏第五子挥弓矢，主社弧星，世掌其职，赐姓张氏。（张）良生二子，辟疆与不疑；不疑生二子，典与高……桐柏真人大顺生汉天师道陵，是为玄教之宗。……弃官隐洛阳业邙山，修炼形之术。策杖游淮，入鄱阳，上龙虎山，合九天神丹。访西仙源（昆仑），获制命五岳、摄召万灵及神虎秘文于壁鲁洞。俄往嵩山石室，得黄帝九鼎丹书。及其道成，闻巴蜀沴气为人害，锐意入蜀。初居阳平山，迁鹤鸣山。感玄元老君，屡授以经箓之法。于是分形示化，复立二十四治，增以四治以应二十八宿，妖厉为之衰熄。如发咸泉，破鬼城之事甚多，不能备载。永寿二年（156），复迁渠亭山；出三五斩邪雌雄剑二，阳平治都功印一，授嗣天师衡，使世世相传；乃乘云上升，寿一百二十又三云。”张陵在“西仙源”昆仑仙区（当今四川西边黄河第一曲，古“三危”地方）所获制命五岳、摄召万灵的“神虎秘文”就是蜀开明氏的巫文，也就是“符书”或“微经”。这是他学得了巴人鳖灵所建蜀开明氏王朝的宗教巫典。假借“玄元老君”屡授以经；就是改造创作“造作道书”。“巴蜀沴气为人害”即同书所记“西城白虎神饮人血，以人为祭，召而戒之”。这是指的巴人固有的“五斗米道”民俗，直至宋代，川峡、岭南、湖南，杀人祀鬼杀人祭盐井，还是未开化山区巴人的恶俗。张陵改革巴人旧俗，改“五斗米道”为天师道还可能早于他本人，早在他祖父时已开始了。《华阳国志·巴志》：“（江州县）涂山有禹王祠，祠北水有铭书云：‘汉初，犍为张君为太守，忽得仙道，从此升度。’今民曰张府君祠。”此处的犍为张君即《仙传拾遗》所说的张陵祖父、南安太守张纲。“汉初”乃指东汉初年；汉光武帝刘秀于公元25年即位，割据四川的公孙述亡于公元36年，当张陵两岁时（公元36年），其祖张纲正是中年为南安太守之时。如《天师世家》所记世系，则张皓子张纲是《华阳国志》“汉安元年（142）”出巡州郡，出宫埋轮的张纲？由其年岁错误及以张陵系出张不疑而不系于乐山的张辟疆（天师之远祖）等考订，《天师世家》编著者显有伪造痕迹。甚至以蜀人张陵即元嘉元年劾梁冀的尚书张陵。此虽中国族谱常见之伪附，于道教创始人张陵考证上尤为重要。南安太守张纲与广陵太守张纲事自当详考。二是张道陵在青城山改造“鬼城”。青城山有誓鬼台、羊马（魔）台、三师坛、鬼界碑等都是天师制伏“鬼”的遗迹，还有龙穴、龙官、龙居溪，传说是天师镇“龙”的地方。“龙”与“鬼”实际是山中少数民族的贬称：龙族是古蜀族，鬼族（虎族）是巴人；两族都是现实的人民，神话传说《历代神仙通鉴》云：

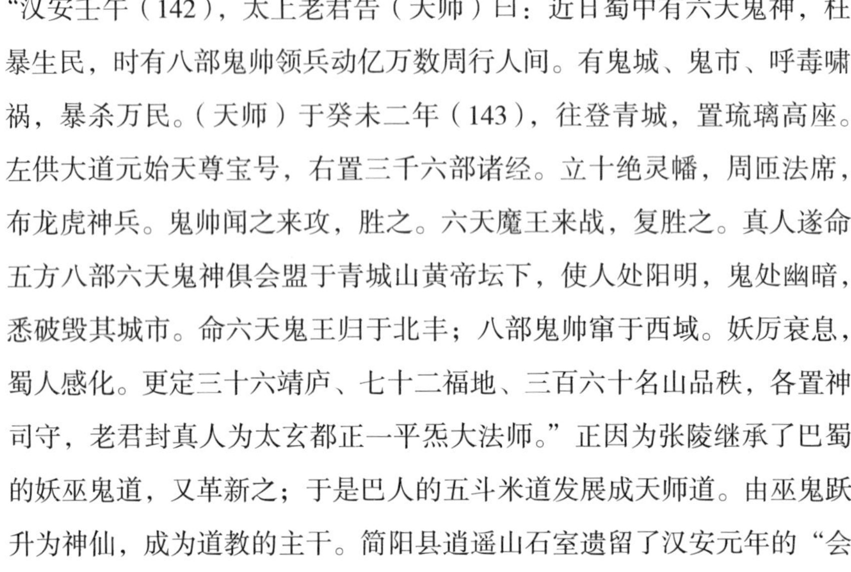

“汉安壬午（142），太上老君告（天师）曰：近日蜀中有六天鬼神，枉暴生民，时有八部鬼帅领兵动亿万数周行人间。有鬼城、鬼市、呼毒啸祸，暴杀万民。（天师）于癸未二年（143），往登青城，置琉璃高座。左供大道元始天尊宝号，右置三千六部诸经。立十绝灵幡，周匝法席，布龙虎神兵。鬼帅闻之来攻，胜之。六天魔王来战，复胜之。真人遂命五方八部六天鬼神俱会盟于青城山黄帝坛下，使人处阳明，鬼处幽暗，悉破毁其城市。命六天鬼王归于北丰；八部鬼帅窜于西域。妖厉衰息，蜀人感化。更定三十六靖庐、七十二福地、三百六十名山品秩，各置神司守，老君封真人为太玄都正一平炁大法师。”正因为张陵继承了巴蜀的妖巫鬼道，又革新之；于是巴人的五斗米道发展成天师道。由巫鬼跃升为神仙，成为道教的主干。简阳县逍遥山石室遗留了汉安元年的“会仙友”三大字。资阳南市公社东汉岩墓出土了道教铜印（附图）。洪雅县遗留了《米巫祭酒张普题字》，正式标志着天师正一道的成立。

熹平二年（173）三月一日。天表鬼兵胡九□□，仙立道成。玄施延命，道正一平炁于伯气。是召祭酒张普，盟生赵广、王盛、黄长、杨奉等。诣受《微经》十二卷、祭酒约，施天师道，法无极耳。

张陵的著作传于今者仅有敦煌卷子《老子想尔注》。《想尔》之言多合《太平经》旨，当为天师道经典。如所言“真道”与“邪文”“道诫”“不如学生，守中和之道”，皆取自《太平经》，可能是张陵的解释。又世传张陵著有《峨眉山灵异记》，或系伪托，但峨眉与青城鹄本皆邛崃山脉，峨眉有“灵陵太妙之天”之称，晋王羲之已仰慕之，当与道教有密切关联。《神仙传》以张陵驻鹄鸣山“作道书二十四篇”。而云“太上所授”者有《三天正法》《正一科术要道法文》《正一盟威妙经》《太清金液天文地理之经》《大平洞极之经》《五符灵宝》等，或为伪托，或本出自巴人巫鬼之教。《方舆胜览》：“青城山左连大面，右接鹤鸣，前临狮子，后枕大隋（天堕），诸山络绎不一其名，要皆青城山之支峰矣。”《四川通志》言鹤鸣山：“山形如覆瓮，有石类鹤，上有二十四洞、七十二穴。东西两溪出自两腋。东南有石柱，三面悬绝，其形如城，亦曰天城。”李膺《益州记》以内“张陵登仙之所”。《元和郡县志》云“张道陵天师学道于此”。张陵事略如上述。下辑述张鲁事，《三国志・张鲁传》：张鲁字公祺，沛国丰人也，祖父陵客蜀学道鹤鸣山中，造作道书以惑百姓。从受道者出五斗米，故世号米贼。陵死，子衡行其道。衡死。鲁复行之。益州牧刘焉以鲁为督义司马，与别部司马张修将兵击汉中太守苏固。鲁遂袭修杀之，夺其众。焉死，子璋代立。以鲁不顺，尽杀鲁母家室。鲁遂据汉中，以鬼道教民，自号师君。其来学道者初皆名鬼卒，受本道已信号祭酒。各领部众，多者为治头大祭酒。皆教以诚信不欺诈，有病自首其过，大都与黄巾相似。诸祭酒皆作义舍，如今之亭传。又置义米肉悬于义舍，行路者量腹取足；若过多，鬼道则病之。犯法者，三原，然后行刑。不置长吏，皆以祭酒为治，民夷便乐之。雄据巴汉垂三十年。此文说鲁为丰人是值得思考的。张陵之祖早已居蜀，还要说祖宗籍贯；张陵上两代已居蜀为何会出生在吴之天目山。（疑天目是蜀中地名，后误记于“吴”？）张陵的“道”是在蜀地学得的五斗米道。“造作道书”也是根据蜀人原有“道书”（即“符书”，《微经》）新编译的。《刘焉传》说：“张鲁母始以鬼道，又有少容，常往来焉家。”刘焉是利用“米贼”的。而张鲁母始以鬼道，不说鲁父衡；似鬼道原是张鲁母家之巫术，鲁母原是巴郡妖巫。张氏居蜀势力及道术半是来自母族巴人。至刘璋“袭焉位，杀鲁母及弟。璋累遣庞羲等攻鲁，所破鲁部曲多在巴西，故以羲为巴西太守，领兵御鲁”。在刘焉父子霸蜀时，凉州（甘肃）黄巾马相赵祗等在绵竹起事并扰及广汉、犍为、蜀三郡。这一暴发力量显然与川陕甘三省的巴氐族人有关，也就是与巴人妖巫鬼道有关。蜀人贾龙在犍为东界得千余人攻破拥有万众的黄巾马相。并迎刘焉徙治绵竹，张鲁母就在此时往来刘焉家。犍为太守任歧及贾龙反攻刘焉，很可能是蜀人反抗外来势力的结合。刘焉攻

破任歧与贾龙很可能是张鲁母家的势力。故说“焉出青羌与战，故能破杀歧、龙等”。(《三国志·刘焉传》引《英雄记》)刘璋时“张鲁稍骄于汉中，巴夷杜濩、朴胡、袁约等叛诣鲁”。说明巴夷与青羌是关系密切的。再从庞羲“召汉昌（今巴中县）賨民为兵”看来，当时各方力量的根本都是巴蜀土著民族。正是巴蜀及陕甘土著民族（氐羌）联合起来，才出现天师道有联系的张鲁政权。这个道教政权再融入曹魏，第二次综合黄老思想才有中国道教的出现。

张衡事甚略，其夫人卢氏或即“有少容”者。卢人见于从武王伐殷之“西土八国”中，或即巴戎人：故能行鬼道。天师道头着绛巾（绛近赤色），太平道着黄巾。两者结合有若婚姻关系之密切。

二、张角的太平道与张修的五斗米道

太平道即“黄巾起义”奉事的“黄老道”。起义领袖三兄弟并称“三张”。公元184年（东汉末）各地“黄巾”一时并起，主力军虽仅奋战持九个月；各地起义坚持达二十年。其简况见于《后汉书》：“中平元年春二月，距鹿人张角自称黄天，其部帅有三十六方，皆著黄巾，同日反叛。”(《灵帝纪》)又：“距鹿人张角自称大贤良师，奉事黄老道，蓄养弟子，跪拜首过，符水咒说以疗病，病者颇愈，百姓信向之。角称天公将军，角弟宝称地公将军，宝弟梁称人公将军。诸方一时俱起，州郡失据，天下响应，京师震动。”(《皇甫嵩传》)又：“初顺帝时（126—144），瑯琊宫崇诣阙，上其师于吉在曲阳泉水上所得神书百七十卷，号《太平清领书》。其言以阴阳五行为家，而多巫觋杂语。有司奏崇所上妖妄不经，乃收藏之，其后张角颇有其书焉。”(《襄楷传》)黄帝与老子的结合是晚周时的事，儒道结合再加方士是西汉以来的事（董仲舒为代表），这说明我国整体文化在逐步发展形成。《太平经》是山（昆仑）上神仙与海（蓬莱）上方士的结合。关于山海仙道的关系，早有论述。陈寅恪先生《天师道与滨海地域关系》，顾颉刚先生《〈庄子〉和

〈楚辞〉中昆仑和蓬莱两个神话系统的融合》，皆创见宏论。闻一多先生《论〈楚辞〉》曰：“我们不妨作这样的假定：西方的方士大队自西（黄河河曲）而东，初入韩赵魏而集于燕，再集于齐，这才出现了汉武帝时方士全是齐人的情况。这和《山海经》里以昆仑为圣山，《史记》记老子出函谷关西去的说法是完全吻合的。至汉武帝时，直接把大人认为是神仙。《汉书·五行志》‘十二金人皆夷狄服’，更证明了神仙思想是从西方传来的。……齐（地土著）人是夏化了的诸夷。……这种夷人宗教思想华化（到战国时代）更有了新的发展，在文化上升放出三朵奇花：哲学方面有庄子，科学方面有邹衍，文学方面有屈原。”（见《社会科学辑刊》1981年第1期）

《太平经》的出现是西山（昆仑）河源区黄帝、夏、周（氐羌文化）与东海（蓬莱）吴越区夷越文化的融合提炼。它标志着祖国文化的统一性，自秦以来“九州六合”整体文化的合成。儒家自孔丘至孟、荀，再至董仲舒《春秋繁露》和《京房易》而与方士之学合。道家先有管、晏，而杨（宋）墨与老庄并起，至有黄老之书。汉成帝时甘忠可已有《天官历》与《包元太平经》十二卷，传于夏贺良、于吉，称为赤精子（火德）之教。赤精子当即张良所欲（想像）的赤诵子，本为赤帝（炎帝）开明氏之祖神，亦即“祝融”“蠋龙”。后衍为黄帝火师宁封（青城丈人）或炳灵大帝。佛教僧说“《太平经》是蜀人于吉所造”（僧法琳《辨正论》）。又云“蜀人张道陵自云于峨眉修道证果”（《甄正论》上）。乃沿道系：马鸣生（青衣帝）传阴恒（长生），再传张陵。

前汉以来，公元前202年（汉高祖五年），张良谢病辟谷。公元前194年（汉惠帝元年），曹参以盖公为师。武帝时方士兴，立太乙祠。此后已出现茅盈三兄弟，王褒等神仙。公元前32年（成帝建始元年），甘忠可已出《包元太平经》，公元前27年（成帝河平二年）于吉得神书于阳曲水上。公元25年（东汉光武帝建武元年），安期生授马鸣生《太清丹经》。马鸣生传为蜀青衣帝（即开明氏末代子），再传道予阴长生，再传于张陵。陵入蜀在顺帝时（126—144）所得正一盟威法箓或即得

马鸣生“青衣”之道而称“太清玄元”之时间（在公元142年）。张陵与张鲁皆先得齐鲁《太平经》，故虽后裔已居蜀而终贯以祖籍。张鲁政权所发行的铜币“太平百钱”（出土于成都市与昭觉县）即标志为“太平”。就此总说，张角兄弟与张鲁祖孙皆于吉神书之系。但张陵所承蜀青衣帝之道与张鲁所领“青衣人”及“巴郡妖巫张修部曲”完全具备蜀人蜀教又与齐鲁有别。（山东亦有蜀名，而于吉又指为蜀人尚需探讨。）黄巾为“黄天太平”或“黄老道”，此处之“老”指《庄子》与《老子》。张鲁绛巾为“正一道”或“天师道”；“赤精子”火德“老君”（降生于成都青羊肆）。张修则为“五斗米道”，是巴人鳖灵所建开明氏蜀国的“五龙氏”与“白虎廪君”两婚族的炳灵道。亦即巴褒所祭的“金马”（龙族）、“碧鸡”（虎族）神祠。所谓“五道米道”既不是蜀道，也不是巴道，而是巴蜀族的合道。“米”即“弥羌”之弥，亦即《十六国春秋》所说：“岩渠古賨国，姓芊。”唐骆宾王诗“迢迢芊路望芝田”即本此说。“五斗”一辞，前人多据文献释为量器的斗，连接下字，谓道徒入道，与治病纳缴米五斗。清人沈曾植以为是崇拜五方斗星得名；与量器之斗无关。亦有推理释“五斗”为半斛，两半为一斛。即道教卜卦所用以羊角分为两半的“角卦”。然后连为芊姓，则“五斗”初亦族别之称呼。如“五担”“五都”“五荼”，皆夷族名也。《世本》以“廪君之先故出‘巫诞’。……廪君于是君乎夷城。”（诞，一作蜑。此处之夷君即巴蜑。）《九州要记》：“绵州之賨。賨人、施人皆夷人也。”此即王维诗“汉女输賨布”的賨人。亦即善用“彭排”（盾）的夷子。即“板楯蛮”“巴氏”。成汉李特即出自此系虎巴的廪君。至宋时，崇奉“鬼主”的两林、虚恨蛮之南尚有青羌与弥羌。賨布亦称橦布，即弥牟布（可能就是汉代的蜀布）。蜀人以灵神为“神荼”，以神庙为“神都”，至明代时川南“都蛮”仍以“五斗团”为名，而所居曰“五斗坝”（三峡东口亦有五斗坪）。夏代已崇北斗，商人敬南北二斗，紫微恒五星亦可称“五斗”。此呼“芊”姓又涉及华夏、楚、越（疑是西土之越）的融合。

以下论述张修：先看《三国志·张鲁传》所引《典略》："熹平中（172—177；公元173年洪雅县《张普碑》已说'正一'与'天师道'），妖贼大起，三辅有骆曜。骆曜教民'缅匿法'，角为太平道，修为五斗米道。太平道者，师持九节杖为符祝。教病人叩头思过，因以符水饮之。（以上叙太平道）修法略与角同，加施静室，使病者处其中思过。又使人为奸令祭酒，祭酒主以老子五千文，使都习，号为奸令。为鬼吏，主为病者请祷。请祷之法，书病人姓名，说服罪之意。作三通，其一上之天，着山上；其一埋之地；其一沉之水，谓之三官手书。使病者家出米五斗以为常，故号曰'五斗米师'。（以上叙五斗米道，与兄弟民族"南诏"同）后角被诛，修亦亡。及鲁在汉中，因其民信行修业，遂增饰之。（鲁乃因巴賨信修业而改造之。）教使作义舍，以米肉置其中以止行人；又教使自隐，有小过者，当治道百步，则罪除；又依月令，春夏禁杀；（因之不能置肉，肉亦未可久悬于舍。）又禁酒。（以上叙天师道，所改革者三：作义舍，修道路，禁酒肉。）流移寄在其地者，（指"民夷便乐之"的汉民与巴夷。）不敢不奉。"此引文分述太平与五斗、天师三种道之内容，虽大同而各别。并指明张角为太平道，张修为五斗米道，张鲁增饰五斗米道而改革之。裴松之谓张修应是张衡不妥；盖文中明言"修法略同于角"，而四个"修"字不能尽写误。章怀引作"张修为太平道"亦是误引。角为"道师"或"大贤良师"，修为祭酒、鬼主，鲁为君师、天师；亦有别。"刘焉以鲁为督义司马，与别部司马张修将兵击汉中太守苏固。鲁遂袭修（杀之）夺其众。"此处鲁为督率义兵（兄弟民族，如青羌等军），修领别部（巴人）共为刘焉割据汉中。修老病死而其部众含于鲁。非有鲁杀修事，"杀之"乃误记。盖张修事见《后汉书·灵帝纪》："中平元年（184）秋七月巴郡妖巫张修反，寇郡县。"又李贤注引《刘艾记》云："时巴郡巫人张修疗病，愈者雇以五斗米号曰五斗米师。"前云："熹平中，妖贼大起，汉中张修为五斗米道。"张修在汉中已十余年。再据《资治通鉴》卷六三，张鲁袭别部司马张修在建

安五年（200）。从熹平中至建安五年，约三十年间；三十年前已为教主（祭酒或五斗米师）的张修当近老年，应是自然死亡而非被杀。故记云“角被诛，修亦亡”。张修是妖巫，是鬼道，是巴郡土著夷人的教主。张陵是沿用张修鬼道加以改造的。天师道教“诸弟子随事轮出米绢、器物、纸笔樵薪、杂物等”。直至《真诰》所记亦同。于是我们可以了解“夷事道；蛮事鬼”（见《蛮书》卷十引《夔城图经》）“白虎事道，蛮蜑与巴人事鬼”（见《晏公类要》）与“荆人鬼，越人禨”（见《淮南子·人间》）的真实意义是：巴夷廪君白虎族是道教（天师正一道）；巴蛮与巴蜑（荆或越）是巫鬼教（五斗米道）。天师道是先进巴人从原始巴人巫鬼教改造出来的。

三、五斗米道与青羌

立在今四川芦山县的《樊敏碑》涉及“米巫”与“青羌”。碑文曰：

> 君讳敏，字升达。肇祖宓牺。遗苗后稷。……（居住于）滨近圣禹，饮汶茹汸（的川西）（他）贯究道度（道与德）……
>
> （学习）晏婴邶殿，留侯距齐（的隐士之道）。……米巫殂虐，续蠢青羌，奸狡并起，陷附者众……建安十季（205），三月。

樊敏（120—203）精研“道度”，学法晏婴与张良，接受宓牺、夏禹的文化传统；但他是反“米巫”的。张陵祖世通婚巴人；而樊敏崇道度。张陵的天师道在团结巴汉人民上起着积极作用；随着民族迁徙融合，影响也极深广，青羌即青衣羌，汉代有青衣国在川南广阔地区。四川的雅安、宜宾、泸州皆有青衣。青羌是氐羌系，是“青氐”的南迁者，即“乞姓”的“氐”。“乞姓的氐（羌）”是出于“北狄”而非“西戎”，是姬姓（黄帝与周王）的同族。自公元108年邓骘为先钟羌所败；

公元118年，永昌、益州、蜀郡、越嶲等诸夷（氐中之“夷”）并起。公元145年巴人服直起事，公元154年蜀人李佃祚起事，皆称王称帝。诸葛亮移劲卒青羌万余家于蜀，即来自云南、川南，又称为“叟兵”。汉晋时期的西南夷是：叟（蜀）、滇、青羌、彝（倮）；他们与道教先源都有关系。明朱国桢《涌幢小品》云：“崇诸葛亮擒孟获，散青羌于五斗坝，此凌霄都蛮之自来。”“都蛮”又称“五斗团”。“都”当来自氐羌人的“神都”“神荼”“五荼”“武都”。云南之“五荼夷”实即经横断山脉南迁的“武都夷”。正德九年（1514）葛魁夷人（氐系）普法恶与夷女米浪反……集僰、羿、苗倮等烧香事件；筠连县男子自称蜀守李冰事件，皆氐羌“五斗米道”遗俗。鳖灵王开明氏王朝崇尚赤色；有“五色帝庙”。蜀之“五龙氏”即五个酋王（神、都、斗）合成的“五斗团”。亦即道教神系中所反映的“中黄太一”与“四辅”。开明氏之《微经》，经张陵系译为汉文后即《太上招五辰于洞房飞仙秘道》《奔辰飞登五灵法》《守五斗真口诀》等天师道经典。

由芦山县流经雅安的雅河古名沫水（又名青衣江、平羌江），沿沫水至乐山市皆青衣人所居。乐山市乌尤山有青衣庙，古设青州于此区，又有青城（宋眉州青城县在今青神县，与宋彭州青城县今灌县徐渡场两城同名而异州）。青衣神祠又号雷埴庙，祀嫘祖而非雷神。成都望江楼亦有嫘神庙（后呼为雷神庙），乃祈子放生之处而非雷火之神（雷火神庙在纯化街）。青衣即青羌（国一部族），自周到汉分布于川南雅安、宜宾、泸州，与彝族先民有关。

随周武王伐商的“西土八国”有：庸、蜀、羌、髳、微、卢、濮、彭。其中“彭”即使用木板楯牌（彭牌）的“巴賨”（板盾蛮）。彭即鹏，是鸟部族“鸳魋”“瞿堆”（离堆）的族称。彭县有“彭门山”为神荼、郁垒所守护；又有瞿上城与张陵中央教区“阳平治”。彭山县得名于“彭亡山”，“彭为獠姓”，川中彭獠之地多见巴人岩墓（蛮洞子：神仙洞府）。川北川南皆有彭水，乃巴人所居。蜀人神仙宗“彭祖”，彭祖即蜀人之“老君”。嫘祖女系有西王母龙虎联合部族；彭祖男系有颛

项鸟部。夏龙、蜀虎、巴鸟或即古岷山三部。

秦汉之“羌”是“氐羌乞姓”之氐（而非甲骨文之羌），即（黄）河、湟（水）间的“氐”。此诸羌自无弋援剑以来渐由田猎进入高原农业，最早育种了昆仑玉麦栽培。他们南迁于汶山曰夷（嘉良），南中曰昆明，汉嘉越嶲曰笮，蜀曰邛僰。约可分为三大集团：A.卑喃部（白兰、白狼）即“白羊”羌。B.朐衍部（崔提、朐忍、瞿）即“黄羊”。C.先零部（西陵、楼簿、六番）即“青羊”白、黄、青三羌实皆“乞”姓之氐。实为氐中之“夷”。蜀王娶武都女子为妃，其母系是氐（姬姓而非姜姓）蜀王族五龙氏发展为九龙（四辅变为八角），是与巴人扶嘉故事，哀牢（南诏始祖族）沙壶生九子的传说同源的。彝人有鹰族的大神阿里比日，他的舅家就是龙族。成都青羊宫肆本为“汉夷交会之肆”，其他有蚕丛祠（今自来水公司），有夷里桥（笮桥），有“獠村”（《唐书·李德裕传》）。巴蜀的“五斗米道”（改造为“天师道”）是与彝族（毕摩）、藏族（本簸瓦）、氐族（达簸人的“白莫”，亦译为“白马”）、羌族（端公、白石神君）有共同渊源的。天师道在西南兴起时已经是西南民族巫术的大杂烩了。

彝族始祖希孟遮起源于“邛波习卤”，分为“曲濮”（巴人、荆人初信“鬼”）、“诺苏”（蜀人、楚人信道）。彝人的“九龙部”与“竹子部”（后称为“蜀王”与“竹王”）很像古（西）汉水上源嶓冢山分出的褒（巴）与苏（蜀）。彝、藏、汉三族皆与西羌有历史渊源。余若瑔《苴兰考》云：“（彝族）三十一世（名）祝明，夷书谓之隆穆。自（希）孟遮至此共三十一世，世居蜀。当周之叔世，杜宇称帝。蜀有洪水，隆穆避水至南方，诸夷奉以为君，居泸阴之山（乐宜山）。”余洪谟同志以隆穆当即是杜宇。杨砥中先生说：“秦人以移民实边的政策把原来住在巴蜀（四川）的彝族挤走。隆穆世居蜀，蜀是‘诺苏’的音写。”蜀（叟）即青羌，就是今天彝族的先民。巴人的鬼道，蜀人的仙道，经张陵改造成为道教的主干“天师道”。

（原载《贵州民族研究》1983年第4期）

概谈青城山道教[①]

道教是中国土生土长的宗教；它和中国的历史是分不开的。近年来，欧洲法国道教研究中心的学者万里来访青城山上杜光庭的“读书台”；瑞典国王夫妇上青城山瞻仰张陵祖庭“留侯遗徽”（匾额）；日本道教学者频频来访问。尤其是海外侨胞在青城山敬祈黄帝殿“轩辕黄帝”，先照蓬莱、普护海裔时，我们不能不回溯这民族感情的陈迹。道教尚为部分人民信仰、寄托和同情，应当说，它有着深刻的历史渊源。

汉民族是由许多民族融合发展而来的。以汉族为主的中国文化实际是各兄弟民族文化的综合体。中国文化的古老遗留宗教，有道教、儒教、佛教、伊斯兰（回）教、景教等，它们都各具有自己的乡土性和民族渊源。而我国的道教，实际是汉、藏、彝、苗、壮、羌等族先民的原始宗教（巫术）交融综合而织成的。民主的信仰和原始的自然力的崇拜，祖先与英雄崇拜，万物多神（鬼）崇拜构成了人物纪念神灵和万物多神的迷信。原始的巫术知识包括幻想歪曲的客观世界认识和具体实践的经验。正是在人们原始幼稚的认识上，在古代“道家”唯心哲理的综合下，一部《道德经》，加上民间的习俗、信仰和医、卜、星、相等知

① 本文由王家祐、李远国合著。

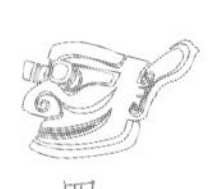

识，形成了组织起来的道教。从民族史角度看来，张陵的齐鲁文化在巴蜀“五斗米巫”迷信中成为指导经典。就是说“黄老之学”加上“巴蜀五帝三皇之教”就是“正一教”。张陵与张角所共尊的《太平经》《道德经》，实际上就是“黄老之学”。它和地方民族的风俗、习惯、医药卫生知识、天文历法、神话传说等结合起来，就形成了中国的道教。

青城山，又名“天国山”（或天谷山）。这个“天国”（天谷）早在夏王朝时就已发展了农业。相传，杜宇（蜀部族之王）在“天谷”中心建立了“成都载（音代）天”之国（今成都青城山）。在杜宇王的山谷农业基础上，青城山祭祀着从黄帝以来的五方神灵，这就是“西陵氏”（岷山部族）的“五老仙都”。到了东汉，张陵的后裔在川西南传播“黄老之学”，并与巴蜀通婚。张陵在青城山鹄鸣峰，组织了原巴蜀遗民，并就遗民集居地创立了二十四个道民聚居区，就是后来的“二十四治”（教民区）。道教“二十四治”，是正一教的四川教区名称。

黄帝的“西陵氏嫘祖”，是岷山及昆仑山的居民。她是蜀山族民之祖（母系部族）。神话传说中的“西王母”与“巫山”（即玉山、群玉之山、积石雪山），可能就是“西陵氏”。所以青城山最早的神话传说是从父母两系（黄帝，西貘）开始的。黄帝拜宁封为“五岳丈人”（管理五岳的仙官），在祖师殿后山上留下了“轩皇台”，在天师洞前有“龙迹仙踪”木牌坊。西王母女系留下了“素女洞”“玉女洞”“麻（貘、藐、岷、蒙）姑池”，以及容成、彭祖群婚“黄赤相配”的传说。可以说这是原始山原（黄河上游河曲区）母系社会转向岷山谷原（岷山流域）父系社会（黄帝子孙降居江水）的曲折反映。这是第一期原始巫教期。

张陵创教以来，用《道德经》统率岷山“三皇”（天、地、人）与“五老”（五方五色帝庙，见于《蜀志》）的传统教义，建立了“正一教”。教徒们尊称之为“天师道”，为中原非教徒们贬称为“巴郡妖巫”的“五斗米道”。有汉末至隋代石刻天师像（今存于天师洞）。这是第二期天师道祖山期。

唐代以来独尊的李老君的“三清”道教，是封建官方型的上层道教。唐玄宗李隆基逃蜀排斥了青城佛教，现遗存有玄宗手诏碑。杨太真（玉环）出生在导江县（今巨源场），死后尚用“临邛（今邛崃县）道士鸿都客（青城鸿都观在真武宫）”。金真、玉真两公主建三皇观，铸飞龙铁鼎（今在伏龙观前殿）。直至前蜀后蜀特崇道教，宫人常戴莲花冠子。薛涛、杜光庭皆为蜀中道教名师。成都青羊宫（上清宫）、玉局观等皆兴于唐。这是第三期李老君“三清”封建期。

宋代崇玄学，帝王题丈人山“会庆建福宫”，立“飞轮道藏记”碑。陈抟总结《蜀易》，学源于青城（学术于崇庆州天庆观）。陆游访道于青城，颇有通达之仙思。虚靖天师再兴教于常道观。这是第四期蜀易理学期。

明代蜀王崇佛，道教残存。明末张献忠反蜀王府所支持的佛教，双方争战，导致道庙败坏。自清初武当山张清觉来山创“丹台碧洞”宗（匾在青城山三清殿上）青城道系变为“全真教”，传三十一代至已故大师易心莹师。这是第五期全真期。

（原载《青城文荟》1984年第2期、《成都文物》1989年第10期）

仙踪鬼迹话丰都[1]

由重庆坐船沿长江顺流而下，过“榨菜之乡”涪陵，东行百余里，便到了丰都。丰都古名平都，曾是先秦时期巴国的别都，东汉和帝永元二年（90）初置平都县，隋代改称丰都，至今已有两千多年历史。

丰都城位于长江北岸，江水经城南而折向东北流，风景秀雅，物产富饶，街市繁荣，一派生机。谁能想到，这里曾被称作“鬼城”，流传过大量怪诞离奇的宗教故事，遗留了不少人造的“仙踪鬼迹”，并屡见于文献记载。

丰都得“鬼城”之号，直接与道教有关。东汉后期，我国的原始道教已经出现，其中的一个支派叫五斗米道，为张道陵所草创，先在蜀郡流播，接着传入巴郡、汉中地区。又经其徒张修、其孙张鲁的完善发展，建立政教合一的组织，势力大振，教徒更多。后来形成天师道正一派，并成为道教正宗。丰都在汉代属巴郡，是早期道教的一个传习中心，所以北魏郦道元《水经注》说：“平都有天师治。”张道陵设“二十四治”之说虽系后人记载，但丰都之为天师道的一个宗教传习中心，当是可信的。

---

① 本文由王家祐、李远国合著。

五斗米道有着复杂的历史渊源，它继承了秦汉方士的神仙思想和炼丹术，从西南氐羌系统的少数民族那里撷取了巫术；把先秦道家著作《老子》奉为经典，又把儒家的诚信仁孝之类的伦理观念视为教徒的行为规范。佛教的因果报应思想和轮回说，对后世道教的影响也越来越大。从五斗米道到天师道的演变看，可以说是神仙人鬼混同，巫道儒佛杂糅。丰都之称“鬼城”，即与上述源流中包含的各种“鬼”的因素有着密切的关系。如果到平都山去探访一下那里的“仙踪鬼迹”，便可略知其详了。

平都山又叫名山，矗立在丰都城东北的长江之滨。它“西连岷岭千秋雪，东接巫山十二峰”。登顶远眺，苍山叠翠，长江如练，山水相映，美若仙境。曾有不少迁客骚人、羽士名流到此游览题吟。宋代诗人苏东坡就曾写诗赞叹：“足蹑平都古洞天，此身不觉到云间。抬眸四顾乾坤阔，日月星辰任我攀。”

但是，在道教的经典里，这个风景宜人的地方，却成了“总真群仙之府”，“阴真鬼帝之庭”，是道教的“七十二福地”之一，也是“阴曹地府”的所在地。南朝道书《度人经》曾描绘过平都山景象：其上是“玉京”，系群仙都会；其下即“鬼庭”，为众鬼所居。可见早在南北朝时期，这里就不但“仙气”飘飘，而且“鬼影”憧憧了。后来，平都山的“鬼气”越来越浓，自唐以降，文献记载和民间传说中，径称丰都为“鬼城”的也愈来愈多了。考察一下平都山现存主要道教建筑的制度沿革，便可与文献相印证。

自唐初始建第一座道观——仙都观以来，平都山上下先后出现各类寺庙四十多处，至今尚存道教建筑十余座。地处山腰的寥阳殿，据说是进入地府的第一站。殿外现存石拱桥三座，为明朝蜀献王所建。此桥明代以前即有，名通仙桥，意为走过它便可得道成仙。明代却改称“奈何桥”，道士们常在桥面涂上桐油、蛋清，使桥面光滑如镜，难以行走。并宣称：人死之后，其鬼魂必过此桥。生前作恶者，会跌下桥去；生前为善者，能顺利通过，再次投生变人。仙桥变成了鬼桥。

经寥阳殿登上山头，即到阎罗殿。此殿始建于明代，清康熙三年（1664）重修。殿内光线昏暗，塑像林立。这里的主神是威行赏罚的十殿阎罗王，还有按察善恶的“六曹”“判官”，勾魂追命的无常、恶鬼，十八重地狱的种种惨景。这些大小不一、神态各异的彩塑，是近年重新制作的。彩塑的内容充分体现了佛道杂糅的特点。阎罗之名，源于古印度，梵文作Yamar ā ja，全译为“阎摩罗阇”，“阎罗”是其简译。它是古代印度的一位神祇，意为“幽冥界之王”。到了唐末，中国佛教将阎罗一变为十，并分别加上了中国化的王号，后来才被道教采用，只不过略施道教色彩，说十殿阎罗王就是张天师手下专司捉拿孽鬼的“十大鬼帅”。地狱也是舶来品，本是梵文Naraka的意译，亦源于古印度，后为佛教所用，也被道教吸收。于是，一大批中国化的外国鬼神涌上了平都山。

走出“鬼气”冲天的阎王殿，紧接着便是“神气”十足的天子殿，现存建筑是清代遗物，颇有气派。门楼雄伟，飞檐四出，门楼两侧各有一重檐式角楼。门楣上方大书“天子殿”三字，门外墙面绘有以道教故事为题材的壁画。正殿大门上高挂“乾坤一气”匾额，匾下悬宝镜一面，大有明察秋毫、人妖立辨的意味。门前二柱，各盘云龙，形象生动。殿内正中的金身塑像，便是道教幽冥世界的最高统治者——天尊阴真鬼帝。鬼帝头戴王冠，脚穿方履，身着衮袍，腰围玉带，秉圭端座，二目圆睁，表情极为威严。头顶高悬“善恶昭彰”匾额，两旁侍立着手操硃笔、算盘、生死簿的四大判官。整个大殿的气氛十分森严。颇为有趣的是，殿后配祀着一位漂亮的“天子娘娘”，传说她是“肉身成圣”，其塑像具有弹性。殿侧耳房是鬼帝夫妻俩的卧室，床榻被帐俱全，颇带人间烟火味。

那么，这位坐镇丰都的鬼帝究竟是谁呢？道教著作中各说不一，但鬼帝是人这一点却是公认的。对比之下，以鬼帝为张衡的说法比较合乎殿中情况。张衡为张道陵之子，张鲁之父，被天师道尊为第二代天师，并被神化为鬼帝。《三国志》载，张衡有一个漂亮的妻子，孀居后曾和割据益州的刘焉有过暧昧关系。她“妻以夫贵”，也被神化了。可见道教还把真人变成鬼神。

值得注意的是，现存的天子殿是建造在仙都观的旧址上的。仙都观是平都山的第一座道观，始建于唐初，宋改名景德，又名白鹤观。观中长期供奉的对象，并非鬼帝，而是道教神仙王方平和阴长生，号称“二仙”。据东晋葛洪《神仙传》说，“二仙”都是汉代著名的炼丹方士，阴长生在平都山东“白日飞升”，后世道流把王方平也附会到平都山，说他在此“羽化登仙”。方士本为道教的源头之一，炼丹术又是道士特有的看家本领，因此“二仙”早就被纳入道统。《神仙传》已经让王方平去“主天曹”，“一日之中，与天上相反覆者十数过，地上五岳生死之事，皆先来告王君”，忙得不可开交。紧接着，南朝陶弘景《真灵位业图》又赠给他一顶“西域西极总真君”的桂冠，成了道教的仙官；而南朝道书《上清天关三经图》则封他为“平都主筭”（suàn，即算或算筹）官，又当上道教的鬼官。唐初在王、阴成仙了道的平都山头修建仙都观时，他们便理所当然地登上殿堂，坐享信徒的香火了。但在佛教因果报应、生死轮回之说的影响下，本以追求长生为宗旨的道教，兼而修求来世，导致“鬼势”大振，“仙风”日下。到了明代，终使天子殿代替了仙都观，鬼帝取代了二仙。平都山上的“鬼”更多了。

但“二仙”的资格毕竟很老，又是平都山的土著，尽管被挤出原来的香火宝地，总还要给他们另觅安身之所。于是，在天子殿后平都山头的绝顶处修建了凌虚阁，亦就是现存的明代建筑二仙楼。楼中有四尺高的二仙铜像和石刻棋盘、炼丹石炉。这里没有阎罗殿那种恐怖的“鬼气”，也没有天子殿那类森严的“神气”，而是飘散着一股轻松的“仙气”。这在平都山上是仅见的。

在二仙楼东侧，有一个深不见底的山洞，旧志称它为五云洞，传说是阴长生的炼丹井，因时有五色云气从中升起，故而得名，原是平都山上的一处“仙踪”。到了明代，有人将洞口山石凿成炉状，指认它就是通往阴曹地府的入口。过去善男信女到此朝拜，都要烧纸钱投入洞

中，地风瑟瑟，纸钱飞旋，被称为“群鬼争钱”，是平都奇观之一。现在洞口之上覆有一座亭式建筑，中间玲珑宝顶高耸，成辐状排列的每条屋脊上都装饰着一条行龙，首外尾内，跃跃欲飞。正面两门相依，门上各悬一匾，分别赫然大书“鬼城”“地府”字样。“仙踪”又变成了“鬼迹”。而且地下茫茫，更有数不清的“鬼”了。

说到这里，丰都之被称作“鬼城”的原因已不难理解。但还须进一步追溯。如前所述，天师道的前身五斗米道，与氐羌等少数民族及其所信奉的巫教有密切关系。西南地区的氐羌系统的少数民族，和“鬼”有密切关系。《山海经·海内北经》说有一个“鬼国”，“人面而一目”。同书《大荒西经》又说：“有人一目，当面中生，一曰威姓，少昊之子，食黍。”威、鬼系一音之转，威即是鬼。所谓一目，指双目之外，额上尚纵立一目。属氐羌系统的古代蜀族，正是以“纵目人”之名见诸史册的。这纵目并非真眼，当是刻画点染而成。确认为蜀地古羌人后裔的马尔康嘉绒人，有的至今仍有用艾香在额上炙疤的习俗，此即纵目遗风。可见从族源上氐羌系民族与“鬼国”“鬼姓”之族有关。氐羌族所信奉的巫教亦称“鬼道”。由于五斗米道吸取了巫术，信徒中又有大量氐羌族人，因此史籍或径称五斗米道为“鬼道”，称道中巫师为“鬼吏”，称初学道的信徒为“鬼卒”“鬼兵”。可见五斗米道从一开始就和“鬼”结下了不解之缘。不过，这里的鬼实际上是人。南朝《度人经》在说到坐镇丰都的鬼帝及其部属时说：“惟此鬼神，实与人等，并皆胎生”，他们“还来人间，与人婚宦商贩生业，一与人同”。这曲折地反映了五斗米道时期鬼实为人的历史真实。平都山头天子殿中的鬼帝之家，不也微弱地透露出了一点人鬼同体、结婚生子的消息吗？从这个意义理解，“鬼城”即是“鬼道”所治，“鬼吏”“鬼卒”所居的地方。

综上所述，我们可以理出这样一条线索：汉魏之际，丰都是“鬼道”传习中心之一，即可能出“鬼城”之类的传闻，但这时鬼即是人；东晋南北朝时期，在道教典籍中，丰都是仙鬼同居，纯属宗教迷信，“鬼城”之类的传说日多，但无更多实物；唐宋时代，宫观林立，已是仙鬼一体，“鬼城”之称正式见诸文献记载；明清以降，道观涌入各色鬼众，仙踪多成鬼迹，“鬼城”之名因之大噪；中华人民共和国成立后，“鬼城”终成历史陈迹。丰都平都山上的仙踪鬼迹看似荒唐可笑，但它从另一方面反映了道教的发生、发展史，它遗留下来的建筑、雕塑、壁画，更是中华文化宝库中的珍品。

（原载《文史知识》1985年第9期）

四川道教摩崖石刻造像[1]

道教是我国传统宗教，它的产生源远流长，可以追溯到商周时代。四川是道教的发源地，反映道教的石刻造像居全国首位。目前已发现的有安岳玄妙观，大足南山、石篆山、舒成岩，绵阳玉女泉，剑阁鹤鸣山，江油窦圌山，灌县青城山，丹棱龙鹄山等地。其他还有蒲江、夹江、乐山、宜宾、乐至、南充等均有少量的道教造像和题刻。本文对上述石刻做简要分析。

一、四川道教溯源

《华阳国志·巴志》引《洛书》云："人皇始出，继地皇之后，兄弟九人，分理九州。"《云笈七签》引《太上老君开天经》说："太上皇之后而有地皇，地皇之后而有人皇。……而有伏羲、女娲、神农。"同书又引《天尊老君名号历劫经》云："老君以法授'无极太上大道君'，又名'最上至真正一真人'，亦号'无上虚皇元始天尊'。无上虚皇元始天尊以《三皇内文》三十六卷授'盘古真人'。其后历天皇、地皇、人

① 本文由王家祐、丁祖春合著。

皇，始有‘天真皇人太上老君’下降‘开明之国’。”又云：“后有神人氏也号‘盘古真人’。”说他：“白日升仙，上昆仑，登太清天中，授号‘元始天王’。”还说：“有王母学道降‘人鸟之山’。盘古真人神人氏升仙之后，伏羲氏兴。历燧人氏、祝融氏、神农氏，后轩辕氏兴。上皇元年，老君下降于峨眉之山，授以《灵宝五符真文》与《三皇内经》。后于鼎湖山白日升天，上登太极宫，号白‘中黄真人’。”以上诸记说明自三国魏晋以来“盘古”进入道教史册。

早在商周时代，地处西南边陲的蜀国，相继建立了“杜宇”“开明”两代奴隶制王朝。川东地区建立了“巴国”。蜀国的巫师已上升为宗教祭祀的领袖，在奴隶制政权中占有重要地位。巴蜀居民祭祀“三皇”“五方龙神”。蜀王崇尚“五色帝庙”，并建立祭祀仪仗，制定了祭祀音乐和醴酒。使用了象形的方块文字和巫师习用的“巴蜀图语”（看图示意的符箓）。巴蜀的原始巫术开始向“五斗米道”发展。

西汉时，李冰在治理漳河时白日飞升，至今还保存有“升仙台”遗址。莫公南征，在蒲江飞仙阁成道升仙。说明道教的升仙之说，产生了较普遍的影响。

东汉张陵（34—156）在青城山东峰鹄鸣山等处传道。在巴蜀原有的“五斗米道”基础上加添了“黄老之学”理论，开创了道教“正一教”。逐渐发展教区二十四处，使之遍布巴蜀。四川开始出现道教题刻。简阳逍遥洞会仙友汉隶刻石及人马朱雀等石刻。洞的正中刻“汉安元年（142）四月十八日会仙友”12个汉隶字，两侧后人加刻“东汉仙集”（右）、“留题洞天”（左）楷书八字。芦山县“建安十年”建立的《樊敏碑》也提到了“米巫”（五斗米道）。“熹平二年”（173）的《米巫祭酒张普碑》记载了“正一教”的情况。三国时，张陵的孙子张鲁，在汉中建立政教合一的政权达三十年，后受曹操封“阆中侯”。西晋末年巴氐人，由甘肃返回四川，建立“成汉”政权（303—347）。崇拜青城山道教首领范寂（？—318）封他为“天地太师”。当时五斗米道的首领陈瑞（？—277）势倾数郡。北周时卫元嵩著《元苞经》为道教理

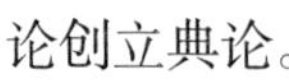

论创立典论。

隋唐时期，统治阶级为了利用道教来巩固其统治，大肆宣扬道教，使之得到大的发展。成都市龙泉山《北周强独乐造像碑》，青城山天师洞隋大业造张天师石像，是四川道教造像的早期作品。唐代道教在上层统治阶级特别流行，李渊就自称是李耳后裔。武德四年（621）傅奕上《请度佛法表》可见李氏崇尚道教的事实。七年，李渊亲登终南山拜谒老子庙，尊为祖宗。李世民曾谒道士王远知受道箓。上行下效，大臣房玄龄、杜如晦、魏徵皆信道教，贞观十一年（637）修亳州老子庙与兖州孔子庙。乾封元年（666）追尊老子为“太上玄元皇帝”。武曌初听政亦诏王公百僚皆习《老子》，诏写《一切道经》，并抬出一个先天太后，做老子的母亲。唐初著名道士潘师正与司马承祯创新论。四川道士矩令费讲道经于京都玄真观。唐玄宗御注《道德经》。贵妃杨氏号“太真”。太平、金仙、玉真公主皆入道为女冠。女诗人薛涛居碧鸡坊为坤道女圣。李白、贺知章皆正式受道箓作道教徒。唐代诸帝为求长生多服金丹身亡，但炼丹术创造出火药、假金、假银，在化学上做出了重大贡献。前蜀杜光庭隐居青城山著道书数十种。道士赵归真所著传雷法；孟煦及彭晓所传丹法皆秘流于青城山中。

南宋道教哲学大师安岳县人陈抟（？—989）所传刘海蟾、张伯端、石泰、薛道光、陈楠、白玉蟾、彭耜等一系，更为南宋金丹大道。

二、安岳县玄妙观造像及其历史意义

玄妙观道教造像在安岳县黄桷乡白羊山下。摩崖造像围布于前后长10米，左右宽6米，高5米的大石包上。四面刻像，顶平，可登临。自前左壁“桂香井”唐碑起依次编号为75龛，大小造像1250余尊。

6号龛题记为“天宝七载启大唐御立集圣山玄妙观胜境碑”，碑文云:“至开元十八年……首天龛，次王宫龛……”道像造于公元730年前后，为盛唐之作。72号龛的《般若波罗蜜多心经碑》题记为:“开元十八年五月廿五日邑人玄（应）书。”69号龛题记为：“大中十四年闰桂月十四日。”可见造像前后历经了130年之久。11号龛最大，高约2.5米，中坐老君，诸真人侍列。12号龛并列四真人。第53号龛并列五真人。第61号龛坐列三像。62号龛中立一真人，脚下有“九头鸟”。左面与后面许多龛是太上老君与释迦牟尼并坐，诸真人与诸菩萨侍立于侧。73龛是佛教观音与大势至两菩萨并立。

玄妙观的造像，是现存唐代最精致的道像和佛道合龛像。给我们研究佛道共存及融合，唐代佛道并用的情况，提供了实物艺术考古资料。62龛的“九头鸟”，是巴人鸟身的实证，是道教起于“人鸟山”的例证。“九龙”“九头”“三皇兄弟九人”都与巴巫“五斗米道”有关。

玄妙观“天宝七载”（748）《启大唐御立集圣山正教龛碑铭》是李唐道教的重要史料。它有许多珍贵史迹记述。（1）“道是盘古本□□□主。”“老子者，初为盘古。”此示唐代所崇“李老君”或与古“三苗”及今之苗族、瑶族有历史渊源。老庄本南方道术，由庄老变为“黄老”是秦汉间新说。（2）“上道而轮，化生天地而生佛。”“元始化生三教圣人而生佛。”“道是三教祖也。”武曌《僧道并重敕》云：“老君化胡，典诰攸著。佛本因道而生。”说明她初期优礼道士，并未违反李唐宗传信仰。（3）碑文述老子著《五千文上下经》，讲道德之原旨。汉文帝时有“清泰国王”礼拜无上道，化生结庵于黄河之滨，常诵道典，白日升空。汉明帝永平元年（58），佛现于中土。（4）“正一法王，古今相续。”“张、李、罗、王名天之尊也。”可见在唐代尚未脱离“正一”渊源。（5）“或众圣潜灵，或紫云缠盖。”“磐崖金容，吐相光于水镜；莲吞紫气，寓神龙于南天。”“黄龙初瞑，白马高临。”这些记述都反映“仙佛宗合”的特色。（6）“国公左弘”之子“弟子左识相”皈依。“朝纲国公李玄清”与“当缘法师李玄则”。他们都是中唐贵族。（7）“大唐开元天宝圣文神武皇帝（李隆基信道）。”“频以皇帝恩命。”都是皇帝参与。此时正是杨贵妃（公元744年）入宫得宠，杨钊自四川入朝，杨太真的三个姊妹皆封国夫人。太真幼居青城山下导江县，临邛道士为她招魂。这些史事都与道教有关。

三、大足县摩崖道教造像

大足县的道像有多处：石门村的“圣府洞”、城南南山的“三清洞”、石篆山、舒成岩的半边庙、妙高山及北山“淑明皇后龛”。这些造像始造于北宋，多成于南宋绍兴年间。宋代崇信道教。宋徽宗自称“教主道君皇帝”。他说他梦见李老君，接受了振兴道教之命。崇宁四年（1105）赐信州龙虎山道士张继元为“虚靖先生”。靖康二年（1127）金人俘徽、钦二宗北去。高宗逃往杭州，保持南宋半壁河山。岳飞、韩世忠相继死。吴玠、吴璘兄弟，虞允文等先后守蜀，四川较中原安定。由陕、甘迁来四川的士族（如大足县赵氏）与当地镌刻工匠在大足等县大兴摩崖造像，使川中摩崖造像大放异彩。

四川巴人的“三皇”，正是道教《三皇经》的三皇。天皇、地皇、人皇各分前、中、后而成为“九头纪”的巴子“兄弟九人，人皇居中州以制八辅”（见《华阳国志》卷一）。“炳灵”是宋朝所封的火神。石门村突出的“炳灵”龛，是“南方丙丁火光华大帝之灵”与古蜀国“开氏赤帝鳖灵”的综合神灵。道教六合之神，本是“四岳”加上天上玉皇与地祇土皇。舒成岩的四龛道教大神是（北）紫微北极大帝、（东）东狱大帝、（西）淑明皇后（西岳金母）、（上）玉皇大帝。（南）南岳火神为东岳第三子“炳灵”代替。宋以后的“三清四御”神系，由此演化而来。

（1）石门村“圣府洞”造像

石门村编号为14号，其中碑刻2号，道像7号，佛像5号。佛像中以“岑忠用募化修造十圣观音”为最好。从南宋绍兴六年（1136）开始，至十一年（1141）完成。道像开创于北宋绍圣元年（1094），“山王龛”与释迦龛同时，皆岳阳文唯一施镌。岳阳（今湖南岳阳市）文惟

一、（子）文居道、（孙）文道城于北宋哲宗年间开创佛道于石门，至南宋孝宗时文道盛仍为“山主”，其间约经百年。十圣观音龛题记云：“奉佛，道弟子侯惟正造功德一位。”由此可证道士亦供佛像。后世以观音为慈航真人，因承此风。

三皇洞（10号）是一套巴地道教神系。三皇上坐，左右立雕像十四尊。（由内向外）灵宝法王与火车王灵官，再外是六部天官（左右各三个）丁甲神（左右各一个），玄武大帝与光华大帝（左右各一个），天曹判官（左右各一个）。此系左壁上自内向外的道教诸神。右壁应与左壁相对应，但已毁坏，内容不清楚。猜测一坐神当是天皇与后土，五立神（左右共十个），八立神（左右合为十六），十四立神（猜为二十八宿）。由于右壁已毁，全套神系尚待考订。

炳灵龛（11号）上刻夫妇并坐，“百神”侍立，下有“地狱”图。东岳大帝第三子（东狱“淑明皇后”所生五男一女之中子）。全称“东岳上殿太子至圣炳灵仁惠王尊神”。此神为蜀开明王赤帝鳖灵演化而来。纳西族自称“蒙山祖”为“百灵太子”亦有关联。

五显华光大帝龛（7号），面像威猛，一足踏火轮。“灵官大圣华光五显天师”与炳灵火神、灵官马元帅各为一神，后世多混称。《南游记》与《马元帅传》皆以五团火光投胎于马氏金母，讳三眼灵光。又化为一胞胎含五昆玉与二婉兰，同产于“鬼子母”之体。故此处9龛为五男二女说的鬼子母龛。鬼子母为印度的珂利帝母。与九子的斗姥，六子（五男一女）的“淑明皇后”有别。

玉皇龛（2号），正中雕“昊天金阙至尊玉皇大帝”，高0.72米。龛外雕壁有“千里眼”“顺风耳”像，高1.80米。供养人杨伯高侍立像，高0.90米。题记云：“弟子杨伯高为故父杨文忻存日造此二大将军向正界至丁卯（1147）十月二十六日庆。”当为南宋造像。

（2）南山玉皇观造像

大足南山有道像四龛，碑刻两通。“三清古洞”中雕道教“三清”

坐像。左右为“四辅像”：中天紫微（星）北极大帝；昊天金阙至尊上帝（即玉皇与王母娘娘双像）；勾陈（星）上宫天皇上帝；后土皇祇（帝后双像）。神台上有“舍地开山造功德何正言同杨氏”题记。大足北山多宝塔内“何正言”题记为“戊辰绍兴十八年（1148）四月初八”。又观音坡“何正言”题记为“绍兴廿四年（1154）五月十六日伏小六镌”，洞前还有“淳熙戊申”（1188）、“庆元庚申”（1200）等题记。由此可见“三清古洞”造于南宋绍兴年间。主龛外还雕刻有云龙与诸真人像，或是明代加刻。

圣母龛（3号），中坐“注生后土圣母”，左坐“保产圣母”，右坐“卫房圣母”，三位生产保婴女神。左壁有“九天监生大神”（男武将），右壁有“九天卫房送生夫人”（女），右壁侧有“何正言”题名，可见亦属南宋绍兴年间所造。

龙洞（6号），龙首似蜥蜴，身似立马，很像奔腾的“恐龙”（不是一般大蟒盘曲状）。宋刻。

真武像（1号），披发仗剑，着甲罩袍，足踏龟蛇。玉女捧印，金童捧剑。“正德十六年”（1521）造像。

（3）舒成岩半边庙造像

舒成岩在县北中敖乡，这里有道像四龛。1号龛为东岳大帝，附刻第三子“炳灵”像。题记云：“南宋绍兴二十二年（1152），前本县押录王谅记。伏元俊、伏元信，小作吴宗明镌龛。”2号龛刻紫微大帝。3号龛刻玉皇大帝。题记云：“时以天元癸亥绍兴十三年（1143）……伏麟镌龛。”又题：“天元启运……王谅奉命之日……伏麟镌龛。”4号刻龛淑明皇后。洞口题额：“淑明皇后一龛。”内壁题记云：“……奉道弟子林（宋？）美意……就云从岩镌造淑明皇后。……时以癸酉绍兴二十三年（1153）三月二日工毕。掌岩道士王因之建洞。”

此处四龛，紫微与玉皇为道教“四辅”（或称“四御”）之二（缺勾陈与地祇）。东狱与淑明代表东岳木公与西岳金母（缺南岳与北岳）。

似由六合“六御”（四岳加昊天与地祇）向“四御”发展。与南山“四御”相同，为宋代道教信仰的神系组合。

（4）石篆山佛会寺道像

石篆山有佛道造像七龛。1号地藏龛，镌于“绍圣三年”（1096），“岳阳文惟简镌”。2号老子龛成于“元丰六年”（1083）。文宣王（4号）窟刻孔子与十哲像，文惟简刻于元祐年间（1086—1094）。“鲁班窟”（6号），实系“宝志禅师”像，左手携尺，右手执剪。旁一徒弟挑工具。顶额为后人题“匠氏宗坊”，左右联云“绳黑十秋仰；规矩万世园”。三世佛龛（3号），文惟简刻于元丰壬戌（1082）。文殊窟（5号），亦为文惟简刻，铭为“庚午中和”（1090）。另有两龛风化不清楚。在千佛岩上还有明初僧朗然所造道教川主、土主、药王三像。

（5）妙高山造像

妙高山教窟刻释迦、老子、孔子像。题刻为：“东普攻镌文仲璋，天元甲子记（1144）。”

（6）佛安桥造像

佛安桥三教窟有“奉佛弟子古及之……”“佛弟子古大雄同室杜氏造”“奉真弟子白大明造”“壬辰三月记（1172）”等题记。五滩罗汉窟造于“绍兴丁丑”（1157）。

大足县上述六处道教造像基本上是道教“全真教”创立“三教平等会”（1169）以前的神系信仰。南宋王重阳（1112—1170）自称于陕西户县甘水镇遇吕洞宾传道。为道教一新派系（北宗）。而陈抟（？—989）所传“南宗”则为蜀中嫡系。大足南宋道教造像，保持了唐宋四川地区特色，殊为珍贵。堪与江油县窦圌山道教星辰车转轮藏木雕宋代道藏神系媲美。大足、安岳等地的佛道共信，“仙佛合宗”当是四川宗教一贯特色。

四、绵阳、剑阁、江油道教造像

绵阳市郊西山玉女泉原有道教造像三十余龛。据法国伯希和《中国西部考古记》云：方窟高台龛，深约1米，台高约1米，正中刻老君盘膝坐像，胸前有半月形三足栻几。两侧有4真人，4侍童，10神像，2供养人。上述21像皆在台上。这种高台式，有明显边饰，龛顶额刻出彩帏及串饰的龛，多见于川北地区盛唐造像。小型的立长方形龛的上额多作尖桃形，天尊坐莲台，左右有二真人侍立。最小龛高仅0.5米，中刻一坐神。其中有一小龛的真人是穿着紧窄的缠身衣（印度式"娑笼"？）。龛外左边有胖莲坐唐碑一通已风化。题刻文字较深可读："大业六年，太岁庚午润二月廿八日，三洞道士黄法暾奉为存亡二世，敬造天尊像一龛供养。"此处隋造供养人像两列有题名：（女列）"（上坐法师）上坐杨大娘，录事张大娘，王张释迦，文妙法，雍法相……"（男列）"上坐骑都尉陈仁智，紫极宫三洞道士蒲冲虚，检校本观主三洞道士炼师陈□□，兵部□□王永家，邓行举，骑都尉严□□，王德满、雍行敦、王玄运。"

绵州道士李荣有《道德经注》，他应皇帝的征召入居长安。卢照邻有《赠道士李荣诗》，诗中有"敷诚归帝阙，应诏佐明君"。反映了他应诏入京之事。骆宾王也有《代女道士王灵妃赠道士李荣诗》，诗中有"不能京兆画峨眉，翻向成都骋骀引"之句。唐驸马薛曜也写有《登富乐山别李荣道士诗》。李荣与张君相皆为唐初四川著名道士。李荣上承隋代道教"重玄派"，下启陈碧虚一派，是承先启后的重要道士，此后，由宋代陈抟传张元梦，再传陈碧虚。道教南宗的所谓五祖一系，是指陈抟、刘海蟾、张伯端、石泰、薛道光、陈楠、白玉蟾彭耜等，皆出于蜀中。

绵阳道教造像题记自"大业六年"（610），经唐"贞观二十一年"（647）、"永徽元年"（650）、"麟德二年"（665）、"开元十七年"（729）、"大中十一年"（857），至咸通十二年（871），长达近三个世纪，绵延不绝。《蜀中广记》云：“今连邑比邻什邡诸县并是道民，尤不奉僧。”什邡县，北周卫元嵩（希微真人）作《元苞经》。隋文帝时有刘珍，唐明皇时有陈什邡，皆为著名道士。卢照邻《至真观黎君碑》云：“广汉（县）集灵观有天尊真人石像大小万余躯。”可见当时道教造像之盛。李白曾拜高天师如贵受道箓为道教徒。至今江油窦圌山上尚遗留有宋代木刻“道教星辰车”，车上有宋木雕道像全面神系。含增乡天仓山金光洞内还存有明代石雕道教神像八十余躯。

剑阁鹤鸣山在城郊东南，这里有四川唐代道教造像。鹤鸣山之名来源于仙人乘鹤与石鹄晓鸣的传说，故道教圣地多有“鹤鸣”命名。鹤鸣山道像五龛，2号龛天尊立像造于盛唐。李商隐撰《剑州重阳亭铭并序》碑（道像已毁，正中立碑）。左右各留有6神将与2鬼王（共12神将，4鬼王》。金童与玉女（二侍）。3号长方形龛，高2.44米，宽1.44米。天尊高髻宽袍立于莲座上，保留着绵阳西山观唐初造像矮短的风格。龛侧题刻云：“前刺史赐紫金鱼袋，郑国公尚玄元道。……以命石工雕长生保命天尊像一躯。……圣历大中十一年（857，丁丑岁）。”4号龛亦刻长生保命天尊，但高秀异于矮胖，与3号龛的风格不同。5号龛正中造像不存，补立明代康海所撰《剑州再建重阳亭记》碑一通。左右外壁12神将、2鬼王、金童、玉女与2号龛同。这里3号龛的长生保命天尊与绵阳开元寺《长生保命天尊像赞并序》同为大中十一年，可资比较。李商隐碑立于“大中八年”可知第2、5两龛应早于立碑多年（唐初）。4号龛晚于3号，当为晚唐作品。

鹤鸣山第1、3、4龛保命天尊，代表唐代三个时期的不同风格。五代宋以后，三清主神，由“六御”演变成的“四御”神系成立，单纯求长生保命的天尊就很少见到了。《重阳亭》两碑代道教主神而立，或与巴人“九皇”崇拜有关。四川旧俗，在九月九日普兴“九皇会”，会时，全市要插小三角拼成的三角黄旗，全售素食，又称“重九节”。

五、峨眉、灌县、丹棱、夹江、泸县的道教造像

晋人王羲之与唐李白所慕的峨眉山，至今有道教遗迹多处。晋代所传《五符经》云："皇人住峨眉山北。黄帝往受'三一''五芽'之法。"《三皇经》云："《三皇经》乃神宝君所出，西陵真人所撰。惟独蜀郡峨眉山具有此文。"传说三国时帛和得《三皇经》于西城山石壁，后郑隐以授葛洪。葛洪《抱朴子·金丹篇》说："青城山、峨眉山，其中有地仙之人。"青城山列为道教十大洞天之五，名曰"宝仙九室之洞天"。峨眉列为三十六小洞天之七，名曰"虚灵洞天"。张陵所创"治"（教区）中，"游治八品"第七青城治、第八峨眉治，把青城、峨眉并列。

青城山为古蜀王"杜宇"（望帝）所居的"天谷"。道教神仙如赤斧、李八百、栾巴、浮丘伯、姜叔茂、葛由等，皆巴蜀人。范寂（范长生）巴族自川东涪陵迁来青城山。晋末成汉时，李雄（公元304年）欲迎立范寂为君，显然是巴蜀民信仰道教之故。李雄尊称范贤为"天地太师"是有族系与民族信仰的背景。直至梁朝（502—557），"其山四面（皆）獠民"。唐朝称青城山后山为"獠泽"。今存隋朝"清城山"三字刻于大字岩上。天师洞内有隋大业初年（605—607）造张陵天师石雕像，其两旁武士像犹可见隋唐风格，还存有唐玄宗开元手诏碑、黄帝石雕像。

峨眉山道教摩崖有宋初著名道教学者陈抟在神水阁前的水池岩壁上题刻"福寿"两大字。吕洞宾题刻"大峨"二大字。唐代的陆隐君祠、孙思藐、施肩吾，宋代的陈抟祠等古迹已不存。今尚存纯阳殿及殿后明代道教石碑两通。明代学者王勒为纪念"楚狂接舆"所题"歌凤台"题刻。

丹棱县龙鹄山有"龙鹄山"三个大字，传为宋孝宗赵昚御书。山半有道教造像30余龛。道像高者约1米，小者仅0.30米。第14龛雕老子盘膝坐于束腰方台上，有2侍童与2真人；4真人，2立侍，2武神龛；

8仙人，2侍者，4神将龛；5立像龛等。《龙鹄山成炼师植松柏铭碑》建于天宝九载（750），记载了女冠成无为在山间种植松柏的史事。碑云："龙鹄山观隐人，女道士成无为，通义郡丹棱县人也。……仙师年逾知命而有少容，状如廿许童子，盖还丹却病之功也。无营无欲，恒以功德为先。不滥不贪，特以长生为务。"张鲁母即有"少容"。老君传授中女仙奚中和（31代）、李玄一（32代）亦表示了道教崇母的事实。法国籍华裔教授成之凡女道士说："无始无终的慈爱与阴阳对立而并存。"正是龙跃仙术的男女平等特质。功德、长生，使成无为具有"少容"。

夹江县庞婆洞额题刻"庞婆□仙"四字。庞氏夫妇或为双修仙术者。宋以前，道教本不禁婚嫁。正一天师有妇。儒家亦以夫妇之道为人伦之始。

泸县玉蟾山上有佛道造像71龛。有道教神三官、阎王、刘海戏蟾、天官、土地、玉皇等石刻神像。第70号玉皇龛，高1.80米，是明代造像精品。岩上还留有"永乐二十二年""正德二年""嘉靖己亥""天启乙丑"等年号题刻。这里有明代石刻造像411躯，是四川佛道摩崖造像最晚的一群。明朝统治者信仰佛道，永乐皇帝大修武当山宫观，立玄武神像。嘉靖皇帝"炼丹"取药，害死宫女数百，酿成宫女杀皇帝之变。正德皇帝修道与淫杀并行。黄裳《榆下说书》中以美女为"无上真鼎"的批判，正是对当时的邪淫修炼而发。刘海蟾、白玉蟾的道名亦来自"月中八桂为药王"之说。

六、安岳、乐至、南充的道教题刻和造像

道教哲学大师陈抟生于四川安岳县（宋代名崇龛县）。陈抟隐居武当山，后迁居华山。今安岳县城郊圆觉洞后山有石雕大龟及"龟鹤""福寿""图南仙迹""希夷先生炼丹处"等题刻。第37号龛（唐末）释迦牟尼左侧立道装神像，右侧立印度菩萨，是典型的佛道合一造像。93、99龛造道教女神像。20龛造三头六臂"明王"像，右侧人物

亦着道服。陈抟墓在后山坡下，墓门正中嵌有线刻立像石碑，门额题“华岳归来”四字。像赞全文云：“陈希夷自赞：一念之善，则天地神祇，祥风和气，皆在于此……是以君子慎其独。洪武甲戌秋月重阳日，安岳县迪功郎；县丞陈观重建。教谕谢复荣敬书。”陈抟学“锁鼻术”于青城山下邛崃县天庆观。宋太宗封青城丈人宁封子“希夷真君”尊号，封陈抟为“希夷先生”。陈抟弟子刘操（海蟾）开道教“南宗”修命功一派，是承袭了青城山《三皇经》《金华冲碧丹经》之学。

安岳县道教像还有：瑞云乡老君庙约30余尊，似为宋代所刻。互助村三仙洞约16龛。题刻云：“明天启、万历间邑人窦治轩建。道人李焕宗复凿儒释道三教合奉一堂。”石鼓乡千佛岩有三眼神（老君？）像。赤云乡有“般若洞”，顶部刻嘉熙庚子（1240）赵印刻“人Y”字形，标示人伦之道，逆侧成仙。并有老君与张陵像。赤云“华严洞”有“夫子”像，手执函装书，题签为“合论”。洞左外壁“六臂观音”手执方印，上刻“仙佛合宗”四字。

乐至县《南昌观山龛碑铭并序》云：“此蒙阳石龛者，大唐开元十年（722）……师等名参太极，道洽真如，悟丹洞之灵，因得玄中之妙理。觉浮生之若幻，叹火宅之难舍。遂栖树此山龛，式标来世。若不传之记颂，‘希夷’之道莫寻。若不光赞微言，虚寂之经终渺。”此龛题300余字，时间较早，于“太极”“玄妙”的“希夷”之道，记述明确。这段文字，对后来陈抟“南宗”（承自青城“正一”）有所启迪。蜀中道法启于“开明之国”如前所述先秦已著仙迹。汉严子晞及其子严君平，扬雄、张陵祖孙、卫元嵩、成玄英、成无为、陈抟、陈景元（碧虚），皆为“重玄”名师。

南充地区蓬安县小乐山“八仙洞”摩崖石刻八仙人。营山县三元乡西月台石窟门额题刻“洞天福地”显受道教影响。该县朝阳洞好有“丹灶点流霞不传人候；青羊眼古洞好问行踪”的道家联语。广安县金凤山上唐末水月观音像两侧立像着道服。

此外，乐山市、彭山县、宜宾地区的崖墓中，常见有以神仙故事为题材的图像，如孝子图、白虎、西王母、伏羲女娲等。乐山东汉崖墓又常被唐、宋道士开辟为“神仙洞府”，市郊的“白云洞”即是一例。宜宾的唐、宋、明崖墓中亦刻有道教神像。另外，在广元市东山发掘的宋代崖墓石壁上刻有：“耀州……观妙大师……（凿）石为洞……栖真之所。丙寅功（兴）……癸卯凡用工一百。小师㮚……以成就其事。太岁己卯绍兴二十（九）年。”可见四川的道教题刻及道教造像是极其广泛的。

（原载《四川文物》1986年增刊《石刻研究专辑》）

四川道教摩崖造像概况

一、四川道教与石刻艺术

广汉县三星堆祭祀坑中的巨大铜铸神像（高约2.8米），确证早在蜀王“杜宇”时（相当于商末周初），蜀地已形成高度的神灵信仰。巴蜀人祭祀“三皇”“五方龙神”；蜀“开明王朝”有“五色帝庙”。巴蜀巫师使用着示意“符箓”，一种吉祥图画的“巴蜀图语”。蜀王铜印上有祖妣祭酒图像。约在公元1世纪，张陵（34—156）用“黄老之学”改造古代巴蜀的“五斗米道”为天师道，道教正式建成。考古遗迹有：简阳县岩洞石壁上刻有“汉安元年”（142）“会仙友”几个大字。芦山县“建安十年”（205）《樊敏碑》提到了“米巫”。“熹平二年”（173）的《米巫祭酒张普碑》记载了“道正一气”传教情况。张陵在四川建二十四治教区。张鲁在陕西南部建立了道教政权。西晋末，巴赍人建立“成汉”政权于成都，尊青城山范寂（长生）为“天地太师”。西晋五斗米道首领陈瑞势倾数郡。唐玄宗僖宗入蜀，成都青羊官有唐王殿。杨太真生于青城山下导江县；金仙玉真两公主曾拟入青城修道；诗人薛涛居碧鸡祠为女冠圣师。五代时杜光庭居青城山著道书数十种。陈抟所传刘海蟾、张伯端、石泰、薛道光、陈楠、白玉蟾、彭耜、孟煦一系南宗金丹，是道教命功真传。宋赵归真所传“雷法”亦流布于青城山中。

巫山县大溪出土的玉雕人面饰牌距今约5000年。商周两代的广汉玉器已很精美。广汉县和成都市区出土的商代立雕人像，是最早的雕像。战国石镜上浮雕了“开明兽”（白虎）。传说的“金牛”与李冰“石犀”是雕兽。“建宁元年（168）……造三神石人”中的李冰立雕像高达3米。汉墓石刻图像与画像砖已采用了神仙“西王母”“伏羲女娲”等题材。最早的道教线刻则见于《北周强独乐造像碑》下。“嘉兴元年”（417）的维摩诘像见于蒲江县。最早的执拂尘高冠的“神仙”则见于梁“普通四年”（532）康胜造像背面浮雕。南朝《灵宝国王行道经》已有“凿龛琢石”造像之说。但四川道教石雕现存者约起于隋朝。以下按时代顺序简介四川四十多处摩崖道像中的重要造像。

二、隋唐造像

灌县青城山天师洞内的张陵天师石雕像造于隋大业年间。天师像威严，左手掌直伸向外，掌中有“阳平治都功印”六字。广元县有道教神像（皇泽寿8号龛）一列共九躯。渠县化佛岩有道像一列七躯。蒲江县飞仙阁有道教天尊等像多龛，其44龛造天尊像十躯并列。题刻云：“天尊像一铺。天宝九载五月。□□□奉为临邛郡白鹤观三师主三洞固道士贾光宗造。”蒲江县可莫山道教“主薄治”（二十四治之一）还有女仙杨正见成道浮雕。

绵阳市西山观玉女泉崖壁上有二十五龛道像。最大龛（25号）长2.58、高1.62米。老君与天尊并盘腿坐莲台上；供养人分四列布于左右壁上。供养题名刻字：“上座杨大娘，录事张大娘，王张释迦，文妙法，雍法相……”（女列）“上座骑都尉陈仁智，紫极宫三洞道士蒲冲虚，检校本观主三洞道士炼师陈□□……”另有题记刻字云：“大业六年太岁庚午十二月廿八日。三洞道士黄法暾奉为存亡二世敬造（空一格）天尊

像一龛供养。”此外尚有“咸亨元年”“咸通十二年”等题刻。

绵阳富乐山小龛道像亦有“大业十年”题刻。绵州道士李荣有《道德经注》。骆宾王《代女道士王灵妃赠道士李荣》诗云：“不能京兆画娥眉，翻向成都骋驺引。”唐驸马薛曜亦有《登富乐山别李荣道士》诗。汉州什邡县“并是道民”(《蜀中广记》)。“广汉县集灵观有天尊真人石像大小万余躯。”（卢照邻《至真观主黎君碑》）可见道教之盛。

剑阁鹤鸣山有道像五龛。三龛长生保命天尊像可代表唐代早中晚三期风格。两龛道像正中为两《重阳亭》碑代换。“重九”是巴人“九皇”会的遗俗。此处造像题记有：“前刺史赐紫金鱼袋郑国公尚玄元道。……以命石工雕长生保命天尊像一躯。……圣历大中十一年丁丑岁（857）。”

丹棱县龙鹄山有道像三十余龛。道像高者约1米，小者仅0.3米。老君盘腿坐于束腰方台上，二真人，二侍童侍立。《龙鹄山成练师植松柏碑》建于“天宝九载”（750）。是女冠成无为绿化山林纪事。碑云：“女道仕成无为。……仙师年逾知命而有‘少容’，状如廿许童子，盖还丹却病之功也。无欲无营，恒以功德为先；不滥不贪，特以长生为务……”丹棱成无为、蒲江杨正见皆著名女冠。

剑阁县鹤鸣山有道像五龛，第1、3、4三龛皆造“长生保命天尊”立像，似可代表初唐至晚唐风格。第3龛有题刻云：“前刺史赐紫金鱼袋郑国公尚玄元道。……命石工雕长生保命天尊像一躯。……圣历大中十一年丁丑岁。”第2、5两龛正中造像不存，代之以李商隐撰《剑州重阳亭并序》碑、《再建重阳亭》碑各一通。两龛（2、5）两侧同有：金童、玉女十二神将，四魔王。为何除去中尊像（张陵或李耳）而代之以重阳九皇祭的碑刻，可能是巴蜀地方神教或武则天改唐建周的反映。绵阳市开元寺亦有“大中八年”（854）《长生保命天尊像赞并序》，当与此处像有关。

安岳县玄妙观道教佛教造像最能说明唐朝道佛并重情况，造像精美繁丽可为道像代表佳作。造像列布于巨石包上（高5米，前后长约10

米，左右长约6米）。编为75号，有造像约1250躯。

第6号龛是《启大唐御立集圣山玄妙观胜境碑》。主要文是：“至开元十八年（730）……首天龛，次王宫龛……”其中关系道教史迹的重要文献有：①“道是盘古本□□□主。”“老子者初为盘古。”②“上道而轮，化生天地而生佛。”“元始化生三教圣人而生佛。”“道是三教祖也。”③“正一法王，古今相续。”“张、李、罗、王、名天之尊也。”④“国公左弘”之子“弟子左识相”皈依“朝纲国公李玄清（靖）”与“当缘法师李玄则”。⑤“大唐开元、天宝圣文神武皇帝。”“频以皇帝恩命。”这是道教地方性历史的记载。第72号《般若波罗蜜多心经》碑文云：“开元十八年五月廿五日同邑人玄（应？）书。”第69龛题刻云：“大中十四年闰桂月十四日。”

第11号龛最大，高宽在2.5米左右。中坐老君，诸真人列侍两侧。第12号龛列坐三像（三清？）。第62号龛中立一真人，脚下有“九头鸟”（巴人三皇九首的象征？）。还有许多龛是老君与佛并坐，后列有诸真人与诸菩萨侍立，佛道合作无碍。第73号龛是观士音与大势至两佛教菩萨并立。《云笈七签》以“无极太上大道君”亦号“正一真人”亦号“元始天尊”。老君降峨眉山授黄帝以《三皇内经》与《五符真文》。当与巴蜀古史有关。

蒲江县飞仙阁的百余龛唐宋摩崖造像中有多龛道教造像。第44号龛天尊像十躯并列。题刻云：“天尊一铺，天宝九载五月。……临邛郡白鹤观道士贾光宗造。”第74龛真人像侧亦有题刻云：“长乐祖尊像一龛。惟大唐开元廿八年（740）岁次庚辰十二月……”该县可莫山还有道教“主簿治”教区遗迹及崖刻。

仁寿县牛角寨三宝龛有重要道藏历史题记云：“南竺观记……夫三洞经符，道之纲记。了达则上圣可登，晓悟（则金）真斯涉。……大唐天宝八载……三洞道士杨行进，三洞女道士杨正真，三洞女道士杨正观，真元守宪、进第、彦高（等）共造三宝像一龛……”第40龛正坐三清像，后立五真人。左壁有坐神及二童侍二真人。右壁有《南竺观

记》刻字及女真五人。造于公元749年。第36龛并列二十七真仙。第44龛并列三十五真仙。第49龛造（中）老子，（左）孔子，（右）释迦。是唐造“三教龛”。

广元县、渠县皆有诸仙列坐龛摩崖造像。巴中县有唐《北龛老君影迹诗碑》。荣县荣德山老君洞有老君石像。广汉县集灵观有石雕道像。

三、宋代道像

宋代道教摩崖造像以大足县最为著名，既多且佳。宋徽宗自称“教主道君皇帝”。南宋时吴玠、吴璘、虞允文守蜀。由陕西迁来的士族与镌刻匠人造作了中国晚期石窟寺艺术，使川中摩崖大放异彩。道教造像尤成为壮丽精美。

（一）石门村圣府洞道像开创于绍圣元年（1094）。第10号“三皇洞”是一套巴人道教神系：天皇、地皇、人皇并坐正龛上。“灵宝法王”“火车王灵官”“玄武大帝”“华光大帝”分立两旁。两侧各对立着六部天官、丁甲神、天曹判官。两侧岩上对立着皇天与后土、十仙真、十六真官、二十八宿。

炳灵龛（11号）夫妇并坐，百神侍立，下有“地狱”。此间“东岳上殿太子至圣炳灵仁惠王尊神”特盛，或与古开明王赤帝“鳖灵”有关。

五显华光大帝龛（7号）面像威猛，足踏火轮。

玉皇龛（2号）外有千里眼，顺风耳两大将军。

鬼子母龛（9号）有四男二女，与《灵官马元帅传》合。鬼子母本印度珂利帝母，后与道教“九子母”“东岳淑明皇后”合而成“送子娘娘”神灵。

（二）南山道像（4号）三清古洞造于绍兴年间。上坐三清像。两侧坐“四辅”神：中天紫微北极大帝与勾陈上宫天皇上帝，昊天金阙至尊上帝（玉皇与王母娘娘双像）与后土皇祇双像。龛壁外有云龙与诸真仙像。

圣母龛（3号）中坐“注生后土圣母”，左坐“保产圣母”，右坐“卫房圣母”三位生育保婴女神。左壁有“九天监生大神”，右壁有“送生夫人”。宋雕。

龙洞（6号）龙首似蜥蜴，身立似马。宋雕。

真武像（1号）披发仗剑，着甲罩袍，足踏龟蛇，玉女捧印，金童捧剑。明正德十六年造（1521）。

（三）舒成岩　东岳大帝龛（1号）附其第三子“炳灵”像，造于绍兴二十二年（1152）。淑明皇后龛（4号）洞口上额题：“淑明皇后一龛。”内壁题刻云：“……奉道弟子林（宋？）美意……就云从岩镌造淑明皇后。……时以癸酉绍兴二十三年三月二日工华。掌岩道士王因之建洞。”

紫微大帝（2号）、玉皇大帝（3号）有题刻云：“时以天元癸亥绍兴十三年（1143）……伏麟镌龛。”此处四龛似由道教“六御”（六合神）渐变为“四辅”。

（四）石篆山　老君龛（2号）为元丰六年（1083）造。九子母龛（9号）。文宣王（4号孔子）与十哲像，元祐间（1086—1094）造。宝志禅师（6号）。还有明代僧朗然所造川主、土主、药王，三像。

（五）妙高山三教窟题刻云：“东普攻镌文仲璋，天元甲子记（绍兴元年，1131）。”

（六）佛安桥三教窟题刻云：“壬辰三月记（乾道八年，1172）。”

此外，在安岳县还有五处道教造像是属于宋代的。即赤云公社华严洞内的“夫子”像，手执《合论》。般若洞内有孔夫子、李老君像及“嘉熙四年”（1240）刻字。瑞云公社老君庙有道像多躯。城郊圆觉洞有道教女神像龛。石鼓公社有三眼神像。

江油县天仓山太乙洞内有立雕道像多躯，是宋或明代雕造。夹江县庞婆洞有庞氏夫妇坐像。蒲江县飞仙阁小龛道教神像似为宋造。

四、明清造像

泸县玉蟾山上有道教造像：三官（天、地、水）、三王、阎王、天官、土地、山神土地、玉皇大帝、刘海戏蟾等。还有道化的佛像：送子观音、提竺观音。第70号玉皇大帝龛像高1.8、宽1米，是明代造像的精品。龛间还留有“永乐二十二年”“正德二年”“嘉靖己亥”“天启乙丑”等题刻。明著名文学家杨慎在玉蟾山上题有“金鳌山”三大字（字径0.7米）；题于嘉靖十八月。

安岳县三仙洞有十七龛道像。题刻云：“三仙洞昔之龙门观也。明天启、万历间，邑人窦治轩建。道人李焕宗复凿儒释道三教合奉一堂。”安岳赤云公社华严洞门左“六臂观音”后右手所执方印上刻有“仙佛合宗”四字。明杨慎有《仙佛同源说》指大邑县雾中山佛教与鹤鸣山道教有同源因素。

合川龙多山有明万历刻“二仙传道”龛及“田老子”与“冯老子”像（均高1.85米）。有“万历戊戌进士李作舟”题刻。又有道士陈福牒像（高1.45米）。

大足县南山真武像（1号）为明造。灌县青城山黄帝像；朝阳庵立雕道像似明造。营山景佛寺石雕站将部曹多是佛道合一。金堂县城厢明教寺原有明嘉靖石雕老子像。重庆市老君洞原有道教摩崖造像浮雕。新都县城湟庙石雕地狱人物是明或清造作。

清代造道像以安岳石羊镇毗卢洞玉皇龛。乐至县崇教寺字库道教人物较佳。大足县宝顶有民国造：老君、财神、山王土地、玉皇王母，四龛道像。灌县有张大千绘道像碑刻：王母、麻姑、花蕊夫人、张陵、张三丰、黄粱图、绛巾图七通。

此外附于佛教造像的道教神像以大足宝顶山宋造卧佛前的玉皇及四辅神，卧佛上方王母及八天仙女为最精丽。梓潼县卧龙山初唐佛龛内所立道教人物亦佳好。

（原载《中国道教》1987年第1期）

四川道教摩崖造像述议

一、道教及其在四川的活动综述

道教是中国土生土长的宗教，是活跃在中国自然区域与悠久历史中的许多族团文化的宗教产物。它具有浓郁的华夏传统及其风俗习惯，是旧中国文化的综合体。道教由各地区各民族的巫师所承传的地方方术综合形成，故初名“方仙道”。战国时期方仙道已形成了“服食”“导引”“房中”三大派。西汉时期尊奉黄老，合黄帝《内经》与李耳（老聃）《老子》为“黄老之学”。东汉张陵（34—156）在四川青城山（西山）的天谷（包括鹄鸣山）采取“黄老之学”，改造四川巴蜀民族的“五斗米道”，创立了正式道教，称为“正一道”，即“天师道”（因张姓嫡传自称“天师”命名）。

天师道教民区称“治”，中央教区称“阳平治”，最初在今彭县山中，后迁于成都北郊，张鲁时迁于陕西汉中。川西平原的青城山及其东面的鹄鸣山、西面的葛仙山及成都平原诸县教区最多，共二十四治，后又发展为二十八治、三十六治，全在山麓或丘陵区。魏晋时期，天师道大兴于长江以南，西晋末巴賨人李特建立“成汉”政权于成都，仍尊

崇青城山天师道首领范寂为“天地太师”。另一“五斗米道”首领陈瑞（？—277）也势倾类郡。北周时期卫元嵩著《元苞经》，在成都附近什邡县传道，徒众甚多。

唐武德七年（624）李渊登终南山拜老子庙以示尊崇祖宗。唐太宗李世民曾拜道士王远知接受道箓，乾封元年（666）追尊老子为“太上玄元皇帝”，唐初名臣房玄龄、杜如晦、魏徵皆信奉道教。四川绵州道士李荣有《道德经注》，又应皇帝征召入长安。李荣上承隋代道教重玄派，下启陈碧虚道派，盖荣之后，陈抟传张元梦，再传陈碧虚（景元）。武曌听政时下诏书命王公百官皆学习《老子》，并以老子之母为“先天太后”，改元“先天”。著名道士潘师正及司马承祯创作道教理论，影响很大。四川道士矩令费讲经于京都玄真观。唐玄宗自注《道德经》，贵妃杨氏道号“太真”，太平、金仙、玉真等公主皆入道教为女冠，成都著名女诗人薛涛居碧鸡祠为坤道女圣，贺知章、李白并受道箓为正式道教徒。杜光庭于唐末五代时居青城山，著道书数十种。唐代“炼丹术”创造了火药、假金、假银等，在化学上做出了重大贡献。

道教神仙如容成、素女、赤斧、李八百、栾巴、浮丘伯、姜叔茂、葛由、陈抟等皆蜀人。青城山是道教十大洞天之五，名宝仙九室之天，峨眉山是道教三十六小洞天之七，名虚灵洞天，张陵所立诸“治”（教区）中“游治八品”第七青城治、第八峨眉治并列，《抱朴子·金丹篇》：“青城山、峨眉山，其中有地仙之人。”传说三国时帛和得《三皇经》云：“三皇经乃神宝君所出，西陵真人所撰。唯独蜀郡峨眉山具有此文。”《五符经》云：“皇人往峨眉山北。黄帝往受《三一》《五芽》之法。”

道教哲理大师陈抟（四川安岳县人）所传刘海蟾、张伯端、石泰、薛道光、陈楠、白玉蟾、彭耜一系，成为南方金丹具传，白玉蟾、彭耜、孟煦所传金华丹经秘授于青城山中。

成都市龙泉山《北周强独乐造像碑》上线刻老子像最早。青城山张天师雕像、绵阳西山观造像等皆雕造于隋朝。广汉县集灵观有道教石雕像万余躯。成都至直观、玄中观（改名青羊宫）、玉局观皆名盛一时。

二、安岳县玄妙观等地造像及其历史价值

玄妙观道教造像在安岳县黄桷公社白羊山下，摩崖造像围布于大崖包四壁石面上。大石包顶平可登临，前后两面长约十米，左右两面宽约六米，石高约五米。自前左壁“桂香井”与唐碑起，共编为75号龛，有造像约一千二百躯。

第6号龛是天宝七载（748）刊立的《启大唐立集圣山玄妙观胜境碑》。碑文云:“至开元十八年……”则道像造于公元730年前后。第72号《般若波罗蜜多心经碑》是:“开元十八年五月廿五日同邑人玄应书。”第69号龛题刻有:“大中十四年闰桂月十四日。”第11号龛最大，高宽约二点五米，中坐老君，诸真人列侍。第12号龛并立四真人。第53号龛并立五真人。第61号并坐三天尊。第62号龛立一真人，其脚下有“九头鸟”。左与后面石壁上有多龛是太上老君与释迦牟尼并坐像，诸真人与诸菩萨侍立两侧。第73号龛是观世音与大势至两菩萨并立。

玄妙观七十五个造像龛，四通唐碑，是现存唐代精致雕塑与碑刻文献的珍品。它提供了唐代道教、道佛并重、地方神话传说等重要实物资料。又是艺术考古的绚烂造作。巴蜀神话“九头鸟”（鸟身共有九个头），是巴人祖先三皇兄弟九人的象征，又是道教“人鸟山”传说的具体物化。巴人传说：天皇、地皇、人皇相继，兄弟九人分理九州。道经说：无上虚皇元始天尊以《三皇内经》三十六卷授盘古真人。天真皇人太上老君降下“开明之国”。后有神人氏亦号盘古真人。上昆仑，登太清天中，授号元始天王。有王母学道，降于“人鸟之山”。后有轩辕氏（黄帝）兴，以上皇元年，老君下降峨眉之山，授黄帝以《灵宝经五符真文》。黄帝登南霍山，有朱灵神人授以《三皇内经》(见《云笈七签》卷三引《老君开天经》与《老君历劫经》)。又《华阳国志》成

书于东晋初（公元247年以前），记鲍靓以晋元康二年（292）得《三皇经》于嵩高山。两书所说“三皇”事皆指巴蜀古史。“盘古”或即“槃瓠”，与古“三苗”，及道教始兴之昆仑山、黄河源，当有历史及族源关联。“开明之国”见于《山海经》，指成都平原上的蜀开明王朝（前678—前329年），开明王朝立国三百五十余年，历经十一个王。开明王兼神巫，建立了系统的祭祀典礼，其所立“青赤黑白黄”五色帝庙，即“五龙”祭坛。《三皇经》所述“先教厨食、章书、杂法、黄赤之道”，正是张陵所教。称元始天尊为“正一真人”，也与张陵在川西所传“道正一炁”相符。可知《三皇经》所传，是溯源于昆仑与河源的西陵神仙源流、由巴蜀族人原始“五斗米巫”改造而成立的“正一道”。至今苗族仍崇拜伏羲女娲，瑶族仍尊奉盘古，彝族以虎为尊兽，道教是兄弟民族文化相互交流的结果。又玄妙观天宝七载唐碑刻文提供了李唐道教的珍贵史料：（一）“道是盘古本□□□主。”又：“老子者，初为盘古。”此示唐皇室所崇“老子”之道，与苗瑶族系有关。李唐系出北周，应在西域古之“三苗”地方。盘古、老子族系值得探索。（二）“上道而轮，化生天地而生佛。”又：“元始化生三教圣人而生佛。”又：“道是三教祖也。”武曌《僧道并重敕》云：“老君化胡，典诰攸著。佛本因道而生。”与此皆三教合一说明证。庄周、老聃之道本出于南疆楚国。老聃、释迦牟尼之族源，中印文化之交流，都需深入探求。（三）碑文记述老子著《五千文上下经》，讲道德之原旨。汉文帝时有“清泰国王”礼拜无上道，化生结庵于黄河之滨，常诵道典，白日升空，汉明帝永平元年（58），佛现于中土。（四）“正一法王，古今相续。张、李、罗、王，名天之尊也。”这是四川正一道教的说法。教称正一，天尊以张姓为首。也证实了道教在汉、唐皆以正一天师为主。（五）“或众圣潜灵，或紫云缠盖。黄龙初瞑，白马高临。”皆见仙佛合宗之特色。（六）“大唐开元大宝圣文神武皇帝。……频以皇帝恩命。”又：“国公左弘。弟子左识相。朝纲国公李玄清。当缘法师李玄则。”记载了玄宗李隆基（曾居成都）及大臣的直接参与。此时正是杨太真入宫（公元744年）、杨钊自四川入朝，杨氏一门极盛之时。

道教哲学家陈抟（？—989）生于安岳县（宋代名崇龛县）。陈抟隐居武当山，后居华山。今安岳城郊圆觉洞后山有石雕大龟，有“龟鹤”“福寿”“图南仙迹”“希夷先生炼丹处”等题刻。第37龛佛像左立道装神人，右立菩萨。第20号三头六臂神右立道装人。第93、99两龛是道装女神。

陈抟墓在后坡下。墓门正中嵌有线刻陈抟立像碑。像赞全文：“陈希夷自赞：一念之善，则天地神祇，祥风和气，皆在于此。一念之恶，则袄星厉鬼，凶荒扎瘥，皆在于此。是以君子慎其独。洪武甲戌月重阳日，安岳县迪功郎，县丞陈观重建。教谕谢复荣敬书。”陈抟学“锁鼻术”于邛崃县天庆观。宋太宗以青城丈人宁封“希夷真君”尊号封陈抟为“希夷先生”。陈抟弟子刘操开道教南宗“命功”一派，是承继青城《金华丹经》。

安岳县道教造像又有：瑞云公社老君庙约有三十余躯，似为宋造。互助村三仙洞约十六龛。题：“明天启万历间，邑人窦治轩建。”道人李焕宗复凿儒道释三教合奉一堂。石鼓公社千佛岩有三眼神像。赤云公社般若洞顶有嘉熙庚子（1240）赵印题刻，有老君像、张陵像。赤云公社华严洞有夫子像，手执《合论》，洞外石壁雕六臂观音像，一手执方形印，印文是“仙佛合宗”。明代有玄帝（真武）像、华光（火帝）像，今已毁。

三、大足县三皇三清等宋代道像

大足县有多处道教造像：石门村“圣府洞”、南山“三清洞”、石象山佛会寺、舒成岩半边庙、妙高山三教窟、北山“淑明皇后龛”等。始于北宋，多成于绍兴年间。宋徽宗崇道教，自称梦见老君，受命振兴道教。并自称“教主道君皇帝”。崇宁四年（1105），赐龙虎山道士张继元号“虚靖先生”。道士林灵素在上清宝箓宫大会各方道士。靖康

二年（1127）北宋亡国，高宗逃杭州保持南宋半壁山河，吴玠、吴璘兄弟，虞允文先后守蜀，四川较为安定，由陕西、甘肃等省迁来的士族与镌刻匠人在大足、安岳等县大兴摩崖造像，川中造像大放异彩。

大足石门村的“三皇”正是道教《三皇经》的“三皇”，即巴族人“九头纪”历史的天皇、地皇、人皇兄弟九人。人皇居中州以制八辅的“九皇”。石门村突出的炳灵龛，也源自蜀开明王朝创立的“鳖灵”王（蜀业帝）。“炳灵”本是宋朝火神的封号，是南方丙丁火华光大帝之灵，蜀开明帝鳖灵以心宿三星为帝星而尚赤色，与华光、炳灵合而为一。

道教六合之神本是天地加“四岳”。天、地、人三皇与“五色帝庙”及五方神像融合，渐变为九五龙神。大足舒成岩四龛大神是（上）玉皇大帝、（北）紫微北极大帝、（东）东岳大帝与（西）西岳金母（淑明皇后）相配，南方华光火神为炳灵王代替。在南山“三清洞”内，“四辅”神完全脱离了“五方”神，成为“三清”神下的玉皇上帝及配偶、地祇及配偶（一男一女夫妇像）、北斗、勾陈（男像无女配），确立了“三清”（玉清、太清、上清）、“四铺”（四御）、“五岳”的道教神系。以下简述如次：

（1）石门村造像

石门造像共编14号，其中碑刻2号、道像7号、佛像5号。佛教以“岑忠用幕化修造十圣观音”为最佳。自南宋绍兴六年（1136）至十一年（1141）全部完工。道像开创于绍圣元年（1094），山王龛与释迦龛同时，皆岳阳人文惟一施镌。岳阳文惟一、（子）文居道、（孙）文道诚于北宋哲宗年间创佛道像于石门，历经百年。到南宋孝宗时文道盛仍为当地“山主”（主持）。当地道佛合宗。又《十圣观音》题记云：“奉佛、道弟子侯惟正造功德一位。”奉道弟子供观音像，以观音为慈航真人，由佛变道。

三皇洞（10号）是全套巴人道教神系，三皇上坐，左右立雕像十四尊。现自内向外，左右相对逐对叙述：灵宝法王，火车王灵官；六部天官（左右各三人）；丁甲神（左右各一）；玄武大帝，华光大帝：天曹判官（一对）：三皇台上（最内）有左金量（缺失），右玉女。左岩壁今尚存诸神石像，右壁崩毁不存，两壁对称相配合，现由内向外叙述：一坐神皇天（右当为后土），五立神（共十位），八立神（共十六位），十四立神（共为二十八宿）。

炳灵龛（11号）夫妇并坐，“百神”侍立，下有“地狱”。炳灵王为东岳大帝与淑明皇后所生五子一女之第三子，全称为“东岳上殿太子至圣炳灵仁惠王”。此神盛于四川，当与蜀鳖灵赤帝、华光大帝、纳西族自称“蒙山祖先”的“百灵太子”有历史渊源。

五显华光大帝龛（7号）：神像威猛，脚踏火轮。道教“灵官大圣华光天师”与“炳灵太子”“灵官马元帅”本自各为一神，《南游记》《马灵官传》皆以五团火光投胎于马氏金母，讳三眼灵光，又化为一胞胎含五昆玉与二婉兰，共产于“鬼子母”之体。故此处有第9号五男二女（共七子）的“鬼子母”龛。鬼子母为印度的珂利蒂母：应与斗姥（九子母）、东岳淑明皇后（六子母）有别。

玉皇龛（2号）：中坐“昊天金阙至尊玉皇大帝”，高0.72米。龛外壁又刻有“千里眼”“顺风耳”像，高1.80米。供养人杨伯高侍立像，高0.90米。题刻云：“弟子阳伯高为故父杨文忻存日造此二大将军向正界，至丁卯（1147）十月二十六日庆。”

（2）南山玉皇观造像

三清古洞：据本洞神台上题刻，“舍地开山造功德何正言同杨氏”。大足北山多宝塔内何正言题名为“戊辰绍兴十八年”，又观音坡何正言题名为“绍兴廿四年”，因知此洞亦造于南宋绍兴。洞前“淳熙戊申”“广元庚申”皆后题。

圣母龛（3号）：中坐“注生后土圣母”、左坐“保产圣母”、右坐“卫房圣母”共三位生育保婴女神。又左壁有“九天监生大神”，右壁

有“九天送生夫人”。有南宋“何正言”题名。

龙洞（6号）：中立柱形飞龙，不似一般大蟒盘曲，龙头似蜥蜴，身似立马，很像奔腾的“恐龙”。宋代雕造时或据大蜥蜴创造。

真武像（1号）：披发仗剑，着甲罩袍，脚踏龟蛇。两侧有玉女捧印，金童持剑。明正德十六年（1521）造像。

（3）舒成岩半边庙造像

东岳大帝（1号）：附其子炳灵像龛。题云：“绍兴二十二年（1152），前本县押录王谅记。都作伏元俊、伏元信，小作吴宗明镌龛。”

淑明皇后龛（4号）：龛额上题：“淑明皇后一龛。”内壁题记云：“……奉道弟子林（宋？）美意……就云从岩镌造淑明皇后。……时以癸酉绍兴二十三年三月一日工毕。掌岩道士王因之建洞。”

紫徽大帝龛（2号）。

玉皇大帝龛（3号）有题记云：“时以天元癸亥绍兴十三年（1143）……伏麟镌龛。”又题：“天元启运……王谅奉命之日……伏麟镌龛。”

此处四龛，紫微与玉皇为“三清”下“四辅”中之二大神，东岳表示木公，西岳表示金母，似由“六合”（四岳加天帝地祇）向“四御”发展。炳灵已特尊崇。

（4）石篆山佛会寺造像

地藏龛（1号）“绍圣三年（1096），岳阳文惟简镌”。三世佛龛（3号）“文惟简元丰壬戌（1082）”。文殊窟（5号）“文惟简庚午中和记（元祐五年，1090）”。保志和尚龛（6号）旧误为鲁班，因有“匠氏宗坊”，题额及联云：“绳墨千秋仰；规矩万世圆。”志公像携尺挚剪，旁一徒挑木工工具亦易讹认。

另有明代僧朗然造“川主、土主、药王”三像。

（5）妙高山三教窟造像

刻释迦、老子、孔子像。题："东普攻镌文仲璋，天元甲子（绍兴十四年，1144）记。"

（6）佛安桥三教窟造像

题记："奉佛弟子古及之……"又："佛弟子古大雄同室杜氏造。"又："奉真弟子白大明造。"又："壬辰三月记（乾道八年，1172）。"

大足六处造像都是王重阳创立"三教平等会"以前的道教神系信仰。王重阳（1112—1170）自称于陕西省户县甘水镇遇吕洞宾传道，开创"全真教"，史称"北宗"。陈抟（？—989）所传蜀山道法，史称"南宗"。北宗参合佛教天台教法，重"性"功修养；南宗承老庄神仙长生久视仙术，重"命"功炼丹。大足南宋道教造像保持了晋唐以来四川地区道教特色，殊为珍贵。江油县窦圌山道教星辰车木雕宋代神像极佳，堪作研究比较。宝顶山尚有民国时造道像四龛。

四、绵阳、剑阁、江油道教造像

绵阳西山玉女泉原有道像三十余龛。法国人伯希和《中国西部考古记》曾予记载。有一尖桃形额龛的真人穿着紧窄的缠身衫（印度式"娑笼"）。龛外有莲座唐碑一通，已风化。题刻云："大业六年，太岁庚午｜闰二月廿八日，三洞道士黄法暾奉为存｜亡二世，敬造天尊｜像一龛供养。"此外供养人像两壁，每像皆有题名。女列："（上座法师□□□），上座杨大娘，录事张大娘，王张释迦，文妙法，雍法相……"男列："上座骑都尉陈仁智，紫极宫三洞道士蒲冲虚，检校本观主三洞道士炼师陈□□，兵部□□王永家，邓行举，骑都尉严□□，王德满，雍行敦，王玄运。"

第18号龛高0.84米，宽0.76米。老君盘腿坐，胸前有半圆形三脚

栻几。两侧有四真、四侍者弟子、十神将、二供养人。第11号龛是圆拱顶，高0.54米，宽0.42米。三天尊盘腿坐莲台上，身着圆领袍，头上有高髻，身前有栻几。玉女泉左崖子云亭南壁上有大龛（25号），主像七天真并列，两侧有“咸通十二年”题记。七真下有坛台，台上二真皆盘腿坐，右坐（老君）一手执扇，一手置膝上，左坐（天尊）双手放膝上。两坐像后有侍从四人皆双手执物。各像身后皆有头光背光。左右壁男女人像题名见前。此处共编二十五号龛。

绵阳西山道教造像题记自“大业六年”（601），经“贞观二十一年”（648）、“麟德二年”（665）、“开元十七年”（729）、“咸通十二年”（871），连绵不绝。《蜀中广记》云：“今连邑比什邡诸县并是道民，尤不奉僧。”又云：“（释惠宽）父是异道，母亦背道归佛。”北周道士卫元嵩（希微真人）作《元苞经》，影响汉州诸县。什邡县每年作道会以纪念卫真人。隋文帝时有刘珍、唐玄宗时有陈什邡皆著名道士。卢照邻《至真观黎君碑》：“广汉县集灵观有天尊真人石像大小万余躯。”亦可见当时道教之盛。唐李白幼时居于江油县，他在济南紫极宫拜高如贵天师受道箓为正一道教徒。江油县女仙磨针溪等仙迹影响李白诗甚深。至今江油县窦圌山道藏星辰车犹存。含增公社天仓山金光洞中尚存留着八十八躯道教石雕神像（高0.80米）。

剑阁鹤鸣山在县城东南。仙人乘鹤与石鹄晓鸣的传说使道教圣地多有鹤鸣的名称。武昌有黄鹄楼，大邑鹄鸣山的“鹄”大概是天鹅而非白鹤。此地造像五龛：天尊立像（1号）造于唐代。李商隐撰《剑州重阳亭并序》碑（2号）代替了已毁正中道像。龛内尚存八侍神像，龛外两壁共有十二神将及四鬼王。龛内金童玉女像尚存。第3号龛天尊像，高髻宽袍立于莲座上，挺秀俊美（高2.44米），题：“前刺史赐紫金鱼袋郑国公尚玄元道。……以命石工雕长生保命天尊像一躯。……圣历大中十一年（857）丁丑岁。”第4龛亦雕长生保命大尊，但较矮胖。第5号龛正中道像已毁，龛内有八神二侍像。龛外有十二神将及鬼王。正中补立《再建重阳亭》碑一通。第3龛俊秀的长生保命天尊，与绵阳开元寺

《长生保命天尊像赞并序》同造于大中十一年，可资研究。李商隐碑立于大中八年，因知第2、第5两龛立于公元854年以前。比照梓潼卧龙山四面龛唐初造像，两龛造作似亦初唐所作。

宋代三清、四御主要神系确立以后，长生保命天尊像已很少见。此处三像似为唐末及五代作品。两重阳亭碑刻是九月九日登高风俗佳证，巴人崇祀“九皇”，每年九月九日重九节，必举行“九皇会”，届时，全城插三角旗，禁售荤腥，是四川特大的盛会。剑阁七曲山原祀氐族起义首领张育，张育于公元374年称蜀王，建元“黑龙”，后讹为邛海黑龙（巴蛇）张恶子，宋时演为“文昌帝君”。

梓潼卧龙山唐初（贞观？）“僧道密造四面龛”的弥勒（正面）释迦（左面）皆有道人像。左戴厚檐方冠，右椎髻袈裟。后立八神与剑阁鹤鸣山同。

五、青城、峨眉、丹棱、夹江道教造像

东汉汉安元年，简阳逍遥洞中已有摩崖题刻“会仙友”三大字。神仙之说的考古确证题字见于公元142年。《米巫祭酒张普碑》立于熹平二年（173）。《樊敏碑》文称“米巫”，立于建安十年（205）。晋王羲之、唐李白羡慕的峨眉山，至今有轩皇台、歌凤台、遇仙寺、九老洞，陈抟题“福寿”大字，吕洞宾题“大峨”大字。但陆隐君祠、孙思邈祠、施肩吾祠皆不复存。今仅存纯阳殿后明代道教碑二通。

汉末巴族范氏自涪陵迁入青城獠泽。李雄欲迎立范寂（范长生）为君（公元304年），尊称为范贤，号为“天地太师”。这显然是巴蜀民族道教信仰的反映。直至梁朝（502—557），青城山仍是四面皆獠民。今天师洞内有隋大业造张天师石像，又有唐玄宗开元手诏碑、黄帝石像。

丹棱县“龙鹄山”三大字传为宋孝宗亲书。山间有道教造像三十余龛。道像高者约1米，小者0.3米。第14龛雕老子盘腿坐于束腰方台

上，以及二真人、二侍童。又有四真人、二侍、二武将龛。又有八仙人、二侍、四神将龛。又有五真人并立龛。《龙鹄山成炼师植松柏碑》建于“天宝九载”（750），是女冠成无为种植松柏记事。碑云：“龙鹄山观隐人、女道士成无为，通义郡丹棱县人也。……仙师年逾知命而有少容。状如廿许童子。盖远丹却病之功也。无营无欲，恒以功德为先。不滥不贪，特以长生为务。”张鲁之母亦有“少容”。老君传受中有女仙樊中和（三十一代师）、李玄一（三十二代师）皆承代女师。法国籍华裔教授成之凡女道士说：“无始无终的慈爱，与阴阳对立而并存。”正是龙跃仙术的男女平等特点。永恒的慈爱及对立统一的平衡，行为上长修功德，内养上练就心性与生理的平衡，这就使成无为具有鹤发童颜的“少容”。

夹江县庞婆洞石雕夫妇像或为正一道双修像。宋以前道教本不禁人伦婚嫁。天师皆娶妇生子。

蒲江县飞仙阁有“天宝九年五月，道士贾元宗造天尊像一铺”题刻。

六、乐至、蓬安、营山、广安、合川道教造像

乐至县《南昌观山龛碑铭并序》云：“此蒙阳石龛者，大唐开元十年（722）。……师等名参太极，道洽真如。悟丹洞之灵，因得玄中之妙理。觉浮生之若幻，叹火宅之难舍。遂栖树此山龛，式标来世。若不得传之记颂，希夷之道莫寻。若不光赞微言，虚寂之经终渺。”此碑对四川道教道理皆有资料价值。并涉及陈希夷道派历史。乐至县崇教寺四方塔（字库）刻有道像及太极图。

南充地区蓬安县小乐山八仙洞有摩崖石刻八仙人。营山县西月台石窟门额刻“洞天福地”。营山县朝阳洞有明代刻道教联语：“丹灶点流霞，不传人候；青羊眼古洞，好问行踪。”营山县景福寺神将、部曹皆着汉装。广安县渠江岸金凤山摩崖造水月观音像（唐末？）两侧立侍亦

着道装。

合川县龙多山第41龛“二仙传道”为“万历戊戌进仕李作舟”造。有“冯老子”“田老子”两像，高1.85米。第42龛道装像高1.45米。传为龙多山道士陈福牒像。

七、乐山、宜宾、泸县道教造像

乐山、彭山、宜宾的崖墓石壁与石棺上，刻有许多神话故事，如：孝子、白虎、西王母、伏羲女娲、神兽、佛陀、金翅鸟含蛇、双头（男女）鸟身“人鸟”（共命鸟），显然是宗教意识的反映。乐山许多汉崖墓被唐宋道士辟为“神仙洞府”（可居住）。历史上的崔真人“石函”，实际上是汉代石棺，道士用以藏道经。乐山市郊的“白云洞”，苏稽镇崖墓群中的道教题刻，都表示道士与崖墓有密切联系。广元县东山宋代崖室墓题刻云：“耀州观妙大师凿成石洞。……栖真之所。……丙寅功兴……癸卯凡用工一百。小师樊……成就其事。太岁己卯绍兴二十（九）年。……小师凤翔府宝鸡妙通、神阳。”宜宾专区唐、宋、明崖墓中亦有道教神像。自汉及明的四川崖墓显然与四川少数民族有关。摩崖线刻“接吻图”，画像砖“交媾图”皆与古代民族、宗教有关。

泸县玉蟾山上有佛道造像七十一龛。其中三官、阎王、天官、天地、玉皇、刘海戏蟾等皆道教造像。第70号玉皇龛是明代石刻精品，崖上尚留有“永乐二年”“正德二年”“嘉靖己亥”等年号。永乐帝曾大修武当山宫观，嘉靖帝炼丹取药残害宫女数百人，正德帝修道而淫杀尤甚。黄裳《榆下说书》中批判妖道以美女为无上真鼎，正是针对明道士淫杀妖风。

八、川北、川中道教造像

巴中县有《北龛老君影迹诗题》。今仅存民国造老君像（北龛），

民国丙辰玉皇像（南龛）。

渠县化佛岩有五真仙并坐，侧二立神一龛。

广元皇泽寺有道装仙人一龛（22号）。其旁吕祖阁石洞中曾出土《武曌新庙记》石志。

岳池县西山院有老君石像，座上有“太和”题记。

金堂县鸿都观宋造观音像龛题云：“熙宁丁巳（1077）八月六日，金堂县令华阳昉游此。时□长老元公、延祥观道士谢道纪同来。啖紫柏子遂回。谨记。”又刻：“邑令田嗣永访真人遗迹。淳熙七年（1180）三月廿六日。”金堂城箱镇明教寺有明嘉靖年（1522—1566）石雕老君与玄武像。

九、结语

四川道教摩崖造像虽仅三十余处，但它们是珍贵的文化艺术遗产，很值得探索与研究。土著的巴蜀民虽有汉崖墓石刻传统，但北魏以来的佛教雕刻艺术，似自中原（甘肃、陕西）传来。

四川民间认佛、菩萨为神仙，“仙佛合宗”。

道教融合了巫术、方士、神仙，也渗入了佛教内容。“百神庙”是道佛儒巫统一的三清总制多神教的寺观。这与周天子为诸侯共主，汉族与多族混血而成有关。

四川汉崖墓及宋明崖墓的雕刻传说与佛道造像关系，艺术、历史渊源，佛道并奉、仙佛合宗的民族、地域关系等，许多问题尚待进一步研究和探索。

（原载《敦煌研究》1987年第2期）

大足石刻道教造像渊源初探

和佛教石刻相比，道教石刻为数甚少。正因为如此，四川地区保存的二十余处道教石刻日益引起人们的关注。而大足石刻中的道教造像，因其系统和完整，更加值得重视。对这一课题的探讨，不仅可以弄清道教石刻的艺术特点、渊源，同时还能寻觅到道教神系与民间信仰发展的历史踪迹。本文就其中有代表性的几组造像的渊源做一探讨，以求正于学术界。

一、自成系统的三清尊神

道教的神系十分复杂。它是在我国古代传统的鬼神信仰的基础上，以国家敬祀和民间崇拜的诸神为主体，并吸收了一些儒家的先王圣人及佛家的菩萨罗汉，从而构成了一个庞大奇异的鬼神体系。

在这个体系中，既有自然崇拜中的山川土地、日月星辰之神，又有原始宗教中的天神、人鬼，还有从历史人物演变而成的仙真。显赫的帝王权贵，虚无的天尊神王，著名的高道隐逸，慈悲的仁人志士，杰出的思想家、科学家……形形色色，奇奇怪怪，包融一体。通过这奇妙的组合体，我们可以看到我国古代信仰演变和发展的历史过程。

这个体系是由简而繁的。从汉魏早期天师道“老君”“三官”的崇拜，到宋代“三清”“四御”系统的建立，道教神系是在不断变化中逐渐组成的。由于道派与历史背景的不同，各自派别都有自己信奉的神灵，道教神系显得混乱复杂。但随着唐宋时期道教统一的趋势，其神系也逐渐系统化，从而形成了以三清、四御为主体的鬼神世界。大足南山第五号三清古洞中的道教造像，正是形象地展示了这一历史事实。

这座开凿于南宋绍兴年间（1131—1161）的三清古洞，内刻道教造像四百余躯。其中天尊巡游图场面宏大，形象生动，天尊、元君、侍者、飞天、朝官、武士各具风采，构成了以三清、四御为主的造像群。

洞内全龛分为二层。上层主像即为三清尊神，他们均着道袍，面有长须，头戴莲花束发冠，顶后有圆形火焰身光与头光。其区别在于：中央者头上宝盖向龛项左右发出四道毫光，内倾两道光各绕三圈，每圈内有一化身坐像，这是玉清元始天尊。左像双手捧一如意，这是上清灵宝天尊。右像左手抚膝，右手持扇于胸，这是太清太上老君。后来道观中的三清造像大都类似于此，略有变化的是元始天尊的右手平端胸前，指头衔着一颗红色灵珠，如灌县青城山天师洞三清殿、成都青羊宫三清殿等处的三清造像。从历史的角度上看，这是现存在世的最早的三清组像，因此价值重大，是珍贵的道教文物。

在三清组像的左、右壁中部，各有一御，皆头戴冕旒，身着朝服，端坐龙头靠椅上。二御两侧，各有一侍者，手持长柄日月宝扇，以作遮屏。此当为玉皇大帝、紫微大帝。

在龛的下层左、右壁内侧，亦各有一御，皆头戴平顶高方冠，身着大袍，端坐龙头靠椅上。此当为勾陈大帝、后土皇地祇。

玉皇、紫微、勾陈、后土，这就是道教神盘中的“四御”。他们是辅佐三清的四位天帝。《修真十书》（元代著作）卷七《丹诀歌》说：“九九道成至成真，三清四御朝天节。”

此三清四御各为三洞之主，统御诸天万神，为宇宙万物的创造者。据北宋张君房《云笈七签》卷三《道教三洞宗元》宣称，由混洞太无元之青气，化生为天宝君，居住在清微天玉清境，故称玉清；由赤混太无元玄黄之气，化生灵宝君，居住在禹余天上清境，故称上清；由冥寂玄通元玄白之气，化生神宝君，居住在大赤天太清境，故称太清。后来的道经即说天宝君即是元始天尊，灵宝君即是太上道君，神宝君即是太上老君（道德天尊），把三清的身份进一步明确化。

从宋代以后的神系阶次来说，是元始、灵宝、老君。但他们出现的时代先后则是老君、元始，最后才是灵宝。

老君是方士道流对先秦道家思想家老子的神化而形成的。汉益州太守王阜《老子圣母碑》说："老子者，道也。乃生于无形之先，起于太初之前，行于太素之元，浮游六虚，出入幽冥，观混合之未别，窥清浊之未分。"陈相边韶《老子铭》说："道成仙化，蝉蜕渡世。自羲黄以来，世为圣者作师。"随着张陵早期道教的兴起，把老子进一步神化。《老子想尔注》（张陵或张鲁著作）说："聚形为太上老君，常治昆仑，或言虚无，或言自然，或言无名，皆同一耳。"把老君奉为第一尊神。所谓："千精万灵，一切神祇，皆所废弃。临奉老君、三师，谓之正教。"

至东晋道士葛洪笔下，老君更加神乎其神。说他姓李名聃，字伯阳，身长九尺，皮肤黄色，隆鼻、鸟喙，秀眉长五寸，耳长七寸。额有三理上下彻，足有八卦，以神龟为床，金楼玉堂，白银为阶，五色云为衣，重叠之冠，锋铤之剑。随从除百二十名黄衣童子之外，左边还有十二匹青龙，右边有二十六头白虎，前有二十四羽朱雀，后有七十二尾玄武。出门时以十二头神兽（穷奇）开路，三十六头神兽（辟邪）殿后。雷声轰鸣，闪电发光（见《抱朴子·杂应》）。俨然一位威风凛凛的万神之主。

北魏道士寇谦天师承张陵法统，改革天师道，亦以老君为其教主。他声称得到了太上老君的法旨，代行天师之职。"清整道教，除去三张伪法……专以礼度为首。"这样一来，老君不但是道教的始祖，还是道教的改革者，他在道教中的地位愈发肯定不移了。

后来的唐代帝王李氏，自称是老子后裔。唐太宗于贞观十一年（637）决定在宫中举行仪式时，僧道排列的次序是道士在先、僧侣在后。理由是：朕的本系来自老子，现在唐朝之所以昌盛，是托福于老子所说的上德；天下之所以太平，也是托福于老子主张的无为。他还下诏修建亳州老君庙，与孔庙一样，下赐封户二十户。高宗于乾封元年（666）亲临亳州，参拜老君庙，并敬献老子以“太上玄元皇帝”的尊号。玄宗更以迷信道教而著称，他亲受司马承祯所传法箓，成了道士皇帝。要求每家每户必备一本《道德经》，把它置于诸经之首。天宝二年（743）加号老子为“大圣祖玄元皇帝”，并亲临玄元庙祭祀。甚至还规定老子的诞生日为全国庆祝的节日，这天全国放假。后来老子的尊号还在升级：圣祖大道玄元皇帝、大圣祖高上大道金阙玄元天皇大帝，等等。正是由于唐朝王室的大力宣扬，老子被神化的程度达到最高峰。可以认为，把老子和老君混同，作为道教教主，是在唐代确定的。

继老君之后，道教中还出现了许多地位和老君不相上下的尊神，如元始天尊、太上道君、五方老君、长生司命君、玉皇道君、金阙帝君等。他们为不同的道派、民众所信仰，称谓混乱，地位并不确定。

南朝陶弘景首次编排神仙体系，其《真灵位业图》中，把道教诸神分为七阶。第一阶中央即为元始天尊，左右排列四十余位玉清仙君。谓曰：“右玉清境，元始天尊为主。已下道君，皆得策命学道，号令群真太微天帝来受事，并不与下界相关。自九宫已上、上清已下高真仙官，皆得朝宴焉。”显然，这个虚构渺茫的上天世界，与人间社会没有关联。第二阶中央为上清元皇大道君，第三阶中央为太极金阙帝君，其御下诸真中已有许多被仙化的道教人物，如茅盈、王方平、周义山、裴元仁、魏华存、安期生等。至于天师道崇拜的太上老君。则被安置在第四阶中位，谓曰“太清太上老君，为太清道主，下临万民”。紧依他的左位，就是“正一真人三天法师张道陵”。其余多为巴蜀天师道人，如马明生、青城真人洪崖先生、岷山真人阴友宗、阴长生、徐季道、栾巴、帛和等。可以看出，陶弘景是依其宗派，以上清派茅山宗尊神为主体，而编制了道教的第一个神系图。

不过，这一神系并没有得到普遍的承认。据《魏书·释老志》和《册府元龟》载："二仪之间有三十六天，天之中有三十六宫，宫有一主，最高者无极至尊，次曰大至真尊……"同时，还有"道家之原，出于老子。其自言也，先天地生，以资万类；上处玉京，为神王之宗；下在紫微，为飞仙之主"的说法。可见元始天尊在南北朝时，还未成为道教公认的最高尊神。

《隋书·经籍志》说："元始天尊生于太无之先，禀自然之气，冲虚凝远，莫知其极。……常存不灭。每至天地初开，或在玉京之上，或在穷桑之野，授以秘道，谓之开劫度人。……所度皆诸天仙，上品有太上老君、太上丈人、天真皇人、五方天帝及诸仙官。"根据这一记载，说明隋代以前的道教神系已经形成了南北两大系统，南朝神系以《真灵位业图》记载的诸神为中心，奉元始天尊为第一神灵，其道派背景主要为上清派茅山宗；北朝神系以《魏书·释老志》所载诸神为主，奉老子为创教始祖，其道派背景主要为正一派天师道。隋朝的统一，造成道教宗派的融合，元始、老君诸神的造像纷纷出世，得到了社会各阶层广泛的信仰。

《隋书·经籍志》说，自北魏武帝时，道士便"刻天尊及诸仙之像，而供养焉"。唐释法琳《辩证论》卷六自注："考梁陈齐魏之时，唯以瓠卢盛经，本无天尊形象。按任子《道论》及杜氏《幽求》云：'道无形质，盖阴阳之精也。'《陶隐居内传》云：'在茅山中立佛道二堂，隔日朝礼。佛堂有像，道堂无像。'王淳《三教论》云：'近世道士，取活无方，欲人归信，乃学佛家制作形象。假号天尊，及左右二真人，置之道堂，以凭衣食。宋陆修静亦为此形。'"《周书·宣帝本纪》说："大象元年（579）初，复佛像及天尊像。帝与二像俱南面而坐，大陈杂戏，令京城士民纵观。"

入唐以后，太宗为茅山道士王远智造太平观，"又于内殿为文德皇后造元始天尊像一躯，二真夹侍"（《茅山志》卷二十二）。至玄宗天宝

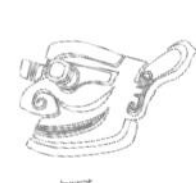

三载（744）四月，“敕两京天下州郡，取官物铸金铜天尊……一躯，送开元观”（《旧唐书·玄宗本纪》）。开元十八年（730），更拆宫造殿：“其时有敕，令速成之。遂拆兴庆宫通乾殿，造天尊殿……拆甘泉殿，造老君殿。”

流风所被，民间亦纷纷建殿造像，敬祀天尊，仅四川地区就铸造了许多尊：“汉州什邡县铁像天尊，高丈二三，俗谓之乌金像。”“彭州蒙阳县三台观铁像天尊，则天朝乡人众力所铸……既成之后，累有感通，郡邑之人归依如市。”“云顶山铁像天尊，高三四尺。亦是则天朝蒙阳匠人廖元立所铸。”“益州唐隆县大通观……有石像天尊一十三，身高一丈三尺。”（见唐杜光庭《道教灵验记》）更令人惊讶的是，成都至真观中竟有石像万躯。《卢照邻集》记述说：“至真观者，隋开皇二年所立，有天尊、真人石像，大小万余躯。”这些造像尽管已无存留，但可看出随着唐代对天尊崇拜的加深，道教造像已相当普遍。现在保存在四川剑阁鹤鸣山、安岳玄妙观、绵阳玉女泉等地的数千尊道教造像，其中即有天尊（救苦天尊、长生保命天尊）、老君，又有五方真人、飞天神王等，题材广泛，内容丰富，即是唐代道教石刻的精美之物。

至于灵宝天尊，他在道教中本来不甚著称。马融《广成颂》中说：“导鬼区，经神场，诏灵宝，名方相，驱疠疫，走蜮祥。”仅是一个供之役使驱疠除蜮的小神。但自东晋末葛洪从孙葛巢甫造作《灵宝经》，再经刘宋陆修静立成仪轨，灵宝之教大行于世，他的地位也逐渐提高。到了唐代，灵宝升格为天尊，文宗太和年间（827—835），茅山道士王栖霞建灵宝院，“造正三殿间，中塑灵宝天尊”（《茅山志》卷二十四）。至宋时，道教中人把灵宝天尊、太上道君、上清玉晨大道君合而为一，置于三清之中，成为道教神系中的第二尊神。

大足石刻中的两处三清组像，皆为南宋凿造。可见，此际三清的体系已经确定，而受到普遍承认。《朱子语类·灵宝条》说：“道教以元始天尊、太上道君、太上老君为三清。”亦可证明这点。

二、玉皇、紫微与四御

玉皇、紫微、勾陈、后土，这是辅佐三清尊神的四位天帝，即道教神系中的四御。

四御之首，即为玉皇大帝。他是我国民间一向最为崇奉的尊神。从历史的渊源上讲，他是由我国古代信仰中的昊天上帝演变而来的。在《真灵位业图》中，列为第一阶右方的第十二位，号曰“玉皇道君”。至唐代玉皇崇拜十分流行，唐人诗句中常见此神。如韩愈诗：“玉皇颔首许归去，乘龙驾鹤来青冥。”元稹诗：“我是玉皇香案吏，谪居犹得住蓬莱。”陆龟蒙诗：“峨眉道士风骨峻，手把玉皇书一通。”韦应物诗：“逍遥仙家子，日夕朝玉皇。”刘复诗：“天上见玉皇，寿与天地休。”皆为脍炙人口的名句。至于为玉皇频上尊号，则是在北宋时期。

大中祥符五年（1012），真宗亲祀玉皇于朝元殿，谓“朕梦先降神人，传玉皇之命。云先令汝祖赵某授汝天书，令再见汝，如唐朝恭奉玄元皇帝”。大中祥符六年，建安军铸玉皇尊像成，奉安于太清宫。“诏圣所像经郡邑减系囚，死罪流，以下释之。”七年，改奉元宫为明道宫，奉安玉皇大帝像。同时又于滋福殿设玉皇像，真宗亲自撰文，上玉皇圣号曰“太上开天执符御历含真体道玉皇大天帝”。天禧元年（1017）正月，真宗“诣玉清昭应宫，荐献上玉皇大天帝宝册衮服”。另外，无论公文或私人文章，凡出现玉皇二字的地方通通删去，这证明当时对玉皇非常崇拜。

这种信仰玉皇的社会风尚，和当时道教盛行、宋朝王室崇信道教的历史背景紧密相连。皇帝主演了几场玉皇降旨、天书出世的闹剧，道士们则编造了玉皇得道成圣的故事。《高上玉皇本行集经》中说，玉皇本是光严妙乐国的王子，“幼而敏慧，长而慈仁。于其国中所有库藏一切财宝，尽将散施穷乏困苦、鳏寡孤独、无所依怙、饥馑癃残，一切众生。仁爱和逊，歌谣有道，化及遐方，天下仰从”。其后抛弃王位，苦志修道。他行药治病，广行方便，助国救人，普度众生，经三千二百

劫，“始证金仙，号曰清净自然觉王如来”。于是得侍元始天尊御下，“开化人天，教导无穷，大慈大悲，流焕法轮，为度群生，是号玉皇”。成为三清御下的第一尊神，总管三界、十方、四生、六道一切祸福的至上天帝。

大足舒成岩第5号玉皇大帝龛，玉皇头戴冕旒，足着高靴，面露微笑，端坐双钩云头靠椅上。左右宫女，各执日月宝扇，遮屏玉皇。俨然一副人间帝王的气派。可贵的是南宋绍兴十三年（1143）所立碑铭记载了凿造此龛的始末：“以祈恩乞福，保寿终年，族聚荣昌，早胜善果。”从五月初一开工，至二十六日完毕不到一月时间，便完成了这组精美的道教造像。可以推断，此龛的创造者伏麟不仅工艺高超，并且对道教神系也是相当熟悉的。

舒成岩第3号紫微大帝龛，亦为南宋作品。其主像紫微大帝，被道教敬为四御之一。《道法会元》（南宋著作）卷八十二祈祷降雨之呈文，即首列玉皇、勾陈和此神，称为紫微中天北极太皇大帝。道教中人谓他协助玉皇执掌天经地纬、日月星辰和四时气候，而受到历代帝王的祀礼。北宋仁宗皇祐二年（1050），“诏今祀明堂诸神，悉如圆丘从祀之数，天皇大帝、北极大尊各二在殿上”。《金史·礼志》载：“郊坛天皇大帝、北极神座，于坛上第一等。”金章承安元年（1196），诏命敬祀北极大帝用玉用犊。《明史·礼志四》说：“北极中天星主紫微大帝者，北极五星在紫微垣中，正统初，建紫微殿，设象祭告。”

四御中的勾陈大帝亦为星宿演变而来。《晋书·天文志》说：“勾陈六星，皆在紫宫中。……勾陈口中一星，曰天皇大帝，其神曰耀魄宝，主御群灵，执万神图。”北宋真宗时大臣王钦若奏请列像祭祀，其后历代帝王时有祀礼。道教把他尊为四御之一，称他是协助玉皇执掌南北极与天地人三才，统御诸星，并主持人间兵革之事。《道法会元》中称谓他为勾陈上宫南极天皇大帝。

如果说天界的主宰是玉皇，那么后土则为大地山河的尊神。《周礼·大宗伯》说：“王大封，则先告后土。”《国语·鲁语上》说：“共工氏之霸九有也，其子曰后土，能平九土，故祀以为社。”从秦汉以来，历代帝王皆祀后土。至北宋政和七年（1117），徽宗亲临玉清和阳宫，上后土徽号为“承天效法厚德光大后土皇地祇”，并规定祀仪规格同玉皇一样。道教中人把他列为四御之一，谓之掌握阴阳生育、万物之美与大地山河之秀。

玉皇、紫微、勾陈、后土组成的四御，辅佐三清，成为宋代道教神系的核心神团。

三、东岳世家的演变发展

大足舒成岩第一号淑明皇后龛，第二号东岳大帝龛，以及石门山第十一号炳灵公夫妇龛，这些出自南宋的道教石刻，构成一个神的世家。这个世家以东岳大帝为主，淑明是其皇后，炳灵则为他的第三个儿子。

东岳大帝原为泰山之神。历代帝王每年都要祀岳，尤其是泰山，因为它是五岳之首，所以更受重视。晋张华《博物志》说：“泰山一曰天孙，言为天帝孙也。主召人魂魄。东方万物始成，知人生命之长短。”这类传闻早在汉代就已流行。顾炎武《日知录·论东岳》考辨说：“自哀平之世，而谶纬之书出。然后有如《遁甲开山图》所云：‘泰山在左，元父在右，亢父知生，梁父主死。’《后汉书·方术传》许峻自云：‘尝笃病三年不愈，乃谒泰山请命。’《乌桓传》：‘死者神灵归赤山。……如中国人死者魂神归泰山也。’《三国志·管辂传》谓其弟辰曰：‘但恐至泰山治鬼，不得治生人，如何？’而古辞《怨诗行》云：‘齐度游四方，各系泰山录。人间乐未央，忽然归东岳。’陈思王《驱车篇》云：‘魂神所系属，逝者感斯征。’刘桢《赠五官中郎将诗》云：‘常恐游岱宗，不复见故人。’应璩《百一诗》云：‘年命在桑榆，东岳与我期。然鬼论之兴，其在东京之世乎！’”

故自魏晋以来，泰山便成了令人敬畏的地方，称其“幽岑延万鬼，

神房集百灵”（晋陆机《泰山吟》）。这里即有考罚罪人的地狱，又有神仙出入的“蓬玄洞天”。山中道教宫观甚多，最著名者有斗姆宫，宫中奉斗姆及二十星君；有碧霞元君祠，祠中奉泰山神之女儿碧霞，配殿奉送生娘娘、眼光娘娘等，道教宫观中香火之盛，无愈此者；还有东岳庙，为秦汉以来之古祠，唐宋屡有增建，北宋宣和四年（1122）已“成屋八百一十七楹”，实为我国最古老而又庞大的道观之一。主殿天贶殿奉岳神及冥府十王。蒿里社在二山之间，有七十二司及三曹对案之神，塑像生动飞扬，相传为地狱云云。

自然，主管泰山之神便成为掌管人间生死的大神。《云笈七签》说：“东岳泰山君领群神五千九百人，主治死生，百鬼之主帅也，血食庙祀所宗者也。世俗所奉鬼祠邪精之神而死者，皆归泰山受罪考焉。”《东岳大帝本纪》亦说他“主掌人间贵贱尊之教，管十八地狱、六案簿籍七十六司，生死修短之权”。

对于这类神怪荒诞的无稽之谈，历代帝王都加以利用。他们企图用赐予泰山神的种种桂冠，来加强维护欺骗和恐吓人民的封建神权。唐开元十三年（725），玄宗亲登泰山，封其神为“天齐王”。北宋乾德元年（963），太祖命制东岳神衣冠剑履，遣使易之。真宗大中祥符元年（1008），加号“为仁圣天齐王”。到元世祖至元二十八年（1291）春，又加封为“天齐大生仁圣帝”。这样一来，东岳大帝权势吓人，得到社会广泛的信仰。自宋元时期起，全国各地纷纷建造祀奉他的庙宇，北京朝阳门外的东岳庙便是其中著名的一座。

夫贵妻荣，既然泰山神戴上了大帝的冕旒，他的妻子儿女也得封官赐爵。《五代会要》载：“长兴三年（932），诏以泰山三郎为威雄将军。”《文献通考》说：“大中祥符元年，封禅毕，亲幸泰山三郎庙，加封炳灵公。”《宋史·礼志》说：“（大中祥符四年）夏五月乙未，加上东岳曰天齐仁圣帝，命翰林礼官详定仪注及冕服制度，崇饰神像之礼。其玉册制如宗庙谥册。帝自作奉神述备纪崇意，遣官致祭毕，奉玉册衮冕置殿内。又加五岳帝后号，东曰淑明，遣官祭告。”《宋会要辑稿·礼二一》云："（大中祥符）四年十一月二十九日，又加号东岳淑明后，西岳肃明后……"

至此，东岳、淑明、炳灵这个泰山神灵世家，地位权势达到了最高峰。从祥符年间到绍兴年间（1131—1162），仅一百多年的时间，仅大足地区便出现多处东岳世家的造像，可见这种对东岳大帝的信仰是相当广泛的。大足石刻中的这组道教造像，为我们研究中国民间泰山神信仰的演变发展，提供了可贵的物证。

总结以上所述，大足地区保存的这几组道教造像，因其神地位高，时代又早，比较系统完整地展现了宋代道教神系的基本状况，值得我们予以相应的重视。对于大足道教石刻的研究，不仅可以有助弄清道教神系的演变、道教石刻造像的艺术特点，同时可以寻觅到我国民间信仰发展的线索，这将填补宗教史与艺术史目前存在的一些空白。

（原载王家祐著《道教论稿》，巴蜀书社1987年版）

梓潼神历史探微

梓潼县有潼水，自平武县山溪流出，经梓潼、盐亭注入涪江。县中潼江多梓，汉武帝元鼎元年（前116）置梓潼县，属广汉郡。潼江民众自古崇祀着“潼河大帝”，至今梓潼七曲山上尚有梓潼神庙，称为“大庙”。《中国名胜词典》介绍文昌宫说：“一称‘大庙’。在四川梓潼县北十公里七曲山。相传为晋人张亚子祀庙。张亚子仕晋战殁，人为立庙于七曲山。唐僖宗封‘济顺王’，宋太宗封‘英显王’。道教云玉帝命梓潼神掌文昌府事及人间官禄。元加封为‘文昌帝君’。传说文昌帝君为主宰功名、禄位之神。庙建于唐以前。今存元明清建筑有：文昌殿、桂香殿、天尊殿、关圣殿、瘟祖殿、启圣宫、灵官楼、风洞楼、家庆堂、百尺楼、时雨亭、望水亭、应梦床、盘陀石等处。建筑依山取势，高低错落，布局有序。周围古柏苍翠，红墙碧瓦笼罩在绿荫丛中。环境幽雅静宁，游人似在仙境蓬莱。”《绵阳地区文物简介》介绍梓潼县七曲山云：“殿内祀张亚子，即晋代张育。晋孝武帝宁康元年（373），苻坚出兵攻占了晋的梁州、益州。次年五月，张育与杨光起义反对苻坚的统治。张育称蜀王，改元黑龙。苻坚遣邓羌灭之，张育战死。后人纪念张育为祖国统一与民族团结，立庙祀祭。唐宋以来，封建统治者屡借他为维护统一团结义旗，编造了许多故事，并尊之为‘文昌帝君’。明末农民起义军反于投降异族，张献忠认张亚子为同宗，改称‘太庙’。太庙风洞楼上曾有张献忠塑像。清乾隆七年（1742）绵州知州安洪德毁坏塑像后，留有《除毁贼像碑记》，成为封建统治阶级恐惧农民起义的罪证。”两段介绍概括了重要史实。但被奉为道教尊神的过程，则有进一步论证的必要，今据史试论之。

一、梓潼与文昌同出氐族，合二而一是氐汉文化的汇融

《宗教词典》道教篇分为二神：

文昌帝君，“文昌本星名，亦称文曲星、文星。中国古代对斗魁（即魁星）之上六星的总称。古代星相家认为它是吉星，主大贵。后被道教尊为主宰功名、禄位的神。元仁宗延祐三年（1316）封潼梓神为‘辅元开化文昌司禄宏仁帝君’，文昌与梓潼遂合二为一”。

梓潼帝君，据《华阳国志》卷二，梓潼县有“恶子祠”，一名“善板祠”，民以雷杵供奉，是本为雷神，唐以后，梓潼神源此。宋元时有梓潼神降笔扶乩作《清河内传》，谓其生于周初，后经七十三化，西晋末乃降生四川为张亚子，并云玉皇大帝命他掌管文昌府和人间禄籍。明弘治元年（1488）张九功请正祀，礼部尚书周洪谟等议曰：“梓潼显灵于蜀，庙食其地为宜。文昌六星与之无涉，宜敕罢免。其祠在天下学校者，俱令拆毁。”《清河内传》与《梓潼帝君化书》分别收入《道藏》第73、74册。

据考梓潼神乃龙系巴人的族神，一称潼河大帝，一即唐以前的“壁山神”（辟山神）。他是大巴山的蛇神，由巴山神，写为辟山神，又讹为壁山神。亦即道教神仙中的“浮丘伯”；“浮”即涪，褒的音写。见于安岳与大足唐宋石刻的浮丘大士形象，似尖嘴雷神而手握一龙。文昌神是紫微垣文昌宫六星之神（上将、次将、贵相、司命、司中、司禄）。有时又误引为另外的星：“魁星”，北斗七星（天枢、天璇、天玑、天权、玉衡、开阳、摇光）的一至四星，称斗魁或璇玑。“奎星”，

二十八宿中西方七宿之首，有十六星（仙女座九，双鱼座七）；“奎主文章”。“斗星”，北方玄武七宿之首，有七星，其一至四亦称“奎”或“魁”。

二、文昌神的演变——从龙神到司禄；从南到北

《搜神记》卷二十463条云：邛都县下有一老姥，养小蛇渐长大。令有骏马，蛇吸杀之。令杀姥。蛇感人以灵，誓报母仇。“此后每夜，辄闻若雷若风，四十许日，百姓相见，咸惊语：‘汝头那得忽戴鱼？’是夜，方四十里与城一时俱陷为湖，土人谓之陷湖。”此即《文昌化书》第六十五化“邛池化”所云：“西海之滨有邑名邛池。予化为小金蛇为张翁收养长大成龙，乃没一邑。时孝宣之世（前74—前49）。今所谓陷河者是也。”另第七十一化云：太康八年（287）生于越嶲。

《北梦琐言》卷四408条云：“梓潼县张蝁子神，乃五丁拔蛇之所也。或云嶲州张生所养之蛇，因而祠，时人谓为张蝁子，甚神甚灵。伪蜀王建世子名元膺……蛇眼而黑色……就诛之夕，梓潼庙祝亟为蝁子所责，言：‘我久在川，今始方归，何以致庙宇荒秽如是耶？’由是蜀人乃知元膺为庙蛇之精矣。”

《老学庵笔记》卷二云：“李知几少时，祈梦于梓潼神。是夕，梦至成都天宁观，有道士指织女支矶石曰：‘以是为名，则及第矣！’李遂改名石，字知几。是举过省。”可知南宋之梓潼已兼文昌矣。

晋人常璩（四川崇庆县人）所著《华阳国志》卷二云：“梓潼县……有五妇山。故蜀五丁士所拽蛇崩山处也。有‘善板祠’，一曰恶子。民岁上雷杼十枚，岁尽不复见，云雷（神）取去。”可知至于晋末，潼河大神保留着巴蜀人“氐羌”系“雷”神的地区传统。

三、现实的英雄张育继位为“雷坻”之神

“氐羌”来自古北狄或翟，应是后来的“姬姓”，源出“氐（羌）”系的巴人，崇奉巴族的雷泽之神。“雷溉”“鸳魋”“离堆”“瞿唐”等两山相对的“天彭门”是两大神的象征；而人格化了的父母两系就是凤鸟图腾的伏羲氏和龙蛇图腾的女娲氏。但自巴氐与羌族建立“大成国”（302—347）以来，反对封建王朝压迫的氐羌系巴人起义此伏彼起，巴氐人为民族自立，勇敢地反抗着压迫。如公元303年，“义阳蛮”张昌奉、刘尼（邱沈）发动起义，建元“神凤”；公元320年巴族人句渠知自称“大秦”，建元“平赵”；公元337年侯子光称皇帝，建元“龙兴”。以至氐王杨茂搜、李弘与李金银建元“凤凰”等皆与氐羌及其族所奉道教（五斗米教）有历史渊源。公元352年，张琚自立为秦王，建元“建昌”。公元374年张育称蜀王，建元“黑龙”。张育起义失败后（为苻坚所灭），人民崇奉他为“雷泽龙神”，这就是梓潼神的来历。

王象之《舆地纪胜》说：梓潼县灵应庙所供的神就是张育。这也与《蜀中广记》引《文昌帝君化书》的故事相合。四川民间普遍供奉文昌帝君，也就是张育了。

四、唐皇借梓潼神以保护自己

道教正是将古代各民族的“民族原始信仰”继承发展。唐太宗继承晋以来的“压獠”政策，在四川取得了军事胜利。但武力镇压下的“獠人”，在盆地山区仍保持了自己的力量，而梓潼神、二郎神及壁山神就是巴獠的精神象征。这种“民族宗教”自唐以来，逐渐成为道教尊神。梓潼神变为文昌。唐玄宗奔蜀，自云梦神保驾，特封为右丞相。唐僖宗逃蜀，又封为济顺王，并解剑挂庙以示重视。李商隐《玉溪生诗笺注》中有《张恶子庙》一首云：“下马捧椒浆，迎神白玉堂。如何铁如意，独自与姚苌。”注引《后秦录》云：“初，苌游至梓潼岭，见一神

人谓之曰：‘君早还秦，秦无主，其在君乎。’苌请其姓氏，曰：‘张恶子也。’言讫不见。至是称帝，即其地立张相公庙祀之。”《梓潼化书》第七十五化云：“往关中与姚苌为友。欲激颓波以正风化，奈何纵暴之君竞起废弑。苌虽少而多谋略，又况宿有契好，故作密友。久之，予厌处凡世，思归蜀峰，约苌曰：‘苟富贵，毋相忘。’后苌以龙骧将军使蜀至凤山访予，予以礼待之。假以铁如意，祝之曰：‘麾下可致兵。’苌疑之。予为之一麾，旗帜蔽天，戈盾戎马万余列之平坡，今试兵坝是也。”第七十九化“护圣化”云：“予至万里桥以儒生谒帝，并护其归。帝封予为左丞相。”又第八十一化“济顺化”云：“僖宗播迁入蜀。至桔柏津，约曰：‘兴唐公主最神慧，奉卿箕帚可乎。’遂封予济顺王，解剑为赐。”

五、宋、明以来的文昌神

《梓潼化书》第八十五“忠显化”云：“淳化年间，助平王均李顺。封英显王。上帝嘉禾予弭变能免杀戮，俾专轮回救苦之司，开便宜都督府，总三界六天之阴兵。特加‘金阙昊天太师、纠察三界祸福事’‘扶教开化主宰、波罗尼密不骄乐育大帝’。乃以孔孟伊周之学，道德仁义之教，综以仙释之灵通，显以柱录之功用。凡一民一物之荣枯贵贱皆隶予之造化焉。”又第九十七“复古化”云：“又命曹光、颜奕、李白、苏轼、黄庭坚诸仙：赞经述仪，开复古化，出一十七书。以寿衣冠之脉，以植纲常之教，以昌文儒之命，以衍上帝一十七光之休，而永亿万世之真传焉。”这样，文昌神便成了天上最有实权的总法王了。

现存明碑（据拓片）“文昌画像碑”上“成化十一年（1475）六月书”题记云：“文昌上宫桂香殿内，神游风洞，世系清河。九十六生种善果于诗书之府。百千万劫培桂根于阴骘之司。司天上之星辰，定人间之选宸，教人以忠孝为先。诸恶莫作。奉之者，子息书香。敬之者，一文章及第。大圣大慈九天开化梓潼帝君。”又有（文昌聪明）神咒：

“九天大帝，诸神护守，八圣护持。（念）之不辍，万神赴机。我司大化，光曜生灵。九天开化，万章洞微。元皇上令，勿稽无违，急急如律令。”明代的文昌完全成了封建尊神。

六、张献忠在梓潼庙及其造像被毁

任乃强《张献忠实录》第38回：“方志相传，张恶子及东晋时越嶲人。他九十七世为大夫，皆有阴德。恶子为生（养）母报仇，杀人（杀邛都县令）。见七曲山风景清幽，乃入山修道。道成后，出助姚苌平定天下，兵解飞升。上补斗宿六星，是为文昌，为司禄命之神。……南宋高宗中兴，屡蒙神祐，进封为神文圣武孝德忠仁王。今人称为梓潼帝君文昌大帝。其庙曰灵应庙。……梓潼县令巫仕能（奉献忠命）访得有姓裴姓贾两个道士，曾经在青城山与太白山参师学道，读过道藏中书籍数部……。引来荐与献忠。（献忠）因见沿途诗碑甚多，题诗一首云：‘七曲羊肠路，一线景色幽。天人皆一体，祖孙共源流。太庙千秋祀，同国与天休。从兹宏帝业，万世永无忧。’便命众官各和一首，镌立大顺皇帝御诗碑。”《陇蜀余闻》谓八卦亭献忠诗碑，为梓潼令王维坤所碎。

七、简略的小结

自张育起义建元黑龙，龙系巴氏祖神成为人鬼。唐末最盛而封王。宋明以来，成为帝君而掌人间禄命。

“善板祠”之“恶子”不是张育，但张育后来以黑龙为年号，显然承自大蛇。民岁上雷杼十枚为雷神取去，这龙身的雷神当即雷泽之神。

（原载《中国道教》1988年第3期）

道家精神与养生文化①

如果将养生文化现象置入广阔的历史文化环境中进行考查，我们便不能不承认，它是一个基本自成系统的哲学思想、理论模式和实践方法的文化体系。这样一种文化体系是在中国古代特定的文化土壤中才能发生成长。就养生文化的发展与影响，以及对养生研究的重视来说，大概除了中国的医家之外，没有任何一种文化可以同道家（包括道教）相媲美。

纵观中国早期文化结构，先秦是多种思想文化的并存争鸣；秦汉以降则逐渐在封建大一统专制前提下形成儒道互补；东汉以来佛教流行，又渐演为儒、道、释三家并存互补这一主体文化结构。养生作为一种实践性很强的文化，所以能经历几千年风云诡谲、沧桑变幻的岁月，在周期性社会震荡动乱和朝代更替中生存下来并得到发展，除了吸收多种文化要素以形成自我较稳定内在结构外，还必须依附于具有一定广泛性和稳定性的社会文化群体。中国的儒家文化主要是一种以宗法伦理道德为内核，以追求社会利益和社会价值为宗旨的政治学说，它所关心的是如何营构一套政治制度和社会秩序以维持封建国家和社会的稳定

① 本文由王家祐、郝勤合著。

和平衡。而佛教则主要是以一套恢宏庞大而又精严的逻辑思想体系，企图探讨解决人生各种问题，并通过宗教思维方式、仪式、戒律以及修行方法达到所谓“涅槃寂静”而得到解脱。显而易见，养生文化是很难在这两种文化中找到共同语言而得立足境。那么医学呢？确实，中国古代医学同养生学有极为密切的联系。但医家自古就有自己的职业对象与范围，这就是以“治已病”为主。因此，它也不能完全涵盖与容纳养生文化。只有道家和道教才给养生文化的形成发展提供所需的大部分养料和条件。

道家是先秦时期的一种思想流派。同先秦诸子中儒、墨、名、法等各家不同，道家最先注意到了自然规律与社会制度对人的身心带来的严重异化后果，看到了人类（尤其是贵族统治者）耽于声色享乐而对人自身生命存在所带来的严重威胁和损害：“五色令人目盲；五音令人耳聋；五味令人口爽；驰骋田猎，令人心发狂；难得之货，令人行妨。”（《道德经》十二章）“自三代以下者，天下莫不以物易其性矣！小人则以身殉利；士则以身殉名；大夫则以身殉家；圣人则以身殉天下。故此数子者，事业不同，名声异号，其于伤性以身为殉，一也。”（《庄子·骈拇》）透过这样一种对现实社会和人生的冷静的、理性的认识和反思，他们向世人发出了深刻的责问和警告：“名与身孰亲？身与货孰多？得与亡孰病？甚爱必大费，多藏必厚亡。”（《道德经》四十四章）在道家的哲人们看来，人的生命存在和身心健康本身是较之“名”与“货”更有价值的东西，对于人的存在而言，“实其腹”而“强其骨”实在是人类更本质的追求。因而，怀着对人的生命价值和自由的深切眷恋和坚定追求，必然导致道家对人生命和人的身心健康发展予以极大的热情和关注。这样，一种奇异而伟大的道家精神产生了。他们要用自我人格的力量去反抗异化、挣脱社会乃至于自然的束缚：“乘天地之正，而御六气之辨，以游无穷者。”（《庄子·逍遥游》）他们要“和之以天倪，因之以曼衍，所以穷年也”（《庄子·齐物论》）。他们怀着“天地与我并生，而万物与我为一”（同上）的气概，要实现“吾与日月参

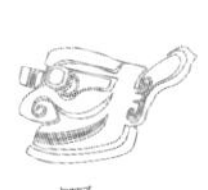

光，吾与天地为常”（《庄子·在宥》）的壮丽理想和远大抱负。正是这种指向人类现实个体生命自由与发展的精神，成为中国养生文化的哲学思想构架。诚然，道家是主张“清静无为”的，但是，这只是手段，是途径，其目的却是“无为而无不为”，其动机和本质是积极的，进取的。特别是，在庄子及其后学手中，道家思想同神仙家的理想相结合后更是如此。道家对人的生命存在价值和身心发展充满坚定信念和主动精神。不了解这一点，便不能理解何以道家思想会同养生文化发生如此联系，以至于我们今天研究养生学史或养生理论、方法、流派均离不开道家和道教。同样，不了解这一点，也不能理解在道教养生学中为何会出现：“我命在我，不属天地”（《西升经》）、“宇宙在乎手，万化生乎身”（《阴符经》）、“顺则生人、逆则成丹”（《金丹大要》）等，充满进取精神和企图控制人类自身生命，乃至于支配宇宙的理想。

自庄子始，先秦流传的瑰丽而浪漫的神仙思想同道家思想结合起来了。那些“肌肤若冰雪、绰约若处子”的“藐姑射之山”的“神人”，那些“乘云气、骑日月”的“至人”，那些“其息深深”、息之以踵的“真人”形象给道家文化注入了一种神奇而充满魅力的意境和力量。如果说，老子尚探索“治大国若烹小鲜”“兵者凶事”一类社会问题的话，那么庄子以后，道家已主要转向个体人格自由和身心解放发展问题的研究。老子由此提出“见素抱朴，少私寡欲”（《道德经》十九章）的见解，试图通过“致虚极，守静笃”来“归根”“复命”，“重返于婴儿”。也就是说，通过一种并非完全神秘的精神内守和意念返照为主的心理训练，来使人的生理到心理永葆生命的青春、活力乃至于童年的鲜柔纯真。因此，他要求人们“载营魂抱一”而不离，“专气致柔”有如婴儿，“涤除玄鉴”而无为，以此作为“深根固柢，长生久视之道”。实际上，老子这种说法已经蕴含了以后道教内丹“逆则成仙”的思想内核。庄子说得很明白：“无视无听，抱神以静，形将自正。……天地有官，阴阳有藏，慎守汝身，物将自壮。”（《在宥》）“夫形全精复，与天为一。”（《达生》）生命，这既注意人的心理意识活动，又强调人的物质即人身体的发展。

到了屈原的《远游》，道家思想开始同神仙方士的呼吸吐纳、导引行气之术结合起来了。庄子将道家思想同神仙家的浪漫理想相结合，但在方法手段和途经上却对主张“呼吸吐纳”“熊经鸟伸”的“彭祖寿考”者们执嘲笑和否定态度。而在《远游》中，屈原深感“履方直之行，不容于世”，于章皇山泽，抑郁幽愤之际，“乃深惟元一，修执恬漠”（王逸《楚辞补注》）。他一方面试图在道家思想中求得解脱：“内惟省以端操兮，求正气之所由。漠虚静以恬愉兮，澹无为而自得。”另一方面，又向往倾慕赤松、儒说、韩众等仙人远离俗世，无烦无恼的悠哉生活。于是他便从方士王乔而习服气吐纳之术，餐六气、饮沆瀣、漱正阳、含朝霞，“保神明之清澄兮，精气入而粗秽除”（《远游》）。

道家精神，神仙理想一旦同养生方法相结合，便使古代养生文化充满理想色彩和生命活力。从《黄帝内经》的养生之道到马王堆汉墓出土的《辟谷食气》古帛书佚文，直到东汉魏晋时期《太平经》《周易参同契》《抱朴子》《黄庭经》等的产生，标志着养生文化已经开始由各地零散方士手中的“隐秘之术”聚集于道教之中。这就构成了中国道教有别于世界其他宗教的重人贵生、养生治身的宗教特征。

东汉时期道教正式创立，给中国养生文化带来了新的机遇和转机，被纳入一个具有一定群众基础和历史稳定性的宗教体系下发展，并在宗教动机的驱动下和宗教理论的哺育下逐渐成熟。中国古代养生文化之与道教发生密切关系，主要是由于道教“重人贵生”精神。以东汉的《太平经》为例，《太平经》将“恶死乐生”“重命养躯”作为主要教义之一。它认为人生最重要的事情是“重生”“生为第一”。人生最大的善事“莫若常欲乐生，汲汲若渴”（《乐生得天心法》）。它主张，人生在世“皆当重其命，养其躯”，“唯思长寿之道”（《名为神诀书》）。又认为“三万六千天地之间，寿最为善”（卷五六至六四）。它强烈反对那种“寿夭在天”的宿命说法，大声疾呼：“人命近在汝身，何为叩心仰呼天乎？有身不自清，当清谁乎？有身不自爱，当爱谁乎？有身不自

成，当成谁乎？”（《大功益年书出岁月戒》）那么，人当通过什么途径和手段来养躯致寿呢？在《太平经》看来，“人欲寿者，乃当爱气、尊神、重精也”（《令人寿治平法》），“欲寿者当守气而合神，精不去其形。念此三合为一，久即杉杉自见身中，形渐轻，精益明，光益精，心中大安，欣然若喜，太平气应矣”（《太平经圣君秘旨》）。如是，《太平经》就由“恶死乐生”这一哲学命题推导出“重命养躯”的养生思想，又由“重命养躯”归结为精、气、神合炼的养生方法论。实际上，《太平经》这一哲学命题——养生思想——炼养方法的推导过程也就是中国道教养生文化发展的思想逻辑基础。像东汉张陵的《老子想尔注》也是在“重生”这一命题基础上宣扬其“宝精爱髓”“节精养神专气”的养生主张的。又如齐梁陶弘景的《养性延命录》开卷即云：“夫禀气含灵，唯人为贵。人所贵者，盖贵于生。”在这样的思想指导下，来论述、编撰各种养生之术。道教的“重人贵生”精神成为中国养生文化重要的理论之一。

道教继承道家学说，主张“清静无为”。对个体生命价值的基本态度上是积极的、进取的。这和古道家思想一样，“无为”只是手段，“无不为”才是目的。因而，道教的养生思想充满了一股内在的进取精神，“我命在我不在天！”就是古代道教养生家们面对无情的生命自然规律喊出的振聋发聩的口号。《抱朴子·黄白》引古《龟甲文》：“我命在我不在天，还丹成金亿万年。”《西升经》说：“我命在我，不属天地。”《仙经》云：“我命在我，不在于天。但愚人不知此道为生命之要，所以致百病。”（《养性延命录》引）《云笈七签》引《仙经》：“我命在我，保精受气，寿无极也。”五代强名子《真气还元铭》：“天法象我，我法象天。我命在我，不在于天。昧用者夭，善用者延。”金元王重阳说：“我命不由天，熟耨三田守妙玄。”（《重阳全真集》）这种“我命在我不在天”的思想和精神一反将人的寿夭康病生死视为由上天神灵意志冥冥主宰的传统思想。道教将个人的行为同自我的生命健康发展联结起来，强调依靠人的主观能动性和辛勤的养生修炼，达到“含精养神，通德三元。精液凑理，筋骨致坚。众邪辟除，正气长存。累积长久，变形而仙”（《周易参同契》）。道教的这种“重人贵生”自我进取精神对推动养生文化的发展无疑有重要意义。

作为一种人类旨在使身、心同步发展的中国养生文化，比之以竞技运动为主体的西方传统体育文化有很大差别。竞技运动的本质是社会性的活动，它的存在前提之一是要有两个以上的对手进行比赛较量。在越成熟的竞技文化中，其社会性就越明显、越广泛。竞技者、组织者、裁判者、观众，形成了一个彼此互相依赖、紧密结合的独特社会环境和结构，使竞技运动本身具有了外向、社会和竞争的本质特征。而几千年来在道家精神熏染下的中国养生文化则不同。除了自我炼养以外，不需要外在的对手。只有练功者自身感觉和体验，只有练功者自我欣赏。

道家与道教精神是主张清静的“自然之道静，故天地万物生”（《阴符经》）。他们在炼养实践中所追求的自始至终是一种非语言能表达的、非形象可以喻示的混沌朦胧、恍兮忽兮的原始境界和体验。修炼者在肢体运动或坐卧之间，一心向内，专注一境，内心充满着深邃的宁静。此时，意识潜入无意识的深渊，只凭一丝似有似无、如缘如系的意念（即所谓“真意”）游丝般地将生命引向一个意识的神秘王国，与宇宙合而为一，你中有我我中有你的感性世界，这就是道。只是在这一过程中，它能够导致生命机制和生理过程发生深刻变化，发掘人的内在未开发的生命潜能，改善人的内环境系统，发展和提高人的生理和心理水平和素质。这一切，业已为现代医学临床和社会保健实践所证实和肯定。因而气法炼养作为一种旨在发展人类生命的文化，是中国特有的，也是道教的一个重要的优良传统。

（原载《中国道教》1990年第2期）

《青城山道藏记》校录记

此碑于1956年出土于建福宫，同时有宋玉璧1枚及陶小杯4个伴出，或是立碑时投龙之物。碑高约3米（未见碑额），宽2.24米，共29行，满行75字。书法为楷书，其为宋碑似可肯定。

碑出土不久即毁，幸常道易尊师手拓一孤本得以传世。珉枫子幸得校录以存迹。今将校录记刊行，以就教于尊师及大雅之仕。

（一行）“会庆建福”

按：绍兴三十二年（1162）孝宗（赵昚）即位，朝献景灵宫，以生日为会庆节；始见会庆之名。乾道元年（1165）十月，金遣高衎来贺会庆节；始见外国使入贺，此后每年十月皆见贺会庆节之事。淳熙四年丁酉，赐青城丈人观为会庆建福宫，此年为纪元1177年。据“会庆建福”之名，似碑立于南宋孝宗时。

宋范成大《吴船录》：“本朝增崇祠典……此独号丈人观。先是其徒以为言，余为请之朝。李焘（丹棱人）仁父适为礼部侍郎，上议曰：按:《河图括地象》：岷山之精，上为井络，帝以会昌，神以建福。青城实岷山第一峰，会庆又符诞节之名。乃赐名会庆建福宫。余将入山而敕书适至。乃作醮以祝圣谢恩。”

范氏所记“此独号丈人观”，定见在淳熙四年（1177）前确无会庆之名。宋洪迈《夷坚丙志》蜀州红梅仙条记绍兴中（1131—1162）资中李石遇仙事云“青城丈人观神仙窟宅也”。是可证在淳熙前绍兴中此观确名丈人观与范说互证，可无疑义。

陆游题丈人观诗句“黄金篆书榜朱门”，是赐名后情况。宋朝事实：“五清昭应宫成，凡宫殿名门，无虑五十余所，皆御制赐名，亲书填金。”是知丈人观之“黄金篆书”实即宋代正规之皇帝御书也。

以上说“会庆建福”之名在淳熙后。

然宋宫本有会庆殿，仁宗天圣五年（1027）帝率群臣朝太后于此。《宋会要·道释》：元符二年（1099）赐袁州县化禅院塔额曰会庆。似会庆一名亦万一有早于淳熙之可能，但未足以翻案。

（一行）“飞轮道藏记”

“飞轮道藏”在十二行又称为“飞天法轮道藏”。道藏是指道教的经藏，故此碑首段概述道教经藏源流情况。“飞轮”或“飞天法轮”是道教对经藏的尊称：飞是指飞升于诸天的仙人，轮是指教法圆融的体象。飞天法轮者指：群仙道要义法体之总汇也。

“飞轮藏”在道教盛行的唐宋时代，又曾用具体实物予以象征，即今所存木制“飞轮藏”。现存于江油窦圌山云岩观的木制飞天藏，为一可以转动的八方四层阁楼。飞天藏在右侧殿内，高16米，雕有四层天宫仙阁，八面皆有道教雕像。其一方是三清五星图，另一为老子传经图，还有东华青童、九华帝女及群仙像，极为精丽。县志云：“飞天藏在窦圌山，宋淳熙八年（1181）建。”正是建于青城山飞天藏建立后之四年，殊见为一时之风尚。

道教有转经之俗约起自蜀中，木制转轮藏即转经所用之物。本碑十二一行“殿与藏于是乎成矣”是见建殿与（飞天）藏为两大事。又云（21）：“布生敬生敬心，捐财转藏，一转百转至千万转，罪业消灭。”是见俗信之人可以推转以象读经。飞轮藏中本应置有经书，但经书绝不能多置以妨运转；故虽名之曰藏，实乃象征之物，其中置经与否尚待考证。

佛教亦有与此同式之“转轮藏”，其中略置经典，今西藏尚多有之。佛陀继承婆罗门六道轮回之说演为转轮圣王，故称为转轮而不曰飞天。转轮在于祈福以希来生，其意消极神怪设教；飞轮在于（顺天之道）去业以证长寿，其义进取以顺天命，盖各有所指云云。

飞天藏，转轮藏，俗人又多与星辰车混称，星辰车仅为可以转动之灯架，实非一物。

（六行）“迄今只有五千二百余卷”；是立碑时青城道经之数。按天禧三年（1019）张君房编次道书为四千五百六十五卷。治平元年（1064）郫县道士朱知善、青城道士仇宗正所得道经为五百帙五千四百卷。宋代四川道教特盛，川中道经可能盛于中原；然多出七百余卷应是后期逐渐丰汇之事。当视作四千五百卷撰编后又一时期之数字。

郫县崇道观，宋人范镇（道藏记）碑云：

> 宋兴，祥符、天禧中始崇起其教。而王清、昭应宫、景灵宫会灵观、祥原观皆置使典领。又命其徒与诸儒裒其书，是正谬讹缮写以藏于处。而以其余赐天下宫观，以广其传。独剑南一道未遑暇焉。嘉祐初（1056），成都府郫县道士姚若谷（飞乌县人徒于郫）梓州飞乌县道士朱知善，概然欲尽洪其书而莫由得也。于是东走于凤翔府之上清太平宫，庆成军之太宁宫，又东至于亳州之太清宫、明道宫，凡得书二千余卷。……治平元年今天子即位。若谷又与其徒仇宗亚、邓自和列言于府。有诏即建隆观给官本以足其传，凡得五百帙四千五百卷。若谷、宗亚、自和、且将益其书为五本，藏于成都天庆观、郫县崇道观、青城丈人观、梓州飞乌县之洞灵观、绵州洪德观，使学者优游以求所谓清虚自然之要。治平三年（1066）记。

本碑第二十七行“太清明道两宫有经藏，阅十未一二，移江都，载籍中绝”，即指亳州之太清明道宫。亦足见本碑之立，在姚若谷往亳州取经之后，经移江都之后。是经卷之总数与亳州经藏存否皆可证碑立于治平之后矣。

（第九、十一、十二行）开首皆有“口宗皇帝”之句，惜宗字前独不显。（11）皇帝下云“制为道藏经序，以宝文统录名之，王钦若之请也”。王钦若在真宗时曾来四川为西川安抚史（公元1000年十月至公元1001年四月），广元有其题名刻石。其请真宗为序当在大中祥符搞天书封禅后，迁礼部尚书时（1008年）。1016年王钦若上新校道经赐名宝文统录，见于《通鉴长编》。则第十一行当为“真宗皇帝”。（12）行很可能是“仁宗皇帝”；（9）行则应是“太宗皇帝”。此三行的“□宗皇帝”，实关键问题也。

十五至十六行“古观在天国山中，今宫名（会庆），盖唐开元间所建耳”；唐徐大亨撰《置丈人观碑》云：“我开元神武皇帝请习二言，崇道也。……开元十八年闰六月十八日敕青城丈人山置祠室。又奉今年八月二十一日敕青城丈人山，宜令所管州县与立祠庙，其图分付道士将往建立。又奉八月二十五日敕，青城丈人庙准五岳真君庙例，抽道行道士五人焚香供养。（后残）”据此可知丈人观之初建，确在开元时，与本碑相合。置丈人观碑又云：“夫丈人山者本青城山周回二千七百里，高五千一百丈，即道家第五宝仙九室之天矣。”又云：“蜀州刺史上柱国昌平县开国侯臣励本。”又云：“倚碧岩而斜构。面绛潭而宏峙。”皆见一时盛况。

（17）“火（失）于蜀学与佛之（兴）。”此处之“蜀学”绝非指陈抟与二程之易学。其与佛并提，当指三苏之学。苏轼（东坡）生于仁宗景祐三年（1036），卒于徽宗建中靖国元年（1101）。苏东坡卒时在王拱辰（宰相）卒后十六年（王拱辰卒于1085）。苏氏蜀学兴起时正当王拱辰为南北院使、中宫太一使之晚年。显见此碑第29行“朝奉郎新差通判汉州军州事赐绯鱼袋王拱辰书”；绝非三为宋相之王拱辰（《宋史》三一八卷）。

（18）“有右街道录，主管教明”与（28）“右（左）街道录刘能真

为师焉”所言道官之位甚尊。刘能真事迹惜不能详。

《宋朝事实》卷七：“建隆初（960）于京师修建隆观。乾德五年，诏莱州道士刘若拙为左街道录。开宝五年（972）十月，又令若拙集京师道士试验。其学业至而不修饬者皆斥之。若拙蜀人，自号华盖先生。善服气养生，九十余不衰。”是见左街道录实全国道教最高之官职，青城名山，道法尊崇，以国师为师自别于其他。未知此刘道传承后继如何也。

（19）“悟真子（奉）能（为）常侍。舍富贵（尊）豢之身。野衣黄冠。栖心真洁。志慕高风。概然欲经始之。”（19）“悟真子既捐其身，又能捐其宝玉之藏。卜宫之东建一大殿，创修轮藏。”

此皆述“悟真子”建殿与藏之事。悟真子于“宫”之东，明示丈人观已称（会庆建福）官。则此悟真子在1177敕赐宫名之后，其出身于富贵之上层。若首句括符内所填之字不误，则悟真子又即刘能真之徒？惜（26）又两言“悟真子”皆未及人事迹。唯（26）“是非（则）悟真子□颡泚矣。昔蒲宗孟……”所云蒲宗孟前之“昔”字似表明此悟真子在蒲宗孟（阆中新井人）之后。蒲宗孟生于1004年，卒于1070年，则本碑所指悟真子绝非熙宁间（1068—1076年）游蜀，著《悟真篇》之张伯端（紫阳）。张紫阳于治平间（1064—1067）传马处厚《悟真篇》，其师为刘海蟾，本无“悟真子”之号。唯本碑署“王拱辰书”，又蒲宗孟又与王同时皆治平、熙宁间人，易误为与王蒲同时之张紫阳。细考此王拱辰实非为宋相者，则悟真子不致联误；由悟真子乃南宋人亦可互证王非。

依会庆建福之名及太清明道两宫经藏移于江都之年［（1）与（27）］，此悟真子很可能即南宋之苑至果。苑至果号悟真子，淳熙十三年（1186）生，1276年卒，年九十。悟真子苑至果时或曾入青城山，因有此记。唯诸书但言苑氏修炼葛洪山漆谷中，采薇而食，未及详载。苑至果既“采薇而食”当是晚年没于元军，痛国亡而效孤竹之志，亦一爱国志士也。本碑云“富贵之身”，似苑氏曾为宋官。彼既不学西来之佛而崇中国黄老之道，又何能食元蒙之粟！若所考不误，殊见华族英志之士固有其素志，祖国两千年之道学，诚有深旨焉。

（28）“焞诚有志于斯道”盖即本碑撰著者王焞之自述。王氏固亦慕道之志士，惜尚未悉其事略。（29）“永康军策管内劝（农事）王焞撰”即慕道之王焞也。

（29）“朝奉郎，新差通判汉州军州事，赐绯鱼袋，王拱辰书。”

按此王拱辰非三入相之王懿恪，今汇证之：

1.仁宗天圣八年（1030）王拱辰年十九，举进士第一，通判怀州（今金堂淮口镇），入直集贤院。王拱辰（君贶）未为“汉州通判”。君贶以少年进仕出试通判不久即入直集贤院，并无再任汉州之事，且为当时情况所不能。

2.王君贶生于大中祥符五年（1012），卒于元丰八年（1085），此期丈人观尚未有“会庆建福宫”之名。

3.本碑所指“悟真子”可能是苑至果；苑氏生于1186，卒于1276，其生之年，在王君贶死后101年；王君贶不可能书碑于死后之百余年。

4.即使“悟真子”为张紫阳（《悟真篇》之作者），张游蜀在熙宁间（1068—1076）；其时王君贶已为北院使，绝不能提名州通判。然此碑之悟真子似不可能为张紫阳。

5.（11）为真宗；则（9）“以仁德（治天下）”者，当是太宗（赵匡义。匡义不仁，故必宣扬“仁”，号曰“太宗至仁应道神功圣德文武大明广孝赵炅”。（12）则当是“仁宗”。（28）“辰翰昭著”之辰翰，当指孝宗或光宗，此二宗为太祖（匡胤）之后。王君贶官州判在仁宗天圣八年（1030），若书本碑，碑不应历述仁宗于昔时，更不能在仁宗外又有“辰翰”。

原碑文附录：

（空2）山会庆建福宫飞轮道藏记

（空4）飞轮藏所（空2）经赤（空1）海（空1）文将悉贮之（空3）石东观者也盖物离合涣散萃聚之不同以吾一耳目之视听虽贫且窭可

使杂陈于前左裕右丰修习游观无（空8）

（空3）经（空2）储（空3）王府（空1）谓（空10）山义则然也然今之所谓经者于楮于筒于笔于墨而藏则于工于木于斧于削耳道家之书与藏及宝笈云函（空5）儒（空2）

（空2）也肇自太极之（空3）象帝之先洞真十二尊经蕴在大洞玉清境藏中洞玄十二部尊经蕴在大洞太清境藏中洞神十二部尊经蕴在大洞泰清境藏中五音合庆（空4）欲（空1）龙（下空2）

（空3）玉（空2）其经非楮非筒非笔非墨之所能（空2）于空明之中是于太虚之表琼台藻宫无毁无坏不生不灭先天后天湛然自若则其藏不工不木不斧不削之（空1）能（空5）（空4）日之（空2）

（空3）以兆亿记也斯世之所（空8）至三皇时已名下音（空1）之相传万有三千余卷自秦始皇灰烬之厄其数已减至六千三百有奇矣迄今止有五千二百余卷（空3）有神（空2）（空2）归元圃者尚赖葛（空1）翁（空10）自太极授以三十六部静藏所谓九幽忏有神洞品中纂集之余耳汲冢鲁壁盖已儒书不幸中之幸秦焉能火天书云篆也耶（空5）国家自（下空不详）

仁宗以来以仁德（空3）万机之暇（下空不详）（空1）道家之书（下空不详）

（仁）宗皇帝制为道藏经序以宝文统录名之盖王钦若之请也（下空不详）

（空1）宗皇帝于（空2）中有玉虚殿亦自制飞天法轮道藏经序（空1）元始于始青之天垂一宝珠大如黍小于珠其中容受十方演说妙法盖（下空不详）

（空7）者之所（空1）藏耶道经始于三洞藏列于三清则盖有自来矣夫大道无名杳杳冥冥理而为气则为阴阳列而为形则为天地一二三四则数矣山岳海河则蒙矣君臣父子仁义（空5）今矣然贤愚邪正喜怒哀乐以识名色堕在生死海中皮毛函革飞走蹄（空1）扰扰万绪起遂于金台所以酬（空1）赤文所以漏秘垂教垂化度生死海生天人间而经生焉藏以藏经

名曰

（空4）涉于象数（空2）真之君子是有为之功德也若蜀名山洞府青城为最今龙宫山后石室（空3）幽遂宁真君故隐也昔黄帝师焉帝后拜真君为五岳大人古观在天国山中今宫名（空1）

（空2）（唐）（空1）开元间（空10）真君于龙（空1）劫应（空1）三谛说洞真十二尊经于赤明劫应（空1）可以说洞元十二尊经于上皇劫应在泰清说洞神十二真经（空1）现人间圣迹昭著于其地

（空2）道藏之（空6）论源流张本当自真君（空3）始传（空1）之石室其火起于蜀学兴佛之（空1）舍飞舍（空1）塔中则明州阿育王院是其故实在处建塔今犹未已也岂真君故隐道藏之所（空1）

似化出象数千（空1）未有一人讲明其事而创建经（藏）得非坠典也哉于是有右街道录主管教明（然）（空1）悟真子来自（中）常侍舍富贵（空1）豢之身野衣黄冠栖心贞洁志慕高风慨然欲经始之（空3）

（空1）五（圣）（空3）无难色夫逊道之基莫大于舍所（空2）可以（空3）蹈水赴火（空2）一（空1）一粒其事（空2）躯天下皆（空1）也（空1）而悟真子既捐其身又能捐其宝玉之藏卜宫之东建一大殿创修轮藏

（空3）不以移原心（空5）苦悲（空1）一土一木一工一斧（空3）之又未尝有（空1）色（空4）七尺（空1）宫（德）（空5）心负米而至负石负材米而至负金帛负楮币而至牙签玉轴（空1）有（空1）（空2）而至（乎）殿与藏于是乎成矣万（空1）鳞（聘）法苑尊严（空4）金形开（空1）龙虎卫护神丁壮士（空3）（停）元（空2）闻字字（空1）（布）生敬心人捐财转（藏）一转百转至千万转罪业消灭功（空3）宫以

（空3）而（空6）色则其（空1）中必有（空9）耳夫能为人之所（空1）能若出于天（空1）者如此当有（空5）期至诚上通天我不负宁知月露凄清林壑晴倩无（空4）（饮）以

（空3）兴（空1）翻霄汉间耶大（空1）道藏之经其（空5）录

（空2）医卜方技（空3）（说矣不愿）载（空3）归以黄帝老子（空2）昔老子将出关尹喜强之著道德上下篇五千言尝观（空3）以存神（空1）气清静（无）为为宗有谷神章有载营魄章有视（空6）有无为章是（空8）以观其妙常有欲以观其微与夫有之以为利无之以为利无之以为用及有物混成先天地生寂兮廖兮独

立而不改周录而不殆（空6）气清（空10）（卷）（空6）道旁所谓（空1）近上德皇（空5）知乃昔之柱下史哉（空1）庸知即真君也耶学者论黄老（空3）人道家（空15）者存神（空19）悟真子然为众飞轮较擅施之厚薄而竞起是非则悟真子（空1）颡泚矣昔蒲宗孟（空4）（五）（空1）颂（空13）陈（空1）元借（空4）以（空19）清明道两宫各有经藏阅十未一二移江都载籍中绝焞诚所有志于（斯道）（空2）（敢）与论（空13）辰翰昭著并令（空3）辰翰昭著并令（空4）街都道录刘能真为师焉职位则（下空不详）（空25）永康军兼管内劝（空2）王（空1）（焞）（空1）撰朝奉郎新差通判汉州军州事赐绯鱼袋王（空1）拱辰（空1）书（空5）住山（空2）仙元（空2）立石

说明：此碑原系繁体字竖刻，为排印之便，改为简化字横排。原碑一行，现为一段；缺字者在括号中注明空额数字，括号中填字则为王家祐先生所补。

（原载《成都文物》1991年第2期）

蜀中八仙考[①]

绵阳西山观，古名仙云观，始建年代无考，今存殿宇三重，为清道光十五年（1835）重建。仙云观附近古迹甚多，扬雄读书处，尚有子云亭、洗墨池。山岩上有隋大业六年（610）、十年（614），唐武德二年（619）的道教摩崖造像。有宋代石雕的扬子云真像，宋淳熙十四年（1187）《仙云观游记》、玉女泉道教造像等。

仙云观的“蜀八仙殿”，是纪念蜀中八仙之一的尔朱先生的。蜀中八仙史有异说，笔者略作考证。

蜀八仙之说早见于晋。谯秀在《蜀记》中载：“容成公，李耳，董仲舒，张道陵，严君平，李八百，范长生，尔朱，为蜀之八仙”。宋李昉等编的《太平广记》中记述了五代时期，西蜀有位叫张素卿的道士画了一幅蜀八仙图，其八人与上述八人大同小异，他们是李已、容成、董仲舒、张道陵、严君平、李八百、范长寿、葛永瓒。

1.容成公，上古黄帝之臣（又说为黄帝师，老子师）。尝栖太姥山炼药，后居崆峒山。年二百岁，善补导之术（道家的双修密法），守身养精炁，发白复黑，牙齿掉了又重新长了出来，传说他最先创建了律

① 本文由王家祐、任启臻合著。

历，其著作有《容成阴道》二十六卷，但未见传世。他与蜀的关系可查的有下列几处：①居崆峒山，查崆峒山有多处，其一在四川平武县境内，山谷深险，直接番界。②居青城山。谯秀《蜀记》说“容成分隐于鸿濛”，鸿濛即今之青城山。③《列仙传》云容成为“老子师也”，老子居蜀，其师焉能不居蜀？因此，容成公列入蜀仙。

2.李八百，查李八百者有三人。①为周朝蜀人，传说他历夏自周活了八百岁，又说他一动能行八百里。《神仙传》中，葛洪写他为了考验汉中唐公昉求道是否心诚，故意使唐及一妻三妾为他舔恶疮毒脓，后授以度世之诀及丹经一卷，唐公昉终于入云台山中合丹，丹成登仙而去。②李八百是李脱。《晋书》中记：“时有道士李脱者，自言八百岁，故号‘李八百’。”③李八百为李阿。《抱朴子》：“蜀有李阿者，穴居不食，号曰‘八百翁’。”葛洪《神仙传》：“李阿者，蜀人也。蜀人传世见之，不老如故，常乞于成都市，而所得随复以拯贫穷者。”李阿为“后汉蜀人”。李八百曾与其妹李真多修炼于三学山，即二十四化（治）的真多化。

3.李耳，即老子。老子有三种说法（见周生春《白话老子》）：①老子是老聃，楚若县（今河南省鹿邑县东）厉乡曲仁里人，做过周朝的守藏室之史，退隐后著书五千字。②老子是战国人李耳，著《老子》。③老子是周太史儋，战国中期人。不管老子有几种说法，但老子被道教捧为始祖这一点是公认的。《神仙传》中说：“老子者，母怀之七十二年乃生，生时剖母腋而出，生而白首，故谓之老子。”又云：老子“生而能言”，指李树曰“此为我姓”，故姓李。唐李亢《独异志》记：“老君耳长七尺”，故名李耳。李耳曾为孔子师，刘向《列仙传》记：“仲尼至周见老子，知其圣人，乃师之。后周德衰，乃乘青牛车去，入大秦过西关。”传说老子降生于成都青羊宫（唐以前称青羊观），故老子被列入蜀八仙。八仙中的老子是被神“化”了的李耳。

4.张道陵，一名张陵，东汉沛国（今江苏丰县）人，留侯张良的第八世孙，永平时拜江州（今重庆）令，章、和年间征为太傅，官至三公之上，而他却“三诏不就”，浪迹江湖，远离官场到江西贵溪县龙虎山筑炉炼丹，修炼道成。汉顺帝时至河洛入蜀，在四川大邑县境内的鹄鸣山（又称鹤鸣山）结茅修炼。永和六年作道书二十四篇，自称“太清玄元”，创立道派，凡入道者纳米五斗，故称“五斗米道”。建立二十四治（教区），教人悔过奉道，用符水咒法治病。《蜀记》中说他“避病虐于丘社之中，得咒鬼之术书为之，遂解使鬼法”。传四川青城山鬼蜮甚众，他率弟子降伏群魔，后人于山之巨石上刻“降魔”二字以记。又传张道陵为蜀人驱病降妖，开山筑路，感动了太上老君，老君亲临鹄鸣山授于三洞众经，雌雄二剑，都功印一枚，赐名“天师”，后人便称他为“张天师”，青城山亦建“天师洞”道场以纪念。关于张道陵在四川驱鬼神、祛瘟疫的传说甚多，不一而举。

5.严君平，本名庄君平，又称蜀庄，因避明帝刘庄讳而改姓严，又名严遵。四川绵竹人，汉代道学家、思想家，知天文，识星象。常卜筮于成都市，每天占卜几人得百许文钱够基本生活就行了，然后关门落帘读《老子》，其著作有《老子指归》《道德指归论》等。西汉著名文学家、哲学家扬雄曾拜他为师。严君平无心仕途，当时益州牧想请他做官，被他婉言谢绝，终生不第，九十而卒。后人于武都山建“严仙观”、凿“君平池”纪念他，成都亦曾有“严贞观”，郫县郫筒镇西北15公里路的横山南头顶上有严君平墓，唐代诗人罗隐书的“严君平墓碑”，残碑至今尚存。唐代李白、岑参都写有咏赞严君平的诗传世。李白《古诗》:“君平既弃世，世亦弃君平。观变贫太易，探元化群生。寂莫缀道语，空帘闲幽情。……海客去已久，谁人测沉冥。”岑参《严君平卜肆》诗云:“君平曾卖卜，卜肆荒已久。至今杖头钱，时时地上有。不知支机石，还在人间否?”严君平生于四川，卒于四川，列为蜀八仙当之无愧。

6.范长生，一名延九，又名重九、字元。涪陵丹兴（今黔江）人，十六国时成汉道士。后居青城山为当地天师道道首，时拥有部曲千余家，颇有势力。范长生博学多艺，精晓天文术数。传说他从后汉到西

晋活了一百三十多岁，人称“范长生”。刘备曾请他去做官，他执意不去，只好封他个“逍遥公”，并在青城山为他建造了“长生官”（长生观），供其修真养性。南宋诗人陆游有《长生观观月》诗云：“碧天万里月正中，清夜珥节长生宫。”明代杨升庵也有诗赞曰：“天谷隐者范长生，风御冷然独整缨。避世已高巢父节，让王还被务光名。”“让王”之事见《晋书·李雄传》：西晋时，巴氐族人李特、李雄率流民起义，范长生曾助以粮食物资，使义军迅速占领成都，据有益州。李氏为答谢范长生，以其有名有德为蜀民敬重，“欲迎以为君而臣之，长生固辞”。李雄于成都称帝，国号大成，“乃拜（范长生）为相，尊为范贤，号为天地太师”，并封西山侯。范长生辅佐李雄大成国奉行道家“清静无为，与民生息”的政策，使巴蜀一度出现了一个政局稳定、民生富足的局面，故蜀民奉范长生为神明。李雄还在灌县离堆为他建造了“范贤馆”，即今伏龙观旧址。范长生也有著作面世，如《易注》《道德经解》等。

7.董仲舒，西汉唯心主义哲学家，今文经学大师，广川（今河北景县董故庄）人，景帝时为博士，武帝时任江都县等职。董仲舒人们都很熟识，不必细叙。但从手边资料查看，实在查不出他何以被谯秀拉来作了蜀中八仙？董仲舒是否为董仲君之误传？董仲君曾于青城山隐居，完全有可能被列为蜀八仙。晋葛洪《神仙传》卷七道：“董仲君者，临淮（今江苏泗洪或盱眙）人也，服炁炼形，二百余岁不老。曾被诬系狱，乃佯死，须臾虫出，狱吏乃舁出之，忽失所在。”看来此君颇有道法，能隐形破墙而出。另还有二位董仲，亦可冠以“君”（先生）字称为董仲君。《神仙传》卷六李少君款提到的董仲君，汉武帝时任议郎，为人刚直，博学五经，然不达道术，常耻笑别人服药学道，不久大病数月不愈，才把仙道李少君送来的药服食，仅服一半便大病全无，再服一半，“气力如三十岁时”，于是始信仙术，弃官从道，白发转黑，形容甚盛，活了八十余岁，还劝儿子道生学道，后道生寻得秘方，活了三百多岁。另一董仲是后汉千乘（今山东高青县东南）人，有名的孝子董永之子。

董永卖身葬妇感动了玉皇大帝的七仙女，下凡以身相许，才生下这位董仲君。传他“数书符镇怪，尝游京山之潼泉，以其山多虺毒，书二符镇之，其害遂绝”。今四川三台县新德乡有董永墓、董仲坝、董仙桥。既然董仲君曾隐居四川青城，又通晓道术，将他列入蜀八仙更为合宜。

8.最后一位是尔朱仙。尔朱为复姓，其先祖为契丹胡人部落，世居尔朱川，因以为姓。考尔朱仙似有二人：一是谯秀所指的尔朱，当在晋以前，目前笔者无从稽考。二是唐末五代时孟蜀的尔朱，名洞，字通微，号归元子。传尔朱洞为北魏大将尔朱羽健之后，尔朱荣之族弟。此人曾遇异人得道，落魄于成都市，经常拣白石子往水里扔，弄得市民莫名其妙。后又卖丹药于市，每粒要钱十二万，太守很想买，尔朱洞说：“太守金多，非百二十万不卖。”这一下惹怒了太守，命人将他装进竹笼子里，投入岷江。大约他经宜宾入长江，在重庆始逆水而上，过合川漂至涪江上游，在绵州河边被姓石的渔人救捞起来时，他蜷伏在竹笼里睡得正香哩，后来便在绵州西山修道。此一说见台湾高大鹏先生之《神仙传》。另一说他沿岷江流入了长江，完成史无前例的长江第一漂，直漂到巫溪县大宁镇为渔人所救。故大宁“有巨石如钟，下有三足，烟火之迹宛然，父老以为尔朱丹炉”。(见《方舆胜览》)尔朱仙在绵州西山修道时曾于佛教圣地西域梵都“大漠”朝拜，得佛教真经，将释道合为一体。仙云观至今有一石联可证：

金阙仙朝大莫京亦尊莫偶；

玉阶云捧雨而化实一而神。

其中暗含“仙云”二字。仙为尔朱仙，云即扬子云，西汉文学家，曾来绵州西山读书，至今有扬雄读书台、扬子云真像、洗墨池等名胜，距仙云观仅一箭之地。

蜀八仙殿前还有几幅石刻楹联可为释道合一之佐：

道气在冲虚，老子长生非采药；（道）

禅机原活泼，如来不语但拈花。（释）

若以象求，诸天尽在凭人拜；（道）

何须狮吼，如来不语但拈花。（释）

鹫岭巍峨，万字祥光辉绝顶；（释）

仙云飘渺，九天瑞色霭奇峰。（道）

距仙云观不远处有玉女泉，泉水清冽甘甜、终年不断，泉旁有隋大业六年（610）道教摩崖造像，传为尔朱仙炼丹时汲水之处。明代工部政使金深有诗《仙云观题留》刻于石上：

载酒西崖访尔朱，玉泉翠壁泄跏趺。

江城入眺渺环堞，蕙帐扫迹空丹炉。

从以上所考，蜀八仙始说于晋，宋至明乃定型。

（原载《四川文物》1991年第5期）

李冰为蜀王后裔说

“李家道”的许多神仙皆以“李”为姓，是四川秦汉道教或方士的特色。早于张家道流行于巴蜀的“李家道”实际上就是原巴蜀人民所崇奉的“五斗米巫”。张陵改造五斗米巫为正一道（后称“天师道”）是“黄老之学”与西南米巫的融合。在族系上张氏是中原汉族（三晋之巫亦为楚王室之巫），米巫则是四川土著（原巴蜀）之民。两汉时四川民人还是以土著为主，原巴蜀民逐渐汉化后（直至唐宋尚具川民特点）方为“四川汉族”。张陵开盐井制十二女巫的地方叫“陵州”。此“陵”字与“嘉陵”（嘉良夷、犵狫）相同。反思之“张陵”是否指山谷獠居之张獠？为张道陵而非中原张陵？今所传“张天师像”，虬髯、瞳方碧、高鼻皆与“老子”像同。继承李家道之张道陵似南人老聃（李耳？），而异于“貌若好女”的张良。张良在陕南留坝山中与赤松子（赤诵）游已固有其渊源。其子孙迁居于蜀者：彭山县张纲，张天师叔祖张辟疆葬于乐山市，两人所居皆在“獠”区，或其母系（妻族）本巴蜀土著？或此张姓本与蜀中李姓同，乃巴蜀民所改之汉姓（且从母姓）而非中原汉族的“李氏”与“张氏”？《老子》五千文之作者，司马迁已说不清楚。“老子”应姓“老”（若仅以年老称之，则诸子多可因年老称老子，有人以彭祖、巫咸为老子也不错），又何来“李耳”（狸

耳乃虎也）。宋墓葬中的道教真文中，多刻写“李定度，张坚固”为主证神。此两人名乃言“定〔度〕（尺度、程度）”李神；坚固不败张神；乃虚拟神仙证人而具早期道教“度”与“固”的方士巫术。也传出早期李家道、张家道出于巴蜀开明虎族的阴阳与五方（五行）观念，尚赤崇火的巫法。最能代表李家道的是成汉李氏（302—347），他们的族系是“巴氐”，是“賨人”。四川雅安有汉“賨侯之赆”铜印出土，四川重庆冬笋坝有“中人”战国小印出土。“中人”与中原的“中山国”文化似有一定渊源。賨人是虎族，由楚地“溯江而上”的鳖灵以“开明”兽（虎）名其国，亦为虎族。犍为郡治武阳，“王桥升其北山（张陵北平治），彭祖家彭蒙（张陵彭亡治改平模治平盖治），白虎仁于广德，宝鼎见于江溉。……特多大姓，有七杨（巴扬）五李，诸姓十二”。四川李张两家神仙（巴蜀巫师）之事当于古巴蜀居民（道民、种民）中索之。

四川岩墓实四川土著之葬，与中原及他区岩葬有别而具巴蜀特色。建筑之中心柱，堂室石棺皆具特色。①岩墓石壁题刻汉字姓名的一墓多姓现象并非异族同葬。实为同族系改汉姓的命名译写。或母系改父氏时的从母姓题写。见于乐山市麻浩老虎弯的大岩墓多姓例子。又下及于安岳石羊场毗卢洞后侧岩上，小圆光内修真女造像多巴志的五姓、七姓（这也是柳本尊密教“道教”巫化的民族根源）。②岩墓中“虎”为特色。不单是道教“龙虎”“鸟人”溯源于西南夷巴蜀之民。以岩墓集中为特点的“郪王城”（今三台郪江）亦来自“邽王”，广汉高宗寺出土“乾阳邽印”（铜，东汉？）。邽王双土崇阴（妻女姓）也是西周（姬姓来自狄或氐）昭穆（龙虎、龙凤、虎凤）同源。③岩墓中的佛像，金翅鸟含蛇，共命鸟石雕，摇钱树座上的佛像（彭山），树身所铸佛像（绵阳），皆说明张陵创正一教时，佛教已流行四川。张陵创“微”经的鹄鸣山坡上的云雾山即传为“白马传经”初入华之处（见明杨慎碑文）。

巴賨即“白虎复夷”，即“板楯蛮”。板楯即“彭排”（木楯牌、且画虎）。彭人（虎巴、鹏人）所持御敌之楯排为虎巴道民称号。巴东黄衣道士之变虎本巴巫装神之术。老子实即彭祖（商周史传格言编为《丹书》即《老子》）。乃虎族人，故称“李耳”。张陵所新出的《微经》亦西土八国“微、卢、彭、濮”之“夷经”。

李冰为蜀守约在公元前276年，此之前蜀守为张若。都江堰最早的规划建设当在李冰为蜀守时，而全面工程的完成或已及于秦始皇帝。

《风俗通义》云：“秦昭王伐蜀，令李冰为守。”（引自吴树平《风俗通义校释》，天津人民出版社1980年版，第448页）《北堂书钞》卷一五六引作：“秦昭王得田广之议，伐蜀郡。平之后，命李冰为守。”同书卷七四引作：“秦昭听田贵之议，以李冰为蜀守。”《太平御览》卷二六二引作：“使李冰为蜀郡太守。”云：令，使，命，以，皆不作李冰郡望。或又引写为“遣”，似由陕西派来。但由中央来，未必非四川人。都江堰新索桥下出土的公元168年（后汉灵帝初年）雕造李冰石像乃正式题刻为：“蜀郡，李府君。”此处“蜀郡”乃标其郡望籍贯；非言蜀郡太守李太守。立在都江堰的太守像当然是众所周知的领导“李府君”；当然是本郡（蜀郡）太守。如今日所称“省长”“某省长”“某司令员”，本地人必不再加本地名。故石像上特标题“蜀郡”乃著“李府君”之籍贯乡郡。不是汉人不知李太守是“蜀郡守”而必须说明修建此堰“镇水万世”的李府君是“四川省长”，李冰是“四川李冰”。

《史记·河渠书》云：“于蜀，蜀守冰，凿离碓，辟沫水之害。”冰非中原人，不知其姓氏，若中原人，未有不记其姓氏之例。后汉班固（32—92）的《后汉书·沟洫志》抄《史记》之文，但改“蜀守冰”为“蜀守李冰”，特著其姓为“李”。班固未能见及蜀人扬雄（前53—18）。亦未能见所传《蜀王本纪》（此书实为蜀汉时谯周所作）。当闻之于蜀人何武等。晚于班固的《桂阳太守周憬功勋铭》是熹平三年（174）立于广东英德县张九节庙中。碑文辞云“感蜀守冰殄绝犁魋……”亦不知其姓。在中朝班固著书已得其姓后又82年，广东边区尚不能列其姓。所用“犁魋”二字，非仅述其穿岩通水，凿平险滩；亦兼有“牛鬼鸟巫”之敌族贬义词。秦灭巴蜀又利用四川民族内部矛盾取

得安定。在三封蜀侯后，且以蜀王后裔为蜀守。

李冰是蜀王后裔，蜀中李姓仙道“君师”。

（一）《史记》与《桂阳太守周憬碑》皆无法记其姓氏。冰乃边区少数民族，蜀人。道教神仙传说以李冰为川东鱼凫人，乃本蜀中李家道之记载，不可否定。建宁元年（168）李冰石像题刻“故蜀郡李府君讳冰”；乃著其郡望，非言本省李太守而不知是蜀郡首长。五代蜀王封李冰为太安王在青城后山，亦与道仕李珏并崇为神仙。陆游谒“英惠王像”（公元1174年），歌颂李冰为“神君”。《神君歌》云：“飞龙驾车不用马，河前殿后皆鬼神。考录魑魅，约束蛟螭（古蜀鱼凫族）。后车百辆载美人，金尊翠杓溢芳醇。”此处的李神君是楚蜀《九歌》中的神仙，是有血有肉美人醇酒的“神君欢乐千万春”。也是龙虎正一“天师”（巫）道。青城为容成、素女所处，“天谷中心”，正是蜀中“李家道”改“张家道”，因名蜀中“老君”为“牢（老）张上”，即“李耳”（虎）之渊源。四川奉李冰为“川主”，神像额上有一竖目，或源自蜀人“纵目”（出于羌系的藏人亦多嵌竖眼）。今所谓“二郎神”，初为“氐羌猎神”杨戬。后为“李二郎”（唐）。宋为“赵昱”。杨戬，灵官，华光等神皆“三眼”。古蜀人纵目或“连眉间一目”是额饰的习俗特征。

（二）《华阳国志》记李冰事

①冰能知天文、地理，谓汶山为天彭门。

蜀中李家道之君师（米巫谓之祭酒），所掌蜀族蜀地之天文、地理。中国幅员广大，各地（诸部、诸国）所见天象不同（经纬之差异）。吕子方教授《天数在蜀》对蜀人天文学家如：苌弘、落下闳、扬雄、谯周等人做了探讨论述。又在《五天廷》文中研讨了四川古蜀国的“天市天廷”。（两文皆见《吕子方中国科技史论文集》，四川人民出版社1984年版）。汶山（岷山，即招摇之山）为“天彭门”，是指蜀山人以招摇至箕尾这地上之山（地门）上应天象为“天彭门”。天彭门是蜀人魂归天上之所经关口（如彝族《送魂经》所指归于祖宗来处之祖山）。今本《蜀王本纪》（《汉唐地理书钞》374页）云："李冰以秦时为蜀守。谓汶山为天彭阙，号曰天彭门。云亡者悉过其中。鬼神精灵（原作神）数见。"此云亡者当指鬼魂。又或指自荆地逃出囚牢的鳖灵族人。人过地上"天阙"（地上两崖相对之阙），即升于西陵岷山。魂归天上天门。皆以"彭"称之，彭即"巴"，即虎图腾族之开明门。东汉画像砖上多有双阙图，不是皆"二千石"官阶之制。实源自蜀人魂归天门，祖宗曾历天谷崖阙的传统民俗。

李冰所知之天文为蜀"天市天廷"的星象。李冰所知之地理为四川诸复杂河渠水道。李冰实继承汶山夏禹部治理水利，治水亦"理"水，故用"理"为姓，从其母系"崇伯鲧"姓。

②李冰治理水道多处。修建都江堰以成西川"天府之国"。"开稻田"，水旱从人，不知饥馑。此种水利的"地理"绝非外来他乡人能熟悉者，唯西陵蜀山氏家族能有此传承。

③李冰至湔氐县，见两山对如阙，因号天彭（堋、鹏、即雕鸟瞿魋）阙。仿佛若见神。遂从水上立祀三所，祭用三牲，珪璧沉渍。此立祀三所或即"天师道"的"三官"（天、地、水、三官，一说为唐尧、虞舜、夏禹）。又记李冰于"玉女房"下白沙邮作三石人，立三水中。"与江神要：水竭不至足，盛不没肩。"能与江神（奇相）要盟的李冰，当是蜀山族的巫师（天师道的君师）。又传说李冰化牛斗都江江神；操刀入水与溷崖（今乐山市枭石堂溪口）水神斗，皆见冰非凡人，乃蜀之巫师、君师。

④凿离堆、溷崖、蜀王兵栏险滩等皆与已故蜀王"鱼复""杜宇"遗部（鬼神）相斗。化牛，作"石犀"，皆巴蜀里君所用作耕田与运输的青牛神化。此非蜀地君师（鬼主、政教合一的酋王）不能如此的行道施法用术。石犀石牛、石镜（石鼓），大石列石皆蜀中风物。

⑤李冰识齐（剂）水脉。更是专门独到的知识与技术。"剂水"即盐卤水，伏流地下而能"识"又能开发。非蜀族长者君师不能办。李冰、张陵皆服盐神、开盐井。任乃强老师《说盐》及《蜀志注》一九

《齐水脉》考论详精，兹不掠美（见《华阳国志校补图注》，上海古籍出版社1987年版）。夏禹娶于涂山应在今重庆市南岸之涂山，今涂山为“老君洞”，此老君遗迹亦当与成都青羊宫同，为五方五老君之火老君。今忠县盐井有㽉井涂井，四川盐卤开发既早又极具经济（文化之基础）价值。

⑥李冰立三神祠于“玉女房”下。乃蜀中米巫特有之道术。即青城容成之道。广都素女所出。亦张陵所传正一《玄素》或“黄赤”之道。金童捧剑；玉女执印，本有龙虎大丹之义。所云“玉女房”乃指“神仙洞府”，“洞房”。实为四川巴蜀人所凿之崖墓（始于后汉）。晋人仅知崖墓为神仙洞府，魂寄之窟，不知其为道教“种民”族葬之所。《录异记》卷六所记诸洞皆神仙窟宅。新都县南麻姑洞即道教阳平治。陵州焰阳洞，因张天师于州开盐井命名。简阳逍遥洞有汉安元年（142）“会仙友”刻字。《蜀中广记》广元县云：“（龙门山）山东南有五女山。山上有石穴，中若房宇，有玉女八人不出。”前两处皆崖墓，后两洞或为山洞。

（三）李冰归魂天彭葬在四川什邡县。

古人重乡土，死必归根埋骨于祖墓。蜀人魂归“天彭阙”图像见于汉砖。任乃强老师论李冰墓云：“（李冰墓）在阳平化，在汉州西山，雒水上游。秦以前为〔緜虎〕分布地（蜀王最先建国地区）。至秦世皆已接受中原文化。李冰很可能是此间居住之氐族人。”（《华阳国志校补图注》第132页）明代曹学佺《蜀中广记》卷九（重庆出版社1984年本第139页）云：“治北六十里高境关，关外即章洛山，亦曰章山。……古老传云：符坚有子避难，死于洛通山。（按：苻坚为甘肃天水“氐”族。其子亦逃于氐羌居住区。）古碑云：江水出高境关〔大郎庙〕前（李冰庙）。章山后崖有大冢。碑云‘秦李冰葬所’。”按《开山记》云：什邡公墓化有升仙台，为李冰飞升处。《古蜀记》谓：李冰功配夏后，升仙在后成化，葬衣冠于章山冢中。清代李元《蜀水经》卷十一云：“江水出高境关大郎庙前始放大分为十水。……大姓杨氏（仇池氐族之大姓为杨，二郎杨戬为氐族猎神）。有风洞，即之气冷；有火洞，即之气热。后崖大冢，云是李冰葬所。”李冰葬洛通山，是还骨祖族墓地，是氐羌系的古巴蜀族。《山海经·大荒西经》记：女娲、西王母、巫咸、巫彭、嫦娥……等诸女子（母系考妣），又记夏后开（启）、夏桀等族人及“氐人之国”。更说明“氐人之国”有掌火之官“祝融”；有鸀鸟（《海内西经》名树鸟，即蜀鸟雕隼也）；有鱼妇（即鱼复、鱼凫）。《大戴礼记·帝系篇》：“老童产重黎及吴回。”《史记·楚世家》：“吴回复居火正，为祝融。”老童之子吴回为火官，一名黎，为高辛氏火正，号为祝融。（见袁珂《山海经校注》卷十一第412页注二）这正好透出“老童”之后黎为李姓渊源。氐人国乃“炎帝之孙灵恝”所生；是“能上下于天”的巫师（君师）。此经所言地区在夏禹母族“崇伯鲧”所居的“蜀山”（钟山、章山、昆仑墟的茂汶山谷）。“成汤代夏桀于章山”即“桀代岷山”取琬、琰二女之岷汶山。故此经包括今茂汶及什邡、绵竹山区。《樊敏碑》云“宾近圣禹，饮汶茹邡”，亦此区（《大荒西经》）也。《大荒北经》又记：章山有苗民，苗民“厘”姓。又记章尾山“烛龙”神“人面蛇身而赤，直目正乘”。此章山“龙族”与额上一目也正是氐人，蜀纵目人“五龙氏”同族。“禹所积石山”后有“儋耳之国”（人面鸟身）；有“牛黎之国”乃儋耳鸟人之子。此经有山名曰“成都载天”当指成都附近的章山、钟山（崇山），李冰葬于章山，实与汶山“西僰”（番）禹族，及蜀族老童、黎、厘“氐羌乞姓”的“和夷”有关。《云笈七签》卷二十八云：“（公慕治）在汉州什邡县，去治一百里。昔苏子于此山学道得仙。一名北逢仙山，南有石坎，北有悬流水。治应觜宿，病人发之，治王七十年。”此云于此山学道的苏子，未知何人。西周时西汉水上游之北有“褒国”（褒姒）；水南有苏国（实即蜀国）。若此“苏子”乃“蜀王子”，则李冰于此礼斗之说，当与蜀王后裔有关。秦灭蜀时（公元前329年），蜀王统军于今彭山县覆灭，蜀王子自成都退入今彭县白鹿山中，什邡章山正其境域。自今什邡县出北门，经兴隆场（12里）、灵杰场（又20里），至永兴场（又20里），共52里。

永兴场（一名李家碾）一村的三圣寺传为“雒水古城”的大堂。由此前行10里即高景关（章洛山）。永兴场前行5里山足下即传说李冰墓所在的“公墓治”（一名湔氐村）。李冰于公元前276年接替张若为蜀守，秦灭巴蜀约55年，蜀中多乱。自用蜀人守蜀，政治统一，经济发展，基础农田水利大好，李冰功业不朽。什邡县洛水乡朱家桥村李冰祠的李冰石像已不存在。仅有原来三重殿的台基。现存“山门”是石柱石壁歇山式建筑。门额上有：清光绪辛巳（1881），僧会如缘立“古后城治”题刻。此面临雒水，背依雄峰之李冰祠是他青山绿水埋忠魂之处，也是其祖族居地，绝非偶然。

在什邡县洛水乡城治庙后有李冰“礼斗峰”。相传李冰曾“礼（中）斗”于此峰。宋人在此刻“礼斗峰”三字（今蚀“礼”字）。字为宋朝初年李公受题。李公受自称是李冰后裔，曾任遂州（今遂宁市）知州。重视水利，专诚来此扫墓并刻题“礼斗峰”三字。“礼斗”是道教修炼及禳灾的一种法事（诸葛亮设“七星灯”的故事即此）。《道藏》中有《北斗本命延寿灯仪》等多种拜斗仪法。《灵宝无量度人上品妙经》卷三三《五方正气品》:“东斗执节，西斗捧符，北斗宣令，南斗定书，中斗大魁，开天立图。”卷四四《洞神禳灾品》:“东斗校录，西斗摄灵，北斗禳解，改易灾名，南斗降祥，赤书护身，中斗注寿，大福总灵。”天师正一道名“五斗”或因此。黄帝娶于西陵氏（蜀山氏）雷祖，生昌意。昌意降居若水（四川），生颛顼。颛顼生鲧，鲧生禹（此用父系写女系，仅能略示系属）。四川“蜀”人中有黄帝氏系，故多云“禹生于西羌”。巴蜀民之“五斗米教”与“拜北斗”远可溯自黄帝。黄帝母见大电绕北斗枢星，感而怀孕，生黄帝于寿邱（《史记》）。附宝见大电光绕北斗权星，感而生黄帝于青邱（《河图稽命野》）。“黄帝以雷精起”（《河图帝纪通》）。雷泽中有雷神；雷泽又是华胥生伏羲之处，则华胥、黄帝、崇夏一系，为“华夏”之来源。

什邡礼斗峰侧有“升仙台”，传为李冰升仙处。宋熙宁《大安王庙碑记》与明万历《大安王庙记》均云:“至后城门，遇羽人谓冰曰:‘公之德入于民深，名著天府久矣，上帝有诏，命予来迎’。遂夹之飞升而去。”今升仙台三字仅存“仙”字。李冰升仙不仅是民间传说，实在是蜀人信仰。蜀人以人死后，亡魂归于天彭门，亦曰升仙。成都古有升仙水，水上有升仙桥；鱼凫王与张伯子皆在此水侧升仙。宋朝改唐之李二郎为赵二郎赵昱斩蛟。又改赵玄朗、赵公明为神。但赵昱与其兄赵冕仍隐居青城山，并定其师为李珏（二王为名，蜀王李家道为姓）。李冰在蜀为公元前276年，时当中年。至上郡守（不知姓氏）××冰时秦王政二年（前245），时已由中年到老年，或死于上郡。内蒙古准格尔旗所出土的秦始皇二年“上郡守冰造”青铜戈上的“冰”很可能就是蜀守冰。

综观以上引述，李冰是蜀王开明氏（鳖灵建国，来自楚）五斗米巫师（类似民族知识分子），蜀中“李家道”的神仙人物，秦改蜀侯为蜀郡守后任用的蜀人。故其归魂葬所在今什邡县。张陵承继改革“五斗米巫”建立正一道，中央教区设在彭县山中。并划“公慕治”为二十四教区之一。二十四治皆以蜀中獠民为道教“种民”。李冰归葬地亦其祖蜀人“种民”所居。李冰当为蜀人。

（原载《成都文物》1992年第2期）

黄庭碧简　琅嬛奇姝[①]

——胡愔及其《黄庭内景五脏六腑补泻图》

在世界文化史研究中，中国道教以重视人的生命价值并对人类养生保健事业做出卓越贡献而著称。鲜为人知的是，在道教炼养体系的形成、发展过程中，妇女（道姑、坤道）也做出了杰出的贡献。唐代女道士胡愔及其名著《黄庭内景五脏六腑补泻图》（以下简称《补泻图》）便是其中杰出代表。

一

胡愔，号太白山见素子。其生平无考，仅见于《补泻图》自序："愔夙性不敏，幼慕玄门，炼志无为，栖心淡泊。览《黄庭》之妙理，穷碧简之遗文，焦心研精。屡更岁月。"以此得知，胡愔为自幼皈依崇信道教，并具长期宗教炼养实践的女道士。同时，她本人的修炼以《黄庭经》为主，并在此基础上对《黄庭经》修炼系统进行了深入的研究。《补泻图》便是这一长期系统研究的结果。

① 本文由王家祐、郝勤合著。

《补泻图》作于唐宣宗李忱大中二年（848）。《唐书·艺文志》录“女子胡愔《黄庭内景图》一卷”，当即此书。《崇文总目·医书类》载“《黄庭内景五脏六腑图》卷，女子胡愔撰”。同书道书类又有“《黄庭内景图》一一卷”，金锡鬯注云：“《唐志》《通志》并作胡愔撰。考医书类三有《黄庭内景五脏六腑图》一卷，亦胡愔所撰，或是一书。”以是知《补泻图》或简称《黄庭内景图》。另外，《崇文总目》道书类尚有“《黄庭外景图》一卷，女子胡愔传”，说明胡愔不仅对《黄庭内景经》有研究，且于《黄庭外景经》亦有成果问世，惜明正统《道藏》未收，致使该书亡佚。又《宋史·艺文志》道家类亦载：“《黄庭内景五脏六腑图》一卷，太白山见素女子胡愔撰。”该书全文见载于明正统《道藏》国字号，题为“《黄庭内景五脏六腑补泻图并序》，太白山见素子胡愔述”。又《道藏》菜字号下《修真十书》卷五四收有《黄庭内景五脏六腑图》一卷，题“太白山见素女胡愔撰”。其内容同于国字号本，但文字互有讹异增损，且菜字号本无脏腑神像图，唯对胆腑论述较国字号本详备。估计为同书之异本。

关于胡愔撰著该书的动机及目的，她在其《自序》中做了说明。她本人在多年对《黄庭经》及其多家注本进行深入研究后，发现“旧图奥秘，津路幽深，词理既玄，赜之者鲜。指以色像，或略记神名；诸氏纂修，异端斯起。遂使后学之辈，罕得其门，差之毫厘，谬逾千里”。在这种状况下，胡愔遂立志广收穷觅各家《黄庭》注本典籍，去芜存精，博采众长，研究阐发《黄庭》秘旨：“今敢搜罗管见，罄竭谀闻，按据诸经，别为图式：先明脏腑，次说修行，并引病源，吐纳除疾，旁罗药理，导引屈伸，察色导证，月禁食忌。庶使后来学者，披图而六情可见，开经而万品昭然。”

胡愔的《自序》虽然简略，但从中我们至少可知以下几点：

其一，从晋至唐，《黄庭》之学已成“诸子纂修，异端斯起”的热门学问，明版《道藏》多种《黄庭经》注本中宋以前虽只有唐梁丘子（白履忠）注本三卷及佚名《黄庭遁甲缘身经》等数种，但《崇文

总目》道书类尚载有晋唐《黄庭》注本多种，如《黄庭五脏图》一卷、《老子黄庭内视图》一卷、《黄庭经诀》一卷、《黄庭五脏导引图》一卷等，均不著撰人。胡愔的研究是在上述前人著述基础上进行的。

其二，由于胡愔的研究基于“搜罗管见，罄竭谀闻”，并力排诸玄虚谬误之说，故而具有相当的独创性和权威性，代表了当时“《黄庭》学”的最高成就。

其三，胡愔本人是一长期进行道教炼养实践的坤道，因而她对《黄庭经》的研究并非纸上谈兵或附庸风雅，而是结合本人长期内炼经验而得出的实实在在的学说。这一点从其《补泻图》文字及内容之质朴实用，毫无晦奥玄虚可得到证明。

二

《补泻图》的主要内容在于阐释人体内部脏腑的生理功能及病理机制，并据此提出相应的炼养保健、治病去疾方法。其中包括修养法、相病法、医方、治脏腑六气法、月禁食忌法、导引法等。全书以《黄庭经》为基础，构成了一个上承魏晋道教上清派炼养系统，下开宋明著名的“八段锦”脏腑炼养导引系统的道教炼养体系。这一炼养体系以道教“我命在我不在天”的长生不死信仰为基本动机，包括了一套较为独特而完整的生理学说及炼养方法。以下分别论之：

（一）脏腑炼养学说：

脏腑学说、经络学说及精、气、神学说是道教炼养学，也是中国古代养生学三大理论基石。它们既与古中医理论有极深渊源关系，但又颇具自己的特色。

由于动机及价值追求的差异（治未病与治已病），医家与道教徒从各自的领域在历史上对人体脏腑进行了长期的深入的探讨。前者以《黄帝内经》为代表，后者则以《黄庭经》为巨擘。

中医脏腑学说认为："所谓五脏者，藏精气而不泻也，故满而不能实。六腑者，传化物而不藏，故实而不能满也。"（《素问·五脏别论》）又说："五脏者，所以藏精、神、血、气、魄、魂者也。"（《灵枢·本藏》）也就是说，脏腑是贮藏及运化基本生命物质甚至精神原质，维持生命功能及运动的关键性器官组织。由此出发，医家理所当然视其为主要研究和证治对象，并采用汤剂砭灸等各种手段以"开鬼门，洁净府，精以时服，五阳已布，疏涤五藏，故精自生，形自盛，骨肉相保，巨气乃平"（《素问·汤液醪醴论篇》）。

相对而言，道教脏腑炼养理论与医家一脉相承，很大程度上是吸收医家脏腑学说而来，但二者又有一定差别。道教脏腑炼养理论的独特之处在于：其一，它基于一定的宗教信仰和实践，因而具有一定宗教神秘色彩。其二，它立足于自我炼养而非为他人行医治病，由此决定了它本身的养生学而非医学性质。其三，它是在长期的内炼操作实践中形成的，因而它主要是为导引、行气、内视、存想、内丹等自我炼养实践提供理论上的依据，具有强烈的自我内向体验性质。《黄庭经》脏腑炼养系统便鲜明地体现了上述特征。它从宗教自我炼养角度出发，将人体分为上、中、下三部，每部以八个主要器官或穴位为"八景"，每一"景"又有一位"身神"主持，共"二十四真"，其中心、肝、肺、肾、脾、胆为"中部六神"，被认为是人体炼养的最重要部位："六腑五藏神体精，皆在心内运天经，昼夜存之自长生。"唐梁丘子注云："五脏六腑各有所司，皆有法象，同天地，顺阴阳，自然感摄之道。"（《黄庭内景经注》）

胡愔《补泻图》以《黄庭经》脏腑炼养体系为中心，旨在阐发通过"五脏坚强"而"却老延年"，甚而"造物者翻为我所制"。因而，对脏腑生理及病理机制的研究是她面临的主要问题之一。同当时医学及生理认识水平和方法一致，胡愔以朴素的天人感应说来认识人体脏腑的功能及意义：

> 夫天主阳，食人以五味，气味相感，结为五脏。五脏之气，散为四肢、十六部、三百六十关节，引为筋脉津液血髓，蕴成六腑三焦十二经，通为九窍。故五脏者为人形之主。一脏损则病生，五脏损则神灭。

这样一种天人相生感应发生认识论在今天看来其缺陷固然是相当明显的，但在古代医学和道教炼养体系中却具有重要意义。天人相应，在客观上提高了人的地位与价值，将人与至高无上的“天”列于同一等级，从而提供了某种原始人本主义的根据。同样，将脏腑的发生学建构于天人感应相生说之上，便为道教脏腑炼养寻求到了一种认识论依据。可以说，这样一种认识论依据即使不是科学的，但至少在那个时代确实是强有力的。因为它所推导出的，的确是毋庸置疑的炼养结论：

> 五脏者，神明魂魄志精之所居也。每脏各有所主：是以心主神，肺主魄，肝主魂，脾主意，肾主志。发于外则上应五星，下应五岳，皆模范天地，禀象日月，触类而取，不可胜言。若能存神修养，克己励志，其道成矣。然后五脏坚强，则内受腥腐诸毒不能侵，外遭疾病诸气不能损。聪明纯粹，却老延年，志高神仙，形无困疲。

尽管胡愔作为道教徒不可能不受宗教意识影响与支配，在炼养动机中不可避免地掺有宗教成分；但是，由于道教神仙信仰本身所蕴含的浓厚人本主义因素，促使其学说力图面向一个现实的、客观的人体生命世界，而非虚幻的、异化的对象世界。在《补泻图》中，胡愔对人体脏腑进行了较详尽的观察与阐述。她指出，人体脏腑各有其颜色、重量、形状、功能及病理机制。如肺脏是“五藏之华盖，本一，居上对胸，有六叶，色如缟映红”，“重三斤三两，西方白色，入通于肺，开窍于鼻，在形为皮毛。肺脉出于少商。肺者诸藏之长，气之本也，是以诸气属之”，“肺者相传之官也，治栉出焉。于液为涕，涕者肺之津液”。又如心是“心，火宫也，居肺下肝上，对鸠尾下一寸，色如缟映绛，形如莲花未开”。“心重十二两，南方赤色入通于心，开窍于耳，在形为脉，心脉出于中冲。心者生之本，神之处也。且心为诸脏之主，主明运用生，是以心脏神，亦君主之官也”。“舌为心之官，心气通则舌知五味，心病则舌焦卷而短，不知五味也。心合于脉，其荣色也，心之合也。血脉虚少而不能荣于脏腑者，心先死也”。再如肾：“肾，水宫也。左肾右命门，前对脐博，著腰脊，色如缟映紫。”“人之有肾，如树之有根，重一斤二两，北方黑色入通于肾，开窍于二阴，在形为骨，故久立即伤骨损肾。肾脉出于涌泉。肾者，封藏之本，精之处也。肾经于上焦，荣于中焦，卫于下焦。”“肾之外应北岳，上通辰星之精。冬三月存辰星在肾中，亦作黑气存之。肾合于骨，上主于齿。齿之痛者，肾伤也。又主于耳，耳不闻声者，肾亏也。人之骨疼者，肾虚也。人之齿多龃者，肾虚也。人之齿随者，肾风也。人之耳痛者，肾气壅也。人之多欠者，肾邪也。人之腰不伸者，肾乏也。人之色黑者，肾衰也。”

胡愔的人体脏腑研究除肺、心、肾外，尚包括肝、脾、胆等，限于篇幅，兹不一一列举。这里需指出的是，对人体脏腑进行如此详尽的观察和研究，在《内经》之后至宋以前乃第一人。其成果不仅在道教养生学中首屈一指，就是在当时医学界中也是罕见的。她的研究包括了古典解剖学、生理学、病理学及医学养生学领域，可以说是集《内经》以降脏腑学说之大成。另一值得注意的是她的研究方法。除了吸取前人的论述外，她对脏腑的观察可能还采取了道教炼养家特有的“内视”“内观”“内察”等手段。另外，从其对脏腑位置、形态、颜色、器官组织结构的论述来看，甚至不排除她采用过类似近代西方实证科学的实验解剖方法，即通过观察解剖尸体脏腑来得出观察结论。尽管这种科学方法在古代中国还找不出多少例证。

（二）修养法：

根据其对人体脏腑功能的认识，胡愔的“修养法”开创了按月令养生的方法体系。（《道藏》中另收有题名晋人许逊所著《灵剑子》及《灵剑子引导子午诀》，亦载月令养生内容。但其书疑为南宋时道教净明派伪托，不可信。）该体系依五行关系，将人体脏腑按月令季节对应起来进行炼养，遂使自然与人体及存想、导引、吐纳、按摩、咽液等各种方法配合起来，形成一个新的炼养思想及方法体系。如肝脏修养法：

以春三月朔旦，东面平坐，叩齿三通，闭气九息。吸震宫青气入口吞之，以补嘘之损。享青龙之祀。

又如脾脏修养法：

常以季夏之月朔旦并四季四末十八日之旭旦，正坐中宫，禁气五息，鸣天鼓十二通，吸坤宫之黄气入口十二吞之，以补呼之损。

其他脏腑大抵如是。

将各种养生方法同月令季节按五行配合的方法是胡愔对中国养生学的卓越贡献。这一炼养思想及方法体系上承《内经》及葛洪、陶弘景、孙思邈等道教养生家“天人合一”炼养思想，下启宋明声势浩大的时令摄生养生学派。自胡愔开其先以后，宋明以来养生学家不断对时令养生加以丰富。如周守忠《养生月览》、姜蜕《养生月录》、马永卿《懒真子》、韦行规《保生月览》、赵希鹄《调燮类编》、姚称《摄生月令》、邱处机《摄生消息论》、崔实《四时月令》、吴球《四时调摄论》等。连日本名医直濑玄朔亦受此影响，编撰了《养生月览》。在方法上，这一体系的代表和典范是定形于明代铁峰居士《保生心鉴》中的“二十四气导引图像”（亦称“太清二十四气水火聚散图”），也就是见于王圻《三才图会》和高濂《遵生八笺》等文献中著名的“陈希夷二十四气导引坐功图”。女道士胡愔《补泻图》对这一养生流派的形成发展是有其莫大功绩的。

（三）六气法：

六气法亦称六字气诀，是道教古老的养生术之一。其法始见于齐梁陶弘景《养性延命录》，至唐代已成为道教内部普遍流传的炼养方法。由于六气法是针对五脏六腑保健治疗的吐纳养生术，理所应当受到胡愔的高度重视。

六气法的技术特征如《养性延命录》所说：“凡行气，以鼻内（纳）气，以口吐气。微而引之谓之长息。内（纳）气有一，吐气有六。内（纳）气一者，谓吸也。吐气六者，谓吹、呼、唏、呵、嘘、呬，皆出气也。”六气法运用了中医八纲、六淫及脏腑等理论于行气吐纳术中，“吹以去热，呼以去风，唏以去烦，呵以下气，嘘以散滞，呬以解极”，以治病泻实为主，是一种脏腑医疗吐纳术。而“当令气声逐字吹、呼、嘘、呵、唏、呬吐之”，说明魏晋时六字气法是发声的。这一方法隋唐之际由著名道士和医学家孙思邈补充整理，规定了具体炼功时辰及吐纳次数，遂使该法趋于完备。

胡愔在六字气法发展中的贡献是依据她本人对脏腑功能及吐纳技术的研究，改革并调整了陶弘景、孙思邈等所传晋唐六字气法中六气与五脏的配合关系；将逐字发声的吐气法改为按六字语音口型吐气但不发声的吐气法。这一大胆变革不仅显示了胡愔本人对待研究的严肃和勇气，更重要的是，她所建立的六字气法新体系直接奠定了后世六字气法的基本结构和形式，为后世炼养家所普遍遵循，从而为吐纳气功的发展做出了巨大功绩。

（胡愔对传统六字气功法主要变革列表附文后。）

（四）相脏腑病法：

此法属中医的诊断学，亦即诊法。主要包括望、闻、问三法。《补泻图》的主旨是通过脏腑炼养来长生久视，因而诊断脏腑状况和病症是非常重要的，本节即为此而设。另外，在各脏腑病状之后，还附了一些常用的治疗手段及药方。

（五）月食禁忌法：

该法属于古代饮食养生学。目的是按月令季节列出食饮禁忌。禁忌的根据是对各种动、植物类药性及五行（五味）归属的认识与了解。

（六）导引法：

“脏腑导引法”是胡愔对中国古代养生术和导引术发展的最大贡献之一，也是《补泻图》中最重要的内容之一。

胡愔“脏腑导引法”的意义在于，她在中国导引史上首次将各种散式功法和导引术（如《马王堆帛画导引图》和《诸病源候论》中的“养生方导引法”）按五行、五脏、五时加以组合编排，从而揭开了自三国华佗“五禽戏”以来导引术套势发展的新篇章。

“脏腑导引法”共6节，分肝、心、脾、肺、肾、胆，每脏一节。按五行对应，每一季炼一脏。分别为：肝脏——正月及2、3月；心脏——4、5月；脾脏——6月及四季；肺脏——7、8、9月；肾脏——10、11、12月；胆腑无季节。

“脏腑导引法”姿势全采用坐式。这一点在导引发展史上也是极重要的。因为早期的导引术（汉晋）如马王堆帛画导引图、华佗“五禽戏”基本上采用立式；陶弘景《养性延命录》中出现了坐式，但与立式、卧式等混合编排。唐初孙思邈《千金方》中录著名的《天竺按摩法》与《老子按摩法》亦是各种姿势混合。胡愔导引法全用坐式，首开坐式导引法先河，这反映出晚唐时期导引术已受当时主静哲学及佛教坐禅、道教内丹的影响，并由方士道徒的炼养术逐渐转向市俗中老年保健术及士大夫文人阶层的健身方法。胡愔通过其“脏腑导引法”开辟的坐式导引体系至明代产生了著名的“文八段”（坐式八段锦）及“陈希夷二十四气导引坐功图”，对中国乃至世界体育保健事业做出了贡献。

在方法上，胡愔继承了两晋南北朝道教“众术合一”的传统，其导引法除肢体运动外，吸收了胎息（闭气法）、咽液、叩齿等方法。但与晋唐上清、茅山诸派既烦冗且带神秘色彩的导引术（如《真诰》《登真隐诀》《无上秘要》等所载）不同，胡愔的导引术在技术上十分简练质朴，更具有市俗化色彩，更表现出科学性和实用性。其肝脏导引法包括两臂交叉转体与两手交叉向前伸臂两个动作；心脏导引法包括左右冲拳、单手上引臂、两手相叉踏脚三个动作，另加胎息（闭气）、咽液、叩齿；脾脏导引法为跪坐屈单腿双手向后反撑和两手据地转头颈（虎视）；肺脏导引法为双手据地坐向上引背及双拳反捶背，以及胎息、咽液、叩齿；肾脏导引法为三个动作：两手引臂上举、双臂抱膝左右翻滚、左右足轮流向前蹬踏；胆腑导引法包括正坐双手握踝前后摇滚及两手据地伸腰两个动作。可以看出，即使从现代体操理论及健身科学角度来评价，胡愔这套导引术无论是动作编排还是练习布局都是十分科学合理的。

在功效上，胡愔“脏腑导引法”列举了所治脏腑疾病，其对象主要为各脏腑聚积风邪。从这一点来看，她显然受隋代巢元方《诸病源候论》中“养生方导引法”影响很大。但从整体上看，其导引术按时令脏腑编排，又显然与医疗导引术一术一病的散式功法体例不合，因而主要还是属于道教特有的养生导引术体系。

“脏腑导引法”以上特点的形成，使女道士胡愔成为中国导引史上“时令导引学派”无可争辩的创始人，从而成为养生史、导引史上最重要人物之一。

三

纵观道教养生史和修炼史，我们可以发现，女道士对于这门古代人体生命科学贡献显著。早期道教——五斗米道的开创和发展很大程度有赖于第三代领袖张鲁的母亲卢氏的努力。据史载她有少容，表明她在养生驻颜方面有相当造诣与修为。天师道所流传的养生术与修炼法当与她有相当关系。至魏晋，天师道女祭酒魏华存假“景林真人”降鸾传授之名创作了著名的《黄庭内景经》，从而揭开了道教养生内炼的新篇章，并对道教上清、茅山诸宗派的形成发展产生重要作用。至唐代，又有女道士胡愔对《黄庭经》炼养系统进行了创造性的研究和发展。

除了前述技术方法领域的贡献外，胡愔及其《补泻图》在中国养生史及道教炼养史上还具有以下重要意义：

第一，在有唐一代道教金丹服食之风甚嚣尘上之际，坚持并开创了较为科学的生理内炼理论技术体系。

外丹服饵使人们付出惨痛代价，由此而导致从道教内部到社会上对其由怀疑而严厉指斥，并产生了建立新炼养体系的要求和需要。胡愔正是勇敢地站立在这一变革要求的前列，一扫外丹服食之风而重振以《黄庭经》为代表的道教内炼内养体系。她认为人体生命炼养的要旨是“精是吾神，气是吾道。藏精养气，保守坚贞，阴阳交会，以立其形”。因而她主张在修炼手段上“把握阴阳，呼吸精气，造物者翻为我所制”。她指出，只要按此去实践，便可“不假金丹玉液、琅玕大还，自然神化冲虚，气合太和”。胡愔坚持以行气导引为核心的内炼体系。这一思想对唐宋道教炼养体系由外丹转向内丹起到了推动作用。

第二，胡愔及其《补泻图》对《黄庭经》炼养系统的发展做出了重要贡献。《黄庭经》是继《周易参同契》之后最重要的道教炼养专著。事实上，在唐末五代及宋代内丹大盛之前，它的影响远远超过《周易参同契》。但作为道教典籍的《黄庭经》，无论是《内景经》还是《外景经》本身都包含着浓厚的宗教成分和神秘色彩。它的基本理论根据是巫术和道教的“万物有灵”信仰，认为人体各器官、脏腑、经穴等皆有神格主持镇守，因而在修炼方法上应采用存想、念咒、内视等来使身神长驻安宁。这种理论一方面固然促使了道教炼养由吐纳导引转向更精深的守窍内炼，但亦导致魏晋六朝间道教炼养走向神秘化和烦琐化。胡愔欲在唐代重振以内炼为主的道教炼养体系，还原其养生治病的健康面目。在方法上复归更朴素易行的吐纳、行气、导引、食养药补诸法。王明先生曾对此做出很高评价，指出：“《黄庭经》原理医学与宗教思想糅合而为一，今乃蠲涤宗教色彩而复归于医术。对黄庭经义，发明实多。是《黄庭内景五脏六腑补泻图》，可谓黄庭学之一大衍变也。”（王明《道家与道教思想研究》）

第三，胡愔及其《补泻图》对开启宋明养生文化新格局做出了杰出贡献。同战国秦汉的方士文化一样，道教炼养体系一直实际存在两个发展方向：一是走向宗教修炼术，二是趋向治病养生术。前者以宗教目标为核心，竭力将炼养变成一种神秘烦琐的宗教实践，因而大量容纳吸收斋醮、符箓、禁咒、神灵、占验等内容入个体身心修炼，这种倾向在道教符箓派中最为明显。而后者尽管仍是以宗教信仰为动力，但在炼养理论及方法实践上却主要坚持古代医学和养生学方向，努力以人体炼养实践及治病健身实效为出发点，总结和研究古人体科学及保健经验。从时间上来看，早期道教（东汉至魏晋）直接从民间及医家、方士那里接受炼养术，其思想到方法总的来说还是较质朴的，这可以从《周易参同契》《太平经》《老子河上公章句》《抱朴子》诸典籍中看出。但随着南北朝时期道教宗教成熟化过程的完成，其炼养术转向宗教神秘化，其具体表现是金丹、符咒、仪礼、存神、存想等盛行。唐代，尤其是晚唐五代随着金丹箓咒派修炼术的失败，道教炼养术开始复归养生及医道意义上的内炼，其发展方向一是内丹术，二是重振发展传统的养生学及导引、行气、吐纳诸法。前者主要是在道教内部进行；后者则走上了与民间世俗养生文化结合的道路，从而开创了宋明民间养生文化发展高潮。

可以看出，胡愔及其《补泻图》正是在后一种方向上占有重要地

位。她从《黄庭内景经》中继承了脏腑炼养思想但抛弃了身神说法，并在此基础上大胆变革整理传统的修养、吐纳、导引诸法，使这些方法由神秘走向科学，由玄虚走向实用。她所整理改造的脏腑修养、六字气诀、导引法大多具有简洁、质朴、实用、科学特点，尤其适合世俗民间保健治病之需。因而，随着宋明市民文化兴起而崛起的世俗民间养生热潮中，经胡愔整理改造的六字气诀、季节修养和导引方法，以及脏腑保健养生观点为民间养生家所普遍推崇和广泛流传就不足为奇了。更重要的是，她所坚持的脏腑炼养理论方法体系成为民间养生学派的主流，即使以道教内丹所代表的心（思维系统）肾（生殖系统）经脉炼养体系于明清渐趋式微的情况下，胡愔的脏腑炼养观和实践方法通过八段锦、易筋经、导引吐纳诸法的传播仍在民间方兴未艾。这一点，我们可以从宋、明、清三朝大量涌现的民间养生学著述中得到证实，如《活人心法》《类修要诀》《保生心鉴》《遵生八笺》《修龄要旨》《摄生总要》《颐养诠要》《寿世传真》，等等。胡愔正是将道教炼养学转变为民间养生文化的关键人物之一。

附：胡愔对传统六字气功法主要变革表

脏腑	《养性延命录》六气配合	《补泻图》变动	《补泻图》论调整变动缘由根据
肺	嘘	呬	“治肺用咽。咽为泻，吸为补。……肺之疾当用呬。呬者肺之气也。其气义，能抽肺之疾。所以人之有怨气填塞胸臆者，则长呬而泄之，盖自然之理也。”
心	吹、呼	呵	“治心用呵。呵为泻，吸为补。……心之有疾，当用呵。呵者心之气，其气礼。呵，能静其心，和其神，所以人之昏乱者多呵，盖天然之气也。故心病当用呵泻之也。”

续表

脏腑	《养性延命录》六气配合	《补泻图》变动	《补泻图》论调整变动缘由根据
肝	呵	嘘	“治肝用嘘为泻，吸为补。……肝之有疾，当用嘘。嘘者肝之气，其气仁，能除毁痛，皆自然之理也。”
脾	嘻	呼	“治脾用呼。呼为泻，吸为补。……故脾之有疾，当用呼，呼者脾之气，其气信，能抽脾之疾，故人中热者则呼以驱其弊也。”
肾	呬	吹	“治肾用吹，吹为泻，吸为补。……肾之有疾当用吹，吹者肾之气，其气智，能抽肾之疾。故人有积气冲臆者，则强吹也。肾气沉滞重，吹则渐通也。”
胆	（原无）	嘻	“治胆用嘻，嘻为泻，吸为补。”

（原载《中国道教》1993年第1期）

彭山道教铜印与道教养生

彭山县传为长寿神仙彭祖祠墓所在。彭山县有道教教区二十四治中的北平治、平盖治、本竹治。张陵先祖张纲亦葬于县北。张氏传教于仁寿，建碑于洪雅，张陵以后的正一道民多居此域。道民即巴賨人，因族人善战用板楯，又称白虎复夷。板盾又称“彭牌”，故其族即“彭人”。岷山为彭人古居，是氐羌系属的姬姜族人。初唐时诗人沈宇《武阳送别》还有“羌笛胡琴”的居人记载。凡彭人（巴賨）居地皆有“彭”名。古蜀开明王与秦军决战于彭山县；开明王子退保蜀国老巢彭县蓬乡；皆彭族居地。川南彭水，川北彭溪（开江县）。唐羁縻州有彭州，当与甘肃彭原县同为彭人故居。彭山县古有麒麟、黄龙、白虎之瑞，为传说中的开明王族龙虎互婚与神兽（乘黄、吉量）的遗风。相传开明蜀王即巴賨人鳖令开国，与西山龙族结合。此龙虎和合之道上溯“西王母国”（貘部族），下启青城仙都鹤鸣（今和平）神山的王远、张陵仙道。

彭山县出土六面铜印，见于《蜀梼杌》。孟蜀广政十四年（951）冬，彭山副将杨富获于江岸。严筑作《瑞篆记》。此印必是汉五斗米道唐（李家道）遗物。各面篆文是：

1. 天国老君、生万民治中国、外国，人和玺。2. 老君授生，辅天下，国安平。受道人长生。3. 上国仙师、天师、老君。道成明天地政玺。4. 上召吾拜元为太昊。通天下治气同玺。5. 虚无自然明。日、月、星辰光。6. 玄女致和气。玉女致天医。

此印言“天国老君生万民”，上国有：仙师、天仙、老君，自称“上召吾拜元为［太昊］”，“受道（之）人（得）长生”。又说治国之道为“明天地政（天地坤乾之亚）”，以“通天下治（平）之气”即求国安平，人民和。称其所尊之“道”为“虚无自然（无极无为）明（日、月阴阳）”之道，“日、月、星辰（北辰含五斗）”之道。日月之道实际是“人法天地”的乾坤阴阳之道。星辰之道是中斗含五方五行之道。《阴符经》云：“观天之道（度），执天之行，尽矣。”

玄女是金母元君弟子，黄帝之师。道教神中仅次于西王母与斗姆。九天玄女为黄帝制夔牛鼓80面以蚩牛。人头鸟身，俗称九天娘娘。《上清元始变化经》：“玄母则化形为人头鸟身，口衔月精。”又“高上元始皓灵九天大空祖宗西五母实天九灵之气，混西金之魄，炼月精之辉。封掌龟玄，总领玄录。”是知九天玄女是昆仑龟台金母的化身。《古文龙虎经注疏》注云：“玄女乃天地之精神，阴阳之灵气，神无不通，形无不类，知万物之情，晓众变之状，为道教之主也。玄女亦上古之神仙，为众真之长。”九天玄女授黄帝“太一遁甲，六壬步斗之术，阴符之机，灵宝五符五胜之文”，遂克蚩尤。是知太一、五行、阴阳之“天机”实北辰中斗之天道。龟山金母昆仑之仙道即“循斗而招摇兮，执衡以定天纪”的阴阳、五斗天道。天道印于人而度之的“度人”法天地之正一道，亦即“九天上玄玉清神母所行上清大洞雌雄三一混元之道”（上册254神符）。“雌雄混玉房”雌一雄一帝一谓之三一（上册687中）。

玉女有多解：如普通一般好女，修仙之女，天上好女，得道仙女……。传说中，侍候天上神仙真人的有金童与玉女，侍候元始天尊

的有灵童玉女9000人，而李老君之母无上元君也曾是玄妙玉女。青城山有玉女洞（上青宫岩下），又称为“素女”。“广都之野”即青城仙都的“成都载天山”（今八卦台后山）；其地为素女所出，鬼容莨（容城公）所居。西王母之使女“墉城玉女”名王子登。东王公与玉女，投壶为戏。太元圣母亦称太元玉女，她生扶桑大帝与西王母。精通天地阴阳之道，即精通房中术之女曰素女。《隋书·经籍志》有《素玉秘道经》与《素女方》各一卷。四川仙山“玉女”多与浅山崖室墓有关。彭山县有彭女山又名彭无（疑为彭母之讹）山；或称彭模、平模、平无，皆一山。除说为彭祖冢祠外，又有王乔冢。王乔有四：周灵王太子桐栢真人；叶县令王乔；彭山北平山食白虾蟆得仙者；另有西王母侍女弟子王子乔，当是彭山玉女彭母（平元）。“武阳龙尾，仙者羽化之所”。（郦道元）

这些神仙羽化之所，可谓遍及全川，实则为东汉崖墓，川人称为玉女房、神仙洞府、蛮洞。生则居之，死则葬之，与原始道教（神巫）关联。今乐山市某些岩墓中尚有唐宋道士题刻。由是可以确定崖墓是西南某族信奉昆仑五斗米巫的生居死葬洞府。她们很可能是巴人鳖灵“开明氏”所建“蜀国”的后裔。开明氏蜀国的王族是龙（金马、耿马）虎（碧鸡，比兹卡，开明）互婚族，而以女系（开明神兽——虎）为主。在开明王朝时，蜀巴（四川）人民以“獠”（百濮）“僰”（番——氐羌）为大姓。分部多种称呼如邛、笮、五都（五斗、五担、武当、五荼……）。

开明氏蜀王早在战国时就已立五色帝庙，讲阴阳龙虎之道。龙阳虎阴源于伏羲与女和，五行源自道教昆仑神山（鸟母“人鸟山”）北斗崇拜的太一与五方五斗（五斗在北辰中斗内）。蜀国被秦灭后（公元前329年），王族多改汉姓为“李”（如李真多、李八伯、李冰）。蜀民亦渐改汉姓（成、费、张、王等）。连地名也由古蜀称改为汉称，如庆符县“僰王墓”改汉王山（绵竹亦有汉旺场），新都县“鬼城子”改汉城子；但仙女、玉人的母系观念（来自女娲、鸟母——玄女、西王貘、斗母）仍然流传，如李白、窦子明所遇“磨针仙女”在彭山磨针溪、在江油县仙女桥（《光绪县志》），皆来自崇山（岷领蜀崇、鸿蒙冢山）女母真传。崇山、蜀山即西王貘（女和月母之国）所居“昆仑”（崆峒，鸿蒙）。周穆王、汉武帝曾至此山原，崇伯禹（基地在什邡）学于西王舅部。此山原非神话传说，乃西陵氏蜀山（积石之野），亦称“彭”（鹏鸟女王所主）或蓬山。今彭灌山区及什邡、绵竹即貘部仙人自西东下之“郫”。

西王母嫡系“西城总真”王方平所传岷山丹法（西城在文锦江南、怀远镇西）以马鸣生（青衣蚕王之后）为代表。蜀虎兮部所传南北斗、五符灵宝以李耳传张陵为代表。在青城仙都的天国山“鹤鸣神山治”。今味江街子场南、上元场西的和平乡翠围山下凤鸣。两传实为阴阳龙虎一系，即五斗太一（正一）系。今道教正一《古文龙虎经》丹法即昆仑母系仙传。

古民谣曰：“炼丹诀，炼丹诀，无限天机从此泄。达人得此寿延长，愚人不省还夭折。此诀相传有万年，余今料得徒绕舌。我哀高士空高漫，不肯低头谁肯说。”《悟真篇三注》云：“玄牝既立然后长生可致。万物莫不由此而生；因此二物而生而死。实为天地之根，五行之祖，阴阳之元，万化之基。”《金丹四百字》：“此窍非凡窍，乾坤共合成。名为神气穴，内有坎离精。”《吕祖全集》：“人须人度超凡世，龙要虎交出污泥。要识汞根寻帝子，欲求铅本问仙姑。”《度人经》太玄金华玉女曰：“土之精生石，石之阴精为玉，石之阳精为金。一石之中分阴阳为金玉。一阴一阳之道也。”伦常日用之间何处非道之所在？所患人未能参透阴阳消息耳。非学优，见识到，不足语此。百姓日用而不知者。君子之道造端于夫妇。二人同心，力以断金。由仁升仙之道也。

先师任乃强释资阳南市乡1973年岩墓出土道教铜印文曰："天女五妹。永保兹富贵寿福。旨厥壶范。受五方福祉。宣昭大志。光垂彤史。不珍之。"同时所出"樊侯"铜印亦繁族土著之"侯"，责人之巫师。南充市郊唐墓出土玉印："晋女冠刘懿真；王子晋之外妹；居栖霞观；至东晋时（凡安）百岁。"新都有繁阳山为中央教区（阳平治），有麻姑洞。简阳有玉女灵山。青城仙都上承昆仑道法，天谷即容成与素女所居。康熙帝题"丹台碧洞"正一之肇制也。

（原载《文史杂志》1993年第6期、《巴蜀风》1994年第1期、《成都文物》1994年第4期）

彭县三道治考释

一、总论二十八治

（一）张陵重建二十四治及立二十八治

张陵实为“太上老君——李耳”之“系师”。《老君音诵戒经》（《道藏》精装本第18—210页，力字二）云：“老君曰：吾汉安元年以道授陵，立为系天师之位。……久不立系天师之位。”又云：“吾本授二十四治，上应二十八宿，下应阴阳二十四气。授精进祭酒化领民户。道陵演出道法，初在蜀土一州之教。板署男女道官。因山川土地郡县，按吾治官靖、庐、亭、宅，与吾共领化民户，劝恶为善。阳平名上配角宿，余山等同。”以上引文说明：道教二十四治不始于系师张陵，而开创于李耳（蜀开明氏虎王——狸儿）。其开创时当在开明氏蜀王立五色帝庙之时，即公元前329年到公元678年。教区领“化民户”，化民即道化所属人民，后称“种民”“道民”。“种民”（道化民）死后归魂于“种民天”（不归于北阴丰都）。信奉老君子（李家道）之道民亦即“化民”。《华阳国志·蜀志》说：蜀鱼凫王于湔山（今彭灌山区，古岷

山亦称西山），“忽得仙道”。又云：“杜宇……或治瞿上（初在彭灌山区）。帝升西山隐焉（仙隐于青城山）。”扬雄《蜀王本纪》(《汉唐地理书钞》本373页）：“杜宇自立为王号曰望帝，治汶山下邑郫，化民往往复出。”此处“化民”当是蚕丛、柏濩、鱼凫三王“皆神化不死，其民亦颇随王化（去）”。隐于西山的仙民（道民、化民、种民、氐羌人）。既然“化民”（道化教区民户）、“种民”（氐羌系僰獠賨彭等民）早居蜀山岷江，且历经蜀中诸王朝，则原有各治区当始于蜀部族进入奴隶国朝之时（约在夏部开拓崇山的公元前20世纪）。故有早期教区遗名如“浮山化”“汉洛化”“绵母治”“祝水治”“科山治”等。且三品教治分内治、大治、正治。“上品八治。无上大道老君立于上皇元年七月七日。中品八治。真正无极太上立于无极元年十月五日。下品八治。无为大道玄真立于无上二年正月七日。”（见《云笈七签》卷二八）亦反映了分期设置情况。张陵入蜀约在公元92年。公元141年（永和六年）著道书似有本于大邑云雾山的“仙道”。公元142年（汉安元年）立二十四治。公元196年立四备治。张鲁于太元二年（252）立游品八治。各治又多有迁徙。

（二）补引《道藏》设治条文

陈国符先生《道藏源流考》附录四：设治第四。祐（笔者）前写《廿四治考》皆已论设治。据《道藏》力字之六（18册）《正一法文天师教戒科经》正式公布立治当在汉安元年（142）。18册236页：“以汉安元年五月一日于蜀郡、临邛县（在今味江流域）渠亭（一写为瞿亭。瞿实为青鸟、讹为羊马。瞿上初在彭县阳平治近处，后迁成都牧马山，阳平治亦迁繁阳山。）赤石城。造出正一盟威之道。与天地券，要立二十四治。分布玄元始气（以）治民。”238页又云：“吾以汉安元年五月一日从汉始皇帝王神气受道，以五斗米为信。欲令可仙之士皆得升度。……吾从太上老君（蜀青羊宫李耳，非亳州老聃）周行八极，按行民间，选索种民，了不可得百姓。汝曹无有应人种者也。……建安、黄初元年以来，诸主者祭酒人人称教、各作一治。不复按旧道法为得尔。不令汝辈按吾阳平、鹿堂、鹤鸣教行之。”《老君音诵诫经》：“后人诸官，遇阊相传，自署治录符契，气侯倒错，不可承准。”又《正一法文外录仪》：“凡男女师皆立治所。”又《要修科仪戒律抄》卷十引《玄都律》：“民家曰靖，师家曰治。”由立治混乱而祭酒主者亦荒遇无行。故有此等教诫。而前引《教戒科经》与《女青鬼律》常见的称之“种民”当与“化民”“道民”之族类有关。早在汉末，道教之治地已超出四川。如四川什邡县之公慕治、后城治又列于汉中南郑县。《道教灵验记》（常一，10册802页）：“兴元北逢山老君观即公慕化也。去南郑隔江。”新津县之稠梗治又列于南安县。由新津县前加上眉州、蜀州、蜀郡有不同行政区划，知有历年变迁。涌泉山神治列于遂州小溪县，汉州德阳县、广汉郡绵竹县，则是治所的迁移。浕口治在汉中江阳县，兴元府西县。北邙治本在越巂。又列于长安、洛阳。河逢治在上党。吉阳治在魏郡邺县。又有平罔治在夹江者与新津平罔同名说。乐山市平羌江上直书名为“平羌治”。蒲江主簿治又见于洪雅主溥山。这些地名的变迁说明历代设治的变迁与道治的迁移。

张陵在青城立正一盟威法所治之鬼市，实皆“种民”以外之异族。凡羌獠、六夷、胡狄、蛮、戎等皆谓之“鬼”（18册333页）。设教治以领道民（种民，化民）。神仙则另有：洞、府、岩、穴、窟、坎的修炼处（18册562页《三皇内文》识辨洞府条）。

二、阳平治

阳平治即唐代阳平观。《五代史补》：“蜀王衍与其太妃游青城山，遂至彭州阳平化。”《蜀中名胜记》卷五引（彭州）《志》云：“今金城山之仙居观是其驻跸之所也。金城山形如城，上应角宿，即二十四化之阳平治矣。”《云笈七签》卷二八云：“第一阳平治。治在蜀郡彭州九陇县，去成都一百八十里。道由罗江水两岐山口入，水路四十里。治道东有

龙门，拒守神水，二柏生其上。西南有大泉，决水归东。治应角宿……嗣师、天师子也，讳衡，字灵真。为人广智，志节高亮，隐习仙业。汉孝灵帝徵为郎中，不就。以光和二年（179）正月十五日己巳于山升仙。立治碑一双在门，名曰嗣师治也。（此下引《仙传拾遗》阳平谪仙条云：）九陇居人张守珪有茶园在阳平化仙居内。（其义子之妇）与邻妇十数人于堋口市（今关口）相遇。（义子之妇以一碗酒饮邻妇使皆醉。盖夫妇皆阳平洞中仙人。后段述：）二十四治各有一大洞……皆有仙王仙官仙卿辅相佐之，如世之职司。有得道之人及积功迁神反生之者，皆居其中，以为民庶（即种民）。其龙神祠庙、血食之司，皆为洞府所统也。二十四化之外，其青城、峨嵋、益登、慈母、繁阳、嶓冢亦各有洞天。洞之仙曹，如人间郡县聚落耳。（此治末尾有：）右阳平治山。山中有主簿治、嗣师治、系师治。”

以上所引可考者：①阳平治在今关口，包括今丹景山区。唐阳平观则在今新兴镇光辉太平寺（蜀王祠）。北周改南朝刘宋所置晋寿县（今关口镇）为九陇县；并迁治于古繁县（今彭县西人和乡）。

前引：“道由罗江水两岐山口入，水路四十里。治道东有龙门拒守神水。”此罗江非源出安县之罗江（罗江县）。此罗江乃指金雁江（鸭子河）上源、什邡马足井上溯罗家场、楠木场之小石河（小石河上源有金河、白鹿河等多源）。金河发源于蓥华山之九峰山南流于大宝称湔江，经小鱼洞（罗杨）、鱼洞、通济、上河中河断山（龙门）至关口为两岐水。两岐水之山为两岐山（关口上溯四十里白鹿与天台两山在湔江与白鹿水之间）。《蜀中名胜记》卷五：“九陇县灌口镇之城西有玉女祠、有蜀守李冰祠。（彭）县北三十里丹景山，其前为彭门山，悬崖绝壁，相去数百步如门，即天彭门也。”《蜀水经》卷十一引《寰宇记》：“弥濛水源出琅岐山。《通志》曰：‘玉村河源出五峰山，经堋口镇南至竹溪，合白水、黑水、中随、乾溪、大隋、白鹿七河合而为一，经彭门山下出三郎镇。’”②“西南有大泉，决水归来。”《四川通志》（嘉庆）：“大隋山在县西北堋口镇三十五里，上有瀑布泉，下流入清白江。”③述张衡嗣师治一段可能指今新都县南泥巴沱之繁阳山阳平化。④末尾阳平治山有三治当在张鲁所治之南阳平关山区。⑤“其龙神祠庙血食之司”很可能指巴氐族之五龙神。张陵灭白虎族之害，平龙宫，降鬼魔，似皆取巴（氐）蜀（羌）人而治之。故云：“乃与六天魔战，夺二十四治，改为福庭，名之化宇。降其帅为阴官，择道者令焚修。于是幽明异职，人鬼（两族）殊途。”（《犹龙传》卷五，《道藏》18册24页下）

杜光庭《录异记》云：“繁阳山麻姑洞即二十四化之第一，阳平之别名也。在繁水之阳，因以为名。”《本际经》云：“天师张道陵所游，太上说经之处。在成都府新都县南。渡江十五里。众山连接，孤峰特起。光化二年五月四日丙申。山土摧落，洞门自开，县吏时康，道士张守真等以事申府（详记洞府规模，实汉代崖墓），其洞连接繁阳本山，相去三里，据诸生张赟等状称：繁阳是古迹山，每准敕祭祀。其洞亦是原有。洞本名麻姑，山侧有麻姑宅墓，盖修道之所也。”（祐注：今名泥巴沱，有木兰寺。）此段之繁水当指今之毗河。

张氏仙道上承蜀国王族所改汉姓李家道。《三巴记》：“（重庆）涂山北水有铭书。词云：汉初健为张君为太守，忽得仙道，从此升度。”合江安乐山藏有扬雄以前之《黄泽书》为蜀中仙道古笈。盖自张良以来，多娶蜀族为母系。张陵叔祖张辟疆之墓亦在乐山市。

三、漓沅治

《云笈七签》卷二十八：“（第四漓元山）治在彭州九陇县界，与鹿堂山治相连。其间八十里，去成都二百五十里，有果松神草，服之升仙。又有四龙起骑之门。范蠡主之。治应房宿。”按鹿堂在绵竹县界北乡。汉晋绵竹在绵远河东北（黄浒镇），隋唐绵竹在今县治，亦隔石亭江与什邡县，似皆不能与彭州九陇相连。盖漓沅即丽元之音写，皆以武都山美女为蜀王妃而蜀王及妃之墓冢上有石镜而名“丽元”之称而误连。鹿堂山在绵竹县西北三十里中隔紫岩山与绵竹山相连，绵竹山即武都山（蜀王妃生地，严君平父严子晞修道处）。武都山为开明王妃生地；武担山（成都西北角，亦有“丽元”石镜）为墓地。因误以绵竹山与漓元山相接。彭县之漓沅治在今白鹿与红岩间。可能在今响滩子石亭江与鸭子河上源分水岭附近（白鹿河山脊之末）。《蜀中名胜记》卷五云：“治北五十里白石沟即漓沅治也。治有鸿都观，下观名曰响石。《寰宇记》漓沅作丽元。五龙山有神溪水，仙人李伯阳登山嗽之；今为溪源。山高数百丈，延袤二十余里。山麓有洞，旱时祈雨。（巫者入第七洞龙穴用符咒取水盛竹筒而出。离洞口即有风雷随之而雨作焉。）”《华阳国志·蜀志》（秦伐蜀）：“王遁走至武阳，为秦军所害。其相、傅、太子退至逢乡，死于白鹿山。开明氏遂亡。”同书《大同志》：“晋太安三年，罗尚杀隐士刘敞。敞故州牧刘璋曾孙也，隐居白鹿山，高尚皓首，未尝屈志，尚信妖言而杀之。”知秦汉晋之时，白鹿山大有名望。逢乡即今之海窝子。《太平寰宇记》：“丽元山在九陇县北六十二里。拔地特起（崖壁）四绝，高三丈。有双石镜，广五尺，常穴其下到水而未臻其极。”李膺《益州记》：“范蠡学道于（丽元山）升仙。”清人李调元《漓沅治》诗：“漓沅治里鸿都观。响石关头白石沟。高尚原来于此隐，虚传范蠡五湖舟。”关于范蠡白鹿事应知早有夏禹生于西僰之说，今羌族区有刳儿坪，禹穴等古迹。天师道披发、赤足、八卦敞即贯头衣，皆热带装束，竹坛三层，吃槟榔，崇五龙，投龙等亦皆越族风物。夏禹学于西王国（西王母即女和月母之国的女娲）。则夏始于越地，有迁徙于崇山（崇伯鲧迁蜀山）之崇伯（鱼妇即鱼凫）建王朝则在河南。蜀王以双钺为王权象征亦与越王相同。

关于丽元（漓沅）一词，应是蜀人专词。如离堆为相对如阙之神崖专称。（丽元）亦蜀人坟包上所立之石镜（因埋体土内仅见圆形面而称“镜”，实为立体石鼓。蜀人专名之曰魂楼。）最著名的石镜是成都唯一战国遗迹城西北角五担山石镜，据重庆建工学院辜其一教授目睹为一高体石鼓，并雕有虎面案（径约2米）。此武担山传为晚王妃（武都女子）墓。成都西南角石犀寺与西北角石犀镜相对。“石牛对石鼓，金银万万伍”，指成都大城（秦军城）之西北为北小城（蜀王城，以今青龙街为中心）；西南为南小城（汉城、以今陕西街为中心）。清代之满城（少城）则在南北二小城间（以今商业街为中心）。前蜀与后蜀之宫城（今省展览馆）则在秦大城与两小城间居今成都市中心。石镜曰丽元，殊为重要。

《蜀中名胜记》所记丽元山多处：

卷三《成都府》：“武都山精化为女子，美而艳。蜀王纳为妃。无几，物故。蜀王遣武丁于武都（此指绵竹武都）担土为冢，盖地数亩，高七尺（应为丈）。上有一石，圆五寸（应为丈五尺），径五尺。莹沏，号曰石镜。”又引《路史》：“开明王妃墓今武担山也。有二石阙，石镜。（梁）武陵王肖纪掘之，得玉石棺。其中美女容貌如生，体如冰。掩之而寺其上（名蜀王寺，后讹为咒土寺）。镜周三丈五尺（应一丈五尺）。”扬雄《蜀都赋》，杜甫、王勃、苏颋、陵游等皆曾以诗咏之。考武都之名当为族称，甘肃、陕西、四川绵竹与泸州皆有。湖北“五当山”，川南“五荼夷”“五斗夷”亦皆得名于汉语音写之同音词。此族当是西南夷氐羌系兄弟民族。

卷五《新都县》引《环宇记》：“丽元山在县北八里，平地特起，四绝高三丈。有双石镜，广五尺，尝掘其下，至水而未臻其极。”宝光寺后刘家碾附近确有丽元山土堆。唯因宝光寺与成都文殊院西皆有古“福成寺塔”待详考。《广弘明集》卷十七：“益州成都郭下福感寺塔本名大石寺……”是知福成、福感是一是二？

卷八《仁寿县》引《图经》：“南二十里有丽甘山，山下盐井，是十二玉女故迹，以玉女美丽，井水味甘，合而为名地。……古盐井号聂甘井，井旁有神祠号曰聂社。”又云：“（陵井盐）张道陵结兹地，有山神称十二玉女，指陵上开盐井。盐以陵名，志地也。”《隋州郡图经》：“仁寿丽甘山有十二玉女。以玉女美、盐味甘（名之）。”云南丽江兰坪产盐亦以丽称县及称丽井，或与古蜀神崖“离堆”有渊源。道都十二神女、溪女、玉女皆阴神坤气也。

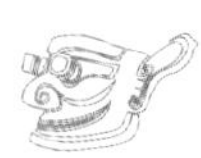

四、葛瓒化

①诸书记载葛瓒山似始于隋唐？天师二十四治名有葛瓒化或为唐末人命名？有待索考。

《周地图记》(《汉唐地理书钞》180页）云：“葛瓒山上有葛永瓒祠，永瓒学道于此山。”按此书证北周地理，唐人张守节、徐坚（《初学记》）已引用；罗苹《路史》注作北周宇文蒦作，至少也是唐代所成之书。

《仙传拾遗》(唐末）：“葛永瓒常居蜀之上清山，志希度世。巨松之下时有夜光，因得茯苓，其状如人形，炼而食之，能飞行变化。丹成服之，白日升天，因号上清山为葛瓒山。”此山本名“上清”，因葛瓒而号曰葛瓒山。似唐末撰二十四治图误以号为名？更疑“葛瓒”实“罗瓒”(罗公远居罗江罗巆山，九陇县人）。

《唐书·地理志》(北宋）：“九陇县有葛瓒山。”《寰宇记》：“葛瓒山在九陇县北四十八里。”

《方舆胜览》(南宋）：“葛仙山有崇真观。葛仙翁瓒、杨仙翁升贤，于此得道。(梁）大同中蒲仙公司高远复于此白日上升。梁武帝赐名上清观。刘孝先作碑以纪其事。”

《云笈七签》卷二八：“（第五葛瓒山）治在彭州九陇县界，与漓沅山相连。去成都县二百三十里，去阳平治水口四十八里。昔贤于此得道。上有松栗山，高六百丈。治应心宿。道人发之。”(后段引韦皋梦神人葛瓒及修山观事。）同书卷一百十七引唐末杜光庭《道教灵验记》南康王梦二神人告以将富贵验；青城道人同葛瓒化灵官示现验；葛瓒化丁末水验。唐宋以来确认葛仙山之仙翁为葛瓒，其（丁东水）条云：“葛瓒化周回崖蛮，左右嵌穴，地灵境秀，回绝诸山。故有二十四峰，八十一洞。……每年三月三日蚕市之辰，众逾万人宿止山内。饮食之外，水常有余。”与今情况全同。

嘉庆《四川通志》卷十“葛瓒山在县北。山有二十四峰，八十一洞。”

《周地图记》成书于唐代。故隋代不提及所载。《洞天福地记》杜光庭编成于公元901年。杜氏明知“北邙治”在四川越西而又记在河南洛阳。其取材杂乱，不以汉张陵设治原名，阳平化在九陇，杜氏《录异记》又写于天回山末之繁阳。

考葛璝化与韦皋大兴土木相连。可能其名乃始自唐（不始自张陵？）。南朝刘宋称白鹿山为小成都。葛仙山有道场山、白石山、崇真观。上清观之称在前，有五斗山、葛仙山之名于后。“葛永璝”似为唐人之称。

②葛仙汇引：盖葛璝不见于史籍，仙史。此传说人物当是与四川民间有关之神仙。

（葛由）彭灌山区为氐羌人居住区。“禹生于西僰道”即西羌。则荥经县之邛僰山，青城山之僰道（邛僰之间的僰）；皆羌与氐之居（两族为互婚昭穆两分）。刘向《列仙传》：“葛由者，羌人也。周成王时，好刻木羊卖之。一旦骑羊而入西蜀，蜀中王侯贵人追之上绥山。绥山在峨嵋山西南，高无极也，随之者不得复还，皆得仙道。故俚谚曰：‘得绥山一桃，虽不得仙亦足以豪。’立祠数十处云。”（干宝《搜神记》同）此绥山又见于唐代蓬州（《四川通志》辨伪）。彭州九陇之“大隋山，小隋山”在羌人区，可为绥山。绥山、隋山，亦即桃都“度朔”山。天彭阙之神荼与郁垒专捉鬼，璝与瑰通。蜀人归魂之所。

从象征或隐语（谜语）角度来看，（葛璝）治之名似乎又含藏着古蜀国尚赤与“心宿”三星之意。瑰与蓬通红色珠也。葛亦玉石。璪（《云笈》卷一一九雨言“璝之璪”）亦朱绿（红）色，与缫、藻通，冕（王冠）上丝玉之饰。红色玉又上应“心”宿三棵红星、暗示此隋（绥）山为古蜀之神山（故开明王太子归回祖山白鹿逢乡（逢通彭）。《华阳国志》卷三：“（李）冰能知天文地理，谓汶山为天彭门；乃至湔氐县，见两山相对如阙，因号天彭阙。”《环宇记》引《蜀王本纪》：“（李冰）谓汶山为天彭阙，号曰天彭门。云亡者悉过其中，鬼神精

（灵）数见。”今彭县海窝子（新兴）即逢乡，丹景山水口即天彭阙。海寓子阳平治中央教区亦即瞿上所在。瞿乃大眼鸟，大鹏、天彭、逢蒙音义相通。上引《蜀王本纪》（见《汉唐地理书钞》374页）文“天彭阙”下有双行小字注云：“《后汉志》注引，此言临邛县前有两石对立如阙，号曰彭门。”（祐按：鸳雔即离堆，江上两崖相对处为祭祀蜀国神鸟〔瞿〕之神阙。或曰雷垣（嫘祖之神），或曰瞿唐（鹰头杜鹃），实指西陵氏（蜀山氏、西貘女酋长）。西貘与黄帝居川麦甘之昆仑（岷山汶山）。道教之西王母大巫师为鸟母，居人鸟山统龙虎两部。此处，“临邛”应即《水经注》江水先经临邛再过江原，在今街子、上元（青城山东）之汉晋临邛。临邛县前“两石对立”即瞿亭（渠亭）乃古蜀瞿鸟神（鸳雔）之离堆崖，亦称天鹏阙。以上注“临邛”混于彭门者不是偶然错说。《梁载言十道志》（见《汉唐地理书钞》275页下）：“邛州临邛郡。汉武置十三州在益州之部。今州境则汉之资中、郫、垫江，后汉之德阳（江油县马角坝）等四县。”临邛之意乃监临于“邛人”，随时变迁，不可凝固于邛州所在。“邛”似即僰、笮、北獠，似为古氐（姬）羌之系。神荼与郁垒与虎同在；天彭鸟神又统帅虎豹熊。

青城山仙系古有宁封、洪崖先生（青城洞真）。王方平位西极西城真人。镇青城山宝仙九室之天。后又有王谷神、皮玄妖。安期生传马鸣生（蜀青衣帝蚕丝），马鸣生传阴长生。蜀杜宇帝，开明氏蜀王后之李八伯、李冰。栾巴本青城鹤鸣赤石山人。李仲甫弟子左慈为葛玄之师。蜀州（崇庆县）瞿武受道于峨眉“天竺真人”。葛玄生时有“自然道士支道纪”来贺。汉晋进时佛教道人已活动于中国而以蜀山为最先。《犹龙传》（见《道藏》18册26页，敬字第9页）：“孝灵帝光和二年（179）混元与太极真人降于天台山授葛孝先灵宝等经。以赤乌元年（238）赐孝先为太极左仙公。七年乘白鹿车而升天。”《仙鉴》卷二十三《葛仙公传》云“仙公与天师相为表里，遗址逸迹多在蜀中。（葛）从左元放于赤城山（青城）学道（岷山丹法）。葛玄传郑思远从葛玄所受《正一法文》《三皇内文》《五岳真形图》《太清金液（丹）经》《洞玄五符》多出自岷山青城峨眉。郑氏养虎之事又与巴蜀道士同（参见《太平广记》诸条）。葛洪于晋永和三年（347）桓温平蜀入蜀至洪雅花溪。今洪雅县柳江乡杨村柏木岗有抱朴洞遗迹。（祐按：疑“葛永瑨”实即唐著名道士罗江县的罗瑨。因抱朴子葛洪入川居洪雅县柳江岸处而蜀中误呼罗为葛？但若晋谯秀所列蜀中八仙已有葛瑨，又疑杨慎所引《蜀记》非晋人著作。盖“尔朱仙”非有晋与唐两人，尔朱姓源起始主唐后，故谯秀不能记有尔朱姓氏。遂宁葛仙洞有“葛瑨”题字。）左慈（元放）曾隐居峨眉山，今有“左慈洞”。葛洪《抱朴子·金丹篇》：“可以精思合作仙药者有华山、泰山、峨眉山、绥山（二峨山及彭山、蓬山传说同源于蜀山羌人葛由）。”初唐诗人王勃居九陇县，与县令柳太易同游葛仙山（咸亨二年，公元671年）。《唐书·文苑传》：“勃尝登葛仙山旷望，慨然思诸葛武侯之功，赋诗寄情。”又似因“诸葛孔明”而得名。梓潼县西南二十里葛山，又名卧龙山。相传武侯伐魏。驻兵于此。有古碑在此山之景福院。此处今尚存唐初摩崖佛教造像。知初唐人景仰诸葛而有葛山之称。王勃称彭县葛仙山两思武乡侯或与此同。清人题诗亦称：“葛仙”或葛山而不名。今葛仙山长联连用“寤想天台”“药采天台”，则似指太上老君降天台山授经葛玄事。本山西北亦有天台山（白鹿河与湔江分水岭高2441米），后句似指彭县天台，两天台山并叙亦影射葛元。葛玄传说又有阆中天目山；昭化桔柏渡葛仙翁取石书符制津中沉舟恶鱼事。《真仙通鉴》葛仙翁传（卷二三）：“仙公与天师相为表里。遗踪逸迹亦多在蜀中。历世寥邈，时人无能知者。”若二十四治图乃唐人整编。则葛玄可能即葛瑨真身。若瑨名乃张陵治名，当是蜀山老仙。蜀中八仙姓名不一。《野人闲话》记西蜀道士张素卿所画蜀中八仙：李已、容成、董仲舒、张道陵、严君平、李八百、长寿、葛永瑨（引自《太平广记》卷二一四）。杨慎引谯秀《蜀记》则有尔朱先生。谯秀是晋人，似不能见尔朱姓氏及唐宋时之尔朱。但赵道一《仙鉴》于安期生传中有“阴长生授尔朱先生”语。未知孰是？唐末人列入葛永瑨。《蜀记》若非明人伪著；亦未列入葛永瑨。则唐人所传蜀仙又与杨慎所引异。葛永瑨似为

唐人之传说？不始自张陵建治之时？

葛仙山有白石山之称，盖山骨白石珍奇而名。峰顶一大白石若“叩”字，称“叩之则灵”。又名“五斗山”，盖有五峰分饰似天上五斗星。陕西成固西北有斗山。《开山经》云斗山五穴通于昆仑、陇山、武当（武担）山、青城、长安。依此穴四通之道，中心可在蜀山大隋与白鹿。《周地图》此条云：“山侧有白鹿时见焉即此山。”成固有公慕与什邡县同。由小成都白鹿山播迁于成固，因人而传或亦有联系也。

（附记：1992年5月20日笔者游葛仙山诸洞。杨明远仙姑嘱写葛仙山介绍。吾不善为文，仅以所阅草凑成《彭县三道冶考释》等文，诚想不负仙姑所托，但囿于识见浅薄，唯愿心笃可答殷望也。）

注：

①葛璝的资料似始于唐。

《仙传拾遗》：“葛永璝常居蜀之上清山，志希度世。巨松之下，时有夜光，因得茯苓，其状如人形，炼而食之，能飞行变化。丹成服之，白日升天。因号上清山为葛璝山。”（引自《三洞群仙录》卷十四）按“三清”之辞在真灵位业图之后，上清名山亦魏华存以来之称，则“葛璝山”之称在隋唐时（非汉天师命名）。

《蜀中名胜记》卷三十：“集虚观在城北二十里广山，有铜铸明皇像（指唐玄宗），殿柱上有葛璝题字，削之愈明。《碑目》云：遂宁广山葛仙洞上有碑纪诗。一云：城东八十里有崇真观，在白鹭山岩腹，乃周隋间（公元557至618年）葛仙翁炼丹之所。”按明皇像当铸于唐末。四川葛仙翁乃公元6世纪的葛璝。

②葛仙山历史上可指“诸葛”姓氏者。

《太平广记》卷三九引《宣室志》：“韦皋满月时，一老僧指为（诸葛武侯）之后身。”故其本命（卯）属仙山。王勃登葛山而思诸葛亮。梓潼卧龙山固因诸葛布营而名葛山。故十四化治及《道教灵验记》以唐人人神仙之说名山。

③上清灵宝乃后起之说。《真灵位业图》玉清三元宫有四神为“中

位”。“上清高圣太上玉晨元皇大道君”为万道之主。《三洞珠囊》引唐代《老君圣纪》上清太上大道君亦非太清境之太上老君。实际上只有道君李耳，原始与灵宝皆“老子”一气化变。老子或在越为范蠡，在吴为陶朱公（《神仙传》）。结合三清“赤混太无元”。道君君子似以紫色气以表征征之。李耳自称“洪崖”（《神仙通鉴》）；或称“赤精子”。母称“洪氏”（《路史》）。一系列命名中又与“玄”及“洪”有关。故可能为唐代人创造神仙时用玄洪雨葛氏之仙传取名。瑰即瑰，亦紫红色。“天地玄黄。宇宙洪流。”神仙历史之真实，揭开传说史影之秘密，尚有待广泛深入之探索专研。

（原载《成都文物》1994年第1期）

西王母与西膜

道教神仙中缺不了西王母，因为她是女仙之祖，“九灵太妙龟山金母”。她所住的昆仑山是神仙的始源地，又是“黄帝”所居。山原神仙出自昆仑，海上神山亦被昆仑之名。在编述此题时深感识见浅薄，资料未能精纯。仅勉辑诸目于次：

一、西王母之邦乃部族国名，一称“西膜”

汉初集先秦事物之《尔雅》以“觚竹、北户、西王母、日下，谓之四荒”。《大戴礼》以“舜时西王母献白玉琯”。《穆天子传》言“天子觞西王母于瑶池之上”。《汉武帝内传》述汉武帝受经于西王母。《尚书·帝验期》曰：“王母之国在西荒。昔茅盈、王褒、张道陵，洎九圣七真（道教最高的三清六辅与三清四御），凡得道授书者，皆朝王母于昆陵之阙焉。”（《图书集成·神异典》引）西王母之国是道经所出，有如印度为佛经所出。黄帝与西王膜同在昆仑山，则其书当与中国方块字有关，应是汉字系统，中原汉族人乃能受其经传。中国方块字在秦统一文字前，各地区邦国多异体。现存勾嵝碑、三皇文、巴蜀方块字（四川战国铜兵器上），道书中的天书云篆等方块字今多不识。

西王母之国或作为仙人之西王母，至少存在有三种情况：

（1）历史传说之西王母：除前举诸书外，20世纪30年代有“黄帝”源自巴比伦，巴比伦即昆仑之说。丁谦《穆天子传地理考证》说为加勒底国（公元前10世纪至前7世纪）之月神。郭沫若《释干支》亦指出夏商天文来自巴比伦星座，夏人驺虞即白虎实由参星之巴比伦名称；商人名殷实蝎星之巴比伦名称汉写。这应是传说或忆古。

周初的西王母，岑仲勉《中外史地考证》认为在今新疆范围内，即《汉书·西域传》之南道。但论其种族则引刘师培说：巴比伦古名Samas或为西膜之对音。西膜即白色的塞米人（Semitic），即闪族（sem）；不是塞种（释迦种Saka）。

（2）道教神仙之金母当由部族女王神化。

（3）周穆王所到的西王母部族又叫西膜，似在当时“八骏”马可到之处。若远至帕米尔高原或里海，似不可能。由周秦汉交通工具（马）看来，应是黄河源昆仑山原。应在今四川、青海、甘肃边境地区。必须具备：A.此邦有农牧业可以生活；B.马路可通达；C.语言文字可通或可译；D.互相交换品的“商品”应可负载运输；E.友好或婚戚。

在时间进程上，从黄帝、舜、崇伯禹、穆王、武帝……经历约三千年的时间。西王母译写为貘、獏、嫫母、崇、浊、蒙、岷，地望当亦有自西而东的移徙。部族必有通婚对象，除部落或部族内的昭穆（白黑）两分制外，长期随畜转流中，山原火耕农业中，商业交换物品中，随时都可能有新族异族的婚姻与掠夺。在后来称蒙山西陵氏。大月氏，大宛……。同居在昆仑山原（秦汉在巴颜喀喇山东支）的西王獏似为闪米人，轩辕氏似为黄种人。此黄帝、西貘本系黄白两种族，但文化逐渐混而为一。西王母之姓或姓何，姓缑，但其部子孙多用“王”氏。王远与王母之诸女皆王氏。印度的释迦族是塞种（Saka），不是闪米种（Semites），释迦本允姓之戎，世居敦煌，为月氏迫逐，遂往葱岭南奔。释迦乃印度的塞西安人（费尔干人），是黄种人居印度者。释迦种与印度雅利安（白种）、荼罗维荼（棕种）不同种，文化亦异。青海

省有比摩寺（彝人称法师为笔母），传为老君化胡之庙，至今尚存。塞种（Saka）是突厥系民族，欧洲白种人称塞为“斯基泰”，与匈奴、鲜卑同系。斯基泰文化在云南石寨山，在四川三星堆（商周）与巴蜀文化（周秦）中皆有表征。“西南夷”的昆明、徙、筰、冉駹、白马，及蜀山氏、蒙（貘）山，乃至蚕丛、鱼凫、杜宇等氐羌系中包含着许多民族。黄帝华夏族（后称汉族）的先民氐（狄、姬）羌（戎、姜）也是昭穆制婚姻两姓合成。由姓转氏还经历了母系父系的转化。李耳与释迦都出于猃狁、斯基泰而为华夏文化同根之华果。

宋人罗泌《路史》论西王母：西方昏荒之国也。献舜白玉琯及益地图。《世本》：献白玉环、玉佩。《集仙录》：黄帝在位，西王母使乘白鹿授地图。舜在位使献白玉环及益地图。遂广九州为十二。复献白玉之琯以和八风。《竹书》：西王母来宾。特不过西戎尔。

清代赵翼《陔余丛考》论西王母：“哀帝时，相传西王母行筹，西入关至京师，会聚祀西王母。《晋书·张轨传》酒泉太守马岌言：酒泉南山即昆仑之体也。周穆王见西王母于此山。宜立西王母祠。又沮渠蒙逊袭卑和至盐池，祀西王母寺中。中有圆石神图，命张穆作赋。《史记》条支国有弱水西王母。《后汉书·大秦国传》或云：其国西有流沙，近西王母所居。《北史》大秦国有西王母山，玉为堂室。”除以上各个王母祠外，陕西省泾川县有王母宫（见《中国道教》1991年第3期《西王母与泾川回山》）。我认为这些西王母祠正是汉朝西王母部族所在。其地在川、青、甘边境黄河曲附近。积石山、西倾山、秦节嶓冢山之区。

二、西王母（貘）部的神秘化内容分析

《穆天子传》经多人研究皆远至中亚或帕米尔高原。至20世纪90年代，郑杰文《穆天子传通解》学博且精。在第142页已经提出交通、粮食供应、运输等问题，并且严谨地做出了通解与地名考证。穆王是“周穆王”吗？穆王的军队商旅可能在大队辎重运输情况下经历绝岭、

沙漠吗？我认为谜底是古人的“纪实文学”创造，融生活现实与文艺加工及幻想于一炉。

（1）和许多神妖小说一样，如像是园艺家加工的植物造型或盆景，它们是真的花木。《穆天子传》和《山海经》是战国时编辑的两部综合性丛书。立足于中原文化基础上整理了边疆多民族的传说、神话、历史。哲学概念上正统化，记载叙述上中原化，人物翻译上“汉”化。尽量“为我所用”而改编改写（又错简、错解）。“穆天子”是“黑王”，他可能是生于“崇”（蜀山）的崇禹，学（养）于“西王国”的夏禹。也可能是古蜀王国之“穆”王。盛姬之国唯见于此，这是蜀山“成都载天山”的“成侯之国”。见于中原史中仅此一例。《穆传》是系统改编。《山海经》又系另一系统改编，有楚国的《五藏山经》、巴巫的《大荒经》、蜀巫的《海内经》和补辑的《海内经》。两书皆巫史实记的中原节译本。

（2）“送魂经”式的改编。西南民族的《送魂经》是巫师作法把灵魂送回始祖的神山去。一站一驿一山一川云路清楚，是“来龙去脉”的回顾与讲述。《穆传》取蜀人魂归“天彭门”的吟颂结构，记录了蜀王西境的交往部族，再美化神话安接于“（周）穆王西征”上。于是成为与《山海经》比美的“纪实”文学。所以大可不管地面道路驿马的人间事，而成了“天路历程”。但地上的部族却是古记古族古神话传说的现实；只是远古长期事实浓缩于颂念短时之中。《穆传》中保留的特殊文字正同似于“岣嵝禹碑”、巴蜀《三皇文》和在战国铜戈上所见的巴蜀方块文字。

（3）送魂由天上云路愈送愈远。“西王母部”经历两千年则由“巴比伦”向东，越来越近。由闪米白种婚变为杂交优势的高鼻深目黄肤人。文化亦演变为杂交优势的“龙虎文化”。汉武帝所拜见的西王母已经语文相同而传经于汉帝了。当然蜀国西山的“巴蜀方块字”是地区性的文字。蜀人不晓中原文字，中原人也难解禹碑与《三皇文》。“西王母”这一文化民族并非种族，而是参加中华文化的西蜀“昆仑”文化部族，同时也是被江河中原文化融合的边疆文化精华之一。道教是民族文化精华之一，也是由许多民族共同创造的“方术”结晶体。

以上（1）现实地上加神话天路的志怪合成。（2）送魂云路愈送愈远直到向往的神山。（3）昆仑山越追越远（因实无此神山，昆仑即须弥，即巴比伦）。西王部越迁越近（终在文山即岷山、蜀山）。此三点在时间与空间中交互变化，由古巫（方士）诵唱而形成文字成为奇书。汉族与同血缘的兄弟民族、异血缘的少数民族共同形成了中华文化。汉族本身也是多源的文化民族。

魏晋人编撰的《汉武帝内传》已完全是降神的道教坛场法事。但《五岳真形图》《灵飞六甲十二事》系之于西王母与上元太真王夫人是与岷山丹法人有关系的。出于峨眉或嵩山的《三皇经》；太真王夫人弟子马鸣生，皆为青城神仙都会（岷山、蜀山）的仙缘道统。《内传》详记了授经仪式的程序和辞章。道教传授经文与讲授口诀并重的显密传法也明确记载。汉晋时西王母已完全用汉语作歌，不用翻译。王母侍女田四飞答歌：“晨登太霞宫，挹此八玉兰。夕入玄元阙，采蕊掇琅玕。”文学与哲学丹法皆与陶弘景《真诰》中仙歌同。如卷三：“龙胎婴尔形，八琼回素旦。琅华繁玉宫，绮葩凌崖粲。”卷四：“晨风鼓丹霞，朱烟洒金庭。绿蕊粲元峰，紫花崖下生。”西王母传于汉武帝的两部仙经，涉及上清派许多名人。栾巴、封君达、左元放、葛孝先、李少君皆与蜀山有关。

三、黄帝与炎帝的昆仑山

《史记·五帝本纪》：黄帝居轩辕之丘而娶西陵氏之女，是为嫘祖。嫘祖为黄帝正妃，生二子，其后有天下。其一曰玄嚣，是为青阳，青阳降居江水。其二曰昌意，降居若水。昌意娶蜀山氏女曰昌仆，生高阳。……黄帝死，葬桥山。《山海经》以轩辕之国在昆仑山，在穷山之南。穷山即《天问》“阻穷西征”中崇伯生崇禹，求助于山南巫咸以再生的蜀山（今邛崃山西北段）。轩辕之丘在西王母所居玉山西480里（《西次三经》）。轩辕之山北700里发鸠之山是炎帝少女名曰女娃（女娲）之居。蚩尤自羊水（姜水）登九淖伐空桑即黄帝所居之穷山、所葬之娇山（邛山）。《册府元龟》云：炎帝神农氏（烈山氏或即丽轩）姜姓，母曰任己，有蟜氏女。《史记·三皇本纪》作“母曰女登（乔？）有娲蟜氏之女”。可知黄帝与炎帝是婚姻的两半族，即姬、姜（氐、羌）结团。有蟜氏即女娲，即管日月运行（天文台）的女和月母。《史记索隐·赵世家》引谯周云：“余尝闻之代俗（赵、中山）以东西阴阳所出入，宗其神谓之王父母。”由此知“羲和与常仪”亦即神话中的女娲与伏羲，后所谓西王母与东王公。实由炎黄（姜姬）演化而出。河北省古之中山国、赵国，皆有丽轩女、鲜虞（释迦塞种）神话。

《大荒西经》所记“女娲之肠，化为神，处栗广之野”。有灵山（巫山）、十巫及百药爰在。有西王母之山。有女子之国，轩辕之国，昆仑之丘。还有天文观象台多处。有“鱼妇”（鱼凫），鹨鸟（魁雀、离堆）。“轩辕之国，江山之南棲为吉。”显然皆指岷江上游山原，在今川青甘三省边境。又在“常羊山”后第三条云：“成汤伐夏桀于章山（即钟山、历山、崇山、蜀山）克之。”《史记·秦本纪》申侯所言：“昔我先郦山之女，为戎胥轩妻，生中潏，以亲故归周，保西垂。”“张掖郡有骊轩”（《汉书·地理志》）正是西王母部居地。轩辕之国在岷山之南，当即俄洛白马氐与嘉戎之居，今汶川、茂县皆其地故国。故其子可降居江水、泜水、诺水（黑水）。西王母即俄洛女王（古蜀之后多为女王），舜时之西王母、唐武曌时之哥邻。果洛、吾邻，昆仑译音之异写。河北定县古有鲜虞为白狄之国，祈姓（氐羌乞姓实即允姓之奸，为斯基泰种）。后改名“中山”，为赵所灭。“中山”即“中人”或賨人，即道教之“种民”，中山出土文物多似蜀物。盖其先源同一种民文化。道教之“肇自河源”，盖指昆仑山的西貘文化。河北中牟县亦即中人县，后藏人“古宗”即汤所代之“叜夷”。黄河河曲南山河谷的炎黄及今之彝族，当与中亚白种有所融合并有文化互相渗透。

四、西王母形象与其神格之演变

中国史中传说几千年的西王母，最初或与中亚巴比伦有关。有闪米（Semitic，Semi）人的文化因素。塞种释迦（Saka）即印度的“塞西安人”，或译为“费尔干”，是敦煌以西的黄种人。《广弘明集》卷七：“塞种本允姓之戎，世居炖煌，为月氏迫逐，遂往葱岭南奔。又谓之悬度、贤豆，身毒、天毒。”（荀济《论佛表》）塞种是突厥系民族，欧州人称之为“斯基泰”。实即“西伯利亚”，师比，“鲜卑”，与匈奴同系，与月氏等通婚。西南夷的昆明、徙（嶲）、筰、邛、冉、白马、髦牛等氐羌（姬、姜）系民族与匈奴、月氏通婚而有血缘关系，成为汉族的兄弟民族，融合而为中华民族。西域史上的民族是与史地上的西王母有关的。如鄯善为巴比伦移民，巴比伦古名（Samas）（西膜）。焉居即掖耆即义渠，初在武威以东。禺知即禺氏即月氏，初居张武威（凉州）。大宛即大王母，王母寡亦宛族。道书以西王母名婉妗，《大荒东经》“女和月母之国”，有人名鳧（音婉）。乃虞夏双子星之辰星为马（吉量）为“白虎”；殷商天蝎星之参星为蝎为龙（仰韶文化陶瓶上画有蝎龙）；皆与西亚天文有关联（《郭沫若学刊》1993年第2期）。所以西王母这一半人半神的昆仑神仙主角，是上古史和道教史很值得探索与溯源的关键问题。

战国时之前的西王母形象是“戴胜，虎齿，有豹尾，穴处”（《大荒西经》）。“豹尾虎齿而善啸，蓬发戴胜（额上饰“方胜”玉牌），是司天之厉及五残。”（《西山经》）她很像异族可怕形象的鬼（羌）类。神“陆吾”，开明兽等在丑视的情况下，连族名也丑化了（如獗狁）今存甘肃泾川县回山所刻摩崖造像“回中降西王母造”可见其原貌。（长7米，高3米。造像时代不详。）

所谓“周穆王”其本来面目似为“璆即颛顼，为西北羌戎之上帝”。（《古蜀国历史资料辑编》）“伯夷父（颛顼之师）生西岳，西岳生先龙，先龙是始生氐羌。氐羌乞姓。幽都之山黑水出焉，其上有玄乌、玄蛇、玄豹、玄虎、玄狐蓬尾……”（《海内经》）这当是穆王（黑王）之国（大幽之国）。应在蜀山岷江。羿请不死之药于西王母。已是友好邻部。尧、舜、夏皆通好往来。“禹学于西王国”（《荀子·大略篇》），不仅友好，似禹养于舅家，母系“崇”即西王母。黄帝次妃嫫母即西膜，西膜、西陵嫘祖之上系是女和月母，则与女娲对婚之伏羲亦即黄帝之先系。此实为伏羲之虎族与女娲龙族之合婚集团。在汉代画像石、画像砖、铜镜上表现之西王母是坐在龙虎座上的神母，配有她的侍从。汉代画像中“西王母”与“伏羲女娲”的图像太多了，今摘西王母画像两例：（1）胡亮《大邑县董场乡残画像砖墓拾粹》(《成都文物》1990年第4期）。A.神荼、郁垒所骑神马名吉量，亦作吉良、乘黄、腾黄。这种犬戎国“缟身”（白色），即春秋时之麒麟，战国后意译不准确之“白凤”（后写为白虎、白狐、开明兽）。《六韬》名“鸡斯之乘”（斯基泰人所骑神兽）。B.西王母戴胜。《艺文类聚》卷四引《典戒》：“人日造华胜相遗，像瑞图金胜之形，又像西王母戴胜。”砖上是一位端庄秀丽的妇女形象。《焦氏易林》：“驾龙骑虎，周遍天下，为人所使。西见王母，不忧不殆。”两侧各有一双髻妙女，肩生羽翼。一女持灵芝，一女执嘉禾，是为西王母取食的两青鸟（即青腰玉女又称女青）。砖下部有：天禄（鹿），蟾蜍（头上有双角），扶灵寿杖的求仙药老人与五株灵芝，三足乌（日中金乌），捣药玉兔（月中玉兔），九尾狐（由凨字变为凤），人身虎面羽人（神仙）。C.天彭阙即天门，两侧各有一蛇身人首像。是伏羲与女娲。阙上中立一人首鸟身的神鸟人。西王母居人鸟山；汉摇钱树（实为桃都神树之桃变为钱）顶立九尾凤；大概西王膜是鸟族下龙虎两分族。（2）干树德《东汉崖墓石棺上的西王母像》（《四川文物》1992年第5期）。A.此石棺出土于彭山县双河乡河心岛上。现置于乐山崖墓博物馆。B.画面中间偏左是端坐于龙虎座上的西王母。左侧为三足乌和九尾狐。右侧灵蟾一，玉兔二（指画面坐吹箫与弹七弦琴人物，以双髻为兔耳），求药人一。这是东汉人的概念。C.玉兔可能与仙药关系密切，在画像砖上是兔形持药或捣药。在彭山石棺上是

吹箫弹琴的奏乐人。月中兔捣药与箫琴当具有内丹采药的寓意。D.祐按此石棺另一面为双阙图，见于《四川文物》1985年第1期封二。双阙在长方条的两端，而阙中上下分列四神兽：上左神虎，上右为神马与树（树下有伺马人），下左为鹿，下右为凤。不见龙与龟蛇，当是西山蜀岷的开明、吉量、麒麟、凤凰，而前三者实一物之演化。知昆仑实与蜀山岷江同一文化。

道教的西王母成为一特殊女神，有她的族源与文化渊源。《海内经》（古蜀国地志）说："流沙之西有鸟山。三水出焉（蜀山三江口灌口、关口、瀑口）。爰有黄金、璿瑰、丹货（沙）、银铁，皆流于此中。……有盐长之国，有人焉，鸟首，名曰鸟氏。"《史记·秦本纪》："大费生子二人，一曰大廉，实鸟俗氏。"《索隐》："以仲衍鸟身人言，故为鸟俗氏。"此与秦人所传丽轩女王有关。故西王母亦居"人鸟山"（人鸟山图有两种，其一白空恰是虎形）。《云笈七签》卷八十《玄览人鸟山图》："太上曰：人鸟山之形质，是天地人之生根，元气之所因，妙化之所用。圣真求其域，仙灵仰其神，敬而事之，存而念之，受而带之，精而行之，和而密之，无敢懈怠。三气调均，生身赤子，为道种民。其山之上，元始天王所居；其山之下，众圣仙真所处。其山之气，生五色之水，名反魂流液，成脂名震檀之香。西王母初学道，诣元始天王。三千年道成德就，应还昆仑之山。临去，辞元始天王，共刻铭人鸟山上。九老仙都君、九炁丈人图画山形，佩之于肘。天帝写空中之书，以附人鸟之体。百年一出，以传真人。道士有此山形及书文备者，便得仙度世，游宴昆仑。……同志者还房进胙，不得妄与非法之人。夫妻接待，皆同此法，不同，不得交会。……游行山泽，威制五岳、三河、四海、八溟、九地，一切神灵，奉迎拜谒。功德流布，五年七年，不过九年，超登三清矣。"《道藏》6册696页有《玄览人鸟山图》文多一段云："太上玉晨大道君曰：人鸟山名甚多。或名须弥山、玄圃山、大地金根山、本无玄妙山、元炁宝同山、神玄七变七转观天山，一山七名，总号玄览。……山中自然有金液还丹，七宝灵香。山外空虚之字，诵之在心，诀在师口。”此册44页中：“鸟母持瓶，召摄六丰。”786页上：“王方平为上相，治月氏国人鸟山。”提到人地线索。道教的西灵金母又名玉华灵妃、太玄炁母。名“九灵太妙阴阳化生万道元母高皇帝尊”。“太虚九光曰玉龟台金母元君”乃长生大帝之圣母，生八子。长生大帝乃长子，一身三名：南极长生大帝，太阳九龙扶桑日宫大帝，高上冲霄玉清王。世所称“九天玄女”或即“太玄炁母”之化身，又称“玄母”。故玄母化形为人头鸟身或凤身麟头，元始皇上人则化形一身九头。若见龙头凤身之人，或一鸟九头，此则元始天王下降兆身，道欲成也。昆仑山即人鸟山或灵鸟山，鸟母即西王母。山上有紫燕、凤鸾、白雀、鹍鹦、昆鸡、灵鹄、赤鸟、青鹊。《洞真八素真经》曰：“八素飞精，二景玉文，生于空洞之中，明于龟山之颠、玄圃之上、积石之阴”。则《灵宝》《上清经》皆由西王母传出。“上清总真主录南极长生司命君”姓王讳改生字易度。则王母之子姓王。从王母降于茅盈之室的南岳真人，赤松、西城王君、方诸葛青童都可能是王母的儿子或徒儿。《道藏·广字一》云：紫微夫人姓王讳清娥字愈音，是西王母第二十四女。《真诰》：“阿母第十三女王媚兰。”上元王夫人、南极王夫人皆姓王。故木公亦号“王公”。西王母姓缑姓何姓扬姓回，王公不书姓。《道迹经》云：“老子西过大龟之山，见太真王母食玉文之枣，又食碧桃紫梨。”

（原载《中华文化论坛》1994年第2期）

成都青羊宫李老君考索

一、论蜀中李姓渊源

（一）李姓多源

汉族是由许多古民族混血而成的。汉族李姓出自嬴姓，老子之李出自理官，李左车之李出自赵将武安君。李白与唐皇室出自陇西，未必为汉族李老子之后。巴賨李特显像巴人。后魏李姓本叱李氏所改。唐朝封赠“李”姓实多姓所改。实际上西周以来之“姓”，乃地域性的“氏”。不是夏商以古从母的“姓”（如姬、姜、姚、姒等）。张、王、李等大氏其源非一。《通志·氏族略》云：“皋陶为尧大理，因官命族为理氏。夏商之李有理徵……遂改理为李氏。”《云笈七签》卷三以著《道德经》的老君“周初托神玄妙玉女……指树为氏，因姓李焉”。同书卷一百一又以“金门皓灵皇老君”（齐鲁书社本554页）乃“寄胎于李氏之胞。三年，于西那玉国金垄幽谷李树之下而生，改姓上金，讳日昌”。此两处李氏“老君”，其一指老子李老君（道德天尊）；另一为五方五老君的西南“南极元君”，又名“西灵王妃”所化的西方老君。有其解释为太上李老君所变化，不如视作两李氏之来源。盖历史上确有西南李氏有别于中原李氏，两源各殊。

（二）蜀王之后裔改李氏

蜀早见于商甲骨。先后有：蚕丛，柏灌、鱼凫、杜宇、开明等国号（王朝？）。考古或古史上所称“巴蜀”，由巴族与蜀族两大部族组成。但巴与蜀之外，部落或氏族尚有许多“族”。如“西土八国”的庸、蜀、羌、茅、微、卢、彭、濮；如：邛、僰、耨、（筰）獠、崃、（鳌、黎）等。

蜀最后的“开明王朝”，历十一代，凡350年，大约在公元前678至前329年之间。开明氏蜀国是巴人“鳖灵”建立的，是巴族统治下四川各族的联盟王国。秦灭巴蜀，蜀王战败于今彭山县，残部败居今丹棱、雅安、芦山等县；蜀王之子领王族退归今彭县白鹿山中。秦汉时巴蜀族人散居四川，凿崖为墓，仍信“鬼巫”五斗米教。其中部分开明王（虎族）之后改氏为蜀中“李”姓。廪君，鳖灵的后裔改姓李尚有迹可寻。蜀中神仙多姓李是一特征。

（三）蜀中李姓神仙

《历世真仙体道通鉴》卷四有：“李浮丘伯，世号浮丘公。居嵩山修道，白日飞升。以相鹤经授（周灵王太子）王子晋。今湖北澧州有独浮山，昔浮丘子修真于此，山有石室存焉。”

“浮”即“庖”，浮丘即巴丘（巴陵），浮丘公是湖北巴族人改的李姓。安岳石羊场毗卢洞造像（宋代）中的浮丘伯作少数民族相貌。

《真仙通鉴》卷十：“李八百蜀人也，丹成道备还蜀中。”秦时唐公昉饮李八百仙酒后拔宅飞升。《混元实录》云：“李脱学长生之道。周穆王时来居蜀金堂山龙桥峰下。蜀人历代见之，因号李八百。凡三学于

此山学道，与号此山为三学山（汉州金堂县三学山石室号八百洞天）。”同书《后集》卷二：“李真多，仙人李八百之妹。随兄修道居绵竹（山）中。老君与玄古三师降授以飞升之道。或往来浮（即包二巴）山之侧，今号真多化，即古浮山治（化）也。”八百兄妹俱蜀人，真多号明香元君。

《真仙通鉴》卷十又有：“李冰、杨磨，皆蜀川得道之士。役御鬼神，驱斥云龙，无所不能。当开明氏时游息于蜀，故尝佐开明氏理水，为蜀除患。至秦孝文王时，冰为蜀郡守。”

同书卷十五：“李阿三国时蜀人也。传世见之，不老。《九域志》：资州焦壇山，昔李阿真人修炼于此。后于蜀州新津县上升。”

同卷：“李意期者蜀郡人也。汉文帝时人，至蜀先主时尚在。”卷十二：“李奉仙者东蜀人（浮丘伯传王裔，裔传李奉仙）。汉宣帝诏，不起。”《神仙传》卷十的李修四百岁，李根八百岁。此等李姓神仙的数百岁“历史代见之”，或为几人同名（如于吉），或为几世同名，或有两百余岁历三世者。至于北魏李灵字虎符、西凉李暠之后李倓、李虎、李白，及唐皇室之信奉道教有否同系巴蜀族源关系，尚待探索。

李八百有多说：1.谓吴大帝时李阿（《抱朴子》）；2.李脱妖术惑众（《晋书·周札传》）；3.唐仙人李良号李八百（《宋史·魏汉律传》），蜀李八百历夏商周号紫阳真人又封妙应真人（《四川总志》）；4.李铁拐乃李八百尸解后再生（《陕西通志》）。三国时，四川“李家道”在江南开拓。《云笈七签》卷二八云：“平岗治在蜀州新津县，昔蜀郡人李阿在此学道得仙。”《抱朴子·道意篇》：“后有一人李宽，到吴而蜀语，共呼为李八百。”北魏及晋时蜀中李家道后继“李弘”的各次多人起义，下及南朝至隋。李弘的起义是老君的化身并原居蜀成都，这与成都“老君”、四川“李家道”大有渊源（参见卿希泰《中国道教史》第三章第三节“李家道在江南的流行”“各地的李弘起义”）。汉成都人李弘字仲元，廉让成风。扬雄赞之曰：“不夷不惠，居可否之间。”（《尚友录》卷十四）扬雄为巴族巫师（北方鬼帝，《易》学大师），或此廉让忠厚朴质之李弘亦“李家道”巫师。

（四）巴賨李雄与青城道教

《华阳国志》卷九云：“李特，字玄休。祖世本巴西宕渠賨氏，种党劲勇，俗好鬼巫。汉末，刘本作求。张鲁居汉中，以鬼道教百姓，賨人敬信。魏武定汉中，（曾）祖父（李）虎与杜濩、朴胡、袁约、杨车、李黑等移于略阳北土，复号曰‘巴人’。……永兴元年（304）称成都王，置百官，建元建兴。迎范贤为丞相，尊为天地太师，封西山侯。贤名长生，一名延久，又名九重，一曰支，字元，涪陵丹兴人也。……李氏自起事至亡，六世，四十七年，正僭号四十二年。”李成汉政权与张鲁政权都是以巴蜀道士为基础的道教政权。李氏初称“大成”亦源自古蜀“成都载天之山”。（《大荒北经》犬戎、釐姓苗氏、牛黎儋耳之境，当指今青城山中成都山。）

李“成”建国以范长生为君师是道教（五斗米教）政权的信仰。“贤为李雄国师，以左道惑百姓，人多事之”（《晋书·周抚传》）。尊长生为“四时八节天地太师”（《通鉴考异》），完全取自阴阳（天地）、四时、八节（八卦）的《易》象。《通鉴》卷九十：大兴元年（318）四月，“范长生卒，成主雄以长生子侍中（范）贲为丞相。长生博学多艺能，年近百岁，蜀人奉之如神”。

公元320年，前赵巴人句渠知起义有三十万众。324年王敦灭周嵩，罪周与道士李脱谋反。342年且丘人李弘起义。347年成汉遗臣复据成都立范贲为帝。352年张琚与374年张育两次起义都与氐人巴人有关。500年又有巴西人雍道晞起义。

（五）唐朝李姓及火祆教

《道教灵验记》：“梁武陵王（萧）纪（公元552年，即位于蜀）理

益州。使李龙迁筑城于牛心山。龙迁既没便葬山侧，乡里祠号李古人庙。僖宗幸蜀，宗子李特立请遣道士醮山祈福，礼有加焉。中和三年诏改江油县为皇县。”按：高祖李渊七世祖曰暠（公元400年称凉州牧。陇西成纪人），历嗣有歆，重耳，熙，天赐，虎，昞、昞生渊。李虎仕于西魏，赐姓大野氏”。

《周地图记》(《汉唐地理书钞》117页)：“油江郡（原钞倒）扬李二姓各自称藩于前梁。至后魏武帝（指北魏道武帝，公元398年即位），得其地置油江郡。西魏于此置陇州。”公元4世纪初出于陇西的李暠似非中原李氏。北周地图记所云“杨、李二姓称藩于（北）凉”，当指氐羌系巴蜀族之大姓。唐皇室后裔李白生于江油，亦是“胡”(泛指西疆少数民族)。公元3世纪初创立的“摩尼教”早在公元4世纪已传入中国（或西疆）。摩尼教主（明教）主火祆教（拜火教，琐罗亚斯德教）基础上改进扩充。此两教自中亚经西域入中原，对隋唐宗教影响颇大。《唐书·宰相世系表》卷七五下：“武威李氏本安氏。……后魏有难陀孙、婆罗，(北）周（至）隋间居凉州，武威为萨保。”按“萨保”指祆教祭师。隋唐有“萨宝府”为拜火教祀官，位亚五品。又泛指“商队首领”的波斯、印度等“胡人”。西汉时的天山即祁连山，来自火祆教。《两京新记》：“西域‘胡天神’即佛经摩醯首罗天。”(参见《敦煌研究》1990年第4期《天山与祆教》)

道教相承次第录（《云笈七签》卷四）此篇记：“太上老君传授《云台正治官图》《治山灶鼎》等得四十一代相承。”“老君火山大丹治法传授……三人系代：王方平、尹喜、徐甲。”

A.汉孝恒帝时征王远，则方平与张陵同时。“方平得道位（西域真人），镇青城山九仙宝室之天。”(《真仙通鉴》卷五）四川丰都亦王远修道处。依历史年代，传至唐代而止。

B.第六代为“老君再下平盖山授张陵为云台治火芝火仙之经”，似直接于张陵正一道。

C.42代传人中，李姓有20人，占半数。

D.有系代女仙：李元君、樊忠和、李元一及东陵圣母。

E.李常存（在）、张常存命名似蜀中习语。很可能此世系创作于唐代，四川青城仙道所传。故道经中老君又命名为“牢（老、李）张上”。

二、蜀中李姓的民族民俗与道教关系

道教与巴蜀文化关系是尚待研究的专题，此章仅试论其线索。这不是“大胆假设”，是许多端倪与表象的引录（旧录笔记的选要各例），以“虎”与“火”为线索，《山海经》为主书。

釐姓苗民与黎州

《大荒北经》：“颛顼生欢头，欢头生苗民，苗民釐姓，食肉。有山，名曰章山。”按“苗”当有猫、毛、茅、氂，又转为釐、狸、黎等汉字音译书写。古之“三苗”或为“西土八国”中之“茅”（髳）。不纯等于后来之“苗族”。丹朱人面有翼、鸟喙捕鱼，实即“羽民”鸟人（即苗民、毛民）。《大荒南经》：“季禺之国在成山，有羽民；有群巫上下的登葆山；临近产丹产玉的隗山；有不死民；有羲和之国（伏羲与女娲）生十日。”这篇所叙正与“昆仑山”不死的神仙（巫）有关。《大荒经》中颛顼系统“使四鸟，虎豹熊罴”的许多“国”（氏族），都是鸟族统治下的分部。很近似《道藏》第6册696页的《玄览人鸟山图》中白空处所形成羽人（仙人）。《道藏》第6册697至698页云：“太上玉晨大道君曰：人鸟山名甚多，或名须弥山、玄圃山、大地金根山，本无妙玄山，元气宝洞山，神玄七变七转观天山，总号玄贤。元始天王治在山上。山中自然有金液还丹……”见于《云笈七签》卷八十的《人鸟山图》与此不同，空白处现一虎形（白虎），题云：“太上曰：无数诸天各有人鸟之山。有人之象，有鸟之形。……超登三清矣。”两个人鸟山图

皆暗示鸟族人控制下的各分部氏族。这与昆仑山西王母坐龙虎座而为鸟人（凤族）很近似，应看为历史上昆仑山河源的民族史影（因传说包含着历史）。道书中的“三皇”形象全似《山海经》中的巴蛇（龙蛇身人首），及人鸟山显出白虎形象，这正是巴（龙）蜀（虎）一统于鸟人的象征，也是道教“五斗米”种民与昆仑神仙的民族历史渊源。

汉武帝置沈黎郡及西部都尉以治“西南夷”。汉、晋及刘宋时沈黎郡有旄牛县（今汉源县）。《大荒西经》：有神十人名女娲之肠（十巫或十日）处“都广之野”（当在今青城山或成都）。又云：老童生重与黎，“今黎邛下地”。又云：昆仑之丘有人虎齿豹尾名西王母。《山海经》中今青海、甘肃、四川边境“昆仑山”诸族中的神巫先民、釐姓与黎民很可能是蜀中神仙李姓来源。

蜀保子帝雄长獠僰

《华阳国志·蜀志》：“（保子）帝攻青衣，雄张僚僰。”保子帝是开明氏鳖灵（丛帝）子卢帝之子，蜀王第三代，约在公元前6世纪。据同书卷九云：李势改年嘉宁（公元346年）“蜀土无僚，至是始从山出，自巴至犍为、梓潼，布满山谷，大为民患。”公元前6世纪到公元346年，将近千年之间，前后两“僚”似不必为一种。青衣羌在今雅安芦山县，青衣国在宜宾，青衣王在泸州，均在今金沙江、长江流域。青衣之僚、僰，当是濮僚与氐僰。濮僚是“百濮”系统；李势时之僚是“百越”系统。张陵在四川所建二十四治多主蜀僚居地，张陵的道民是以蜀地“濮僚”为主的“成都载天山”的巫载民，即武都、武担、武当、五荼夷。赍指今宜宾。但禹生于“西僰”当在今茂、汶。南朝及宋初青城王小波起义的“邛僰之间”当指今邛崃县（临邛）与崇庆县怀远镇。弄清巴蜀民族系属名类或可考“僚君”实非《老子》作者。濮僚（北僚、古僚）与越僚（南僚、“獠”）不是无可交往融合的。《中夏系统中之百越》早揭示长江流域的巴蜀、荆楚、吴越有文化风习的交流。

A.“大越勾兵”。旧认为“大武共兵”铜戈上的巫师神像是巴蜑或越人。

B.道教仪式中的披发、贯头衣、竹坛等皆热带风习。

C.象征王权的斧钺通用。

D.巴蜑、獽蜑与南道蜑民的历史关系。探索李姓来源时，必然联想到作为道民的族属居地。老、蝥、里、禀、蝥、髳、毛、苗等族称。

（原载《成都文物》1994年第2期）

鹄鸣神山治考

蜀郡临邛县即后来之邛崃县。但汉晋之临邛县在今崇庆县的南面（咸亨二年、公元671年，分出大邑县；崇庆县晋原郡治之名亦附于大邑县）。秦张仪所筑临邛城（公元前306年）乃临于邛僰人部落。汉末晋南北朝时“临邛”与“僰”道皆在今崇庆县、灌县山间。王莽时称临邛为“监邛”即监视邛部之意。王莽时以今崇庆县江源公社为“邛原”（非邛水南河之源）乃邛人川原之义。成汉时改江原县为汉原县，治所在今怀远镇。东晋改汉原县为晋原县仍治怀远。东晋时侨置临邛县于今崇庆县东南三江镇。刘宋时的晋原郡仍在怀远镇。南朝齐置晋康郡，梁置江原郡，皆在怀远。直至西魏平蜀（553）重立临邛郡乃治今邛崃城关镇。故渠亭山赤石城之“临邛”不可以今邛崃县区查找，当在古江源县近怀远镇的西山与青城山间考查之。故《水经注》卷三三云：“江水又历都安大堰，亦曰湔堰，又谓之金堤。（指今之都江堰）又径临邛县（王莽时名监邛）。又径江源县（王莽时名邛原）。又径郫县。”江水自西先经今灌县，又径“临邛县”，又径江源县（今崇庆县），是此“临邛县”在崇庆县之上游。今怀远、元通以上，大观、街子、上元、柳街，界于都安与江源间当是汉晋之临邛。汉晋之赤城、石城，在此区味江流域。古化山区多鹄而地名之凤鸣、黄鹤、白鹤、飞鹅、鹤鸣（柳街与石羊之间)、风安等皆以野鸟命名。青城“羊马台”石鹤鸣而天师得道。“羊马”本“青鸟”之误刊。西山、天国山亦在味江与西河间。《水经》卷三三:“江水又径江原县,郗江水出焉。”后人以皂江(金马、羊马、白马)为郗江误。一者皂江即外江(大江);二者“都江水出焉”非灌县都江之水。郗江当是今味江、十五里河、文井江三水合流之西河。《水经》以郗江水出于江源县,盖指今怀远镇之文井江。由此可确知渠亭赤石城之临邛在味江山区,当即知“渠亭赤石城”在今青城后山街子与大观两镇山中,后又因建范贤馆于今青城镇而今入山大道上有“赤城阁”(非张陵之赤石城)。《修青城山诸观功德记》云:“其峭壁复崖,矗如雉堞,艳若飘霞,谓之赤石城,亦名天国,同体异称,盖一山耳。”《青城山记》云:“一名赤城山,一名青城都,一名天国山,亦为第五大洞宝仙九室之天。”又引李膺《益州记》:“入山七里,至赤石城,有羊马台,三师坛。”则又似指今之“赤城阁”。蜀郡人栾巴(汉桓帝时桂阳太守)“后还家,今在鹤鸣赤石山中”。《仙鉴》赤石山中有“鹤鸣”,即青鸟鸣。《永乐大典》2604台字引《元统志》:“羊马台在灌州赤石城崖上乃天师与鬼誓(之处)。形如羊马,谓之羊马台或云:羊马自鸣,此山常有白日升天者。”张陵与“鬼”誓之鬼乃指“羌”族。蜀羌族以“鷦雀”为神鸟,即“瞿堆”(离堆)。故知此“羊马”实“羊鸟”(祥乌鷦雀或青鸟)之误讹。《历世真仙体道通鉴》卷一八《张天师传》内“鹤鸣山服五云气,其间石鹤鸣则有升天者。先是章和间其鹤鸣焉”,此句下有小字注云:“羊马台在赤城山崖上。或云:羊马自鸣则有升天者。天师居鹤鸣山,此‘羊鸟’频鸣。”传文“后居渠亭山”下小字注:“云邛(州)蜀(州)之间(此亦同《水经》先邛州后蜀州江原),人被其(鬼族)害。天师居蜀之瞿亭石室(渠作瞿本皆音译,唯‘瞿’,即大眼鸟,音意双关)。命神人运青城玄石以镇其(伏鬼井),鬼妖逐乃绝。”传后文又云:“领弟子迁鹤鸣山,筑坛以醮太阳太阴。”此“太阳太阴”亦即青城山中的“石日月”,李膺《益州记》与《隋书·地理志》皆记之。《舆地纪胜》“天师置之与鬼誓”。《仙传拾遗》

杨通幽（陈什伍）为玄宗觅得杨贵妃（太真）信物，自云本师西城王君（方平）。《玄怪录》则云“王先生青城草堂”。西城指赤城西山，在青城山东怀远。则“临邛道士鸿都客”实青城鸿都之杨通幽。《隋书》：“清城县有鸣鹄山、清城山。”本不误。成汉之汉原，东晋之晋原皆在今怀远镇。后崇庆县有晋原之称，又后乃以晋原称今大邑县。瞿亭赤石城之鹄鸣因山怀远迁江原（崇庆）再迁今大邑。汉临邛在今味江流域，今郫江与南河合流之邛崃亦有鹤鸣。古天彭阙在都江堰西而今彭县亦列之。皆承古地名于后分县中。

张陵以正一盟威之法降伏鬼（羌）龙（氐）于青城山。留迹皆在今青城山及味江红岩。有东洋人立碑今鹤鸣山（明张三丰重修鹤鸣观以巨松似鹤）而曰“道源”。一曰：道教之源在岷山石室名昆嵛。二曰：天师墓、天师银杏、天师洞等名迹皆在青城。且历代天师皆祭祖天师于混元顶下。杜光庭之杜撰甚多，其误指大邑鹤鸣观为渠亭鹤鸣，自相矛盾。陆游宿鹤鸣盖游青城天谷之作。不必为外国人张目。

《蜀中名胜记》卷七崇庆州条下引《太平环宇记》(北宋人乐史撰）云:“鹤鸣山在晋原县西八十里（北宋晋原在今崇庆县城关），绝壁千寻。”又引李膺《益州记》:“张道陵登仙之所，尝有白鹤游其上，北与邛州交界。”此处鹤鸣山在崇庆县西八十里；又北与邛州交界。不提大邑，北与邛州交界之邛不是今邛崃，而为江水过临邛再过江原之汉临邛（味江区）。且为张陵“登真”化亡之所。张陵墓在青城山，则鹤鸣乃青城之鹤鸣明确矣。《蜀中名胜记》卷十三引《道书》云:“鹤鸣山有二十四洞，应二十四气，有七十二穴，应七十二候。”此有洞有穴之山及前引“绝壁千寻”之山唯味山区有之，非今大邑平原之鹤鸣观。且张三丰诗“沽酒临邛入翠微（今十五里河和平与凤鸣间）”之临邛在怀远北境，不在今邛崃。味江山人唐求《送友人归邛州》:“鹤鸣山下去，满篋荷瑶琨，放马荒草田，看碑古寺门。”此指味江之鹤鸣，街子之邛州。古寺亦在崇庆县西山。诸书多误指唐求、陆游、张三丰诗于大邑自杜光庭已误。

《水经注》："江水又与文井江会，李冰所导也。……有朱亭，亭南有青城山。"郦道元云："文井江至蜀郡临邛，与布濮水合。"此两段文正与前引"江水径临邛县，又径江原县……"相合。原文本不误。盖此青城山朱亭（赤亭、渠亭之讹）之江水乃指今青城山下之沙沟河、泊江河在元通场与西河相汇。今崇庆县西河之上游即味江、十五里河、文锦江。文锦江即汉晋之文井江。其上源接蕃界，又有晋之僰道（怀远），故以味江为"布濮水"。后人误以邛崃县之南河为邛水（濮干水、文井江），又误连蕃界之"邛崃山"（邛僰、邛笮）当然就讲不通了。周秦间有马成子隐居临邛鹄鸣山石洞。西汉讲学于临邛白鹤山之胡安（司马相如从之受经）。皆是青城山之临邛。安期生、马鸣生、阴长生、王远皆学道于青城。[吕纯阳《登平都访仙》诗所云："一鸣白鸟（鹄）出青城，再谒王阴二友人。"前句自是出青城鹄鸣山，后句"再谒"乃已谒于青城，再访于平都也。苏辙诗"真人王远阴长生"乃叙青城丹法之相继承。元人彭致中《鸣鹤余音》收吕诗最多（百余首），盖以吕诗鸣鹤出于青城仙系。陈抟为吕岩友，亦青城仙传。]

《云笈七签》卷二十八云："第三鹤鸣神山治。治在其上，山与青城天国山相连，去成都二百里。（即今和平三郎镇之凤鸣；亦张三丰诗"沽酒临邛入翠微"之南山。若指今大邑斜江之鹤鸣则远隔诸水而不相连矣。）在蜀郡临邛县界（不在晋原）。马底子（应作马成子，见《真仙通鉴》卷十"入临邛鹤鸣山，隐居石洞中"）、何丹阳得道处。治前三水共成一带（指今味江、十五里河、文锦江。若大邑鹤鸣则并无三水，亦无洞）。"《方舆胜览》："天国山在永康县。左连大面，右连鹤鸣，前临狮子，后枕大隋。"知此马成子与张道陵所居之神山在天国山右，不在后之邛崃，尤不在雾中山下。青城天国山之凤鸣山有三水、洞穴、峭壁，雾中山下鹤鸣观无此三景。西城真人王远之神山即张陵得道飞升处。

青城山仙经之传承由来远矣。《太清金液神丹经》与《黄帝九鼎神丹经诀》一系传授为：安期生授马鸣生（蜀青衣帝、蚕祖），马鸣生授阴长生，皆在青城山中。《张天师传》以天师“退在鹤鸣山（注云青城山羊马鸣），后居渠亭山（瞿亭，运青城玄石以镇鬼妖），修九鼎神丹”。老君驾临鹤鸣山传度。“依告命战鬼于蜀（青城山）。……荡涤区薮，夺鬼幽狱复为二十四福庭。每治立阴官一人仙官一人，分掌世人罪福。”《传》前云天师于永元四年（92）入蜀，偕王长游于五岳三蜀，于（嵩山）石室得《黄帝九鼎太清丹经》。疑（嵩）乃（蜀）之误。盖太清丹经久传在蜀青城山。蜀人李仲甫之弟子左慈传葛玄太清丹经。马成子入蜀临邛鹄鸣山，隐居石洞中。栾巴还家于鹤鸣赤石山中。

（蓬溪县亦有张神君解《道德经》之赤城山。遂宁县城末北二十里有鹤鸣山；南郑有鹤鸣驿。如仅以地名解史事人物，则多附会误传。唯青城赤石城之鹤鸣可以当诸仙家丹道传承之天国矣。）

（西城真有王远学道于王君，服水丹有效兼行遁甲。《太平广记》卷十引《神仙传》：“李仲甫，丰邑中益里人也。”）

汉代人徐季道（《洞仙传》作徐道季）。所住之鹄鸣山亦在青城所连之赤石城（味江）。在汉之临邛，不在今之大邑或邛崃。今大邑鹄鸣观在平岗而不在绝壁之山窟，汉时名雾中山。汉末蜀先主刘备之后人有刘无名隐于雾中山，后入青城山北崖洞中遇青城真人授以《金液九丹之经》。周义山“登鹤鸣山遇阳安君，受金液丹经、九鼎神丹图”。此处若为今大邑鹤鸣观，则刘无名不必受经于青城北岩洞中，周义山亦不必“登”山而在平岗矣。西汉时青城道士王谷神、皮玄耀已被汉武帝封为太微、太素先生。《玄怪录》张左（《太平广记》卷八十三引作：佐所遇老叟申宗，“徒居鹤鸣山下，泉石萦绕”。此时唐时之鹤鸣山仍在崇庆县西北（或剑阁）。自唐末杜光庭误撰后乃背“青城鹤鸣相连”之说。今人言大邑雾中山者或又据杨慎白马传佛经之说，欲以正一微经出自印度，不认土生土长之道，亦西化迷妄之一端英。

（原载《四川宗教》1994年第5期）

武当山命名考异[①]

武当山名“非玄武不足以当之”。然唐人所编“十大洞天”与“三十六洞天”皆不载。不见于三十六靖庐。仅列于七十二福地中：“武当山在均州七十一洞。”未列所居仙人之名。杜光庭以少室山、武当山为中岳嵩高山之佐命，太和山、陆浑山同佐理。（武当、太和为二山。）又列道教中岳昆仑山，而“北岳广野山在北海中，黑帝所都”。道教“肇自河源”昆仑山，西王貘部族居今青海、甘肃、四川三省黄河与长江源。各部族之国皆自以为天下之中，各有其五方之山岳。西山昆仑“王貘”（王母）部本出自华胥虎部与华夏龙部，为伏羲与女和两互婚胞族，亦即太氏之两胞族。昆仑积石之山原为“王母”之中岳，其东岳本名“武都山”。自今甘肃白龙江武都经四川江油武都、绵竹武都至成都市西北角之武担（五担）山，系列“武都”皆陇西“氐羌”迁徙地名。四川南部之“五荼夷”亦迁族命名。

武当山原是道教昆仑神都王貘部之东山，可从太昊（女娲伏羲龙虎部）分部“巴人”（褒）迁徙历史与路线探索：

（一）《路史·后记第一·太昊篇》云：“伏羲生咸鸟，咸鸟生乘釐，

① 本文由王家祐、沙铭寿合著。

是司水土，生后炤，后炤生顾相，夆处于巴，是生巴人。……赤狄巴氏服（黑穴）四姓，为廪君。有巴氏、务相氏。"《世本·姓氏篇》云："廪君之先故出［巫诞］。巴郡南郡蛮本有五姓：巴氏、樊氏、瞫氏、相氏、郑氏。皆出于武落钟离山。"《山海经·中次三经》云："青要之山，实为（黄）帝之密都。禹父之所化（鲧封［崇伯］当在蜀岷山原甘川境）。神武罗司之。"最初之东岳"青鸟"尚在岷山区，后随大巴山而东移南播。

（二）斗山原在甘肃武当县南。后在陕西城固西北。道家《开山经》云：斗山凡五穴。通昆仑、陇山、武当、青城、长安。此斗山山形如斗，源自道教在昆仑山原所崇之北斗（中斗）及中斗内有五斗之仙术。此五穴显然为五方五斗的神路联系。昆仑王母部仙源五岳受汉族五岳整改后：北斗天权星玄冥主水，恒山、陇山应之。南斗天机星真人主火，霍山、青城山应之。中斗玉衡星丹元主土，嵩高山、长安市应之。西斗瑶光星天关主金，华山、昆仑山应之。东斗开阳星北极主木（武曲星、岁星），泰山、武当山应之。因知"武当"源自太昊巴人之"巫截"（武都、五担）。伏羲开先天八卦，巴人后天卦象以坎离为象者，坎离水火即屈原《楚辞》多次提出的阴阳。

（三）《荣氏遁甲开山图》云："斗山凡五穴：一通昆仑，一通陇山，一通武当，一通青城山，一通长安穴。穴中有虾蟆，名曰肉芝，汤而食之寿千岁。山侧有白虎时见焉。"《周地图记》与上文同。但末句云"山侧有白鹿时见焉"。"白虎"实即"西狩获麟"之麒麟，本为鹿类。亦即《山海经》之"吉量""乘黄"。此斗山五穴乃喻气之通，即肺气营五脏之天地人和"天人相应"说。故《魏王泰括地志》云："终南山一名大一山，一名地脯（肺）山。"《郎蔚之隋州郡图经》云："武当县石阶山一名华岳地肺，一名肺山。"是昆仑仙都地气所通之五山。

（四）《山海经》有"巫截民，朌姓"。"截国在（三苗国）东"。截本作载（古铁字之繁写）。《大荒北经》巴人记其北域云：大荒之中有山，名曰不咸（巫截）。有毛民之国。有山名曰北极天柜，有神衔蛇操蛇名曰彊良。北海之渚中有神人面鸟身，珥两青蛇，践两赤蛇，名曰禺彊。有山名成都载天，有人珥两黄蛇，把两黄蛇，名曰夸父。《列子·汤问》记海上仙山（岱舆、员峤、方壶、瀛州、蓬莱五山），天帝命禺彊使巨鳌十五分三班载之。又说愚公事记有“操蛇之神”，因知山海神仙多记龟蛇为地母，西山龟母与东海蛇王皆巫载灵子。《海外西经》操蛇于登葆山的巫咸亦当作巫䍶。《大荒西经》玄丹之山是巫丹之山，故与巫山、大巫山、灵山、西王母龟山灵山（昆仑）同一方位。《路史·国名记丙》“䍶民：经有巫人䍶民，朌姓，帝俊后。《广韵》有䍶国䍶音替。”巫写作武；䍶写作当。

（五）“玄武”之名两见于《楚辞》，当是大巴山汉水东境巴人所崇之神。楚人屈平《九歌》与《天问》皆王室晋巫之神；玄武乃荆巴之神。屈原《远游》：“时暧曃其曭莽兮，召玄武而奔属。”在《九辩》里有：“左朱雀之茇茇兮，右苍龙之躣躣。”贾谊《惜誓》：“飞朱雀使先驱兮，驾太乙之象舆。苍龙蚴虬于左骖兮，白虎骋而为右騑。”王褒《九怀·思忠》：“玄武步兮水母。”（天龟水神在北，龟灵圣母水中金在西。）四灵中以玄武为太一，当是楚国东皇太一的融合，故有“元始化身，太极别体”之尊。

汉石刻中四方四灵之玄武已确定。武当县设置于汉，山原名仙室山，盖有关令尹、马明生、阴长生、谢允真、陈抟许多神仙隐此。汉元鼎六年（前111）置武都郡于甘肃阶州（甘肃成县西）。武当县石阶山乃阶州武都随巴人迁移之名。本巴山东北脉，自终南山而来。楚人呼虎为“於菟”（乌豆）；战国时，西狩获麟之“吉量”（神马、龙马、飞虎）已演变为仁兽“白虎”（凬）。故亦呼巴神虎人“玄武”所居之山为“乌豆”。实即廪君白虎夷人出自“巫䍶”（於菟），上逆包牺虎族西山昆仑。鸟首神人亦道教“人鸟山”西王国之王像。

（原载《中国道教》1994年增刊《武当山中国道教文化研讨会论文集》）

《五岳真形图》的传授与昆仑金母

昆仑神山的金母就是玄母、鸟母、西王母。西王母从元始天王受道。奉元始之命，说灵宝三十六部真经，授汉武帝天上洞真，洞玄之教。又演正一太清洞神之道。故曰仙母、坤母，为大药王，即太阴炼形之道。元始天王又传上清八真（疑即王母之八个儿子）、中央黄老君，使教授下方当为真人上升三辰者。《逍遥墟经》记："东王公讳倪字君明。""西王母即龟台金母，姓缑讳回字婉妗。女五人。"又有多女不止五女。还有"九一九子九女，九皇出入昆仑"（一册854页）之说。由"紫微元君王夫人"与"中侯元君王夫人"（王明香，其兄王眉寿）知"王公"之女姓王。西城王君王方平为楚庄王时王玮元之师（《真诰》卷十二）。王君之妹为貘姑（麻姑，貌姑射仙人），即貘母之女。道教初真以昆仑山为天下之中，为中岳，而西王母之子孙姓王，故中岳真人名王仲甫。"神仙都会"的青城山亦为"西城总真"王方平所主。西城玉山洞"太玄总真天司命君"之所处。西城洞台之中有金玉上宫，赤城丹山洞。此处即"鹄鸣神山治"（今味江和平乡）。故与西王母石城金台而穴处同。黄帝游灵台青城山，拜宁封为五岳丈人。女娲之后容成氏（鬼臾区）亦在青城。昆仑神山之实地在岷岭葱茂处。

道教中岳昆仑山，青城山为昆仑下都（大地之昆仑），故黄帝至青城山礼谒中皇丈人，登云台山见宁先生《授龙跃经》。东岳广桑，南岳长离，西岳严农，北岳广野。斗山凡五穴，通于昆仑（西）、陇山（北）、武当（东）、青城山（南）、长安（中）。此又为巴人东徙后之“五岳”。《玄中记》曰：“蜀郡青城山有洞穴西北通昆仑。”《太平广记》卷三九七曰：“斗山一洞西去二千里通青城大面山。”斗山在陕西城固县西北，以此为“天下之中”又受长安中心影响，应是秦汉巴人（褒国）的观念。蜀人以青城为昆仑下都，故“青城诸仙（容成、素女、麻姑、王方平等）就西王母求《五岳真形图》”。玄母、鸟母、西貘应即凤鸟族，商人祖先为玄鸟即凤。岷山嶓冢的颛顼是“使四鸟：虎、豹、熊、罴”；正是西貘，西王母之族。青城在岷山南，嶓冢在岷山北。昆仑在岷山西，斗山在岷山东。巴颜喀拉山为“南山”，巴蜀族正是岷山（西陵、独山天柱即昆陵）的道教“种民”。在彭山双江乡出土的一座完整的“摇钱树”（桃都神树）上即有凤凰，双手托日月的羽人、玉兔和金乌，石室龛中西王母坐龙虎座上，四蹄腾空的飞马（腾黄，吉良）。（见《成都文物》1986年第1期）在广汉出土的摇钱树树干上还有佛像，昆仑山又与须弥山同指，可能是源自塞西安人的同源文化。

秦汉时代形成的大一统“五岳”显然有三个来源：①古史上“天下之中”与“四岳”四方观念。可以从“黄帝四面”说起。②道教方士的五方观念，“五畤”早始于“蜀开明氏”。③五形思想不起于邹衍，而早见于四川彭县竹瓦街出土的殷周时五方五罍，蜀国的五丁兵器系列。以昆仑山为中心的观念是西王母与黄帝两位人神（两系祖先）实在地理“神山”的升华。把实地的“神山”升华为理想天界。又将天上的神山下放于随人群（道民族或“种民”）所迁之处（山岳）定为“神山”。这种随人迁播的山名地名层化在历史上是常见的。如“武都”一名，从甘肃武都到四川省绵竹、江油、宜宾皆写为武都，成都有武担山，宜宾有五荼夷，湖北有武当山；似皆出自“巫蜑”巴禀君之先。昆仑、崆峒、巴颜喀拉山脉西之昆仑与东之岷山及秦岭皆可称昆仑（南山、黑山）。道教二十四治中有一“鹄鸣神山治”，盖此在“青城

都”“神仙都会”“西城山”“成都戴天山”“天谷”昆仑下都（地上的神都）。后来张家道中央教区“阳平治”虽在“彭门”亦不得称“神山”。盖“青城仙都”与“天谷玄素”实昆仑之具体地都。王母系道民联合婚族所建的蜀国王族改姓李（狸儿、李耳）后，在神山治传于张陵。

《无上秘要》所说黄老（中央黄老君）与五灵（五方五老君）实为五色五气之所主。“太极天中有秀华山，下有玉堂，五灵真君之所处。”又：“玉清天中有玉根山，五老上真所处。”此所云玉堂、玉根即“人鸟山是天地之生根，元气之所因。人求其域，灵仙仰其神。于是朝致五岳，使役海神”。此山海，金根玉根，实即阴阳之道，岷山昆仑下都黄赤丹法。《上阳子金丹大要》序：“发泄青城至秘之文。……千年铁柱久谛龙沙之盟；万孕玉莲嘉庆元天之会。”此以《道德》《阴符》《参同》为经之岷山丹法，当以《龙虎金碧丹经》为其特征。故康熙题赠青城常道观陈清觉全真衍派（受天师洞影响）为“丹台碧洞”。盖承正一龙虎之衍也。

今所见人鸟山图显有两种不同，知人鸟族人先后居地有异也。五岳真形似非汉以后之五岳而为道民之“五方山岳”。除昆仑中心、青城中心、斗山中心外，如南诏之五岳自与中华不同。《道迹经》：（中央）葛衍山，（西）玄西山，（东）郁绝根山，三山去昆仑七万里。又庐山、潜山、霍山皆有《真形图》，青城山图尤着于《五岳名山图》中。今传世《五岳山形图》《五岳山形符》《五岳文符》已由地形图转化为缩景符图，再变为文字符文。唐镜已见符图，明代符图碑尚着山形，至《三皇内文》符字已完全符箓化。

（原载《上海道教》1993年第4期；《道教研究》第一辑，四川人民出版社1994年版）

道教鸟母与昆仑山文化的探索

一、西王母姓氏的内涵

西王母是一个部族或古邦。炎黄两部皆与西王有婚姻关系，有几千年的共居关系。但西王的氏姓皆不明白（至少是汉语记载不明）。从王远（方平）之妹为麻姑（貘），王母之女皆姓王看来，西王母（西域母系王国）姓为王。子女皆从母姓当是母系酋巫王。汉字书传西王国之鸟母姓缑、杨、回、何，但非中国古姓从女（姒、姚、姬、姜）习惯。《道藏》第三十五册《消摇墟经》称："西王母即龟台金母，姓缑，讳回，字婉妗。女五人，华林、媚兰、青娥、瑶姬、玉卮。东王公讳倪，字君明。"其夫无姓，盖从女姓。其女五人示昆仑五方。又有多女称"王夫人"盖西貘部众女之称。中国王姓极为复杂，其中由复姓"西王"姓王者或与西王国有关？周灵王子王子乔与彭山仙人王子乔同名。灵王即巫王，彭即鹏、巴，疑不出自姬周。故其吹箫引凤乃鸟族部族内婚，其引凤恰在缑氏山。道士浮（巴）丘公接太子晋（王子乔）上嵩高山（崇山未迁之名）。也是与巴人崇山（蜀山）有关。源自虞舜的齐田氏改姓王；四川郪县王氏似为少数民族改氏代表。巴蜀图语中的王字与

中原汉字同形同源，来自象征王权的仪仗钺斧。皇王两字下横即钺斧之[illegible]简画。

二、西王母与大月氏王方平

《道藏》第六册有《玄览人鸟山图》。而其第786页称：“王方平为上相，治月氏国人鸟山。”月氏即古禺氏，原在甘肃省西北部。匈奴杀月氏王，大部向西逃至天山北麓伊犁河流域赶走当地塞种人而建国，曰大月氏；小部退居（青海）南山（湟中）曰小月氏，与羌氏杂居通婚。公元前2世纪月氏又被乌孙（大昆弥）攻败，向西迁至阿姆河流域。公元1世纪月氏在阿姆河流域建立了贵霜王朝。公元2世纪初迦腻色迦王大力宣传佛教。中国第一部佛经《四十二章经》(取材于《长阿含经》译编为四十二章）即由月氏国编写。一说公元前2年（汉元寿元年）大月氏王遣使臣伊存向博士弟子景卢口授《浮屠经》(《魏略·西戎传》)。大昆弥（昆仑乌孙）、大宛、安息、康居、于阗王卑示闭练姓“王”，似皆阿尔泰语系，但民族之融和多所分化。则西王母之子“王方平”者亦戎狄之族。西王母之貘为突厥系，与匈奴、鲜卑同为斯基泰文化，而又融有伊朗、阿利安（中亚、希腊）文化。于阗国所治“西城”(今额里其城)，高句丽《好大王碑》之“西城山”，皆王方平之“神仙都会”。王方平所治之“天柱”，“桐柏”(忠县）皆与天谷、崇伯、昆仑、须弥有关。而道经所指人鸟山当是小月氏“南山”的河曲昆仑山。

三、鸟母形象多元化中的西王母

在距今7000多年前的河姆渡文化中，凤凰是以鸡为基形的。东方太昊、少昊、商、吴越皆崇鸟。养于少昊族的颛顼，学于西王貘的崇禹，周王之先亦皆崇鸟。距今5000余年前的良渚文化的鸟，尤其是收藏在日本出光美术馆的展翅玉鸟，可称鸟形珍品。少昊部属约有二十五支鸟族；颛顼部属“使四鸟”者甚多。夏禹为龙文化代表，但“禹长颈鸟喙”（《尸子》）。古埃及有人头鸟身神。安息王献条支大雀而曹大家（《大雀赋》）曰：“嘉大雀之所集，生昆仑之灵丘。”秦始皇时大宛有鸟衔草救活死人（《十洲记》）。老子曰：“吾闻南方有鸟，其名为凤，所居积石千里。”（《庄子》）（以下引《道藏》精装本用汉字册数加页码）“道教之教以天为主，故曰奉天之道，名曰道教。”（三十六册363）“人鸟山，元始天王所治，是天地之极，元气所因。朝致五岳，役使鬼神。”（《无上秘要》）“若见龙头凤身之人，或一鸟九头，此则元始天王左治虚映上真之官下降兆身，道欲成也。”（六册221下）“太上尊居灵鸟山中与诸天说十二部经。”（五册865）“缘那罗卫之国，昆仑人鸟山，元始天王别治。西王母初学道亦登此山。”（六册644下）“阎浮提有蒙山、西龟之山。八海之内有灵鸟山、西王母钟山”，小字注：“太上人鸟山，神真是游，金池玉房在其中。”（三十三册714中）“玄牝则化为人头鸟身，口衔月精。玄母则化形凤身麟头。”（三十四册605）

四、鸟王颛顼与崇禹

《山海经》所记鸟身人首神十余处，如羽民、毕方、讙头、孟舒、鸾鸟、禺彊、奄兹、鸟俗氏句芒、女魃（玄女）等。颛顼承少昊鸟族之绪，其子孙之国皆“使四鸟：虎、豹、熊、罴（龙离）”。如蒍国、中容国、司幽国、白民国、黑齿国等，皆在甘水、成山“东海”之域。有女和月母之国两女子名琬与琰，主历法。汤谷上有测日影的扶桑高树。三身之国，帝夋妻娥皇所生，舜之所浴。此岷嶓历法测日景之天文台实蜀山昆仑之天文，即北斗（道家中斗九星；大熊星座）之天文。亦即西王国女和之天文。观星以定气节，促进农业兴盛。徐南洲《颛顼生于若水考》（《中华文化论坛》1994年第3期）论曰：三危山和古代南海在今甘肃洮河，是甘南藏族自治州境内的三座高山。南海即松潘草地（若

尔盖泥炭沼泽）。轩辕之丘在甘南循化积石山。穷山即空同山（昆仑之音变），在岷县与临洮间。“司彘之国”即折支，为羌语“河曲”，在今川青甘三省交界的黄河第一曲。（参见徐南州《古代蜀人得名考》，《社会科学研究》1994年第6期）大禹生于“西羌”。禹又名“文命，实即汶岷。汉末的《繁敏碑》曰“宾近圣禹，饮汶茹汸”是指今茂汶与什邡县间的九宫山。（关于北川、灌县、茂汶等，因大禹研究会已详考，兹略。）

五、五岳与昆仑（四岳，黄帝四面）

黄帝轩辕氏又称有穷氏。自以为天下之中而遥控四方，因有四方之长（四岳）。道经云五方五老君，中央黄老君。齐稷下黄老之学归本于西山昆仑，姜太公承其仙道。蜀山氏开明王裔改汉姓为“李”，盖隐喻十八子“姜太公”。蜀中“李家道”渊源于“河源昆仑”。周初祭祀之酒罍一大五小（已知四川彭州古有此出土）已象五方五行。昆仑中岳（冢山），东岳广桑，南岳长离，西岳丽农，北岳广野。此道教五岳早在商周西域，非汉朝以来大一统之五岳。昆仑之下都“神仙都会”之五岳，乃道教神仙五方冢山，为宁封之所理（亦非汉之五岳）。蜀山氏龙虎系李家道，以岷山为中心，南岳青城（成都蜮天山在今八卦台），北岳嶓冢，西岳积石，东岳斗山（陕西城固）。斗山沿于昆仑，亦有五穴通于昆仑（西），陇山（北），武当（东），青城（南），长安（中），此为巴蜀人东迁之五岳。以长安为中显系秦汉观念。城固县有李冰墓（公墓治）亦为秦汉李家道意识。《无上秘要》云：“玉清天中有玉根山，五老上真所处。”此即“人鸟山是天地之根，元气所因。人求其岳，灵仙仰其神。于是朝政五岳，使役海神”。人鸟山鸟母之昆仑、青城、斗山等中心外。南诏道教传统亦自有五岳。《道迹经》有（中）葛衍山、（西）西玄山、（东）郁绝根山。亦五岳之传统仙道遗迹。

六、四方神物的演化

古以龟龙麟凤为四神，汉以玄武、龙、白虎、凤为四方神。乐山市麻浩东汉石棺（彭山出土）以马代麒麟。新津东汉石棺亦见马不见麟。酒泉崔家湾魏晋四方块之北方为麒麟，晋人以麒麟为中央帝王之象。历有演变不同。

凤、虎、龙三图在西域昆仑神山最具民族史探索分析的神秘性。凤显为西王貘族；从鹿之丽可通于翿，从马之凨误九尾狐为凤，麟又可从吝写为麐，是神鸟凤族（西貘）又与龙（马鹿化身）、虎（凨、狐、貘族）相混（通婚）。三物各有牝牡，凤凰、麒麟、黑虎白虎，其配婚雠仇亦似《易》卦之繁丽。西方之神凤演为南方之朱雀本于火鸟与离（卦之）明。汉石棺至宋镜又以少女半开门图画象之。此画为兑为坎，或先天“坎中满”（☵）与后天“兑上缺”（☱）象征。龙本为神兽，蛇身、麟首、鸟爪等物之合体。本由马、鹿神化变来。乾为马而述之以龙。麒麟古文作骄麐，鹿古亦为马，汉画像仙人骑鹿可证。或称黑骢为“犸”（音宝，犸又可作鸨）。“马八尺以上曰龙”（《周礼》），“马二目白曰鱼”（《尔雅》）。牝鹿曰麟，牝马曰骆；骒，如马一角似鹿，不角者骐，马与鹿常通用，称天马，野马，骥、骥、骕骦……皆可比之龙。匈奴古以天马为畐腾，后改为龙。

西方之凤凰变为麒麟（阳中阴阳变阴中阴阳）。麒麟于汉代演变为“白虎”（两者皆为神兽、仁兽）。《灵宝济度金书》（第八册70页）载“开明童子，号曰天璘”透露了开明兽（白虎）与天麟的关系。麒麟在《山海经》中称：吉量、乘黄，即龙种之天马。距今6000年前北族已驯马；而以司马为军事长，盖祀与戎需崇马。岷山古族多重马（驰駹）《鹖冠子》（《艺文类聚》1706页所引。鹖冠子是巴赍人）：“麟者玄枵之兽，阴之精也。”《艺文》又引王隐《晋书》：“咸宁五年（279）白麒麟见平原。又曰泰始元年（265）白麟见，改年麟嘉。”《艺文》1716页引《中兴征祥说》：“骝虞者仁兽也。状如虎而色白。”《海内北经》谓：“林

氏国珍兽大若虎，五采具备，尾长于身，名曰驺吾。乘之日行千里。”《尚书大传》以散宜生取之于陵氏，名曰虞。（散即鄰，笮人取之于西陵氏。）又：“犬封国有文马，缟身、朱鬣，目若黄金，名曰吉量，乘之寿千岁。”《大荒东经》：“盖余之国有神人，八首人面，虎身十尾，名曰天吴。”见于《海外东经》之天吴则为水伯，八首人面、八足八尾皆青黄。天吴鸟首人面虎身，十尾（九尾凤狐变化）。正是虎齿豹尾的西貘神。《宝真上经》（第三十四册605页）：“玄母则化形为人头鸟口，凤身麟头。”朝阳国即开明国，天吴即驺虞（騊駼），即开明兽（白虎）。

七、青城神仙都会

昆仑即蜀山。此独立之山又称天柱，东汉画像砖西王母居昆仑已为独柱形（同于须弥山形？）。亦即蒙山（鸿蒙，丛、冢）、岷山。今大面山古称大岷山（见文同《丹渊集》）。凡西山若积石山、雪宝顶（九寨沟）、青城山、峨眉山（牙门山）皆统称“岷”（文命山）。实皆昆仑神都之“下都”。故有“清城”古名。此青城为“神仙都会”与“上清成都”渊源。今后山味江有“天国山”（和平公社，毛郎镇）；杜宇化民所居。今混元顶（常道观）有天谷山，鬼臾苙（容成）修道处，有素女洞。今大面山下有八卦台，古“巫蜑”之“成都载天山”。青城与峨眉皆有“轩皇台”“赵公明修道处”，盖由“大岷”（峨蒙）神仙传说衍分。青城天国山因杜宇鸟族退居而有“鹄鸣神山治”（非一般鹄鸣之山）。此神山乃昆仑下都，王方平（西城真人，西王貘之裔）传仙道之处。后蜀王族改姓李，又为李老君（太上火老君李耳）传张陵仙道之神山治（道教二十四治始于开明氏蜀王之“李家道”）。唐玉真公主修道天国山（建储福宫），治所乃迁移。今人以飞龙铁鼎（现存都江堰伏龙观）为唐遗物，因云玉真公主修道于三皇观（铁鼎出土处）。实铁鼎非唐鼎，玉真修观处亦不在三皇观。

《洞天福地岳渎费名山记》记青城山留有古名演化之迹：“第五青城

洞，宝仙九室之天。宁真君所理。在蜀州青城县。第三西城山洞，太玄总真之天。王方平所理，在蜀州。大面山在蜀州青城山，罗真人所居。青城山五岳丈人希夷君在蜀州天柱山（蜀山独山）。”此四处皆在“蜀州”境。西汉时“临邛”在崇庆与灌县境有公孙述墓、司马相如墓、刘安铁祖庙（《水经注》有文可证）。临邛渠亭赤城皆在青城。宋代贾善翔《犹龙传》所记“敕青帝之青童化羊蜀郡。……次西游龟山，人鸟凤山”实为蜀人李耳事，与亳州老聃无关。唐人已混之。《三皇经》本出蜀山“后三皇”。《洞神八帝妙精经》云：“后天皇人面蛇身，姓风名包，牺号太昊（巴人）；后地皇人面蛇（鸟）身，姓云名女娲，号女皇（女和月母之国即貘国）；后人皇牛面人身，姓姜名神农，号炎帝（蜀山氏羌）。”故后世以三皇经本出自峨眉山，出自嵩山（崇伯鲧之山，冢山或称钟山，即鸿蒙山）。今研究三皇文字及《三皇内文遗秘》乃知昆仑这中心之《五岳真形图》实西貘“王”姓真传。故昆仑下都（清城仙都）之仙重之。“王母曰：此五岳真形图，青城诸仙就吾请求，今当过以付之。”（十八册《真诰》）“五岳真形文乃太上天皇所出，其文宝妙而为天仙之信。”此青城诸仙非人鸟山王方平弟子莫属。《古今图书集成》第490册9页。“第一天枢星，阳明星之魂神也。阳明星天之太尉，司政主非。上总九天上真，中监五岳飞仙，下领后学真人。星中有玉树青实，金翅之鸟栖宿于上，自生青精玉芝。星有九门，上有青城玉楼。据斗真人号曰：太上宫青城玉楼九晨君，衣青羽飞裳，手执斗中元图。修其道，飞升入九门之内。”该书10页。“辅星天尊玉帝之星也。常阳者，常阳主飞仙，上总九天，领九地，五岳四渎神仙之官悉由之。有青华之树，上有青鸟，三足鸟，修行其道升入八门。”这两条斗神资料可知青城神仙都会名“宝仙九室洞天”本于中斗大面（岷）山为昆仑下都，故五斗米道第一神山鹄鸣山在天国山。《龙跻经》“发为青城君”。《灵宝救苦经》：“人头有九天亦曰天谷，神魂居之。”知九天、九室、天谷、青城，皆为正一（太乙）道首脑昆仑之名。

八、蜀山神仙传承

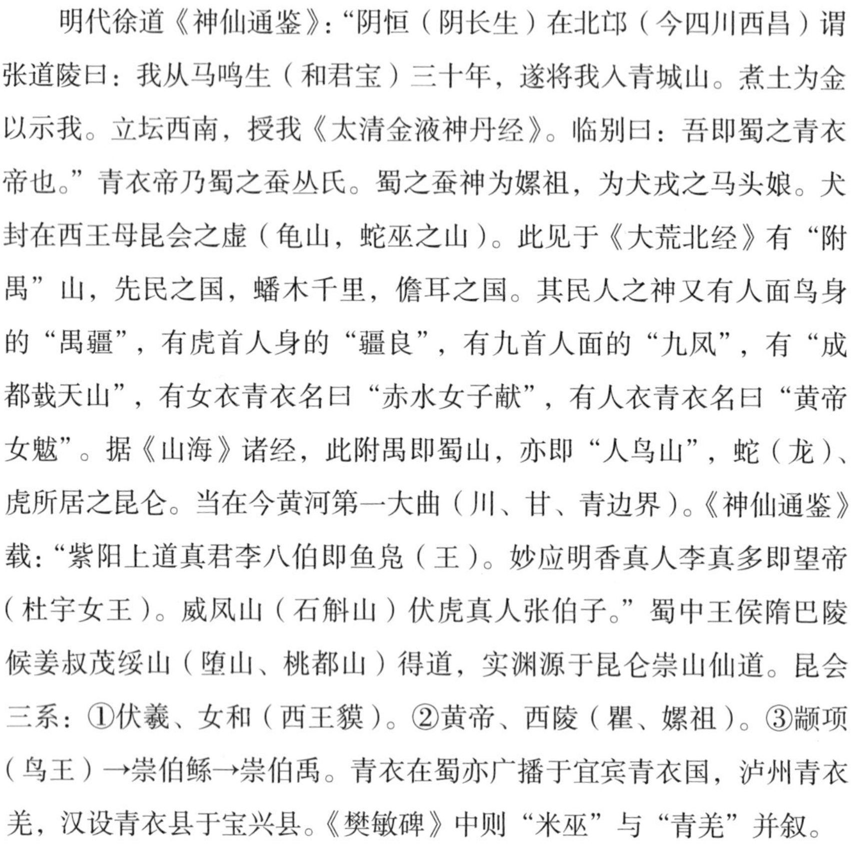

明代徐道《神仙通鉴》:“阴恒（阴长生）在北邛（今四川西昌）谓张道陵曰：我从马鸣生（和君宝）三十年，遂将我入青城山。煮土为金以示我。立坛西南，授我《太清金液神丹经》。临别曰：吾即蜀之青衣帝也。”青衣帝乃蜀之蚕丛氏。蜀之蚕神为嫘祖，为犬戎之马头娘。犬封在西王母昆会之虚（龟山，蛇巫之山）。此见于《大荒北经》有“附禺”山，先民之国，蟠木千里，儋耳之国。其民人之神又有人面鸟身的“禺疆”，有虎首人身的“疆良”，有九首人面的“九凤”，有“成都载天山”，有女衣青衣名曰“赤水女子献”，有人衣青衣名曰“黄帝女魃”。据《山海》诸经，此附禺即蜀山，亦即“人鸟山”，蛇（龙）、虎所居之昆仑。当在今黄河第一大曲（川、甘、青边界）。《神仙通鉴》载:“紫阳上道真君李八伯即鱼凫（王）。妙应明香真人李真多即望帝（杜宇女王）。威凤山（石斛山）伏虎真人张伯子。”蜀中王侯隋巴陵候姜叔茂绥山（堕山、桃都山）得道，实渊源于昆仑崇山仙道。昆会三系：①伏羲、女和（西王貘）。②黄帝、西陵（瞿、嫘祖）。③颛顼（鸟王）→崇伯鲧→崇伯禹。青衣在蜀亦广播于宜宾青衣国，泸州青衣羌，汉设青衣县于宝兴县。《樊敏碑》中则“米巫”与“青羌”并叙。

马鸣生（和君宝）隋侍玄都太真夫人，师安期生。隋安期生西之女儿，北到圆丘，至庐潜及青城九嶷，授以（太清金液神丹）。《史记》以为：河上丈人→安期生→毛公翕→乐瑕公→乐臣公→盖公→高密胶西→曹参，为系传。“王老与鲁女生，封君达为友，遇安期生授以度世之诀。”（《集仙传》）左慈投蓟子训为师西入峨眉山天柱峰，拜见马鸣生于石室，得九鼎金液经。葛玄告郑思远曰：吾从左元放于赤城山（青城山之赤城）受五岳图及金丹经。隐居青城的李阿、李意期、李珏、李冰等实皆古蜀王后裔之改姓。其上溯乃西王母之裔王方平。王远号西城总真，盖由昆仑降处青城。故上清神仙都会早于张陵已有“神山”（鹄鸣治）。蜀王改李姓或沿于“姜太公”，犹如蜀道人葛由、葛璝（罗璝）

原自羌人“鬼族”。

孟乃昌先生遗文《中国文化史上西蜀炼丹术的评介》（载《宗教学研究》1991年第1、2合期）的精审论断至为可敬：今本《太清金液神丹经》卷中故书、（马、阴）二君神光见世之言，自汉灵以来称说故事，附于丹经。《抱朴子·内篇》卷四云“太清神丹”，记有《黄帝九鼎神丹经》《太清丹经》《金液神丹经》。传左慈、葛洪。《紫阳真人周君内传》云：登鹤鸣（神）山受《金液丹经》。南宋孟煦《金华冲碧丹经秘旨》得之蜀中。《金火集要》刻于四川。天仙积学所致，非有神传。

九、瞿堆（蜀之神鸟崖）

瞿堆即俗写离堆，系原始瞿鸟神崖之汉字音写。蜀山有独山、天柱之意，又曰冢山、崇山。瞿堆是江上相对离崖，有天门、彭（鹏）门意。川江上如灌县、乐山、夹江、南部及嘉陵江上皆有离堆。离堆又常与“玉女房”相关联，广东韶关市、陕西富平县东女学、西女学皆以玉女（女神、鹏门）亦同于四川。东女洞前“有神鹛一窠，常护洞门。人或侵犯者，立致殒毙。古有道流刻五石人致于山上。民有锄禾者，为鹛所惊，走避于石人之下，置笠于石人头上，鹛即击之，石人头殒”。（《录异记》卷六）离堆有多种译写：离崔（《史记》），离碓（《汉南安工君乡道碑》），犁魋（《桂阳太守周憬碑》），离塠（《晋书·胡奋传》）。《华阳国志·蜀志》：“南安县（今乐山市），治青衣江会。县溉有名滩，一曰雷垣（坻），二曰盐溉，李冰所平也。”《水经注》：“汉河平中，山崩地震，江水逆流。悬溉有滩，名垒坻。”《益州记》：“青衣神号雷塠庙。”由是知雷堆乃青衣神庙祖嫘（雷）祖之号。嫘祖（母系之姐）即西陵氏，瞿唐（瞿上）。李冰凿岩建庙仍以“獭祭彼岩”之传统奉其祖庙（实际是母系妣庙）蚕崇西陵氏嫘祖。崇伯鲧剖腹而生崇伯禹，蚕丛（羲）、伯禹、开明丛帝，蜀山一系族人。

李冰本西陵氏瞿唐鸟母之后。他填灭犁堆不仅是通畅水道，同时也是为秦王统一剿灭反抗的蜀人蜀候。张陵继承李家道（青城长平山望帝杜宇族“化民”）后所谓降魔伏龙亦是蜀民族系内斗。“益昌之东有县曰嘉川，宋江有巨石曰‘天师殡鬼堆’。江旁巨石突起曰天师符。”（《三洞群仙录》）

《楚辞·天问》“鲛鱼何所，鬿堆处”。柳宗元《天对》“鬿雀峙北号，惟人是食”。《山海经·东山经》“北号之山有鸟焉，其状如鸡而白首，鼠足而虎爪，其名鬿雀，亦食人”。《大荒西经》“有青鸟，身黄赤足，六首，名曰鸓鸟”（树鸟见《海内西经》）。《海内经》“有盐长之国，有人焉，鸟首，名曰鸟氏”。此处之盐长又引作监长，当即大月氏所都监氏城。故《上清众经诸真圣秘卷》：“王方平为上相治月氏国人鸟山。鬼谷先生为太玄师治青城山。”王远鸟母族远在中亚、近在南山氐羌区。《大荒东经》有女和（娲）月（貘）母之国，列其食物云“三青鸟、三骓、视肉、甘华、甘祖，百谷所在”。则三青鸟，三骓之鸟与兽（马、鹿）皆西王母所食。《海内北经》说：西王母在昆仑北，三青鸟为西王母取食（即三鸟部供应食物）。《大荒西经》以“大鵹、少鵹、青鸟”为三青鸟。《神异经》“古人说羊一名胡髯郎，一名青鸟”，后两字可能是“羊马”之误。但骞可作骞，鸷可作骘，从鸟从马相通，殆始于凤之通风。西藏阿里日土县的岩画上绘有一大鸟与三小鸟共舞的祭祀场面。又在热振寺旁古柏树下部的菱形洞“生命之门”（天鹏门）。或与羌塘古俗有共通之处（见《西藏艺术研究》1993年第1期）。

犁当作鵹，鹈鹕见《东山经》。隹即鹌，雕也。岷山多嶶（鬿），故蜀人贡白翰、赤翰，嶓冢山多白翰、赤翰。蜀人之鸟曰蠋曰瞿，神崖象神鸟。故“方平书大鸟化为鸟”（李浮丘传《相鹤经》）。龙晦教授《广汉三星堆出土铜像考》嘉论曰：“鹈鸩即鹎鸪，即子规，后曰杜鹃。瞿字是瞿之省文，由瞿到翟到鸪。广汉人首像是瞿鸟鹰头杜鹃之像。瞿字之用甚少，仅四川地名有瞿唐、瞿上、瞿堆等之称。广汉三星堆当即古蜀瞿上之一。今勉县有翟谷，古为嶓冢、白马居地。此瞿谷与邽县、四川三台郪王城、广汉高宗寺出土的“乾阳邽”铜印，皆邽戎（姬、氏）之族。鬼方的鬼字、瞿字、邽字、声通转译写异形，实属一系（氐羌、姬姜）。”《杜鹃鸟王》“受到藏族普遍的欢迎、喜爱、歌颂、崇拜。人们给杜鹃许多美称：喜鸟、幸福鸟、吉祥鸟、长命鸟、春的使者、鸟中之王。鹰鹃极似鹰，众鸟皆避之”（见《西藏艺术研究》1994年第2期）。蜀山古有九头鸟，称鸹称鶬，即赤颈鹤（见《文史杂志》1994年第4期《九头鸟之谜》）。则为古今实际存在的一种奇鸟（见《成都晚报》1994年6月27日《湖南发现九头鸟》）。

十、九天玄女及道教女神

据《九天玄女传》载：

> 玄女者，黄帝之师，圣母元君（西王母）弟子也。……玄女授帝六甲六壬兵信之符，《灵宝五符》策使鬼神之书，制妖通灵五明之印，五阴五阳遁甲之式，太一十精四神胜负握机之图，五岳河图策精之诀，九光玉节十绝灵幡命魔之剑……九天之节以明兵信。五色之幡以辨五方。……帝乘龙升天，皆由玄女之所授符策局也。

《黄帝传》（《图书集成》二二三卷）载：

> 天降一妇人，人首鸟身。曰：“吾元女也。”元女教帝三宫秘略，五音权谋阴阳之术。元女传《阴符传》三百言。帝观之十旬，讨伏蚩尤。……命应龙蓄水以攻。黄帝请风伯雨师及天下女祓以止雨于东荒之地北隅诸山。黎土羌兵驱应龙以处南拯。杀蚩尤于黎山之丘。黄帝始以雕鶡鹰鹯一云隼之羽为旗帜。素女于广都来教帝鼓瑟。东海（指积石昆仑之东海，今河曲泥沼地）有度索山。山有神荼，郁垒神能御凶鬼为百姓除患。制驱傩之礼以象之。帝

以容成为乐师。……于时，昆仑山北玉山之神人，乃西王母太阴之精，天帝之女也。人身，虎首，豹尾，蓬头戴胜，然白首善啸。石城，金台而穴居，坐于少广之山。有三青鸟，常取食。此神人，西王母也。慕黄帝之德，乘白鹿来献白玉环。帝立台于沃人国西王之山，名轩辕台。帝乃休于冥伯之丘，昆仑之丘。帝游华胥国，此国神仙国也。帝往天毒国居之，因名辕国。帝又西至穷山女子国。又复游逸于昆仑宫赤水北。及南望还归而遗其元珠，使明目人离娄求之不得。使罔象求而得之。后为蒙氏之女奇相氏窃其元珠沉海（蜀山之海）去为神。……奉事太一元君，受要记修道养生之法。于玄女素女受房中之术。得玄女授《阴符经》义，能内合天机。外合人事后升天为太一君，其神为轩辕之宿，在南宫，黄龙之体象。

以上神话传说具有历史内容：①玄女是西王貘部族文化的嗣承者。“禹学于西王国”与黄帝学于西王母母系词师是祖孙一系的母系文化源泉。黄帝及禹等皆“娶”于西陵氏或即西山昆仑母女和月母之族。上系于包牺女娲。②玄女“人首鸟身”是道教“人鸟山”（昆仑西王母）文化。这一西山巫文化还见于医神扁鹊仍为“人首鸟身”。黄帝时有巫医名扁鹊，战国时名医亦名扁鹊（秦越人，卢医）。扁鹊之“禁方”出于方士（神仙）。“扁鹊”即大雀，“方平记大鸟，当来东南翔”亦西王系。《拾遗记》：“员峤多大鹊，高一丈。衔不周之粟飞于中国。”又：“炎帝时有丹雀，衔九穗粟。”此大鹤含粟之“不周山”主今若尔盖县白龙江源头“纳木山”。③黄帝曾以鸟族雕鶡鹰鹯为旗帜。用“鸟母”旗号。昆仑山北玉山之神西王母乃天帝之女。神荼，郁垒主度索山（天彭门），冥伯之丘，穷山等皆在蜀山。④“黎土羌兵”与骊山羌戎为一事。黎山之丘即“骊轩之丘”。西王母与先秦“骊轩女”为天子似同一族。故玄女传阴符经又说为“骊山老母”所传（唐人记李筌事）。“制妖”与“命魔”之印与剑为李耳传张陵物。记太阴之精人身虎首，坐于少广之山，本源自《山海经·大荒西经》中“不周负子”即今纳日山圆形而缺口。述女娲，十巫，西王母，轩辕国，沃国。两处人鸟曰:“西海陼中有神人面鸟身名曰弇兹。玄丹之山有五色之鸟，人面有发。”记昆仑之丘之神为人面虎身，即《西次三经》陆吾之神。记西王母误以陆吾神叙之。西王母当是“鸟首人身”与玄女同为凤鸟族。

《宝真上经》(三十四册)称:“玄母则化形为人头鸟口(身)，口衔月经。玄母则化形为凤身麟头。”《古文龙虎经·玄女演其序章》注云:“玄女乃天地之精神，阴阳之灵气。神无不通，形无不类。知万物之情，晓众变之状。为道敖之主也。玄女亦上古神仙，为众真之长。”玄女可为王母传承掌敖，或即鸟母化身。古骊山女族实昆仑神仙母系，道教“肇自河源”乃指蜀山。

十一、头姥与蜀山天文

古代天文学是很发达的。早在夏朝已有距今5000年的“夏玉历版”出土于安徽省含山县凌家滩。玉历版是夹在白玉龟身内，真谓神龟含图，在玉版中心刻有两个大小相套的圆圈，内圈里刻有一个方心八角形图案，用八条直线将双圆分为八等份，是一块记载星象季节的夏代历法图(见《东南文化》1991年第1期、《新华文摘》1991年第6期)。“禹学于西王国”之说，意为夏代天文源于蜀山昆仑。玉版还传留了太极与八卦的消息。说明古代天文与八卦是有联系的：有关记载，可参见《古代标志空间方位的符号——八卦》(《中国科学技术史论文集》(下册)吕子方教授著文)、《论太极图的形成及其与古天文观察的关系》(东南文化1991年第3、4期李化澂教授著文)。两篇文章见解精明独到，令人敬服。

商朝已用南斗与北斗的甲骨文。周朝已用北斗与二十八宿。这些印证可见于隋县战国墓中出土的漆方合盖上用红漆绘北斗星座与龙虎，还写有二十八宿的名称。道教用龙虎喻丹法确与北斗天道有密切渊源。

《史记·天官书》说北斗七星可分为阴阳，建四时（四季），均五行，移气节，定诸纪（日、月、星行度与年历）。道教北斗科仪与北斗的经典是很重要的经法。北斗坛与北斗殿建于高山顶也是源于古蜀山的观星台。

《夏小正》《鹖冠子》（作者为巴方士）记载了斗柄定四季。《荆楚岁时记》记载了天河牛郎织女星。东汉石棺盖龙虎交会图上刻有牛郎与织女（持舂米木杵）。二十八宿天象虽与中亚、印度有所交流，但创建实始于西山天文。有《中国天文学史》第五章及所引论文已言之。岑钟勉先生《两周文史论丛》中的《夏时与狄旗》《上古天文历数多异源于伊朗》《读庄发微》等篇对西山昆仑天文尤创精思。邓少琴老师《杜宇推进蜀中农业是掌握了天文知识》指出古蜀国以心宿三星（天蝎座）为蜀帝之明堂。以房心（天蝎座）为“天马”天四即马祖，以祀马头娘蚕神西陵氏。心宿三星是蜀王帝座，今新都马家乡蜀王墓铜方印上有其明示，蜀编钲等亦见之。古以“弧矢星主益州”（天文占候）。《开元占经》中所辑《慧星要占》云：“参（星）者天子市也，伐（星）者天子都尉也，与狼弧同精。天子蜀候也，主南（方）蛮越之国。”狼弧之名见于《楚辞·九歌》。《天官书》：“参为白虎。其末有大星曰狼。”狼星一曰天陵、一曰天纪，皆名蜀候。心、参、狼皆南天最亮之星，故为南国蜀候占星。后来，秦统一各国天象，二十八宿的赤道座标又渐改为黄道座标（战国至秦）。改用东井舆鬼以代替狼弧（黄道夏至点）；改用南斗为冬至点。乃有：“岷山之精，上为井络，帝以会昌，神以建福。”（河图括地象）岷（崏、嶓、蒙）乃“（蜀杜宇）升西山隐焉”之山。蜀州青城，山有杜宇之化民居之（天国山），亦有“大面”（大岷，《丹渊集》）之称。天狼星在蜀国天文中是“五羊”星。《易类是谋》：“太山失金鸡（箕星），西岳亡玉羊。”狼星在未，为羊。五羊即常羊，杜宇之后又以神农祀之。

吕子方老师《五天延》（《中国科学技术史论文集》）以蜀为“天市天延”引《开元占经》卷六五：“石氏曰：天市垣二十二星，在房、心末北（巨蛇座）。”并论证《南山经》招摇山（汶山）至箕尾山的神农（炎帝），五方五帝的蜀国五色帝庙，楚人称天市为“西天庭”，以证蜀人天文特点。在论楚国天文“太微天庭”中，以五帝为“太一”之佐，是将地上的五色帝搬到天星上去。并且用楚人方言命名十二岁。吕老这本论文集中《读山海经杂记》开创性地将古史与科学接合用于探索地理、民族、天文，可谓《山海经》的发微真解。鸟能从天而降以胜地上禽兽，鸟管理“虎豹熊罴（龙蛇）”，黄帝亦用鸟旗。鸟族统治了龙族虎族，这可能是昆仑大鹏凤，与蜀山瞿魁的道士神仙文化的胜利。在楚国出土的战国鼓架，其图形正是双鹤踏在虎背上。

道敖之玄，乃指北之箭头。真北极曰太玄，即今小熊星座α星（勾陈）磁。北极曰玄。天上太玄，与人合而为道，遵天地之道度（法制）。礼斗“自宜隋斗所指，按而存步”（《真诰·九》）。九华真妃所传守“五蚪内一”乃中斗（大熊座七星）中之五星。司马李主承西灵子都之道即守此正一（玄）。“五蚪内一涓子内法，昔授于峨眉台中”。（《真诰·十》）齐人涓子所著《天地人》经即崇玄正一之道。

《世本》称“禹娶于涂山氏名女娲”。《遁甲开山图》谓“大禹女娲十九代孙”。此指禹入学于西王国母系（舅家）。踏置步斗不始于禹，而本于女和月母之国。昆仑斗历之山上道中斗之度以定农业气节。西王金母即掌握七政之斗姥。代七星传历之女神。禹亦鸟啄，有西和鸟母之像。禹之祖宗黄帝是北斗之精。黄帝母附宝萝电绕北斗而孕（《河图帝览嬉》《河图稽命征》，见《汉学堂丛书》）。《太上升玄三一融神变化妙经》（第1册，辰五）：“玄父禀玄空雄阳之气所成，玄母禀雌阴之气所成。玄一雌一号为太一。九一九子九女九皇，出入昆仑。”此即《北斗本生经》所云金莲开九苍而生九星之斗姥玄母，亦昆仑金母，人鸟山之鸟母。故曰：“人鸟山是天地生根，元气所因。”又曰：“太上人鸟山，金池玉房在其中。”“玄母化形为人头鸟身。”

“循斗而招摇兮，执衡以定天纪”，就是按北斗七星以定节气。瑶光之星散而为雀。鹤凤是北斗降生。昆仑之大雀实即黄帝习乐以午众神

之玄鹤。老子叹曰："南方有鸟其名为凤。所居积石千里。"（《庄子》）西王母曰"有蒙山白凤之肉"，太雀，白凤，鹤，皆昆仑（蜀山）之特色。"玄母化形为人头鸟身。玄母化形为凤身麟头"。（第三十四册《宝真上经》）实则，鸟母、西王母、金母确为北斗雌一玄母。

斗姥在道教中奉为尊上。她是掌握日月行度历法之母。在西安市八仙宫中，斗姥像是三目、四面、八臂，头顶三清，怀抱五皇，定下三官，完全表征了道教主神。西王母号九灵大妙龟山金母；九光龟台金母；九灵、九光当是昆仑山所见之中斗九星（大熊座）。

九天玄女可以是玄母之女，人面鸟身。

碧霞元君"生托黄帝室，道匹昊天妹"与北斗密联，故曰"西天斗母精运元气金莲化吾身"。泰山碧霞祠供碧霞元君与眼光娘娘、送子娘娘。称名"蓬玄洞天"亦即凤玄洞天。

天妃（林默）亦是送子娘娘。明崇祯皇帝封天后为碧霞元君。两者皆与斗姥（九子母）有关。台湾称为妈祖，祠庙甚多。崇祯封名全称是"天仙圣母青灵普化碧霞元君"，又加称为"静贤普化慈应碧霞元君"。台湾临水夫人（陈靖姑）庙配祀有三十六位保护儿童的鸟母。

昆仑上映北斗第一星天枢是阳明星之魂神。中监五岳。上有青城玉楼。据斗真人号曰："太上宫青城玉楼九晨君，修其道升入九天九门。"（《图书集成》490册10页）。此青城山宝仙九室之天，监理九岳，名神仙都会之源始。

十二、昆仑三系互婚中的鸟母

昆仑（蜀山）的凤、虎、龙三族，可概括以楚、巴、蜀三王族为代表。不仅三族互婚，其大部族之内又且互婚，此或源自更早的三星、九皇风俗。例如周人初亦娶三女姜妊姒为三妻。是"三佫制"，后来才变为姬姜偶婚制。楚国昭、屈、景三姓，三晋、三巴、三蜀、三齐，都是"三佫"（貉、窸）之残余。

《周书·王会》记西山之方物贡献云："巴人以此翼鸟；蜀人以文翰；氐羌以鸾鸟。"比翼鸟见于《山海经校注》(袁柯著，1980年出版。以下简称标为《经》)。该书186页称："比翼鸟在（南山）东，其为鸟青，赤（尾），两鸟比翼。"注即蛮蛮、鹣鹣。《博物志》谓："崇邱山有鸟相得而飞，名宝。"又谓："崇吾之山有鸟焉。相得而飞，名曰蛮蛮。"

此《海外南经》之崇山在"放欢兜于崇山"的人国（仙山，人面鸟身之人）。其东有戴不死民。此崇山即蜀山、钟山、冢山，实巴人所出。大巴山秦岑之北有宝鸡，在凤翔与凤县之间，此周人巴人最初所崇拜的凤鸟，实即五彩雉鸡。宝鸡是鸟，也可能即巴人的"碧鸡"，一种玉璋。古巴蜀神"金马"（黄金马吉良）"碧鸡"（碧玉如鸡）是译音又译意（如佛经名辞多音意兼译）。蜀有费鸡师，本濮人，为人解灾，必用一鸡。青城山中有花蕊夫人费氏，卦师费孝先，费氏为开明氏蜀巫之后裔。巴賨人著书名鹖冠子（快阁师石山房丛书《汉书艺文志条理·诸子》卷二上引应劭《风俗通·姓氏篇》)，鹖冠即赵武灵王之鵕鸃冠，即骏冕（山鸡、锦鸡、赤雉尾饰冠）。

蜀人以文翰。鸟有文彩者，皋鸡似凫。当即崇吾之山（38页）之蛮蛮，群居而朋飞，其毛如雌雉，白鹤如雉（73页）。县雍之山有白翟白鹤（80页），幡冢之山多白翰、赤翰（28页）。灭蒙鸟、孟鸟即岷鸟，蜀鸟、树鸟亦锦鸡，故知蜀山凤凰实本自岷山野鸡雉鸟，鸾鸟在轩辕国与夏后国间（《海外西经》)。北号之山有鸟焉，其状如鸡而白首，其名曰鬿雀是食人（113页）。鬿或即蜀人神崖之魁雀、犁，雷溉，雷堆。蜀人以翟鸟为神崖之神，以象天彭门（有神荼与玉垒二神）。龙晦老师《广汉三星堆出土铜像考释》说：在三千多年前，广汉地方已有氐人建立的翟国（杜鹃神鸟）。它即是殷武丁经三年打败的鬼方。即翟国王族的邽戎。氐姜以鸾鸟是周朝姬姓以前的姬（羌）。乞姓之氏，即仇池杨氏之先祖。广汉高崇寺出土铜印之，"乾阴邽"三台郪江公社之"郪王"，什邡李冰墓杨村之氏人。仇池的翟堆又叫翟如（15页）或翟唐。温少峰大师《氐羌乞姓证》曰：乞姓，不是允姓（而顾颉刚、吕思

勉两先生则认为乞为允之误）。岐山与陇山之南确有乞姓（氐族中乞姓之羌又称玄氏）。乞姓是从“灵䀻生氐人”的“䀻”字音写（415页）。氐（羌）自称“盍雅”即“和夷”；亦即戈基人、葛人。《山海经》说有大泽为群鸟所生（289、421页）。有“使四鸟”（“虎豹熊罴”疑是“虎豹龙鳖”之误）的部族十国，有人面鸟身，如头（189页）、禺（425页）、禺号（356页）、玄女（432注）、鸟首人、鸟氏（447页）、人面鸟身神、鸟身人面神。皆昆仑中心之鸟母（女系鸟王之族）。

鸟王或鸟母（女皇、女系）说为凤凰是神化的神鸟。今出土的汉代摇钱树上立有凤凰。此树实为西王母的桃都树（昆仑、彭门、绥门、蓬山），只是将蟠桃树改成了现钱。凤皇应是孔雀、仙鹤、锦鸡的综合神化形象。但皇鸟最基本原生物应是鸡。①“凤凰其状如鸡”（16页）。《北山经》中之神鸟多以鸡与雉状之。用鸡祭山神干山七处，北山二处，西山一处。《中山经》是蜀山之经。②“诸夭之野，凤皇卵民食之。”（222页、397页）应是鸡蛋。鸡原始于泰国红色丛林鸟（Galis—galis—galis），早在7500年前人类已养鸡。③丹朱（欢兜）自投于南海化人面鸟名鴸。南方朱雀（火鸟），汉石棺（芦山王晖墓）刻有半开门状之妇女。此乃以吕雉代朱雀，实则赤鷩白翰（28页、80页）皆雉鸡。

（原载《成都文物》1996年第1、2期）

宝鸡与玉圭

秦朝的陈仓县，唐朝改为凤翔，又改为宝鸡。《水经注·渭水》："县有陈仓山，山上有陈宝鸡鸣祠。昔秦文公（公元前765至前716年）感伯阳之言，游猎于陈仓，遇之于此坂，得若石焉，其色如肝，归而宝祠之，故曰陈宝。其来也自东南，晖晖声若雷，野鸡皆鸣，故曰鸡鸣神也。……黄帝都陈在此。荣氏《开山图注》曰：伏牺生于成纪，徙治陈仓。"陈宝的出现（来自东南）是在暴雨雷电之后。因暴雨冲刷山坂而露于地面。其质若石，其色如肝，其形为鸡（圭之误）。用现代语予以解说：宝鸡应是宝圭、玉圭，实即古玉石制作的圭或璋。也可叫"碧鸡"。五六千年前的"圭形石凿"已具其形。巫山大溪新石器时代墓中、商周墓中常见珪和璋。

《史记·封禅书》云："文公获若石云，于陈仓北坂城祠之。其神或岁不至，或岁数来，来也常以夜，光辉若流星，从东南来集于祠城，则若雄鸡，其声殷云，（如）野鸡夜雊。以一牢祠，命（名）曰陈宝。"《集解》瓒曰："陈仓县有宝夫人祠，或一岁二岁与叶君合。叶君神来时，天为之殷殷雷鸣，雉为之雊也。"《索引》案云："'二童子名陈宝，得雄者王，得雌者伯。乃逐童子化为雉。秦穆公（公元前659至前621年）大猎，果获其雌，为立祠。祭，有光，雷电之声。雄止南阳，有

赤光长十余丈，来入陈仓祠中。’所以代俗谓之宝夫人祠，抑有由也。叶，县名，在南阳。叶君即雄雉之神，故时与宝夫人神合也。”不论为童子或为夫妇，都是一对玉璋或玉珪（碧鸡）。叶君之名甚古，很可能就是尸化为大鸟的王子乔，吹箫引凤的王晋，应予重新考证（神话传说中三个王乔）。辛氏《三秦记》说得明白：“太白山之西有陈仓山……石鸡……晨鸣山头，声闻卅里。或谓是玉鸡。”顾野王《舆地志》说：“九华山出碧鸡之类。”就是指的玉石类石物。隋《区宇图志》说明了鸡是圭的讹音，因而以圭为鸡。它说：“龙岗县有白雉城，其上有白鸡，因以为名。今俗说白圭城也。”道教创始地“天国山”（今青城山味江）的“鹄鸣神山”亦因“石鹄鸣而神仙出”。此神仙都会的“神山治”乃指西王母（凤族的“鸟母”）之子“西城总真人”王方平的“昆仑下都天国”。王远传道于马鸣生、阴长生、李八伯（蜀山神仙通称，今可考者十余人），再由蜀国李家道传予张陵。

伏羲生于成纪而有邽山，迁于陈仓而有鸡山，秦武王伐邽戎，迁其族人于下邽（成纪南为上邽）。四川广汉出土有“乾阳邽”铜印，有郪王城、郪江公社。伏羲风姓当与凤、鸡、鹄有关。周族承黄帝系而有“我姬出自天鼋”之语。周族男系姬姓本出于凤系之鸡（丁山考论）、巴蜀以野鸡为贡，蜀之神阙名㲋魋，巴有阴阳石，皆与分珪为璋之俗有关。宋人罗泌《路史·余论》卷三《鸾翳》篇云：“轩辕之丘、沃汶之国凤鸟自歌，鸾鸟自舞。”《说文》以为：“神灵之精，鸡形赤色五彩。”《孙氏瑞书》：“赤神之精，凤皇之佐，状类翟而五色。”《礼斗威仪》：“成王时氐羌献鸾鸟。”《尔雅注》“鸡趣”，郭氏曰亦名“翳”。屈原“驷玉虬而乘翳”，蔡衡曰：“凡象凤者五：五色而赤多者凤，黄多者鵷雏，紫多鸑鷟，青多者鸾，白多者鹄。”王远所治鹄鸣神山乃凤族鸟母“白鹄”石像之天国山。今人说为白鹤飞鸣者未知道史也。蜀中及仇池之“瞿堆”亦即“翟玉乘毕备，身如雉而尾长”。本鸾凤之类。

（原载《中国道教》1997年第1期）

江津县朝元观

朝元观位于江津县四面山镇洪洞村西北4公里。它坐落在海拔1282米的山顶上。古木森林围绕，人迹罕至。依七个小山峦地势，呈七星点斗风貌。绿树参天，森翠幽环，真世外洞天。

朝元观始建于北宋建隆年间（960—963）。重建于明嘉靖四十年（1561）。这座大型古观具有多项特色：一是融儒、释、道三教为一，有三教雕像（宋代石窟龛）；二是殿宇古朴，保持明代风格；三是道教内丹《老君碑》文珍奇重要；四是联文与匾题具有高深的文学哲学价值；五是四川省道教史的重要遗迹。

一、殿宇

原址较大，因在山顶森林中，县志失载。原有祖师殿（今残存）、经堂（尚完整，座南朝北）、玉皇殿与厢房等已不存在。

祖师殿（下殿），红砂石条砌墙。悬山式屋顶，东西两侧各开一拱形山门。山门上饰以四柱三门的牌楼。殿中一长方形神台，上刻玄武图，刻工精细，栩栩如生。玄武祖师殿在两个山峦之间的绝崖上，故东西两山门绕峦进殿。

经堂在祖师殿后。在椭圆形山包前部开窟，石券顶门。外建牌楼，牌楼前三级踏道长4.12米，每级高0.23、宽0.27米。牌楼为三门四柱重檐歇山式顶。牌楼中间一层通檐，檐下明间龙门枋与两次间大额枋贯通。两次间华板镂空雕刻。小额枋上均饰浮雕花草，牌楼两次间各嵌一碑，左为《老君碑记》，右为《玄元造化碑》。当心间宽2米，次间宽1.22米，柱径0.35米。经堂内宽3.96，进深5.40，高4.98米。筒拱式顶，素面石板铺地。迎面主龛之上饰悬山式屋盖，施浅浮雕瓦当。正脊浮雕宝顶屋脊两端雕饰鸱吻（窟正面石雕木建）。经堂内有5龛造像（宋？），刻人物17位。

经堂后约60米，有明代杨来霖道人石室墓。墓前牌楼仿经堂牌楼形制。当心间檐下设斗三跳，有斗而无昂无拱。墓分两室，前室宽3.8，进深3.5米。正壁上浮雕杨来霖道人卧像，左右各有一侍者。卧像上刻“净保真无”与“音容形象”。供桌浮雕椅花。两侧有单扇门进入后室为长方形油池，原燃灯7盏，传说油尽灯灭则杨来霖复生。池上本有杨氏悬棺，今仅存窟顶铁钩4个。石室后室（悬棺室）宽3.8，深7米，筒拱式顶。

1992年3月，经重庆市人民政府批准并公布为重庆市级文物保护单位。

二、石窟雕像

在经堂内，三教合一共五龛。

正中主龛　宽2.15，高1.95，深0.19米。道教三清神像（玉清、太清、上清），坐高1.47，肩宽0.43米。龛前石台脚为高浮雕石狮。

左壁两龛　2号龛雕五岳五圣君。戴帝王冠，双手捧笏，足踏祥云。龛宽1.2，高1.72，深0.12米。3号龛雕孔子、庄子坐像，皆高1.17米。孔子手执如意，庄子执经书。龛宽1.27，高1.45，深0.18米。

右壁两龛　4号龛阴刻五老五气天君像。道髻鹤立，捧笏，踏云。

龛宽1.25，高1.70，深0.16米。5号龛雕太上老君、释迦牟尼坐像，皆高1.20米。龛宽1.25，高1.51，深0.18米。

江津朝元观三教神像以正龛“三清”为主，两侧为“五岳大帝”对“五方五老君”，“老聃、庄周”对“孔丘、释迦牟尼”。不见道教的“四御”（玉皇、地祇、紫微、勾陈）。道教为主的供法，参与孔子、释迦佛，是值得探讨的供法。有时代性，也有地区性、教派性。

朝元观石刻造像、刻工精湛，线条流畅，很可能是北宋作品。

三、联文与匾题

朝元观内匾题与联文很多，大都是奇联、佳题。

祖师殿东山门门前牌楼上题“荡荡自清”与“芝茂”“兰芳”。山门正额“金阙云宫”。联为：“善茅长，长长长长长长长；习三乘，乘乘乘乘乘乘乘。”西山门门前牌楼上题“杳杳仙源”与“日丽”“日皎”。门额题“元洞玉历”。联为：“霞友朝，朝朝朝朝朝朝朝；云朋观，观观观观观观观。”另一资料记东西山门横额正中“金阙云宫”及“善茅”“习三”；“元洞玉历”及“霞友”“云朋”。是否各入联文待考。《巴蜀名胜楹联大全》第199页有四面山两联并无首二字。该书又简记云：“四面山风景区、地属贵州高原大娄山系北翼余脉。位于县城南184里。山雄林茂，湖媚瀑奇。”千百年来、此联难倒许多文士，因之被称为“天下第一奇联”。1992年4月，楚辞研究专家黄中模教授来此考察后。运用宗教哲学典故与古汉语、音韵学平仄等方法，将前两字（即正额匾题两侧各二字）与后同一的八个字组合，才透出三教哲理内涵。

经堂前牌楼上横额“昆仑在见”，柱上联刻：“渺渺重霄之上；巍巍惇阙之间。”两次间华板上刻“太极”“混元”。有“立天之道地之道人之道隐圣显元”题榜，及“五岳”“崇观”刻字。当心间门枋上刻二联：“朝五当，赐香庐，绘运帝景如斯观：逝终南，上昆仑，得开圣域民瞻仰。”又：“入了劫传即此观；三洞真格游斯境。”次间楹联为“五千密

言慨三才之妙德；八十余度接六趣之众生。”

杨来石室墓牌楼所题刻：“三叠琴心”“静养灵性”“含春”“函谷”，皆深含道德大旨。

（四）两碑文字

①《玄元造化碑》高1.30，宽0.82，字径4.5，行距1.5厘米。全文如次：

老君碑记（摹写）

玄元造化。夫坤转乾旋，运化古今。兔走乌飞，光辉昼夜。逆寒暑之往来。阴阳之升降。品物流通，周而复始。花开果熟，返本还原。湖海江山铺大地，森罗万象列虚空。银毫灼灼，金光灿灿。布乾坤之正气，贯世界之繁华。人物侪侪，丰资表表。圣德巍巍，文风浩浩。天地之间所生所养，各有所得所乐。乾坤之内所资所施，各有所居所址。日光普照于世上皆然。圣心总包于天下都是。无物不长，有生皆育。正所谓乾元变化，无所不利利者，无不利也。于是乎赞偈曰：世界繁华弥宇宙。江山锦绣满壶中。一珠黍米超天地。两轮乌兔列东西。又曰大哉乾元。致道玄机。恢弘光大。包罗天地。皇明嘉靖肆拾年，岁次辛酉，仲夏吉日。洪都新淦县咸阳里修真童子杨复庵书。第三十九代玄嗣杨来霖录刊。

按“来”字辈似金真教字派“一阳来复始”。杨复庵恰是下辈。代数之字有误记。江西南昌樟树镇父子？师徒（来复）。

②《老君碑记》高1.55，宽0.85米。

此碑取亳州《老君碑记》七言诗八句中首二句与末二句构成（缺中间四句）。后两句文字亦有异文：[illegible]。亳州碑作：[illegible]。

[illegible]当释为：“铅汞交结乾坤衍。”江津乾元观后三字释为神泰就，不若原碑“坤乾衍”佳妙。江津碑又误第二行第五字“添”为延，亦当订正。《老君碑》在亳州，标明“老君作”。文字形制上承蜀山（昆仑、崇山、嵩山异名实一）《三皇文》蜀开明氏王朝字体。是一种别于汉字体系的方块文字。《三皇文》今存，见于精装《道藏》第8册。但已深受汉代《太平经》中复文（符文）体意，改行汉字复合会意体。复文创意多用内丹阴阳五行观念，当是唐末或宋人所制。烧字以丙丁火会意，上承太上火老君，直嗣纯阳吕嵒（洞宾）。真字以正会意虽有正一旨向，但加青字以示东华帝君，或火尤真人一系。故嘉靖四十年（1561）碑用“一阳来复始”全真龙门派字辈。但“一阳来复始”似继康熙八年（1669）陈清觉来四川后启用之新二十字辈，明嘉靖一百零八年前杨氏两名或系偶合乎，有待进一步考订。从杨来霖墓“三叠琴心”与“净保真元”等题刻看来内丹全真义理显明。祖师祭台上刻龟蛇相亲图案，标明此殿之祖师为“真武祖师”（玄武）。不但全真建教已近五百年，武当派兴盛亦百数十年。但四川玄武派兴盛时，全真亦由武当山传入。

五、简要结语

朝元观是宋、明以来的三教合一道观。森秀林峦与精构古寺都值得保护。

摩崖石刻造像：正龛供道教三清，明确道教为主。两侧“五岳大帝”与“五方老君”亦本于道教。中央黄老君由中央黄帝君与中皇太一演出，纯属道教（《老子中经》）。又列四圣人而编次为老聃、孔丘、

释迦牟尼、庄周，亦以道教而含儒释。此种融合与川中密教柳本尊至宋末赵智凤一系；全真教武当山派一系。地区与时代关系尚需探索，是道教史重要难题。

联文探秘显与四川安岳、大足两县石窟造像思想，与钟吕内丹派、伍柳仙宗派有内在联系。在三教合一《性命圭旨》思潮中有参考价值。

风光、森林、古建、石窟造像（宋?）、道教重要碑刻《老子碑》（全国三见之一），皆需珍惜。

经堂石岚垭下路旁有一微型小庙，庙内有石雕童子像。童子手捧鸟而小便，清泉淙淙自童子男根淌洒。明杨来霖建庙后庙内有道徒百余人皆赖圣童童便圣水而生。此景之独运匠心，思想明通，又大有“道在屎尿”之密旨。亦朝元观一玄妙真境。

（原载《四川文物》1997年第1期）

道教斋醮科仪精义

我国是一个尊崇礼教的国家，各民族都有本族的礼仪。古代礼教由本民族的巫师掌管和行持。巫师即是本族的知识分子，乃至即本族酋王。巫师酋王主持人神祭典，掌管风俗制度，法天地自然之道，体人际和善之德。日出而作，日没而息，还未形成法律、刑典。后来自然道德（风俗习惯等）衰落了，于是讲仁讲义。仁从人伦夫妇始，“易曰乾坤定矣；诗云钟鼓乐之。”《诗》启《关雎》皆以家人为至简至易之仁道。再扩展于乡于国乃以人际之宜为义。历史发展由母系社会的自然道德进入父系社会之仁义。昆仑“鸟母”（凤鸟部族）体验中斗九星中天皇及斗内涵五斗的天道，以此斡旋的斗来定四时八节以兴农业。燕山殷商祭天帝以祈人和。炎黄承鸟母之道有唐、虞、夏之典，周姬总仁义之制而渐辑《周礼》。周穆王见西王母已具献玉之典礼。汉武帝与西和月母之会于瑶池尤著礼仪。道家儒家皆柔弱谦恭，同崇礼仪。或源于昆仑凤皇（鸟母）测天握斗之制。

一、道家儒家崇礼而同源

西王母（凤皇鸟母）所居昆仑山当在今四川甘肃青海三省间的河

源（俄洛）。此山又称蜀山、崇山、钟山、冢山（亦即岷山）。“禹学于西王国”（《荀子·大略篇》），崇伯鲧生禹于石细长子西羌，皆证昆仑河源区三部皆经母系社会。凤西貘凤族与炎皇虎族、黄帝龙族是三个互婚部族。昆仑三恪对偶婚形成了姬周的昭穆制度。

《老子》三十八章：“失道而后德，失德而后仁，失仁而后义，失义而后礼。失礼者忠信之薄，而乱之首。”（据徐仁甫教授《老子辨正》）如果降到礼制都失掉了，不忠不信，乱之首。老子书中常言礼制，不毁圣智与礼乐，实是礼制专家。孔子请教“礼”制于老子是共此礼。《老庄申韩列传》是由礼制到刑律法制的发展。儒者懦弱谦下，易有谦卦，制出周易父系。道家“慈、俭、不敢（谦慎）”制出斗姥西貘女皇。然齐家治国盖出于《老子》五十四章：“修之于身，修之于家，修之于乡……”老子重谦而易经谦卦六爻皆吉（唯一的全吉卦）。老子所崇之“无为”见于《诗经》板、泽陂篇。老子守雌、崇阴、食母等正是出自昆仑凤皇的西貘部女和月母（女娲）。

二、斋醮科仪的发生发展

上文谈到西王母与穆王、汉武帝相会的仪制。上溯到昆仑三部的巫王方术，知道德、仁义、礼法之发展是社会文明之必然。儒家礼制托始周公，有《周礼》《仪礼》《礼记》。道教科仪则尤丰富繁多。西城总真人王方平传经于石鹄神山化（今青城天国山，非诸处鹤鸣之山）。汉张陵直承之建立二十四化及祭酒五斗之教。各化的典章制度阶位各有训制。从古蜀王崇五色帝庙，尚赤，以酒为醴（敬神祖之礼酒）。已见米巫方士渐成道师祭酒。秦汉五斗教法已设坛、祠，重斋戒，祭“三官”“五色帝”，而有章醮之法。北魏寇谦之有新科仪，南朝陆修静著斋法仪范达百卷。唐西安道士张万福，五代时居青城山的杜光庭皆科范大师。宋元明斋醮特盛。明永乐五年（1407）玉箓大斋长达百日。永乐十七年（1419）福建洪恩灵济宫大斋，七千余人参加。民间小说《金瓶梅词话》中的（39回）玉皇庙打醮、（66回）黄真人炼度荐亡也反映了斋醮的普及。孔子的人道核心是仁。儒者之礼是维持人际秩序的制度。道教天人合一的核心是中斗（大熊座），七政五斗雌雄始于西昆金母“斗姥”的人神感应。斗姥化三清，使三官，以玉皇为心印，是“无为”月神的普照普救。故有斋戒，醮仪。

三、斋与戒，斋醮，科仪

道教的斋醮是对群神诸仙人与祖先鬼灵而立。临坛法师必经斋戒清洁身心以交神明。代神灵以却邪消灾祈福延寿。关键在“发炉”的合神灵于身。斋于身者如沐浴、静居、不食肉及五荤（葱、蒜、韭、芸苔、胡荽）。整齐法服仪相。斋于心者静定、真诚，以所持戒律之性功上接神灵。没有身心的真洁，缺乏持戒律的修持，不能作神降之高功。行法亦不灵验。全真律坛特重“戒律”者，盖身心净化，由人到仙，降接神明，以身行法等必需由戒生定乃可主坛。结坛有制式。设供以香、灯、花果、金玉、纸帛为清品。因规模大小而神位幡饰有多少。醮仪程式普经：①设坛列位，②洁坛解秽，③入户祝，④发炉，⑤出灵官，⑥请官启事，⑦送神真，⑧敕小吏神，⑨内官，⑩复炉，⑪送神，⑫出户祝，⑬醮后诸忌。醮始于祭斗（拜斗），踏罡步斗为教仪最上。

四、醮仪关键“发炉”

具有清斋戒持的高功与天界神灵感应，以身代神作法曰发炉。此天人合一之灵威必由修斋持戒而成。高功拈初炷香默念“道由心学，心假香传，香焚玉炉，心存帝前。灵真下盼，仙旆临轩，令臣关告，径达三天”，并以天目书符。第二炷香召出道身中神，书符与初香符合为“霛、霝、靈”三礼。第三炷香召感“十方真正生杰下降，流入臣身中。令臣所欲速达径御至真无极大道，三清上圣、昊天至尊、玉皇上帝

御前”。行此重要典礼时，高功必以身内真炁，一缕心香妙合诸真。全局坛法以高功内法虔诚合真灵为关键。盖降神灵为诸法事醮仪之内在实际效应。斋醮活动中高功法师内运精神、意念灵通、合上天真神，是发炉（请神）复炉（送神）本旨。故法师掐诀念放金光安位，念收金光各还本位。皆由法师身中（丹功）之炁，心中之意念与神混一合灵。其咒文亦体现了道教神思丹功之哲理：“出阴入阳，万神开张，关奏事毕，诸闭黄房。侍靖玉女，明备神宫。急急如律令。”复炉咒中三次收己身之炁云：“元天尊，修炼雷霆，日月交合，星宿旋玑，五炁交结。（一收炁吸曰）远动乾坤”又：“威镇霹雳，邪鬼灭形，五明交合，万道辉明。（二收炁吸曰）周随吸归身。”又：“五灵混合，臣得长生，吉祥顺利。（三吸炁念）鹿鸣利贞，乾享沙力，大有沙庭。”神志专注手诀口念心默作法。高功若无洗心靖志之斋，防患却邪之戒，心香不达上苍，殊无救度善果。

五、道教源自北斗天道

诸子百家各论其道，道理与法则万端。东方儒者崇孔丘之仁道。西来佛学尊释迦之般若大觉之道。唯老子讲天道。人法天地，天地法自然，是道家“观天之道，执天之行，尽矣”，且提出“宇宙在乎手，万化行乎身”的“天人合一”观点。天道的核心则是北斗与北极星的崇拜（拜斗）。是昆仑山原“西王母”的天道。

西王母（貘母，女和月母）居住的山原在今黄河第一曲，四川、青海、甘肃三省交界处的“俄洛”草原。黄帝、大禹、颛顼、周穆王、汉武帝等皆曾与昆仑山西王貘部族有所交往。

在昆仑高原崇山（钟山、冢山）上以巨格之松的大树来观测日影（圭表），又名独山（蜀山、天柱山）。广汉三星堆青铜巨树（高4米）就是“扶桑”九枝。铜树顶立凤皇以象西王国测天女神女和月母，九枝上各有一雄鸡以表太阳经天的十时（其一入地不见）。在仰观天象上就用北斗（大熊座）与北辰（小熊座、北极星、太乙）。

道教既为天道，故以日月为阳阴，以五星为五行。以北辰（北极星）为中天，以北斗绕北极星以定四时八节。北斗又称中斗，盖“斡旋斗柄”以农业气节之根本。在昆仑山原上可以看到辅星（第八）弼星（第九）。故西王金母即斗母，汉代的九子母是“斗姥”与印度无关。中斗（大熊座）九星各司其职，阳明与阴精表天地、日月。阳明天枢星即魁星。张道陵之母梦魁星而生天师。可见正一（太乙）创教天师实即斗魁之化身。五斗皆含于中斗七政，非后之二十八宿分为四方之斗（南斗，斗牛女虚危之斗）。如天辅文曲星为斗君府，为丹元，天关、天衡，是七政内的中斗。其他天机为南斗；天权（玄冥）为北斗；开阳为东斗；瑶光为西斗。此与以昆仑山为天下之中的五岳观，实皆出自五行。《度人经》中详列五斗职功多处，皆五行度生之旨。道教以天象的日月为可道之阴阳；以天象的五星为五行（行于天道，相生又相克）。昆仑斗姥为崇阴象征的老子文化，从无到有，从玄牝与妙窍生万物。一生二，二生三，三生万物。

（原载《四川文物》1997年第5期）

蜀中八仙考

一

“八”为古代斗贯数目，源于四方四隅，古之“八卦”最为形象。称事物曰：八柱、八洞、八景、八极、八节。称神曰：八神、八蜡。称人物曰：八元、八恺。犹二十四、三十六等习语。

淮南王刘安与“八公”往来而得神仙之术，淮南八公已有“八仙”之名。南朝梁陈时人沈炯《林屋馆碑》：“淮南八仙之图，濑乡九井之记。”此所云八仙即指淮南子学道之八位神仙。他们是：苏飞、李尚、左吴、田由、晋昌、雷被、毛被、伍被（高诱注《淮南子》序目）。唐时已有《八仙图》与《八仙传》，似指淮南八仙而言。唐末杜光庭《录异记》卷一记淮南王八仙事又异其名为：文五常、武七德、枝百英、寿千龄、叶万春、鸣九皋、修三田、岑一峰。此八仙名称显系隋唐内丹长寿仙学的哲理化名。

《太平广记》卷二一四“八仙图”条引五代时景焕《野人闲话》云：“西蜀道士张素卿，神仙人也。曾于青城山丈人观，绘画五岳四渎真形并十二溪女数堵。因生日，或有收得素卿所画《八仙》真形八幅，以献孟昶。赐物甚厚。顾为‘八仙’，不让‘三绝’。”原条后小字注：“八仙者：李己，容成，董仲舒，张道陵，严君平，李八百，长寿，葛永（璝）。”此蜀中八仙初见于宋人注，又或始见于后蜀时。明代杨慎《升庵文集》卷四八云：“谯秀《蜀记》载：蜀之八仙，首容成公，云即鬼容区，隐于鸿蒙，今青城山也。次李耳，生于蜀，今之青羊宫。三曰董仲舒，亦青城隐士，非三策之仲舒也。四曰张道陵，今大邑鹤鸣观。五曰庄君平，卜肆在成都。六曰李八百，龙门洞在新都。七曰范长生，在青城山。八曰尔朱先生，在雅州。有手书石刻五经在洞中，好事者画为图。”清人彭洵《青城山记》引八仙名全同于此，当是引自杨慎。但与《太平广记》所引有三人不同。宋人所注有长寿或即范长生，李己或即李耳，唯有葛永璝而无尔朱先生（晋人谯秀时尚无尔朱氏）。

宋人黄休复《益州名画录》则只记十二仙真，未云有八仙图。且明记蜀主孟昶寿诞，安思谦所进为十二帧，黄居宝题以八分书。黄氏于“张素卿条”下云：“又于简州开元观画：容成子，董仲舒，严君平，李阿，马自然，葛玄，长寿仙，黄初平，葛永璝，窦子明，左慈，苏耽十二仙君像。各写当初卖卜、卖药、书符、导引……（当）时真（像）。值蜀主诞生之辰，安公（思谦）进素卿所画十二仙真形十二帧。令黄居宝八分书题之。乾德三年，圣朝克复，求古画图书，斯画预焉。”同书《李寿仪》条记述：“简州开元观有张素卿画十二仙君一堂。寿仪模写将归邛州天师观西院上壁。一堂六堵，现存。”

纵观以上引文，蜀中八仙似出于蜀人谯秀之蜀记。宋人记张素卿八仙图，又与十二真君图相异。或杨慎居青城山中即以十二真君之说，选其中容成、董仲、严遵、李阿四人，加李耳、张陵、范长生、尔朱先生四人所凑成而托以谯秀之名。若尔朱先生为唐尔朱洞？则谯秀不得知，唯宋人谯定或知其人。今《青城山记》引《全唐诗》：“李浩字太素，隐青城山牡丹坪。与仙人尔朱先生游，作《大还丹》诗百首行世。”于此可知尔朱先生亦居青城附近，且为唐时人。

张素卿八仙图条小字注云为蜀中八仙。然既已画十二仙君而其中

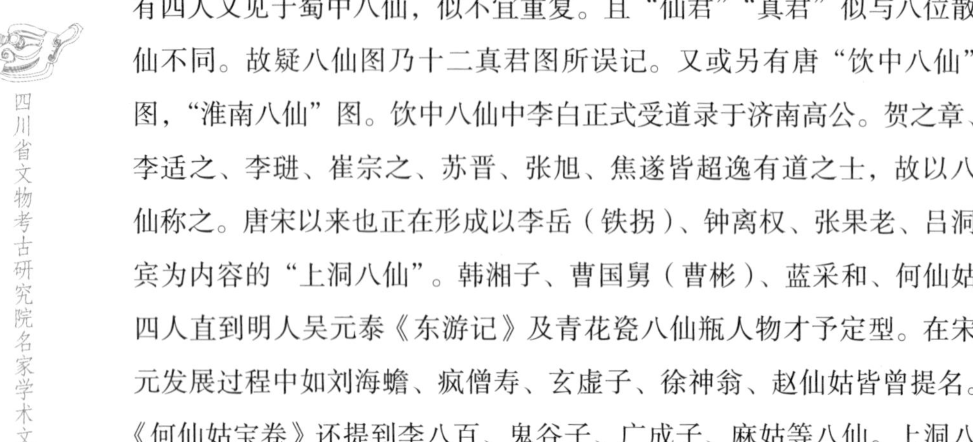

有四人又见于蜀中八仙，似不宜重复。且“仙君”“真君”似与八位散仙不同。故疑八仙图乃十二真君图所误记。又或另有唐“饮中八仙”图，“淮南八仙”图。饮中八仙中李白正式受道录于济南高公。贺之章、李适之、李琎、崔宗之、苏晋、张旭、焦遂皆超逸有道之士，故以八仙称之。唐宋以来也正在形成以李岳（铁拐）、钟离权、张果老、吕洞宾为内容的“上洞八仙”。韩湘子、曹国舅（曹彬）、蓝采和、何仙姑四人直到明人吴元泰《东游记》及青花瓷八仙瓶人物才予定型。在宋元发展过程中如刘海蟾、疯僧寿、玄虚子、徐神翁、赵仙姑皆曾提名。《何仙姑宝卷》还提到李八百、鬼谷子、广成子、麻姑等八仙。上洞八仙（蓬莱八仙）以男女老少，富贵贫穷组合，成为民间吉祥习俗。往往加上麻姑捧桃、合成八仙祝寿图。甚至对他们手中所执物也习成八吉祥物：葫芦、掌扇、宝剑、笛、荷花、道琴筒、花篮、笏板。

李铁拐名李凝阳，钟离权名正阳，吕洞宾为纯阳，似与王重阳全真教有关。全真教北五祖（王玄甫、钟离权、吕岩、刘操、王重阳）中王玄甫称“东华帝君”或“紫府少阳君”。李凝阳亦称“东华齐阳启元帝君”。钟离权自号“天下都散汉”后讹为“汉钟离”。可能他曾官于五代刘志远所建之“汉”。《全唐诗》中确有钟离权，并有具仙气的诗三首。吕洞宾亦见于《全唐诗》。唐宋时有好几个吕洞宾，一说本李唐宗族。吕岩确有“花酒神仙”的仙学，但戏白牡丹乃宋人颜洞宾事，后来诬在吕翁名下。何仙姑也有多说，且由赵仙姑变来。张果为唐代道士。蓝采和初有女身之说。韩湘子传为韩愈之侄。曹彬，曹佾，曹景休，这一官袍的国曹不知何因编入八仙。

现在最出名的“八仙宫”在西安市长乐坊。庙前有一块《长安酒肆》石碑，旁刻“吕纯阳先生遇汉钟离先生成道处”。山西永乐宫元代建吕祖殿四壁上绘有《纯阳帝君仙游显化图》52幅。四川绵阳市西山“蜀八仙殿”，四川名山县蒙山上亦有“八仙宫”，四川与各类八仙大有仙缘。

二

蜀中八仙的记载，考有关史籍，大致如下：

1.容成　传为老子之师，黄帝之师，真是资格的祖师爷。容成造律历，通晓日月阴阳天人之度。老子“玄牝”乃人法天地日月之道。老子生于蜀，亦继蜀山（鸿蒙）之道。《青城山记》云：“谯秀《蜀记》载蜀之八仙，首容成公。云即鬼容区。隐于鸿蒙，今青城山也。”按葛洪《枕中书》云：“容成子、力黑子为岷山真人。今元子、五子为岷山侯，鬼谷先生为太元师治青城山。”《汉书·艺文志》有“鬼谷区”三篇，即鬼臾区。容成又有“岷山真人”与“大鸿”之称。有《容成阴道》等道度著作，但未传世。因容成秘术与玄女素女有关，故杨慎引《山海经》证“鸿冢”即鸿蒙为青城山（非雍地山）。杨慎《山海经补注》“黑水广都，今之成都”，郭璞云：“其城方三百里，盖天下之中，素女所出。”《大荒北经》有“成都载天”山。故杨慎直称“素女在青城天谷，今名玉女洞”。道书载广成子之论即节欲卫生之道度；与大成子、育成子、经成子，诸“成”子或皆出于“成都载天之山”及“成侯之国”。青城山区为宁封龙跻道源、容成、素女、麻姑所居，故张道陵承“黄赤”日月运行交会之天道而用于人事道度。龙虎丹经出自天谷，由水火匡椁图发展为陈抟太极图亦出自青城。容成、彭祖、老子皆主蜀。

2.李八百　此指蜀中“李家道”有八百岁者多人。夏商周时期蜀王朝多有代换，巴人所建鳖令开明氏蜀王朝为秦国火后，首领兼祭酒巫师多改用“李姓”。“老君”名李耳亦肇自蜀李姓。

其一直称李八百，蜀人。历三代有八百岁故以八百称之。亦“李”姓之最早始祖（望出陇西之李氏即传为李耳裔亦在周王末年）。秦朝时曾度唐公房为仙。试唐公房道心，令夫妻及三婢为之舔恶疮而度之为仙。一说唐公昉为不兴府（今汉中市）人，饮李八百仙酒后，拔宅飞升。汉中旧有斗山观遗迹。

其二李脱，周穆王时居蜀金堂县龙跻峰，曾三次于金堂县栖贤山

炼丹，故又名三学山。此即道教二十四治（化，教区）上品第八治的“真多治”，因李脱之妹李真多成仙于此而命名。真多治上应斗宿，汉中斗山观或因此命名。《金堂县志》载：以北十五里昌利山为试唐公房之李八百成道处。另以东三十里云顶山为李脱李真多炼丹处。上品八治第八真多治应斗宿，为王方平（青城真人）见太上老君处。下品第一治昌利治应牛宿，有三龙门为志。李真多因老君与玄古三师亲传仙道，早于李脱成真，号“明香元君”。真多化即古“浮山治”，可见张陵二十四教区之先，“李家道”早有设治。“浮”即巴浮山即巴山，开明鳖灵族之居地命名（金堂峡有巴鳖灵、开明氏蜀王祠与李冰祠，皆地方人纪念本族先祖之祠庙）。西城真人王远见李老君于浮山真多治，已示太上老君母姓“李”乃出于蜀，“李家道”本巴蜀五斗米巫道。唐皇室“李”姓兴于陇西，其崇奉李耳亦有族系渊源（李古人葬于平武，即李唐之祖）。《蜀中名胜记》引《西幸略》：“唐明皇至剑门，山神现形迎驾，称姓［李］氏。后陟（成都）武担（山）东台（此台即蜀王石镜墓葬）远望。祥云紫气，盘结空界。遂改云顶山（即真多治山）为慈云山。”此处慈云乃指李“明香元君”，紫气乃指李耳老君。老君又名“牢张上”即指“老”与“张”为蜀中李家道传承。蜀中张道陵天师赤髯、碧睛，貌与张良美颜如妇人大异，或秉蜀李姓母族而具形。张道陵天师之正一气源自蜀心宿三赤星与玄牝（祖妣）之五斗米巫。“牢张上”及蜀中迎玄宗“李神仙”，迎僖宗张育（梓潼帝君）。李姓、张育皆出自氐羌族系。

其三李阿，三国时蜀人。常乞食于成都市。所得随多少尽皆施与贫穷人。夜宿于青城山，朝还成都市。古强十八岁时见李阿如五十许人，强年八十余而阿仍如故。资中县焦坛山有李阿修炼处。新津县南二里平冈治（下品第五治）为李阿修炼处。《蜀中广记》云平冈治为蜀人李阿、瞿君于此学道。杜天师有诗咏之。《抱朴子·道意》记吴大帝时李阿后，又记有其四李宽云：“后有一人姓李名宽，到吴而蜀语。能祝水治病颇愈。于是远近翕然，谓宽为阿，呼之为李八百。”唐江阳李珏改名宽，与隋青城李珏（赵昱之师）同名，或继蜀巫。

3.李耳　道教太上（李）老君或火老君姓“李”，非一般所说著书之“老子”。探索其源乃蜀中李家道教徒、古蜀王及巴蜀人所奉之“猪族君师”（族长兼大巫师），蜀族称为“鬼主”或“君师”。《史记》已说不清楚“老子”姓名，辑多种传说成篇，唯记为“史官”“著老子”“孔子师”，及老莱子亦称老子等传说，姓名时代都不确定。卿希泰《中国道教史》（第一卷）第三章第三节论“李家道”殊具慧眼卓识。前述“李八百”及张家道二十四治前之“浮山化李真多”可知蜀中“米巫”“鬼道”“五斗”等称可上溯及上古三代之巴蜀巫山的“巫载氏”。《大荒西经》有十巫升降于“灵山”。《海内西经》有六巫在“开明”（国）东（川东）。《中次八经》说“灵山多桃李梅杏”其神皆鸟身人面。《东山经》说：“岐山多桃李，其兽多虎。”蜀中“李”姓与“开明”（虎）母系“虎人”有关。故其老君（老为族称，又为长老酋君，故“彭祖”亦称老子）命名为“李耳”。诸“李八百”（老年巫师鬼主）亦即“老君”。“开明兽”亦即“神陆吾”（於菟），“其神虎身而九尾，人面而虎爪，司天之九部”。此神见于《西山经》昆仑丘、（黄）河源。太上所传道经多言“肇自河源”，虽言天上“银河斗源”亦地上“昆仑河源”区种民所传。《海外北经》聂耳国（耽耳、儋耳）使两“文虎”。使“虎”之民：劳国、中容人、白民、叔歜等皆与巴蜀族有关。故杨慎以“李耳生于蜀，今之青羊宫”。早于张道陵二十四治的金堂三学山“浮山化”不单是李真多李“十八姨”使虎成仙之处。其九井生育之说亦母系“李姓”之拜妣风俗所在。《云笈七签》卷一二二云：金堂县大厅前有双辙迹与三元殿前相连入昌利江际。青城山天仓峰前亦有此迹。此暗示成双连理之迹，而青城上清宫“鸳鸯井”亦出自李真多仙姑之昌利化。《云笈七签》（齐鲁书社精装本）第682页云：“金堂昌利化玄元观南院玄元（老君）殿前有九井焉，或方或圆（天圆地方以表阴阳），泉脉相通而水色皆异。井中有马绊蛇，首如白虎。每岁三月三日蚕市之辰（仲春之月奔者不禁，古之野合即后世踏青节）。远近之人祈乞嗣息，必于井中探得石者为男、瓦砾为女。古今之所效验焉。”此处九井方圆乃出自巴人“浮山”之人皇九天治九囿。三月乞子郊合之说可参看宋兆麟《巫与民间信仰》与《生育神与性巫术研究》。李耳为道祖，陇西李唐皇室统有全国后封为“混元皇帝”。不应列入八位“散仙”之中。似以李巳为当（已亦可能为弘之误文）。李巳即李姓“上巳日”（三月三日）、生育偷青之意。“负图先生”（五岳真形图）李充，秦皇时自言三百岁，亦可称“老君”，字形与巳近似。

4.严遵（严君平、庄君平） 又称“蜀庄”。因避前汉明帝刘庄讳而改姓严。四川绵竹县人，今绵竹县有“严真观”。绵竹山即紫岩山，传说蜀开明王娶武都山玉女于此，因古名武都山（今江油县亦有“武都”，成都城西北隅亦有“五担山”）。为道教七十二福地之六十四，琼华夫人治之。张道陵二十四治上品第二治鹿堂山治在此。永寿元年（155）太上李老君与张天师于鹿堂治，与四镇太岁、大将军、川庙百鬼（帅）共折石为盟，皆从“正一盟威之道”，这是张道陵于公元141年建教分治以来早期与蜀中各族“鬼主”联盟之教区。上品第六治庚除治在绵竹县西五里，道士张力得道处。今严真观与玉妃溪、君平池尚存。传严君平拔宅飞升，宅地陷为池。宋代已有严君平为临邛（今邛崃市）人之说。今邛崃县东14华里万石坝原有近代“汉严君平故里”碑。邛崃市北10华里童家桥有“汉隐士严君平墓”碑。今郫县西北约30华里横山子亦有“严君平墓”碑，传为唐代诗人罗隐手书。横山子坡上有平乐寺、通汉井。此处确有汉砖墓，有人曾见“建武”年号砖（建武为公元25年至55年东汉初年）。旧崇宁县君平乡又有“寄魂庄”，明建庙宇，为纪念严君平之庙。成都有君平街今仍存。古“严真观”当在今支矶石街。支矶石今移文化公园内（二仙庵）。严君平通天文星象，汉代著名哲学家，道家。著有《道德指归》以讲《老子》。其弟子扬雄（前53—公元18年）著有《太玄经》。可知严君平之卜为《易经》之筮卜。广汉县雁桥东（今五里街雒城附近）有“君平卜台”。宋代郭印（《卜台记》）云：“（严）真君凿（七星）井以厌火灾。”严真君布七星井当与蜀中李家道礼斗之仪有关。传说严君平在成都卜肆卖卜，每天得百钱略够淡泊生活，即闭门读《老子》。借卜语教人行道修德，以功名淡若水，谢绝仕官。年九十余卒。“支矶石”传说是汉张骞溯“河源”时上至天上银河源带回的天上织女支矶石。严君平早就算卜到此事，并从天象上看出了张骞“客星”犯织女星。古代人确信张骞上飞银河，而道教自称“肇自河源”（银河深处），真是奇妙神秘？《太平广记》严遵仙槎条（卷四〇五）引《洞天集》云：“唐置之于麟德殿，长五十余尺，声如铜铁，坚而不蠹。李德裕截细枝尺余，刻为道像，往往飞去复来，广明已来失之，槎亦飞去。”绵竹武都山为蜀王妃与五丁力士生处。而严真观乃严君平之父庄子晞所建（《蜀中广记》卷九）。由是知严真观非后人纪念君平而创，乃蜀中米巫之祠庙。庄子晞在西汉时，张陵正一教尚未成立。四川的八角、五显、百神等庙，瞿堆、魁雀等彭阙，汉洛治、浮山治等教区，皆五斗米巫所立。

5.张陵　正一道（天师道、五斗米巫）的创始人。早在西周后期，原始的巫师已脱离族团变为“方士”。崇伯禹大巫师以下如：苌弘、李耳、庄周、墨翟、扁鹊、尹文、邹衍、董仲舒、东方朔、严遵、扬雄皆可称巫师、方士、道士。张陵传记颇多，此处引宋人张君房《云笈七签》一〇九卷《神仙传》并释为白话：张道陵，字辅汉，江苏省西北隅丰县人，是博通五经的著名儒学家。晚年学长寿养生之术，有弟子千余人，唯传两大弟子王长与赵升。宋代道士赵道一（全阳）《历世真仙体道通鉴》卷十八记（张天师）最详：天师真人是汉初张良（留侯）八世孙。天师之母梦天人自北斗魁星中降授以香草而孕。建武十年（34）甲午正月十五日天师降生。身长九尺二寸，庞眉广颡，绿睛朱顶（碧眼红发），隆准方颐（高鼻方颐），目有三角，伏犀贯脑，玉枕峰起（后脑突出呈椭圆头），美须髯。（按碧眼、高鼻、红发、多胡，绝非张良若妇人之貌。可能是中亚或西域胡人。）通天文地理之妙，从之学者上千人。汉和帝征为太傅，后封冀县侯，三诏不就。永元四年（92）入蜀，修玄玄之道，炼龙虎大丹。“玄玄之道”见于四川简阳县鬼头山出

土石棺前外壁玄武图上所题两玄字并列的“兹武”刻字。汉代已形成东青龙、西白虎（麒麟之变化）观念。天师偕王长复寻“西极名山”（此指蜀之西山）。因入阳平山（在彭县，此为最初的阳平治）。后往西城山（今青城山）。降白虎族人与巴蛇族人（开明蜀人为廪君白虎之裔；巴人为褒蛇之后）。在葛璝山（今彭县白鹿山）调神服气。在秦中山（今德阳县）修九真秘法。在昌利山（今金堂县）、涌泉山（今新津县）、隶上山（今德阳县）、真多山、北平山、稠梗山、鹄鸣山等处修己度人。诸山后皆设治为教区。后于渠亭山（一名瞿亭石室，或即“瞿上”）修炼九鼎神丹。汉安元年（142）正月十五月明之夜，太上老君降于鹤鸣山授张道陵三五斩邪雌雄双剑与“阳平治都功印”。并命天师降治“六天鬼神”（此指隐居青城信奉鬼主之鬼族人）。天师以正一盟威秘录与交乾履斗之道（清和玉女所授），清除原居青城山鬼城、鬼市之八部鬼帅。汉安二年七月一日，天师制伏六大魔与八部鬼帅，盟于青城山黄帝坛，折石为契。于是立二十四福庭，立诸“祭酒”领民户有如官长。有弟子诸万家（当时道民十余万，称为“种民”者或即巴蜀之民？）天师往阆中苍溪县云台山修“九还七返之功”。永寿二年于云台山偕夫人雍氏升天，住世一百二十二周岁。张陵叔祖张辟疆墓在今乐山市。两代天师朝祖墓于青城山。

6.范寂（范长生） 卒于公元318年，生于蜀汉时。范氏为巴人大族，约在蜀汉初年迁居青城山“獠泽”。可能长寿至百余岁。为天师道首领，拥有部曲。李特、李雄起义时，曾资给军粮。《晋书·李雄传》记：李雄攻克成都，以西山（青城山）范长生岩居穴处，求道养志，欲迎立为君而臣之。长生固辞。雄此乃因賨人（巴氏）本信天师道而以为君师。《华阳国志》卷九云：李特字玄休，祖世本宕渠賨民。种党劲勇，俗好鬼巫。永兴元年（304）冬十月，李雄称成都王，迎范贤为丞相，尊为四时八节天地太师，封西山侯。《资治通鉴》卷九十：晋大兴元年（318）四月，范长生卒。成国主李雄以范长生子侍中范贲为丞相。长生博学多艺能，年近百岁，蜀人奉之如神。《晋书·周抚传》记述：范贤为李雄国师，以左道惑百姓，人多事之。

今青城制药厂即古长生宫，传为范贤旧居。近人唐长孺《范长生与巴氏据蜀的关系》（见《历史研究》1954年第4期）论之颇详。

7.董仲君　又写作董仲舒，疑为“仲君”之误。董仲舒为西汉著名“今文经学”大家，河北景县人，不应列为“蜀中八仙”。他虽然尊孔继儒，又讲阴阳、五行。著有《春秋繁露》，语近方士。《蜀水考》卷二引谯秀《蜀记》蜀中八仙有容成公、李耳、董仲舒、张道陵、庄君平、李八百、范长生、尔朱先生。又云：“董仲舒、范长生皆隐青城，则青城是古幽人寄迹之灵区也。董仲舒非江都（王）相也，乃孝子董永妻织女所生，明天文术数之学。”即《天仙配》董永之子。其母为天仙又有“织女”与“七仙姬”两说。孝子董永一说为后汉千乘（今山东高青县东南）人，卖身葬父感动天仙下配而生董仲君。今四川三台县新德乡亦有董永墓、董仲坝、董仙桥。或山东迁蜀人为之？或董钧（东汉通儒，资阳县人）之误传？

葛洪《神仙传》有两个董仲君。卷十董仲君临淮（今江苏泗洪与盱眙间，洪泽湖之南）人，少年时行气（气功）炼形，年百余岁不老，受冤枉入狱，断气假死，入棺后抬出狱，不见尸首，乃借“尸解”仙化。卷六“李少君”条云：朝议郎董仲躬服李少君丹药病愈，气力如少年时，八十余岁卒。卷六又有董奉字君异，三百余岁，驯虎使用之。

《太平广记》卷七一引《拾遗记》“董仲君”条云：董仲君为汉武帝航海往“对野之都”求“潜英之石”，十年乃还。以石刻李夫人像置纱幕中，宛若生时。汉武帝筑“梦灵台”祀之。

《历世真仙体道通鉴》（宋赵道一）卷四云：董谒字仲玄，武都郁邑（今甘肃武都）人。（武都为氐族杨氏称谓，所迁处如四川绵竹县、江油县皆有“武都”。又写作“五担”等。）年一百九十岁，如童子。汉武帝闻其不拘于俗，乃征至西京。与帝言皆协会精理。此传中有云“（董谒）家去长安三百里”。除甘肃武都外，可释为氐族另一迁徙称谓之“武当”。但难释为广西之郁水或郁林。

上引诸董仲：董仲舒、董永之子、临淮董仲、朝议郎董仲、董奉、汉武帝时之董仲，皆非蜀人。唯武都杨氏氐人之董仲与蜀中巴氏（賨人）道教族原及长生求同气合理。仲玄董仲为蜀八仙之一为较当。清嘉庆《四川通志》卷一六八云：董仲潼川人，今城北有董仲读书岩。相传仙去。

8.尔朱先生：宋朝道士赵道一《历世真仙体道通鉴》卷四五言之颇详，略云：尔朱洞字通微。少遇异人授还元抱一之道，因号归元子。唐懿宗朝（860—874）至蓬州（今蓬安县），修道于石室，后卖药于川陕间。唐大顺中（890—891）王建入成都市，畏尔朱法力，不敢屠民。又于果州（今南充市）度张洪。常卖丹药一粒售十二万钱，太守买之则加十倍。太守怒，沉之江中。流至涪陵为渔人所网而无恙。因与二渔人服丹仙去。其后又再见于世，成都胡二郎、仙井道士皆曾见之。

《蜀水经》卷五："（涪陵）白鹤滩。俗传尔朱真人浮江而下，渔人白石网得之。遂于滩前修炼，后乘白鹤仙去。"

《蜀中名胜记》卷二八：大蓬山即绥山。羌人葛由刻木为羊卖之。周成王时蜀国之王侯随之上绥山得仙术。山有透明岩一名栖真岩。有尔朱真人书"隔凡岩"三大字。卷二八引县志云："隋尔朱真人修炼于透明岩，成道。唐懿僖间抵蓬州，馆张洪家十二年。州守以为惑众，沉于江。二渔子得之，释其缚。三人白日升天。"又一说云尔朱真人漂至巫溪县大宁河大宁镇为渔人所救。故大安有巨石如钟，下有三足，烟火之迹显然。父老以为尔朱炼丹炉（见《方舆揽胜》）。《营山县志》亦云：尔朱真人，其先出元魏。修道大蓬山。悟道口诀曰："万了万了万了休。天香岩香山香秋。能了能了能了除。物外物外物外游。"有人误涪陵为涪江，以尔朱主绵阳（见《造化的钥匙》）。绵阳西山观蜀八仙约始于明人杨慎，明人金深有诗咏之。晋人谯秀《蜀记》不可能列隋唐时尔朱真人。尔朱氏本"契胡"部落大人。北魏拓跋氏建国（公元86年）迁居尔朱川，以尔朱为氏。谯周（201—270）之孙，晋人谯秀不可能见有尔朱氏。尔朱荣（493—530）亦不能为谯秀所知。一说尔朱洞为荣之族弟，而诸书多记为唐代人。《北史》有尔朱荣之子名兆。《南楚新闻》云：咸通中（860—874），有姓尔朱者（无名字）家于巫峡。祀白马神祠。“白马神”当与其族（北狄或氐）巫鬼有关。

《益州名画录》所记张素卿《十二真君图》中有五人（容成，董仲舒，严君平，李阿，长寿仙可能即范长生）为“蜀八仙”。杨慎引谯秀加增李耳，张陵本道教始祖，不宜入八仙。尔朱先生（无名字）乃唐人，似皆未妥。绵阳西山八仙不如以扬雄子云代尔朱为佳？潼川州（今三台县）“名世堂”画屈原、严君平、扬雄、司马相如、王褒、陈子昂、李太白、苏子瞻皆蜀人，扬雄为一代名师，且为“北阴鬼帝”（巴人鬼巫君师），自当入“蜀八仙”中。

依上所考八人，说始于晋，或至明朝乃定型。

（原载《四川文物》1998年第4期）

夏禹与道学[①]

道教是中国的传统宗教，其文化渊源可以追溯到夏禹时期母系氏族社会的原始巫教，在其后演变过程中，杂糅了黄老、儒、墨、阴阳等各派的天道观、修炼理论、伦理观念和民俗信仰等成分，逐步形成具有中华民族文化特色的宗教。

当今的道教史，一般以东汉汉安二年（142）张陵创立天师道为道教创立之年。其实，道教的历史远不止此。闻一多先生认为："道家思想必有一个前身，而这个前身很可能是某种富有神秘思想的原始宗教。……这古道教如果真正存在的话，我疑心它原是古代西方某民族的宗教。"[②]夏禹部族的祖居地为中国西方的"西羌""西戎""西蜀"，禹学于西王国。这种夏禹部族源出母系氏族社会的原始宗教，随着该部族的西兴东渐，并在中原创立夏王朝而传到华夏各地。夏禹部族的原始宗教与东方夷人和东南越人的原始宗教相融合，形成燕齐吴越滨海地区的方仙道。而在其祖居地西蜀则演变为巫鬼道（早期的五斗米道、李家道）。丁山先生在《中国古代宗教与神话考》中论证："按照宗教发展的

---

① 本文由王家祐、王纯五合著。

② 闻一多：《道教的精神》，《闻一多全集》之一《神话与诗》，北京古籍出版社，1956年，第151页。

通例说，上古之人，知母不知父的时代崇拜地祇；等到父权发达了，才崇拜天神，但由尊祖配天的思想看，人鬼之崇拜，也应在天神之前。”[①]夏、商、周三代皆崇鬼重巫，但又各有区分。《说文》云：“鬼，人所归为鬼，从人，象鬼头。”又云：“禺，母猴属，头似鬼。”三代不同礼而王，而其民族原始宗教均以山鬼为大神。“禺、禹古字通用，‘禹平水土，主名山川’，禺固夏后氏山鬼也。周人祖后稷，稷字据《说文》云：从禾，从兕。兕与甲骨文所见鬼方之鬼同构，是稷为禾神，亦周人之山鬼也。”[②]夏后氏祖禹、商人祖夔（甲骨文有“高祖夔”）、周人祖魌（即稷），均是山鬼崇拜的不同人格化，是以祖先崇拜（早期为“高祖母”崇拜，即甲骨文所谓“高妣”，亦即“高禖”）为主神的民族宗教，也是祖先神与自然神相结合的原始宗教。西王母崇拜便是这两者结合的最好例证，《山海经》称为“女和月母”，是月神与高妣的结合。月神，甲骨文直称王恒（后世演变为“姮娥”，或称“西母”；而“女和”的音转又为女娲、女娃），远古许多部族的始祖母均称女娲。

“禹学于西王国”（见《荀子·大略》）和“鲧腹生禹”（见《山海经·海内经》及《楚辞·天问》），说明夏禹尚处在母系氏族社会（大约到夏启才转入父系）。西王国乃西羌女王（母系部族），即西王貘，亦即《山海经》所称“女和（娲）月母之国”，其地在今青海、甘肃、四川边境的“俄洛草原”。当地的纳母寺（朗木寺）即黑虎女神之寺，或云为“天女寺”（九天玄女庙）。地当《禹贡》大积石山（主峰为阿尼玛卿山，在今青海省果洛州境内；又甘肃省夏河县与青海省交界处也名叫积石山，这两山之间便是九曲黄河第一弯，今属四川省阿坝州唐克地区）。其东即为岷山山脉（蜀山、渎山、崇山、丛山）。禹学于西王国，是男孩回到母舅家，跟母舅学生活，“禹娶涂山氏之子，谓之女娲，是生启”（见《世本·帝系篇》），是大禹入赘于西王母部族。西王

① 丁山：《中国古代宗教与神话考》，龙门书局，1961年，第8页。

② 丁山：《中国古代宗教与神话考》，龙门书局，1961年，第8页。

母凤族与黄帝龙族、炎帝虎族是三个互婚部族，即中国古代昆仑三恪对偶婚，后来演变形成姬周的昭穆制度。黑虎女神成为岷山（蜀山）广大地区各部族的总先妣。后世茂汶有黑虎山（见《汶川图经》），青城山天师洞旁有黑虎堂（见《青城山志》）。出土于四川的东汉画像砖上的西王母坐于龙虎座上。昆仑下都天师道祖庭青城山被称为“龙虎发基”的神仙都会。天师道称祖师玄坛所在的山为龙虎山，张陵学道的鹄鸣太上神山治的鹄，实为白凤。在龙虎座上的鸟母（凤凰）才真正是道教之源。主持天道的斗姥是专司观测日月、五星的历象玄女。她观天象、奉斗柄之斡旋以定四时八节（这是从游牧民族转向农耕民族所必需的），后来人称晋代青城山天师道首领范长生为“四时八节天地太师”。道教崇阴的最高女神斗姆（黑虎女神），她“头顶三清，心怀玉皇，脚下三官（天、地、水）”，上述男性神却都是由一位女神派生的。夏禹时代那种主阴思想，成为老子“负阴而抱阳”“牝常以静胜牡”的思想来源，母系社会的女神崇拜为道教所承继，这些都是中国道教教理教义的精华所在。

夏禹所处的时代巫风炽盛，“民神杂扰，不可方物；夫人作享，家为巫史”（《国语・楚语下》），即人人祭神，家家有巫；部落首领便是宗教领袖，依鬼神以制义。夏禹不仅是治水有功的华夏族首领，也是威望很高的大巫师。孔子称赞他“菲饮食，而致孝乎鬼神”（《论语・泰伯》），可见他对宗教祭祀的虔诚。《墨子・明鬼下》说：“是故古圣王必以鬼神为赏贤而罚暴，是故赏必于祖而僇必于社，此吾所以知夏书之鬼也。”故大禹死后被尊为社神。祭祀是国之大事。《国语・鲁语》记夏代祀礼说：“夫圣王之制祀也，法施于民则祀之，以死勤事则祀之，以劳定国则祀之，能御大灾则祀之，能捍大患则祀之。非是族也，不在祀典。”又说：“夏后氏禘黄帝而祖颛顼，郊鲧而宗禹……杼能帅禹者也，夏后氏报焉。凡禘、郊、祖、宗、报，此五者国之典祀也。”又《礼记・明堂位》记载三代祭器说“夏后氏以鸡夷”，今四川省三星堆古遗址出土的陶盉，类似于中原二里头夏代文化层出土的封口盉，学者认为源出夏代祭器。《淮南子·齐俗训》记述夏代的信仰民俗说："夏后氏其社用松，祀户，葬墙置翣，其乐夏籥、九成、六佾、六列、六英，其服尚青。"后世一般道士的衣服仍用青色。后世的祭神曲，如《楚辞·九歌》也承继了夏代的部分祭祀音乐，《离骚》有"启九辩与九歌兮，夏康娱以自纵"。《史记·夏本纪》有禹"定高山大川"，马融注云："定其差秩祀礼所视也。"即规定山岳江渎神山崇拜的祀礼，它开启了后世道教岳渎名山洞天福地序列之先河。

禹步，是道教斋醮科仪布罡踏斗的基本方术。扬雄《法言·重黎》云："巫步多禹。"道经《洞神八帝元度经·禹步致灵》说："禹步者，盖是夏禹所为术，召役神灵之步行；以为万术之根源，玄机之要旨。"葛洪《抱朴子内篇·登涉》云："又禹步法：立正，右足在前，左足在后，次复前右足，以左足从右足并，是第一步也。次复前右足，次前左足，以右足从左足并，是二步也。……凡作天下百术，皆宜知禹步。"该书《仙药篇》又说"皆从日下禹步闭气而往也"，即把禹步之法，与闭气握固、叩齿存想等法术配合，成为道教日常修炼的基本功。汉代许慎《说文解字》还把夏禹时代巫师的傩舞与夏族得名相对应，解释说："夏，中国之人也。从夂从页，从臼两手，夂两足也。"意即两手捧着祀神的面具相错而舞，两脚作舞步跳跃，饰百兽（熊或蛇）的动作。四川省三星堆古代祭祀坑出土的大型青铜立人像，突出巨大的双手握物，应是群巫之长。巴蜀铜器的图徽上有许多"手"纹及"手心"纹，对此学者做过种种猜测。四川大学林向教授认为"很可能古蜀人是把'手'当作大禹神龙法力无边的符号来运用的"，此说甚为恰当。古道经《阴符经》有"宇宙在乎手"，亦可佐证。

禹符，传为道教承继的早期神符。湖北云梦睡虎地出土的秦简《日书》乙种第999、1000、1001、1002号简，写有这样一段墨书："出邦门，可行□，禹符，左行，置，右还，日□□，□□右还，曰行邦令，行。投符地，禹步三，曰：皋，敢告符，上车勿顾，上。"它印证了《越绝书》所说"禹治洪水得五符，藏之洞庭之包山"的记述。据考

证，《日书》乙种的抄写年代大约在秦昭襄王晚年攻占楚郢都之时，可见，所谓禹符，早在战国时即已存在，并在当时宗教活动中使用。《道法会元》卷五十七又有“禹步雷光火云大统印”，为道教习雷法者祭神时遣雷霆、役风雨之用。道经有《栖山咒》，相传大禹用此降伏水怪。

枚卜，为后世道士卜卦之先河。《尚书·大禹谟》有“枚卜功臣，惟吉之从”的记载。马国翰辑《归藏》云：“昔夏后启筮，飞龙而登于天，而枚占于皋陶。”陶曰：“吉。”古人多释“枚”为“——”，即逐一卜之意。近人庞朴认为：枚卜的枚字，与历卜或泛卜无关，当为卜具。枚卜与枚占、枚筮一样，都是占卜法的一种，其法失传待考（见庞朴《枚卜·新考》）。李连生认为：“枚卜在古代有时指树干，如《诗经·旱麓》：‘莫莫葛藟施于条枚。’《说文解字》解释道：‘枚，干也，可为杖。’其法以竹杖二支掷地观其向背以定吉凶。”唐韩愈《谒衡岳庙遂宿岳寺题门楼》诗“手持环珓导我掷”，描述了衡岳庙道士用木片两块，掷地以卜吉凶的事。

拜斗（对日、月、星辰特别是对北斗星的崇拜），见于《尚书·尧典》：“乃命羲和，钦若昊天，历象日月星辰，敬授民时。”夏禹时代又盛行拜北斗之风，《路史·后记》说大禹“身长九尺……铃怀玉斗”。注家解释“玉斗”是大禹胸部的黑痣，排列如北斗七星。《宋书·符瑞志》说：“帝禹夏后氏，母曰修已，出行，见流星南昴，梦接意感，既而吞神珠。修己背剖，而生禹于石纽。虎鼻大口，两耳参镂，首戴钩钤，胸有玉斗。”这些有关大禹的感孕神话均与“北斗崇拜”有关。道教天人合一的核心是中斗（即北斗、大熊座）七政五斗雌雄。这正是禹学于西王国，从昆仑“鸟母”（凤鸟部族）学到的测天制斗之术。后来的“五斗米道”亦因拜斗而得名。

综上可知：夏禹文化对中国道教有着深刻而广泛的影响。历代道教均尊崇大禹。天师道创始人张陵崇拜天、地、水三官，而大禹即为水官。中国道教协会前副会长、著名道教学者易心莹大师1936年整理编著《道教三字经》，作为道门启蒙读物，其中以较大篇幅追记夏禹。

原文为:“夏禹王，躬勤俭；疏九河，除时患；凿峡门，多险阻；祈神人，阴相辅；示玉印，并经符；斩世阨，遣童律；栖山咒，力伏魔；禁岳渎，镙淮涡；意此身，水土平；功绩就，入阳明。”按文中所言“阳明”，即大禹陵所在的浙江绍兴市会稽山，道书称为“阳明洞天”。《道教三字经》又说:“阖闾王，登包墟；窥林屋，得禹书；合一卷，赤玉字；百有七，又十四。”书中所说“禹书”，即古道经《灵宝五符真文》，相传大禹成仙飞升时将其藏于包墟，吴王得龙威丈人相助，于石室中重新发现了这一重要道经。该经174字均用赤书玉字写成。而赤书玉字又是道教三洞经书的初始书写法，由此可见道教对夏禹的尊崇和承继。

中国古史上第一个统一的国家政权形成于夏王朝，作为中国固有的传统宗教——道教，其渊源应肇自夏禹时代。

（原载《中华文化论坛》1999年第2期）

漫话财神赵公明

赵公明始见于道教《真诰》（传为晋杨羲记录，南朝梁陶弘景纂集）卷十《协昌期第二》："王侯之冢……以石方圆三尺，题其文曰：天帝告土下冢中王气，五方诸神，赵公明等。"注云："赵公明，今千二百官仪，乃以为温鬼之名"。晋干宝《搜神记》卷五"散骑侍郎王祐"条云："初有妖书云：上帝以三将军赵公明、钟士季，各督数万鬼下取人。"《晋书》卷六云："太宁二年（324）术人李脱造妖书惑众，斩于建康市。"赵道一《历世真仙体道通鉴》卷十引《混元实录》云："李脱学长生之道。周穆王时来居蜀之金堂龙峰下合九华丹。……蜀人历代见之，因号曰李八百。"按"李八百"蜀中有十几人，乃古蜀王改李姓所称之"蚕伯"（蚕丛氏之皤，皤为蜀语老头子之称号）。蜀中李家道供奉"狸儿"（老虎）。秦灭蜀后，蜀王改姓李，仍奉"李耳"为老君。凡李耳（獠君）、李冰、多个"李蚕皤"，皆蜀王族之后裔。晋干宝又有《续搜神记》（不是晋陶潜《搜神后记》），《太平广记》多引用之。

《百川学海》中《释常谈》引"于"《续搜神记》与应劭《风俗通》云："度溯山有蟠桃屈曲三千里。有二鬼神荼与郁垒，万鬼皆怕之。今岁首立桃符于门，画二鬼以辟万鬼。"此显然为述蜀天彭门之两大鬼主。于之名不误。盖蜀人于，或后误写成干宝，或本为两人而字近似。

《中江县志》（民国十九年）有元嘉十三年（436）阳泉寺道士程养道称蜀王，建号太始元年之事。此即绵阳地区巴人起义，时与蜀中道教大有关系。《中江县志》卷四有“泥寺”，或与道士于有关。宋建“三郎庙”（泰山三郎炳灵）碑云：“崖刻有长庆（821—824）年月。”庙兴于唐时，则崇奉炳灵王；在唐时或与蜀“鳖灵王”有关。而三郎炳灵庙所在正是阳平镇，“阳平”乃道教中央教区命名。晋人所谓“赵公明”实始自蜀中李家道（李脱）或蜀中道士于。传说赵公明为瘟鬼或大鬼主，为天彭门（蜀人灵魂归魂之天门）之神荼。度溯山上的蟠桃树（神仙生命树）后来演变为“摇钱树”（桃变方孔钱），是财神的来源。蜀桃都山的神荼（赵朗）、郁垒（钟馗）守蟠桃（桃变为近桃形之钱）树，又是制鬼的瘟神；故后由瘟鬼之神而为八部或六部鬼主，能治鬼，有吉利之意。其守桃钱树一职，则使之成为后世守财之神。古吉祥图《刘海戏金蟾》，绘有“招财童子”与“利市仙官”，即此，为赵元帅身旁二侍从。《封神演义》载：峨眉山道教神仙赵公明助纣王抗周。姜子牙束草人像，书赵公明名，作法射杀之；封赵公明为“金龙如意正一龙虎坛真君”，统四神：招宝天尊萧升、纳珍天尊曹宝、招财使者乔有明、利市仙官桃迩益，职在迎祥纳福与追捕逃亡。峨眉山是道教三十六小洞天的第七洞天“虚陵洞天”。道教的《三皇经》用巴蜀方块字写成，至今保留在《道藏》中，其始出于峨眉山。至今九老洞中财神即供赵公明像。峨眉三霄洞就是他三个妹妹云霄、琼霄、碧霄修炼的洞府。至今山上吕祖殿道庙及明碑两通尚存。西派祖师李涵虚（乐山长乐山人）著《山海奇遇》，即因遇吕祖于峨眉猪肝洞而得道妙。其有《涵虚秘旨》传世。

青城山号“神仙都会”，亦号“清都”，太上李老君传道张陵即在天国山东“鹄鸣神山”。西王母之子王方平居此山号“西域总真”，传桃都龟山之“岷山丹法”。今黑虎堂即因赵公元帅命名。天仓山第十三峰半岩间有金鞭洞，亦传为赵公明所置。昆仑神山即岷山西岭，龟灵圣母东化之墟天仓山亦有神荼赵公明守护。桃都蟠桃演化为五铢钱，赵公明亦化为武财神。《中国民间文学集成·灌县卷》载青城后山顺口溜云：

“财神对土地，江中一口印。”传说赵公明本为烁国鬼帅，镇守天仓宝库。他黑面、骑黑虎，曾在味江中留下一口印迹，可以消灾辟邪生财。青城赵公山传为赵公明的祖山（后来才有赵昱故事）。道教《清微仙谱》记赵公明本为鬼帅，皈依张天师而封为正一玄坛元帅，称“玄坛飞虎金轮执法赵元帅”，实际上影射青城六部“鬼主”降于天师正一教。川西民间喜挂“赵公镇宅”年画即祀巴蜀鬼主。青城庆云寺（空云、寿佛寺）山顶有三姑坟（麻姑、玉女、何仙姑），俗称“三霄”。岩壁有“契寿空”奇字。

《三教搜神大全》卷三《赵元帅传》云：“姓赵讳公明，钟南山人也。（按终南山为昆仑末支、秦岭名山。）头戴铁冠，手执铁鞭者，水炁（黑）也；面色黑而胡须者，北炁也；跨虎者，金象也；故此水中金之义。（按水在北方，水中金指西方金华。）泰华西台其府（指华山西岭）。帅以金轮亦称西方金象也。昔汉祖天师修炼仙丹，元帅奉玉旨授正一玄坛元帅。正则万邪不干，一则纯一不二。天师飞升之后，永镇龙虎名山。部下有八王猛将者以应八卦。有六毒大神者以应天煞、地煞及年月日时也。五方雷神、五方猖兵以应五行。二十八将以应二十八宿。天和、地合二将所以象天门地户之阖辟。水、火二营将所以象春生秋杀之往来。驱雷、役电、唤雨、呼风、除瘟、剪疟、保病、禳灾，元帅之功莫大焉。上清正一玄坛飞虎金轮执法赵元帅。”此神生于“烁国”或即岷山黄河曲之“俄乐”（西陵氏即昆仑西王貘）。古巴蜀人所传，近似楚人之玄武。峨眉山本音为牙门山，牙门、昆明皆西戎昆仑（混夷）之音写。古西戎昆仑即周所战胜并联姻之羌姜族，今之昆明、纳西即其后裔。周襄王时秦穆公向西发展并十二部族。（《穆天子传》或本于秦穆公事而非周穆王。）羌部向西南迁徙，或为旄牛种，或为越嶲羌。今纳西历法，《巴格卜课图》皆与道教同。其十二生肖方位与湖南长沙出土《十二辰宿帛画》同（同为巴人文化）。纳西图语亦源自“巴蜀图语”，个别字全同。“昆仑”为新疆、西藏间大山，即巴颜喀拉山、积石山、岷山，东延为秦岭、大巴山。青海即黑水源，古以岷江为黑水

（元以后以金沙江为黑水），通天河所经“三危”在甘肃陇西即海内昆仑。今甘肃回山有最早形象的西王母像。西王国与黄帝并在昆仑（岷山黄河曲俄洛地），崇禹乃能学于西王母。赵公本传所云“钟南山”或“中南山”或本指“南山巴颜喀拉”，实为钟山、崇山、蜀山、冢山，或蜀、巴人所指的中岳昆仑山。此乃与桃都度溯合。道教起源于河源昆仑，江南李家道亦源自蜀山。今山东蜀名亦始自姜姓羌族。于吉所传《太平经》，僧法琳《辨正论》即以《太平经》一百八十卷为“蜀人于吉造”。于吉在甘可忠前，干宝、于当是西山（文山）羭部或“俞儿”（管子小间）之族。道教神之玄武（清微派）、赵玄坛（正一派）、王灵官（灵宝派）神威相近似。作为神话，它们尽可化生、转世等；但作为其族系的历史溯源，则当分析相关地区（古国）族源，实待探索。各兄弟民族传说是汇成华夏文化的渊薮，炎黄子孙的先民是多源的，华夏文化也是多源的。道教汇纳各族各地区（方国部族）方士巫术，融中华文明部分精华。对道教神系族源与神话传说的探索，是一项极辛勤而十分有趣的工作。

赵公明本是“钟山”（冢山、蜀山）一大鬼主，随天师正一道而盛于蜀中。度溯山天彭门大鬼神荼、玉垒专收鬼，至今门神中尚保留赵公明为门神之一。赵公明其人当在古蜀山或殷代，自西王国（夏周时）至东汉张陵，实是部族大鬼主巫神而非某一具体之人（如西王貘、巫彭、巫）。关于赵公明，后世附会又各有异传，如为赵子龙之弟（今台湾有赵子龙专庙）或赵玄朗等说。

《浙江通志》《姑苏志》等谓赵公明为蜀汉赵子龙之弟。《破除迷信全书》卷十云：起自宋奸相蔡京富可敌国，民间目为“财神”。蔡谪死后，民间以赵姓玄坛称财神。《新搜神记》则考为源出蜀中坛神。“蜀中俱祀坛神，巫家所供也。名其神曰黑虎玄坛赵公明。遂宁李如实《蜀语》谓：坛神名主坛罗公，黑面，持斧，次角。设像于室之西（金）北（水），去地尺许。岁暮则割牲，延巫歌舞赛之。”则此神又即蜀人之傩神，至近代四川端公仍奉之。川北巫师跳“罗罗”即傩神，说明赵公明

乃生于“烁”。此黑神“烁”或与今黑彝（倮苏叟）有族系渊源。川东有“乌鬼”之祭，或说为黑罗鬼、乌鸦神、黑猪（龙）神，皆与玄坛相关。

赵公明与钟馗同为“终南山”老乡，皆虚构人物，但均应有其传说本源。赵公明作财神或始于宋，与其部下利市仙官同时。元《虞裕谈撰》记“江湖间多祀一姥曰利市婆官”，这是财神婆之始。湖北武当山（巴廪君“巫诞”山）有三霄娘娘神，金顶、南岩、紫霄宫皆供奉之。

中国财神很多，如“五路财神”“文武财神”等，藏族还有“黄财神”等；印有各种财神称号的“财神纸马”已成为一种民间艺术。在古人看来，财能通神。文财神有比干、范蠡，武财神是赵朗、关羽。道教祖师刘操（海蟾）也是财神。宋代柳永词有“贪看海蟾狂戏”句，即指刘海戏金蟾。明代李日华《六砚斋笔记》云：“海蟾子哆口蓬发，一蟾玉色者戏其顶。手执一桃连花与叶，鲜活如生。”刘仙执桃又与桃都桃树变为金钱相同。观音大士左侍“善财童子”也被民间改为招财、送财。妇女们虔求善财为子，观音因善财童子而变为送子观音。士大夫求福、禄、寿，由天上三星化为三神。三官大帝的天官就是赐福的神（地官赦罪、水官解厄）。禄神一说是文昌帝君，又以张远霄为“禄星抱子下凡尘”。寿星今多画为南极老人，常与麻姑（西王貘之女捧蟠桃）同出。民间以同音字并图画象征三星，图用葫芦或壶、蝠、鹿、桃。民间无禄而特重财神。和合两神作为喜神，取天和地合、日用合辉之象，用喜鹊表征之。故有福、禄、寿、财、喜“五福”之称。民间用五个蝙蝠表征“五福”，亦用壶、鹿、桃、柴、喜雀为代表；用戟、磬代表吉庆；用“麒麟送子”“观音送子”“淑明后七子”等以表喜子（子）。应该说财是必要的，但要善财、正一财。道教以“法、财、侣、地（庵观）”为修道必备条件。只是把蟠桃长生变为钱树，将长生延命树（术）变为溺入孔方中，则大失本旨。今人更有“一切向钱看”者，难道诸佛神善圣皆当让位于赵公元帅乎！

（原载《文史杂志》2003年第5期）

早期道教与岷山

中国道教应该起源于昆仑山，昆仑山就是岷山。五千年前，昆仑山旁边住着不同的民族，西边是凤族，就是所谓的西王族；东北边是龙族，应该是姬姓；东南边是虎族，姜姓。西边的西王母没有姓；姬姜大家都很熟悉，周朝姜姓。

昆仑山东边的姬羌构成汉民族的祖系，但是汉民族还有一个西方的鸟姓——凤姓。凤是鸟的神化，龙是鱼的神化，虎是兽的神化。因此这个昆仑山就要定点，不能定在新疆，也不能定在青海，应该定在江河之源的岷山，定在川、青、甘交界处。如果我们承认周穆王接触了西王母这个部族（西王母不是一个人，而是一个部族），那么只有川、甘边的岷山可以到达。如果把昆仑山定在岷山，江河的源头，那么，道教最古的经典《度人经》可以为证："山至河源，始于昆仑。"这当然是黄河、长江之源，是川、青、甘交界处。现在恰恰挖出来五千年前的彩陶文化——仰韶文化，包括现在西安半坡可为佐证。五千年前的西边有个很盛大的文化，主要以水而存在。仰韶文化、彩陶文化重龙，重水，楚简帛书第一章说"水生万物"，老子《道德经》也说"上善若水，水利万物而不争"。道教有天官、地官、水官；水生万物，人在胎胞中也是水养起的。因此，以水、龙为主的彩陶文化，和西安半坡的二十几个符号，应该承认它是一种文字。

《太平经》的出现是西山（昆仑）河源区黄帝、夏、周（氐羌文化）与东海（蓬莱）吴越区夷越文化的融合提炼。它标志着祖国文化的统一性，自秦以来“九州六合”整体文化的合成。儒家自孔丘而孟、荀，再至董仲舒《春秋繁露》与京房《易》而与方士之学合。或者说《太平经》是山（昆仑）上神仙与海（蓬莱）上方士的结合。关于山海仙道的关系，早有论述。陈寅恪先生《天师道与滨海地域关系》、顾颉刚先生《〈庄子〉和〈楚辞〉中昆仑和蓬莱两个神话系统的融合》，皆创见宏论。闻一多先生《论〈楚辞〉》曰：“我们不妨作［做］这样的假定：西方的方士大队自西（黄河曲）而东，初入韩赵魏而集于燕，再集于齐，这才出现了汉武帝时方士全是齐人的情况。这和《山海经》里以昆仑为圣山，《史记》记老子出函谷关西去的说法是完全吻合的。至汉武帝时，直接把大人认作是神仙。《汉书·五行志》‘十二金人皆夷狄服’，更证明了神仙思想是从西方传来的。……齐（地土著）人是夏化了的诸夷。……这种夷人宗教思想华化（到战国时代）更有了新的发展，在文化上开放出三朵奇花：哲学方面有庄子，科学方面有邹衍，文学方面有屈原。”（见《社会科学辑刊》1981年第1期）

随周武王伐商的“西土八国”有：庸、蜀、羌、髳、微、卢、濮、彭。其中“彭”即使用木板楯牌（彭牌）的“巴宗賨”（板盾蛮）。彭即鹏，是鸟部族“鸳鸯”“瞿堆”（离堆）的族称。彭县有“彭门山”为神荼、郁垒所守护；又有瞿上城与张陵中央教区“阳平治”。彭山县得名于“彭亡山”，“彭为獠姓”，川中彭獠之地多见巴人岩墓（蛮洞子：神仙洞府）。川北川南皆有彭水，乃巴人所居。蜀人神仙宗“彭祖”，彭祖即蜀人之“老君”。嫘祖女系有西王母龙虎联合部族；彭祖男系有颛顼鸟部。夏龙、蜀虎、巴鸟或即古岷山三部。

道经上的斗姆是掌握北斗系的，定四季：斗柄指东，春；斗柄指北，冬。初期农业社会，野鸡多，都吃凤凰蛋。凤凰蛋不是后来的孔雀蛋，凤凰蛋是野鸡蛋。中国的凤凰，在距今六七千年的河姆渡文化里就有双凤朝阳。孔雀是魏晋南北朝才看到的，是当时母系社会西双版纳进贡来的，孔雀到中国最早也应在东汉。《道枢》上说，昆仑神仙有美好的生活，硬是美食美居美好生活，有初期农业，掌握了天文，然后才产生了神仙。什么是神仙？是脱离了体力劳动的知识分子。

庄子说大鹏鸟飞到天上，及至九万里。大鹏鸟是太阳，鲲鱼就是月亮；一个代表阳，一个代表阴。鲲鱼和大鹏鸟的比喻，不但成为文学上的经典，也成为道教内丹功的经典。中国文学上有个现象，凡是说鸟都是阳性崇拜，凡是说鱼都是阴性崇拜。古诗说“鱼戏莲叶间，鱼戏莲叶东，鱼戏莲叶北”，就是具体描写性事。中国文学作品好多描写的都是这回事。你再把鱼鸟变成道教内丹功，龙虎丹功一下就懂了。因此，西王母的座是龙虎座，上面有个凤族。离开了西王母的领导，龙虎丹功也不成，为什么呢？因为龙虎丹功要玄女、素女、玉女来教。

《山海经》是少数民族的神话的汉译，因此很多同名的译文都在一篇上，汉译不准确，也不懂少数民族，比如说穿胸国，说它是心口上有个洞洞，拿个梆梆穿起来，恐怕不可能。《山海经》有许多这样的东西。《山海经》说，在西方的大山上有只大鸟，这个大鸟就是西王母氏族；大鸟的翅膀西边就是西王母，东边就是东王宫，每一年在大鸟的背上来一个合欢舞蹈。还说，在一个大山上雕了两个大人，一男一女。这在母系和父系交替时代才会出现双向崇拜，可能在西部考古上还有许多没有发现。现在在新疆不是发现了许多这类的壁画吗？

《山海经》上载有九尾狐。九尾狐绝对不是几个尾巴的狐狸，但是从汉代画像砖的图像来看，就已经是九个尾巴的狐狸了。九尾狐应该是凤。在古代的图腾艺术中，完全可以把鸟变成兽。入手的关键是，一个凤字的外边，里面一个马，这个字读“hu”，是凤字框框里面一个马。这个hu后来变成狐狸的狐。另外一个看法，马和鸟可以互拥，张骞的骞，下面即可以写成马，也可以写成鸟，在《说文》中，鸟和马部也是互换的。因此，这个“hu”字也可以换成鸟字，就是凤，即使《现代汉语大字典》也可以翻出很多马和鸟互换的字。

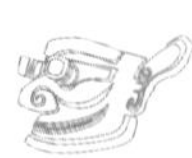

天门这个东西，恐怕硬是神荼、郁垒那道门，应该是岷山，是神荼、郁垒的天门。人死后，魂归天门，归到神荼、郁垒那道天门，归到西王母那里。《华阳国志》上写得清清楚楚的，这个天门在考古上就是离堆——离开的两个堆堆，江上两个山对峙，溯岷江而上，送到岷江源头，送到江河源头。以后在长江上就有许多离堆，离堆又写出雷塠（译音），译得最好的是瞿堆。瞿塘峡的瞿，两边是两个鸟，两个凤凰，双凤进入的那道门，回归到西王母氏族始祖的那个地方。长江上许多离堆，嘉陵江上也有许多离堆。但是翻译不同，两个凤鸟对峙的那道门；而且这个凤鸟也是后期的，而不是母系氏族的，是一个阴一个阳相对的。

金沙遗址出了许多石人，都是被捆绑，背缚的。河姆渡、三星堆、金沙村发现的三处石人，发式一致，可能是奴隶，也可能是巫师。石人有的是被老虎含在口中，“虎食人幼”，这在三星堆的铜器中有许多。虎食人幼，应该定位在中原西周的。三星堆有一个造型是把一个铜人放在老虎背上，刚好骑坐着。这个东西要注意，它与浙江河姆渡的完全一样，形态，造型，人骑虎，当然是巫师。巴蜀铜人中是一个人骑在虎上，拿了一把刀。

汉以前中国古代四方的神，北方是玄武，南方是朱雀，东方是青龙，西方是麒麟，如孔子《春秋》经里的“西狩获麟”。在汉代，便成为从西方出现了白虎。这是个翻译问题，最初翻译为麒麟。以后按东方青，西方白，用八卦的观念，《易经》的观念，就翻成白色。但虎呢？麒麟另外一个写法，汉语叫“乘黄”，现代汉语的一个成语“飞黄腾达”，就是骑上了天马在天上跑，引申为升官发财，飞黄就是乘黄，应该翻译为神马、天马。麒麟是马长着角，长着龙的甲，是个神兽，是“马鹿”。马鹿原型的神话就是飞黄腾达的马。西方应该是麒麟，本来应该翻译为白马；但姜太公在齐国，加上他的梅花神术等，姜太公属于虎族，因此说成白虎。

另外从天文学角度来看，二十八宿，西方就是白虎，但这是先秦各国天文台到秦的统一天文台。楚国和蜀国天文台是很接近的；巴国不同，吴国也不同。天文台不同，星象测定就不同。到了秦统一后，不但天文台要统一，气象也要统一。之前，长江头的天文和长江尾的天文迥然不同；在前期还有一个部族天文台，而最好的是昆仑山的北斗七星天文台。道教的九皇崇拜，九皇就是九星。先秦时只定了十二时，十二个气节，秦统一后变成二十四个气节。天文台定了，农业定了，但是又独立出来另外一个东西，《天官书》，这实际是讲农业历法的，就是我们说的阴历。中国阴历不是月历，回教历才是月历。中国阴历是日月和历，既算月亮又算太阳，因此很准确。秦以前还有夏小正，正月，12月，是夏商周三代的。还有昆仑山的北斗崇拜，太上李老君是北斗生出来的，张陵是北斗生出来的，许多道教的大师都是北斗生出来的。

1991年在简阳发现的人头山石棺，上面有个天门，并且写明"天门"两个字；还有伏羲女娲，一个男神，一个女神。哪个是男，哪个是女，起初并不确定；后来人说女娲是妹妹，伏羲是哥哥，反映出其时正从母系社会转成男系社会。因此，伏羲、女娲是互婚族。在汉代，就变成一个拿规，一个拿矩，阴阳就定性了。除了伏羲女娲之外，在棺材上还有日月神。在考古上，往往把伏羲、女娲定成男女，定成日月，但在这个棺材上另外有一组日神、月神，显然伏羲女娲不能全等于日月神，有两组画。另外还要注意，伏羲女娲生的玄武，写成兹武，讲重玄，双玄。重玄学是魏晋南北朝受到佛教影响产生的，在佛教讲有和无，讲空性和实有，讲世俗谛和圣义谛，才影响到老子的玄学；但这肯定是汉代的，是两个玄字，写的兹武，双玄武，这是最早的重玄思想，而且图像一个蛇，一个龟。你说兹字写错了；但底下的注解是一个蛇，一个龟，是图像注解，是看图识字。

（原载《文史杂志》2006年第6期）

其他研究

貙膢之祭（论僚人“蛊落”为祭白虎）

《风俗通》:“楚俗常以十二月祭饮食，又曰:‘尝新始杀也，食新曰貙膢。’”《续汉书》:“武帝令天下膢五日。蔡邕曰：貙兽尝以立秋日还食其母，猛虫搏挚。王者亦以此曰出猎，还以祭宗庙。”《周礼》“以白琥礼西方”，注曰:“立秋为白帝之精，故白琥以象秋气之严肃。”从以上三资料可知古人于秋天五谷熟时祭宗庙，出猎。这是农业与狩猎生活一致的祭礼。因为“貙兽”（白虎）以立秋还食其母，名叫“貙膢”。这里的“貙”和“膢”都不像汉语，而是一种翻释名词。“貙”是虎；“膢”是食。因来源于虎搏食，故以猎物（后来改用谷物）来祭宗庙叫貙膢。

《搜神记》:“秦时南方有落头民，其头能飞。其种人部有祭祀，号曰蛊落。”《古小说钩沉·孙氏志怪》:“南方落民，其头能飞。其俗所祠，名曰虫落。”这两处的“落民”就是僚民（飞头獠子）。他们祭祀叫“蛊落”也就是“貙膢”。《博物志》:“荆州极西南界诸民曰僚子。”僚在荆州，其祭俗与楚同名。

僚人的“蛊落”食祭不但祭以新谷，还用猎取的人头作祭。《永昌传》:“獠民喜食人以为至珍美。不自食其种类也，怨仇乃相害食耳。”《周书·獠传》:“其俗畏鬼神，大尚淫祀。所杀人之，美鬓髯者乃剥

其面皮，笼之于竹，及燥，号之曰鬼。鼓舞祀之，以求福利。至有卖其昆季妻孥尽者，乃自卖以供祭焉。"《峒谿纤志》四："相（仇）杀必食其肉。披其面而笼之竹本。鼓噪而祭，谓可迓福。或谓飞头蛮即出其地。"因为仇杀相猎、以人为食，又以头面笼于竹本作祭，故名"蛊落"。僚在《永昌传》与"哀牢"合为一；"哀牢"亦即"仡佬"。

《苗疆风俗考》八附仡佬语：竹子叫"盖脑"。蛊落、盖脑、貙膢同音而意义也相同。因为用猎食的人头笼于竹为祭祖宗，故又可以说是祭竹；"竹子"就是祖先"竹王"。祭祀叫盖脑，而本族族称也是同音的"仡佬"。"仡佬"就是竹子（盖脑）族，也就是"獠"（猎人）。

"竹王"原语是"仡佬王"（也就是哀牢王）。《苗民考》："其（实指僚人）崇奉之神曰白帝天王，即竹王也。每岁小暑节辰日起巳日止，禁屠沽，忌钩猎，不赤衣，不作乐，献牲后方弛禁。入庙膝行，莫敢仰视。凡有冤忿必告庙誓神。刺猫血滴酒中饮以盟心。"

"白帝天王"就是白虎神，这就是巴人扶嘉之母于水边遇竹而生扶嘉的故事与"竹王""哀牢"沙壶女生九龙故事相同的来源。至于龙和虎的差别，那还得追溯到獠（仡佬、哀牢）更早期在西北时夏和西王母的传说。那就是古代氐羌系的龙图腾（夏）与虎图腾（西王貘）的古史传说。关于白虎是巴人廪君种的神话见于《后汉书·南蛮西南夷传》："廪君死，魂魄世为白虎。巴氏以虎饮人血，遂以人祠焉。"《华阳国志·巴志》："惟月孟春，獭祭彼崖。""獭祭"就是祭白虎。每岁"小暑节"的两天猎祭，也就是阴历六月二十四日的立秋节（文中将立秋错为小暑）以火把行猎照天的"星回节"。

以上把"貙"和"白虎"联系证明了后，再来读两条貙虎的记载就清楚了。《搜神记》："江汉之域有貙人。其先，廪君之苗裔也，能化为虎。……或云：貙，虎化为人，如着紫葛衣，其足无踵，虎，有五指者，皆是貙。"又《博物志》："江陵有猛人，能化为虎。俗又曰：虎化为人，好着紫葛，人足无踵。""貙"相当于蒙古语Sŏbar（驱一五爪虎），也就是古史上音写的"鲜卑"（见《历史研究》56—10页《西伯利亚名称由来》)。这里一作“猛人”(即蒙舍人),一作“貙人”(即叟人、僚人、哀牢人),正证明哀牢(仡佬)是云南蒙舍诏之祖。同时貙虎还证明了四川叟(蜀开明)与辽宁鲜卑是有着同源(西貘)关系。至于云南蒙舍(哀牢)、四川蜀(叟)、辽宁鲜卑这么远可不可以同一文化族源呢?让近年地下考古的虎牛贮贝器(云南江川)、四川彭县铜罍、辽宁左喀庄铜罍具体形象地答复它吧。

《山海经·海内南经》:“匈奴、开题(当作开明)之国、列人之国(当作互人即氐人之国),并在西北。”这里与开明(蜀)、氐人(后来的仇池)相并在(巴)西北的“匈奴”,只能是羌胡或羌虏,也就是茂汶羌族所称的“戈基”。“戈基”或写为“葛里”;也就是唐代的“嘉良夷”。正如楚国的“下里巴人”就是“夏俚(嘉陵)巴人”一样。古今音写虽异而实为“氐羌乞姓”的“仡”。也就是赤亭羌人姚弋仲又名姚戣,“字当作戣”(见《晋书斠注》)的戣。也就是岩昌羌人獠甘(仡)取名的甘。同源于古代的苟方。

《汉书·郊祀志》有“径路神”,云为“匈奴休屠王祠”。此见于《汉书·匈奴传·地理志》之“径路”,实即《逸周书·克殷解》中的“轻吕”;在《史记·周本纪》中则称之为“轻剑”。它的原意当是“竹剑”或“剑竹王”。在中国,凡出于夏系的兄弟民族都有“剑竹王”(译音各异,如仡佬、盖脑、蛊落等)的称号。如蜀王称“开明”(勾芒);吴统治族称“阁闾”;(《方言》:“(舟)首谓之閤间。”有首领—王之意。)南诏族自称“那鲁”。云南、贵州很多近似音的地名,“加明”“夜郎”“且兰”“建宁”“勾漏”等,都说明这是西北氐羌(夏、周)系统的僚;而不是由越南北上的佬。西北的“僚”(貉)与越系的“佬”(骆),因音写的混淆而在魏晋以后几乎合而为一。周秦的僚(西北氐羌系的貉貊)与魏晋的佬(南越僮泰系的骆蒲)在云南贵州两广区域的融合更造成北僚与南佬的同一,自晋以后则概称为僚猡。贾躭讲佬从南越来;李膺讲僚从牂柯(羌仡)来,此两家之说各有所据。西南兄弟民族的迁徙融合很早,不仅在居住地上不可强分,即语言分系上亦非

绝对可靠。如奉盘古之“傜”，很可能是周秦的“僚”（更古的“尧”）属地与语系属于越的“俚”（俚僚）也曾属楚都“下里”而与“鸠僚”（仡僚）有关。而与僚、佬共居的“百濮”“百越”则尤难溯本[①]。

“剑”之名似来自“剑羌”，剑羌即“虔人羌”，亦即甲骨文中之“𫇧”（苟、敬）。考古上，西周已有铜剑出土。在记载上：周武王用“轻吕”（剑），吴王赐伍子胥“属镂”（剑）。《列女传》：“末喜者，夏桀之妃也。美于色，薄于德，乱孽无道，女子行丈夫心，佩剑带冠。”《汉武帝内传》：“西王母带分景之剑。上元夫人带流黄（都广）择精之剑。”皆影射剑始于夏、周。所谓“苗山之铤”“耶谿之铤”者，当即《汉书·匈奴传》“短兵则刀、铤”之剑。剑出于西方之夏而名“属镂”，或即《穆天子传》西征所历“浊县”与“巨蒐”（渠叟）。亦即《路史》“（蜀）皇次四世，蜀山傢鬼”。而巨灵氏治蜀之说或即“渠傁氏”之东迁于蜀山（蒙山、岷山）者。

（原载《贵州民族研究》1980年第1期）

---

① 《括地图》：“越俚之民老耆化为虎。”《黔中记闻》引作“越径之民”。此处两越俚（狉）皆音写“仡狑”之误。（越嶲等西南地名之“越”不是越族而是仡氏。）《天中记》：“南蛮人呼虎为罗，罗人老则化为虎，有罗文山。”此即南沼（哀牢）呼虎为“波罗”。

蓉城女将

——浣花夫人[1]

甲士千群若阵云，一身出能定三军。

任将玉指调金镞，汉北巴东谁不闻。

——（唐）岑参（见伯希和《敦煌卷子》第2555号）

慧性元从戒定熏，百花潭水浣僧裙。

箇中力量真超绝，故老尚存娘子军。

生男个个欲如狼，妇女军容原不扬。

试问争功嗔目上，几人能敌浣花娘。

——（宋）何耕（见《全蜀艺文志》）

芙蓉宝剑石榴裙，一片香鬟挽阵云。

自是倾城能破敌，漫疑娘子学从军。

——（元）黄汝亨（见《全蜀艺文志》）

① 本文以“岷枫”笔名发表。

这几首诗歌颂的是唐代以保卫成都城而著名的女英雄“浣花夫人”。为了纪念她的战功，不但历代都有诗人墨客为之吟颂，而且还为她修建祠堂，甚至成都民间的某些节日也和人们对她的怀念有着密切的联系。

唐玄宗当政时期，边地藩镇的势力加重了。特别是安史战乱后，藩镇成了割据一方的军阀，他们拥兵自重，争夺地盘，加剧剥夺人民，社会长期动荡不安。当时的四川也不例外。杜甫在诗里慨叹道：“荆南岁月不可度，边头公卿仍独骄。”军阀的争战造成了“群盗相随剧虎狼，食人更肯留妻子”的深重灾难。人民多么期望能过上和平安定的日子啊！

管理蜀中的剑南节度使严武死去之后，代宗永泰元年（765），朝廷派来右仆射郭英乂（音艾）继任。郭到任后，因泄私怨，不惜用兵攻打西山都知兵马使崔旰的军队，被崔旰击败。郭英乂在成都，严酷暴虐，不恤士卒。崔旰利用人民对郭英乂的怨恨，引兵将他撵出了成都。于是泸州牙将杨子琳及邛州、剑州等地的牙将，都借口讨伐崔旰前来争夺成都城。一时蜀中局势大乱，唐朝廷派杜鸿渐来蜀镇守，才暂时稳住了局面。

代宗大历二年（767），杜鸿渐推荐崔旰代替自己继任剑南西川节度使。大历三年，崔旰入朝奏事，留他的弟弟崔宽主持政事。原来反对崔旰的泸州刺史杨子琳趁此时机领兵数千骑前来攻打成都。成都人民即将遭受一场灾害。当时成都由东大城和西少城两个部分组成。杨子琳攻占了东大城，崔宽退保西少城，仍感兵力缺乏，抵挡不住。正在危急的严重时刻，崔旰的如夫人任氏挺身而出。她尽散家财数十万，募得数千勇士，连夜组成了一支保家卫城的敢死队。她自己顶盔贯甲，身先士卒，亲自带领这支大军直向东大城冲去。杨子琳的军队得胜之后，疏忽懈怠，毫无戒备，突然遭遇到这支西少城劲旅的猛烈袭击，顿时土崩瓦解，伤亡惨重，只有杨子琳带领少数亲兵趁着黑夜大雨，乘船逃跑，败回泸州去了。

这次战斗，任夫人有如“芙蓉花仙”从天而降，出其不意，获得全胜，保住了成都城，稳定了全蜀的局势。消息传到长安，朝廷加封崔盱为冀国公，赐名崔宁，并封任氏为冀国夫人。

然而民间却称任氏为“浣花夫人”。据传说，她居住浣花溪时，曾替一位化缘乞食的老和尚浣洗僧衣。奇怪的是僧衣浸入水中濯洗时，浪珠溅处呈现出百十朵五彩缤纷的莲花，从此以后这处浣衣的水潭就被称为“百花潭”。其实，“浣花溪”的名称早在杜甫以前就流传多年，人们之所以还要起个“百花潭”的名儿，并创造出这个神话般的故事附丽于任氏，说明人们不但敬佩她能上马杀敌，是位帷薄中的铮铮者，而且还因她是一位尊老惜贫、心地善良的普通妇女，这才更加为广大的百姓所景仰和敬慕。

任氏的族属和故乡也值得研究。据《冀国夫人任氏碑记》说，她是成都浣花溪人。唐代成都南郊住有少数民族“笮人”，此地也称“夷里”或“猱村”。据说，任氏平时就喜弓马、善骑射，与一般汉族妇女的性格不同。资阳汪家坝莲台山的“花蕊夫人墓”，可能是“浣花夫人”墓葬的误称。但她也可能是巴人。当时汉州以北与四川巴东都是巴獠的居住地，岑参的《冀国夫人歌词》中说她的战功“汉北巴东谁不闻”，又说她“此来不向巫山住”（均见伯希和《敦煌卷子》2555号），似乎她的故乡是巫山，族属应当为巴。

成都人民为了纪念她，曾在她的故居，现在草堂公园楠木林后的“盆景馆”地位，修建了任氏的专祠，大概这是她死后不久的事情。《益州名画录》说：王蜀先主（王建）也曾在浣花溪的龙兴寺为她修建过“圣夫人堂”。龙兴寺就是原来唐代修专祠的地点。

成都民间特有的节日，一个是每年二月的“花会”，由纪念蜀王蚕丛氏的“蚕市”发展而来，有重视生产的意义。另一个就是每年春季游锦江的“春游”盛会。这是与纪念浣花夫人的活动结合进行的含有保卫乡土的意义。两宋，尤其是南宋偏安杭州之后，御侮守城成了忠臣们的头等大事。当时成都的“春游”，第一天由地方长官亲自主持，号称“鳌头”，首先就是祭奠浣花夫人，表示对保土英雄的崇敬。元人费著的《岁华纪丽谱》说：“四月十九日，浣花佑圣夫人诞日也，太守出

笮桥门（即现今城南铁索桥附近），至梵安寺（即前文所说龙兴寺的地方）谒夫人祠，就宴于寺之设厅。既宴，登舟观诸军骑射。倡乐导前，诉流至百花潭，观水嬉，竞渡。”这一春游盛会，选择在任氏生日的这一天开始，先去草堂寺向她致敬，并在她的故居设宴，继而登楼船阅兵，表示要继承她的杀敌守土事业，然后再进行水上的游乐活动。任正一《游浣花记》说：“罗拜冀国夫人祠下，退游子美故宅，遂泛舟浣花溪之百花潭。”由此可见当时的盛况。

《成都文类》卷三马俌《浣花溪》：“浣花溪边濯锦裳，百花满潭溪水香。宝马散尽有霜戟，草秣匹马不可当。”纯属咏吟任氏的诗篇。卷七葛琳的《和浣花亭》说：“杜宅岿遗址，任祠载经纪”，并举了杜甫与任夫人。清人崔瑛的《浣花草堂怀古》称：“伴食骚坛皆俊杰，比邻簉室也英雄。”同样把诗人与英雄齐举。浣花溪上有诗圣、有女杰，真为锦江增色不少。

据崔瑛说：“浣花夫人祠”前原有石坊，题额为“边簉英雄”，边簉即是第二夫人。联文记事是：“新旧书（指新、旧唐书）不详冀国崇封，但传奋臂一呼，助夫子守城，代小郎破贼；二三月成都盛事，且先鳌头大会，以流觞佳节（上巳），为设帨良辰。”（联文以三月三日为夫人生日，与上文有异，但仍说在任夫人的诞辰日举行“春游”的开幕式。从这一点说来，其意义则相同。）

公元1886年（光绪十二年，丙戌）又重建了浣花夫人祠，并塑了她的像，可惜不仅没有塑成戎装，而且戴上了清代的凤冠霞帔，有些不伦不类。这时是何缘故要重建祠宇，已难详考。但自鸦片战争以后，紧接着爆发了中法之战，结果订立了丧权辱国的条约，尽管冯子材的军队大破法国侵略军，收复了谅山，但清王朝昏庸恐外，打了胜仗还要答应屈辱性的条件。接着，日本侵入朝鲜，英国灭亡缅甸。在此情势下，四川人民重建冀国夫人祠，以寄托忧国愤政之感，是完全可以理解的。

（原载《历史知识》1980年第1期）

“白马藏族”族属试探

四川省平武县白马公社居住着约两千人的“白马藏族”。白马公社邻近的黄羊公社（涪江上游北岸）、南坪县的勿角公社（黑河下游）、北川县白羊河与青川县境、甘肃省文县铁楼公社等处都有他们的同族，共约一万五千人。这支兄弟民族自称为“夺簸”；又译写为“达布”。他们自己并不承认是“藏族”，对“白马藏族”一称提出了异议。从他们的服装、语言、风俗习惯等看来也确与藏族不同。因之，“夺簸人”的族别成了民族识别的一个问题。

四川省民委为解决此一问题召开了“达布人识别座谈会”。与会学者热烈地讨论了“夺簸人”的族属。在“百花齐放”，畅所欲言的活跃气氛中各抒己见。多数学者主张他们是古代的氐族。也有人认为是藏族，是由东藏迁来的。奇怪的是“夺簸人”的许多习俗又与彝族相近。由于他们没有自己的文字记载，来源传说渺茫，他们的族属是一个难于清理的问题。今试图根据他们自己的传说，做一试探性推测。抛砖引玉，就教于历史老师和民族工作同志。

一、夺簸人传说的“阿爷、格萨”

夺簸人族源传说有如下诸说：

①他们宗教“白莫教”的总山神是“叶西纳蒙”（男性，即汉语的“白马老爷”）。象征“叶西纳蒙”的是白马公社洛通寨的一座独立石岗叫“鸭绿舍攸”。“叶西纳蒙”的女配名叫“霞古若卓曼”。两神名含有“天神”（男）与“海神”（女，等于汉语“地母”之意）。有人说“叶西天神”是猪神，是从“暗以陇”（甘肃）来的。也说“白莫教”是从东方太阳升起的地方来的。

从“东方”与甘肃来找寻山（男）海（女）之神，最可能是“氐羌”族系的古代自然崇拜。与此种以山代表男性“天神”，以海（河、湖）代表女性“地母”的崇拜有关的巫术，例如：仇池氐人的“瞿堆”（临于江河上的两座石岗）。就很近似古蜀人的“离堆”（雷塠、犁魋）崇拜。又如今甘洛县“西番”崇拜峨眉山叫“撮玛苦以”；崇拜贡嘎山叫“颇苦卓热”；其祭山神“还鸡愿”也与祭“白马老爷”（叶西纳蒙）相似。这称“氐”，称“西番”（耳苏）的山神崇拜是广泛流行于“氐羌”的原始宗教信仰。汉族道教的昆仑山崇拜，《格萨尔王传》中的山神崇拜都与此有关。汉、藏两族先民中也显然有此“氐羌”成分。

②他们的有关原始部落的说法是：“达嘎”是白熊部落；“达那”是黑熊部落；嘎是白，那是黑，达的原意是猛兽。他们跳神的面具是“达那尸子”的形象，其意即指“黑熊部的神仙（英雄）”。从黑白两部分看来，很容易令人联想到今天白马公社东北的“黑水、白水羌”。如果说夺簸人是从东方甘肃来的，他们自己的传说正好暗示他们是“宕昌”或“邓至”两羌王的属民。“宕昌羌”在今甘肃武都县以西的白龙江河谷地区，西至今青海果洛州界；从岷县以西的洮河上游南至大渡河上游金川地区；东西千里，南北八百里。他们很可能就是汉晋以来，本区的土著“宕昌羌”与隋唐以来的“党项羌”。尤其是“拓跋氏”这一部，很可能就是今天夺簸人的祖先。“拓跋”音写为“夺簸”。

另一种说法：白马部是“夺簸”，是从黄河“楚木曲玛”经过“岩以夺德美”（上方城与下方城）来到“王朗”（即“俄洛”，意为牧地）。来住“扒昔寨”（白马措）后，南坪县的“达嘎白”，与文县的“络瓦白”（达那白）等家共用了“夺簸”一名。今天甘肃还有迭部县与电尕寺的地名。迭部县名沿自夺簸（或“达布”），或无问题。古书上所记“铁豹岭”与“羊膊岭”都恰在川甘边域。这些同一语源的异写地名都不在藏王松赞干布以后，早在隋以前已存在于岷江源了。

③他们述说到祖先时指出了两个具体的人。一个是“白·丹巴色汝”。说他是文明的创造者。可能就是西藏“笨钵瓦”（黑教）祖师“丹巴喜饶”。这是宗教信仰上的祖师，不是人祖。

另一个祖宗叫“阿爷、格萨”。“阿爷”意为祖爷爷，“格萨”是人名。“阿爷、格萨”就是藏族流传的《格萨尔王传》中的岭国神王格萨尔（约在宋初；或以为即《宋史》中的唃厮啰）。另一种说法念作“阿宁·嘎撒”，可释为：岭国的格桑王。也不违背宗祖之意。翻开西宁译本《格桑王传》，许多记载全与今夺簸人所传的“阿爷·格萨”故事相同。例如：

格萨尔王说：“我是从太阳上面来的。”歌颂格萨尔说：“您是东方的白月亮；您是天上的金太阳。”这与“从东方来”的说法相合。

“铁鼠年（公元1060年），葛（部落）妃拉姆（即龙女“美朵腊孜”）生下一个圆肉蛋。”又：“觉如（格萨小名），有‘皮肚子’（肉蛋）的意思。”这与“阿爷、格萨”出生于“绞巴”（夺簸话“肉胞”之意）全合。

“降生之地是岭尕尕，居住之地是黄河岸。”“到黄河川，看到曲玛江、金沙江和茶水三流与黄河川交界处。”“祈请玛沁山（大积石山）的山神，天神，龙王，厉神，外尔玛神。”这些记载与“达嘎”（电尕，白熊部）的来源及山神崇拜完全一样。

夺簸人把“格萨”比作孙悟空；说他红脸、执棒、变化多端。《格萨尔王传》说：“（格萨）面如重枣。”“天上魔鬼献给‘向雄’地方贤人

的手杖，名叫‘姜噶贝噶’。（它）是神鬼的宝物，一念咒语，可以成为捷足快走，行之如意。”（格萨）“骑上‘姜尕贝尕’手杖走了”。

“白马藏族”地区，明代称为“十三簇”；还喜欢用“十八（寨）”这个数目字。岭国是“十三旗矛插右面，十三神箭插左面，十三层旗幡，十三座‘煨桑’（燃香）台”。“达戎十从部”。“葛的十八部”。“岭国的十八部”。

岭国的宗教也是信仰“笨钵瓦”与“白莫”。如：晁同请来咒死格桑的“向雄”（即香雄）巫师“甘巴拉杂”。征鲁赞、盗神药中的“商宋”（香雄）钵教徒。格萨尔降生中的“白马刺哈陀称王”；“白马祖师”。格萨梦见的女保护神都冠以“白莫”称号；“本母·司贝捷母”，“本母·空行众神”。姜国的法王“滚尕吉美”称为“白马姜尕”。姜国的王妃称为“贝玛·奇珍”。姜国的元帅“毒人，贝玛·托居尔”又可称为“托居尔·贝玛”。都与夺簸人的传统信仰有密切关联。

从以上例子可以看出，夺簸人自称为格萨之后，其风俗习惯是与唐、宋的岭国相同的。所以他们是格萨尔王的后裔或部民。

二、格萨尔王族试释

汉、藏、彝、苗、壮等大族，都是许多民族混血而形成的历史集团。藏族“梭呀调”唱述各地藏族具有不同的服装与发式，反映了各地族源的差异。表现在藏画“藏·林思簿吉波”（藏国世界·岑花国王）上也是装束各有特色的各族人物。所以岭国的格萨尔王还不能等于藏族，夺簸人更不自认为藏族。

《格萨尔王传·赛马称王之部》（德格本）格萨尔王变成“外日尼玛坚赞”时唱道：“祈请红铜宫中的红煞大众们洞鉴。若不认识我，父是‘魔’来，母是‘煞’。‘魔’‘煞’成亲生下我，名叫外日尼玛坚赞。半属‘贺尔’，半属‘魔’，是‘魔’与‘贺尔’的大统帅。”陈宗祥同志所译法文本《格萨尔传奇》第一章第19页说：“在我父系那边，我跟霍尔国王库尔喀有关系，我属于‘哈谦霍尔族’；我母亲属于‘黑魔族’，她是北国鲁赞王的表妹；我自己的九头魔王，来摧毁中国与印度。”

格萨尔父系是霍尔族（汉语“胡”族）。这是甘肃祁连山、尕尔马日登、格尔木等地方的胡人。远祖“三贝登珠”；返祖“曲潘纳布”（又称为“岑尕朵王·塔乍”）娶“达部”妃，生父“僧唐惹杰”。僧唐娑“葛部”妃，生格萨尔。父系“贺尔大辫王的命根子是虎神”。母系从“煞神圣母玛嫫”下至“北国鲁赞王的表妹”，是指的“葛然洛部”，在星宿海，今青海果洛自治州，黄河上源与通天河源地区。母亲“美朵拉孜”本是龙王·邹纳仁庆娶卢莎德·葛拉茂所生么女。白马祖师把龙女寄养于“噶然洛部”而称为“噶妃·拉姆”。鲁赞王的命根子是海神与狼神。鲁赞王的母系与龙王妻族及格萨父辈与己辈妻族都出于“葛部”。鲁赞王父族是“狼种”；格萨王父族是“虎种”；则皆为北方“胡人”。为古之“戎狄”。

格萨尔的父系是迁居“绛塘”的“党项”。党项的“白狼部”即“巴达霍尔”（迭部）。当赵元昊建立西夏国（公元1038年）后，西北兼有鞑靼，南面兼有原来吐谷浑地，故岭国称之为“霍尔”（即“胡人”之意）。党项南迁于嘉绒地区的党坝，东迁于邓至的迭部，都保留着夏天土葬与冬天火葬的同一风俗。党坝与迭部人皆信钵教，但语言与服装在各受地方影响的历史进程中发生了差异，他们是同源而异流了。

格萨尔自称“我是赤虎族的后裔”，“达让（部）的神魄依于虎”，他的部落图腾是“赤虎”。迭部遗留于黄河上游果洛克五部中的“白马部”，就是今天松潘与平武间的“白马族”（西番十三簇）。父系“白魔族”与母系“黑魔族”可能就是今天“达尕”与“达那”的来源。

格萨尔的母系与妻系皆由于“葛·然洛”部。葛部的嘉绒被党项羌白狼部征服，编为岭国右翼属部。西北方黑魔族鲁赞王是木姓，住在那扎曲隆外（星宿海）；当即唐之嘉良夷，近代的嘉绒。居于折支川积石山（阿尼玛卿山）的“羌”，后分迁于大小金川曰嘉戌（邛部）；迁

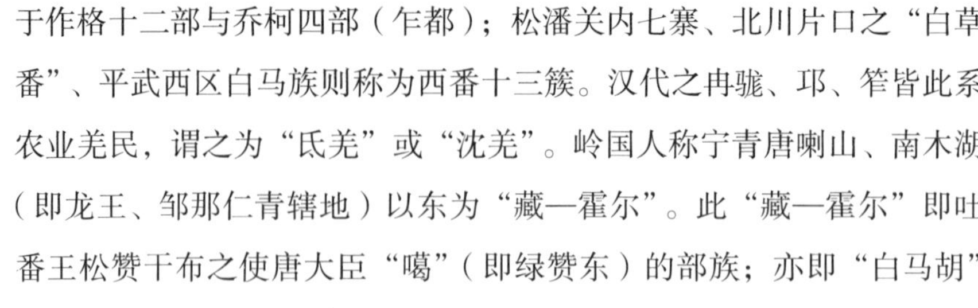

于作格十二部与乔柯四部（乍都）；松潘关内七寨、北川片口之“白草番”、平武西区白马族则称为西番十三簇。汉代之冉駹、邛、笮皆此系农业羌民，谓之为“氐羌”或“沈羌”。岭国人称宁青唐喇山、南木湖（即龙王、邹那仁青辖地）以东为“藏—霍尔”。此“藏—霍尔”即吐番王松赞干布之使唐大臣“噶”（即绿赞东）的部族；亦即“白马胡”或“白马羌”，入居甘南而有“氐”称。

汉代汶山郡本有“六夷、七羌、胡、虏、白兰、冉駹”。蜀汉以汶山、龙鹤、冉駹、白马、羊同为五围；当是分别党项、鲜卑、青羌、邓至、宕昌，而杂有戎狄羌氐诸种。岭国格萨王系当融合党项、吐谷浑、宕昌（邓至），而以“拓跋部”为主体。青海与阿坝、甘孜两州之“藏族”之所以称“西番”盖源自“湟中羌㸙”的“㸙”。本与卫藏之藏有族源的差别。

岭国东南方为藏国撒旦王与门国赤香王，是指吐蕃与纳西（蒙氏）。岭国西北为戎（党项西夏）与魔（嘉绒）两国。姜国在当时则有二：北姜在绛塘，是为章国；南姜接闷域（纳西族蒙氏），是为藏国。周王朝兴起以来，生息于湟中的“羌㸙”（青、甘边区）沿横断山脉南徒。南入今云南的为昆明族，后建滇王国（汉初）与南诏，形成彝族。西徙为附国（隋），形成藏族。东及岷汶为蜀国（战国）及冉駹、邛、笮与巴賨。各与当地土著融合，分别为彝、藏及西南汉族。今夺簸人习俗中有许多情况是介于彝、藏、巴（汉）三族之间，故另作《夺簸人与彝族的文化联系》以阐明之。

如果夺簸人（即“白马藏族”）是岭尕朵国格萨尔王族后裔这一猜测不错。他们应是“拓跋部与葛部的互婚族。父系与今夏河、拉卜楞藏族同源；母系与大金、小金、丹巴的嘉戎藏族同源。但并不等于他们就是藏族。

拓跋鲜卑本是鲜卑与匈奴的混合族。他们自称为黄帝子昌意之后始均的苗裔，与匈奴自称为夏后都暗示国内兄弟民族很早就不断地融合着。“拓跋”与“秃发”（南凉）、“铁弗”是一词的异写。甘川边境的“羊膊岭”“铁豹岭”“迭部”等地名都来自“拓跋”。西藏东南部的“达布”也可能是元魏拓跋氏的南迁族。“夺簇人”不始自松赞干布军中的“达布”；而自源湟中“西僰”与元魏“拓跋氏”。拓跋部是一个混合族，遗留至今天，已不是属于任何现代民族的一个“单一民族”了。

三、夺簇人与西南民族

A. 岷汶山区的古民族

我国考古文化与民族形成的联系还处于探索阶段。从川、楚的“大溪文化”看来，早在五千年前已是“彩陶”与“黑陶”混合型文化了。假如说“仰韶文化”大概就是黄河中游“中原”的华夏文化。那么“大汶口文化”就代表着“东夷文化”。东南的“河姆渡文化”“良渚文化”“印纹陶文化”大概是“诸越”文化。“马家窑文化”则是“西羌”中较高文化的代表。“西羌”是概括词，它包括古代的“戎狄”与“姬姜”。青甘区考古文化的发现是很值得人们注意的。

汉藏语系各族的文化融合与体质混血，早在原始社会就进展着。夏、商、周三部族的代兴标志着兄弟民族融合的定型与地域的扩大。姬姓（狄、氐）与姜姓（戎、羌）两部落联盟，是华夏族（汉族先民）最早的基础。华夏族发祥于青、甘、川地区，汉、彝、藏等族都与传说中的“昆仑”（巴颜喀剌山）有着同源关系。

居住在黄河上源的“西貘族”（西王母、西陵氏、女和月母之国）是“夏”（又称为崇、浊、岷、蒙）的母族，她们自认为黑山昆仑。居住在汉水源的颛顼族（伏羲、太昊及后之褒氏、巴子）是“华”的父系，他们自认为白山嶓冢。汉水源头北岸的褒国与南岸的苏国，可能就是古中原人（东部羌一氏）所称的巴与蜀。川、青、甘边区的古族似以西貘虎与崇山龙族（夏）最为强盛。而川、陕、甘边区嶓冢（巴山）

的凤族又似乎曾统率虎、龙之族而有“使四鸟：熊、罴、虎、豹”，与“龙凤配”，凤姓伏羲与蛇身女娲联婚的传说。虎、龙、凤在我国古代民族传说中占有代表性的概括。三族互婚是民族融合的象征。

秦灭巴蜀后，南迁的蜀族有邛、笮、滇、僰；留居西山的有蚺駹。巴族东迁较早，荆、湘间有廪君五姓；川、陕间有賨民七姓。汉代人以为“皆氐类也”。分布在川、甘边区的湔氐、刚氐、甸氐可能都是古代羌（东部羌）的开化部分（最先进的形成汉人）；他们居川谷或坝地成为农耕之族而有“氐”（低居人）称。《魏略》：“氐人有王，所从来久矣。自汉开益州，置武都郡，排其种人，分窜山谷间，或在福禄，或在汧、陇左右。其种非一，称盘瓠之后，或号青氐，或号白氐，或号蚺氐……今虽都统于郡国，然故自有王侯在墟落间。又故武都地阴平街左右，亦有万余落。”

魏晋以来，鲜卑、匈奴南下。渊源于上古“东羌”的“氐”已杂有“西羌”里的“胡”。东晋以来，“五胡”突出。青海湖以西之吐谷浑南下有龙涸王。吐谷浑东出西强山观垫江源而兼有“氐王”之称号。吐谷浑以南析支河曲（积石山）有白兰、白狗、舟鄂等羌（可能是党项之属）。东有宕昌、邓至（黑水、白水羌）。此时“湟中西僰”之东迁于甘南者，沿袭“西僰”之“僰”而译写作“番”。“西僰”另写为“西番”，早“吐番”一名而存在，不待唐代之吐番始有之。《吕氏春秋》以“僰在漓水以西”。漓水源出甘肃省西境白石山，经和政县、定宁县入于洮河而为广通河（古名大通河，又名白水，藏名松渠）。公元538年，氐王符安寿称“太白王”，即用白水（漓水）之僰名。公元554年，称邓至为“邓至番”。宋以来，“西番犯渭北”（公元962年），“以西番王陇拶为河西节度使，寻赐名赵怀德”（公元1100年）。是知公元6世纪以来的西番，本出于析支河曲。他们是羌胡（白马胡）、羌氐（白马氐），即白兰、吐谷浑、宕昌、邓至与仇池氐之统称，或诸氐羌的混血种。今甘孜与西昌两州的“西番”（及康定、天全的“六番”），云南的“普米”，似皆古氐羌南迁之种；而与甘、青、川边区之“番”

同源。

青海省果洛州的藏族，玉树州和西藏穹波（三十九族），藏北绛塘的唐旄（汉）羊同（唐），康北石渠、色达以及理塘一带的牧民，马尔康党坝区和丹巴县丹东区，宝兴县尧碛区，康定县上下鱼通区，这一横断山岭中的部分民族，很可能与甘肃铁部（迭部）及松潘铁布寨的居民是有着族源上的联系的。希望语言的调查分析来予以说明或证实。

B.格萨尔王“迭部”之后的“夺簸人”

格萨尔王的父母两系皆与吐谷浑、党项有关；是“西羌”与“胡”（霍尔）种。有别于其南方之“藏国”（章、姜）。夺簸人的小帽、大翻领衣、鱼骨牌、披发（小辫披背缀以车渠海贝，与夏河藏民同）等装饰皆近于“胡”。但岭国属民当包有黑水、白水羌、宕昌、瓜子等族。《格萨尔王传》译者以格萨尔王生于公元1060年（宋仁宗嘉祐五年）；相当于西夏国“奲都”四年。《宋史·唃厮啰传》以唃厮啰生于宋太宗至道三年，死于治平二年，即公元997年至1065年。此“唃厮啰”很可能是格萨尔之父“僧唐惹杰”。即其祖娶“达噶部”女所生之子“噶、僧隆”之异译。

C.关于“夺簸”的史料

《周地图记》：“江油帅，杨、李二姓，各自称藩于梁。至后魏武帝得其地，置江油郡。西魏于此立陇州。”

《益州记》：“江水自白马岭回行二千余里至龙涸。……白马岭白马番地。隶王通判，在（龙州）府正北三百里，北通阶文，西抵漳腊，其生番号黑人，有名色可举者凡十八寨。……番僧番舍诸号以诱化之法甚密也。嘉靖元年，白马跳梁，用兵五千分五路而进。一由铁龙堡，一由黄羊关，一由三舍堡，一由北雄关，一会兵陕西由阶文入。大创之，而喘息听命矣。……青川千户所，白马番之后路。”

《读史方舆纪要》：“龙安府，周秦时为氐羌地。汉属广汉郡。三国属阴平郡。晋以后因之。梁普通间，没于氐。《志》云：普通三年，为土豪杨杰、李龙迁所据。西魏得之，置江油郡治江油县，兼置龙州。”

《蜀中边防纪》：“东路抵白水、阳平关，接陕西宁羌州界。西通白马路转古城驿，而抵龙安。南至树园堡。北通青塘岭，直达阶文。”

《宋书·氐胡传》：“（宋文帝元嘉）二十七年（450），起文德为辅国将军……文德宗人杨高率阴平、平武群氐，据唐鲁桥以拒文德。文德水陆俱攻，大破之。高遁走奔羌，文德追之至黎仰岭。高单身投羌仇阿弱家，追斩之，阴平、平武悉平。”

以上所记“白马番”，当即宋人所谓“文龙州蕃部，皆氐羌杂种”。亦即《括地志》所云“陇右成州、武州皆白马氐”。此乃西汉时“捶驱氐僰”的“湟羌僰”。即《山海经》中的“氐羌‘乞’姓”。此“乞”姓也就是古蜀国史的“蚩”，《水经注》里的“铁豹岭”，北朝的“拓跋部”，鲜卑乞伏国仁的“铁弗”种，后赵石勒的“羯”，羌人姚弋仲名之“蚩”。他们出自古戎狄，而明代称之曰“番羌”或“番蛮”。

宋“文龙州蕃部皆氐羌杂种”。即明洪武十四年所置的“十三簇长官司”。这里的“氐羌杂种”就是白兰（羌）南下于邓柯、石渠、色达等处的岭尕朵，赐支河曲的党项羌，藏北的羊同。白兰即白狼，又名楼薄，南下于天全始阳区曰六番。凡川、甘、青、藏之“白马”音名，或白马胡、白马氐、白马羌、皆“氐羌杂种”。“白马路簇长官司所管十八寨番夷”，明、清地方志称之为：番、羌、夷、蛮。他们是甘川间许多部族长期互婚融合发展中形成的。今天的“夺簸人”已由长期历史发展而形成一个“单一的民族”。

（原载四川省民族研究所编《白马藏人族属问题讨论集》，1980年9月）

夜郎与巴蜀

《史记》与《汉书》说夜郎为南夷；邛都、筰都、冉駹、白马为西夷；又以西南有滇与嶲、昆明。夜郎与滇都受汉封为王，雨国与邛都同为“魋结，耕田，有邑聚”。此三国又是与巴蜀同俗的。他们的农业经济基础相同；在此基础上，风俗又相同，“魋结”一样。这是川、滇、黔三省古代史与西南民族的一大问题。本文拟就夜郎与巴蜀的关系，予以探讨。

一、关于“大夜郎”

《水经注·江水》说：“（武阳）县，故大夜郎国，汉武帝建元六年开置郡县。”这里的“大夜郎国”，是指过去武阳（今四川彭山县）曾经是夜郎国的地方。建元六年（前135），武帝在夜郎国开置了犍为郡。据《史记》说，唐蒙当时见到的夜郎侯，名叫多同。所谓“大夜郎国”，当在公元前135年以前，其建国可能约在公元前3世纪。唐代的杜佑在《通典》里也说：“今犍为、阳安、安岳之西境，仁寿、通义、和义、资阳，皆故夜郎侯国。南溪，僰侯国：并汉武帝开之，置犍为郡。”又说：“嘉州，故夜郎国。”又说：“普州，秦时巴郡之西境及夜郎

国之地，汉犍为、巴郡之境。”特别应注意的是，汉开夜郎国及其旁小邑（如僰侯国）的地方。嘉州与普州雨地都有“竹王祠”。既有夜郎竹王的祠庙，必有祭祀竹王的夜郎王族人。因而有“大夜郎”之称。名称夜郎，民祀其王，这不是偶然的事情。

《图书集成·江部》也说犍为（郡）武阳县是“故大夜郎国”。并说：“（南安县江中的）悬溉有滩名垒坻，亦曰盐溉，李冰所平也。县治青衣江会，衿带二水，郎蜀王开明故治也。”《文献通考》卷三二九也说：“（夜郎国）乃与（唐）蒙约，还报，乃以为犍为郡。今犍为（今简阳县东）、仁寿、通义（今眉山县）、和义（今威远县东北）、姿阳，皆其地。”《犍为县志》说：“（西）汉犍为郡治。鳖不狼山，鳖水所出。有鳖犍山，故名。鳖：蜀（巴）人鳖云为杜宇相，食邑于此，因以名焉。建元六年置犍为郡，领十二县：僰道、符、郁鄢、堂狼、朱提、江阳、武阳、南安、牛鞞、南广、汉阳、资中，隶益州。元光五年（前130）犍为郡治南广。元鼎六年（前111）分广汉（郡）置犍为（郡）。元封元年（前110）分犍为置牂柯郡。始元二年（前85）郡治僰道。绥和元年（前8）郡治武阳。东汉犍为郡仍治鳖，领五县……蜀汉犍为郡治武阳，领五县……”从以上引文来看，“大夜郎国”包括有广汉郡南部（即普州地）、牂柯郡北部，故蜀王开明氏地方（南安），沉犀郡（即武阳，北周在此置沉犀郡，乃沿开明王遗族所据的丹犁命名而字变写）。公元前329年，秦灭巴、蜀。略后有司马错取巴黔中（楚顷襄王十九年），张若取巫黔中（楚顷襄王二十二年）。“秦惠王破滇池”（《蜀鉴》引《寰宇记·戎州》），“常頞略通五尺道”（《蜀鉴》引《史记》）都是公元前3世纪初的事情。当其时，不可能再有楚人庄中跻伐夜郎与王滇之事。称王于滇的也许是“岷山庄王”，或者是“夜郎庄王”。

夜郎国的出现，当是巴人于巴国亡后，在川黔地区建立的国家。《太平广记》卷八六引《野人闲话》说：“（黄）万祐修道于黔南无人之境，累世常在。每三二十年一出成都卖药，言人灾祸无不神验。蜀王建迎入宫，尽礼事之。……问其齿，则曰：‘吾只记夜郎王蜀之岁，蚕丛都郫之年时被请出。尔后乌兔交驰，花开木落，竟不记其甲子矣。’后坚辞归山，建泣留不住……”此处夜郎王蜀必与巴蜀王族有密切的关联。

二、竹王三郎神祠

汉通夜郎为犍为郡在公元前135年。《后汉书》云：“夜郎者，初有女浣于遯水。有三节大竹流入足间，闻其中有号声，剖竹视之，得一男儿，归而养之。乃长，有才武，自立为夜郎侯，以竹为姓。武帝元鼎六年，平南夷为牂柯郡。夜郎侯迎降，天子赐其王印绶。后遂杀之。夷、獠咸以竹王非血气所生，甚重之，求为立后。牂柯太守吴霸以闻，天子乃封其三子为侯。死，配食其父。今夜郎县有竹王三郎神是也。”《酉阳直隶州志》云：“白帝天王事载黄心盦《虞初新志》。……今白帝庙所塑像凡三人。或即湖南嘉庆间所奏：干州（今干城县，辖‘红苗’一百五十寨，本夜郎地）鸦溪杨氏，母感龙产三男者。或曰竹王江氏。”此志直接以巴人的“白帝”为夜郎的竹王；江氏音近金氏，或与“金竹公多同”为一。《后汉书》云：“哀牢夷者，其先有妇人名沙壹，居于牢山。尝捕鱼水中，触沈木若有感，因怀妊，十月，产子男十人。”《蜀中广记》载：“秦始皇时，云阳有妇人浣于汤溪水上，见一物流近岸……龙蟠据其身。……弥月生嘉即能言。嘉劝（汉）高祖定三秦，取关中，以形势制天下。高祖遂封于朐䏰，赐姓扶。”由以上感龙生子的神话看来，夜郎侯（桐梓）白帝天王（酉阳与干城等地）、南诏祖哀牢、巴人扶嘉（云阳），是同源的。夜郎与巴，不仅同源而且同祖。

《黔书》云：“予来杨老、黄丝驿，见有竹二郎、竹三郎祠。土人祀之惟谨。诘其所以来则不知。”（此后引《后汉书》封竹王子说，以

为即夜郎王庙。）又有诗云："雪后梅繁小雨凉连宵摒挡新装，街泥不怕沾裙屐，蜀庙烧香赛竹王。"这里指明夜王庙名"蜀庙"。四川各地有"二王庙""三郎庙"就本是夜郎王的封庙；蜀王与夜郎王之神合而为一，必有其族系渊源。《续黔书》亦云："斗大山城学物熙，雨风风雨竹王祠。近神一曲鸣铜鼓，窨酒满斟倒接䍦。"《黔游记》云："竹王祠在杨老驿，去清平县三十里。黄丝驿亦有庙，香火亦盛。三月间香火极盛。"《贵州苗族考》（四川省图书馆藏稿本，杨万选等著）记："苗族中祀竹王为普遍习惯。"又云："春分前后祀白龙太子，古苗族酋长之子，实为农作之发明人，不幸为仇（家）以石击死。今则以石堆石庙为白龙之象征。"祀竹王的苗族，是"西苗"。《黔记》云："西苗有马、谢、罗、雷等姓，在贵阳、平越二府。……秋收时即合众牛于野。延善歌祝者，披大宽毡衣，腰间周围细折，戴毡帽若皮靴。尊者在前，童男女着青衣彩带百人，歌舞吹笙随之。三书夜，屠牛以赛丰年。名曰'祭白虎'。性情朴实，畏法不讼。"上引诸书所云竹王即巴蜀王。此"西苗"或来自西土的巴蜀人，自称"盘瓠之后"的氐。故《元和郡县志》记成都、夔门皆有"盘古庙"。《录异记》说："广都县盘古三郎庙颇有云异，远近畏而敬之。"《路史》说："于广都得盘古之祀。"此皆指乞姓"氐羌"，不是羌。羌是"西戎"，氐是"北狄"。狄（氐）与戎（羌）混合，大约自姬与姜相婚就开始了。

《古小说钩沉》第189页引《幽明录》云："（广东）始兴县有罼天子城。"《两般秋雨庵随笔》云："始兴县南十三里有鼻天子陵，或云是盘瓠坟。"湖南道县北有"鼻亭"与"鼻墟"。贵州遵义西有鳖令的封邑——鳖邑。凡此皆荆夷鳖云族遗迹。《左传》庄公四年有"楚武王荆尸"，宣公十二年有"荆尸而举"。两处的"尸"皆当作"夷"；释为夷人的军阵。这里"荆夷"的军阵，是指长江"濮人"的军队。"濮"于周初在汉水上游（古写为"缶"，为"褒"，即"巴"），东下入居江汉间，东至岳州，南入湘沅。百濮在楚国西境。《左传》文公十六年，"麇人率百濮聚于选”。濮原居“左绵巴中”，当即巴人。巴人南迁永昌郡者有“闽濮”，故哀牢龙种传说与巴人扶嘉故事相同。周人经营江汉，楚子启濮；楚武王以荆夷军队伐隋；此荆夷不在今淮水，而在川、楚间巴山区。“濮”误作“淮”，有以“淮夷”释“荆夷”的说法是错误的。“濮”当即氐人称“盘瓠之后”的族人。他们是《史记·司马相如列传》里所说的“西僰”、《汉书·伍被传》里所说的“羌僰”、《后汉书·杜笃传》里所说的“湟冲羌僰”。《吕氏春秋·恃君览》云：“氐羌、呼唐，漓水之西，僰人之野。”这种来自青海乐都漓水（今大夏河）的僰（濮），后来曾在四川宜宾建立小国（东周至战国）。他们大约是随荆夷鳖云或夜郎侯向西入四川的。川西平原的崇庆县（古之江源）也曾迁来僰人。雷波、马边县的僰人，“其民被毡椎髻”，颇近今天的彝族。故有“蜀原在羌、濮之列，现今彝族传说认为蜀王和竹王同是一个人，是他们的祖先”的说法。（见《云南白族起源和形成论文集》第41页）

四川彭县关口有“三郎庙”；湖南麻阳县的“三王庙”，又称“竹王庙”；四川荣县有“竹王祠”在城东浣沙溪岸。宋陆游《入荣州境》诗云：“荔子阴中时纵酒，竹枝声里强追欢。……白帝夜郎俱不恶，雨公游处得凭栏。”四川乐山县也有“竹王祠”，在西郊竹公溪。薛涛《竹郎庙》诗云：“竹郎庙前多古木，夕阳沉沉山更绿何处江村有笛声，声声尽是迎郎曲。”王渔洋《竹公溪》诗云：“竹郎祠下竹鸡鸣……竹公溪水绿攸攸。”四川竹王祠和夜郎祀完全同俗。

有名的《竹枝歌》就是夜郎竹王的歌，是夜郎人的歌，也是巴人的歌。那么巴人（今土家族）也就是夜郎王族，巴人荆鳖令所建的开明氏蜀国也与夜郎王族　同族。故蜀地有“大夜郎”的称号。胡韫玉《中华风俗志》上篇卷六云：“武陵长沙夷，盘瓠之后也。亲处五溪之内。……好着芒心‘接篱’，名曰‘茅绥’。当葬之夕，集合于宗长之宅，各执竿长一丈许，上三四尺许犹带枝叶，若其行任前却，皆有节奏。歌吟叫呼亦有草曲。传云：‘盘瓠初死，置之以树，乃以竹木刺而

下之。故相承至今以为风俗。'隐讳其事，谓之'刺北斗'。"这里的带叶竹枝，"刺北斗"，都是肇自昆仑的民族风俗。"放三苗于三危"的"三危"本来就是三仙山。古"危"字本是人在崖上，与人在山上的仙字同义。故今苗族、瑶族的原始巫术与巴人的"五斗米道"（崇拜五方五斗，并为"五斗米"为入教经费）完全是同型的。同书又云："苗人畏信巫。……其崇奉尊信之神曰日帝天王，即竹王也。……刺猫血滴酒中，饮以盟心。"巴人出自盘瓠之氐，后来才与五溪苗人混合。但"氐"中有三危的三苗，也许在三代以前，苗、羌早有混合了。

廪君为"蚕蝅"。板楯七姓当是"人兼襄蝅"的"襄"。《续通鉴长编》云："（熙亭八年十一月）以渝州南川铜佛坝为南平军。又言夷人居栏栅，妇人衣通裙。所获首级，多凿齿者，即古巴郡板楯七姓蛮、'南平獠'之故地。"《太平御览》卷一七一引《十道记》云："珍州（贵州桐梓），夜郎郡。古山獠夜郎国之地。"夜郎为"山獠"，就是"獽"。"巴有獠称"来源于"氐羌乞姓"之"遼"，而非骆越之狫。《新唐书·南蛮列传·南平獠》云："戎、泸间有'葛獠'，居依山谷林菁，俞逾数百里。……合党数千人，持排（彭牌、板楯）而战。"自南北朝以来，氐僰系的"北遼"就混称于壮泰系的南狫、山都（嘉梁之辽）与水都（瓯骆之狫）亦有混称。獠、蝅、都掌似皆有南北两盘族源，就像今天的彝族，融合有巴蜀之民（叟）和有濮（氐）獠（骆）。

三、"神道设教"所反映的民族传统

旧传统中的原始巫术与"神道"，充满了迷信色彩，是荒诞不经的。不过在当时，由于科学知识缺乏，各民族却顽固地而且忠实地信奉自已传统中的"神"，人到哪里，神也随着人出现在那里。神，实际上成了古代人们心目中的英雄、偶像。但是，就是从这些神道中，我们还是可以看出一些各民族之间的关系和民族传统来的。巴蜀所信奉的主神，如金天神、金川神、五龙、白虎、五头神、华岳三郎、东岳三郎、炳云、火神等，在古夜郎地区，也是受尊崇信奉的。实际上，上述这些神云，究其渊源，就是在巴蜀流传已久的、史有记载的“荆夷鳖云”。古夜郎和开明氏蜀国都信奉这个主神，说明夜郎与圣蜀是同俗的两者的统治族是一致的。

《水经注》云：“绵水、湔水与洛水会谓之金川。以三水会于金小堂峡也。秦时，设金川祠。”《蜀中名胜志》于富顺县（大夜郎地）下记云：“金川神庙在县西二百余步。有十像，莫知姓氏。相传秦王时擒鳌治水有功，即此神也。”《贵州通志·土司志》云：“（夜郎王）多同后为金氏。金氏乃广顺望族。”夜郎金氏与川西大小金川的“地方神”（土主）、汶川“江赍神”、芦山县“金泰山神”，以及南诏始神传说的“奇相”（出于“哀牢龙种”），似有族盘迁播的关联。成都（古蜀王都在今城西北）有关五龙庙（古蜀开明帝宗庙）的记载还保留着相近的传说。《成都府志》说：“五龙庙在府治东锦江街。……神本血食江安，有神宅焉，号曰五龙。……今庙中有宋宝祐元年封勒碑。上载五神封号，将吏姓名及神二妹金氏皆封夫人。则神固姓金也。”《华阳县志》也说：“五龙庙在治东，今江南乡馆侧。神姓金。”蜀人祀五龙氏五神（后为“五头”）；巴人祀九龙氏而合为三神。唐宋以来，五龙式变为五头神，在川东奉节“白帝庙”，在川西金堂“普惠宫”，两地统一祀三神成为四川一致的风习。

关于“金天神”，川、黔土风似有同一的族源，金天神见于成都，即“华岳三郎”，是“儿女同殿”，至今尚存有明代铸的“江渎太子”与他的两妹（后人释为“妃”是错的）铜像，很可能就是“金华太子”。《酉阳杂俎》云：“有巫董氏者，事金天王，即蜀姥之女。言能语此儿，请祈华岳三郎。……因是蜀董如神，祈无不应。”又，《清嘉录》记有“十二月二十三日（为）火神诞”（四川叫“祭灶”）。并云：“是日又为‘二郎’生日。”此实即炳云公，东岳三郎祀日。《搜神记》说：

"炳云公，东岳三郎神也。……世传为火神。"《夷坚志·丙志》卷十四云："赏谒成都云头王庙，视夫人塑像端丽。"又《三志己》卷十云："五头庙，一名为神庙。"又云："五头庙，旧名八阁庙。"五叛逃是五个名冠"头"字的神，也就是蜀国的五龙氏。《江安·安济庙记》云："神号五龙。碑载五神封号、将吏姓名，及神二妹皆封夫人。则神固姓金。"《云笈七签》卷三《灵宝略纪》云："……后五龙氏兴焉。天真皇人太上老君降下开明之国（蜀国），以《灵宝真文》《三皇内经》各十四篇授五龙氏。……元始太上老君以天汉元年下降南岳衡山及蓬莱山。……轩辕氏兴。以上皇元年十月五日，老君下降于峨嵋之山。"这里的"五龙氏"肯定是岷山部族；早可能释为夏后启之族，晚可以释为蜀开明王族（从夏至蜀都是岷山龙族）。"蜀姥"很可能就是所谓董巫所降的主神，她就是道教的"斗姆"（西陵氏、西王母之国、女娲）。雅安的"金华太子"、芦山的"金华圣母"、乐山的"金花炎帝"，都是蜀开明王的宗神，也是"蜀姥"的儿女。云南、贵州的最兴盛的"炳云天坛""炎帝会""华光大帝"，也就是火神、赤帝，称为炎帝宫、离明宫。火神又有女神"凌霄娘娘"，或者是"神妹"。《宜昌县志》云："向王庙供廪君健为人，为阛阓之主，有功于民，故今施南、归州、巴、长阳等处尸而祝之。"又云："向王庙，今改炎帝宫。"云南大理的"赤子三爷育物景帝"也应属此系神族。四川大足石窟造像中的"三皇洞""炳云龛""五头大帝"具体保存了他们的形象。

五头（五龙氏）是开明王朝的"五帝庙"。为首的三太子（华岳、泰岳、东岳）是公元前7世纪溯湖江而上的鳖云，作为神说的"二郎"，其形象及二妹供祀就很像生于汶川的"江渎神"与"白马土主"，也就是"金华太子"及"金华圣母"（常是两个女子）。二与三常常容易混讹，所以他们称"蜀王""竹王"也是常互相通假的。从原始宗教的族源上看来，这系"五斗米道"，是"肇自河源昆仑"。他们最尊崇的神，最初是女神"斗姥"。她就是"金母""龟云圣母""女和月母""女娲”。汉族人汉字命名的“伏羲”，其原始字可能是“竜”（从辛从龟），读作“蛙蠵”。这系竜（驼权如龟而蛇项）族，就是北斗七星的男神“玄武”。姬周出自男系（狄、氐），姜夏出自女系（戎、羌）。氐与羌的族外婚制，在殷人兄终弟及不计世系，在周人的昭、穆的二分制里还留有遗迹。蜀人祀“金马”“碧鸡”两宗庙，并以阴阳两崖相对为“鸳魋”（后来汉化为“离堆”），也是羌僰的原始崇拜。蜀王“栢灌”（庙名八阁）名叫“景生”（景云），东岳三郎（炳云）又号“斗口云祖”。这都是川与滇、黔“五斗米道”的传统说法。

四、信仰白虎与竹王的民族族系试探

《曼殊类要》说：“巴夷信道。”《夔城图经》说：“夷事道，蛮事鬼。初丧鼙鼓以道哀，其歌必号，其众必跳。此乃盘瓠、白虎之勇也。”再结合巴郡妖巫张修、犍为陈瑞奉道，以及巴氏以范寂为天地太师等事看来，可以肯定张陵、张鲁的“五斗米道”，是在巴蜀民俗基础上建立起来的。所以道教最初的二十四治（教区），除北邛治外，全在四川。上面所说的“巴夷”，是指巴廪君五姓，“蛮”则指板楯七姓（襄、賨）。《世本》说“廪君出自巫蜑……世尚秦女”，则“巴夷”即“蜑”。廪君是汉水上源中东南下入鄂、湘的，这也就是《楚辞·湘君》中所说的，从漾入汉至河源昆仑之涔阳以会湘夫人的路线（《九歌》是倒叙的）。《太平寰宇记》说：“故老相传，楚子城巴，巴子兄弟五人流入五溪，各有五溪之号。故称蛮、蜑聚落也。”蛮是盘瓠种（后之苗瑶，亦称伏羲之后），蜑是廪君落白虎。两者同源于三危，迁居于五溪交融合为一。《风俗通》为賨民“重道教，犹有张鲁之风”，亦可见襄、蜑文化合一。《三国志·魏书》云：“武帝建安二十年，巴七姓夷王朴胡、賨邑侯杜濩，举巴夷，賨民来附。”这里称七姓板楯为巴夷，可解释为廪君失国后降属于賨。显然，“南蛮”（壮泰）、“南夷”（苗瑶）、“西夷”（彝语

与西番语系的哀牢、土佬），逐渐不断地在融合与分化中。盘瓠相乎为“姎徒”，夷人自称曰“婸徒”，巴濮人自称曰阿婸。故《南充县志》卷一六记黄平倩《平播州》诗，认为夜郎与白虎是一事。诗曰：“何许山河有不臣，夜郎霮雾豫州津。为怜白虎收播地，更是黄龙负舰身。”这说明夜郎是巴国濮人廪君（蜑）与板楯（蛮）两个分部所建立的国家。他们崇奉的竹王是白虎族开明氏蜀王的后裔。夜郎建国的过程也就是今天彝族。彝族以从西北雪山南下（经横断山脉）的昆明（即昆仑）为主体，融合了叟、邛、笮、僰（濮）、獠（狫），在金沙江的夜郎地区，于西汉时期形成了今天的彝族。

从使用铜鼓和击剑来看，也说明巴蜀与夜郎以及今天的彝族是同俗的。《叙永县志》就记有敲鼓击剑的诗。诗曰：“铜鼓声中夜赛神，敲钗击剑斗金银。马郎起舞姎徒唱，恼杀长征久戍人。”铜鼓与“击剑”，起先都是巴濮人的风俗，后来才传于夷僚苗瑶。击剑见于《司马相如传》注，说南诏练兵，是“遥击以中之”的掷剑。巴蜀船棺葬里的无格竹柄剑与腰配双短剑，也有力地证实了古代巴蜀有掷剑以杀人的情况，铜鼓则是由秦王击缶的“缶”演变而来的。从秦王击缶、庄子鼓盆而来的铜鼓，应始兴于西北。“巫咸作铜鼓”，“赫连勃勃……铸铜为大鼓”，也说明铜鼓起于西北。巫咸即巫载，就是廪君之祖巫诞，赫连氏称夏，与西夏同为党项羌中的白兰。

又如巫师“五斗米道”祭祀鬼主供奉“斗姥”（贵州西部彝族供女神“德貘”），祀蜀神“金天王”（彝文《公史传》中就有《金天王谱系》），等等。说明巴蜀、夜郎以及今天的彝族在文化上是同一渊源的。

西汉初期还存在的诸家《蜀本纪》，都有关于蜀望帝与朱提梁氏女（或曰朱莉）相婚的记载。朱提、苏祈（属越嶲郡）、苏稽（乐山县仡佬场名）都是“竹王”的音写（竹帝、蜀帝）。有这种地名的地区，总是住着“叟人”。蜀人后称为“叟”。“叟”字的原意是指手执火炬祭神（说“叟”指长老是后起的字义）。这种以火祭神的人，也就是赤帝火神的祭司。朱提女来自川黔，或即《山海经》里的“渔妇”；廪君出自“巫蜑”，也即《山海经》里的“巫载民”。其他如蜀王墓名“武担山”，泸州徼外的“武都夷”，夜郎庄王暮为“五茶夷”所发，雅安、宜宾、泸州曾为“青衣国”等，都为研究巴蜀与夜郎的关系、彝族的形成，提供了重要线索。彝族传说中关系仲牟（纵目）居神山（罗业山）生三了：依诺（彝人）、所地（蜀人）、圣笮（苗人，出于盘瓠的氏）的故事，与古代巴蜀、夜郎在民俗及信仰上，都有密切的联系。

《管子》所记的“牂柯”应是“百越”系统；战国时出现的夜郎，应是“百濮”系统；汉代的“竹王”则是蜀国开明氏的后裔（邛、笮→彝族系统）。汉初滇也靡莫之属是南迁于姚州的岷山庄王之族。滇与夜郎皆蜀王之后。滇民则多牂柯、瓯骆之人；夜郎则多巴濮之人。《史记·三代世表》褚先生曰：“蜀王，黄帝后世也。至今在汉西南五千里。常来朝降，输献于汉。”《索隐》引《蜀王本纪》云：“朱提有男子杜宇，从天而下，自称望帝，亦蜀王也。”《正义》引《谱记普》云：“蜀之先肇于人皇之际。黄帝与子昌意娶蜀山氏女，生帝喾，立，封其支庶于蜀，历虞、夏、商。周衰，先称王者蚕丛。国破，子孙居姚（州）、嶲（州）等处。”《后汉书·南蛮西南夷列传》云：“青蛉县禺同山，有碧鸡、金马，光景时时出现。”《集解》云：“姚安军民府大姚县，汉青蛉县。”《蛮书》卷六有“浪加萌”，卷二有“汤浪加萌”。姚州的蜀王，金马碧鸡两神祠（山），以及“加萌”（葭萌、开明）等称谓，显然是蜀人迁徙所遗名称。南诏称“蒙舍”，云出自龙种。《蛮书》卷六引《唐会要》：“昆明，西南夷也。其俗与突厥略同。相传云：与匈奴本是兄弟国也。”可能昆明、昆仑与蜀开明王乃“北狄”氏人之族。《路史·前纪三》云：“（巨灵氏）挥五丁之士……或云治蜀。……皇次四世，蜀山傢傀。”夜郎（贵州）有“鬼方”之称。川、黔与鬼方联系，必有人们迁徙的关系。今纳西族也有“蒙”的称呼，纳西的东巴文化很像是战国“巴蜀图语”的延存。贵州威宁陶器上的刻符，显然与四川茂汶黑陶上的文字同源于西安半坡陶文。这些文字与四川战国铜戈上的“蜀文”象形方块字，都被彝族同志认为是老彝文，绝不是偶然的。贵州清镇、平坝出土的土坑墓与四川巴县冬笋坝汉墓是近似的；出土的“元始三年蜀郡西工造”与“元始三年广汉郡工官造”漆器等，也证明了川、黔两地文化已完全同一化了，而这种同一化自夜郎与巴蜀同俗时就已开始。又，今四川屏山县（马湖）古有“越王牂柯”，越嶲、闽越等名称，似也与古牂柯越族有关。湖北荆州“大越龚兵”上的巫师像，与四川芦山县东汉墓中满身鱼鳞的铜人像，以及云南石寨山铜戈上的跳舞人、铜鼓上的舞人形象，似给我们提出在西周时百越与百濮就已经相融合。我们应当重视大夜郎的研究和彝族形成的研究，逐步解开民族史上许多有趣之谜。

（原载贵州省社会科学院历史研究所编《夜郎考（论文集之二）》，贵州人民出版社1981年版）

白马藏人的宗教信仰①

以四川平武县藏区白马公社为中心的“白马藏人”是信仰本民族自己的宗教“白莫”的。“白莫”是一种山川崇拜的原始巫术。祭祀山川、土地和森林，念咒驱鬼，很接近氐羌系的“笨钵瓦”（俗称“黑教”）与彝族的“毕摩”（或写为“白马”）。

1978年调查时已经看不到宗教仪式和经堂陈设，宗教用品也很难看到了。这里只是访问几个“白莫”（汉语称为“道师”）的综合记录。

一、原始信仰——“白莫”

“白莫”也可写为“白母”“白马”“播蒙”，都是用汉字写音。“白”的原意是族的自称，应是“湟中羌僰”的“僰”，后写为“播”。今平武县达布河居民自称为“夺簸”。“莫”的原意是“最高山神”“万灵总宰”“天师”的意思。“白莫”可释为：僰族的万物总灵教。

夺簸人要学文化，必须拜白莫（道师）为师。学一种用藏文字母

① 本文根据1978年四川省平武县藏区的访问记录综合整理编辑而成。资料片面，很不深入，仅可做一粗浅的简报参考。

拼写的《白马经》。学会了经典，举行出师典礼，敬神、请客、向本师献上供礼，就可称为“白莫”。白莫（天封的大道师尊）往往是父子承传。但在隆重的出师典礼上，一定要另拜一个德高望重的老辈白莫为本师，而不以父亲为老师。女子是不能当白莫的。初级白莫只能诵经；中级能祭神、收鬼、叫魂、禳灾、卜卦、咒仇、主持婚丧，称为“老白”（老法师之意）；德高望重的老法师又尊称为“老楷”（或音写为皆、街）。三级道师都是农民兼任，不是脱离农业生产的职业宗教师，偶有“老楷”以教经为收入，因年老而少从事农业劳动。白莫也没有庙宇或宗教集会场所，都是居住家中，遇到邀请才出去作法。夺簸人的婚、丧、安神、送鬼等都必须请道师（白莫）。一般酬谢道师祭牛（或祭羊）的头、蹄与皮，另给一些肉，粮食1至5升（每升5—6斤）。

神与祭神

白莫崇拜自然神和万物神灵，一般有土地神（地母）、山神、水神、火神、树木神。最高的神是“白莫”；汉话叫作“白马老爷”[①]，平武藏族聚居区的“白马老爷”，实际是指羊峒河与达布河交会处（距今平武藏族聚居区区政府所在地王坝楚约5里）的一座名叫“耶绿舍幽”的独峰石岗。曾修建过“白马土主庙”，后来被水冲毁了。象征“白莫”的石岗下还有两个高丈余的大石，称为阴阳石，说是白马老爷的侍男侍女（一说是桌子板凳）。

夺簸人说：汉话的“白马老爷”，我们称为“叶西纳蒙”（俗呼为：耶西喇嘛）。“纳”是黑色；“蒙”是最尊的总神父；不是同音的喇嘛（和尚）。白莫教是来自“东方”的，叶西纳蒙是来自东方的“暗以陇”（今甘肃）[②]。山神“叶西纳蒙”的女配偶是女神地母“霞古若淖曼”。每三年对此天神（纳蒙）与地母大祭一次；每年四月十八日（日瓦则

① 白马是白莫译音，非白色马之意，老爷是四川人对神的乡称。

② 暗以陇，即今甘肃省。此与“夺簸人”系出“邓至羌（番）”有关。

儿）、七月十五日（得巴杂戛）、十月十五日，三次祭祀山神[①]。山神分两类："倮念"是总山神，叶西纳蒙属此类；"夺纳"是分山神，木座寨的"纳沙夺左"与"素里归姊"（一男一女），木瓜溪寨子的"木挖列虚"与"漏蕊低"（一男一女）皆属此类。祭山神用牛、羊、鸡（或鸡蛋）为牺牲（有时只放于山林不杀），也用面做人头（可能是人祭的残余）。

火神就是每家火塘的神。火塘是全家的中心，脚不能踏在火塘上。水神在河里或湖里。大年初一的清晨鸡叫时，各家门前点燃一堆柴火敬神以祝猎农丰收。然后去河边（湖边、井中）取水浇洒屋内外，呼喊祖先的名字，唱"水歌"，叫"祈水"（或"供水"）。

树林神是在寨前寨后各留一片"千年万代不砍的老林"。大年初一不能触动任何树木，初五晚上由白莫念经，初六跳"曹盖"，目的是驱鬼。从初一到初五家家饮宴，跳带有社交性质的圆圆舞。

"曹盖"是面具（戏脸壳）之意。夺簸人的面具是用木料雕造的。跳曹盖就是戴上面具（穿上花袍）跳神。据说这个面具是"达纳十戒"的形象。"达"是熊（或猛兽），"纳"是黑色，"十戒"是神灵，即黑熊神人。一说"达纳"就是黑熊神，"十戒"是神仙的名字。"魔古"（魔鬼、妖怪）最怕熊神，故化装为熊神以制服之。曹盖每副是男女两个；浓眉、圆眼、虎齿，额上有双蛇相绞纹于五个人头。跳神者头上还装饰布条与牦牛尾，身上穿花长袍。跳神者必吹"龙角号"，号用长约50公分的整木雕成龙形。据说号声仿龙吟以驱鬼怪。

家神与野鬼

家神即祖先，没有具体的实物象征（如神祖牌等）。每家火塘正上方（东墙面，夺簸人房屋皆向西）置有神柜（放置碗壶等食用器，男女各置一端）。柜上正中置一方形木斗盛米（或灰）以插香烛。后墙（富

① 此每年三次祭礼的日子，相当于汉道教的"三元日"。

家另有神帏）上贴纸剪的牛、马、猪、羊、鸡、狗，另有一个碗盛满五谷。据说这是表示：六畜兴旺，五谷丰登。室内照明即火塘内的火苗，富家点灯也在睡前吹灭，也偶用松明柴片照明。神柜前与火塘间是不能横过的（男女两边，不能由柜前通过）。男人坐火塘北侧（右），女人坐火塘南侧（左）；尊者距神柜近，依年龄次序由东向西坐；小辈娃娃坐火塘下方（西）及门边。每天早晚两餐（中饭多在农地上吃干粮），由家长（祖或父）用筷子粘挑一点饭向神柜一扬以示敬祖先，饮酒则用中指醮一点向上一弹示敬。饭勺由主妇掌握，按辈依年龄大小分饭，肉则由男子切分[①]。

腊月二十日到次年二月初五都不耕地。这段时间是死去的祖先做庄稼的时间，春天的花开时是死人（鬼）过年的日子，在此期中死去是命好的表现。丧礼的全部仪式完全由道师包办。富家有请喇嘛念经的，但必须本族白莫主持丧礼。一般人的灵魂叫“说马”，祖先的神灵叫“拉色”。

夺簸话“魔古”是指妖精；叫鬼魂为“提扰”。有长爪野鬼、毒病鬼、阴魂鬼、道路鬼等。传说有山妖（或野人）名“格子捏苟”，拉着人笑，笑完就把人吃了[②]。人可用竹筒戴在腕上以备抓后借以滑脱。

经典与法器

白莫称为《丹巴·嘎惹纳》，有经文、天书之意。用藏文字母拼写而成；样式与藏经同。但多画有本族的神鬼画像。这种经典据说约有两百种。有送魂开路的《杂巴》，算命的《澡巴》，治病的《戳篡》……除拼写的夺簸话经典外，还有藏文的佛教经典。

调查中仅看到两个面具和一个龙角号（“角都”）。面具很像《古岳渎经》所述：“形若猿猱，缩鼻高额、青躯白首、金目、雪牙……”

---

① 此示妇女务农，男子猎牧，男性本是猎牧人。

② 可能是指猩猩。夺簸人把山妖、野人、猿、熊等合而为一。

有如夏禹王所获的淮涡子神“支无祈”，额周前半上的五个圆形人面像是其特色[①]。据说白莫作法念经时还用锣、鼓（羊皮铁圈扁形鼓）以及大铃等乐器。还用“补”（三棱三尖杵，首饰有三人头）作为收鬼驱邪的法物（武器），劳白的法冠原为真正的熊头（去骨填充草），后以熊皮代替。后来又在熊皮外前沿加上五叶冠。[②]

祭法

祭物分三类：一、牺牲视收成的丰歉而用牛、羊、猪、鸡。二、白面和蜜糖的印花饼是祭正神用的。三、荞面小薄饼或荞面条小段是给鬼吃的。在山林里祭神，用一树桩上置木板或石板充当祭桌以放置鸡、馍和自酿的青稞酒。牺牲有杀有放，酒洒林间。祭礼中用鸡最普遍是一特点。

春三月（清明节），各寨以宗族为单位（原来是一寨一宗，后来一个寨有几个宗。由血缘氏族变为地区村寨），设祖宗神位。由白莫念经请灵，长老朗诵宗（或家）谱，并请祖宗到场领取一年的“衣禄”（用谷物象征）。然后，各家到门外，抓一把杂粮分九次洒在地下，并将吃剩的酒肉洒在门前或寨外路口，一直洒到坟场（或单人坟）。

人死后捆成屈肢胎儿形状，置门内左角桌上受祭。方桌四周供肉与馍，并点燃着松皮或清油灯。全寨人参加哀悼，请白莫念经。参加人各带馍作干粮，近亲送来的祭物（鸡蛋、酒、饭）祭后倒弃。出殡行列为两人执竹火把开路，一人捧蜂槽（用直径一尺的树段横对剖开挖空成底与盖）以盛祭物。由儿子（或近亲男子）背尸。尸后执布（或纸）幡多人。幡上缀青布条，男性九条，女性七条。妇女哭丧而不到坟地。埋葬回家后，男性以尿淋烧红的石头熏水气以除邪。一年或三年请白莫念

① 据郑廷良同志照片，甘肃文县的面具与此略异，女面具白脸秀眉，抹额花冠。男面具额上有一竖眼（直日），头顶上着道教五梁冠。

② 唐僧（玄奘）的戏装即戴五叶冠。道教法师与劳白亦用五叶冠，但叶上不画佛像。劳白的五叶冠有神像。

经祭亡。三年大祭杀猪煮酒宴请全寨。

天上出虹认为人将生病，则杀鸡醮血毛贴墙上以驱病鬼。

粮食作物受虫灾时，用纸条贴树上。另扎一个草人贴上符咒。用青稞一升、猪膘一块，每家派一人守虫并出一馍以祭草人。然后全寨人送虫往河边，投草人于河中。

"烧红铁"由头人与劳白主持，目的在清查盗贼。全寨人分别手捧烧红了的铁铧走九步，手上垫一层羊毛。被灼伤者即认为是偷盗，赔偿被盗人双倍损失并付烧铁仪式的全部费用。

"咀咒"由劳白焚"柏香"（树芽）和钱纸（外来的）念咒，最后手执鸡头将其砍下。

四月二十四日，杀羊敬神以祈免遭风雹。并在本寨四周放置手执兵刃的草人，象征保卫抗灾。

牛头及猎获物的头皆挂置门前以示富有和勇敢。猎得虎豹最光荣，全寨庆贺。本寨及近寨各家出一升粮食，三成送猎手，余作庆宴。

二、钵教

钵教的祖师名"白·丹巴喜饶"[①]。夺簸人说他是文字的创造者，经典的祖师，宗教的领袖。并说他是"来自东方"的[②]。在民间故事里，丹巴喜饶是正义的化身，他救护一切众生，反对一切压迫。据说他懂得男女老少一切人的本性；他善于变化，曾变成美女试探过老男，又变成壮男考验过老妇；又说他曾探察海怪的真形，用脚画成了海怪原貌而制服了水怪；又说他有三个大徒弟：阿岭·洛桑（阿爷·戛沙）、岩绕、得旁汝，正像汉族《西游记》里的孙悟空、沙和尚、猪八戒。这里的祖师，显然是指西藏"黑教"的创始人。

① 又名"东巴辛刺"，或"辛刺璞佛"。

② 平武藏族聚居区的夺簸人说他们的祖先来自"东方"，丹巴喜饶出生于奥尔卯仑仁的卅八碉房的马加尔部。"钵瓦教"是兴起于后藏阿里地区的。

李安宅老师《藏族宗教史之实地研究》说："作为十八位大师之一的辛饶（Gemrabs），是香雄（Za'n zun）的窝末隆仍。……顿巴辛饶，变为布谷鸟。钵教发源于尚松的挟抹龙仍，并用那里的语言传播的。……松赞干布时，有兰裙大师发明了关于性生活和兵解的经书（此当与房中术和剑解有关）。……钵教的八字真言是：阿喇追木耶撒勒社（om na dei mye sa le hdu）。"马长寿《钵教源流》所记七字真言是：么知摩宜萨利达（只少一开偈的"阿"）。夺簸人的八字真言是：阿麻祖摩叶松领道。可以肯定，他们是用的钵教真言。这一真言以"阿"音领颂。第二音"麻"是万神之母（千二十二神总号，众神的妈妈）。以下为：天、阿修罗、人、畜生、鬼、地狱（合称"六道"）六神的呼号。此咒语既承继古印度"六道轮回"之说，又变婆罗门教与佛教尊男重阳的传统为尚母崇阴。或是印度与西藏间的一种崇阴（尚母）的民族习惯。佛教密宗的双身修法，与钵教的"亚、因、特、协、润、巴"交欢密咒，也许有密切的关联。雍中钵教产生于獽戎之国（即虎豹之国）①。当在印度之北，今青藏高原。道教以"老君"②生于"静乐国"，周代当在戎狄之地（释为楚国是战国人的解说）。也许"天师"黄赤混气之术本来自氐羌系人。北印度"嘎莫楼薄"派外道的双身法，很接近天师道的房中术。"白莫"或译写为"白马""毕摩""播蒙"，也许"本母"一词更是音意双关的译写。"本母"原本是氐羌原始钵教的最上女神——玛（麻ma或na）。

夺簸人说：白·丹巴色汝的人徒弟是"阿凝嘎沙"。一说"阿爷"是祖先人；一说"阿岭"是地名。在丹巴喜饶的弟子中，只有波斯的穆查图哈塞一名近似嘎沙。这里的嘎沙很可能就是西藏《格桑王传》的岭国国王格萨尔。夺簸人有关阿凝嘎沙的传说故事很丰富。如"白哈蟆"故事所传：白石神托生于老妇，从肉蛋（夺簸话叫"绞巴"；他们用汉

---

① 见马长寿《钵教源流》，此处"獽戎"即"香雄"，汉语为虎豹。

② 道教的"老君"生于成都青羊肆，原本与老聃、李耳及《老子》无关。

话说又叫“肚子”）里剖出来。其妻（王女）为某王所夺又重聚。白衣神王与十王八大力士比武，与蕃王斗智。故事情节与格萨尔“铁鼠年（庚子）腊月十五日，葛姆产子，生下一个像羊肚子的圆肉蛋”及“格萨尔王，您是东方白月亮”①是相同或同源的。

中国西南氐羌系的原始巫术，早存在于羌酋爰剑无弋前。公元4世纪佛教传入西藏前，钵教在西藏等地区已有根深蒂固的历史。在今邓柯县俄兹建都的岭国格桑王距今约900年略早于格桑王的藏僧米拉日巴（棉拉乐思巴）就曾学过黑钵。距今约500年的钵教年迈佛（谢思若卜吉尔灿）才基本佛教化。

夺簸人的“白莫”就是辛剌卜的早期钵教。嘉绒、巴旺的钵教巫师雍中兹仁的师父就名叫“白马、兹仁”。“白该”一词可能即来自钵教对僧人的称呼“崩赛”。

三、道教、羌端公、西藏佛教

《师道碑》高约一米，石质，至今立在木座寨。碑上画着道教符咒，有“师道碑”和“除邪正宅”七个汉字。是已故牟端公（汉族，过继给夺簸牟家）所立，又有著名的道教端公王长保（夺簸人，后自称汉族）、官儿（夺簸人）、何玉林父子（汉人），至今尚为老人提及。

《泰山石》略高于《师道碑》，刻楷书带隶体“泰山石”三字。是牟端公搞的。

山王庙神像，木座公社木瓜溪上游有山王庙。据看见过庙中神像的人追述：正中三个神像，黑脸（最狞恶）、白脸、红脸，此三色脸的三个神又见于平武药丛山下化灵沟的神龙祠。三个龙神名是：丰都（黑）、天罡（白）、郝赤（红）。它们实际上就是巴人的“白虎天王”。

① 两段引文引自青海省文联译《格萨尔王传》1959年本。夺簸人与彝族人是以月亮为男性（而以太阳为女性）。

夺簸人又有“打羊皮小鼓的端公”。虽然已说不清楚了，但羌族巫师的融入是有历史渊源的。一是与夺簸话相通的“白草番”可能是羌族（唐以后的党项羌，及古駹虢氏）。二是羌族祭神在林中举行与夺簸人同。后来羌族有了公共祭厅，但夺簸人一直是没有祭厅，仅有很小的山神土地房。三是夺簸人所传（白哈蟆）阿凝戛萨是白岩石的化身，也与羌塘地方的羌人传说有关。

藏传佛教也曾传入白马公社。战斗大队的扒昔家曾有两个喇嘛庙，祥书家也曾有一个喇嘛庙。喇嘛教自松潘传来，仅偶行于达布河（白马沟）上游。在日常生活中，喇嘛只能给死人念经，多行于上层富裕人家。请喇嘛，必须请白莫；请白莫不必请喇嘛。平武县城内的明代报恩寺山门的“四大明王”塑像，就是佛教密宗造像。这说明明代的土司是受西藏佛教影响颇深的。据说夺簸人有两类藏经，一是藏文佛经，一是藏文字母拼写的白莫经。后者又可能有嘉戎话的钵经，与夺簸话的白莫经。这些写经尚有存本，需待识别研究。

四、传统意识形态诸方面

（1）对自然界的概念

日与月及星宿：日（冤）、月（藻）、星（戛玛）的概念中是把月作为男性、日作为女性。这种概念与汉族相反而与彝族相同。在藏文《格萨尔王传》中把雄狮王格萨尔称颂为“白月亮”；亦有以月为阳性的倾向。据夺簸人说：太阳是妹妹，妹妹白天行路，她怕羞不让人看，用金针（光芒）射人眼睛。月亮是哥哥，晚上行路，不怕人看。但是他们称呼月亮为“藻”（dzaj hal，或译为卓），又具有阴性的含意。“藻”是湖、海的意思；女人的名字多取藻音。如“藻妈”与藏语“卓玛”同意，是指圣水海、观音菩萨或度母。夺簸名称常受藏语影响而有一物两名情况，如称太阳为“冤”，又称为“尼玛”，称月为“卓玛”，也许

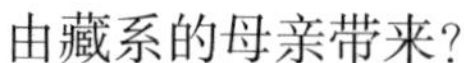

由藏系的母亲带来?

天文星象似已失传，仅有北斗星名“戛马杀扯”。

“五行”的总名叫“昂——查惹银嘎”。各兄弟民族几乎全同；即金（闪）、木（舍）、水（穷加）、火（辗）、土（撒）。一般以“五行”概念起于东海齐鲁，是殷商本位文化，而邹衍集其大成。但西北兄弟民族（与西南诸族）亦有此说。如《魏书·张寔传》:“（安定乌氏人，张）骏筑南城，起谦光殿于其中，穷珍极巧。又四面各起一殿，东曰宜阳青殿，南曰朱阳赤殿，西曰正德白殿，北曰玄武黑殿。服章器物皆依色随四时居之。”又《史记·匈奴传》:“匈奴骑，其西方尽白马，东方尽青马，北方尽骊马，南方尽骍马。”五色帝庙最早见于“开明氏”蜀国，秦国亦有五畤。蜀有“五龙氏”,《山海经》已用五数。中国五行之说，西疆当更早于东部。

“十二生肖”称为“竹以、曼罗扎蜀”；其次序与汉族全同：鼠（鲜）、牛（懦）、虎（朵）、兔（余有）、龙（堵）、蛇（惹）、马（达）、羊（吕）、猴（矢）、鸡（朽）、狗（启）、猪（趴）。在神话里，妖鬼最怕的是龙、狮、虎。在现实生活里虎（夺）与熊（达）是尊贵的猛兽。很可能“夺簸”“达嘎”“达纳”三部的自称就是“虎番”“白熊”“黑熊”的意思。

在“夺簸”人的词汇里，“打猎”念成“打鹿”（汉语），并且传说白马沟在祖先来时有许多鹿子。他们还有孔雀、骆驼这两种动物的专称；在他们今天居地上绝对看不到了。“尊敬狗”的习俗还存在于夺簸人生活中。正月初一，首先喂狗与猫。古时有一妇女用馍馍给小娃揩勾子，天老爷发怒降灾没有收成。狗天天向天哭，天老爷以狗无罪，给了狗粮，因此才有了粮种。猫的头上不生虱子，是天老爷给它擦了药的。有此二说，故敬猫与狗。也许猫乃虎的象征，而狗又为豺狼的代表？一说：狗从天上把粮种偷来；猫头上不生跳蚤是天免的。故有“人吃狗粮，享的狗福”的谚语。

“四方”的概念：东方（杀鲜），意为太阳出处，做活的时候。南方（小鲜），意为产羊子与金银的地方。西方（落鲜），意为有海子的地方（青海？）。北方（入鲜），意为马和绵羊生长的地方。

（2）节日与祭礼

夺簸人节日的特点是与生产活动密切关联着，并且节日必有祭祀。在农业经济基础上欢歌盛宴并祭山神祖先。

年底腊月三十夜，通宵不睡；睡了庄稼也就倒了。

新年正月初一凌晨鸡叫头道，各家门前点燃一堆柴火敬神，祝农猎丰收。然后去河边（井边）取水（背水是妇女），向屋内外洒水，呼喊祖先名字并唱水歌，谓之"祈水"或"供水"。此日先喂猫与狗以示尊崇。此日不许摸动任何树木。初一是"大年"，十五是"小年"。

春节最隆重热闹，男女盛装欢宴。从初一到初五多在晒场上跳"圆圆舞"。男半圈、女半圈形成圆形，边唱边舞，拉手绕转。

初五夜，请白莫念经（信仰本钵瓦教的藏民，以此日为"吉念未饶加灿"大师死日纪念，要摆出许多酥油花和供灯）。

初六日，"跳曹盖"。各寨每年有几家当会首（轮流主持）。上午在山前与山后的神林边跳。下午到各家去跳。目的在驱鬼祛邪（如古代的大傩）。

初七日全休息（或与汉族"人日"有关？）。初八日开始准备生产。初十日统一背肥（羊粪或河坝淤土，不用人粪）下地。

十四日准备过"小年"。十五、十六日还要热闹两天，就下地农作了。"小年"用火把绕照房屋四周以驱邪（这种绕行或与钵教左转礼拜有关，而火把照年与彝族相同。）

道教以正月、七月、十月的望日（十五日）为"三元"，可能是来自氐羌巫鬼之教。《晋书·载记·苻坚传》："上元人皇起……三元一百八十年。"在夺簸人的节日里也反映了相同的情况。

七月十五叫"得巴杂戛"，杀鸡敬神，祭"叶西拉玛"（白马老爷——叶西天神）。收成好要过节两天（平年过一天）。全寨祭祖神

"白马老爷"后，欢乐饮宴。夺簸人都说"白马"是汉话，与"叶西拉玛"无关。但从"白莫教"崇祀"白马"看来，我怀疑"白马老爷"就是夺簸人自己认为"阿爷"（即祖宗）、"格萨尔"的保护神"白马喇哈陀弥王"（一称"陀称白马司旦王"，见《格萨尔王传》1959年西宁译本《天岭卜筮之部》格萨尔降生故事）。所以叫"还山（天）愿"。

十月十五叫"倒希仁"，杀牛敬神。每家都祭祖。一般人四家共一牛，每家分一腿。穷者八家共一牛。

还有四月十八日、五月十五日两次杀羊祭山神与杀牛祀神。

三月十五叫"七米"，五月初五叫"得五"，似来自汉人。

夺簸话"神"叫"拉"，"天"叫"蒙"；"叶西拉蒙"（白马神）的祭祀实际是祭"天神"。夺簸祭天神用鸡，或与"蜀人以文翰（锦鸡）；巴人以比翼鸟（贝母鸡）"及"丘羌（应是氐羌）鸾鸟"有族系的关联。他们每三年举行一次大祭的风俗也见于"宕昌羌"三年一相聚，杀牛羊以祭天；"党项羌"也是一样。宕昌羌与党项羌皆称"三苗之胤"与氐传"称槃瓠之后"亦同为猫羌及狗种。"氐羌乞姓"当是"使四鸟：熊、罴、虎、豹"（《山海经》）的鸟部族。

（3）禁忌

夺簸人的禁忌主要表现在对自然界的山、水、火、林的"万物有灵"原始信仰；对鬼灵（妖魔）的恐惧。无形的鬼灵是凶、病的根源；妖（异族陌生人），魔（似人的兽，如猩猩、人熊）是灾祸的造成者；而且他们把三者混合成可怕灾难的象征。

家里的"火塘"是生活的中心。火塘上的铁三脚架是不许踩踏的。火塘上方（东墙）的神柜（实际是分两边放置食用具的碗柜）是神圣的，不能自其前横过。神柜上放置一个敬神的"斗"（实际上是木升）作烧香用，可能来自"五斗米道"拜斗（星）之俗。他们原来所焚的香是柏树枝等，是不用汉式香烛的。藏区所焚的香是燃着后散发香烟的植物，见于《格萨尔王传》的有"花白如螺的白香柴，果实如金的野艾蒿，疖瘤如铜的红丫，叶儿如碧绿的柏木，穗如珊瑚的纳志树"五种焚香（见《天岭卜筮之部》第99页），夺簸人的焚香与此同一系统。供“斗”的习俗若系来自“五斗米道”，则传说“叶西拉蒙”是猪的化身，也正是“北斗七星”为七猪的复合反映。神柜上盛装五谷的碗也与古岭国藏区有关：“王妃萨绷姬左手端牡丹花纹龙碗盛满甘露美酒；右手端彩色花碗盛满六谷；向辛已梅汝孜（大将）祝福，敬酒，撒六谷示敬”（见《格萨尔王传·保卫盐湖之部》第40页）。每家有一个小木匣，里面放置牛羊猪油与青稞等吉祥神物，就是专为喜庆仪式擦油、撒青稞用的。

屋内有病人，外人不得入内（产妇更不能见生人）。亲属探望先撒火塘灰于门坎上以驱邪后，才能入门。远客或家人远处归来，也要举行撒灰仪式才可入内。藏族用灶灰撒敌人系传统习俗，和汉族用狗血除邪是同样意义。

打猎所获之兽（禽），亲友皆分食（寨子皆亲友，全寨有份）。打到虎豹则全寨出粮欢宴庆贺。据说古时“老虎当狗喂”。猎物的头骨及杀牛的牛头皆列置屋柱以示英勇富豪。打猎出门遇到蛇是吉利（有猎获）。到坡上后有人回去不吉利；遇到背背子的也打不到东西。

最恨偷盗，处罚最重。捧“红铧”的办法与彝族全同。但此法虽传说甚灵验，实际常有冤枉好人事件产生。

咂酒每人一筒（有两人共一筒的大筒），饮时不得捧筒喝饮，只可用管插吸。

男女分工甚严，家内火塘亦严格分坐于两边。男子打猎，割切肉食，犁地打麦，制帽子打草鞋，念经书；女子做家务分饭菜，管理庄稼，织麻布腰带，背水。

座次依年龄为唯一标准，不分辈分与政治地位。这是敬老的表现。分食亦自老年开始，最后才给小娃。

野猪牙是珍贵饰品。祭祀不用猪。一说“叶西拉蒙”是猪神。面具上口角有两个猪牙为饰（獠牙）。神帽上亦饰猪牙。

插鸡毛于盘形帽上据说是古时战败后，失散于山中，互相找不到；

插上鸡羽（多用白尾翎）便于互认相寻。夺簸人叫白色覆盘式荷叶边帽为“禅皮”；白色，插羽毛，及名称都与《格萨尔王传》所述“白梵天子”之子格萨尔王的白盔相近（但形式似有不同）。

夺簸人的护身“经包”是方形布袋（10—20厘米），里面装有酸、甜、苦、辣、麻、咸、淡七味物和羊油。它与西藏佛教护身佛盒有别。

妇女铜圆耳环中心空处铸成镂空的卍花纹是钵教的教徽。这个卍形教徽是“雍中钵”坚信不变的象征。有趣而值得重视的是，1958年广汉县高骈铺附近出土的战国铜“鼓炉”的镂空花盖上就是以四个卍形并成的。似乎，远在巴蜀立国时期已有了“崩播哇”巫师？当时（东周），近于今称“奔钵瓦”一音的只有“彭、濮”二部；也许两个铜扁鼓形香炉给我们透露了西南最古老的巫教渊源的信息？

妇女皮背心背面几乎都用布贴成一种特殊花纹，很可能与她们的信仰有着关联。花纹交叉斜十字，十字顶上四外角附一个三角形，三角形红底布上必绣或贴上一个或两个光芒四射的太阳。这四个红三角（径约10厘米）内的太阳，在夺簸人观念上是阴性（妹妹），已有独具的意义，而且夺簸人自东方来的观念传说；死后面向西背向东的习俗都与此纹饰有关。因之，特记录于此，以备研究者参阅，

在本文之末，我认为值得提出一系列西南民族原始巫术的问题：①笨钵瓦教是川、青、甘的原始巫术，它似乎同藏、彝、羌、汉都有关联？②笨钵瓦教早存于佛教各派传入之前；它是青藏高原的土产，很可能就是古代传说中的昆仑道教？③元朝《西番译语杂志》提到的青藏“西番”（西夏）道教与今天自甘青至云南的西番及普米族宗教信仰有何关系？④夺簸人一称西番，他们的“白莫”又直呼为“道士”。下游五寨的端公常由本族人担任，而又说“白莫”的基地原在下游的木瓜溪寨。这是时代先后问题？还是原为同源的问题？⑤彝族的“呗耄”与夺簸人“白莫”同名；又有译“呗耄”为“白马”（或称其经为“白马经”）者。彝族有“呗耄”与“蜀尼”（即端公）两种巫师亦与夺簸人同。彝族《百解经》自称传自“昆仑”（见《边政公论》六卷一期，马

长寿《倮族的巫师“呗耄”和“天书”》一文)。这两者间关系如何?

陈宗祥老师《倮罗的宗教》一文(见《边政公论》七卷二期)结语说:“倮罗与其他藏缅系的民族,若么些、水田、栗粟的类似性很大。如栗粟称呼笔母为冬巴(祐按:岭国格萨尔王称为“冬族”),苏臬为苏则臬巴。西康水田民族则分笔母与背母。再进一步,在康藏高原流行的钵教(Bunism)与这些民族关系特别密切。据说‘冬巴’两字,是自康藏古钵教借来,原是教主之意。而且么祐经典里称冬巴为笔姆。这证明康藏的钵教与倮么群所信的宗教,根本是同源的。所不同者,乃在康藏流行的钵教业已沾染浓厚的佛教色彩;而倮罗宗教尚保持本来的面目。换句话说,设若对倮罗的宗教作加深的研究,更可看出钵教的原始面目。这只是一个简单的例子。其他的相似处甚多,例如孔雀为毒蛇的劲敌、山神的地方性、鬼群的相似性等例子均可参证。非但倮罗如此,印度与康藏高原也流行这种相同的信仰。所以学者们对西南藏缅系民族的宗教探讨上,若从比较上作功夫,定然可以有新的发现。”

最后,我大胆地提出一个看法:“白马”这一西戎的音写称呼,就是青藏的“白马胡”、青甘的“白马羌”、甘川的“白马氐”三者的总号。“白马胡”就是“猃狁”,“白马羌”就是“鬼方”,“白马氐”就是“犬戎”。他们也就是古史上的“西貘”“蜀”“巴”。其系如下:

此三系为互婚的三大族:黑赤(龙虎)、赤白(虎凤)、白黑(凤龙)。三系互婚的结果造成“昭”三族、“穆”三族,共六族。早在夏、周时已融合成统一体而可称之为“氐羌系”,即藏缅语族。当黑白与白黑的“昭”与“穆”各为半体时,就是西南民族普遍呈现的黑、白二氏制。也就是周王朝的姬、姜二姓昭穆制。

今天的彝族(倮苏)本是嘉洛(嘉良、嘉陵)的南下分支,住在西昌的彝族就称为甲莫绒;彝、藏本同源,彝有家系而藏无家系。今天的“迭部”就是嘉绒与西僰的融合族的北支,而其南支是今天的“西番”(四川木里等地)与“普米”。夺簸人出自甘肃迭部,是“东珠尕尔宝”(格萨尔王)之后。其部又有“东尕”(电尕)。与“东纳”两分

部，即夺簸人所云“达嘎”（白熊）与“达那”（黑熊）两大支。三部合称为冬族（董卜），传说“白马陀称天王”之后。这个族是藏族的近亲，古氐羌的后裔融合氐、胡而形成的。

以上陋见，很不成熟，敬请读者指正！

（原载《西藏研究》1982年第2期，第一至第三小节刊载于《世界宗教研究》1981年第3期）

玉米的种植与美洲的发现新探[①]

一、问题的提出

关于我国最早种植玉米的时间，过去，人们往往将其同哥伦布“发现新大陆”联系在一起。习惯的看法是，在1492年哥伦布登上美洲海岸以后，玉米才“陆续传播到美洲以外的世界各国，此后不久也辗转传到我国”。“由明代中叶到明代后期是开始发展时期。……清代前期，玉米进一步发展，全国各省州县多已种植”。（陈树平：《玉米和番薯在中国传播情况研究》，《中国社会科学》1980年第3期）但是，随着人们对这一问题探索的逐步深入，特别是对我国史书中有关慧深的记载和古代墨西哥历史的比较研究，以及我国西南少数民族考古挖掘中的一系列新发现，使我们开始认识到：“首先发现美洲”的并不是哥伦布，玉米也并非什么哥伦布“发现新大陆”之后才传入中国的，更不是明代中叶和后期才开始“发展”的。中国是世界上最早种植玉米的国家之一。可能从上古的“禅让”时期开始，中国的巴蜀、荆楚和西北的一些地区就

① 本文由王家祐、史岩合著。

已经有人开始种植玉米了。到慧深和尚到美洲去的时候，中国种植玉米已经有几千年的历史了。

下面，谈谈我们的看法，以期引起进一步的研究。

二、《梁书》中的扶桑和古代墨西哥的玉米

《梁书·诸夷传》（卷五四，列传四十八）中有这样一段记载：

扶桑国者，齐永元元年（89），其国有沙门慧深来至荆州，说云："扶桑在大汉国东二万余里，地在中国之东，其土多扶桑木，故以为名。"扶桑叶似桐，而初生如笋。国人食之，实如梨而赤，绩其皮为布以为衣，亦以为绵。作板屋，无城郭。有文字，以扶桑皮为纸。无兵甲，不攻战。其国法，有南北狱。若犯轻者入南狱，重罪者入北狱。有赦则赦南狱，不赦北狱。在北狱者，男女相配，生男八岁为奴，生女九岁为婢。犯罪之身，至死不出。贵人有罪，国乃大会，坐罪人于坑，对之宴饮，分诀若死别焉。以灰绕之，其一重则一身屏退，二重则及子孙，三重则及七世。名国王为乙祁；贵人第一者为大对卢，第二者为小对卢，第三者为纳咄沙。国王行有鼓角导从。其衣色随年改易，甲乙年青，丙丁年赤，戊己年黄，庚辛年白，壬癸年黑。有牛角甚长，以角载物，至胜二十斛。车有马车、牛车、鹿车。国人养鹿，如中国畜牛，以乳为酪。有桑梨，经年不坏。多蒲桃。其地无铁有铜，不贵金银。市无租估。其婚姻，婿往女家门外作屋，晨夕洒扫，经年而女不悦，即驱之，相悦乃成婚。婚礼大抵与中国同。亲丧，七日不食；祖父母丧，五日不食；兄弟伯叔姑姊妹，三日不食。设灵为神像，朝夕拜奠，不制缞绖。嗣王立，三年不视国事。其俗旧无佛法，宋大明二年，罽宾国尝有比丘五人游行至其国，流通佛法、

经像，教令出家，风俗遂改。

关于扶桑国的这段记载不长，还不到六百字，但这是我国正史材料中关于扶桑国的唯一来源，记载也颇具特色。它与《梁书》中对其他国家的记述体例很不相同。它不是史家的直接记述，而是从头到尾引用慧深的话，是间接记述。这里，我们不禁要问:《梁书》对扶桑国的记载，为什么采用这种异于史书其他记载的记述体例呢？推其原因，如《梁书》中所述:“扶桑国，在昔未闻也。”慧深所述，只是他一人之所见，很难为当时已经进入封建时代的中国人所理解。但慧深不是一般人，而是在当时很有影响、道德高尚的一代高僧，所言当不会虚（慧皎《高僧传》，转引自邓拓《燕山夜话》之《由慧深的国籍说起》）。史官一方面认为慧深“其言元本尤悉”（《梁书》卷五四，列传四十八），是可信的，一方面又是闻所未闻，因而采用这种特殊的体例记录了这段“在昔未闻”的见闻，存疑待证，供后世人去探求和思考。这表现了中国古代史官严肃认真的态度。

最初，这段记载也许并没有引起人们的特别注意和重视。但是，在1492年哥伦布“发现”美洲之后，东西两半球的大陆才真正联系起来，人们的视野开阔了，地理概念也发生了显著的飞跃。特别是随着美洲考古学的发展和大量文物的出土，美洲各国历史研究的发展和深入，一些学者、历史学家才把慧深之“言”和古代墨西哥社会联系起来，确认《梁书》中的扶桑国正是古代的墨西哥；慧深是一个中国人，他早于哥伦布一千年就登上了美洲大陆。1752年，法国汉学家德歧尼首先宣布了这一发现。接着，1761年，法国汉学家杰·德·吉根斯在《中国人航行到美洲海岸》一书中，进一步论证了中国人最先到达美洲和扶桑国即古代墨西哥之说。1872年威宁《无名的哥伦布》一书、1901年美国加利福尼亚大学教授弗雷尔等，都为此提供了进一步的证明。据1913年出版的《地学杂志》第37期上，有一则资料写道:“近来西方学

者创立一说，谓最初寻获美洲大陆者，实为我中国人。其说以美洲红印度人之语言、形体皆与中国人形体相似为证。……最近则有著名考古学家奈云，携人种学家数人，在墨西哥国越万滔地方，寻获泥制古像甚多，面貌确与华人无异。其衣饰亦为中国十数世纪之物。此外，又有泥造佛像数百，长约数尺，其塑法与中国近代之木雕神像相似，盖亦千余年前中国之技术也。……有此种种确据，乃可证明美洲大陆，实为中国人最先发现者。其发现之时期，距今约一千五百年之久。”（转引自邓拓《燕山夜话》之《由慧探的国籍说起》）我国著名学者、已故北京大学教授朱谦之先生也为此做出了贡献。他不仅旁征博引考证慧深是一个中国人，是慧深首先登上了美洲海岸，而且还为慧深和尚编了年谱。

当然，也有另外一些学者对这种看法持有异议。因此，两百多年来，中国和法、德、英、意、俄、美、荷、印度、日等许多国家的专家学者纷纷就此问题进行了长期而热烈的讨论，发表了不少文章和专著。但是，至今仍是众说纷纭，莫衷一是。有人甚至说，《梁书》中的有关记载，提出了一个“百索不解的历史之谜”。

我们认为，探索这一“历史之谜”，当然要认真研究《梁书》为我们提供的扶桑国的地理位置、物产、风俗、社会制度等，并同古代墨西哥的社会状况和有关各个方面进行比较。同时，也不要忽略结合其社会经济状况和古代文化的特点，考察其国名和国名的得来，即为什么称为扶桑国。要知道，古代的一些国家的国名往往是由于其地理特点或主要物产而得名的。因此，研究扶桑国的国名及其得名的由来，并不一定是没有意义的。相反，却可能是打开历史迷宫大门的一把钥匙。

过去，世界各国的专家学者们，对扶桑究竟为何物的看法，是大相径庭的。主张扶桑国为日本国的人认为，扶桑很可能是中国出产的一种楮树，亦称楮桑。主张扶桑国为古代墨西哥的人则存在着两种意见：一种意见认为，扶桑就是龙舌兰；另一种意见则认为，扶桑为美洲印第安古代文明的基础——玉米，这种玉米同今天的玉米有所不同：红色颗粒，圆锥形，有三寸多长（宗然《扶桑之谜》，《外国史知识》1981年第8期）。

我们认为，第三种看法与《梁书·诸夷传》的有关记载应该是吻合的。

比较研究，往往是寻求真理的起点。如果单纯从《梁书》的字面上去揣摩、推测，或者离开《梁书》的要点去论述和考证，就往往只能得出似是而非的结论。而正确的方法是，根据《梁书》为我们指出的方向和提供的线索，抓住"扶桑"这个关键性的问题同古代墨西哥的历史进行比较研究。《梁书·诸夷传》为我们提供了两个重要线索：一、扶桑的大小、形状和颜色。二、扶桑在扶桑国的社会经济中起着重要的作用，是扶桑国的主要作物，为广大人民提供衣食之源。正因为扶桑在扶桑国的广泛种植和在该国文化、经济上所居的重要地位，扶桑国"故以为名"。我们可以就这两个基本线索，同古代日本、古代墨西哥的情况进行比较和研究。

我们知道，楮桑并非古代日本人民的衣食之源，日本也并没有因其土多植楮桑而"故以为名"。日本古称"倭国"，从《山海经》到《梁书》《南史》等都一概称日本为"倭国"。在《梁书》《南史》的《东夷传》中，"倭国"与扶桑国都分开立传。所以，扶桑就是"楮桑"，扶桑国就是古代日本的说法，是很难成立的。古代墨西哥文明的基础，也并非是"龙舌兰"，更没有因其地多植龙舌兰而"故以为名"。古代墨西哥文明的基础是玉米，这已经是为世界各国的学者专家所一致公认的看法，并为越来越多的出土文物所证实。根据墨西哥国家博物馆考古挖掘出来的7000年前的玉米穗轴化石和石制磨盘，表明在公元前5000年左右，墨西哥古代印第安人就已种植和食用玉米了。"在墨西哥印第安人的语言中，玉米最早的名字叫'印第安谷'。每年祭玉米神（阿兹蒂克族的玉米神叫特拉洛克），都要举行隆重的仪式，把新收获的最艳丽美观、硕大饱满的玉米果穗作为主要祭品，雄穗、花丝则作为神像的装饰品。玉米籽粒有红色、白色、黄色、蓝色、紫色等。蓝紫色玉米品种专门用来作为食品和衣物的染色剂。在甘蔗还未引入墨西哥之前，墨西哥人民就已经用酿造品种的玉米茎秆来制造糖浆和酿酒了。”“墨西哥印第安人从野生植物中选择和培育了果穗硕大、淀粉含量高的玉米，这是印第安古代文化中一支璀璨绚丽的花朵。墨西哥人也常常骄傲地把自己的祖国称为‘玉米的故乡’。……在墨西哥南端的尤卡坦半岛上，产生过光辉灿烂的‘玛雅文化’。从尤卡坦出土的文物证明，印第安人的生存和发展是同种植玉米息息相关的。所以，人们又把‘玛雅文化’称之为‘玉米文化’。玉米的培育奠定了印第安文化的基础。”“古代印第安人最初种植的玉米，果穗很小，穗轴只有2.4厘米长；在长期的人工选择下，玉米果穗迅速增加至5.5厘米，在距今1500年前，玉米果穗已增大至13厘米了。就是说，在六千多年间，玉米果穗逐渐增长了5.4倍。”（以上均见佟屏亚《墨西哥人民对培育玉米的贡献》,《地理知识》1979年第1期）玉米的“这些棒子大约三英寸长（合7.62厘米，2.286寸），后面很粗，越往前越细，是圆锥形，而不是圆筒形。这些棒子的大小和形状都像梨。”（张志《慧深和扶桑问题》,《世界历史》1979年第3期）

下面，将《梁书》中的有关记载同墨西哥古代历史和玉米种植史的有关资料试做比较：

《梁书·诸夷传》	墨西哥古代历史和玉米种植的有关资料
其土多扶桑木，故以为名。 扶桑……国人食之……绩其皮为布以为衣，亦以为绵。	墨西哥人也常常骄傲地把自已的祖国称为“玉米的故乡”。……印第安人的生存和发展是与种植玉米息息相关的。所以，人们又把“玛雅文化”称之为“玉米文化”。 公元前5000年左右，墨西哥古代印第安人就已种植和食用玉米了。蓝紫色玉米品种专门用来作为食品和衣物的染色剂。

（续表）

《梁书·诸夷传》	墨西哥古代历史和玉米种植的有关资料
扶桑"实如梨而赤"	玉米籽粒有红色……玉米的这些棒子大约三英寸长，后面很粗，越往前越细，是圆锥形，而不是圆筒形。这些棒子的大小和形状都像梨。

从上面的比较可以看出:《梁书·诸夷传》关于扶桑国和扶桑的记载，同当代对于墨西哥古代历史和玉米种植史的研究和资料何其相似。这只是一种偶然的巧合吗？非也！这正说明：慧深登上美洲海岸早哥伦布一千年，这并非虚构，而是实有其事;《梁书·诸夷传》的记载是真实和可信的。同时也说明:《梁书》中的扶桑国，就是古代墨西哥;《梁书》中的扶桑，就是玉米。这还意味着：早在慧深和尚漂洋过海到扶桑国之前，在中国的一些地区的土地上，就已经开始种植扶桑——玉米了。

可能有人会问：慧深为什么把玉米称为"扶桑"呢？道理很简单：因为"扶桑"是玉米在中国古代的名称。

三、中国古籍中关于扶桑的记载和古代石刻里的扶桑图像

"扶桑"一词，在中国古籍中很早就出现了。最先出现在写于西周前期的"奇书"《山海经》(蒙文通《略论〈山海经〉的写作时代及其产生地域》)：

> 下有汤谷。汤谷上有扶桑，十日所浴，在黑齿北。(《山海经·海外东经》)

扶桑又称扶木。

汤谷上有扶木。一日方至，一日方出，皆载于乌。(《山海经·大荒东经》)(东晋)郭璞注:“扶木，扶桑也。”

也见于其他各书和诗文:

姜嫄游闷宫，其地扶桑，履大人迹而生稷。(《春秋元命苞》)
登于扶桑，爰始将行。(《淮南子·天文篇》)
饮余马于咸池兮，总余辔乎扶桑。(《楚辞·离骚》)
……

但是，上述各书和其他一些书中所说的“扶桑”，是否就是玉米呢？我们的回答是肯定的。这一点，可以从一些文物特别是巴蜀文物雕画中得到证实。这些文物中雕刻的扶桑图像，正是玉米的形象。

《成都万佛寺石刻艺术》(中国艺术出版社1958年版)中的第二图《释伽立象龛背面的经变故事》右上角图像Ⅲ是“神仙与扶桑树”。图下题记:“梁普通四年二月八日，弟子康胜发心敬造释迦文(佛)石像一躯……”梁普通四年相当于公元523年，已经是慧深回国以后的事情了。这面图上的扶桑图像，正是玉米的形象。《成都万佛寺石刻艺术》中的第五图、第六图背面、第二十九图、第三十图和第三十一图等图像上的“扶桑树”，同样都是雕刻的玉米形象。这些雕刻中的“扶桑”，线条清晰，形象逼真。如果不是附在表面上的神奇怪诞的色彩和宗教的锁链，玉米就“呼之欲出”了。特别是第十九图中的持瓶观音像(无首)，其璎珞装饰和分珞于大腿部位的饰物雕刻，分明是玉米穗的形状。可惜的是，这种雕刻没有涂上颜色。如果，逼真的形象再调以颜色，那就更惟妙惟肖了。看到这里，我们不禁想到，古代墨西哥人民用玉米的果实和玉米穗来装饰他们的民族神，而古代巴蜀人民同样用艳丽的玉米穗来美化他们心目中的“大慈大悲”的化身——“救苦救难”的观世音菩萨，把扶桑——玉米的果实奉献给“她”，感谢其把扶桑——玉米赐给人间。在这一点上，古代中国人民和古代墨西哥人民是共同的。“天上”扶桑，人间玉米。“天上”的扶桑图像的原形，就是人世间的玉米。

这种实际上是玉米的形象的扶桑图像或图案，在我国一些地方都有发现：

一九六九年十一月，在河南济源县轵成公社泗涧沟村四南，发现了一株陶树……定为古代传说中的扶桑，《淮南子》虽把这故事定在唐尧时代……实际上这个传说可能产生于殷代。（郭沫若《出土文物二三事》，《文物》1972年第3期）

桃都树是从扶桑树演化出来的。……（其）盘蜿而下屈的形状，在湖南长沙马王堆汉初轪侯妃殉葬“非衣”帛画中的扶桑树上可以看出。（郭沫若《桃都、女娲、加陵》，《文物》1973年第1期）

上述扶桑图像或由扶桑演化而成的桃都树图像，虽然图案化了，但仍然可以看出是玉米形象的变形成“神化”。

马克思主义认为，存在决定意识。作为观念形态的宗教艺术，同样是“一定的社会生活在人类头脑中的反映的产物”。当然，这种反映采用了宗教的形式，披上了“神圣”的外衣，但是，尽管如此，它仍然是来源于人世间的现实生活，来源于人们日常食用的粮食作物扶桑——玉米。试想：如果没有玉米的培育和种植，如果不是玉米为人们所食用和目睹，人们视玉为“天赐”，那么，玉米在古代艺术中能够得到这样许多的表说和反映，就是不可理解的了。

综上所述，我们完全可以确认，中国古籍中的扶桑，石刻中的扶桑图像和《梁书·诸夷传》中的扶桑，都是同一种粮食作物——玉米。扶桑是玉米在中国古代的名称。据记载奇书《山海经》古有图，但在长期的流传过程中，只留下文字了。在南北朝时期，这些图尚保存完整。《山海经》为当时僧人、道者的必读之书。慧深是一代高僧，当然是读

过《山海经》看到过扶桑图像的，可能也见过并吃过扶桑——玉米。则墨西哥国之后，他看到遍地的扶桑——玉米，当然仍旧还是按照家乡的习惯，称之为扶桑之国了。

需要说明的是，从唐代开始，“扶桑”一词进入诗文之后，词义有了改变。诗人王维、徐凝等把扶桑代指日本。后来，一些人就误把扶桑当作日本的代称，以致失去了其本来的意义并延续至今。“扶桑”的词义发生变化，古今词义不同，这并不奇怪。汉语中的不少字、词，在漫长的历史发展过程中都发生过这样或那样的变化。今天，我们也并不是要求大家重把玉米叫扶桑，毫无此意。只是为了研究我国种植玉米的历史，而为“扶桑”一词“正名”，探讨它本来的意义。

四、中国种植玉米，可能开始于“禅让”时期

慧深和尚见过和知道扶桑，说明在他去美洲之前的公元5世纪中叶，也就是南北朝时期的刘宋，中国一些地区就已经种植玉米了。根据能够接触到的文献和考古材料，我们认为，中国开始种植玉米的时间，还要早得多。很可能在“禅让”时期，我们一些地区的先民就已经开始种植和食用玉米了。

“扶桑”一词，最早见于《山海经》。据蒙文通先生考证：“……《山海经》保存了很多上古时代的文化遗产。我们在前面曾推断《大荒经》部分的写作年代大约在西周前期，但它所记载的文化遗产，则当是更古更早的东西。”（蒙文通：《略论〈山海经〉的写作年代及其产生的区域》）根据这一考证，可以断言：早在西周前期，甚至“更古更早”，人们就已经知道扶桑——玉米了。

《春秋元命苞》等书中记载的关于周人始祖稷（又称弃）诞生的传说，不仅进一步说明了上述观点，而且把中国开始种植玉米的时间，向前推移到“禅让”时期。“姜嫄游閟宫，其地扶桑，履大人迹生稷。”

（《春秋元命苞》）稷是周人建立邦国的始祖。传说他是中国最早开始种稷和麦的人，并曾在“禅让”时代做农官。稷还继承和发展了历山氏以来种植“百谷百蔬”的经验，配合大禹治水，对发展农业生产做出了卓越的贡献，“因此尊他为农神，号称‘后稷’。”（范文澜《中国通史简编（修订本）》第一册126页）大禹治水和稷种五谷的时期，正是中国上古时代大力垦殖土地，农业生产迅速发展，社会生产力有了显著提高的时期。就是在这一时期，经过我国古代劳动人民选育培植，很多野生植物成为农作物，品种不断增加。可能就是在这一时期，我们的先民开始种植玉米了。

夏王朝后来建国于河南省，而夏部落的起源地当在岷山山区。夏王朝的建立者夏禹“本汶山郡广柔县人，生于石纽，其地名痢儿畔。禹母吞珠孕禹，坼副而生于县”（《蜀王本纪》）。并且，“禹娶于涂山，今江州涂山是也，帝禹之庙名存焉”（《华阳国志》卷一）。据顾颉刚先生考证：“汉晋的江州县即今四川江北县，涂山在今重庆的对岸。”（顾颉刚《古代巴蜀与中原关系说及其批判》）原来，禹是生于蜀而娶于巴的，本人为蜀人，更为巴人。他的一生有不少重要活动是在巴蜀进行的。“禹兴于西羌。”（《史记》卷十五）夏部落正是据岷山山区以为“根据地”，逐渐强大起来，并进入中原地区建立国家的。根据现有的材料推断，夏部落在雄踞岷山高原之时，逐鹿中原之前，玉米很可能是其重要粮食作物之一。夏部落在进入中原之后，这种情况可能才有所改变。

肖兵在《马王堆帛画与〈楚辞〉》一文中说：“帛画上是九个太阳，而《楚辞》里有九阳之说。《吕氏春秋・慎行论》：‘禹南至九阳之山。’帛画中还有荆藤状枝叶环绕于九阳和日御的神龙之间，那可能就是太阳神树的‘若木’或‘扶桑’了。”（见《考古》1979年第2期）肖兵之文对认识玉米的起源问题也是不无价值的。文章引用的资料虽然取材于传说，但却从另一个方面，反映了夏部落和玉米的关系。

不仅如此，在四川茂汶汉魏时期的板岩葬石墓的考古挖掘中，人们

在清理墓主人的遗物时，经常可以发现玉米棒子。这说明早在汉魏时期，在中国古代西南的一些民族中，用玉米作为一种殉葬品随葬，已成为一种习俗（直至1949年前后，在一些少数民族中，仍旧有用玉米随葬的）。而这种习俗很可能就是最早起于岷山山区的夏部落遗留下来的。

但是，由于夏代的文物考古工作，目前还处于探索中。夏代社会的很多东西，尚不能得到直接材料的证明。玉米的问题也是这样。现在，我们还不能用更多的考古材料来证明我们的观点。但是，我们相信，随着夏代文物考古工作的发展和突破，随着更多的地下文物的出土，这个问题是会最终得到解决的。而随着这个问题的解决，发现美洲的时间亦将再向前推进。最近，美国科学家通过对《山海经》的研究，认为："中国人可能在四千五百年以前就对北美大陆进行过广泛的科学考察，并（在《山海经》里）做了详尽的描述。"（《4000年前的灿烂文明》，《科学画报》1980年第8期）我们希望有更多的中、外学者和历史学家共同来研究这一问题。

（原载《社会科学研究》1982年第3期）

柳本尊与密教

一、安岳县文献资料中的柳本尊

唐玄宗时西域文化盛行于长安，至今西安出土唐俑多见胡人及胡装。世传“霓裳羽衣曲”名虽似道教之称，实亦印度古曲变体。乌茶国人善无畏住长安译印度古典，对印度婆罗门再兴后之“佛教”密宗大力宣扬。西域僧人金刚智、不空相继来华，与善无畏并称为“开元三大士”。此三僧人所传之密教，实为宣称“佛法”的印度古婆罗门教之新派，为别于日本僧空海（得法于不空）所传“东密”，后来称之为“华密”（还有“藏密”），经三大士传于第四代惠果（745—805）。又经三十年出现了第五代柳本尊（844—907，据胡昭曦同志《大足宝顶山石刻浅论》考订）。柳本尊后又二百五十二年有第六代赵智凤（1159—1249）。（关于密教世代，柳、赵为第六代与第七代还有异说，待考。）

道光二十一年《安岳县志》卷七《寺观》：“毗卢寺在治东八十里。《宋史·方技传》：柳本尊（原文作“增”）置宝顶（原文作“鼎”）于上。”（此当指柳本尊创刻《十炼图》。）

《乾隆二十六年装毗卢佛身碑记》：“爰考毗卢于邑乘，系唐朝柳本尊创始也。”

《万历三十九年（紫竹）观音殿新竖万年灯记》：“阅自唐代，有西人柳本尊者为诸众生开示觉悟梯航。”

《万历丙戌二月（华严洞）妆功德记》：“夫古洞华严乃周昭遗迹。全堂（佛菩萨）金相是柳、赵刊形。”柳指柳本尊；赵既可指赵智凤，亦可指广汉赵太守。

柳本尊的生卒年代大约是844到907年。但从现存《柳本尊传》（嘉州杨氏子释祖觉作，已残缺），及《十炼》题刻文字，看不出他本人到安岳县传教的记载。也许安岳县诸造像遗迹，是他亲信弟子们所作？当然也可能他本人亲自去过一段时间而记载有失。

《十炼》第一（炼指）题记云：“光启二年（886）……感圣贤摄授道（法）语云：汝当西去，遇弥即住，遇汉即回，遂礼（雪山），却回归县。”接第二（立雪）：“光启二年十一月，挈家游峨眉，瞻礼普贤光相。时遇大雪弥漫，千山浩白。十三日，将身向胜峰顶大雪中，凝然端坐，以表释迦文佛雪山六年修行成道。感普贤菩萨现身证明。”此年所礼（雪山）是峨眉山。但今毗卢洞题刻原石上之“遂游礼雲”中是简化的“灵”字，而不是“雪”字。此“雲”字引起了另一种猜测：即灵山（一般又误认为云山）乃指后周隆龛县（隋开皇三年改崇龛县）之象王山。但此乃宋初因陈抟而建的“灵山观”，本名“古龛寺”。又误认作“云”山，而指为隋开皇十三年造像之大云山（小千佛寨的栖岩寺），更误写为“大雪山”（旧《通志》）。这是为争取名人胜迹的心理反映，是不足为凭的。柳本尊在安岳县的“灵山”（一般所指佛教圣迹“灵验”之山），直接崇祀他的“大般若洞”（箱盖山）、“毗卢洞”（石羊）、“茗山寺”（“高岩老祖”龛）三处，都可称之为柳本尊灵迹。但“灵山观”与“大云山”两处皆隋唐造像名迹，大云山三头六臂明王显然是密教神像，玄应所传本有密咒，说柳本尊密教内容及其造像与北系密教有渊源承继关系还是可以成立的。

二、柳本尊《十炼图》的内容与人物

安岳（石羊）毗卢洞与大足（宝顶）大佛湾都有柳本尊《十炼图》，这是关系我国密教历史的关键史料。立体图像加上具体的文字说明（碑文题刻），留给历史、艺术、宗教等社会科学以最佳的珍贵记录。

安岳与大足两县相邻，两处柳本尊十炼造像基本相同，只是排列略异。《十炼图》每炼都刻有文字题记，记述了各炼的时间、证人，及有关事迹。今存残断的宋代祖觉和尚所写《柳居士传》大约即据十炼题刻编辑而成。安岳题记位置较低，全文可读。大足题记在高岩上，难于看认（仅大足文物保管所有抄本）。据照片可见（不清楚）的大足第八、第十两炼文（断臂与炼膝）看来，两处题文是全同的。主作誓证的佛、菩萨中，有四炼不同：第八断臂，在安岳仅见阿弥陀佛；在大足有两佛作证。第十炼膝，在安岳未设证人；在大足有一菩萨作证。第一炼指，在安岳看不到作证者；在大足有一佛一菩萨作证。第九炼阴，安岳的看不见作证者，大足的却有一执如意菩萨作证。（以上明知有问题，无图像核实。）

关键在于正中供养主尊的不同，侍奉人物或本传有关人物的差别。在安岳是以毗卢舍那佛为中心，两旁为（左）净饭王与（右）王后摩耶夫人。在大足直接以柳本尊居士像为中心，当然也就没有了净饭王夫妇。传记或侍从弟子有关人物，安岳共13人，大足为17人。宝顶多出四个女尼，一合十童子，三个老、中、青三代一家侍者；安岳多出两“神吏”，一“广汉太守赵某”，一老文官。相差四人。

侍从或传记人物的比较探索

宝顶山从左（东）至右列序	毗卢洞从左至右列序	注释或传记备考
1.男吏接眼？ 2.男吏下书？ 3.女尼执莲花（尼仁辩） 4.女尼捧盘供（师途中女子） 5.执刀武吏将 6.捧笏文官（甲） 7.丘氏女侍（甲）捧方案置手 柳居士像两肩后坐两菩萨 8.丘氏女侍（乙）捧方案置耳 9.捧笏文官（乙） 10.执剑武吏将 11.大光明王割头布施 12.童子双手合十（第三代尼孙法兴之媳？） 13.女尼捧盘供（师卢氏尼） 14.女尼托瓶（尼小师弓通） 15.中年男托书 16.老年人（螺髻？） 17.少年戴软翅巾	1.虎盔神将持剑 2.神吏（直发卷曲胡） 3.男吏接眼 4.男吏下书（背令旗） 5.持杯放眼 文官汉州刺史赵 × 6.捧笏文官（甲） 7.丘氏女捧案置手 毗卢佛两肩后立净饭王夫妇 8.丘氏女捧案置耳 9.老文官 10.捧笏文官（乙） 11.大光明王舍头布施 12.神吏 13.甲胄神将（柱斧）	1.（虎盔、曲卷胡或与巴獠人有关？） 2.即广汉刺吏所差人？（弥濛镇） 3.第一代圣寿院主女尼 4.本传“途中遇女子同归” 6.当即上奏蜀王之厢吏谢洪 7.丘氏得活以二女为侍 9.当即上奏蜀王之本界×腾 10.此老文官当即收养之嘉州都吏 11.两地皆有此王见“炼顶”题 12.殆即张岷之女张希照？ 13.成都玉津坊女子卢氏舍宅建坛 14.第二代尼弓通或即张氏女？ 15.作记“草泽张讷” 16.作跋“安养居士眉山张岷” 17.作书“男（张）济” （张岷有女张希照为弥濛镇圣寿院第三代孙的媳妇）

以上仅仅是一种推测、试探。宝顶人物中多出了两组人物、四个女尼（加上合十童子或童女是多五个女尼）、三个老中青市民。显然这

是宋代（柳死后）的人物。宝顶十七人恰巧与宝11号《佛涅槃图》弟子十七人的数字安排同（《涅槃图》中还有亲属），若考虑此十七人皆当是“弟子”，则柳氏临终传法人杨直京、袁承贵、汉州守赵某、成都玉津坊女子卢氏、丘某夫妇（子及子妇？据大般若洞造像似有子？）及丘氏二女、武阳途中所遇女子、蜀王所属厢吏谢洪与本界官×腾，皆应有列像（六男、五女）。由于传记缺蚀，很难准确考订。

（《十炼》的题记与《唐柳居士传》残文所见柳本尊事略。）（无书查核，粗疏。）

《柳居士传碑》正文：“熙宁元年……赐圣寿院为额（此指弥濛镇柳氏坛）。成都持瑜伽教贾文确（董）其事，命草泽张讷为之记。十年春……冯翊王直清……为作传。”（传当作于熙宁十年，即公元1077年）又云：“绍兴庚申端午安养居士眉山张岷谨跋，男济书。”（跋应作于绍兴十年，即公元1140年）又云：“……九日，右奉议郎、前主管台州崇道观、赐绯鱼袋王直清立石。院主尼仁辩、小师弓通、师孙法兴、法×、师息希照（张岷之女，“媳”？）。”（前面年号蚀缺，似立于宋绍兴年间，可能即公元1140年？）此碑本立在汉州弥濛圣寿院，宋时此院已为比丘尼主持，而张岷之女张希照即出家于此，为第三代。“师息”解作媳不妥？既是女尼，当是息孙之意？今大足宝顶小佛湾的《唐柳居士传》是“眉山赵圣户□□□，释祖觉重修，右承奉郎前知叙州宣化县王秉题额”。当是南宋时重修重立于大足。兹列表如下页，录大事于表左，题刻于表右：

《唐柳居士碑》摘要（《金石苑》残文）	《十炼》题刻文摘要（安岳毗卢洞）
“柳本尊名居直。”原不姓柳，儿时为“邑都吏收养……（养）父殁（乃）以柳为氏。”	（炼心，940年）“本尊是大中九年（855）？六月十四日于嘉州龙游县玉津镇天池坝，显法身出世间。”
“嘉州城北有柳生瘿，久之乃出婴儿。”	（《明碑》）“柳破其瘿而婴儿出，州之都吏收鞠为子。”

《唐柳居士碑》摘要（《金石苑》残文）	《十炼》题刻文摘要（安岳毗卢洞）
“专持大轮五部咒。盖瑜伽经中略出念诵仪也，诵数年而功成。……空中语曰：汝愿力广大，此地非汝所居。当西去，遇汉即回，逢弥即止。”于是挈其属离开嘉州，途中收袁承贵为弟子，同游峨眉。遇异人告之（曰）：“居士不须居此山。今成都多厉鬼，盍往除之。”遂领众至成都。 （按：自公元886年至939年，五十三年中，事迹不详。）	（炼指，886年）“感圣贤摄授道（法）语云：‘汝当西去遇弥即住，遇汉即回。’遂礼雪山，却回归县。”
“时王建帅蜀而妖鬼□□。正月十五日持咒禁止之。……蜀人德之，从其化而益□□，门人之列者无虑数十人。”应杨直京之请往汉州，即回弥濛住持。（杨直京为临终付托人似即柳（生瘿）居直（清凉圣人）本姓家下辈。）	（立雪，886年）“挈家游峨眉瞻礼普贤光相……以表释迦文佛雪山六年修行成道。” 若于安岳等处兴教，是有可能。
“广汉太守赵公遣使请目睛，欲试可，居士知之……至州……天复三年七月三日也。四年春（赵×）舍宅奉居士为四众庙院……居士遣其徒住持，还归弥濛。赵复为营广所居，道俗还来。其化金堂……金水□□。成都玉津坊女子卢氏舍宅建道场以奉香火。会嘉州四郎子神作祟，疫死甚众。居士割左耳立盟以除之。八月五日结坛玉京坊挥刀……蜀王叹异，遣使慰劳。”	（十炼膝）“（蜀王问曰）：‘卿修何道自号本尊。’对曰：‘予精修日炼，誓求无漏。专持大轮五部秘咒救度众生。’天复六年正月十八日……烧炼两膝……”
“马头巷有丘绍者，病已死三日，心尚温，其妻请居士至其……二女……给侍居士……咒少选复苏。……焚以示绝欲……蜀王益善即召入问曰……供养三日……四方道俗来……其法者益众。”	（四剜眼）“一日汉州刺史赵君差人来请眼睛……本尊先已知有人至，将戒刀便剜付与。赵君观而惊叹：真善知识也。投身忏悔。时天复四年七月三日也。”

续表

《唐柳居士碑》摘要（《金石苑》残文）	《十炼》题刻文摘要（安岳毗卢洞）
“七年七月十四日中夜呼杨直京……蜀王大悦（敕）封银青光禄大夫检校……成都持瑜伽教……”	（八断臂）“天复五年在成都玉津坊道场内，截下一支左臂。……本界厢吏谢洪具表奏闻。蜀王叹异，遣使褒奖。”（九炼阴）“天复五年闰十二月十五日。马头巷丘绍得病，身死三日，皈依本尊求救。……以香水洒之，丘绍立苏。于是丘绍夫妇，二女俱来侍奉以报恩德。……本尊葛布裹阴，终一昼夜烧炼以示绝欲……本界腾奏，蜀王叹服。”
“金刚智传不空，不空传（一行），一行禅师称瑜伽……”（传文脱蚀如此）	（五割耳）“天复七年七月十四日，夜呼紫授金章（杨直京）曰吾今去矣，汝当久住共持大教……归于涅槃。圣寿八十有四。”

以上粗疏列比，仅为搭一初架，考校无功而不能为定。此段改写必需：A.考订生卒。B.考订年月。C.细搜人物与史事。D.分析《十炼》题记排列与事类记载。E.详研此密教传承系统。此文仅为编辑粗疏之框架而已。

（安岳毗卢洞《十炼图》似早于大足宝顶。）（毗为柳氏造；宝为赵氏仿造。）

（1）中心神像（毗）毗卢遮那佛（顶上化出柳本尊）与释迦牟尼双亲；（宝）柳本尊与两菩萨。显然柳氏造像以毗卢为本尊，赵智凤翻造《十炼图》直接以柳氏为本尊。

（2）（毗）柳居士像全部无须；（宝）柳氏像皆加刻三股胡须。

（3）左右两捧笏文官（厢吏谢洪与本界×腾？）在（毗）青年像，在（宝）老年像。

（4）群侍从弟子像：（毗）尚未定型；（宝）已仿（宝11龛释迦涅槃图）定型为十七弟子。（宝）群弟子中女尼有六（或七）个占三分之一

强，反映了巴人尊母的习惯，与密教崇阴的传承。赵智凤出于巴獠族系？天水赵氏与阆中大姓赵氏或有关？

（5）每一炼的作证人（佛、菩萨、圣神、明王）：（宝）配备全；（毗）较具雏型。柳本尊身后，（宝）多出两菩萨，似在象征柳、赵两人成就（文殊、普贤）；（毗）则少此。

（6）（毗）顶岩上仅造五方五佛；（宝）两侧另增加了四大菩萨。

（7）（毗）尚无“十大明王”；（宝）加造“十大明王”于柳本尊主像之下。

（8）（毗）窟顶刻题：（中三大字）“毗卢庵”，两侧联云：“虚空法界遍包含；只是毗卢一座庵。”窟额五佛左右：（中序柳氏出身简历）“本尊教主始自嘉州城北有柳生瘿，久而乃出婴儿，邑都史收养，父没继其职以柳为氏。……有大菩萨名金刚藏，了悟本尊无为妙理，修菩萨行已过十地……因名本尊教主为号也。”（宝）则仅题以敕赐封号：“唐、瑜伽部主、总持王。”

（9）《安岳县志》卷七《寺观》：“毗卢寺在治东八十里。”宋《方技传》：“柳本增（尊）置宝顶于其上。”又《水井殿碑记》：“厥山龙归，厥寺毗卢。爰考邑乘，创自宋初。”又《观音殿新竖万年灯记碑》：“阅自唐代，有西人柳本尊者，为诸众生开示觉悟梯航，勒大士像于毗卢山之右。”皆见（毗）作于唐末宋初，早于宝顶。

（10）“大光明王舍头像”两处完全相同。说明了（宝）是据唐、宋初造像翻刻（仿制），而且宝顶是仿制前期造像的精华选编（统一规划）。这就说明了大足宝顶造像为什么具有造型艺术的唐代风格，也容易使人们对大佛湾群像具有唐代雕造风格的印象并产生猜疑。宝顶造像是唐代造像的续编。

（柳本尊披式卷曲发像）在宝顶，人们大都以卷曲发像为赵智凤。胡昭曦教授指出：宝顶小佛湾“经目塔”上，第一层正面圆龛中卷发人像，可能就是柳本尊。这一看法（卷发是西人柳本尊），在安岳得到证实。并提出了柳、赵都作卷曲发，是佛教修行发式，还是同“族”

的“巴獠族”发式？柳本尊与赵智凤的卷发是“和尚”中值得注意的特殊风格。这种卷曲式披发，可能来自：A.印度土族荼罗维图族的佛教信徒，后来成为佛徒头式之一。B.来自巴賨（汉代的“青衣羌”“板楯蛮”），或巴賨后裔的普州巴獠。这一问题尚需考索。今将柳本尊披发资料列下：

毗卢洞正中毗卢佛顶上石塔中坐像是满头卷发的柳本尊。

毗卢洞第七炼（炼顶）的柳本尊。

毗卢洞顶岩上所刻“五方五佛”中，两外侧二佛是卷发（此证为印度发）。

华严洞正壁右角立和尚像（骑狮普贤侧），宝顶圆觉洞右为普贤与柳居士。

毗卢洞右侧水井殿（宝岩）正壁左坐佛（无左臂，是柳本尊像）是卷发。

小千佛寨24号宋“西方三圣”龛小供养人为满头卷发（此证是本区民族）。

毗卢洞“佛文普底”龛下及两侧壁有卷曲发人像数十，并题巴人姓氏。

按“巴郡、南郡蛮”有五姓：巴氏、樊氏、瞫氏、相氏、郑氏。“板楯蛮”有七姓：罗、朴、昝、鄂、度、夕、龚。另外又有大姓：廖、䓣、赵、向、冉等。今之佛文普庛列像题名有：①卷曲发如柳、赵式：母金倖、母金合、母金住、龚延辉、桑朝海、姜尚志、江氏妙善、谭氏妙缘……②唐代中分双髻式女发（此处佛弟子似皆女徒？此是巴人崇母或密教重明妃之反映待考？）：王氏妙真（及）男何怀、刘氏妙善、如瑞、如惠、龚氏妙善、于楼、于有芳、于得弟、后正贤、后正福、后正池、彭氏四、龙氏五、龚氏大姐、易氏妙性、廖自华、易悦泰、蒋氏、何氏幺姐、李氏二、周氏二、张子贝、杨一琴、姜朝琴（又一同名）、姜朝琴、后大姑、后寺芳、姜尚书、冉氏大、后奇芳、刘氏三、范国瑞、曾荣祥，这里为什么竟雕造了约五百供养人（僧俗四众），又多数

是女性，很值得推敲。

关于“巴獠”族姓问题，还有一条题记值得注意的是卧佛沟第82号龛题：“蒙彦进并罗氏敬银装修释迦牟尼（佛）。”蒙为岷山大姓，罗为巴姓，唐代川北蒙氏与盐边县庅些族自称“蒙人”（不是蒙古人），南昭王族蒙氏，或皆蜀山震蒙氏嫘祖之后欤？华严洞《重妆功德记》云：“夫古洞华严乃周昭遗迹。全堂□□□金相是柳、赵刊形。”华严洞普贤侧有柳相，相对文殊侧立一螺髻发人绝非赵智凤，疑此“夫子”或即广汉赵太守也（宝群弟子中最右第16人与此“夫子”同），唐玄秘法师为天水赵氏子；大足北山赵懿简公碑亦由陕西来，诸赵或本为北迁之巴氏耶。大般若洞宋题“赵印（字）存叔”亦可考之。此外明代道林寺蚕骨禅师无际本姓莫，亦似巴人后裔“土家族”族姓。圆觉洞有颜公辅题记，颜为楚人（巴族部分在楚）。康熙中又有楚人僧南翁住锡于安岳道林寺，又居于大足宝顶寺，两地佛教似有巴楚渊源。其他题名尚有待深入考辨。

（刻工题名）净慧岩：“……功德。绍兴二十一年仲春记。攻镌文仲璋、男文秀□镌二岩。”大足妙高山三教窟题名有：“东普攻镌文仲璋，侄文珆、文冲。天元甲子记。”前题绍兴二十一年辛未（1151），后题甲子为绍兴十四年（1144）。安岳与大足两县相邻，镌刻工文仲璋及其子侄皆同时名工。又大足佛安桥三教龛（12号）题：“东普攻镌处士文孟周记。”亦为文氏家族。

卧佛沟第17龛题记有：“潼川冯政镌，……绍兴初夏甲寅（1134）。”

（密教与显宗并存）从印度式“弄蛇”神看出唐代佛教密宗的传播：

大足宝顶大佛湾的创建时间大约是公元1179至1249年间（南宋淳熙六年到淳熙九年）。安岳圆觉洞则创于庆历年间（1041—1048）。《真相寺圆觉洞记》云：“庆历四年中秋日，玄士冯俊记。”（见《安岳县志》卷七第23页）则此处十二圆觉早于宝顶约一两百年，当是赵智凤取材蓝本。此处第20龛上层雕佛像三身。下层中立桃形火焰纹背光的“明王”（大黑天？），三头六臂明王前双手合于腹前，后四手分执剑叉等物，六臂皆缠绕黑蛇，为密教源于古印度之神像。安岳八庙乡卧佛后“八大明王”之第三位亦是持蛇缠臂。这两处“弄蛇之神”都应是唐代造像，也是大足明王像或护法神的蓝图。

在眉山县广济乡水库大队的大佛寺（“神仙洞”）岩刻造像中也有一尊“弄蛇怪神”，题记云：“敬造‘揭帝明王’神一身。僧令瑄自发心为当身平安，延年益寿造。永为供养。”并列的观音像侧亦有题记云：“敬造白衣观自在菩萨一身。僧令言为全家师主延年益寿造。明德元年八月十日镌。”这一“揭帝明王”是造于公元934年，是标准的后蜀造像。眉山大佛寺造像还有两大特色值得注意：A.下岩十余龛左侧的一个“经龛”（可以藏经书的小石室）与卧佛沟第53窟右外前壁上深约0.5米的“经龛”全同。第53窟左侧题记云：“……修装三身佛并‘经龛’洞一座。……广政二十二年。五音地理王彦昭。”这与同时代的藏经小屋一致。B.岩缝上“观音”与“罗汉”对面相同似由显入密？题记云：“明德三年敬造白衣观音菩萨一身。”此处造像应始于唐。

（原载《乐山市志资料》第三期，1983年；《大足石刻研究》附录，四川省社会科学院出版社1985年版；《宗教学研究》2001年第2期；《宗教》2001年第6期）

李八百与虎巴族

八别也，象分别相背之形。数之八，两两相偶背之，是别也。背出于北，北出于八。八之本意为分。殷代已借用为数目八九之八。久而不返，乃加刀作意符作分。(《说文解字集注》) 蜀人李八百（李八佰）的“八百”，旧时以“日行八百里”或“年岁八百岁”为解，是不正确的。比如秦时度唐公昉成仙的李八百，夏商时学道于金堂县三学山的李脱，三国时的李阿、李宽（皆蜀人），他们都有“八百”之称。李洞宾虎耳先生、李真两位蜀人也皆称“李八百”。此外还当言明的是：许多李八伯并非排行第八——这有如扬州八怪[①]、京戏八大拿[②]、“正而八经”（“作古正经”）等，其“八”皆指“多”数。至于“胡说八道”“仰八叉”等则绝非言数。而“八魁”实有九星，属室宿。“八番”“八百媳妇”，皆指多数——有如“无数八回”（“无数八到”）。不过“李八伯”亦非指“李多伯”，当作另解。

---

① 清乾隆间江苏扬州的画家，共14人：汪士慎、黄慎、金农、高翔、李鲜、郑燮、李方膺、罗聘、高凤翰、边寿民、杨法、闵贞、陈撰、李葂。

② 京戏黄天霸捉拿的多个绿林人物，共九人：霸王庄拿黄隆基，独虎营拿罗四虎，东昌府拿郝文僧，殷家堡拿殷洪，落马湖拿李佩，鄚州庙拿谢虎，里海坞拿郎如豹，淮安府拿蔡天化，八腊庙拿费德功。

"八"又音"巴"，对老成之尊称。《正字通》引《通雅》曰："八八，外国语称巴巴。"《唐书》德宗以李怀光（靺鞨人，本姓茹）外孙燕八八为后。今伊斯兰教以呼老成者为"八八"。"靺鞨"源出肃慎，即五代时之女真。茹姓又与"蠕蠕（芮芮）"有关，其出于东胡，归并于突厥。"茹罗"亦作"茄罗"，姓出西夏。"燕八八"之姓出自鲜卑。此处"外国语"当指东胡中之鲜卑。"鲜卑"亦写作"师比"，乃"西北利亚""徐西亚""斯基泰""塞种"之音译。但汉之"塞种"乃中亚之白种人，时空演变至鲜卑、东胡、吐谷浑，已为黄种或黄白混血种。盖种族不是经两千多年演变之民族，亦无所谓有纯种族。

《元史语解》：巴拜（八八），宝贝也。元宗室诸王多以此为名。唐时有仙人名陶八八，必非"八千子弟，八百罗汉，八百孤寒"数目之意，当是巴巴夷语。此夷语指西南夷中之塞种（斯基泰）语。"八"当是番、博、巴、濮、嶓（王小嶓即王小波，为青城夷獠）。古时"黄帝四面"有四岳之"伯"。《周礼》又有八伯，指八方之长官。李八伯可译为李家道之长官。李蚕伯，左思《吴都赋》：八蚕之丝（年熟八次）。李拨伯（拨云见青天，开明之意，开门见山之意），似指嶓（番，播冢山之民），白发，开明之意。索其语源似为巴蜀语。朱熹与刘子澄书"八字打开了"即开明之义。开明氏蜀国实鱼复鳖灵所建，是溯江而上的代杜宇蜀王的巴人蜀王。开明氏是虎族巴人（殷周兽面纹是虎面，即巴人所称之"梼杌"与"吞口"）。开明蜀国之巴族王姓出自"西王貘"，虎族，源自嶓冢山之颛顼。蜀开明王朝历11王，约350年（公元前678—前329年）。李浮丘伯（巴丘）以《相鹤经》授周灵王（公元前571—前515年）太子王子晋。李八伯之妹修道于金堂真多化，古名浮山化（浮即巴）。开明王之后改李姓者如李冰、李阿、李意期、李奉先、李修、李己、李耳等。似又与后来西凉李古人、李虎、李暠、李白，成汉之李特、李雄（贵人）同为蜀巴人系统。蜀人李宽在吴国传李家道。长期多地的"李弘"起义，也是李家道的宗教巴巫造反。摩尼教（明教，火袄教）早在公元4世纪已传入中国。西域胡天神当与太上

火山大丹有文化联系。西域总真人王远（方平）修道于“月氏”，亦当与印度中亚凤鸟（道教鸟母、斗母、西王母）有关。《人鸟山图》中正现一白虎，必当与昆仑斗母、天山祆教有关。昆仑山神仙的釐姓、狸姓、黎姓当与李耳同系于虎族。有神巫十人称号“女娲之阳”当即昆仑神树（扶桑，拒格之松）的十个太阳（九鸡一凤主一日之十时）。故知李巴伯为虎巴之族，其对婚之龙巴（蜀族）原居河源昆仑，龙（姬）虎（姜）皆统于凤（西王母）。

（原载《文史杂志》1998年第3期）

古代一娶二女婚俗起自蜀山

四川西部兼及青海、甘肃，古称为蜀。蜀字意为大眼、独眼人。蜀与民通，民亦刺眼于额上，故蜀山亦称岷山。岷又写作汶，犹“大禹”字“文命”。禹即禺，亦即蜀（独）蜀山即崇山、蒙山、钟山，取独（天柱）、崇高（嵩或音写为钟）、原始（鸿蒙）之意，实即5000年前的昆仑（崆峒、开明）、2000多年前的“须弥”（其山如柱以通天界）。昆仑神宫可能是中亚（巴比伦）、印度（塞种文化）、西王獏（母）神仙的原始传说。昆仑亦写作多种音译。“西王獏”所在实即川、青、甘交会江河初源的“俄洛”（黄河第一曲），即古之“三危”。邓少琴老师早已有论及[①]。在此横断山脉中民族（部邦）是很复杂的。

蜀山（独柱山、人间昆仑、昆仑下都）神仙特色有七：1. 此山原来的神仙与夏文化（良渚文化、河姆渡文化）有密切关系。2. 鸡雉神化的凤文化。至今敦煌地区与云南、周原尚有遗迹古风。3. 混合群神的万象神宫。诸神或巫皆用铜铸成（未见一具玉制人神像）。4. 玉制各种礼仪器物很精美。玉料取处蜀山，尚存约1米见方的玉料。早期器

① A.参见《〈山海经〉昆仑之丘应即青藏高原巴颜喀拉山》，《山海经新探》，四川省社会科学院出版社，1986年。B.参见《古代巴蜀与中原黄河流域彩陶南流的有关问题》，《中华文化论坛》1999年第2期。

物与良渚文化同，中晚期与商周同。5. 陶器中鸟柄勺与宜昌、二里头出土鸟柄勺同。“目”字见于二里头出土器物与战国巴式铜剑。6. 青城为“神仙都会”“昆仑下都”，“总制五岳”，有“西城总真（王方平）之天”①，即天师道二十四治之“鹄（白凤）鸣神山治”。7. 青城即大岷（面）山。其民有龙族与虎族皆统于凤族（西王母）。

以上简要浓缩地说明了蜀山即昆仑，提要式地总结了昆仑山、昆仑神宫、昆仑下都“青城山”（天国山）的神道特征。以下专谈一娶二女的蜀山婚俗。

一、洞庭湖南的湘君与湘夫人

对屈原《九歌》中的姊妹篇——《湘君》《湘夫人》，毛庆《诗祖涅槃——屈原和他的诗》指为“湘水情思”，说是男女的恋歌；屈原取材于湘沅民间传说，又不拘泥于原故事，其中融进了深刻的人生体验，注入了炽热的感情②。黄寿祺等亦以为是男女巫扮演相恋情思之诗歌③。

洞庭水神是一对姊妹神。《山海经·中山经》说：“洞庭之山，二女居之，是常游于江渊。”《湘夫人》：“帝子降兮北渚，目眇眇兮愁予。”此指帝尧二女，即舜的两个妻子娥皇、女英。《列女传》说：舜为天子，娥皇为后，女英为妃。舜陟方（巡视）死苍梧。二妃死于江湘之间，俗称为湘君。几个神合用一个称号，中外并不少见。娥皇与女英同嫁一个丈夫，同用一个神号。她们是作为群婚制中的姊妹集团出现在夏民族神话中的。《湘君》《湘夫人》二诗并不分别描写后与妃，只写她俩共夫。全诗分别用湘夫人和湘君口气写成，描述从寻夫到失望而重返君山。“两名女巫扮演主角，一群女侍共舞。多水上行舟舞蹈。”④

---

① 参见王纯五《道教第三大洞天考释》，《宗教学研究》1997年第3期。

② 毛庆：《诗祖涅槃——屈原和他的诗》，三联书店，1996年。

③ 黄寿祺、梅桐生：《楚辞全译》，贵州人民出版社，1984年。

④ 陈嘉哲：《九歌新注》，四川人民出版社，1982年。

何剑熏《楚辞拾沈》(四川人民出版社1984年版)特别提出了一个注释：袁中道《游澧记》引《水经注》："江陵权回州下有南北二江之名。"南江实即《澧州志》所说的"岷江别派"之涔水。这里的南江与北江近似四川成都的"带二江"之双流，又与"岷江东别为沱(岷江别派)"全同。湘江二女也许与岷江(蜀山)古婚俗、族类有关。

杜月村《楚辞直解》(江苏古籍出版社1988年版)卷二解湘君、湘夫人颇该详。该卷在综述中首先肯定舜死后葬于苍梧九疑山，二妃死了葬在洞庭之山。其次，舜封弟象于有庳(鼻)，(第三次南巡)禅属之后(也可能其位被禹夺占)，带二女宵明、烛光依于弟象之庳国。舜最后第三次南巡不是祭南岳、征三苗的两次。舜二女从父依象叔在今道州与永州地。故葬于洞庭应是二妃(非二女)。《楚辞·远游》说："二女御九韶歌，使湘灵鼓瑟兮。"此二女指湘水之神或天帝二女的古神话，后来才与尧女舜妃古史相重合。王闿运《楚辞释》说："湘君，洞庭神。湘夫人盖洞庭西湖神，所谓青草湖也。湘以出九疑为舜灵号湘君；以二妃曾至君山，为湘夫人。"《水经注》卷三八："洞庭之山，帝之二女居之。沅澧之风，交潇湘之浦，出入多飘风暴雨。"湖中有君山、编山。君山有石穴潜通吴之包山(今江苏吴县太湖之西洞庭山)。郭景纯所谓："巴陵地道者也。是山湘君之所游处，故曰君山。"《山海经·大荒南经》是巴人之古史。其中以"帝俊"之妻为娥皇，地近羽民国与不死民(巴人神仙)，则君山在古神话中应是帝俊之山。故民俗文化中的君山与包山相通。包山来自巴人之坛；君山之名则始于俊；井，荆，盖源于荆人鳖灵之虎巴。故湘有"岷"名，至今可见"江渎神"一娶二女之铜像[①]。"巴人以比翼鸟；蜀人以文翰"[②]。巴蜀始自河源昆仑，皆以

① 江渎铜神像铸于明朝，高约2米，左右有两女(略低)。铭文铸字为二妹，妹可通妃(见于唐诗)。然此可指"妹"(昧、眉)国之二女。江神本为"奇相"(三峡助云华夫人治水之魔，洞庭怪神支无邪皆奇相之类)。此岷江之铜相是美少年，或即岷汶之夏禹太子。三峡瑶姬亦西王母小女。

② 《周书·王会》。

雉（野鸡）为贡献。道家书《鹖冠子》以鹖羽饰冠，美其羽为鹄冠，鹄为白鸡神化之白凤。李炳海论雉鸟饰冠云：雉鸟俗名山鸡，古称为翟（瞿），伊洛南称为翚[①]。雉鸟的迁徙是古人定季节的物候。雉爪又是祭祀用的“疏趾”，在彝族祭酒中体现为鸡脚酒杯，也是士相见的礼品。《周礼·司服》还规定雉羽是贵族的图饰。东夷部族以飞禽为图腾（或为吉祥神物），少皞以五雉为工正，舜以雉为服饰，商祭成汤有雉立于祭鼎，周崇宝鸡，河姆渡早有双凤朝阳，可见雉不仅是部族图腾，还是吉祥神鸟。《尚书·大禹谟》：“苗民逆命。帝（舜）舞干（盾）羽（翟羽）于两阶。”鹖冠子是楚国的“巴賨人”。可见楚与巴在道家文化，在荆（虎巴）楚（晋巫）同盟上都混为一体。楚鼓架双鹤立于双虎背最能象征。

对楚文化研究最有卓识的萧兵说：“湘夫人也是高禖女神。”这是独具慧眼的。萧兵还说：湘君是湘水之神兼九疑山大神，它是由东夷集群先祖舜南下和楚地方神结合而成的。舜即帝俊（见《山海经》）、帝喾（见史书）、高祖夔（见卜辞）。在神话中帝舜之妻是娥皇、女英（匽）；帝俊之妻为羲和、常仪；帝喾之妻为简狄、姜嫄。嫄或作鷃燕，鷃即凤（见《尔雅·释鸟》），化身为鹓凤（鹓雏以信天翁为原型），亦即玄鸟。高禖仪式典型形态之一是保留群婚遗俗。巫山神女、宓妃、湘夫人（孔子之母颜氏）都在《诗·匏有苦叶》的仲春会男女于桑间濮上[②]。或云：湘君之神是如人而戴蛇，左右手操蛇，多怪鸟[③]。这正与荆州出土“大武越兵”铜戈上大巫形象相同。

一娶二女说是上古婚俗，至少在战国时代已见于《山海经》与《楚辞》。汉代的《太平经》道书明标出“一男二女法第四十二

---

① 李炳海：《夏翟洛翚，播彩饰仪——雉鸟与中国上古文化》，《文史知识》1988年第4期。

② 萧兵：《楚辞的文化破译》，湖北人民出版社，1991年。

③ 傅锡壬：《〈楚辞·九歌〉中诸神之图腾形貌初探》，《中国神话学文论选萃》，中国广播电视出版社，1994年。

（节）”。“故令一男者当得二女以象阴阳。阳数奇，阴数偶。凡人亦不可过节度也。故令一男二女。”[①]东汉仙佛神兽铭文铜镜上有：“尧帝赐舜二女，天下泰平。”[②]迄至明江渎太子铜像亦并铸二妹（湘水二女）。

《山海经》有许多“二女”值得研究。如：女薎女祭，袁珂案云“当是女巫祭神之图”[③]。《中次十二经》中明言“帝之二女”。袁珂案：“尧亦天帝。”《海内北经》：“舜妻登比氏（癸比），生宵明、烛光，处河大泽。二女之灵能照此所方百里。”《尸子》云：“尧妻舜以媓，媵之以娥。”则娥媓以外有第三妃女英（女莹登比氏）。登比氏即“群巫所以上下”（《山海经·海外西经》）的巫师，登葆山的通天地女巫（女莹）。还有鹓、狭二女（《大荒东经》），是“女和、月母”之国掌管天道（日与月运行）的二女，应视为母系社会的“天文台”主持。还有羲和与常仪（恒娥）司日月之观测于天台高山。古二女掌司天象，或与二女同嫁有关。

二、蜀山二女同嫁一夫？

“同嫁”后写一问号者，疑当时是否“父系制”？崇伯（崈、賨、蜀）鲧“剖腹而生禹”，显然是母系。黄帝、颛顼、蜀山诸帝，王犹多为女酋。二女同嫁显系男权社会观念。

黄帝传说有嫘祖、嫫母双妃。西陵即蜀山西王貘主汶山（岷山、蜀山）。《路史·后纪五》：“元妃西陵氏曰儽（雷、嫘）祖。”黄帝之子昌意居若水，娶蜀山氏女景嫔，生颛顼（高阳氏）。另一子玄嚣（青阳）降居江水。《路史》以为昌意三子之一乾荒（韩流）娶蜀山女“枢”，为河女淖子，生颛顼。黄帝三代皆娶于蜀山西阿，此族当在河源昆仑之南区，可能是仰韶文化区。

---

① 王明：《太平经合校》，中华书局，1992年，第37页。

② 何志国：《东汉铭文神兽镜探微》，《文物天地》1999年第2期。

③ 袁珂：《山海经校注》，上海古籍出版社，1980年。

禹之母是崇伯鲧。《吴越春秋》称鲧为禹父而娶于有莘氏，名“女嬉”。禹生于“西羌”或西僰、西戎，又“学于西王母”（即归回母家），则崇山必是蜀山。《华阳国志》云：“禹娶于涂山，辛壬癸甲而去。”“辛壬癸甲”是日期还是二女之名？此涂山依《吕氏春秋·音初》应是今重庆市之涂山。

屈原《天问》：“桀伐蒙山，何所得焉？妹嬉何肆，汤何殛焉？”或曰：“桀伐有施，有施人以末嬉女焉。”鲧以下至桀皆婚于沬水喜姓之国。又云桀伐蒙山而得妹嬉。蒙山沬水在今雅安芦山，蜀人东迁而命名。有施（易）即后之和夷。《帝王世纪》亦记桀宠妹喜。《竹书纪年》则云：“桀命扁伐山戎，得女子二人，曰琬曰琰。”《汲冢书》：“帝癸十四年，扁帅师伐岷山。岷山二女曰琬曰琰。”诸书以岷山即鸿蒙山。有人以蒙山为山东东蒙。此非仅小误，盖山东确有很多巴蜀地名，或早自姜尚封齐。末嬉与伊尹交当作沟通讲[①]；夏后通于商相，也是事有因缘。李平心《史论集》（人民出版社1983年版）以伊尹是商初仅次于汤的统治集团的中心人物。伊尹本来是夏人（崇伯国），有任（有娥、有男、有戎）、任挚（鸷）商之外家，随有辛（有先、有娎）归商。汤之小臣“迟任”即伊尹。伊姓本复姓伊耆，简为“迟”，又接其任氏。伊挚、伊姞、迟任实同一人。又考彭咸即老彭，老彭即伊尹之别名。对《楚辞》之彭咸，扬雄《反离骚》分为两人，即巫咸、老彭（伊尹）。伊尹之祖为庖牺。戎、商、嬴、秦、姞（燕）皆属风姓一系风族。

《诗经》以生商者为有娀女。《吕氏春秋·音初》以“有娀氏有二佚女，居之九成之台”。《淮南子·地形》又述二女之名曰：“有娀氏在不周之北。长女简翟，少女建疵。”按有戎在西土，“不周”（发鸠）亦在甘、川、青三省界，是商之母系或为西落鬼戎。秦人始于东土亦因母系而述商族女妣、女修。帝颛顼本黄帝姬姓之后，亦以鸟为徽（育

① 陈嘉哲《天问新注》引《吕氏春秋·慎大》：“以末嬉泄露桀梦两日相斗。汤自三亳（西）出兵攻斟寻（未），不战而胜。”直注云：“伊尹从末嬉处得到许多极其机密的情报（伊君勾引）。”

于少皞）。北狄之俗亦有二女。《北史·高车传》云："高车古赤狄之余种（丁零）。匈奴单于生二女，筑高台以置二女。"二女传说里的蜀山，即独山天柱之昆仑山。蜀之文化乃肇自昆仑（巴颜喀拉山）；始于河源（黄河首曲）。蜀与戎狄必有混血，西落鬼戎或类于西亚塞种（Saka释迦，不是Semi闪米白种）。昆仑文化或可西溯于巴比伦二女神。西亚与新疆必有文化交流。

周西土八国有"彭"，四川有彭县、彭山和两彭水。老彭、彭祖即四川青羊宫之老君（不是周柱下史老聃，而是蜀王裔入秦后的李姓李耳）。伊尹之学为儒、墨、法、道诸家称引。韩非子有《解老》，显出于道家。他把伊尹、太公、管仲、商君列为一系，与司与迁列老、庄、申、韩同义。今本《管子》集稷下学宫之大成，其中《七臣七主》全承《伊尹九主》思想[①]。伊尹（挚、鸷）即老彭（鹏、凤），实南方李（鳌、狸）耳[②]。

《穆天子传》卷四重䲨氏以采石铸器于黑水，在文山附近。参以卷一"河宗氏"，此重即宗，即濁、渎之蜀山岷水。柏夭曰："重䲨氏之先，三苗氏之国。"此处正是西王母辖区之"三危"（非汉以后之敦煌三危），在江河源之俄洛地区。《左传·昭公四年》云"穆有涂山之会"，即此。

一娶二女之婚俗亦见于《左传·庄公二十八年》："晋献公……又娶二女于戎。大戎狐姬生重耳，小戎子生夷吾。"周人先祖公刘失官"变于西戎"。骊戎亦为姬姓，戎指雅利安（或塞种、斯基泰）。《孟子》"文王西夷人也"，应为西戎人。古代中亚或伊朗曾于公元前10世纪侵入中国，我怀疑西落鬼戎之翟王即含有白种人血统，即骊靬凤族。三星堆遗址也有高鼻人头像可鉴。春秋时期晋国奉行建寅之历，乃从狄俗（影响及楚建寅）。当时隗姓（怀姓）也是狄族，赤狄则应是突厥之一

① 参见夏毅榕《伊尹及其学术流传》，四川大学硕士论文，1998年。

② 参见拙文《成都青羊宫李老君考索》，《成都文物》1994年第2期。

支。《国语·郑语》:“西有虞、虢、晋、隗、霍、杨、魏、芮。”韦昭注云:“八国，姬姓也。”甲骨文无夏字而有蜀字。先商之夏或即包含有突厥人之匈奴族。盖种姓非纯种族，塞种（释迦）人即可译为斯基泰、徐西亚、西伯利亚、鲜卑、吐谷浑等。其由白种人变为黄种人，当然是经过长期的种族血统混融演化而成。从古戎、狄、胡直至月氏、大夏等诸族，亦皆如此。

（原载《文史杂志》2000年第1期;《夏商周文明研究·五——般商文明暨纪念三星堆遗址发现七十周年国际学术研讨会论文集》，社会科学文献出版社2000年版;《成都文物》2000年第2期）

“生殖崇拜”文化叙略

一、引论

（一）哲学的阴阳概念来自具体的天人之道

“人法地，地法天，天法道，道法自然”与“道生一,一生二,二生三,三生万物”这两句哲学概念出自《老子》，实际上是取象于天和地的具体事物。天就是看得见的日、月、五星等天体，三者运行的定则或轨道就是天道。其周而复始，行道天圆。地分四方与四隅，有四季、八节（后来演为二十四节气）；人（男人和女人的关系和合为仁）法天与地就是人道。天地是有道（规则）的，道（规律，运行）又是法于自然的。所以天上有日（阳）、月（阴），人间有父母（乾坤），子女配夫妻。

“夫妇之道，人伦之始。”由夫妇生出兄弟（姐妹），父子（母女），再加上君臣（君后家长制），朋友，谓之五伦。首先是“夫妇”，夫妇之仁德衍生出：孝（父子），弟（兄弟），忠（君臣），信（朋友）。

《道德五千文》中关尹子说：道德淡薄了，只好从仁伦与仪礼来求治。如果“礼”都规范不了，“忠信薄而乱之首也”。

（二）古代经籍中的夫妇之道

古人讲“性”有两端。一谓“人之初，本性善”，这与基督教“原罪”（本性恶）大大不同。道家则认为“可善可恶”，当“修之于身（去恶扬善，去杂取精），其德乃真”（《老子》五十四章）。二谓“食色性也”，说人具生物“本能”。食是自身生存求活，色是人的再生产（有子孙“传宗接代”）；人的再生产就是“生殖文化”。《易·系辞下》：“天地絪缊，万物化醇。男女媾精，万物化生。”同篇中直接讲“男根”为乾（其静也抟，其动也直），“女户”为坤（其静也翕，其动也辟）。《易·归妹》：“归妹（嫁女），天地之大义也。天地不交而万物不兴。”王充《论衡》说：“夫妇之道，取法于天地。”知夫妇法天地，不知推夫妇之道以论天地之性，可谓惑矣。《易·咸卦》直接描写了天人之性，男女相感之事。《诗经》以男女相求为首章，男欢女爱之事甚多。夫子曰：“乐而不淫。”孔丘也是“野合”而生。有男女而后有夫妇（《易·序卦》）。饮食，男女，人之大欲存焉（《礼·礼运》）。商周之礼法，皆重婚礼（嘉礼）。《婚义》曰：“夫妇有义而后父子有亲，父子有亲而后君臣有正，故曰婚礼者礼之本也。”

“《易》基《乾》《坤》，《诗》首《关雎》。《书》美《釐降》，《春秋》讥不亲迎。夫妇之际，人道之大伦也。礼之用，唯昏姻为竞竞。夫乐调而四时和，阴阳之变，万物之统也。可不慎欤？”（引自班固《汉书·外戚传》）

民间婚联有：“《易》曰乾坤定矣；《诗》云钟鼓乐之。”亦可知周秦以来，历原始杂交（乱婚）而有嘉礼之制。民间亦遗留着“仲春之月，奔者不禁”的风俗。周秦的桑间、濮上的男女“偷亲”（后世作偷青，实即“狂欢节”），已规范在“仲春”。但直至汉画像砖，还传写着室内外好合的画像。

在仰韶文化（5000年前）的彩陶上的蛙文，其缩写变体上已有“卍”字。这符号是多子的蛙，它象征着蛙的多子多生，故上古母娃通称为“女娃”。古代以子女相并为好，相雔（双佳）为婚；以至于乾坤、玄牝、妙徼，都是指的“生门死户”。

（三）古代性文化“房中”简论

“房中”指“夫妇之道”，也就是中国特色的性文化。房中在富贵上层流变为“春宫”御女，在邪恶巫术中异化为采补盗气。道家以坤户为“生死之门”，本是“遵度”不淫的养生原则。以乾坤如水火之相济（平衡）与未济（过火与不及），又有“正人行邪法，邪法亦正；邪人行正法，正法亦邪”的正邪分别。“衣食足而礼义兴”是正，“饱暖思淫（过度非正）欲（陷于唯物质享乐）”是邪。道教之“度人”本于“道度”，有“度”则养生。道教前身的“五斗米教”拜北斗七星内之“五斗”；其斋义亦在“遵度”，以“度”为体道的德。儒家重“中庸”，不偏、不易。道经讲求“道冲而用之，不淫”。董仲舒合儒道原始巫典为一，倡天人合一。他的《春秋繁露》中，专著了一篇正派房中《顺天之则》。这一综合，也表现在司马谈首崇道家、司马迁号称大儒父子的道儒相承上。说到底，古代封建家长制是基于“人伦”的修身、齐家、治国等忠孝观念的家族体制，家国的底蕴又基于“宜子”的人伦政治。

正面看，取其精华，房中的要义有：

第一是生殖文化。讲种子、育儿、药物、优生，讲房中禁忌（防心身的惊恐伤害）、规则、预防，讲胎教、乐而不淫。房中是正派又正常的性文化。

第二是最早提出性医学观念。探索人体经脉与心理反应，力求身心健康的好合。

第三是秦汉房中多托始于“玄女”“素女”，又称为“玄素”之道。

它崇坤、崇阴，与《老聃》楚简及关尹子《五千文》相同（别于儒家之崇阳）。本始于生育，绝非后世之“御女”邪术。

第四是“宝精贵生”“化精为气，炼气为神”的遵度、节欲、行气的养生观，是中医对人体内分泌的综合探索。道家修炼所重的仁脉、督脉、带脉、玉枕关（脑垂体）、三丹田等都是起内分泌的调协作用，对男女生殖系统、双乳及生育力都很重视。

第五是房中交接所采取的经脉随体位不同而具治疗效果，是严肃的动态体育。它与导引接合成一套仿生“五禽戏”，具有养生的特色。

以上五点是基于“服食”（营养，防病药膳，外丹药物），综合“导引”具有特色的生殖养生文化。

二、道教神仙中的生殖崇拜

（一）道教故事中的阴阳调协与生殖象征

道教是中国土生土长的宗教，肇自昆仑，始于河源。昆仑山与江河之源，都在今四川、青海、甘肃三省交界处的巴颜喀拉山南麓“俄洛”地区。昆仑道士信仰“北斗”（小熊星座），崇拜斗中的东南西北中五斗（《度人经》五斗）。北斗又称“中斗”，它本身也分阴神与阳神。道教以“斗姥”为最高尊神。

①古代的生殖崇拜与生殖器崇拜文献

《神异经》（传说为汉代东方朔撰）的《东南荒经》篇记载：“东南隅（昆仑山的东南很可能在川、滇、黔）大荒之中，有朴父焉（夸父？华父？）。夫妇并高千里，腹围自辅。天初立时，使夫妻开导百川。懒不用意，谪其父妻并立东南，男露其势，女露其牝。不饮不食，不畏寒暑，唯饮天露。须黄河清，当复更使其夫妇导护百川。古者初立，此人开导河。河或深或浅，或隘或塞。故禹更治，使其水不壅。天责其夫妻，倚而立之。黄河清者，则河海绝流，水自清矣。”作者按：在禹以前“夫妻并治水”，大概只有西王母之女“瑶姬”？开明氏“鳖灵”。朴父已非崇阴。

《神异经·东荒经》：“昆仑之山，有铜柱焉（天柱即登天之树“距格之松”）。有大鸟，名希有。南向，张左翼覆东王公，右翼覆西王母。背上小处无羽，一万九千里。王母岁登翼上之东王公也。……其鸟铭曰：有鸟希有。碌赤煌煌，不鸣不食。东覆东王公，西覆西王母。王母欲东，登之自通。阴阳相须，唯会益工。”又云：“九府玉童玉女，与天地同休息。男女无为（自然）匹配，仙道自成。张茂先云：言不成夫妻也。男女名为玉人。”

《神异经》所述朴父男女或是两座高山，也可能是雕凿的大像？其男露势，女露牝，显系裸体祖牝，也是《易·系辞下》所具体形容的乾坤。在洪荒之时，开天辟地正是阴阳交合。那是自然的，崇高的，神圣的，绝没有后来的淫秽、猥亵、污脏、羞耻等观念。当天地初立时，只崇势与牝；所云夫妇是后人复述的概念。正是西母登之自通；男女“无为”配合，“仙道自成”的原始交配，故云“不成夫妻”。原文“仙道自成”，是指“无为匹配”。仙道是“二生三（第三）”，是昆仑山人之道（自通之道）。

②九华安妃的故事。九华安妃是天宫的女仙，道教上清派（茅山）经典《真诰》详记着她的故事。此处采自《茅山道院》（句容市道协主办）2001年第7期程尊平改写的《九华真妃与杨羲》一文摘要缩写：

东晋兴宁三年（365），女仙紫微夫人降于茅山杨羲家。她告诉杨羲说：我还带了一个贵人来。杨羲见夫人身后有一个约十三四岁的仙女，美妙绝伦。紫微夫人让仙女与杨羲并坐，介绍说：这位就是太虚上真元君金台李夫人的小女，曾上龟山（昆仑）学道，封为“紫清上宫九华真妃”，赐她姓安，名郁嫔，字灵箫。九华

真妃给紫微和杨羲各人一枚梨味的枣子吃，乃是神仙大药“交梨火枣”。真妃吟诗愿与杨羲“自然匹配”，偶景双修，如像人间的夫妇。

茅山上清派可以觅仙侣，乾坤双修，相济相辅，比一般禁欲主义更合人伦，有利于健康长寿。这是道教在批判旧时“御女”“采补”等邪术后，双修上的一大进步。作者按：神仙合和双修，多玄妙神秘；明人陆西星、清人李西月有多种道书言之。《气功》杂志1994年第1期与第11期两期有争论。但男女相须，人皆知之。

“交梨、火枣”是两个象征物，就是男根与女蒂。民间以“杵臼”，文学以“鸟（马）鱼”，八卦以“乾坤”，皆指物象。《真诰》：“玉醴（长生酒非酒色之酿）金浆，交梨火枣，此则腾飞之（大）药。火枣交梨之树已生君心中（由意念产生的内分泌——大药亦即金玉之琼浆）。”《道藏》（精装第三十六册之四610页下）：“火枣原无核，交梨岂有渣。终朝无火候，神水灌金花。”第九册712页：“蟠桃烂漫应千载。大枣芬芳定劫年。”第二册295页：“阴阳之气冲和，则太乙归真，生身受度。”674页：“阴阳和合，本有生生无穷之理。”687页中：“雌雄者阴阳也。混（于）玉房，洞房中交媾也。”又1021页：“一文一武交战于玄门，一往一来互斗危于北户。是采金丹之功。”这些隐谜在《三丰丹诀》中一语道破：“舌如冰药将至，枣如火药将通。低头闭目真铅至，修地飞来似火驰。”

《道藏》中明解“大药”处有五十余条，以此五十余条证诸交梨与火枣实此二物所赋之“炁”。男子的活子时至则精气足而外肾举直如火枣；女子的活子时至则血气充而双乳胀似桃（梨）。《子不语·控鹤监记》云“食哀家梨”，显然指牝户。《美容与保健》总四期（1986冬季版）：“子宫形如倒置之梨。上大下小，下端束小处为子宫口。”《健康》1982年第4期：“子宫未孕育前，它的大小形状都像一颗梨。……尖端为子宫颈通向阴道。梨子底部左右接着输卵管。”足以破解交接之梨的谜底。道经内丹中的口诀或隐语，旨在说明乾坤、阴阳、水火、母父、子女的“冲用之而不淫”，正如佛教密宗以公（杵）母（铃）佛如人间夫妻而超凡拔俗的一套意念控制修为。这当然是基于生殖崇拜的“性力”设想观念。《医方类聚》卷六199页从医学角度探索了交梨，有如日本所辑《医心方》（新华书店两度发行）的探索。道书有《服食交梨火枣玉醴金浆诀》，隐于大邑雾中山的刘无名引《泰山直符》云：“一阴一阳之谓道，一金一石（玉）之谓丹。”《墉城集仙录》所录女仙甚多，而西王母（即后世之“斗姥”）最尊。《真诰》多女真（元君、夫人），咏诗传母系道妙。上清派祖师魏华存即女仙，女子在昆仑山原始巫道中是占有母系社会基础地位的，故老聃文亦崇阴。

交梨、火枣之喻乾坤实物及其冲用，已超出了生殖文化的范畴，神秘地仿天地阴阳交气拟创出“生生文化”。生生文化的论点，就是利用生殖“性能”来增强健康与多寿。用道经的话来说：“顺则生人，逆则成仙。”在“宝精贵生”的修养上练得精足、气旺、神泰，借性力激情的逆用以达身心通畅百脉衡和。“君子得之固躬，小人得之轻命。”（《阴符经》）

无独有偶，在一张西方油画（或照片）上：左边一剖开的半个梨，右半是一支大于半梨的大香蕉；香蕉上中部穿插着一支利箭（爱情之箭），自右梨柄上穿透左香蕉。半梨全形似子宫，梨核如阴户，夸大的香蕉形似男茎[①]。箭从剖梨柄射穿蕉茎，代表着一种男根射向子宫的反逆意识，简直等于道教“逆则生人”的大药“水中金”（坎中阳）的生生观点。这也许是偶然的巧合？但剖开的半梨与粗壮的香蕉，必是坤乾两仪的表象。此图也许是静物摄影，但有巧妙的主题安排。

③情仙裴航故事中的杵臼。裴航故事出自宋代赵金阳《神仙通

① ［美］玛丽·温莎：《情典·西方百年婚俗性爱简史》，杨岐鸣等译，时代文艺出版社，2000年，第405页下。

鉴》，今采用余春松改写于《神仙传》中的故事摘要（社会科学文献出版社1998年版）。

裴航，山西文水人。（唐）穆宗长庆中（821—824）游鄂（湖北）渚（水泽），遇国色樊夫人。赂其侍儿，投以诗（呈其羡美之意）。樊（夫人）答诗云："一饮琼浆百感生，玄霜捣尽见云英，南桥便是神仙窟，何必崎岖上玉京。"裴航后过南桥驿，遇一老妪呼"云英"，捧一瓯水，令其（裴航）饮之。（老妪）说："欲娶此女（云英），需得玉杵臼方可。"裴航求得之，纳于妪，遂与云英成夫妇。入玉峰，饵（食）绛璃雪英之丹仙去（樊夫人又称云翘夫人）。……刘纲之妻。（仙人）纲（施术）作火烧屋，夫人喷之即灭。入四明山遇虎，纲禁（咒）之虎不动。夫人禁之，虎伏地不敢仰视。……夫妻同升天。唐贞元间（785—805）夫人下降湘潭间，以丹篆救疾苦。

此段写裴航见云翘夫人美丽以诗挑之，唐人或神仙不贬爱美。樊夫人指引他在南桥找到云英女（夫人之妹），以杵臼成婚。至今南方少数民族仍以木杵舂米，女以长杵舂米，图见于东汉龙虎交会与牛郎、舂女石棺盖雕刻。

三、民间求子风俗

民间求子风俗包括了多方面的事物，此节采用了今人吴格言著作所列框架。吴先生从新见卓识中将古族徽的动植物崇拜标志，生殖崇拜的事物，传说人物、神仙、神祇，婚俗事物、岁时节日等来编辑了古文献、民俗的丰富旧资料，并在论述中具有卓识地分析了文化背景与历史演化过程（《中国古代求子习俗》花山文艺出版社1995年版）。笔者采取各分类的求子生殖崇拜中最重要的典型予以考述。

①龙虎凤三大族系互婚

“图腾”一辞来自美洲印第安人。中国古代最大的“族徽”是龙、虎、凤；还有很多小族徽（也可称之为“亚图腾”），如牛、马、鹿、蛇、羊、鸡等。用美洲图腾（Toten）来硬套中华上古“多元一体”文化是否确切，今人早有论及。但“麒麟”这一神马或神鹿（在《山海经》中写为“吉良、乘黄”），确实是古代标准生子的象征。至于“龙凤呈祥”“龙虎交会”“鸟鱼和合”，都是生殖的吉祥祝贺语；婚姻的标图用“和合（荷盒）二仙”表征双喜，也成正典。

中国多源一体的文明，早在华夏（公元前2070—前1600年）或更早（五六千年前），已由多支族团融合为“天子”政权联盟。其中龙（黄帝姬姓）、虎（炎帝姜姓）、凤皇（东有吴越，西有“郦山女为天子”）这三大族团的互婚，更加深了联盟的融合。古人“一娶二女”的婚俗，正是早在母系族团姊妹共夫的演变。“卍”（蛙纹简化变体）早见于浙江河姆渡刻花陶纹上（约7000年前），寿海柳湾、马厂的彩陶器上也有“卍”纹（约4000年前）。河姆渡象牙雕片上刻有“双凤朝阳”图，汉代画像砖上的“西王母（獏）”即鸟母，她端坐于龙虎座上。凤是神化了的雉（野鸡），凤皇即道教最高女神斗姥（西王母，龟灵圣母，鸟母，月母）。古代周原有“宝鸡”的崇拜，有“凤翔”“麟游”之县。泾川有王母祠，蜀山至巴山的贡品都是野鸡。“巴人以比翼鸟，蜀人以文翰。”

龙虎和合，早见于河南濮阳水西坡仰韶文化墓中（距今约7000到5000年）。由于其是北斗的象征，代表了道教崇北斗龙跃、虎跃、鹿跃三大登仙从祖的概念，可以说是昆仑山北斗定节气的渊源。在四川，有夏禹生石纽、娶于涂山之记载。黄帝娶西陵氏（蜀山嫘祖）与嫫母（西王獏），夏代蜀得“琬、琰”二女。嫫母生禺阳为任姓，此禺任当即水神崇（蜀夏）伯鲧之子禹。“禹学于西王国”，是男子出配于舅家（今

人男系称外婆家）。黄帝、禹、周文王，皆入于西獏女部，故此婚族即龙凤呈祥与虎鸟成雠的婚俗。仰韶文化的爬虫龙与红山文化的猪婆龙，甲骨文中的龙、蟒、巴系一字，可见龙凤两族系本身也是多源一体的复合体。虎即“兽面”（吞口、饕餮、梼杌），最早源于江汉石家河文化（约6000年前）。虎巴（别于龙巴）的虎头即“兽面”，在良渚文化中已证实。至于双凤朝阳（双凤环日），在金沙遗址中变为“四凤联翔”的中空太阳。这与巴人崇日，成都白马寺无胡铜戈图及云南所出铜戈图是一致的，皆是太阳崇拜。蜀国大神“金马、碧鸡”，本是金童与玉女的两族婚合之神，可能是音译兼意解。金马即耿马，可能是麒麟（吉良），即后意译之白虎（开明兽）。碧鸡即“比兹卡”巴祖雉凤。（参见《古一男娶二女起自蜀山》，《文史杂志》2000年第1期）

②葫芦与匏

这是民间最广泛的生殖器崇拜的象征，云南楚雄彝族文化研究所刘尧汉教授已有精详的论述（该所出版多种论文）。早年多种苗族洪水的传说，其研究亦具丰富资料。古代神话传说诸书亦多有论及，略谓人种从葫芦中来。葫芦有多种，其名谐音“福禄”。它本是吉祥物象，同时又是男根的形象。它与祖的形象全同，尊为宜子孙的根。瓢本是舀水或盛籽用具，古代利用匏瓜（瓢葫芦）剖成两半（因其体大）成为水瓢。同时它也是女阴的象征，犹如“交梨”之两剖象其形。也可能受道教奇数成阳、偶数成阴观念的影响，《太平经》云：“故令一男者当得二女以象阴阳。阳数奇，阴数偶。凡人亦不可过节度。故令一男二女。”（参见《古代一男娶二女风俗起自蜀山》，《文史杂志》2000年第1期）《郑板桥全集》引曾衍东《小豆棚》卷十六云：“邑之崇仁寺与大悲庵相对。有寺僧私尼送官，郑县令判为婚配。判诗云：‘一半葫芦一半瓢，合来一处好成桃（祧）。从今入定风归寂，此后敲门月影遥。鸟性悦时空即色，莲花落处静偏娇。是谁勾却风流案，记取当堂郑板桥。’”

③道教的生育神

道教生育神最大的当然是斗姥，她的两配神是地母及玄女。这一观点，已在《道教鸟母与昆仑山文化的探索》(《成都文物》1996年第1、2期）中阐明。鸟母即凤皇西王母，台湾仅认为是儿童保护神。

三（位）圣母见于文献和雕像。在大足县南山宋石窟造像第4龛内，雕造着保生殖的三位“圣母”;“后土圣母龛”造于宋绍兴年间（1131—1162）。三位“圣母”凤冠大袍坐双龙靠背椅上，庄严端丽，捧圭默坐，头上覆八角伞盖，其中位伞盖上刻“注生圣母”。据《九天应元雷声普化天尊玉枢宝经》(《道藏》第一册760页），可知左右两圣母是“卫房圣母”与“保产圣母”，三圣母两旁之女神为“送生夫人”与“监生大神”。又据《洞玄灵宝自然九天生神章》(《道藏》第六册394页）:“五帝监生者即五方之帝也。圣母卫房者即九天圣母。司其生成，故卫其房室。”“五方之帝”立于圣母之侧，亦可见道教崇阴（母）重生之大义。旧戏“宝莲灯”亦有三圣母（排行第三）与刘彦昌婚配，生儿沉香。“辟山救母”故事本此。七仙女亦嫁董永，神仙亦婚配。

④民间佛教的观音对罗汉

大慈大悲的观音菩萨是佛智的代表，有“如来”的尊号；罗汉只是脱离了烦恼的比丘（和尚）。民间不管他俩的“学术”差别，也不考究观音本人是男身。按民间观念把他俩超尘拔俗的圣像作为求子对象，甚至单把观音塑成“送子娘娘”。正如大足石刻把道教东岳大帝的“淑明皇后”作为“送子娘娘”一样，菩萨与圣后都为生殖文化所利用。自东汉以来，民间替“西王母”（母系酋长）配了“东王公”；民俗中的杜拾遗变成十位阿姨，伍子胥变成五子婿并有配偶。甚至于把“西王母”配给“玉皇”成了“王母娘娘”，目的皆是为了成配生殖。

有趣的是一对很精美的石雕像，代表了民俗求子的愿望。在眉山县仙人洞的唐、五代造像中，有一对罗汉与观音相对“眉目传情”的精美传神的高约2米的人像。此地本名大佛寺，乡民又称之为“仙人洞”，在眉山县广济水库坡上。在山岩狭缝（距离宽约1米）两岸上，对雕着

观音与地藏两菩萨。两人面相丰美，身材健秀，可说是一对超级模特。其刀法娴熟细致，衣纹精炼流畅，造工精湛。细观之，观音体态婀娜，作少女含羞妙像（胜过大足北山“数珠手”，俗称的“媚态观音”）。崖刻题记云：“敬造白衣观自在菩萨。沙弥智海自身平安造。”前有“明德三年（936）×月”记年。两像风格一致，当是同时镌刻，但题记未提地藏（和尚）。关键是两像微笑相视，人皆可看出其爱慕神情。这一特色，使“大佛寺”变为“仙人洞”。

道教教义之中，本包含“祖先崇拜”。在《老子想尔注》（传为张陵注）中，早有“种民”黄赤之术（生殖与养生）。《北朝造像碑精选》（天津古籍出版社1996年版第84页）《锜麻仁道教造像碑》之右侧，有男女相扑刻画及一男手淫像。从下端男握已根图像看来，是与汉画像风格相同的。碑可能是正光二年（521）所刻。

（原载《成都文物》2002年第4期）

附录

论著目录

论著目录

1.《四川广元黑釉窑初探》，《文物参考资料》1955 年第 3 期。

2.《记四川巴县冬笋坝出土的古印及古货币》（合作），《考古通讯》1955 年第 6 期。

3.《广元皇则泽寺及其石刻》，《文物参考资料》1956 年第 5 期。

4.《成都北郊洪家包西汉墓清理简报》（合作），《考古通讯》1957 年第 2 期。

5.《四川巴县冬笋坝战国和汉墓清理简报》（合作），《考古通讯》1958 年第 1 期。

6.《四川古代的船棺葬》（合作），《考古学报》1958 年第 2 期。

7.《四川新繁、广汉古遗址调查记》（合作），《考古通讯》1958 年第 8 期；《三星堆研究》第一辑，天地出版社，2006 年 。

8.《四川古代墓葬清理简况》（合作），《考古》1959 年第 8 期。

9.《四川宋墓扎记》，《考古》1959 年第 8 期。

10.《记四川彭县竹瓦街出土的铜器》，《文物》1961 年第 11 期。

11.《半两钱年代问题——兼与逊时先生商榷》，《考古》1962 年第 10 期。

12.《从外江出土的石刻人像谈都江堰的变迁与水则问题》（合

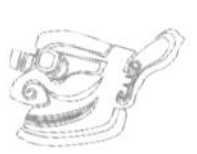

作），四川省哲学社会科学研究所编《资料》第三期，1975年7月25日。

13.《巍山祠庙记——附论南诏道教》，《凉山彝族奴隶制研究》1978年第1期。

14.《古代天象与地震研究的历史》（合作），《四川地震历史资料汇编》，1978年12月31日。

15.《凉山彝族的漆器》，《四川工艺美术》1979年第1期。

16.《昭觉县四开区考古见闻记》，《凉山彝族奴隶制研究》1979年第1期。

17.《凉山彝族自治州大石墓族属初探》（合作），《中国考古学会第一次年会论文集》，文物出版社，1979年。

18.《张天师修道》，《旅游天府》1980年第1期。

19.《貙膢之祭（论僚人"蠱落"为祭台虎）》，《贵州民族研究》1980年第1期。

20.《蓉城女将——浣花夫人》，《历史知识》1980年第1期。

21.《成都考》（合作），《地名知识》1980年第4期。

22.《"白马藏族"族属试探》，《白马藏人族属问题讨论集》（四川省民族研究所），1980年9月。

23.《铜鼓起源考略》（合作），《古代铜鼓学术讨论会论文集》，文物出版社，1980年。

24.《涪陵出土的巴文物与川东巴国》（合作），《四川大学学报专刊》第五辑《四川地方史研究专集》，1980年5月；《四川省博物馆古代文物资料选辑》，1983年7月。

25.《四川的佛教摩岩造像》（合作），《四川介绍之十六》，1980年6月7日。

26.《白马藏人的宗教信仰》，《西藏研究》1981年第3期；第一至第三小节刊载于《世界宗教研究》1982年第2期。

27.《三神石人的秘密》，《灌县风物》第三期，1981年11月5

日；《四川省博物馆古代文物资料选辑》，1983 年 7 月。

28.《夜郎与巴蜀》，贵州省社会科学院历史研究所编《夜郎考（论文集之二）》，贵州人民出版社，1981 年。

29.《读史札记——纳西历史概要》，《大理文化》1982 年第 2 期。

30.《玉米的种植与美州的发现新探》（合作），《社会科学研究》1982 年第 3 期。

31.《丰都“鬼城”考》（合作），《四川史研究通讯》1983 年第 1 期。

32.《柳本尊与密教》，《乐山市志资料》第三期，1983 年；《大足石刻研究》附录，四川省社会科学院出版社，1985 年；《宗教学研究》2001 年第 2 期；《宗教》2001 年第 6 期。

33.《张陵五斗米道与西南民族》，《贵州民族研究》1983 年第 4 期。

34.《窦圌山道教转轮藏雕像初探》（合作），《宗教学研究》第四期，1983 年。

35.《孟蜀石经》（合作），《四川省博物馆古代文物资料选辑》，1983 年 7 月；《成都文物》1991 年第 1 期；《四川文物》1992 年第 6 期。

36.《记四川彭县 1959 年出土的铜器》，《四川省博物馆古代文物资料选辑》，1983 年 7 月。

37.《涪陵考古新发现与古代“巴国“历史的一些问题》（合作），《文物资料丛刊》1983 年第 7 期。

38.《巴蜀文化的分期、断代和渊源试说》（合作），《四川史学通讯》第三期（四川大学宗教学研究所），1983 年 8 月。

39.《铜鼓海船纹的猜想》，湖北省楚史研究会年会，1983 年。

40.《概谈青城山道教》（合作），《青城文荟》1984 年第 2 期；《成都文物》1989 年第 10 期。

41.《关于“巴蜀图语”的几点看法》（合作），《贵州民族研究》1984 年第 4 期；徐中舒主编《巴蜀考古论文集》，文物出版社，1987 年。

42.《铜鼓海船纹的猜想》（合作），《川南文博》1985 年第 2 期。

43.《安岳（县）毘卢洞造像》，《宗教学研究》第六期（四川大学宗教学研究所），1985 年。

44.《忠县发现唐代摩岩造像》，《宗教学研究》第六期（四川大学宗教学研究所），1985 年。

45.《仙踪鬼迹话丰都》（合作），《文史知识》1985 年第 9 期。

46.《青城道教仙源录》（合作），《道协会刊》1986 年总第 18 期。

47.《东汉“市井”画像砖》（合作），《成都文物》1986 年第 4 期。

48.《四川道教摩崖石刻造像》（合作），《四川文物》1986 年增刊《石刻研究专辑》。

49.《四川道教摩崖造像概况》，《中国道教》1987 年第 1 期。

50.《蒲江县二郎滩摩崖造像》（合作），《成都文物》1987 年第 1 期。

51.《四川道教摩崖造像述议》，《敦煌研究》1987 年第 2 期。

52.《北周文王碑考查报告》（合作），《成都文物》1987 年第 3 期。

53.《道教论稿》，巴蜀书社，1987 年。

54.《〈龙门秘旨〉读后记》（合作），《中国道教》1988 年第 1 期。

55.《从考古发现看龙种族系的形成》，《四川文物》1988 年第 2 期。

56.《梓潼神历史探微》，《中国道教》1988 年第 3 期。

57.《安岳石窟造像》，《敦煌研究》1989 年第 1 期。

58.《先秦龙虎图案溯源》，《四川文物》1989 年第 4 期。

59.《道家精神与养生文化》（合作），《中国道教》1990 年第 2 期。

60.《青城山古迹与文物》，《青城文荟》1990 年第 3 期。

61.《四川唐代造像杂识》，麦积山石窟艺术研究所编《石窟艺术》，陕西人民出版社，1990 年。

62.《〈青城山道藏记〉校录记》，《成都文物》1991 年第 2 期。

63.《蜀中八仙考》（合作），《四川文物》1991 年第 5 期。

64.《巴蜀文化的分期和内涵试说》（合作），李绍明、林向、徐南洲主编《巴蜀历史·民族·考古·文化》，巴蜀书社，1991 年。

65.《李冰为蜀王后裔说》，《成都文物》1992 年第 2 期。

66.《黄庭碧简　琅嬛奇姝——胡愔及其〈黄庭内景五脏六腑补泻图〉》（合作），《中国道教》1993 年第 1 期。

67.《道在养生》，《三秦道教》1993 年第 2 期。

68.《彭山道教铜印与道教养生》，《中国道教》1993 年第 4 期；《文史杂志》1993 年第 6 期。

69.《〈五岳真形图〉的传授与昆仑金母》，《上海道教》1993 年第 4 期；《道教研究》第一辑，四川人民出版社，1994 年。

70.《彭县道教铜印与道教养生》，《文史杂志》1993 年第 6 期；《巴蜀风》1994 年第 1 期；《成都文物》1994 年第 4 期。

71.《关于三星堆文化的两个问题》（合作），《三星堆与巴蜀文化》，巴蜀书社，1993 年。

72.《彭县三道治考释》，《成都文物》1994 年第 1 期。

73.《西王母与西膜》，《中华文化论坛》1994 年第 2 期。

74.《成都青羊宫李老君考察》，《成都文物》1994 年第 2 期。

75.《成都街名得名》（合作），《志林大观》1994 年第 4 期。

76.《鹄鸣神山治考》，《四川宗教》1994 年第 5 期。

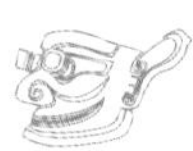

77.《武当山命名考异》（合作），《中国道教》1994年增刊《武当山中国道教文化研讨会论文集》。

78.《汉晋夕阳——三国旅游寻踪》（合著），四川人民出版社，1994年。

79.《江津朝元观》，《中国道教》1995年第4期。

80.《三星堆文化研究二题》，《成都文物》1995年第4期。

81.《陈搏的生地与太极图》，《四川文献》1996年创刊号。

82.《四川道教古印与神秘文字》（合作），《四川文物》1996年第1期。

83.《道教鸟母与昆仑山文化的探索（上）》，《成都文物》1996年第1期。

84.《道教鸟母与昆仑山文化的探索（下）》，《成都文物》1996年第2期。（以上两文合刊于四川大学宗教研究所编《道教神仙信仰研究》，中华道统出版社，2000年。）

85.《西王母昆仑山与西域古族的文化》，《中华文化论坛》1996年第2期；《道韵》2000年第6期；《道教刊物》2006年8月5日。

86.《什邡巴蜀印文考义》（合作），《四川文物》1996年第3期。

87.《论广汉三星堆两座窑藏坑的性质及其相关问题》（合作），《四川文物》1996年增刊《四川考古研究论文集》。

88.《内丹之丹及其文化特征》（合作），《道家文化研究》第九辑，上海古籍出版社，1996年。

89.《四川青城山文化》（合作），朱越利主编《中国道教宫观文化》，宗教文化出版社，1996年。

90.《梓潼神的演变》，《文昌文化》1997年1月13日。

91.《江津县朝元观》，《四川文物》1997年第1期。

92.《宝鸡与玉圭》，《中国道教》1997年第1期。

93.《邵之：僉鼎疑辨》（合作），《四川文物》1997年第1期。

94.《大足三清洞十二宫神考辨》（合作），《四川文物》1997年第2期。

95.《文化与文明杂记》，《四川文化》1997年第2期。

96.《关于“北极驱邪院”两个问题》（合作），《成都文物》1997年第2期。

97.《天蓬元帅考辨》（合作），《四川文物》1997年第3期。

98.《道教斋醮科仪精义》，《四川文物》1997年第5期。

99.《三星堆文化拾零》（合作），《四川文化》1997年第5期。

100.《巴蜀道教碑文集成·序》（龙显昭、黄海德主编），四川大学出版社，1997年。

101.《李八百与虎巴族》，《文史杂志》1998年第3期。

102.《蜀中八仙考》，《四川文物》1998年第4期。

103.《三教合一的典型神真——文昌帝君》，《道教文化》1998年第6卷第5期。

104.《对惠陵若干问题的再认识》（合作），《四川文物》1998年第6期。

105.《评〈气功与人生〉》，《中国气功科学》1998年第6期。

106.《20年中国考古文化之我见——兼说龙虎凤文化与三星堆文化》，《文史杂志》1998年第6期。

107.《中国龙虎凤文化考古新发现》，《四川文物》1999年第1期。

108.《凤与龙虎》，《三秦道教》1999年第1期；《四川文物》1999年第1期。

109.《睡眠与养生》，《福建道教》1999年第2期。

110.《夏禹与道学》（合作），《中华文化论坛》1999年第2期。

111.《为博物馆事业作出可贵奉献的冯汉骥教授》（合作），《中华文化论坛》1999年第3期。

112.《三星堆宗教内涵试探》（合作），《宗教学研究》第三期

（四川大学宗教学研究所），1999 年；《成都文物》2000 年第 1 期；《夏商周文明研究·五——殷商文明暨纪念三星堆遗址发现七十周年国际学术研讨会论文集》，社会科学文献出版社，2000 年；《四川文物》2002 年第 1 期。

113.《读〈道教斋醮符咒仪式〉有感》，《中国道教》1999 年第 5 期。

114.《古代一娶二女婚俗起自蜀山》，《文史杂志》2000 年第 1 期；《夏商周文明研究·五——殷商文明暨纪念三星堆遗址发现七十周年国际学术研讨会论文集》，社会科学文献出版社，2000 年；《成都文物》2000 年第 2 期。

115.《道教科仪研究新作——评张泽洪〈道教斋醮符咒仪式〉》，《中华文化论坛》2000 年第 3 期。

116.《道教考古史上的一篇宏著——读〈道教法印令牌探奥〉》（合作），《中国道教》2001 年第 2 期。

117.《试说栈道及其相关问题》（合作），《四川文物》2001 年第 4 期。

118.《羊子山地区考古的几个问题》（合作），《四川文物》2002 年第 4 期。

119.《大足与安岳柳本尊造像研究》，《中国佛教研究》2002 年第 4 期。

120.《“生殖崇拜”文化叙略》，《成都文物》2002 年第 4 期。

121.《泸州宋石雕“朱雀”初释》，《文史杂志》2003 年第 2 期。

122.《简评〈道教神仙信仰与祭祀仪式〉》，《中国道教》2003 年第 3 期。

123.《龟锦荣博物　百花争鸣园——祝贺〈成都文物〉创刊 20 周年》（合作），《成都文物》2003 年第 4 期。

124.《大足〈韦君靖碑〉与韦君靖史事考辩》（合作），《四川文物》2003 年第 5 期。

125.《漫话财神赵公明》，《文史杂志》2003 年第 5 期。

126.《泸县宋墓“朱雀”初释》，《四川文物》2005 年第 2 期。

127.《早期道教与岷山》，《文史杂志》2006 年第 6 期。

编后记

时光荏苒，岁月如梭，2023年，我院迎来了70岁的生日。

《四川省文物考古研究院名家学术文集》正是为庆祝我院成立70年而精心策划的一份礼物，收录了我院老一辈杰出文物考古工作者具有代表性的学术论文，共九卷。"著述前辈的开拓，启迪来者的奋斗，赓续传承美好。"这是院领导发起出版本套文集的初衷，也是全院干部职工多年以来共同的期待。

文集筹备工作始于2022年初，从征求上级领导意见，到广泛收集我院离退休职工及离世专家家属的建议和意愿，再到组织专家论证、院学术委员会研究，最终明确了本套文集的整体定位、选文标准和著录体例。

《四川省文物考古研究院名家学术文集》编辑委员会于2022年7月成立，主要负责落实文集资料收集查证、作者方联络、出版对接等工作。或因联系不上有些曾在我院工作过的专家、专家家属，或因已经有机构为一些专家出版过个人文集，或因有些专家身体抱恙，或因部分资料年代久远、查证困难，加上编辑时间有限，还有一些曾为我院事业发展做出杰出贡献的专家的文集未能成行，前辈们的风采也未能尽善尽美地呈现，略有遗憾。但未来可期，希望在我院文物考古事业更进一步、迈上新台阶时，后辈们能不忘前辈们的辛劳和奉献，续启为前辈们出版个人文集的计划。

本文集的出版得到了四川省文化和旅游厅、四川省文物局的大力支持，同时得到了诸多专家、前辈的指导和帮助。还有巴蜀书社的编辑们，他们以高度负责的态度、高质量的要求，确保了文集出版工作的顺利推进。在此，向关心支持本文集出版的工作单位和工作人员，表示由衷的感谢。

《四川省文物考古研究院名家学术文集》编辑委员会

2023年10月